21 世纪新闻传播学系列教材

新闻写作教程

刘明华　徐泓　张征　著

中国人民大学出版社

总　序

20世纪以来的一百年，是世界新闻传播事业飞速发展的一百年。这一百年来，随着科学技术的不断发展，继报纸、期刊、通讯社之后，广播、电视和互联网络相继问世，新闻传播的媒介日趋多元化，新闻传播的手段日趋现代化，“地球村”变得越来越小，新闻传播事业对世界政治经济和文化的影响，则变得越来越大。

这一百年，也是中国新闻事业飞速发展的一百年。其中最后的二十年，即改革开放以来的二十年，发展得尤为迅猛。综合有关部门发表的统计数字，截至本世纪的最后一年，全国已有公开发行的报纸两千一百种，通讯社两家，广播电台一千二百座，有线和无线电视台三千多座。其中，报纸年出版总数达到一百九十五亿份，广播人口覆盖率达到88.2%，电视人口覆盖率达到89%，电视受众超过九亿。与此同时，全国各类新闻从业人员的总数，也已超过五十五万人。这样大的发展规模，这样快的发展速度，在世界和中国新闻事业史上都是空前的。现在已经是世纪之交，回顾既往，盱衡未来，新闻传播事业在即将到来的21世纪，还将会保持着旺盛的发展势头。新闻传播，作为上层建筑、意识形态的一个重要组成部分，在全面准确地宣传党的基本理论、基本路线和基本方针以及各项决策，反映人民群众的伟大业绩和精神风貌，以及推动改革开放和社会主义现代化建设等方面，必将继续发挥着重要的导向作用。

与新闻传播事业的发展相配合，这一百年来，为中国的新闻战线培养和输送人才的中国新闻教育，也有了相应的发展。中国的新闻教育起始于本世纪初叶，有八十多年的历史。新中国成立前的三十年，虽然先后在个别院校中设立了新闻系或新闻专科，但规模都不大，设备也不够完善，在校学生的人数，最多的时候不超过四百人，三十年间累计培养出来的毕业生人数还不到三千人。新中国建立后，为了为新中国的新闻事业培养人才，新闻教育继续有所发展，但到60年代中期为止，全国的新闻教育机构也还只有十四家。当时全国共有三百四十三家报社，七十八座广播电台和十三家电视台，新闻系和新闻专业的学生统招统分，勉强能够满足中央和省市以上新闻单位人才方面的需求。“文化大革命”爆发后，这一发展被迫中断。中国的新闻教育得以重振旗鼓并得到空前迅猛的发展，主要还是改革开放以来二十年间的事情。这二十年来，中国新闻教育的发展和中国新闻事业的发展完全同步。截至1999年，全国设有新闻学类院、系、专业的高校已由改革开放之初的两三所，增加到六十所以上，专业点已超过一百个。专业教育体系已从单一的本科教育，发展到博士生、硕士生、本科生、大专生、成人教育等多层次的格局。改革开放之初，全国在校的新闻系科学生总共只有五百来人，现在仅本科生就有六千人，加上大专生和研究生接近一万人。二十年来向新闻单位输送的毕业生，累计也已超过三万人。办学层次，办学规模，办学水平，都有了很大的提高。在世纪之交，新世纪的跫跫足音已经十分临近的时刻，随着新闻传播事业的加速发展，随着新闻战线人才需求的不断增加，在可以预见的将来，中国的新闻教育肯定还将会有更大幅度的发展。

一般说来，新闻教育质量的高低，起决定作用的，主要是两个因素：一个是师资，一个是教材。两者之间，教材的作用更大。这是因为，师资的多少和良窳，往往受办学主客观条件的限制，而教材只要一旦完成，就可以直接嘉惠于学子，风行四海，无远弗届。进一步说，一部好的教材，不仅可以满足教学的需要，培养出一大批人才，而且还可以同时拥有很高的学术含量，推动新闻学研究的发展。1919年出版的徐宝璜的《新闻学》，1927年出版的戈公振的《中国报学史》，就是这方面的很好的例子。两书都是作者在高等学校从事新闻学和新闻史教学时，作为教材编写出来的。出版之后，立即引起世人的关注和推崇。几十年来，一再重版，历久不衰，至今仍然是公认的新闻学和新闻史方面的传世之作。正因为这样，新闻教育的前辈们，历来十分重视教材的建设。新中国成立初期的十来年，坊间出版的新闻学方面的书籍，绝大部分都是教材。改革开放以后，新闻学研究空前繁荣，新闻学方面的书籍大量问世，但教材仍然在其中占了很大的比重。这些教材，覆盖了新闻学的方方面面，经过出版家和众多作者们的长期努力，门类和品种基本配套齐全，曾经为同时期的新闻教学作出过重要的贡献。但是，随着时间的推移和新闻工作实际的飞速发展，这些教材的体例日显陈旧，观点和内容也亟待调整和更新。一些属于学科前沿和科技含量较高的新开课程的教材，尚付阙如，使现有的教材，出现了不少缺口。21 世纪即将到来之际，集聚力量，重新编写出一套体系完整的，能够为新世纪的新闻教育和新闻人才培养服务的新闻传播学的系列教材，已经成为人们的共识。

呈现在读者面前的就是这样的一套系列教材，她将涵盖新闻学、传播学两个学科和新闻学、广播电视、广告三个专业。负责编写工作的，是中国人民大学、复旦大学、北京广播学院等校长期从事新闻传播学方面教学与研究工作的教授、副教授，其中有相当大的一部分人，都是相关学科的学术带头人，堪称一时之选。收入系列的教材中有国家级重点教材，有部级重点教材，其他也都是经过严格筛选的精品，所以，这套系列教材的质量是有保证的，她的权威性也将会得到社会的认同。

21 世纪是一个高度信息化的时代，是信息经济和知识经济占主导地位的时代。信息经济和知识经济有两大支柱，一是以高新科技为代表的传播技术产业，二是从事新闻和信息产品生产的媒体产业。新闻传播学作为将这两大领域有机联结的桥梁，在今后的国家建设和社会发展中必将发挥越来越重要的作用。中国人民大学出版社经过精心策划，隆重推出这套系列教材，是具有高度的前瞻性和战略眼光的。在这里，我谨代表编委会和全体作者向中国人民大学出版社表示由衷的感谢。

新的世纪即将到来，中国的新闻传播事业和新闻教育事业都将有一个大的发展。这批系列教材的问世，将会为新世纪新闻传播事业和新闻教育事业的发展和繁荣，为新世纪新闻传播人才的培养，作出她应有的贡献。这是出版者和全体作者共同的一点希望。是为序。

方汉奇

1999 年 9 月 20 日于中国人民大学林园

序

本书既被纳入“21世纪新闻传播学系列教材”范围，似乎总该有一点新意。这为我们出了一道难题。

新闻报道方式、新闻写作技巧，可以，也应该随时代的推移而不断创新。但是，新闻报道活动本身又有其特殊的规律。反映这一规律的新闻写作的基本原则、基本方法、基本要求，是带有普遍性的，不应被忽视。毋宁说，只有遵循基本原则、运用基本方法、符合基本要求，才能写出合格的、优秀的新闻作品。消息如此，通讯也不例外。基于上述考虑，本书特设“总论”，以较多的篇幅强调了这样一些基本问题。

在新的时代，某些类型的报道开始显示出其特有的传播价值，备受青睐。非事件性新闻——包括预测未来事件的预测性新闻、具有使用价值的服务性新闻、以观点见长的分析性新闻，以再现为特点的描写性新闻等，都在其列。为此，本书在中编和下编增设了部分章节，对这样一些类型的新闻的写作方法进行了论述。

网络新闻写作是一个新的研究课题。依据一些网络媒体的试行经验，本书对这一演进中的事物也做了初步的探讨，提出了我们的意见。

学习新闻写作的方法之一，是阅读新闻作品。对同一题材不同写法的新闻作品进行比较阅读，分析其优劣，探究其原因，对学习更为有益。本书重点选用了90年代以来的各类新闻作品，其中有同类比较，也有精品佳作，可供参考。

事实上，新闻报道领域已经出现了某种程度的“体裁兼融”现象。在篇幅上，它们介于消息与通讯之间，在写法上，兼有叙事、描写、抒情、议论、解释、预测各种特点，功能齐全，可以说是“详报”与“深报”的结合。这种报道方式在非日刊报纸上更为多见。它们的出现是读者的需要，也是媒体竞争使然。

以兼融手法写作的这类“四不像”新闻，不可能取代传统的消息与通讯，尤其不可能动摇消息的主角地位。写好这类新闻，也需要了解消息与通讯写作的基本要求，打好根基。本书作者虽然注意到了这种新的变化，但未能进行专门的论述，是为一憾。

国际新闻界有云：“新闻常新”。新闻写作最忌守旧。本书谈到的一些具体的方法和技巧，只是迄今实践经验的总结，它们不应成为框框，更不是戒律。

但愿本书对繁荣我国的新闻写作，对在校青年学子、广大新闻爱好者的学习，对第一线新闻从业人员的研究，能够有所帮助。

作　者

2003年12月

于中国人民大学新闻学院

目　录

中编　消　　息

下编　通　　讯

第一章

怎样学习新闻写作

——代绪论

新闻写作是指记者把采访中搜集到的材料、信息，通过文字写作制成一定体裁的新闻作品的过程。

从宏观上讲，新闻作品主要有两大类：新闻报道与新闻评论。因此，新闻写作也有广义与狭义之分。广义上的新闻写作，包括新闻报道与新闻评论的写作。狭义的新闻写作，一般仅指新闻报道方面各种体裁的写作。

新闻报道与新闻评论各有“职司”，承担着不同的任务，因此在写作上有不同的体例和要求。如果做某种类比，新闻报道主要“记事”，犹如我国古代典籍中的“记注类”。新闻评论主要“记言”，犹如典籍中的“撰述”类。但无论“记事”还是“记言”，它们都要遵循新闻传播的规律，因此同属于新闻作品这个大家族。

随着新闻传播事业的发展，在新闻报道与新闻评论这两种文体之间，逐步呈现出某种交叉、渗透与融合的趋势。例如纸介媒体近些年来大力发展的深度报道，在写作上的一个重要特色就是叙述与评论的有机结合。而这种趋势在一些电视新闻节目中更加明显，例如中央电视台新闻评论部的名牌栏目《焦点访谈》，其中的不少节目，夹叙夹议，都是在新闻报道过程中进行新闻评论的。

海内外都有一派学者主张从广义的角度把握和论述新闻写作，在他们撰写的有关专著或教科书中，新闻写作既包括新闻报道的写作也包括新闻评论的写作。

我国以往的新闻教科书基本都是按照狭义新闻写作的范围界定的。大学“新闻实务”课程的安排，也是按照狭义的划分，把新闻写作与新闻评论分开讲授。为了与现行的教学体系配套，本书所述的主要内容是怎样写好新闻报道，并以纸介媒体新闻报道的写作为主，重点讲授消息与通讯两大新闻报道体裁的写作理念与写作要领。

本章将首先回答以下两个问题：学习新闻写作有什么意义？怎样才能学好新闻写作？

第一节　新闻写作的重要性

新闻写作学研究的对象是新闻报道作品以及这类作品的写作原理、写作规律、写作技巧以及相关的知识。

学习新闻写作的重要性是由以下三个方面的因素决定的：

第一，这门学科在新闻学中所占的地位和作用；第二，这门学科在新闻传播过程中所占的地位和作用；第三，这门学科在新闻工作者职业素养中所占的地位和作用。

一、新闻写作是新闻学研究的一个重要落脚点

新闻学研究的内容主要包括历史新闻学（新闻事业史）、理论新闻学（新闻理论）与实用新闻学（新闻业务）。这三个部分是相互联系、不可分割的整体。

整个新闻学研究属于实用性比较强的学科，因此理论新闻学与历史新闻学研究的目的与归宿，在一定的意义上都是为了服务于新闻业务实践，为实用新闻学提供方法和武器。例如正确的新闻理论是新闻业务研究的可靠指南；丰富的新闻史料是总结和概括新闻理论不可缺少的条件，更是新闻业务研究重要的借鉴内容。从这个意义上可以说，实用新闻学是整个新闻学研究的落脚点。

实用新闻学研究的内容包括新闻采访与写作、新闻编辑、新闻广播与电视、新闻事业经营管理等新闻业务各方面的应用知识。

新闻采访与写作在实用新闻学知识体系的构成中，处于“龙头”的位置，它是以后一系列业务的入门课程，其中新闻写作与其他业务的联系更加密切。例如，在纸介媒体与通讯社的发稿中，记者采访的结果需要通过写作才能产生完整而深入的报道；一个新闻编辑，如果不具备新闻写作的知识与能力，又如何处理与修改新闻稿件？撰写新闻摄影图片的文字说明，也需要通过新闻写作完成。电

子媒体的新闻节目制作，同样离不开新闻写作。广播新闻与电视新闻，除了现场实况转播以外，在制作过程中首先都要有文字脚本，而这个脚本同样需要通过新闻写作来实现。当今蓬勃兴起的网络新闻，其网上写作的原理仍然离不开传统的新闻写作。因此，从这个意义上，我们又可以说，新闻写作是实用新闻学研究的一个落脚点。

实践已经证明，新闻学研究的许多成果，尤其是新闻业务研究的许多成果，最终是要通过新闻写作来实现的，是要落实到新闻报道作品上去接受传播实践的检验的。

二、新闻写作是新闻传播过程中一个重要的环节

新闻写作是文字写作，它与其他文字写作，例如文学作品创作、科学理论著述、公务文书撰写等等，有什么不同呢？

区别在于写作的目的、对象和最终成果的性质有异。新闻写作的最终成果即新闻报道是一种信息传播产品，它需要通过大众传播媒介向受众传播才能实现自己的价值。这就意味着新闻写作承担着制作和传播新闻信息产品的任务。它是一种特殊的行为，是新闻报道成品的制作过程。因此，它在写作理念、文本结构、基本技法和语言风格等各方面，或者通俗地说，它在解决“为什么写，写什么，怎么写”等问题时，都应符合新闻传播学的规律和要求。正是在这一点上，写新闻报道，与写文件、写报告、写论文、写诗歌、写小说、写散文等等其他诸种文字活动，从本质上划清了界限，形成了属于新闻自己的写作学。

我们对新闻写作重要性的认识还要放到新闻传播过程中去考察。

（一）新闻写作决定着新闻信息能否传播出去

每一个新闻传播产品，都要经过：发现——开发——采集——制作——传播这样一个生产流程。无论在纸介媒体，还是电子媒体的生产流程中，新闻写作都处于“制作”这个环节，即把采访来的素材写成新闻报道，就像在汽车厂里把各种零部件加工组装成一辆小轿车一样。如果没有加工和组装，就没有小轿车，只是一堆堆分散的零件。如果没有新闻写作，也只有采集来的零散信息，无法形成传播产品。在这个意义上，也可以把新闻报道作品理解为新闻信息的载体。没有载体，新闻信息就没有了“运输工具”，它怎么能传播出去呢？

（二）新闻写作直接影响新闻信息的传播效果

为了让信息传播出去，传播得广泛，使更多的受众接受这些信息，不仅要有载体，还要讲究这个“运输工具”的功能，功能越强，传播效果自然越好。也就是说要讲究新闻报道的写作规律和技巧，包括题材、形式、结构、语言等。孔夫

子说："言之无文，行而不远"，讲的也是这个道理：一篇文章如果写得没有文采，它是不能流传久远的。用我们现代的语言来说，新闻报道缺乏文采，将直接影响传播效果。

按照传播学的原理，新闻写作属于信源编码过程。以传播学的术语描述：新闻信息编码是指"按语法结构、章法结构及写作技巧等规则，将文字编排成表达一定新闻内容的文字序列"。

第一，这个过程的关键在于它要实现将信源发出的信息（即事实）转换为对应的符号（即文字），文字的表述必须与事实相符。因此文字再现事实的能力，具体地说文字再现事实的准确度、清晰度、时效度、可信度等，直接关系到信息的传播效果。

第二，经过新闻写作所传递的已不是原始的自然信息，而是新闻信息，这里已暗含着记者的主观能动性，即记者的选择、立场、观点、分析能力、表达技巧等，这些综合因素所产生的最后传播效果都会直接影响受众的认知。

广播新闻与电视新闻尽管最终产品是视听产品，但在上文我们已经讲过，它们也需要经过文字脚本的写作过程，把文字脚本用声音和画面再现出来。因此，新闻写作对于新闻信息的传播效果，即报纸新闻的可读性、广播新闻的可听性、电视新闻的可视与可听性都有着决定性的影响，新闻写作能力强，就会增强新闻信息的传播效果；反之，则会减损传播效果。

三、新闻写作是衡量记者素质的一个重要条件

新闻记者作为一个信息传播工作者，他的采访目的很明确，他所采集的一切信息，他所选择的一切事实，都不能藏诸名山、束之高阁，而是要通过文字写作，把它们制成一定体裁的新闻报道作品传播出去。因此，新闻报道是记者劳动的最终成果，也是惟一的表现形式。记者必须也只能通过新闻报道作品来实现自己的传播意图，而读者也是通过新闻报道作品而认识记者的。

面对同样的新闻事实，会写的记者与不会写的记者把它们报道出去，传播的效果可能相差很大。正如同样的布料，在不同的裁缝手里，裁制成的衣服款式与质量千差万别。个中之优劣，全在于裁缝师傅的手艺。从某种意义上说，记者的"手艺"就是要笔杆、"爬格子"，吃的是"文字饭"。因此新闻写作水平是衡量一个记者基本专业素质的重要标准。

这里所讲的"会写"，除了掌握新闻写作的基本规律以外，还要有良好的文字表达能力。同一件新闻事实，有的人能把它写成言简意明、生动感人、可读性强的好新闻；有的人虽然费力不小，但写出来的东西却枯燥乏味。这里面文字表

达能力起着关键的作用。好的新闻报道不可能摆脱语言文字写作，因为它本身就是语言文字写作。我们可以看到，无论中国还是外国的名记者无一例外，都有着一手漂亮的文笔。例如美国著名作家杰克·伦敦，美国著名作家、诺贝尔文学奖获得者海明威都是记者出身。美国新闻教育界有一位著名的教授，提出在学生中挑选好记者“苗子”的三条标准，其中的第二条就是：要有过人的语言写作能力。他认为这是当记者最重要的本事之一。因此，在学习掌握新闻写作基本规律的同时，还要不断锤炼和提高自己的文字表达能力。

综上所述，对从事新闻工作的人来说，学习新闻写作的重要意义是不容忽视的。而对于非新闻工作者来说，学习一些相关的知识也是有好处的。因为“最佳的新闻写作包括一整套技巧，它们使事实、概念、思想、感情的发布变得平易流畅，水到渠成。”① 也就是说，新闻写作所研究的是一种重要的信息交流方式，它旨在帮助人们从复杂的事物中抓住最重要的最新鲜的东西，并且善于用大众最容易接受的方式表达出来。因此，对于任何一位用文字写作、进行书面表达的人来说，学习一点新闻写作的知识，培养一些新闻素养，都将有助于提高信息交流与思想沟通的能力。

第二节　新闻写作与采访的辩证关系

要学好新闻写作，首先需要明确一个前提：新闻写作必须以采访为基础，采访决定写作。这一点是新闻写作与其他文字写作，尤其是文学写作的一个重要区别。

在实践中，人们常常把新闻与文学误认为一家。对于初学者来说，更容易把两者混为一谈。划清两者之间的界限，有助于我们认识与掌握新闻写作的规律和特点。

《人民日报》副总编辑梁衡认为新闻与文学“在本质上有严格的区别，简直就是截然不同的两件事”。他曾经撰文提出了两者之间在本质、功能、选材构思、作品的形式与内容、结构与修辞等 12 个方面的不同。如“本质上，新闻是信息，文学是艺术”；“在功能上，新闻是传播信息，满足人们对信息的需求；文学是提供审美，满足人们对美的追求”；“在选材上新闻以事为主，文学以人为主；有人无事不成新闻，有事无人不成文学”。其中第六个不同就是“在写作过程中，新闻重采访，文学重写作”。梁衡指出：“对新闻来说，采访到了一个好题材，稿件

① ［美］罗伯特·M·奈特：《最佳写作要领》，10 页，北京，新华出版社，1999。

就成功了一多半；对文学来说，作品主要靠加工，包括素材的重构。”①

这确实是新闻与文学体现在写作时的一个重要区别。新闻写作在进入写作之前必须完成采访；而文学虽然也需要从生活中、从实践中吸取素材，但它更重写作，而且不是一般意义上的文字写作，准确地表述应该是“文学创作”。因此一旦拿起笔来进入写作过程，文学与新闻就分道扬镳了。文学创作要求调动起丰富的想象力和情感，将一切艺术化，如果素材不足，完全可以靠合理的想象与虚构来补充，作者进入的是“天马行空”的创作状态。而新闻写作则要求针对社会现实存在的问题和读者的需要，从采访来的大量素材中筛选、对比、提炼，用事实说话，作者进入的是冷静理智的选择状态。

文学的创作状态是无限度、无边界的，而新闻的选择状态是有限度、有边界的。显而易见，这个限度和边界就是采访的广度和深度。如果说文学求的是艺术的真实，它是对生活和理想进行形象的艺术的“再现”，那么新闻求的是客观的真实，它是对新闻事实进行具体的可感的“再现”。因此，一个记者不论他的文字能力有多强，如果没有接触到事实，如果不拥有足够的事实，也就是说没有进行成功的采访，他就不能进行新闻写作。

在学习新闻写作时，我们强调采访决定写作，还基于以下原因：

一、先有采访，后有写作，或者说，采访在先，写作在后，这个次序是不能颠倒的

用辩证唯物主义认识论的观点来看新闻报道，事实是第一性的，新闻是第二性的，新闻报道是客观事物的反映。要完成一篇新闻报道，必须经过采访阶段和写作阶段。采访为写作收集事实，写作则是把采访来的事实加以表现。可见，采访是写作的前提和基础，写作是采访的结果和归宿。没有采访，也就谈不上新闻写作。

二、采访的质量直接关系着写作的质量

采访的质量主要是指采访的深度和广度。如果采访进行得不够深入广泛，那么写作必然面临“先天不足”的困境。而这种“先天不足”用新闻写作本身是无法弥补的。因为新闻报道不允许闭门造车、妙笔生花。相反，新闻写作方面的某些不足，比如文笔不够讲究，却可以用高质量的采访来弥补。有一些独家新闻，

① 梁衡：《传媒新论》，49～51 页， 北京， 学习出版社， 1998。

可能文字上有些粗糙，但新闻的魅力首先在于事实。记者提供了独家的事实，就在很大程度上决定了其新闻报道的成功。

新闻是“七分采，三分写”。资深的记者用“七三开”的比例形象地概括了在采访和写作两个过程中所花的时间与力量。因此，学习新闻写作，要建立在扎实的采访基础之上。

当然，新闻写作学与新闻采访学在很多方面是相濡以沫的。采访决定写作，同样写作也会反作用于采访。一个记者掌握了新闻写作的规律和技巧，反过来可以指导他的采访活动，有助于增强他的采访意识与提高采访能力。因为他熟悉新闻报道的各种体裁，了解新闻写作的基本方法，能够判断哪些素材对新闻写作有用。因此，面对同样一个采访对象，会写的记者胸有成竹，他的提问比不会写的记者更有针对性，整个采访也将更有效率。

一般来说，一个经过新闻写作专业训练并有实践经验的记者，在采访的中后期已经大致找到了写作的感觉，开始“打腹稿”。比如他要写一条消息，由于他了解消息对导语写作的要求，就会在下一步的采访中注意采集、概括或提炼适合放在导语中的事实；他懂得“用事实说话”的重要性，就会注意开掘能够表达思想观点的事实；他了解新闻报道，无论消息还是通讯，都需要恰当地交代背景，就会不仅采访现状，而且注意收集与新闻事实有关的历史与环境等各个角度的背景材料；他了解直接引语在新闻报道中的作用，就会注意收集与准确地记录被采访者的原话等。如果他想写一篇通讯，那么在下一步的采访中，他会注意着力深挖更多的典型事实与细节。即使到了动笔的时候，他发现按照新闻写作的要求，还缺少某些材料，也会有目的地进行补充采访。

对新闻写作来说，没有采访，好比要盖房子，却没有建筑材料，无从下手；但有了材料，如果没有建筑的知识和技能，同样也盖不成房子。这就是采访和写作的辩证关系。因此，既不能重采访轻写作，也不能重写作轻采访。采访与写作都是记者的基本功。要成为一个优秀的记者应该两手兼备，而且两手都要过得硬。

第三节　功夫在笔外

写出一篇好的新闻报道，当然需要学习新闻写作的基本规律和方法，本书在以后的篇章中将系统讲授。但仅仅掌握了这些知识还是不够的。新闻写作的主体是人。写作者的素质至关重要。一方面，新闻报道绝不是客观事实“照相式”的翻版。写作者的立场、思想、认识和情感，都影响和规定着他对客观事实的反映。另一方面，新闻写作是写作者各种知识和能力的综合运用。这种运用有一个信息的输入与积累的问题，也有一个“临场发挥”的问题。这些都和写作者的品德、学识、智慧、气质、思维、阅历以及心理状态等密切相关。

人品和修养是一切方法的基础。没有一个好的素质，正确的方法也不能被很好地运用。所谓“功夫在笔外”，讲的就是有关记者自身的素质问题。

这个问题涉及许多方面，不少新闻教科书对此都有所论述。党中央领导同志对新闻工作者提出了“打好五个根底，发扬六种作风”的要求，更是对记者素质问题全面而具体的阐述。五个根底是：理论路线根底、政策法律纪律根底、群众观点根底、知识根底和新闻业务根底。六种作风是：敬业的作风、实事求是的作风、艰苦奋斗的作风、清正廉洁的作风、严谨细致的作风、勇于创新的作风。这是每一个新闻工作者提高自身素质的努力方向。

应该说这“五个根底”与“六种作风”直接影响着、甚至决定着新闻写作的质量。我们不作逐条的展开论述，仅结合新闻写作的实践，根据本书所讲授的主要内容，着重从记者要加强政治修养、知识修养、思维修养三个方面，阐述其对学习新闻写作的重要意义。

一、加强政治修养

记者是一种特殊的职业。它肩负着为社会传递信息的责任。而信息是社会、特别是现代社会所不可缺少的纽带。记者这个职业也就成了社会各阶层、各行业所不可缺少的联系环节。它应以传播信息、推动社会进步为己任。从政治的高度来看记者的职责，他要对当时的社会负责，他要为以后的历史负责，这既是一个记者在进行新闻写作时必须首先端正的动机，也是衡量一个记者政治修养的核心内容。

（一）记者的政治修养首先表现在强烈的职业责任感

新闻写作属于责任感极强的一种写作。原新华社社长郭超人有一句名言：在记者的笔下“有财产万千，有毁誉忠奸，有是非曲直，有人命关天”。为了对社会负责，对历史负责，记者要有忠诚老实的人品，要敢讲真话，不说假话，要实事求是，不做“风派”。今天的新闻，就是明天的历史。记者的使命，从一定意义上说，是在记录历史。因此，那些阿谀奉承、煽蒙哄骗、沽名钓誉之徒，是绝对不能干记者这一行的。

（二）记者的政治修养还表现在强烈的正义感

记者进行新闻写作的目标，在一定的意义上说，就是用手中的笔，借信息的传递，对社会行使监测、主持正义、惩恶扬善、铲除不平，作进步舆论的导向。

在这个问题上，为谁写作，为什么写作，记者要有清醒的判断，如果被权力或者金钱所污染，就可能失去了一个记者起码的良知。

我们说，写好一篇新闻报道作品“功夫在笔外”，指的主要是记者必须具有的上述政治修养。它从根本上决定了新闻报道的思想高度与品位。在现实生活中，我们看到有些记者文字功夫并不差，也娴熟于新闻写作，但由于他缺乏责任感和正义感，只要有名或有利，就不管事实的真相如何，无视对社会舆论的影响如何，大笔一挥，或者热衷于新闻卖点的炒作，或者千方百计搜罗花边新闻，有时甚至炮制出虚假的所谓轰动性报道。必须指出，目前新闻界有一种浮躁的风气在蔓延，新闻报道中还存在着不少庸俗低下的作品，这都与有些写作者的政治修养差有关系。因此，新闻工作者的队伍需要不断整顿，任何时候都不能放松政治思想建设。

二、加强知识修养

有知识，有学问，这是记者业务素养的基础。新闻写作涉及社会生活的各个领域，需要有广博深厚的知识根底。一个记者除了拥有新闻专业教育的背景之外，还要对社会科学以及各种与新闻工作有关的问题有一定的知晓，才能较好地驾驭新闻写作。

美国新闻教育评议会认为：“从事新闻事业必须在社会科学，以及文学、语言、艺术以及自然科学方面奠定下深厚的基础，了解专业道德及新闻事业的历史发展及传统。学校新闻教育四分之一时间传授新闻采访、写作、编辑、制造广播电视节目以及有关媒介发展、传播法律与舆论等专业知识，但四分之三时间将用在认识你所生存的世界上。”① 而我们现在所面临的世界，是一个进入了知识经济的世界。因此，更要有与时俱进、精益求精、不断更新自己知识结构的学习精神。正如美国杰克·海敦在《怎样当好新闻记者》一书中所说的那样：知识面越广，就越能写好各种各样的题材。确实，知识与学问滋养着记者手中的笔，使它在进行新闻写作时变得挥洒自如、游刃有余。

新闻写作还是一个探求事实真相、表现事实真相的过程。这个过程需要遵循着两个方面进行。一方面要用历史学者的眼光分析事物的因果；一方面要用社会科学工作者的眼光辨识人类行为的真伪。这对记者的知识背景是一个很高的要求。我们在一些名记者身上看到了这种知识修养使其新闻写作达到的高度。中国

① 转引自王洪钧：《新闻报道学》，61 页，台北，正中书局，2000。

著名记者范长江所写的新闻名篇《中国西北角》、美国记者斯诺的脍炙人口之作《西行漫记——红星照耀中国》都是范例。斯诺在20世纪40年代，通过对延安抗日根据地以及中国共产党领导人的采访，不仅深入准确地再现了历史的真相，而且成功地预测了中国革命的未来。

三、加强思维修养

在记者的诸种修养中，以往我们对加强思维修养的认识不足。实际上，思维修养对新闻写作的成败也关系甚大。在一个好记者身上，除了他的人品（政治与道德修养）和学养（知识修养）之外，还有一种其他行业从业者所没有的新闻"敏锐"。媒体在实际考察一个人是否适宜当记者时，也常用一个只可意会很难言传的标准做最后的衡量：看他有无干新闻的"悟性"。这个悟性不是别的，而是智慧在瞬间的爆发。对新闻记者来说，它表现在能够快速地把事物的意义、事物所包含的新闻价值开掘出来。也就是说，并不是什么人都适合当记者的，这个行业所需要的"敏锐"和"灵气"，来自辨识与表现新闻价值的灵活的思维能力。

这种能力支配着整个新闻写作全过程。不同的思维方式与能力，对外界信息的选择、加工、处理显然不同。经常看到这种情况：同样到一个地方，采访同样一件事情，不同思维素质的记者写出来的报道，角度、视野与立意很不相同，质量的差异表现得非常明显。新闻思维能力强或者说新闻敏感性强的记者，能够很快地辨识何种新闻读者会感兴趣，并善于以读者喜闻乐见的方式把它表达出来；能够很快辨识本身虽不重要，却能引出其他重要新闻线索的信息；能够辨识在一条新闻的许多材料中何者最为重要；能够将手头消息的某些部分，变换角度，改写成更有新闻价值的报道。

这种思维能力还表现在新闻写作过程中对事实材料不断的分析与综合。所谓分析，就是要善于把事实整体的各个特征、各个方面分解出来。更为高级的分解叫做抽象，即能够抽出事物的本质属性。所谓综合，就是要善于把事实整体的各个特征、各个方面联系与结合起来思考。更为高级的综合叫做概括，即能够将事物的本质属性联系起来，并推广到同一类事物上去。

分析与综合在新闻写作的思维过程中是反复不断进行的。但是，与其他文字写作的概括与抽象思维不同，新闻写作要有从复杂的事物中迅速而准确地"拎出新闻"的功夫，即在选择事实时"直取要害"，在揭示深度上"直取内核"，这是记者思维独有的，是新闻敏感的体现。美国著名新闻记者李普曼形容记者的这种功夫：像探照灯的光束一样，不停地照来照去，把一件又一件事从黑暗处带到人们的视域内。

记者的思维修养还体现在创新意识上，又称创造性思维，其特点是机动灵活，求新求变。记者的思维必须定位在“最新”两个字上才能立住脚。正如新闻报道要求不断“求新”，即追踪新事物、新现象、新变化、新问题等，新闻写作，也就是报道新闻的手段、形式和方法，同样处于不断的更新之中。

我国著名记者艾丰谈到新闻写作的创新至少有三种情况，一是在原来的基础上有了新的综合；二是对原来的东西有了新的质的突破；三是创造了一种全新的样式。这种创新，既应该包括写作方法和技巧，也应该包括新闻报道的指导思想。有时实际上是两者的综合体。这三种新闻写作的创新，无一例外都是建立在对原有新闻思维模式的突破上。因此，每一次新闻写作的创新，都是写作主体消除原有的思维定势，在思维方式上取得新突破的结果，例如顺向思维不行可以换逆向思维，单向思维不行可以换双向思维，正面思维不行可以换迂回思维。总之，要善于随时根据不同的情况适时地调整和变换思维方式。从这个意义上说，创新思维是新闻写作的生命力之所在。

因此我们说，写好一篇新闻报道“功夫在笔外”，第三层意思是指记者要注意加强自己的思维修养，即不断提高自己辨识与表现新闻价值的思维能力。因为如果新闻敏感性不强，没有求新求变的思维，就没有写作上的创造与突破，新闻报道仍然上不了层次。

思考与练习题

1. 学习新闻写作的重要意义是什么？
2. 试论新闻写作与新闻采访的关系。
3. 新闻记者要加强哪些修养？为什么？

上编

总论

 ·新闻写作教程· ·新闻写作教程· ·新闻写作教程· ·新闻写作教程·

第二章

新闻写作的真实性原则

真实性是新闻的基本属性，也是整个新闻报道的原则。

在新闻写作中坚持真实性的原则，对记者来说，是第一位的要求，也是起码的常识。学习新闻写作要从这个起点开始。

本章将提出新闻写作对真实性的具体要求，并探讨在新闻写作中失实的原因和如何避免失实。

第一节　新闻写作对真实性的要求

真实性，最简单的定义是：新闻报道必须反映客观事物的原貌。

真实性作为新闻的基本属性，是由新闻自身的规律所决定的，是广大读者的要求，也是报纸、电台、电视等大众传媒取信于民的生命所系。

首先，真实性是新闻存在的基本条件。

在事实和新闻之间，是先有事实，后有新闻，事实是新闻的本源，是决定新闻存在的基础，新闻只是对事实的报道。整个新闻学在一定的意义上讲，就是建立在真实性的基础上。真实性是从事实到新闻的必然要求，是新闻报道中主观与客观相符合的特定标志。它表现着新闻的基本特征、性质和要求，没有它，新闻就丧失了存在的依据。尽管新闻的形态可以千变万化，但它对真实性的要求是恒定不变的。因此，无论讲新闻理论，或者讲新闻实务，无论讲新闻采访、写作或者新闻编辑、评论，各门课程都离不开这个“安身立命”的铁则。

其次，真实性是新闻传媒必须遵循的原则。

由于真实性对于新闻存在和发挥影响力有着决定性的作用，因而它成为新闻报道所追求的重要目标，也成为传媒取信于受众的关键。原中共中央宣传部长陆定一积多年主管新闻宣传工作的经验，对来采访他的《新闻战线》记者讲过一段很精辟的话：“新闻工作，搞来搞去，还是个真实性问题。新闻学千头万绪，根本还是这个问题。有了这一条，就有了信用了，有信用，报纸就有人看了。”①

国际新闻界也把新闻的真实性放在至关重要的位置。《美国职业新闻工作者协会章程》第一条就规定：“真实是我们的最终目标。”1948 年通过的《联合国国际新闻信条》第一条也有类似的表述：“报业及其他新闻媒介的工作人员应尽一切努力，确保公众所接受的消息绝对准确，不能任意扭曲事实，也不可以故意删除任何重要的事实。”全国记协 1997 年第二次修订通过的《中国新闻工作者职业道德准则》的第四条就是“维护新闻真实性”。

具体到新闻写作，如果没有真实性作为前提和基础，后面讲的许多写作理念、知识和技巧，都会成为无本之木、无源之水，而且可能写作技巧越高，离新闻越远。正如要盖一座高楼大厦，必须打好坚实的地基。真实性就是新闻写作的“地基”。如果“地基”不牢，建筑物早晚要坍塌。

新闻写作对真实性的要求是什么？可以分为浅与深两个层面。

浅层面重在要求新闻报道的具体事实必须真实准确。

深层面重在要求新闻报道的整体概括与分析要符合客观实际。

一、新闻报道的具体事实必须真实准确

（一）确有其事

这本来是不言而喻的。为什么如此郑重地把它当做一条具体的要求，并放在开宗明义的位置上？原因很简单，许多假新闻追查到最后，你会发现，它们常常是靠捕风捉影而得以生存，有些甚至就是无中生有、凭空捏造。

1997 年，北京某大报刊登了《一个小保姆和她的一部大书》，报道一个叫陈玉荣的女子，从陕西来北京打工，在当小保姆时写出了一部 18 万字的经济学专

① 转引自刘海贵、尹德刚：《新闻采访写作新编》，9 页，上海，复旦大学出版社，1997。

著。这篇报道见报后，全国数十家报纸做了转载，中央人民广播电台分三天连续播出，中央电视台某著名节目组和北京电视台都派人摄像采访，《中国妇女报》等报纸也进行了追踪采访。在一片热炒作中，《南方周末》驻京记者方进玉保持了冷静的头脑，他从核对这篇报道的一些常识性的疑点入手，前往陕西深入采访，通过实地调查，结果证实这是一篇彻头彻尾的假新闻。这位所谓的“天才小保姆”自述中充满了谎言，她的学历、经历甚至年龄都是捏造的。于是《南方日报》、《南方周末》刊登了方进玉所写的“打假”报道《一个小保姆和她编造的谎言》，用事实逐一揭穿了谎言，维护了新闻真实性的声誉。

还可以举出不少例子，如东北某报关于重建圆明园的报道、湖北某报关于首例“杂交野人”的报道等等，竟全是离谱的假新闻，追下去的结果是“查无此事”。看来，维护新闻的真实性，必须从源头抓起。也就是说，动笔之前，首先要经过查实与确认，是否真正发生了你所要报道的这条新闻。

（二）构成新闻的基本要素必须准确无误

所谓基本要素是指时间、地点、人物、事件、结果、原因，即西方新闻学所强调的 5 个 W（WHAT、WHO、WHERE、WHEN、WHY）加一个 H（HOW）。这些都是新闻赖以生存的因素，或者说弄清楚一个事实的起码条件、几个基本的环节。在任何一个环节上若有半点虚假，都会招致读者对整个新闻事实的怀疑，因此必须真实可靠，不能含糊其辞。

一般来说，时间、地点、人物、事件、结果几个要素还是比较容易表达准确的，主要难度在对“原因”这个要素的概括上。很多事物，尤其是比较复杂的事物，很难简单地归结为某一个原因。单向思维、直线思维所造成的片面性与绝对化，是以往我们的不少报道让读者看了不信服的症结所在。

（三）新闻中引用的各种资料必须准确无误

这里所说的引用的各种资料，主要是指数字、史料，还有背景资料等等。它们在新闻中的作用是很重要的。这一条要求与上一条基于同样的理由。俗话说，“一颗耗子屎坏了一锅汤”。如果在引用的资料上出现差错，也会使读者对整个新闻存疑。

（四）新闻所反映事实的环境、过程、细节、人物的语言、动作必须真实

（五）新闻中涉及人物的思想认识和心理活动等，必须是当事人所述

这两条我们放在一起阐述，因为它们是由一个共同的原则细化而成的两条具体要求。新闻写作有一个大忌讳：绝对不能虚构情节、合理想象、添枝加叶。这是它与文学创作的一个重要的区别。刚从事新闻工作的青年记者以及通讯员，由于没有工作经验，或者没有系统地接受过新闻业务训练，在进入新闻写作时，常犯的毛病是将文学写作与新闻报道混同。为了追求生动感人，凭主观想象，在行文写作时增加了一些不真实的东西，甚至将新闻当小说写。

虚构和假设是新闻的陷阱。苏联著名记者波列沃依曾经说过：一个新闻工作者“不论是为报纸写文章，还是写任何新闻作品，甚至是艺术特写，他都不能也没有权力展开幻想的翅膀，即使在细节的描写上，也应该做到准确无误。要知道，任何一种哪怕是考虑最周全的杜撰，任何一种用来修饰和渲染素材的虚构的细节，都会破坏使报纸通讯有力量的主要东西——真实性。”①

如果说在写环境，写过程，写人物语言、动作以及细节时必须真实，这点大家比较容易达成共识，那么在新闻报道，尤其是通讯题材的写作中，当涉及对表现主题有重要意义的人物的思想或者心理活动时，记者可不可以通过推论或合理想象，写出类似像“这一刹那，他的脑中闪过……”这样的句子呢？

早在1953年新华社就曾以朝鲜战地通讯《马特洛索夫式的英雄黄继光》为例，对新闻通讯写作能不能“合理想象”进行了一场社内大讨论。那篇通讯叙述志愿军战士黄继光持爆破筒冲向敌人碉堡时，有这样一段话：

> 一阵阵冷雨落在黄继光的脖子上。敌人的机枪仍然嘶叫。他从极度疼痛中醒来了。他每一次呼吸都会引起胸膛的剧烈的疼痛……黄继光又醒过来了，这不是敌人的机枪把他吵醒的，而是为了胜利而战斗的强烈意志把他唤醒了……后面坑道里参谋长在望着他，战友们在望着他，祖国人民在望着他，他的母亲也在望着他，马特洛索夫的英雄行动在鼓舞着他……

然后写黄继光一跃而起扑上了敌人的枪眼。这一段心理与感情描写读起来无疑是动人的。但有人置疑：黄继光当时只有一个人在前面，扑上敌人枪眼就牺牲了，记者怎么能知道他当时的心理活动？原来，这一段是“合理想象”出来的。大讨论的结果，绝大多数意见认为新闻不是文学，不能虚构描述。而且如果开了这个口子，将很难守住新闻真实性这道大堤。

那么40多年以后，这个口子守住了吗？大堤是否牢固？随着读者要求把新闻写活，许多记者也尝试着运用更多的文学手法表现新闻，在新闻报道中，尤其是通讯写作中，写人物心理活动时能否推论或合理想象，有关真实性的这个重要界限又模糊起来，甚至出现争议。1984年6月在全国好新闻复评中，参评作品《九米拼搏》是一篇报道大客车司机毛计三为救乘客而牺牲的通讯。通讯中有一段写道：

> 当特别快车从土坡和茂林背后风驰电掣般窜出来时，他惊呆了……他绝

① 转引自沈苏儒：《对外报道业务基础》增订本，136页，北京，今日中国出版社，1992。

没有想到，开车10年，铁轨不知越过万千次的他，竟会面对面与一列车遭遇……焦灼、紧张、懊丧似无数钢针刺着他的心，要是有一米的宽余，或者再有一秒的延拓就好了，他可以避开撞击，可以将客车倒出来。可是，环境对他是那么苛刻和险恶。他一跃而起，大把大把地朝左猛打方向盘……他知道，只有将车头顺着火车前进方向，偏转过去，避免垂直方向相撞，才能将撞击烈度减到最小……

尽管这篇报道的主题思想很有现实教育意义，上述的文字描写也很生动，但人已经牺牲了，这些材料，尤其是心理活动是从哪里得来的？显然又是记者的合理想象。《九米拼搏》经过几轮筛选最后还是被拿下来了。落选的主要原因是通讯中的一些内容属于“想象”，违反了新闻真实性的原则。评委们决断的结果是正确的，但如果我们分析一下过程还是能够看出一些问题：为什么有如此明显“合理想象与虚构”痕迹的通讯，还能够入选全国好新闻参评作品？为什么它闯过了几道关才落选？这说明在写人物心理活动时如何维护新闻的真实性原则，任务还很艰巨。

二、新闻报道的整体概括与分析要符合客观实际

新闻报道除了报道某一具体事件外，相当多的时候还要对涉及某一事实的大量相关事实进行整体的综合、概括与分析。这个概括与分析要符合客观实际，这是在更高的层次上对新闻真实性所提出的要求：

它从哲学的角度提出了现象真实与本质真实、微观真实与宏观真实相结合的道理，也就是说，把握新闻的真实性要有辩证的观点。

它还从哲学的角度提出了新闻真实性的层次论。也就是说，把握新闻真实性还要有历史的发展的运动的观点。

（一）现象真实与本质真实要辩证统一

新闻报道中有具体事实，也有概括事实。我们把感官可以直接感受到的事实称为具体事实，而把感官不能直接感受到的事实称为概括事实。具体事实必须真实，这在新闻真实性的第一个层次中已有明确的要求，它一般属于现象真实。那么概括事实呢？也要符合客观实际，它要能准确地概括具体事实的全貌，这属于本质真实。在新闻报道中容易犯的一个毛病，是在从那些看得见、摸得着的具体事实升华或抽象为概括事实时失真了，也就是说，现象真实与本质真实不相符合。

例如1984年我国粮食丰收，一些地方出现了“卖粮难”。新闻界如实地报道了“卖粮难”的具体表现，例如农民卖粮要排长队、国营粮站收购不了等。但有

些记者在进一步报道时，把这些具体事实概括为一种新闻现象“粮食过剩”，并提出“粮食多了怎么办?”的问题。这个概括就不符合客观实际了。因为当时粮食并没有多得不得了，而是计划经济旧体制下的粮食价格和粮食流通领域与新的经济体制发生了矛盾。换句话说，农民卖粮难的根本原因在于粮价不合理、卖粮的渠道不通畅。而有些新闻报道把这个现象上升与抽象概括为“粮食过剩”，显然违背了事物的本质真实。到了20世纪90年代中期，我国农村再度出现“卖粮难”的现象，这时候才确实是因连续多年的农业丰收而出现了粮食过剩与“涨库”，收购来的粮食国库装不下了。朱镕基总理做出退耕还林的决策，即让出一部分农田种树，以解决粮食过剩的问题，并恢复与保护生态环境。由此可见，在对具体事实进行整体概括和分析判断时，一定要符合客观实际，注意处理好现象真实和本质真实的关系。

（二）微观真实与宏观真实要有机结合

新闻报道中有个体事实，也有总体事实。报道个体事实要真实，它体现的是微观真实，报道总体事实也要真实，它体现的是宏观真实。但个体事实和总体事实之间的关系是非常复杂的。总体是建立在个体之上的，可个体又不等同于总体。它有时和总体是同类的，只有量上的区别；有时它只是总体的一个侧面，甚至只是支流的一个侧面；更值得注意的是，有时它与总体之间还有不可忽视的质的区别。这些复杂的关系反映在微观真实与宏观真实之中，在新闻报道中容易犯的另一个毛病，就是把并不能代表总体事实的个体事实或者一个侧面，夸大了它的普遍度，而发生对总体事实报道的扭曲。也就是说，在从报道个体事实到表现总体事实的过渡时发生“错位”。你所选择的新闻事实与同类事实的总体实际不相符合。在微观上它是真实的，但在宏观上它是失实的。

西方一些主流新闻媒体的记者在对中国进行报道时，由于意识形态的偏见，经常把一些个别的事实，夸大成普遍现象，造成总体上的报道严重失实。最明显的例子莫过于对1995年9月在北京召开的第四届世界妇女大会的报道。西方主流媒体对世妇会的主旨、会议的进展和成就以及两万多名与会妇女代表的意见漠不关心，而是热衷于抓住一些枝枝节节，例如偶尔发生的车祸、老天下雨、非政府组织妇女论坛会场改址、入境签证上的某一件事等等大肆渲染，夸大歪曲报道，以向世界传播“北京把世妇会开得一团糟”。这种失实的报道在会议快结束的时候，不仅引起第三世界国家代表的抗议，西方国家的一些妇女代表也对此表示不满。由此可见，微观真实和宏观真实能否有机地统一起来，对维护新闻的真实性至关重要。

（三）新闻报道的多层次真实

持这种观点的学者们认为，新闻的真实性是随着事实发展的真实，表现为一个认识的过程。因为信息本身有一个不断释放的过程，信息释放完毕，或者说事实的发展完结，报道的真实性才能全部展现出来。事实进展到什么程度，新闻报道的真实性只能达到什么程度，当然不排斥预测。因此，所谓的新闻真实，应该是多层次的真实，有达到现象层次的真实，有达到初级本质层次的真实，有达到二级本质层次的真实，有达到核心本质层次的真实。这些层次只有深浅之分，没有真假之分。

具体到新闻报道作品，真实性也有一个层次问题。一般来说，文体结构的层次与对真实性要求的层次是协调一致的。结构越复杂，要求的层次越高。如一件新近发生的事实，若撰写成简讯或消息，只要求报道准确。若写成通讯，作深度报道，需要交代事情发生的因果关系，就要求处理好现象真实与本质真实、微观真实与宏观真实的关系。因为如果做不到整体概括和判断的正确，那么无论它在新闻的要素、具体的事实乃至细节上如何准确，都将从本质上丧失了本篇报道的真实性。所以，新闻报道作品的结构越复杂，新闻真实性要求的层次也就越高。

换句话说，并非所有的新闻报道都要做到反映事物的本质或者反映事物的宏观。有些关于自然和社会状况的动态消息，如天体现象、自然变化、科技发明、经贸活动等等，只需提供某种信息，告诉读者发生了什么事情就行了。而一些突发性事件，时效性要求很强，也不必非要等到了解到了“本质”之后再做报道，可以通过连续性报道来逐步揭示其内在的东西。但是，对一些带有全局性、倾向性的问题，对一些重大的、敏感的问题，就不能停留在“现象真实”或者“微观真实”的水平上了。大量的深度报道，包括一些解释性报道、评述性报道、调查性报道以及工作通讯等，都属于必须将现象真实与本质真实、微观真实与宏观真实有机地结合起来进行报道。

第二节　新闻报道失实的原因

维护新闻的真实性并不是轻而易举的事。

同新闻真实相对立的是新闻失实。在实践中，报道失实这种现象一直困扰着中外新闻界，并带有普遍性、顽固性的特点。几乎有媒体报道，新闻失实就如影相随，从未离开过人类的新闻传播活动。

既然是一个顽症，它必然有其存在的深刻原因。应该说，导致新闻失实的原因是复杂的。既有客观环境方面的原因，也有传播者主观方面的原因。

总结中外新闻界历史与现实的经验教训，造成新闻失实的主要原因有如下几点。

一、体制性失实

体制性失实是指因某种价值观对新闻报道发生强烈作用时而造成的新闻失实。价值观，或者说意识形态同新闻传播活动有着十分密切的关系。一定的价值观不仅关注着新闻传播活动，而且要在对新闻传播实施领导和导向的过程中使其为自己服务。从这个意义上说，新闻传播活动总是在一定的政治环境中进行的，其真实性的实现不可能不受到政治环境的影响和制约。西方新闻界已经注意到：在某种社会思潮兴起的时刻，新闻界炮制的假新闻就明显增多。

1999 年至 2000 年间俄罗斯发生了车臣战争。这本来是俄罗斯的内政问题，为了保卫国家与民族的安全，俄罗斯政府出兵打击车臣非法武装分子。但西方媒体基于他们的“人权价值观”，在所谓的“人道主义干预”的意识形态指导下，对车臣事态的发展进行了不少报道。在他们的报道中，俄罗斯军队是侵略者，车臣非法武装分子的恐怖活动是正义的。对这一场战事，西方声称他们作了所谓的事实性报道，其实在一定程度上这只能说是一种主观化的或价值化的真实。特别需要指出的是，有不少带有明显政治倾向的报道，不仅是失实的，有些甚至就是假新闻。其中最典型最恶劣的莫过于西欧某国电视台在 2000 年 2 月 25 日晚上播放的所谓俄罗斯军队在车臣“暴行”的电视新闻。画面显示，一些俄军士兵正在掩埋几十具尸体。解说词说，这些伤痕累累、肢体不全的尸体，都是经过严刑拷打后遭枪杀的车臣人，其中甚至有无辜的平民。这一节目播放后，欧洲许多国家的电视台都进行了转播，立时引起一场轩然大波。事后证实这是一则彻头彻尾的假新闻。该电视台记者谢夫林没有到过现场，自己没有拍摄过任何镜头，更没有亲历过所谓“暴行”涉及的事件。他是从一位俄罗斯记者的录像带中选取了两分钟的素材，然后剪辑拼凑，又断章取义地加入了解说，完全歪曲了录像片中的原义和画面中死者的真相。俄军掩埋的是从格罗兹尼突围时被打死的和在格希丘交战中被炸死的车臣非法武装分子的尸体，他们根本不是被酷刑折磨致死的。当假新闻被揭穿以后，该电视公司以“编造谎言、蒙骗观众、违背了记者职业道德”为由开除了谢夫林。

我国新闻界在体制性失实方面也是有惨痛教训的。近半个世纪以来，曾两度出现政治运动冲击新闻真实性的灾难性局面。

第一次是 1958 年“大跃进”时期，在“左”倾冒进思潮的影响下，当时的新闻界对经济建设的成就报道严重失实。曾做过毛泽东秘书的李锐说：“想起大跃进，就想起当年报纸的宣传，那真是一派海外奇谈，一片杜林夸大狂”，“让人或脸红心跳，或目瞪口呆”。当时的报纸对所谓水稻放高产卫星进行了这样的新闻报道：1958 年 6 月《人民日报》报道河南有地方水稻亩产2 000多斤，以后陆续报道各地放卫星，从亩产3 000、4 000、6 000斤到同年 8 月湖北出现亩产15 000斤，自此开始在新闻报道中水稻单产量就像脱缰的野马一路往上窜。9 月初，有报纸报道某省某地亩产超过60 000斤。当年 10 月 1 日《天津日报》的消息称：“毛主席视察过的天津市东郊区新立村公社新立村水稻试验田获得高额丰产”，“经过严格的丈量，过磅和验收”，“亩产124 329. 5斤。”《人民日报》发表文章欢呼：“没有万斤的思想，就没有万斤的收获。”新闻的浮夸达到了登峰造极的程度。40 年过去了。据 1999 年 9 月 20 日新华社报道，我国在云南省永胜县一个乡的小面积实验区里，率先培育成功了超级稻，亩产1 137. 5公斤，创世界最高产量。这个产量折合成市斤，为2 265斤。也就是说，时至今日，水稻世界最高亩产也不过2 000多斤。回头再看 1958 年我国新闻界为那场蔓延全党、风行全国的造假运动推波助澜，大肆宣传的水稻亩产放卫星超过 12 万斤，荒唐到了何等地步。

第二次是“文化大革命”时期，新闻的真实性原则再一次遭到浩劫。当时“四人帮”控制了舆论宣传，他们用“事实服从路线斗争需要”的谬论指挥新闻工作，报纸的功能萎缩成单一的为政治服务的工具，假话、大话、空话、套话充斥版面。新闻报道黑白颠倒、是非混淆，老百姓对党报几乎完全失去了信任。这是中国新闻史上最不光彩的一页。

在这一时期“左”的意识形态指导下，国内的报纸“千报一面”，许多新闻报道的内容除了宣传功能之外，根本经不起任何事实的推敲。甚至对国外新闻的报道也严重失实，例如关于柬埔寨红色高棉消灭了多少敌人的报道，若把消息中披露的“歼敌数字”加起来，已经超过了该国人口的总和。

二、经济性失实

经济性失实是指由于金钱等经济利益对新闻报道发生强烈作用时所造成的新闻失实。

西方新闻界这方面的例子不少。尤其一些小报，几乎自面世以来就成为“失实新闻”滋生的温床。原因很简单，因为它们自负盈亏，必须赚钱养活自己。为了追求市场“卖点”，取得较高的利润，有时不惜制造新闻，或者用对事实的歪曲报道来迎合读者。即便是“大报”，随着传媒的产业化，经济力量对其影响乃至左右也越来越严重，新闻真实性的原则同样受到了严峻的考验。西方受众对传媒所做的新闻报道的可信性打着问号，连新闻工作者对此也有自知之明。美国皮尤民众与报界研究中心1999年5月曾对全国性与地方性报纸、电视、电台与计算机网络的522名记者和新闻负责人进行了调查，以了解他们对传媒的自我评价。调查结果表明，这些记者与报人普遍认为“新闻媒体缺乏可信度，报道所含水分太多”。分析其原因，主要是“经济压力伤害了新闻报道的质量”。他们认为，“在媒体走向产业化的时候，新闻这个专业面临的挑战是日益显著的商业倾向。商业上发展到极致，必构成对大众的背叛”。他们所说的背叛，就是由于新闻失实而导致传媒公信力的下降乃至丧失。

随着我国社会主义市场经济的确立，过去国家财政全包的报刊业已逐步走向市场。此举极大地激发了我国报刊业的活力，但同时也带来了一些负面影响：其中之一就是因盲目地追求经济效益而造成新闻质量下降。国家新闻出版署一位副署长在一次会议上强调，新闻质量问题的第一个表现就是“假报道增多，可称为假言惑众”。他说：“报道要真实，这是过去几乎不用说的事，以至于我们在以往的法规中根本没有想到要写上这一条。但是近一两年来的假报道已经成了经常发生的事。”这是1994年说的话。三年过去了，到了1997年，维护新闻的真实性原则已经写进了新闻工作者准则，但假新闻仍层出不穷，乃至1998年初有人在《新闻出版报》上撰文呼吁，在评1997年各种“十大新闻”时，莫忘假新闻。该文说，1997年出现了一批轰动一时、被媒体纷纷转载、后经“较真儿”的记者追踪调查，被证实为虚假报道的假新闻。“此类现象尽管早已有之，而像1997年这样此起彼伏，且件件颇具影响并不多见，大概算得上一种现象。”作者认为评个“十大假新闻”是没有问题的。2000年初，我国又有十几家小报，因刊登品位低下、格调庸俗的虚假新闻被查处。只要对这些假新闻稍作考察，就不难发现，不管哪一类造假者都只有一个目的，即片面追求轰动性效应和市场卖点，以刺激报刊的发行量。也就是说，假新闻背后都有经济利益的驱动。还有一些媒体公然搞有偿新闻，甚至出卖版面，只要有人出钱，让怎么写就怎么写，让登什么就登什么。如果一切服从于金钱这个指挥棒，新闻的真实性从何谈起？

三、故意失实与非故意失实

上文所列举的两点主要从新闻传播的社会环境、舆论环境等客观方面探讨新闻失实的原因。这里，我们将对媒体以及报道者自身的主观因素与新闻失实的关系作进一步探讨。从这个角度分析新闻失实，一般分为两类：一类是故意失实，一类是非故意失实。

（一）故意失实

这类失实是指媒体或者新闻报道者事先明知报道内容不符合客观事实，具有虚假成分，但却出于种种主客观因素的制约和影响，而有意为之所导致的新闻报道失实。这类失实从性质上看是比较严重的，所造成的危害常常也比较大。通常表现的形式有如下几种：

某些作者出于不正当的动机或需要，故意捏造事实、虚构情节，甚至颠倒黑白、混淆是非。常见的有因急功好利而无中生有者，有为沽名钓誉而胡编乱造者等。值得注意的是，近20年来，我国报业出现了一支自由撰稿人队伍，他们是新闻界的补充力量，其中不乏一些好写手。但与此同时，良莠不齐的现象严重，有些人为了赚钱，剪剪贴贴、抄来转去、加油添醋、肆意炒作，甚至制造假新闻。这些“报虫”扰乱了新闻界的秩序，玷污了新闻的真实性原则。

还有一些故意失实，是媒体或者报道者分不清宣传与新闻的界限，为了政治宣传的目的，或为了追求政治宣传的效果，离开了客观事实，而去刻意制造典型，或者任意拔高。也有的媒体或者报道者不是从客观存在的实际情况出发，而是完全从是否对自己有利出发来选择事实、报道新闻。往往在事实对自己不利的时候，便试图掩盖事实、隐匿实情，甚至编造谎言。还有一些失实报道，则是作者屈从于压力或者诱惑写的“昧心稿”。此外，那种知情不报的，或者只报喜不报忧的，也应视同故意失实。

一般来说，故意失实与报道者的思想意识不端正和职业道德差有关。

（二）非故意失实，也称业务性失实

这类失实是指新闻报道者并无故意造成失实报道的动机，而是由于种种主客观条件的限制或影响，未能按照客观事实的本来面目如实做出报道所导致的新闻失实。这种失实虽然从性质上看没有故意失实那么严重，但它出现的频率高，所造成的危害也不能忽视。通常的表现形式有：思想方法片面，对所报道的事物认识不够准确；知识不足，在报道中闹笑话、出差错，或者采写作风不严谨、粗枝大叶等造成失实。

世界上许多国家在用法律保护新闻自由的同时，对新闻报道失实也作了惩处的规定。过去我国法制不健全，许多记者因此法制观念淡薄，认为一篇报道出点错，甚至失实了，大不了写篇检查了事。在这里我们想强调的是，现在我国的法律，已规定受理新闻侵害名誉权案件。也就是说，当新闻报道失实的时候，被报道者可以拿起法律的武器保护自己，而报道者则可能因报道失实而触犯法律，要承担法律责任。

在法院已经受理的新闻侵害名誉权案件中，最常见的便是因报道内容失实而

侵害他人名誉权。最高人民法院《关于审理名誉权案件若干问题的解答》第八条第三款规定："文章的基本内容失实，使他人名誉受到损害的，应认定为侵害他人名誉权。"据司法部门解释，文章基本内容失实一般有以下三种情况：文章所述事实与客观存在的事实不符；文章评论、结论内容不真实；文章所反映的内容不是事实的全部，而是事实的一部分，因以上原因使受害人的名誉遭受贬损、社会评价降低的都可以构成侵害名誉权。因此，新闻报道的真实性已经在一定的程度上受到法律的监督。

第三节　新闻写作如何避免失实

综上所述，造成新闻失实的原因是复杂的。解决它需要综合治理，多方面地对症下药。仅社会与舆论等客观环境的问题，就犹如一个系统工程。即使具体到媒体内部，例如一张报纸，如何维护新闻报道的真实性，也需要编辑部各个环节，包括从选题、采访、写作到编辑、排版、印刷等生产全过程的共同努力。本节不可能面面俱到，仅专题讨论在进入新闻写作这个阶段以后，为避免报道失实所要注意的问题。

一、在确定主题和选择报道角度时要坚持独立思考

进入新闻写作阶段，面对采访来的素材，首先要确定报道的主题、选择报道的角度。这时候很重要的一点在于能否真正尊重客观事实，一切从实际情况出发，保持独立思考的精神，而不是盲目地"跟风"。

历史的教训告诉我们，宣传容易"刮风"。现在仍然不乏这样的例子：只要是上面来了什么精神，就火速地派记者下去，按上面的宣传口径，凑例子、拼稿子。有时候同一个新闻事实，在不同时期的报道中跟着"风向"扭角度，以不变应万变，新闻事实成了可以任意捏的面团儿。除了"跟风"，还要警惕一个新的倾向："跟钱"。在本章第二节里我们已经讲过经济利益也会严重地扭曲新闻主题和新闻角度。拿了企业给的钱，或在某个新闻发布会上领了"红包"，写稿时就按人家定的调子吹喇叭、抬轿子。这种事在市场经济的情况下已屡见不鲜。

确定报道的主题和选择角度，这是新闻写作的入手处，也是考验一个记者为什么而写的时候。在当前复杂多变的社会环境中，能否保持独立思考的精神，坚持实事求是，不惟上、不惟钱、只惟实，是否敢于讲真话，是很重要的。手中的笔只有对社会负责，对历史负责，其稿件的真实性才能从根本上得到保证。报道主题与角度的选择，必须并且只能从实际情况出发，并要符合实际情况。

二、在谋篇布局时要避免片面性

新闻写作的谋篇布局，即消息或通讯的结构设计、段落安排，实际上体现着写作者对所报道事实的认识与分析。此时此刻，要掌握与运用科学的方法，辩证地、全面地反映和报道事物，这是防止新闻失实的一个重要方面。

长期以来，由于受“新闻等于宣传”的影响，新闻工作中的片面性现象十分严重。不少从事新闻工作的人养成了单向思维的习惯，很容易按照宣传的口径把事物简单化、绝对化。大千世界被唯心而机械地划成红与黑两大块，说好，一切都好；说坏，一切都坏。在相当长的一段时间里，这种两极论的新闻模式控制着中国新闻界，报纸上每天都是红黑分明，不是高唱赞歌，就是大批判。而实际上世界是多元化的，红与黑之间的色彩绚丽无比。而且事物的发展是多样性的，并不是简单划一的“一因一果”，而经常是“多因一果”或“多因多果”，也就是说，它是复杂的，是由于多方面的因素造成的，有时候也并不是一种结果。

新闻报道要全面地、真实地反映客观事物，就必须进入红与黑之间的那个广大的中间地带，并力争正确地交代事实的因果关系，避免以偏概全、以点代面、夸大一点、不及其余。对比较复杂的事物，要注意多角度、多侧面、多层次地进行报道。新闻写作应该学会把交叉性、综合性的信息提供给读者，并注意运用传播学中的“平衡”原则。比如表扬时不要把成绩说得过满，而且最好提及差距和不足；批评时也不要讲得一无是处，要分析产生问题的主客观原因。特别是对有争议的问题，记者更应该如实地报道各方面的不同意见，不要只取一面之词。

三、在写情节细节时严禁想当然

新闻写作与文学创作的区别在上文中已多次强调。将推测、推论、合理想象的东西作为事实来写均属想当然，无可非议地在严禁之列。对于“想当然”造成失实的危险，我们还可以从另一个方面加以说明：有些新闻事实常常含有不可预料的方面，或有出乎意外的情况，按常规思路去想象、去推断，有可能偏离事实。有一个堪称经典的例子：苏联记者波列沃依是世界闻名的军事记者。第二次世界大战结束后，他转入和平建设时期的报道。有一次，他到工厂采访，写了一篇以一位老工人为中心人物的报道。采访时这位老工人头上戴着帽子。回到编辑部写稿时，波列沃依为了生动，想当然地加了这样一段细节描写：“他早早地起来了，穿上了节日的盛装，刮了刮脸，仔仔细细地梳了梳头发。”稿件登出两天，老工人找到编辑部来了，他当场摘下帽子，波列沃依尴尬地看到：老人的头上连一根头发也没有。

本章第一节已经谈到“严禁想当然”的关键一点，是要“严防死守”心理活动描写不能推测与合理想象这道“堤防”。但心理活动对表现人物确实是重要而有价值的情节或者细节，怎样解决这个问题？惟一的方法是在采访上下功夫，要力争采访到当事人自己所陈述的心理活动，然后如实表述。舍此之外，别无他径。在一篇题为《这就是马尔维纳斯》的报道中，描写了英国首相撒切尔夫人向议会宣布对阿根廷宣战那一刻的心理活动：她想见到她的丈夫丹尼斯。因为丹尼斯不仅是她生活上的伴侣，而且是她政治生涯的最坚定的支持者。这个细节对这位铁女人的报道是很有人情味的神来之笔。记者是怎样写的呢？

> 她扫视全场。事后她回忆那一刻的情况时说：“忽然，一个念头攫住了我，我想见到丹尼斯。这个念头是那么强烈，以至于我几乎控制不住自己。”

请注意记者准确而谨慎的表达：“事后她回忆那一刻的情况时说”。显然这段心理活动是记者在事后采访得来的，而且来自被采访者本人的自述。为表现这个重要的心理活动细节，记者在写法上也采取了标准的新闻报道式，使得其真实性无懈可击。

四、培养质疑意识，注意核对引用资料

外国记者有一条重要的经验：不要相信自己的记忆力。在美国的一些媒体编辑部里，总能看到工作台上放着的各种版本的字典和堆满书架的工具书，包括各类百科全书、地图集、人名录等等。记者与编辑无一例外地要经常查阅这些书。这是他们的职业习惯。实践已多次证明，通过查阅有关资料反复核实，可以避免出现常识性的错误。

新闻报道涉及的面非常广，要求记者有广博的知识。不少报道失实，与记者的知识贫乏或者知识面过窄有关。比如有一条写降低成本的消息，引用的数字为“降低一倍”。有些常识的人都懂得，产量的增长可以翻番成倍，成本降低却不可能翻番成倍，因为降低一倍，就等于没有成本了。即便有些记者知识准备比较充足、知识结构比较全面，也不可能什么事情都懂。况且新闻是以报道新事物为己任的，新的知识层出不穷，记者必须不断学习。写稿时遇到有疑问的，一知半解或自己不懂的地方是常有的，也是很正常的事情。因此记者一定要培养自己的质疑意识。

（一）稿件中所引用的材料，包括采访中获取的各种素材、背景资料、史料，要通过不同的途径查询与核对

西方新闻传播学有一条规则：新闻报道必须经过与所报道的事件或人物无关的、独立的、两个以上的来源证实，才能被认为“大致准确”，才能在新闻写作

中引用。这条规则也叫做“三角定位法”。请注意在这里的“无关”、“独立”、“两个以上”，它们都是维护新闻真实性的关键字眼。

（二）对被采访者的自述，即记者通过采访所获得的第一手材料，也要保持质疑意识，也要核对

前文中提到的那篇关于“天才小保姆”陈玉荣的报道，出自北京一家大报一位文笔很好的主任记者之手。此次报道失实，主要教训就是记者只依赖小保姆的自述，对被采访者所提供的事实以及材料，包括假身份证、用电脑打印出来的求学简历、高考成绩和考研究生分数等，记者都没有进行核实。其实记者对一些细节只要动点脑筋，并稍做核实，就不会上当受骗。比如小保姆自述她高中一年级即报考大学，还收到了西北大学考古系的录取通知书。后来，《南方周末》记者方进玉在质疑这条新闻时，只打了几个电话，就问清了西北大学根本没有考古系，就算是历史系，1988 年也没有录取过陈玉荣。西北大学校办公室主任郑重地指出：“在这篇报道发出之前和之后，记者从未打过一个电话向我校任何一个部门进行过核对。”而小保姆高中母校的老师们也说，这条报道转来转去、以讹传讹，两个多月里竟没有一位记者来学校调查。

（三）要注意核对数字

在报道我国第一次人口普查时，有家通讯社的一则消息把北京市人口死亡率的小数点搞错了，0.11% 错写成 11%，增大了 100 倍。一点之差，事实谬之千里。

1993 年 4 月 25 日某报第二版有一稿说：“石家庄铁路分局……在职职工近 7 000人”。熟悉铁路系统机构组成的人都知道，一般铁路分局的职工人数在万人以上，石家庄铁路分局是大型分局，所以，应为70 000人，此稿少了一个零。

还经常可见在一些报道中因计算错误而造成的失实。如一篇消息中说“葛洲坝电厂装机 271.5 万千瓦，……年发电量占全国的五分之一”。而国家统计局同年公布的全国年发电量为6 700亿度，按葛洲坝电厂装机容量计算，年发电量为 240 亿度左右，只占全国发电量的 4%。因此，记者在新闻写作涉及数字时，要一丝不苟，养成严谨的作风。

五、描写要有分寸感

著名记者艾丰在他的专著《新闻写作方法论》中提出，所谓的新闻真实性问题可以用这样三个层次表述：第一个层次是有没有；第二个层次是不是；第三个层次是像不像。这个第三层与遣词造句准确与否就有密切的关系了。有些报道失实，缘于记者用词不当或词不达意，造成“是而不像”，换句话说，虽然有那么回事，但写走了样。

我国新闻界最常见的是滥用溢美之辞，描写时夸大、渲染、拔高。实际上，一个用词不当，就很容易引起读者阅读时的逆反心理。有经验的记者都知道，用词造句与描写的分寸感，是体现新闻真实性一个重要的环节。西方新闻学对此也很重视，有的教科书指出，滥用“非常”、“最”、“绝对”、“很”之类的词，是对新闻语言的污染。一些学者在进一步分析新闻描写是否恰如其分的问题时指出：这固然取决于记者的观察能力和写作能力，但从根本上说，起决定作用的是记者的态度，能否保持客观公正和实事求是。如果带着个人的好恶，就会有意无意地夸大或缩小有关的事实。

形容词的使用对掌握分寸感很重要。用词的不同会出现反映事实的差异。如一个人快步走来，可描述为：他兴奋地走来、他慌慌张张地走来、他急匆匆地走来、他不顾一切地走来等等。因此新闻写作要求在用形容词时格外谨慎。无论对人物、事件、过程还是环境进行描写时，都要精心选择用词，力争用更准确、更恰如其分的语言去描述。西方新闻教科书给学生立下的新闻写作规则说：“少用形容词”，“要像挑选宝石与情人一样挑选形容词”。在有关的新闻写作论著中还可以读到忌用形容词的如下警告：“形容词太多是危险的”、“形容词是会戏弄人的”、“只有懒惰而蹩脚的记者才会在报道中堆砌形容词”。我们将在本书第七章详细阐述有关新闻语言的问题，这里不再展开。只是介绍上述观点，说明在新闻写作中如何描写，特别是慎用形容词，对维护新闻的真实性是很重要的。

六、要注明新闻来源

新闻来源主要指为记者提供新闻报道所需情况与材料的人或单位，有时也包含记者获得新闻信息的地方。一般来说，新闻来源主要包括新闻事件的参与者、新闻事件的目击者、新闻事件的知情者等。受众在接受一则新闻信息时，除了关心信息的具体内容外，还想知道这则信息是谁提供的，进而判断信息提供者的权威程度，并由此推断这条信息的可信度。在消息或者通讯写作中巧妙地交代新闻来源，做到笔笔都有依据，这是堵塞杜撰新闻的一条渠道，对维护新闻的真实性也有重要的意义。

七、严格执行稿件送审制度

稿件写完以后一般来说应该送审。审稿者主要是被采访对象。这个程序不仅有助于纠正稿件中的失实之处，而且在某种意义上相当于二次采访，有时候被采访者会在审稿时对内容、事实、观点做进一步的补充修正。有些重要稿件按规定还要送有关部门审稿，这个环节也不能忽略，它可以防止稿件在政策上出现问题，或宏观上失实。每一家传媒内部也都有以编辑为主的审稿系统，记者写出来的稿件，也还要经过所在传媒内部的审改。也就是说内外都要把关。实践证明，这是避免新闻失实卓有成效的两道关卡。

以上所述的七条，主要针对非故意性失实。需要补充说明的是，对这类失实，固然在写作时要注意避免，但首先在采访阶段就应当尽量把它们消灭掉。为维护新闻的真实性，在采访时有两点注意事项：第一，调查访问一定要深入细致。采访时要听清楚、记准确，特别是关键的事实、过程、人名、地名、机构名称、数字等。第二，不轻信被采访者提供的事实，而要争取多采访一些人，通过不同的渠道来核实事实。

对新闻工作者来说，质疑求证的意识应该贯穿于采访与写作的全过程。当然，进入写作以后更要慎重严谨。如果说，采访过程是在不断地排除那些不是新闻的事实的话，那么在进入写作以后，自始至终要注意排除那些不是事实的新闻。

思考与练习题

1. 在新闻写作中如何贯彻新闻真实性的原则？
2. 具体分析一篇失实的报道，找出原因。

第三章

新闻写作的基本方法

学习新闻写作，首先要掌握新闻写作活动的基本规律。

任何文章的写作，所遇到的基本的矛盾都是如何处理材料和观点的矛盾。所谓写作规律指的就是寻求这两者结合与统一的基本方法。新闻写作遇到的矛盾也不例外，它要处理的是新闻事实与记者所要表达的观点之间的矛盾。而解决这个矛盾的基本方法就是“用事实说话”。

本章要回答的问题是：新闻报道为何要用事实说话？怎样用事实说话？

第一节　新闻为何要用事实说话

一、什么叫用事实说话？

有两种不尽相同的表述。一种说法是：通过客观地叙述新闻事实及其背景来体现观点、发表意见。另一种说法是：记者把思想观点藏在精心选择的某些事实里，让受众通过事实自己领悟其中的道理。

无论如何表述，新闻写作的基本方法都离不开两个要素：“事实”和“观点”(即说话)。它的特点在于两者结合的方式。

从形式上看，新闻报道，尤其是动态消息，并不直接论述对事实的观点，即通过发表有形的意见来说话，而是叙述和再现事实，运用事实本身的逻辑反映现实，采取“寓论断于叙事之中”的方法，即通过发表无形的意见说话。新闻界的老前辈胡乔木曾说：“我们人人都会发表有关意见，新闻却是一种无形的意见。从文字上看去，说话的人，只要客观地、忠实地、朴素地叙述他所见所闻的事实。但因为每个叙述总是根据着一定的观点，接受事实的读者也就会接受叙述中的观点。”①

通过事实发表无形的意见，这正是新闻报道特殊的价值和独特的作用，西方新闻学形容“用事实说话”为“记者的舌头是缩在后头的”。因此，新闻写作的这个基本方法又被他们称为“藏舌头的艺术”。

二、为什么要用事实说话?

（一）事实是新闻的本源

新闻是新近发生（或发现）的事实的报道。这个定义再清楚不过地表明：没有事实就没有新闻。俄国伟大的生理学家巴甫洛夫在《给青年们的一封信》中说过：鸟的翅膀无论怎样完善，但若不借空气支持，是不能使鸟体上升的。事实是科学家的空气，没有事实，他们永远也飞腾不起来。② 这番话同样可用在新闻写作上。事实也是记者的“空气”。离开事实，记者几乎一无所有，没有任何可以称得起素材的东西。没有事实的支持，就没有新闻报道。事实是新闻的实体，也是新闻的存在形式。所谓新闻的指导性、政治性等，都是由事实派生出来的，不是独立存在的。也就是说，它们都包含在事实之中，不能贴标签式地外加上去。

（二）事实胜于雄辩

新闻报道坚持用事实说话，因为事实本身具有强大的说服力。道理很简单：人们认识某种事物，懂得某个道理，总是从具体事实开始的，从具体到抽象，从感性上升到理性，形成概念，然后形成观点。现在要让受众接受你的观点，也就是让他们接受一个抽象的、理性的概念。怎么办？最便捷的办法当然是带他们回到具体和感性中去，也就是说回到事实中去。从这个意义上说，我们讲新闻要坚持用事实说话，就是坚持按照人类的认识规律办事。

毛泽东在1925年亲笔撰写的《政治周报》发刊词中说：

> 我们反攻敌人的方法，并不多用辩论，只是忠实地报告我们革命工作的事实。敌人说：广东共产，我们说：请看事实；敌人说：广东内讧，我们

---

① 转引自高宁远等著：《现代新闻采访写作教程》，112页，北京，新华出版社，1998。

② 同上。

说：请看事实；敌人说：广州政府勾结俄国丧权辱国，我们说：请看事实；敌人说：广州政府统治下水深火热民不聊生，我们说：请看事实。政治周报的体裁，十分之九是实际事实之叙述，只有十分之一是对于反革命派宣传的辩论。

毛泽东在此所讲的“十分之九是实际事实之叙述”，指的当然是新闻报道，可见，新闻报道的作用和威力尽在事实中。

（三）事实最符合受众的需要

人们读报纸、听广播、看电视、关注传媒，主要想获取信息，知道一些新鲜事，而不是首先想知道一些道理，这与看书学习时的欲望是不同的。而且在读报或者听广播看电视的过程中，受众对越感兴趣的信息，就越想知道得具体一些，这个所谓的具体，也不是道理，而是事实。实践证明，新鲜与具体的事实，是传媒市场适销对路的商品之一，受众通过媒体最需要了解的就是新闻事实。

另外，从受众的心理分析，在阅读选择的时候，大多数人愿意接受记者提供的事实，相信通过自己的头脑对事实所做出的判断，而不愿轻易接受别人的观点，更讨厌那种充满大话、空话的宣传和强制性的灌输。随着时代的进步，受众自身素质的不断提高，这种心理趋势会越来越强烈。因此，要把评价事实的权力还给读者。

传播学的理论研究也告诉我们，最好的传播效果是劝服，而不是压服。传播学家勒平格在他所设计的五种劝服策略中，主要的一种叫做认知性设计，这种设计要求通过提供事实、信息和逻辑推理进行劝服。他的口号就是：“让事实本身来说话。”

综上所述，正如艾丰在他的《新闻写作方法论》一书中所总结的：新闻写作最基本的内容是事实；新闻写作最基本的素材是事实；新闻写作成败最具决定性的因素是事实。没有过硬的事实，再有过硬的笔头也是白搭。新闻写作最基本的手段就是如何运用事实。可以说，新闻写作的一切方法和技巧，都是运用事实的方法和技巧，起码都是建立在运用事实上的方法和技巧。

三、是不是所有的新闻报道都在说话？

下面继续讨论新闻写作基本方法的第二个要素，即说话。这里所谓的“说话”，并不是日常生活中人们聊天、谈话的意思，而是特指有目的的传递信息，通过报道表达某种意见、观点。如果从宏观的角度定义，“说话”就是要达到某种传播目的，也就是我们常说的舆论导向。

（一）传播的目的是说话

以传播学的观点回答这个问题很简单，写新闻是为了传播，而传播本身就含有一定的说话的意义。事实一旦被报道了，就变成了“被传播的事实”。事实的传播总是为了某种目的，即使没有明确的特定目的的事实传播，也总要产生某种影响。从大众传播学理论分析，为什么要办报纸？为什么各种新闻传播媒介竞相涌现，并如此兴旺发达？一言以蔽之，就是为了“说话”，为了通过新闻传播形成社会舆论，从而产生社会影响。在西方国家，新闻舆论对整个社会有强大的干预力量。在我国，新闻宣传对引导社会舆论，稳定社会秩序，促进改革开放也起着不可替代的重要作用。

（二）选择就是在说话

那么是不是所有的新闻报道都在说话？答案还要从新闻的定义中去寻找。上文中我们已引述过：新闻是对新近发生或发现的事实的报道。这里要注意“报道”两个字。既然是“报道”，就包含有记者的劳动，包含着主观的行为。所谓报道，意味着记者对报道对象的选择、叙述、描写与再现，这就是主体对客体的作用。因此只要你一进入采写新闻的报道过程，主体就开始影响客体。你为什么报道这个事实？报道它什么？怎样报道它？都体现了记者的倾向，换句话说，都是记者在“说话”。

在大千世界中无数的事实客观存在着，一个记者为什么报道这个事实，而不报道那个事实？或者为什么他对这个事实浓墨重彩地报道，而对另一个事实却轻描淡写？这些选择无疑反映出记者的倾向、记者的观点，也就是他在说话：前者在用选择事实的方式说话，后者在用选择力度的方式说话。即使在报道某一件具体事实时，一个记者为什么从这个角度报道，而不从另一个角度报道？也反映出他的倾向、他的观点，他也在说话——用选择角度的方式说话。因此，客观存在的事实一旦进入新闻报道，只能处于被记者选择的状态，每条新闻都是客观事实经过筛选、过滤、组合、再现的结果，也就是说它是主观的作品。日本著名记者本多胜一说过：用事实写新闻不是目的，只是最有效的手段。因为直接加进主张和议论，会减弱说服力，而只摆事实，其目的仍然在于表达意见，说服读者。

（三）新闻与说话无法分家

从新闻写作的角度讲，写一篇报道，尤其是综合性消息和通讯，总要有一个主题思想，围绕着主题思想才能取舍材料，统率全文。如果新闻写作时没有这样的一个灵魂或者核心，素材便难以组织，笔下也难以成文。而主题思想就是“说话”，就是记者企图通过新闻报道有目的地传达的信息、表达的倾向性与观点。因此在新闻写作的实践过程中，新闻事实与说话也是无法分家的。

综上所述，“事实”是客观存在；“说话”是主观意图。主观和客观的对立统一形成了新闻写作的基本矛盾。“用事实说话”正是解决这对矛盾的方法。

以往西方新闻界喜欢标榜“纯客观”，否认他们的报道有倾向性。而我国新闻界存在的问题正好相反，许多报道的宣传味太浓，不善于用事实说话。有的新闻用空洞的议论淹没了事实，有的用笼统的叙述代替了事实，有的通篇看下来，几乎没有一个新闻事实，大段引用政策条文或是改头换面的领导讲话摘要。这些都是违反新闻写作的基本规律的，都是没有掌握新闻写作基本方法的表现。

第二节　选择典型事实说话

用事实说话的第一种方法：学会用典型事实说话。

现实生活是复杂的，事实也是大量存在的。选择什么样的事实才能表达记者的观点或倾向，这是首先要考虑的事情。在新闻报道中常有这样的情况，一个事实选择得好，它可能有以一当十的作用，反之，如果选择得不准，哪怕列举出不少事实，记者想说的话或希望表达的观点，仍然模糊不清，甚至引起歧义。这种以一当十的新闻事实就是典型事实。俗话说，“坡大不如场大，场大不如仓大”。意思是满坡的庄稼经过收割、打场以后，其“精华”全浓缩在仓里。这句谚语很有点哲理，它启示我们在大量的事实中，要经过层层集中，选取新闻事实；在新闻事实中还要选取它的精华，即典型事实。在新闻写作时，要学会使用这些“精华”说话。

什么是典型事实呢？我们看下面两条消息，比较一下它们使用的事实有什么不同，不同的事实所产生的报道效果、即说话的效果又有什么差异。

▲本报讯　3月2日下午，北京市政府在国际俱乐部举行情况介绍会，向驻华使馆官员、外国记者等介绍了《北京市城市总体规划》的情况。

作为中国的首都，北京的城市总体规划为中外人士所关注。各国驻华使馆新闻、经济官员和驻华记者等90多人，出席了情况介绍会。

介绍会由市政府副秘书长、新闻发言人丁维峻主持，首都规划建设委员会副主任宣祥鎏、首都规划办公室主任赵知敬、北京市城市规划管理局局长平永泉、北京市城市规划设计院院长柯焕章分别就国务院批复，北京城市总体规划的修改制订和主要内容、实施总体规划、投资环境等作了介绍，并回答了记者提出的问题。

（1994－03－03 见报）

▲中新社北京（1994年）3月2日电 北京市在严格控制老市区建筑高度以维护古都风貌的同时，准备网开一面，在东北郊的望京小区内，兴建一批超高层建筑，其中包括一座88层、300米高的巨厦。

北京市规划部门的主要官员，今天向外国驻华使馆经济、新闻官员以及驻京记者介绍国务院新批复的《北京城市总体规划》时，透露了上述信息。

望京小区是北京市近期重点发展的一座新的卫星城镇。城里规划了占地210公顷的商务中心区。

按照新修订的北京城市规划，在未来的20年里，北京将加速发展第三产业，改变过去“有城无市”的不方便状况。除在望京小区开辟商务中心区外，在城市中心的建国门一带还将新建占地约70公顷的商务中心区，在二环路沿线也将建设相当规模的金融、商务、信息等公共建筑，满足第三产业的发展。

据主管北京市规划的这些官员们介绍，望京小区里还预留了第四使馆区的建设用地。现在北京已建成第一、第二使馆区，正在建设第三使馆区。

他们在回答外国记者提出的申办奥运未果，总体规划是否作了调整的问题时，明确地表示：对奥运会的体育设施在规划用地上仍然给予了充分的保留。如果说有调整的话，只是其中的一部分体育设施的建设将推后进行，而整个城市基础设施和环境建设方面的规划不仅没有改变，而且将加快实施。

据悉，在今后的七年里，北京市以平均每年100个亿人民币的资金投入，重点建设一批城市基础设施和大型骨干工程，包括电力基地、南水北调、陕北天然气进京、地铁和高速路、立交桥等。这些工程将采用建设—经营—转让（BOT）方式，鼓励外商参与。

这是两家不同传媒的记者在同一个情况介绍会上分别采写的消息。他们面对着同样多的事实，但是在报道中的选择却大相径庭。前一篇记者所选择的事实主要是会议的程序，会议的主办者与参加者，尤其突出了主办者的身份，即他们的政府头衔。这条消息读完，除了让读者得知开过一个什么会，由什么级别的官员主持以外，没有更多具体的内容。记者显然不是面向读者在“说话”，而是向“上边”交代，这是一条比较典型的官本位的会议新闻。

后一篇消息有所不同。记者透过对七八个新闻事实的报道，回答了读者关心的北京城市建设前景的问题。全文并没有一句议论或记者自己出面所作的结论，但他所选择的事实在说话，而且向读者说了内容具体、倾向性明显的话，阐述了北京城市总体规划修订的主要内容及其重要意义。这些事实就是典型事实。

那么典型事实应具有什么特点？

一、它必须是鲜活的读者所未知的事实

众所周知，北京作为五朝古都，拥有以故宫为中心的南北 8 公里中轴线建筑群，这是世界级的历史文化遗产。为了保护这个瑰宝，北京的城市规划历来严格限制建筑高度，这是北京与其他城市在规划上的一个很大区别。在很长的时间里，它不允许在二环路以内建设高层建筑，在二环路以外，包括郊区也基本没有放开建设超高层建筑群。而这次新修订的北京城市规划，最引人注目的一点就是打破了这个禁区，在保护古城风貌的同时，允许郊区大大突破对建筑高度的限制。第二篇消息把这个典型事实提炼出来，并放在导语中加以强调，还用了“网开一面”这个词来加强力度，形象地交代了这个政策性的突破。

二、它必须具有重要性而且是具体的事实

在这个介绍会上，记者无疑能够获得有关城市规划方方面面的信息。但它们不一定都是新闻，更不一定都是重要的新闻，需要进行筛选。第二篇消息的作者从中选取的几个，如上文所述突破建筑限高，还有重点发展望京这个新的卫星城，加速发展第三产业，改变“有城无市”的状况，每年斥巨资建设城市基础设施等，都是这次对北京城市规划进行调整的主要内容。通过对这些重要事实的报道，不仅体现了修订的指导思想，而且展示了北京正加快建设步伐，向国际现代化都市迈进的前景。这些典型事实又都是具体的：如报道超高层建筑群时，记者举例“其中包括一座 88 层、300 米高的巨厦”。在报道斥巨资建设城市基础设施时，记者具体到“平均每年 100 亿人民币的资金投入”，并具体列举出要建设的重大工程：电力基地、陕北天然气进京、地铁、高速路、立交桥等。

三、接近性可以强化典型事实

由于这次介绍会主要面对外国驻华官员和记者，而中国新闻社又是主要从事对外报道的，因此第二篇消息所选用的几个新闻事实，注意了满足境外读者群的需要，寻找与他们的心理接近点。比如北京要建商务中心区、金融街，这是境外投资者感兴趣的；在结尾讲到大型基础设施建设时，记者还注意交代了这些工程将采用国际通行的方式鼓励外商参与投资和建设。第五自然段更明显，记者选取的是与对外宣传有直接关系的事实，用一整段报道了有关使馆区的建设，既有对第四使馆区新址的交代，又有对前三个使馆区的背景介绍，尽管不足 70 字，但这段文字涉及驻华外国人切身的利益，是他们所关心的。此外，这一段新闻的背后还含有另一层意思：使馆区的不断扩大和建设，说明与我国建交的国家越来越

多，外交战线的硕果累累。这是记者透过这个典型事实想表达的另一层意思。

四、有的放矢也是选择典型事实的一个标准

外国记者在会上肯定提了不止一个问题，但第二篇消息只选择了其中的一个：关于申奥未果是否影响北京城市总体规划的修订？这在当时是一个热点问题。在申办2000年奥运会的时候，北京为达到申办城市的要求曾向国际奥委会保证，到2000年重点治理好环境污染，基本解决交通拥挤等状况，并为此提出了一系列具体的建设项目。1993年9月中国以两票之差落败。当时国外舆论就有一种说法，认为北京因争办失利，所许诺的有关工程将不再建设；国内的老百姓也有这个担心。这篇报道选择这个问题给予回答，是很有针对性的。记者用事实释疑解惑，并引用主办者的话表示：整个城市的基础设施与环境建设方面的规划，不仅没有改变，而且将加快进行。通过这个典型事实，记者的倾向与他想说的话也很明确：北京的建设是为了改善人民的生活质量，为人民造福，而不是单纯为了申办奥运会。

典型事实一般应该具有以上几个特点。这些特点实际上就是新闻价值的具体体现。新闻价值凝聚着新闻报道中的社会需要、受众需要，它取决于新闻所传递的信息满足受众的程度。因此，一言以蔽之，用典型事实说话就是选择最有新闻价值的事实说话。

第三节　通过再现场景说话

用事实说话的第二种方法：学会用再现场景说话。

所谓“再现场景”，就是把新闻事实的某些现场情景具体地描述出来。

新闻中的人和事，一般都是有形可感、有物可托的。俗话说“眼见为实”，把它们逼真地再现，使新闻报道做到有神、有形，使读者仿佛亲历其境、亲眼所见，这种方法自然会加强可信性和说服力。美国著名记者威尔·柯里姆斯曾说过：“最好的写稿人总是把报道写成似乎可以触摸到的有形物体。如果你不这样做，那么你写的报道就会变成过眼烟云。读者也就感觉不到它的存在。”① 一般来说，可感性越强，可信性就越高。因为读者对你所报道的事实乐于感知，感知面越广，感知的程度越深刻越具体，他们对该事实的内涵以及你选择这个事实说话的

① 转引自刘海贵、尹德刚：《新闻采访写作新编》，44页，上海，复旦大学出版社，1997。

意图理解得就越明晰。自然而然，新闻报道通过场景再现加大了“说话”的力度。

“场景再现”在有关新闻写作的一些论述中还被称为“以氛围逼真”，即“让受众犹如身历其境地感受新闻的存在和发展”。这种再现的写作方式虽然难度比较大，但它所增强的可感性显著，对读者说服的效果相应地也显著。

第一人称再现法，也就是由记者直接把读者带入现场，是“再现场景”常用的一种手法，它具有特殊的真实魅力，使得读者在“请看事实”的过程中，接受与领会了记者传达的信息、想说的话。

请读下面这篇通讯：

永不消逝的电波

内径不足2米的圆柱形空间，两台水位数据采集存储器，这就是长江螺山水文观测站的全貌。连日来，一封封水情电报，就是从这个几乎被洪水淹顶的孤岛飞向中南海和国家防总、湖北省防总及沿江各前线指挥部。

8月16日上午，记者手持打蛇棍，身穿长裤雨靴，蹚着齐腰深的江水，避绕着游向腰间的蚂蟥、蜈蚣，探向这个风口浪尖上的磐石。水文站站长林天才工程师——一位老水文的儿子告诉记者：“越是洪水暴涨，我们越要坚守岗位，哪怕淹得只剩眼睛，哪怕决堤溃口，也决不许说一声撤，因为总书记和总理等着我们的数据。”桌椅泡在水里，他们只好穿着密不透风的长裤雨靴立在水中，24小时不离岗，每小时报一次水位。晚上查水尺，一开灯，毒蚊飞虫一拥而上，叮得人伤痕累累。时值40摄氏度高温，穿长靴一会儿就湿汗淋漓了。

刚摸到狭窄的栈桥，我们突然发现栏杆上盘着一条两尺多长的花蛇，不禁毛骨悚然。陪同我们的水文观测员汪卫东勇敢地冲上去用打蛇棍猛击蛇头。几个回合后，蛇终于被打死抛入洪涛中。汪卫东轻松地说：“我们几乎天天都能遇到蛇，站里职工每人都打死过十几条呢。”

当日值班员叫杜燕飞，1996年毕业于南京河海大学，今年才22岁。见到《光明日报》记者前来采访，这位年轻的知识分子显得十分兴奋，他兴致勃勃地介绍着数字自动采集存储器和人工测报系统的原理，显得很投入，似乎忘却了身外洪水的侵袭。他每天只有2.80元的野外补助，防汛津贴、血防津贴还从未拿过，而且职称到现在还没有落实。只是在谈到蛇、鼠、蜈蚣、蚊虫时，这位文静腼腆，戴近视眼镜的书生才流露出一丝不易觉察的惶惑与不安。

有职工告诉我们，林站长的妻子叶群卫也是水文工作者，在城陵矶水文站工作。几个月来因各守其位，只有隔水相望了。偶尔林天才能在报水情的无线对讲机中听到妻子那令他温馨而酸楚的声音。

在观测室的门框上，记者发现一颗铁钉。汪卫东告诉我们："8 月 1 日那天，我值班，螺山水位达到历史最高值：34.62 米。我蹚着水在门上钉了一颗钉子，作永久的纪念，要让后人记住历史上的那一天。"

水位自记台"沙沙"作响，坐标纸上划出一条急促波动的曲线，精确地显示着此刻的水涨水落。"快来看，是不是涨水了？"杜燕飞大喊。汪卫东奔过去，屏息凝眸盯视了一阵，说："是，是涨了两公分。"他疾速冲向数字自动采集存储器，证实的确如此。这标志着长江第六次洪峰的前部正悄悄地到达螺山站。

我们依依不舍地告别孤岛，只听见杜燕飞手持无线电话紧张地报告："16 日上午 10 点，螺山水位 38.30 米，上涨……"

临别，林天才告诉我们，长江上像这样的水文站有 10 个，职工数百人。

（《光明日报》1998－08－17）

这篇通讯的主题思想很清楚，它讴歌了在 1998 年全国军民战胜长江特大洪水的"抗洪抢险"战役中，科技人员所发挥的重要作用及其艰苦奋斗的工作精神。

为表达这个主题思想，记者首先在选材上以小见大，见微知著：在为"98 抗洪"作出贡献的科技战线诸多的行业部门中，记者专门选取了为国家抗洪决策提供重要数据的水文监测部门作为报道对象，又将笔锋集中于长江抗洪第一线的 10 个小水文站中的一个。这个小水文站的人员也颇具代表性，站长林天才是一位老水文的儿子，他的妻子与他同行，而且就工作在同一条江上的另一个水文站。通讯中写到的汪卫东和杜燕飞，则是青年一代水文工作者的缩影。这篇通讯的说服力首先在选材上抓到了能够"以一当十"的典型事实，也就是我们在上一节讲的方法。

其次，充分发挥了再现场景的魅力。在这篇通讯中，从第 2 自然段就使用了第一人称再现法："记者手持打蛇棍，身穿长裤雨靴，蹚着齐腰深的江水，避绕着游向腰间的蚂蟥、蜈蚣"，报道将读者直接带入螺山水文站：洪水中的孤岛，内径不足 2 米的工作空间，桌椅泡在水里，一拥而上的毒蚊飞虫，摄氏 40 度的高温，24 小时不能离开岗位等等。第 3 自然段记者再一次描述了亲身的经历与感受："刚摸到栈桥，我们突然发现栏杆上盘着一条两尺多长的花蛇，不禁毛骨悚然。”这些场景的再现，都使读者对螺山水文站艰苦而危险的工作环境有了具体真实的感知。在环境背景的烘托下，记者进一步以现场目击的方式再现了水文站紧张的工作氛围，尤其是当长江第六次洪峰的前部悄悄到达螺山站时，杜燕飞和汪卫东全身心投入的工作状态：“水位自记台‘沙沙’作响，坐标纸上划出一条急促波动的曲线，精确地显示着此刻的水涨水落。‘快来看，是不是涨水了？’杜燕飞大喊，汪卫东奔过去，屏息凝眸盯视了一阵，说：‘是，是涨了两公分。’他疾速冲向数字自动采集存储器……手持无线电话紧张地报告”。写到这里，已不必多加议论，读者从如此具体的描写中已经得出了结论：在1998年抗洪中水文工作者劳苦功高，他们的职业道德与精神境界是高尚的。这也就是记者想传达的信息，想对读者说的话。

在批评类的报道中，通过“场景再现”让事实说话，即记者目击记，更是经常使用的一种方法。

京城公款钓鱼暗访记

新华社北京（1998年）10月27日电　记者最近到京城一些垂钓园暗访，发现不少地方有公款钓鱼的现象。

10月18日是星期日，上午9时许，记者来到位于北京房山区的某垂钓园。这里有20多个露天垂钓池和近千平方米的垂钓宫。垂钓部一位女工作人员对记者说：“我们这个垂钓园开放几年来一直很‘火’，每天来的不是公款，就是大款。”

记者问：“怎样才能知道钓鱼的是公款？”

她说：“自己花钱来的人少，一般是两三个人，只钓十几斤就走了；公款钓鱼常常成帮结伙，一钓就是几十斤，数百斤。”

在鲤鱼、草鱼池边，记者与一位带着小孩的女士攀谈。她说：“我是和丈夫一起来的，他们机关一共来了14个人。”

垂钓官厅堂的墙上贴着12种鱼的价格表，每斤8元至30元不等。在收款台，记者与工作人员聊天，他说：“垂钓官有12个垂钓池，这里能容纳上千人，最多时一天钓走上万斤鱼。”

记者问：“结账时开什么票？”

他说：“写餐费、食品、礼品都可以。写鱼的少，回去报销的都不让写鱼。”

一位戴休闲帽的中年人拎着鱼前来结账，记者看到他从工作人员手中取回的发票上写着“礼品”二字。

9月5日下午记者第一次来到这里时看到，收获甚丰的垂钓者们正拎着鱼过秤结账。有一个一行10余人的团体，共钓200多斤鱼，交了3 000多元钱。记者问其中一位中年女士：“花这么多钱钓鱼，承受得了吗？”她回答说：“反正回去报销。”

10月18日下午1时30分，记者来到位于亚运村的一家垂钓俱乐部。记者问收银台的一个工作人员：“钓鱼给发票吗？”她回答：“给。想写什么就写什么。会议费也可以。您能报销，可以多写点。”

这篇报道是通过隐蔽式采访获得素材而写成的。

挥霍公款是腐败的一种表现形式。1998年9月中共中央办公厅和国务院办公厅联合发出通知，又一次要求坚决制止公款消费。那么有关方面实际执行得究竟怎样，是否令行禁止呢？在通知下发不久，新华社记者从诸种挥霍公款的行为中选择“钓鱼竿上的腐败”为切入点，3次深入北京的一些垂钓园进行暗访，结果发现公款钓鱼的问题仍然严重存在，尽管党中央三令五申，顶风而上的仍大有人在。于是发表了这篇报道予以曝光。

此稿全文仅760字，没有记者一句话的议论，但揭露与批评得很有分量。这个分量正是来自“用事实说话”。而此稿的“用事实说话”主要通过“场景再现”完成的。记者再现了暗访时他与几名垂钓者以及工作人员之间的一问一答，再现了他在垂钓园的所见所闻，让以下事实充分揭示了问题的严重性：“垂钓园开放几年来一直很火，每天来的不是公款就是大款。”“公款钓鱼常常成帮结伙，一钓就是几十斤、数百斤。”揭示了公款报销的欺骗性，结账时的巧立名目：“写餐费、食品、礼品都可以。写鱼的少，回去报销的都不让写鱼。”“发票上想写什么就写什么。”还揭示了挥霍公款的满不在乎与贪得无厌。由此可见，在批评类报道中，“现场再现”在一定意义上起到了“取证”的作用，如同在法庭上公布的证据或证词。它保证了批评类稿件的真实与可信，是其战斗力所在的重要因素。

以上两个例子都属于现场报道、现场目击。而在新闻写作中，不是现场报道类型的稿件，无论消息还是通讯，也都可以在叙述中穿插使用“现场再现”的描写手法，达到使受众身历其境地感受新闻的目的，加强用事实说话的力量。

例如1990年5月，党的十三届六中全会做出了《关于加强同人民群众血肉联系的决定》，在全国掀起了新的学习县委书记好榜样焦裕禄的活动。当年采访焦裕禄事迹的三位新华社老记者，在24年以后故地重访，发表了通讯《人民呼唤焦裕禄》。这篇通讯通过报道河南兰考县的巨大变化以及人民对焦裕禄的怀念，回答了什么是焦裕禄精神，并针对当时干部队伍所存在的一些问题，阐述了人民呼唤焦裕禄的真正原因。本文在写作上很见功夫，夹叙夹议。在通讯的第一部分，即写兰考县的巨大变化时，有这样一段文字：

> 这次，我们再访东坝头一带，茫茫黄沙已经不见踪影，眼底尽是一望无际的麦海。农民开着汽车、拖拉机，赶着牛车，正忙着收割麦子。微风起处，漾起层层金色的麦浪。一个个旧日的沙堆，变成了郁郁葱葱的刺槐林。极目望去，宛如漂浮在麦海里的一个个绿岛。
>
> 我们沿着曲径登上名叫“九米九”的大沙丘。头上绿叶盖顶，脚下青草铺地，林子里阵阵凉风宜人。盛夏的阳光从华盖般的槐叶缝里流泻下来，像撒下一条条金色的丝线。24 年前，我们曾吃力地爬上这个沙丘，流沙灌满了我们的鞋袜。那时，沙丘顶上刚刚种上稀疏的刺槐苗，迎着寒风，有气无力地摇着。
>
> （新华社北京 1990－07－08 电稿）

此处记者正是运用了“再现场景”的方法，为下文中一段重要的新闻事实做了生动的说明：焦裕禄临终前曾说：“我死后只有一个要求，要求党组织把我运回兰考，埋在沙堆上。活着我没有治好沙丘，死了也要看着你们把沙丘治好。”而 24 年以后，焦裕禄用生命绘制的这张蓝图已经成为兰考大地的现实。

第四节　运用背景材料说话

用事实说话的第三种方法：学会用背景材料说话。

新闻报道中的背景材料，常被称为“新闻背后的新闻”。对它所下的最简单的定义是“用来说明新事实的旧事实”。由此可见，背景材料本身也是事实，用背景材料说话属于用事实说话的一种方法。

背景材料在新闻报道中有许多作用，其中一个不可忽视的作用，就是通过灵活地使用背景材料，巧妙地表达记者的观点。

西方新闻界所鼓吹的“纯客观报道”是不存在的，但他们所娴熟运用的客观报道的手法，却值得我们借鉴。其中运用背景材料说话，通过背景材料表达记者的倾向，是客观报道的主要手法之一。他们所说的“藏舌头的艺术”，很大程度上是把舌头藏在背景材料中。这确实是在新闻写作中“用事实说话”的一种重要技巧。正如西方记者所说的：越是写得好的新闻，就越善于在内容上表达自己的意见，越善于在形式上隐蔽自己的意见。

怎样运用背景材料说话呢？

一、善于联想

这是一种通过把所报道的新闻事实，与其他一件或几件事实关联起来陈述的方法，暗示与引导读者进行联想，从而得出结论。

例如在一篇报道第二次世界大战希特勒进攻莫斯科的消息中，记者加了这样一小段背景材料：

> 希特勒军队进攻莫斯科的路线与季节同 1812 年拿破仑进攻莫斯科的路线与季节几乎一模一样。

把希特勒军队的作战行动与 100 多年前的拿破仑军队联系到一起，引导读者回忆起那次战役的结果：拿破仑的军队大败于俄国。现在沿着同样的路线、在同样的季节里进攻莫斯科的希特勒军队，将会得到什么下场？记者把自己的观点"希特勒必败"，就这样不动声色地藏在了背景材料中。

二、善于对比

除了联想的方法，更常用的是通过背景材料进行对比与衬托。俗话说："不怕不识货，就怕货比货。"讲的是把两件事或更多的事实放在一起对比，横向对比，纵向对比都可以，这样有助于发现问题，认识事物的本质。新闻写作也常常采用这个方法来发表无形的意见。

例如在一篇关于赫鲁晓夫的报道中有这样一段叙述：

> 赫鲁晓夫昨日深夜派人把斯大林的遗体从红场水晶棺中抬出，烧成灰烬。
>
> 赫鲁晓夫任乌克兰第一书记的时候，在党的会议上高呼：斯大林是他的父亲。

第二段是记者加的背景材料。这位记者并没有发表任何意见，也没有作任何褒或者贬的表态，但通过叙述前后两件事实，如此鲜明的反差，已给读者提供了足以做出正确判断的事实依据，同时也使读者心照不宣，完全明白了记者的意图。这显然比记者直接站出来下结论更有力、更有效。

三、不同的背景材料表现不同的观点

新闻事件是复杂多样的，每个新闻事件经常可以找到多方面的相关背景。因此，如何选用背景，选用什么样的背景材料，反映出记者或媒体观察、考虑问题的不同出发点与立场。因此，报道同一件新闻事实，由于选择和运用了不同的背景材料，从阅读的效果分析，会对读者的判断产生不同的影响；从用事实说话的写作方法分析，记者可以表现不同的倾向性和观点。

例如 1994 年 12 月俄罗斯出兵车臣共和国。西方通讯社在报道这一事件时，不同通讯社的记者在自己的稿件中加进了不同的背景材料。

有一家通讯社的消息所加的背景为：

这刚好是苏联出兵阿富汗十周年。

另一家通讯社的消息所加的背景为：

1944 年，当时的苏联曾把这个被指控勾结纳粹的难以驾驭的民族迁往中亚。

第一条的背景材料把俄罗斯出兵车臣同苏联出兵阿富汗相提并论，其指向很明显，记者想表达的意思是俄罗斯出兵车臣同苏联出兵阿富汗一样，属于一个国家对另一个国家的武力干涉，这是侵略行为。

而第二条的背景材料通过揭示出车臣是有“前科”的，它历史上就与中央政府不和，表明俄罗斯的出兵属于解决国内政治问题，而且这个问题有很复杂的民族与历史原因。由此可见，当新闻事实被不同的背景材料加以说明的时候，就会表现出记者不同的倾向性，以至使读者做出不同的判断或结论。

四、综合立体地使用背景材料加大说话的深度和力度

我们再来比较以下三篇稿件，同样是报道 1994 年珠海机场建成通航，由于背景材料选择运用的不同，使得这三篇稿件在“用事实说话”的力度与深度上拉开了很大的距离。

新华社对外稿：

珠海机场通航

新华社珠海（1994 年）5 月 30 日电　华南广东省珠海市的第一个机场建设今天竣工并通航。

正在珠海视察的李鹏总理出席了机场的通航仪式并为第一个航班剪了彩。

机场建设历时两年半，耗资 20 亿元人民币。机场的4 000米长的跑道是全国第二大长跑道，仅次于西藏的拉萨机场。

这一新机场的导航和地面设备均为世界上最先进的设备。

《人民日报·海外版》稿：

大型航空港崛起珠江口

本报珠海5月30日讯　珠海机场通过国家验收后，今天上午正式通航。国务院总理李鹏为机场通航剪彩，宣告珠海向国内各省市敞开了空中大门。

珠海机场场名是李鹏总理题写的。第一期建设规模可保证年起降各类飞机10万架次，年旅客吞吐量1 000万人次，年货邮吞吐量40万吨。起步营运就有10多个航空公司开辟了18条航线，每周始发76个航班。

珠海机场所在地原是日本帝国主义侵华时修建的三灶岛军事机场，日本投降时进行了销毁性的破坏，留下1 246个弹坑。为了适应珠海经济特区蓬勃发展的需要，市政府决策改建这个旧机场。1991年5月经国务院、中央军委批准立项，1992年2月动工，仅28个月就抹掉了三灶岛昔日的荒凉和战争的创伤，一座面积为520万平方米的现代化大型航空港巍然屹立在珠江口。

规划中的这个航空港占地30平方公里，首期开发10平方公里，已建成长4 000米、宽60米的跑道一条；长4 000米、宽45米的平行滑道一条；可供目前世界最大型飞机起降，高峰小时起降能力为37架次。候机楼面积9.16万平方米，高峰小时旅客吞吐量5 000人次。机场通信、导航、气象等主要部位和关键设备都是当今世界民航机场采用的先进设备。

美联社稿（译文）：

中国视机场建设为地区发展的重要条件

美联社中国珠海（1994年）5月31日电　李鹏总理星期二在中国最富的一个南方省，正式开通了一个大型国内机场。

李在民航高级官员和地方负责人的陪同下参加了珠海机场的通航仪式，并为通航剪了彩。珠海是位于广东省的一个经济特区。

珠海机场是由一个旧军用机场改建而成的，距葡属澳门33公里，是繁荣兴旺的珠江三角洲四大新机场之一。

其他三大机场均为国际机场，它们是：澳门机场，预期今秋晚些时候通航；香港的赤腊角机场，预期1997年或1998年通航；深圳新机场，已经通航。

中国将最终掌管所有的这四大机场，因为香港和澳门的主权将分别于

1997 年和 1999 年回归中国。

珠海机场的年吞吐量为 1000 万旅客和 40 万吨货物。旅客候机大楼的面积达 9.16 万平方米，是目前中国最大的候机楼。

机场将开始部分投入使用，1996 年旅客吞吐量将达 150 万，1997 年达 280 万。珠海市市长梁广大说，珠海地区经济高速发展，早就需要有一个这样的机场。

中国是世界上第三大国，随着 70 年代后期的经济改革，坐飞机旅游的需求剧增。从 1980 年到 1994 年，国内航线客运量年均增长近 20%，达 4 000万人次，是这一时期世界客运量年均增长的 3.5 倍。

三篇稿件对比之下，新华社的稿件显然写得过于简单了，包括使用的背景材料也过于单一，只是集中在机场的设施方面，如说明此机场跑道是仅次于拉萨的全国第二大长跑道。《人民日报》海外版的稿件增加了不少背景材料，但局限于历史性的背景材料，虽然可读性加强了，但没有跳出地方性经济新闻报道的框框，仍然显得单薄。而美联社的报道却从珠海机场这一个点出发，通过充分地灵活地综合地调动大量的背景材料，把它的建设意义一步步放大。首先，这篇报道把珠海机场放在整个珠江三角洲的背景下透视，说明这里“繁荣兴旺”，是中国南方最富的地方，是一个经济特区。然后又把它与香港、澳门、深圳三大国际机场联系起来，以更大的政治背景来凸显它的地位，谈到香港与澳门机场时，记者特意加了这样一段背景材料：“中国将最终掌管所有的这四大机场。因为香港和澳门的主权将分别于 1997 年和 1999 年回归中国。”最后，作者再把珠海机场放到中国旅游业的发展与全国民航客运的大背景下关照：“中国是世界上第三大国，随着 70 年代后期的经济改革，坐飞机旅游的需求剧增。”“国内客运量年均增长 20%；中国国内客运量的增长为同期世界民航客运量年均增长的 3.5 倍。”于是通过多层次丰富的背景材料，记者回答了“为什么要建设珠海机场”这个问题，表明了中国视机场为地区发展重要条件的新闻主题。这样一篇消息，已经不是一条机场通航的简讯，也不是一条普通的地方经济消息，而是记者对中国经济发展一个方面的观察。由此可见，同一个新闻事实，由于运用的背景材料不同，记者所表达的意见、看法，或者说记者想通过这篇报道说的话，有了多大的差别。

第五节　借助“直接引语”说话

用事实说话的第四种方法：借助直接引语说话。

直接引语是指记者通过采访得来的被采访者的原话。在报道中直接引用原话已经成为现代新闻写作不可或缺的手法，西方新闻教科书把它称为“新闻写作不可分割的组成部分之一”，并辟有专门的章节论述其重要性以及引用的具体技巧。在新闻报道的实践中，西方记者也很重视使用直接引语。1995 年 10 月 1 日新华社曾通过电脑系统对美联社和路透社的发稿作过一次调查，结果显示：在两社当天所发的 81 条新闻中，使用了一至三段直接引语的有 23 条，使用了三段以上直接引语的有 25 条，占全部发稿的 60%。

直接引语有以下几个作用：第一，直接引语是新闻报道中不同身份、不同个性人物所说的话，不拘一格地引用它们，可以使报道具有现场感，富有变化和人情味，有助于克服新闻写作中容易出现的单调乏味与概念化。第二，直接引语一般都有出处，即消息来源，有助于提高新闻的真实性。如果直接引语来自重要人物或重要机构，还有助于提高新闻的权威性。第三，它有一个特殊的作用，就是本节要着重讲的“借助直接引语说话”。记者可以利用新闻报道中的人物之口，讲出自己希望说出又不便直接出面说的话。按照西方记者的说法，采用直接引语的技巧，就是“把用记者的嘴说话，改为用被报道者的嘴说话”。这样的报道看起来更客观，因而加强了说服力。

我国新闻界也越来越重视直接引语的作用。当然我们在这里指的不是那些报道领导讲话的官样新闻，全文充满了“某某说，某某又说，某某指出，某某强调”等句式。直接引语用得好的报道，恰恰是文趣盎然的，生动真实，现场感强，且观点鲜明。在我国的对外报道中不乏这方面的成功例子：

NGO 全会代表批评西方新闻媒介缺乏公正

新华社北京（1995 年）9 月 5 日电（记者　张丹　陈瑶）　在今天上午举行的非政府组织妇女论坛第五次全会上，中国一位资深女记者批评西方主流媒介热衷于针对大会的消极面报道，呼吁西方传媒消除对发展中国家的偏见，做到客观公正。

中国女新闻工作者协会代表熊蕾的发言引起在场千余听众的共鸣，不到一刻钟的发言多次被热烈的掌声打断。

熊蕾说，西方主流社会的媒介对发展中国家抱有“强烈的偏见”。以这次 NGO 妇女论坛为例，西方媒介避重就轻，把关注的重点放在车祸、游行、西藏流亡妇女问题上，连篇累牍地报道，对大会的主题“平等、发展、和平”以及 2 万多名与会妇女代表毫不关心。

她说：“他们总在搜罗事端，如果找不到事端就炮制一个。”

她呼吁与会者联合起来改变西方媒介对发展中国家的偏见，她说："让他们立即改变态度是不容易的，但我们要借这次大会的机会联合起来，施加压力让他们改变态度。"

今天上午的会议以"媒介、文化和通讯"为主题。这是本次大会第二次以该主题举行全会。

大会主持人卡姆拉·巴辛表达了对熊蕾女士讲话的支持。她说，关于NGO论坛的报道，有些国家很不充分，有些国家的媒体以消极内容为主。这些现象应该得到纠正。她说："要正确地报道这里的一切。"

美国"公正和客观报道"组织代表罗拉·弗兰德斯认为西方主流社会媒介根本不关心发展中国家。她用讽刺的口吻说："我来自号称'世界新闻之都'的纽约，但我对你们的想法和生活完全一无所知，这当然应该归功于我们的广播、电视和报纸。"

她说，西方媒介这种混淆视听的做法不仅针对发展中国家，在对西方国家本身的报道中也很普遍。美国传媒充斥着对暴力、灾难的报道，对妇女保健、基层妇女组织等广大妇女关心的内容却很少见。

坐在听众席前排的巴基斯坦妇女代表法扎拉·马姆塔丝说，西方媒介的片面报道对一些发展中国家的社会动乱负有责任，这种现象应该彻底改变。

在两天前举行的一场相同主题全会上，与会代表也批评了西方媒介对此次妇女论坛的不公正报道。加拿大广播公司著名记者朱迪·雷碧克说："大多数关于本次大会的报道都是关于取得签证的困难、天气不好、帐篷倒了、墙塌了，还有厕所问题。"

她指出，西方媒介忽略了妇女发展这个主题，并呼吁代表们一致努力找到一个"终止这种报道的有效办法"。

多年来，西方新闻媒介垄断和控制着世界舆论，国际新闻秩序不平等、不公正。西方主流媒体出于意识形态的偏见，对发展中国家的报道从来戴着"有色眼镜"，对中国的报道更充斥着许多片面、扭曲与无知。1995年9月第四届世界妇女大会在北京召开。从这次会议的一开始，西方主流媒介就直指东道主，对会议本身，尤其是非政府论坛NGO的组织和议程发出一系列不公正的报道。9月5日NGO举行以"媒介、文化和通讯"为主题的第二次全会。中国代表、一名女记者在会上有一个发言。新华社记者敏锐地抓住了这个机会，对这次全会进行了充分、及时的现场采访，播发了上文这条独家新闻，态度鲜明地批评了西方媒体。消息播出后，海外舆论反映强烈，对整个会议的报道也起到了一个舆论导向的作用。在以后的几天中，与会者中出现了谴责西方媒介忽视会议主题、专事负面报道的呼声，西方媒体的报道自此也有所收敛。有评论认为，这是发展中国家的新闻媒介第一次在重大的国际会议报道中占了上风。

这篇消息战斗力很强。但写作简洁、平实甚至含蓄。它的战斗性正是来自“用事实说话”，其特点是大量使用与会人士的直接引语，通过精心选择被采访对象，使得他们的直接引语更加具有代表性，并切中要害。报道中出现了5个人物，一个是中国首都女记者协会的代表熊蕾，她的发言系统全面，是统领全文的主要观点。本文作者引用了她抨击西方媒介的原话：“他们总是在搜罗事端，如果找不到事端就炮制一个。”以及她的呼吁：“让他们立即改变态度是不容易的，但我们要借这次大会的机会联合起来，施加压力让他们改变态度。”第二个人物的身份很重要，她是大会的主持人，她支持熊蕾的讲话，作者突出地引用了她所说的：“要正确地报道这里的一切。”第三个人物选择得很妙，让美国“公正和客观报道”组织代表来了一个现身说法：“我来自号称‘世界新闻之都’的纽约，但我对你们的想法和生活一无所知，这当然应该归功于我们的广播、电视和报纸。”这段个性色彩浓烈且幽默的直接引语，加强了本篇报道对西方传媒抨击的尖锐性。第四个人物是第三世界的妇女代表，她指出西方媒介的片面报道对一些发展中国家的社会动乱负有责任。最后出场的人物是一个西方记者，而且是一位名记者。俗话说，从内部攻击堡垒是最有力量的。加拿大广播公司的朱迪·雷碧克参加了对西方媒介不公正报道的批评。作者用她的两段直接引语作为结尾，使得全文建立在一个很有说服力并且很扎实的事实基础之上。

直接引语可以是新闻事件中当事人所说的话，即记者通过采访得来的被采访者的原话，例如上篇消息，也可以是新闻事件之外的某些消息源说的话，借它们之口更容易达到发表看法的目的。我们再看一篇消息：

呼拉圈晃动京城

中新社北京（1988年）电　50年代风靡欧美的呼拉圈，30年后被北京人套在了自己的腰间，兴高采烈地晃动起来。

一时间，只见大马路、小胡同，孩子玩，大人转。国家体委一位官员惊呼：“作为一项被大众普遍接受的运动项目，呼拉圈热得如此之快如此之狂，在历史上并不多见。”

到目前为止，京城销售了多少呼拉圈，成了惊人的数字。商店、小贩的摊位几乎都摆上了这种五颜六色的玩意儿。北京塑料五厂传来的消息说，全厂7台机器连轴转，生产了10万多个呼拉圈仍然供不应求。而这样规模的生产厂家在北京已超过30个，此外还有从天津、河北、山东的大量进货。

外国驻京记者率先发出新闻照片，报道了京城的呼拉圈热。现在市内的报刊也开始追踪报道这种一哄而起的现象。

《北京晚报》认为："它反映了人们健美意识的觉醒和对娱乐方式的追求，因此它是一种文化现象。"《光明日报》也把它称为"京华城内健身热的前期信号"。《北京青年报》直截了当地把它与京城的减肥族联系在一起，据说"它最吸引人的地方在于：只要一天甩动五分钟，一星期就能使肥胖的腰部苗条2厘米。"

《中华工商时报》、《北京日报》则提出"它也是一种商业现象，因为成功的商品促销对呼拉圈热起到了推波助澜的作用。"《中国青年报》提示说："重要的是，这种流行商品教会企业的经营者们如何引起大众对新产品的兴趣。"呼拉圈在北京的行销过程，与当年发明它的两位美国玩具商的成功如出一辙，也是通过电视广告以及示范表演而引起连锁效益的。

京城的呼拉圈热还在升温，从北京火车站南来北往的旅客热衷购买呼拉圈的现象不难预见，呼拉圈早晚要转出京城。

这是一条社会新闻，报道的是1988年前后北京城出现的一哄而上的呼拉圈热。这篇报道与同期的其他新闻作品不大一样，它没有具体报道呼啦圈热的新闻当事人，即玩呼啦圈的、卖呼啦圈的、生产呼啦圈的怎么狂热，只在第一自然段用17个字简洁地对这种现象作了概述："一时间，只见大马路、小胡同，孩子玩，大人转。"然后笔锋一转，该篇报道开始大量引用新闻事件当事者之外的各种消息源对呼拉圈热的反映，其中有主管体育的官员从运动项目的角度作出的评价，更多的是援引各家传媒的言论，前后使用的直接引语多达7条，除了开头和结尾，几乎每一段都有。涉及的消息源有《北京晚报》、《光明日报》、《北京青年报》、《中华工商时报》、《中国青年报》、《北京日报》等等。可以看出这条消息在写作上的最大特点正是："旁征博引"。记者通过精心选择与广泛地借用消息源的直接引语，逐层推出了对呼拉圈热的看法：它的普及速度之快，它的供不应求，它的一哄而上。它是文化现象？它是商业现象？这篇消息带着明显的分析与述评色彩。在这类报道里，直接引语更重要。因为它基本上是以传播他人观点的形式而体现记者本人价值取向的，是传播者"说话"功能主观色彩外化的一种报道。

借新闻事件当事人之外的消息源来进行议论的手法，被西方新闻记者频繁地使用。在他们的报道中经常出现"有关方面的人士说"、"据目击者称"、"权威人士强调"、"此间观察家认为"等等句式，后边的直接引语是对这个新闻事件的评价。与善于运用新闻背景说话同样，这也是西方新闻界客观报道的一种重要手法，实际上就是“借嘴说话”，被引用的评价与议论，代表了记者所认可的看法，代表了记者的观点。

思考与练习题

1. 有无纯客观的报道？是否所有的新闻报道都在说话？
2. 新闻写作是运用哪几种方法处理观点与材料的关系的？
3. 具体分析下面这篇新闻报道在运用事实说话方面的特点。

澳督告别澳督府

新华社澳门（1999年）12月14日电（记者韩松　唐卫彬　黄燕）今天中午12时许，60岁的澳门总督韦奇立慢慢走过澳门市政厅礼堂新铺的大红地毯，亲手为自己的大照片揭开幕帘。他神情有些凝重，鼻子微红。他有一段时间没有说话。

随着深玫瑰红色的丝绒幕帘徐徐拉开，葡萄牙委任的最后一位澳门总督韦奇立的肖像照出现在白色的墙壁上。这是悬挂在澳门市中心这座标志性建筑的第51张，也是最后一张澳督的照片。

按照此间的传统，澳督离任前，他的照片通常要在这座有125年历史的葡萄牙风格的建筑物中挂出。

照片是一幅普通的头像特写。有些谢顶的澳督似在深思。这位澳督在澳门总共工作了8年零8个月。今天，他被澳门市政厅授予荣誉市民称号。

然而，再过六天，当中国政府恢复对澳门行使主权的时候，韦奇立将作为一个历史人物在黎明前离开澳门。至此，葡萄牙人已在这块中国领土上居留了446年，并进行了长期的殖民统治。澳门回归中国是西方统治在中国乃至亚洲的终结。

今天的仪式只是澳督近期系列告别活动中的一项。从12月9日开始，他就忙着向公务员和神职人员辞行，出席大学的送别仪式，参加土生葡人的告别晚宴，并与下属在大三巴和府邸留下最后的合影。19日下午4时30分，他将最终离开竹仔室官邸。

辞行时，澳督总是谦和地与人们一一握手，并在城区街巷不时主动与相遇的市民寒暄。

韦奇立是葡萄牙南部拉戈阿镇人。他被任命为澳督前一直在军队任职，最高的职务是葡萄牙三军总参谋长。此前他并不十分了解中国。

“今后我会经常回想起澳门，”韦奇立对周围的人说：“她已是我的第二故乡。”

韦奇立说，澳门是独一无二的城市，它不平凡的人们、它的大海、它的文化，它的一切都妙不可言。

澳督在澳门的8年，是澳门历史上极不寻常的8年。在此期间，澳门特别行政区基本法通过，首任行政长官、第一届立法会和司法机关均顺利产生。公务员和法律本地化进程加快，中文官方地位得到确立。

“他经常关注澳门的平稳过渡，葡中双方均认同他为保持澳门稳定和保存澳门特色方面而建立对话和争取共识的能力。”澳门市政执行委员会主席麦建智说。

韦奇立说：“令我感到非常骄傲的是过渡期，因为我们一方面与中国政府，另一方面与澳门市民有非常好、非常成功的合作，这一点十分重要。”

事实上，中葡在解决澳门问题上的友好协商已被舆论引为处理国际间复杂争端的范例。

澳督夫妇随后与来宾们一起喝了告别的葡萄酒。韦奇立认真地说，将来还会作为一个游客造访澳门，看看未来的澳门。澳督此时露出了笑容，他确信特区政府将以良好的方式履行自己的职责。

韦奇立忆及1991年4月上任时曾对澳门市民做出多项承诺，但至今还有一些没有兑现。他对此表示遗憾和歉意。

自1616年葡萄牙任命首位澳门总督后，共有包括韦奇立在内的127位葡萄牙人出任此职。12月20日后，这个称谓在澳门将成为历史。

第四章

新闻写作的基本要求

新闻写作有区别于其他文字写作的一些特殊要求。

这些要求来自新闻报道自身的特点。其中起决定作用的是，新闻报道作为大众传播产品，需要满足大量、广泛传播信息的需要，同时这种传播是在与受众之间通过快速交流实现的。

广泛传播与快速交流对于新闻写作提出了哪些具体的要求？在新闻写作中怎样才能达到这些要求？这是本章将回答的问题。

第一节　一种受限制的写作

新闻写作是一种业务手段，它所要创造的成果是新闻报道作品。

研究新闻写作的基本要求，要从新闻报道的特点出发。我们以纸介媒体的新闻报道为主，因为它是新闻写作的基础，广播与电视的新闻报道在音响与画面上有特殊的要求，但其中作为骨架的文字写作部分，也要遵循这些基本要求。

发表在报纸上的新闻报道作品具有两个特点：一个是传播产品，另一个是组合产品。这两个特点相应地带来两个观念：即读者观念和版面观念。

在相当大的程度上，传播产品与读者观念、组合产品与版面观念决定了新闻写作的基本要求。

一、传播产品与读者观念

所谓传播产品，是指新闻作品的功能在于传播。具体地说，它是向大众传播新闻的产品。在第一章中我们就强调了传播是新闻的活力，是新闻生命力的体现，也是新闻得以生存的形式。对报纸来说，一篇新闻报道，记者写出来，只有上报刊登了，也就是说传播出去了，进入了读者市场，它才可能发生作用。如果被压下不发，没有见报，那么它就失去了传播的前提，也就丧失了新闻的生命力。对那些已经进入读者市场的新闻报道来说，有多少读者阅读了这篇稿件，阅读后的反映如何，则决定着这篇稿件传播面的宽窄以及传播力的强弱。新闻报道的接受者是读者，新闻报道的市场在读者，这应该是一个不言而喻的现实。西方新闻学说："报纸是作为社会舆论的纸币而流通的。"也就是说，读者是买主，办报纸是办给读者看的，新闻报道是写给读者看的。因此，只有真正懂得读者，才真正懂得新闻写作。

树立读者观念，说起来简单，实际做到并不容易。《中国青年报》的著名编辑李大同认为这个观念在我国新闻界的树立，是对以往"我说你听"宣传模式的根本调整。他在指导记者进行新闻采写时，要求他们经常向自己提出两个问题，即在选择报道题目时，问一问自己："读者关心这个事吗?"在写出稿件后，再问一问自己："读者能够读完这篇报道吗?"他认为这两个貌似简单的问题，蕴涵着对记者写作的最高要求。这个要求就是：牢固地树立读者观念。

对此，日本富士电视台有一个简洁的概括，并作为该台的口号："读者想知道的就是我们要拍摄的。"该台的一个记者进一步阐述："从新闻的原点——读者那里获得信息，获得我们需要报道什么以及怎样报道。"

树立读者观念的内涵非常丰富，即便具体到新闻写作中，也可以落实到许多环节。在这里，我们主要从读者读报的特点入手，来分析读者对新闻报道有什么要求。这些要求，应该是我们在进行新闻写作时的重要标准之一。

第一，打开报纸，欲知天下事。这是读者看报的主要需求，也就是说他希望从报纸上尽可能多地获取信息，享受一种知晓的权利。

第二，阅读以什么方式进行?这个问题很重要。同样都是阅读，看书与看报不一样。因此写一本小说与写一篇新闻报道迥然不同。

从阅读形式分析，看报是以略读为主的一次性阅读。所谓略读，就是以快速阅读为主的浏览。据一份读者调查显示，我国读者读报的时间每天平均为20分钟～30分钟。所谓一次性阅读，是指一张报纸被一个读者浏览过一遍，对这个读者来说，这张报纸就没有什么价值了。

从阅读心理分析，看报是一种主动的选择性阅读。看报时，读者一般没有压力，也没有什么心理准备，他是自由的与主动的，他只选择那些引起他注意，引起他兴趣的报道阅读。

简而言之，读者看报的特点是“时间短，随手翻”。这六个字，给予我们研究新闻写作以重要的提示：新闻报道作为一种大众传播产品，需要具备两个条件：一是要适应大量、广泛传播信息的需要；二是要在与读者快速交流中实现。这是它的基本特征。我们在以下三节中要讲的新闻写作的具体要求，都与这个基本特征密切相关，也就是说都与读者读报的特点有关。领会了广泛传播和快速交流，就比较容易掌握新闻写作的诀窍。比如新闻报道要求的出手快、篇幅短、信息量大，就是为了适应广泛传播的需要；而消息写作的倒金字塔结构，则与快速交流有直接的关系。又比如新闻写作要求的具体、准确，正是为了尽量减少传播中的不确定性和模糊，而适合快速交流所要求的无障碍和高清晰度。

二、组合产品与版面观念

每一件新闻报道作品几乎都是“个体创造，集体完成”的。记者进行采访与写作，是个体劳动的方式，但是稿件采访前的选题策划，稿件写成后的编辑加工，主编审定直到见了报，回顾生产全过程许多环节都包含着集体的劳动。但这还只是“组合产品”的第一层意思。第二层意思讲的是新闻报道在写作时是单个成篇的，但发表时必须或必然以组合的形式出现，这种组合的具体体现就是版面，由此带来了版面观念。

版面包含的内容很丰富，涉及整版的主题、结构、各种新闻体裁的搭配、版式等等，这是报纸编辑学的课程内容。我们在这节里只研究它对记者的新闻写作有哪些影响、提出了哪些要求。

第一，版面在空间上不是无限的，它一般有固定的字数。因此上版的新闻稿件有字数的限制。

第二，版面在时间上也不是无限的，如果是日报，它每天有一定的截稿时间。因此上版的新闻稿件有时间的要求。

第三，版面在组合上是“配套”的，从内容、从角度、从新闻文体等，要服从于整体策划。

因此记者在写作时需要了解报纸每个版面的需求，包括时间、时机、数量、品种、文体等，还应该注意版面的新变化和新动向。每一次改版，都会对记者的采写提出新的要求。

我们在传播产品和读者观念中强调了要为读者写作。而为了能够传播出去，与读者见面，记者必须首先为版面写作，他要努力使自己的新闻报道作品适合版面的需要。记者工作，永远要受到版面和时间的制约，越早认识到这点，就越能获得自由。

综上所述，新闻写作是一种受到限制的写作，或者说是一种不自由的写作。有人形容它是在“八仙桌下打猴拳”。拳法套路可以千变万化，五花八门，但它的时空都是有边界的。

在遵循上述基本要求的基础上，不同类型的新闻报道对写作还有不同的要求。这里的不同类型，不仅是指传统意义上的文体分类，即消息和通讯，还需要强调近些年来通行的另一种按照新闻事实特点进行的分类，即事件性报道与非事件性报道。这两种类型的报道，由于所报道的事实本身的特性不同，因此对写作的要求也不同。

国外新闻界则提出了硬新闻和软新闻的概念。这个分类与上述分类在某些方面有异曲同工之妙。硬新闻通常是指一种强调时间性和重要性的动态新闻形式，重在迅速传递消息。而软新闻则是简明软消息和特写，是一种注重引起读者兴趣的新闻形式，重在引起受众的情感呼应，更多地强调人类的兴趣，强调娱乐。时间性也是区分两者的首要因素。在写作方法上，硬新闻基本是倒金字塔结构，而软新闻的文体相对自由，没有限制，可以不拘一格。

第二节　时效性：新鲜　快速　简短

新闻报道是时间性极强的文字作品。有人把它称为“易碎品”。

它所害怕的压力不是重量，而是时间。有些新闻迟发一步，就可能成为没有价值的旧闻。这是由新闻自身的“一次性消费”特点决定的。

所谓“一次性消费”是指新闻的主要价值和功能在于解决受众“不知道”的问题。一旦人们知道了，新闻的作用也就消失了，而这个“知道”一般情况下是一次性，有时甚至在很短的时间里，甚至是在一瞬间完成的。

“一次性消费”同时带来“排他性”。所谓“排他性”是指同样内容的新闻，哪一条先到受众那里，解决了他的“不知道”，后续而来的那一条，就不再起什么作用了。实践已多次证明，对同一事件的新闻报道因时间先后的不同，给受众的冲击和印象是不一样的，也就是说传播效果是不同的。先到的新闻好比“雪中送炭”，后到的新闻，充其量起个“锦上添花”的作用。

各种媒体的竞争，实质上是对新闻时效性的竞争，或者说是采访速度、写作速度、播发速度的竞争。谁先抢到新闻，谁就能争取到受众。

过去发生在中国国内的一些新闻事件，尤其是一些带敏感问题的新闻事件，常常被外国驻京记者抢先报道，客观上等于驱使一部分受众去听外国的广播、看外国的电视或报纸。时效晚了一步，我们在政治上就可能被动，是很吃亏的。

在市场经济的环境里，时效的重要性来得更加明显，它既是传媒的资源优势，又是资本优势。拥有第一时效的新闻不仅产生社会效应，而且产生相应的经济效益：读者买你的报纸，其他传媒买你的稿件。正因为如此，在任何一桩有新闻价值的事件背后，都伴随着各媒体之间在时效性上不见硝烟的“厮杀”，能否捷足先登，能否抢先占领“制高点”，往往成为新闻竞争胜负的关键所在。

中外新闻史上这样的趣闻比比皆是。例如1963年，美国总统肯尼迪在达拉斯被暗杀的那天，合众国际社记者史密斯和美联社记者贝尔都在现场随行采访，且搭乘在总统车队中同一辆新闻车上。当暗杀的子弹炸响的时候，史密斯首先抓住车内惟一的一部电话，不停地向本部口授事件的经过。在汽车开往医院的途中，尽管他被贝尔打得鼻青脸肿，却始终没有放弃电话，因此他成了肯尼迪被暗杀这一消息的第一发布人。他在当天晚上写就的一篇长达6000余字的目击记《历史就在我们眼前爆炸了》，观察得细微、准确，描写得生动、传神，记录下一个又一个历史性的场面，获1964年普利策新闻奖。

《经济日报》一位副总编辑曾经说过：“我办报的最主要的策略就是要‘抢’，一定要抢在别人前面先说，先报道，即使报道得比较粗糙，但是我先报道了，人家还是先看我的。”《人民日报》也提出，对重要的报道应抢先“占窝”。新闻界把争夺时效性称为“打快拳”。从这个意义上说，时间是价值，也是质量，时效一失，你的稿件写得再细致，文笔再好，也已大大贬值。“明日黄花”是记者无法弥补的遗憾。

在新闻写作中如何体现时效性？

一、新鲜

（一）要加强今日新闻的采写

新闻姓新不姓旧。新闻事实发生的时间与把它传播出去的时间两者之差越小越好，越小新闻就越新鲜，越新鲜也就越受读者欢迎。

在香港的报摊上，可以切身体会到新闻“鲜活”的价值。到了下午，当天的报纸就降价，要两份搭配着卖，就像农贸市场的蔬菜，越到下午越便宜，到了傍晚，就变成“大甩卖”。

外国记者忌讳用“昨天”这个词，他们力争发出的是今日新闻。西方新闻界常说："今天的消息是金子，昨天的消息是银子，前天的消息是垃圾"。而在我们的新闻报道中却常见"最近"、"日前"、"不久以前"、"近日"等时间概念含糊的字眼。严格地说，这种报道不符合新闻写作的要求。

加强今日新闻的采写，对于通讯社来说更加重要。从某种意义上说，时效性是通讯社的生命线。新华社曾采取积极措施，在全社上下掀起"争分夺秒抢新闻，精心写作求质量"的活动，并以此作为新闻改革的一个突破口。有关材料显示，这种努力的收效还是很大的。仅以新华社国内新闻报道为例，1982 年的今日新闻只占总发稿量的16%，10 年以后的1992 年，今日新闻已占到80%，也就是说，5 条报道中有 4 条是当天发生的事情或当天得到的消息。

（二）学会在报道中把最新鲜、最精彩的信息或内容"拎"出来，用最明显的形式摆在读者的面前

经常见到一些新闻报道把有价值的材料埋在里边，弄得自己灰头土脸，没有光彩。而新闻报道的光彩首先来自新鲜感。因此，要学会从众多的新闻事实中提炼出最新鲜的那一点，有人把它称为"新闻眼"，犹如下围棋中的棋眼，一子牵动，全盘皆活。同时还要学会开门见山地从这个"新闻眼"切入，提纲挈领地面对整个新闻事实。也就是说要高度重视写好新闻报道的开头，无论消息，还是通讯，概莫能外。

新华社的一位外国专家讲过，他曾经如何改写新华社一些记者写的人物专访。他说，随手翻出几篇稿件，就会发现都有这种"开头"不新鲜的毛病。例如有一篇访问记的原稿开头是：

> 我们访问了中国科学院遗传研究所植物体细胞遗传研究室副研究员陈英。

外国专家看完全稿后，将开头改为：

> 植物遗传学家陈英，在 1973 年初与别人合作在世界上首次培育成功了两个水稻新品种。

另一篇专访原稿的开头是：

> 我们到金属物理学家李林在北京西郊的舒适的家里访问了她。

外国专家从稿件中拎出来一个细节，作为修改稿的开头：

> "我的父亲很爱我，对我的要求很严格。"物理研究所金相学家李林说。她的父亲是中国已故著名地质学家李四光。

这两个改动看起来并不复杂，但却使整篇通讯从开头就有了阅读的新鲜感。

（三）寻找新闻的最近点，尽可能找出某件新闻事实在今天的依据

例一：

英文村的“战斗堡垒”垮了

本报万城6月14日电（记者刘袭　林绍炜）党员6年未过组织生活；预备党员7年无法转正；党费短则28个月未交，有的64个月未交——这一系列严重违反党章的怪事，发生在有着36名中共正式党员的万宁市港北镇英文村。记者今天从万宁市委组织部获悉，市委已派工作组到英文村调查处理。

根据“英文村一党员”的举报，记者近日到英文村和港北镇调查。举报内容基本属实，有的问题比举报的更为严重。

在1964年入党的老党员蔡修富家里，他和党员蔡汝政、蔡日波都向记者介绍说：“自1994年以后，党支部没开过支部会议，我们有6年没过组织生活。”近8年连任支部组织委员的蔡香琼心算一阵后说：“1996年以后就没开过支部会议。”1994年至今年5月先后任支书的纪道礼、任代理支书的蔡光盛则说，开过支部大会，有些党员不来。记者提出要看会议记录，他们却说没有。

今年52岁的蔡来旧1993年1月被批准为预备党员，但至今村党支部都没有开会讨论她的转正。她说：“我写了3次转正申请书，但没人理我。”像她这样入党7年而无法转正的还有3人。纪道礼、蔡光盛均说不知道这4人是预备党员。但记者在港北镇党员花名册上，查到了蔡来旧等4人的名字。

蔡光盛还对记者说，全村36名正式党员中，有8名党员长期未交党费，短的28个月，长的64个月。

有1 800余人的英文村，却六、七年没有发展新党员。党员老化，平均年龄57.5岁。支部班子不健全，1996年以后，支委只有2人。纪道礼和蔡光盛先后因长期不参加工作和严重违反计划生育政策被免职。

英文村党支部严重瘫痪，“战斗堡垒”垮了。党员和群众心不齐，水利设施坏了无人管，连续2年早稻因干旱失收。据调查，从1994年至1998年（缺1995年），英文村人均收入连续名列全镇倒数第一。党员和群众对此反映强烈。他们说：“我们村党支部有名无实，不起作用了。”

党员蔡汝清说：“我们多次向镇党委反映过支部的问题，但都没有得到解决。”蔡光盛也说：“部分党员没交党费，我早向镇党委汇报过。”港北镇党委书记陈进荣解释说：“英文村的问题早就存在，我1997年8月到任时曾做过调查，但情况复杂，就一直拖到现在。”

（《海南日报》1999－06－15）

这篇报道题材重大，在海南省第一次对基层党组织进行了解剖性的曝光，打破了正面报道的惯例，行使了媒体舆论监督的权利。而且这种“战斗堡垒垮了”即基层党组织瘫痪的现象，不仅对海南省而且对全国都有典型意义，该稿发表后社会反响强烈。记者的写作也有特色，如充分运用第一手材料与数字说话，行文简洁、结构紧凑、直接引语选用精当等。此稿获当年中国新闻奖消息类二等奖。

根据本节讲的内容，我们主要分析记者在时效性上的处理技巧，如何使这篇本来没有时效的非事件性报道，有了强烈的新鲜感。诀窍在导语。

第一，在导语中“拎”出了最新鲜的内容，连续用三组数字列举出了这个基层党支部严重违反党章的怪事，吸引了读者的注意力。

第二，记者找到了新闻的“最近点”。英文村党支部瘫痪已经好几年了，记者得知与调查这件事也有一段时间了，消息在第二自然段里是用“近日”交代这个时间因素的。如果从“近日”入手，显然不够新鲜，不像新闻。能否再找到一个新闻的最近点？这篇消息做了这样的处理：“记者今天从万宁市委组织部获悉，市委已派工作组到英文村调查。”于是一个时效性不强的新闻事件通过一个新的契机，找到了事实的今天依据，变成了一条今日新闻。

例二：1998 年 9 月《光明日报》一篇报道浙江义乌小商品城商户在互联网上做生意的消息。导语是这样写的：

> 本报讯　黑衣、短发、纤瘦身材；屏幕、键盘、十指翻飞。农民出身的俞巧仙坐在浙江义乌中国小商品城的店铺中，面对电脑，正在网上搜寻商品信息。“上个月我通过因特网作成了 10 多万元生意呢。”这位 30 多岁的女子不无得意地对记者说。

这也是一条非事件性报道。在互联网上做生意，并不是今日才发生的新闻，义乌小商品城的商户们可能已经做了几个月的生意，甚至时间更长久。但记者选取了采访当天所见到的一个具体场景，也就是找到了这件新闻事实“今天”的一个切入点，于是就把时间性大大拉近了，使它成为一条现在进行时的新闻。

二、快速

《人民日报》前总编辑范敬宜在他的《总编辑手记》一书中写道：“快，是新闻的生命。快速反应，是新闻工作者必备的素质。拖拖拉拉、慢慢吞吞、五日一山、十日一水，是新闻工作的大忌。”记者要学会快速写作。快到什么程度？最迅速的应该是“倚马可待”。①

① 参见范敬宜：《总编辑手记》，133 页，北京，人民日报出版社，1997。

在中外记者招待会上，经常可以看到这样的情景：一些外国记者打开笔记本电脑边听边记边写稿。1998 年全国人大会议期间钱其琛副总理举行记者招待会，回答有关他不再担任外交部长的消息，法新社记者在钱副总理回答完这个问题话音甫落就已把稿件发上了天。而在 1999 年、2000 年的“两会”期间，我国众多媒体的记者也开始这样做，尤其是新华通讯社与中国新闻社的记者，在写稿与发稿的时效性上与外国通讯社展开了竞争，他们采取了滚动发稿甚至发“分钟电”的做法。2000 年“两会”的开幕式与闭幕式，新华社共对内滚动播发快讯 41 条，对外滚动播发快讯 56 条，在时效方面均抢在西方通讯社前面。全国人大开幕消息新华社上午 9 时 02 分播出，比发稿最快的法新社早了 12 分钟。

我们注意到在消息的电头里，抢发新闻的时间“单位”正在变小。过去比新闻的时效性，那时的计时单位是“日”，我比你早一天就占了主动。后来用“小时”，比如新华社电头在“月日”后带上了“几时”的字样。而现在已经发展到了“争分夺秒”的时代，出现了上文提到的“分钟电”。1999 年 11 月 15 日下午 3 时 55 分，中美签署了关于中国加入世贸组织双边协议。新华社对外部最先向全球播发了英文快讯，比美联社的新闻快了 2 秒，比法新社快了 20 秒。

为了使自己写得快，记者应该加强训练：

（1）学会集中精力，不受外界干扰，在不同的工作条件下都能迅速投入写作。

（2）学会和养成打腹稿的习惯。在采访与记录的过程中，心中即开始酝酿、起草稿件。

（3）熟练掌握新闻各种文体的写作要领，特别要得心应手地运用消息写作的技巧和方法。

（4）善于准备好各种写作素材，灵活地组成“预制构件”，随时可以根据报道的需要进行拼接与组装。

（5）注意培养自己口述新闻的能力。如果把“口述”记录下来，不需要更多的加工就可以发表，就是新闻成品，这意味着你基本过关了。经过这样“出口成章”的训练，写作的速度会显著提高。

三、简短

把新闻报道——无论消息还是通讯都写得短些、精粹些，对提高时效性有重大的意义。

新鲜、快速与简短有密切的关系：

篇幅短了，在有限的版面和时间里，可以多发新闻报道，传递更多的信息。

简短有助于突出新鲜的内容，长篇大论很容易把新闻湮没掉。

简短还有助于快，新闻报道写得越长，所花费的时间也就越多，发稿自然快不了。西方新闻界有一个很形象的说法："读者是站着看报的，记者是站着写稿的"。意思是说记者站累了，稿件就不会写得很长。

中国新闻界一直在呼吁"刹住长风"，"消息要短些、短些、再短些"。通讯也不能任意拉长。评选中国新闻奖，对评选作品的篇幅与字数有具体要求：文字消息在1 000字以内，文字通讯在3 000字以内，文字言论在2 000字以内。并特别规定："对超长作品须由各参评单位从严掌握，主要领导签署特别推荐意见，方可参评。"这里的超长作品主要指的是通讯，特别是20世纪80年代以后兴起的深度报道。

福建省在往年评选本省新闻奖的时候，曾经为一些超过3 000字的长篇通讯开了"边门"——设"特别奖"。1999年在第五届福建新闻奖的评选过程中，评委们强烈地意识到：长风不刹，文风难改。在这届送评的稿件中有6篇通讯超过了3 000字，就其内容来说，它们都颇具影响力，但投票的结果没有一篇超过半数。于是根据评委们的意见，从这一届起，福建新闻奖不再为超过评奖字数规定的长文开设"特别奖"。

正如抢发新闻的时间单位在变小，衡量新闻篇幅长短使用的单位也在变小。过去一说写新闻，下笔几千字或千把字是常事，篇幅一般用"千字"计算，就连新闻单位发稿酬，也用"千字多少元"开出。但时下，大多新闻单位提倡写三五百字的稿件，开始以"百"作稿酬的计量单位。

随着社会生活的节奏变得越来越快，人们的阅读习惯也越来越倾向"弃长取短"。以香港报纸为例，20世纪60年代，2 000字以上的文章被称为长文；70年代，1 000字已经嫌长；80年代，七八百字读者已少有耐心阅读；到了90年代，流行的是三四百字的短文，尤其网络新闻兴起，"简短"成为时代的风尚。

怎样做到新闻报道写得简短？

（1）坚持一事一报。说清楚一件事，比说清楚几件事要简便得多，容易写短。

（2）要注意把主题破小，把角度选小，把架子搭小，突出最有新闻价值的事实。切忌总结式的报道，切忌漫无边际的全景式的报道，切忌一、二、三、四、五罗列的排浪式报道。

（3）化整为零，可以多一些滚动报道、组合报道或连续报道。为了赢得时间，面对突发事件，记者可以先就事件的结果发一个报道，然后再就事件的过程、事件的背景、起因、影响的范围及各界的评述分别作连续报道或组合报道。

又比如对有些事实，可以一发生、一发现、一有突破，就及时采写新闻，而不要等有了最后结果再动笔。事件的发展可以追踪下去进行连续报道。

（4）挤掉水分，只讲事实。新闻写作只能采用“浓缩法”，不要用“稀释法”。“删繁就简三秋树”，这是新闻报道作品的最佳境界。“写作技巧其实并不是写作的技巧，而是删掉写得不好的地方的技巧。谁能在删改中战胜自己，谁就会成功。”俄国著名作家契诃夫这席经验之谈，可供我们在掌握新闻写作如何简短时借鉴。

《中国青年报》记者贺延光在1998年抗洪抢险中关于九江段4号闸附近决堤的报道，是近年来少有的时效性极强的新闻，其写作特色突出，比较全面地体现了上文所讲述的新鲜、快速与简短等新闻写作的基本要求。此稿获1998年中国新闻奖特等奖。全文如下。

九江段4号闸附近决堤30米
两千余军民奋力抢险

本报江西九江8月7日16时5分电（记者贺延光）　今天13时左右，长江九江段4号闸与5号闸之间决堤30米左右。洪水滔滔，局面一时无法控制。现在，洪水正向九江市区蔓延。市区内满街都是人。靠近决口的市民被迫向楼房转移。

本报江西九江8月7日16时35分电（记者贺延光）　现在洪水已漫到九瑞公路。据悉，决堤时，一些居民还在睡午觉。现在在堤坝上被洪水围困的抢险人员大约上千人。

本报江西九江8月7日17时5分电（记者贺延光）　国家防汛总指挥部的有关专家正在查看缺口。专家决定用装满煤炭的船沉底的办法堵缺口。

本报江西九江8月7日17时15分电（记者贺延光）　记者已赶到决口处。汹涌的江水正从30米宽的缺口涌向市区。南京军区两个团正在国家防总、省防总有关专家的指挥下现场抢险。现在有一条100多米长的船无法靠近缺口，抢险队正在想办法。

本报江西九江8月7日17时40分电（记者贺延光）　专家们拟订了三套抢险方案：1. 将低洼处的市民转移到安全地带。2. 市区内的军队、民兵组成一道防洪线。3. 全力以赴堵住缺口。

现在，一条大船装满煤，正由北向南岸靠近，准备堵缺口。

本报江西九江8月7日22时5分电（记者贺延光）　截至记者21时撤

离时，决堤口还没有堵上。一条装满煤炭的百米长的大船已横在距决堤口20米处，在其两侧，三条60米长的船已先后沉底。数千军民正在抛石料。水势稍有缓解。

目前，留在决堤处的抢险人员总计有2 000多人。防汛指挥部组织抢险人员正在市区的龙井河垒筑第二道防线。

据悉，市中心距决堤处的直线距离约5公里。市区目前还未进水。记者赶回市区时看到，一些店铺还在营业。市民们的情绪较下午平稳了一些。

路上，出租车司机告诉记者，市政府已在电视上发出紧急通知，告诫市民，凡家住低于24米水位的住户，要迁到更高的楼上。

本报江西九江8月8日零时15分电（记者贺延光）　记者刚刚与前线指挥人员通话：现在沉船部位上端水流有所减弱，但船下的漏洞水流仍很急，缺口处洪水不见缓解。抗洪军民仍在连夜奋战。

本报江西九江8月8日零时45分电（记者贺延光）　记者刚刚得到消息，从昨天下午4点开始，万余名解放军战士正在龙井河连夜奋战，构筑一道10公里长、5米宽的拦水坝，作为市区的最后防线。至发稿时止，仍有大批军民赶往此地。

1998年8月7日下午，正在长江抗洪第一线执行采访任务的《中国青年报》摄影记者贺延光准备去灾民安置点拍照，忽然听说九江大堤有一处决口，他立即调转车头，直奔出事的4号闸。到了现场，他不顾个人安危，站在冲锋舟上，一边抢拍决口照片，一边用手机向北京编辑部口述新闻。从当天下午4时到第二天凌晨，他连续作战追踪采访。第二天《中国青年报》在头版头条配大幅现场照片刊出了这篇报道。由于这是北京媒体首次报道长江决口，系独家披露灾情，当天的《中国青年报》受到读者关注，一时洛阳纸贵。但与此同时，也受到有关部门的注意，认为他们违反了“不准公布灾情”的宣传纪律。据悉，朱镕基总理后来表示“人民应该有知情权”，对有关报道给予了支持。自此，“98抗洪”的宣传突破了以往灾害报道的一个禁区，更有力地发挥了传媒的作用。

对这篇稿件可以评点的方面很多，例如记者的精神、现场报道的魅力、灾害报道的新角度等等，我们仅结合本节的内容，分析它在新闻时效性，即“新鲜、快速、简短”等方面的写作特点。

第一，记者在新闻文体上采用了最能体现时效性与快速报道的基本形式即短讯，又称快讯。此篇新闻作品是由8条快讯组合起来，一气呵成的。

第二，为了更明显地突出时间观念，记者选择了滚动报道的方式，并发出“分钟电”。所谓滚动报道，就是以时间为线索，随着时间的前移，层层推进地报道事件的发展。所谓“分钟电”，是指在消息电头的时间处理上，不仅标明了月、日、小时，而且标出了分钟。如上文中 8 条短讯的电头都明确地标出几时几分。前五条报道是记者在向决口的 4 号闸处一路奔去以及赶到决口处所发的，水情严重，局势瞬息万变，因此他的发稿频率很快，基本上每半个小时发稿一次。

第三，为了抢在“第一时间”发稿，记者当时用的是口述新闻的方式，编辑部决定原样照发，全稿保持了类似实况转播的氛围，随着记者辗转于现场：九瑞公路上、4 号闸前以及九江市区，通过记者的所见所闻从各个角度，对这次决口事件作了“文字现场直播”。

第四，记者的语言凝练、简洁，没有废话，几乎每一句话都是一条信息，这也非常符合快速报道的特点。

《中国青年报》的记者以及编辑在这个突发性事件面前表现出的时效观念以及新闻敏感和勇气，使这篇报道在第一时间里披露了九江大堤决口，抢到了独家新闻，实现了最佳的新闻价值。

与时效性相关的还有时机性。

新闻写作原则上都应该力争抢在“第一时间”发稿，但有些稿件也要讲究发稿的时机。同样一篇报道，发稿时机抓得好，其社会影响力就大，针对性就强。例如国务院做出决定，在 2000 年底实现国有企业改革和脱困。这一年的 9 月，距离实现这一目标还有三个月的时间，《经济日报》连续推出了典型系列报道《深圳国企：五项全国第一的奥秘》之一、之二、之三、之四、之五，从深圳国有企业与政府的关系、国企领导人的选拔产生、国企内部经营体制和国企外部环境等几个方面介绍了深圳国有企业的经验。这一组报道属于工作通讯、非事件性报道，内容本身并没有明确的时效性。但它选择在全国国有企业决战攻关的时候发表，起到了鼓舞信心、指引方向的作用。由于发稿时机选得好，增加了这组稿件对实际工作的指导性，也有针对性地回答了与此相关的问题。

第三节　可读性：具体　生动　通俗

可读性作为 20 世纪 80 年代初从国外引进的一个新闻概念，很快地就被中国新闻界认同与接受，并得到广泛的应用。因为这个概念突破了我们以往新闻僵硬死板的面孔，把我们长期忽视的“读者观念”摆在了重要的位置上，它使我们的新闻写作有了明确的对象感。

顾名思义，可读性是指要把新闻报道写得让读者愿意读、喜欢读、读得下去。用一句大白话说就是要把新闻写得“好看”。

当然，任何文字作品，例如文学类的小说、诗歌、散文，甚至公文类的文件、报告，都应该做到具有一定的可读性。否则它没有读者，也就发挥不了任何作用。但新闻报道与它们相比，对可读性有着更特殊甚至更苛刻的要求。在本章的第一节我们已经讲过读者看报的特点，在这里要进一步强调：新闻传播是在与一个广泛的不特定的读者群之间通过快速交流与快速阅读实现的。因此有人形容，新闻报道作品从内容到形式都要具有“一眼功效”，即要在很短的时间内，甚至在一瞥之中抓住读者，能够让他们“一眼看懂”、“一见钟情”。这当然是一个很高的要求。

为了实现这个要求，把新闻写得“好看”，首先在内容，也就是说取材上要做到贴近读者，让读者认同。新闻价值五要素中的“接近性”是有很大学问的。传播学研究显示：受众感到信息同自己的接近性越高，他们对这一信息的关心程度、注意和兴趣就越大。美国学者蒙得·鲍尔在《顽固的受传者》一文中也指出：“在可以获得的大量的传播内容中，受传者中的每个成员特别注意选择那些同他的兴趣有关、同他的立场一致、同他的信仰吻合，并且支持他的价值观念的信息。”

这里的接近性包括时间和空间上的接近、利益（利害关系）上的接近以及心理（思想感情）上的接近。因此最容易吸引读者的新闻，是那些与他们的生活领域、生活现场、思想感情“贴近的事”。新闻报道首先要找到这个契合点，具体地说，要找到与读者兴趣与需求的交汇点、与读者认知的交汇点、与读者感情的交汇点。这是新闻报道实现“可读性”的一个最基本的要求。

落实到新闻写作的行文中，可读性主要体现在要使整个新闻传播的过程做到通畅，没有障碍，要使新闻报道尽量消除自身的不确定性与模糊性，增强其透明度，便于同读者的快速交流，使得他们容易接受。

一、具体

这里的具体主要是指新闻报道要用事实说话，而且多用形象的可感性事实说话。读者对这样的事实容易产生兴趣，接受与理解得也快。若仅有抽象的、概括性的材料，读者阅读起来会感到吃力。而且对事实报道抽象的程度越高，带来的后果是不确定性与模糊性越增加。因为每抽象一次，事实的外延就扩大一次。随着外延的扩大，它内在的特征，即它的具体化就相应地缩小。美国传播学专家施拉姆的研究显示：有效传播的一个秘密是把一个人的语言保持在听众能够适应的抽象程度上的能力，以及在抽象范围内改变抽象程度的能力，以便在具体的基础上谈论比较抽象的内容，使读者或听众能够不感困难地从简单熟悉的形象转到抽象的主题或概括上来，并在必要时能够再回到原来的形象上去。

怎样才能写得具体?

(一) 选题角度、报道内容要具体

举一例说明：上海市自1992年以来，加大了改革开放的步伐，经济稳定快速发展，整个城市的面貌发生了翻天覆地的变化。新闻媒体对上海城市建设的报道屡见不鲜。但绝大多数属于比较传统的成就性报道，大体沿袭着这种模式：列举数字、前后对比、总结经验等，概括性强。当然，也有一些通讯，内容比消息要具体、形象，但因追求全景式报道，取材过于宏观，读起来还是感觉有宣传味，可读性不够强。偶然翻到一篇不长的“小稿”，读后却让人感到有趣，过目难忘。

上海人越走越高

新华社上海（1999年）9月24日电（记者贺晓林）　一个从成都出差到上海的建筑师说，在上海办事，有时步行的路还没有上上下下的路长。他说的上上下下，是乘电梯。

改革开放以来，上海长高了，成了立体城市。人们的交通工具中，不知不觉添上电梯这个新成员。

上海究竟新增了多少电梯？记者问了许多人都说不清楚。不过，上海电视台的一则消息很有趣味：建于30年代的24层的国际饭店作为上海最高建筑独领风骚50年，而现在，却只能排在900名以后。

每一栋高楼有电梯，每一家大型商场有电梯，每一个地铁站有电梯，就连淮海路等街道的人行天桥也装了电梯。

电梯成为普通消费品“进入寻常百姓家”。

最有人情味的电梯在南京路上的新世纪商厦，大门内左右各一的弧型电梯在张开双臂欢迎客人到来。最长的传送电梯在浦东一处联华超市，50米长的传送带上能同时容下20多位推着购物小车的客人。斜坡跨度最大的电梯可能要数位于浦东的时代广场，客人能一步跨上三楼。速度最快的垂直电梯是全国第一高楼金茂大厦，仅45秒就能让你直登380米处的观光层。

问了许多上海人，很少有人能记起第一次乘电梯时的感受。电梯就像家门口的路一样，谁也不去刻意留神。然而，就在不知不觉中，人们的足下发生着巨大变化，上海人越走越高了。

这位记者独具慧眼，写城市建设的成就，他“避大找小”，从老百姓身边发生的事，而且从几乎每天都在经历的事入手，选择了“电梯”这个具体的现代机电设施，通过对它的观察，表现了上海日新月异的变化。

电梯数量增加，说明上海高层建筑发展快。正如消息中形象化的描写“长高了，成了立体城市”。但记者并没有用诸如上海近几年建了多少座楼、多少层以上的高楼占百分之多少等概括的语言叙述，而展示了一个具体的新闻事实：“建于30年代的24层国际饭店作为上海最高建筑独领风骚50年，而现在，却只能排在900名以后。”不言自明，24层以上的高楼，上海现在起码有900栋以上。这也是对比，但不是简单的数字式的对比，而是运用拟人化的笔法，做了一个形象而具体的对比。

电梯使用范围广，说明城市现代化程度高。记者也没有使用常见的“某某年有多少部电梯，截止到现在有多少部电梯，增长了百分之多少”等语句，还是用具体的事实说话：“每一栋高楼有电梯，每一家大型商场有电梯，每一个地铁站有电梯，就连淮海路等街道的人行天桥也装了电梯。”然后记者借用了一句著名的唐诗“旧时王谢堂前燕，飞入寻常百姓家”，简洁地作了一个概括：电梯成为普通消费品“进入寻常百姓家”。在第6自然段里，记者还具体描述了4个有特点的电梯：最有人情味的电梯，最长的传送电梯，斜坡跨度最大的电梯以及速度最快的垂直电梯，虽然寥寥几笔，但它具体且知识性强，满足了读者的兴趣，也有效地加强了这篇消息的可读性。

这篇消息的可读性，还体现在它的语言风格上。它有一种拉家常般的轻松。尤其是最后一段：“问了许多上海人，很少有人能记起第一次乘电梯时的感受。电梯就像家门口的路一样，谁也不去刻意留神。然而，就在不知不觉中，人们的足下发生着巨大变化，上海人越走越高了。”这段的表述既具体又传神，而且寓意深刻地点出了本文的主题。

（二）新闻报道的叙述以及情节、细节也要具体

我们对比两篇新闻稿，分析一下哪一篇的可读性更强。

新华社北京（1988年）12月21日电　邓小平主席今天上午在人民大会堂会见印度总理拉吉夫·甘地时说：“我们双方要忘掉两国关系中过去的一段不愉快，一切着眼于未来。”

邓小平说，总的国际形势在变，各国都在考虑新的政策和新的国际关系。中印共同倡导的和平共处五项原则是最经得起考验的。“我们向国际社会推荐这些原则作为指导国家关系和国际关系的原则。中印双方作为倡导者要首先实行起来，不仅两国的关系要按照五项原则来处理，我们同各自的邻国交往中也应实行这些原则。”

邓小平在谈到发展问题时说，人们议论，下一个世纪是“亚太世纪”。其实，真正的亚太世纪要等到中国、印度和其他发展中国家发展起来才能实现。

中新社北京（1988年）12月21日电　今天上午十时半，邓小平满面笑容地走出他经常会见外宾的人民大会堂福建厅门口，同印度总理拉吉夫·甘地紧紧地握手。

邓小平微笑着说：欢迎你，年轻的朋友。

拉·甘地说：谢谢你。

邓小平又说：从你的访问开始，我们又恢复了朋友的关系，好的朋友、国家的朋友、人民的朋友、领导人之间的朋友，你同意吧？

拉·甘地：同意，谢谢你的欢迎和热情友好的接待。

接着，邓小平同拉·甘地的主要随同人员握手后，宾主步入会见厅。

邓说：你的外祖父我认识，你的母亲我也认识，但我们没说过话。1954年你外祖父尼赫鲁总理访问中国时，我也是中国的领导人之一，你母亲陪同你外祖父来访。

拉·甘地：是这样的。

邓：那时我们两国的关系非常好。

拉·甘地：是的。在一段时间里我们两国关系有过一些困难，我希望我们的关系能够恢复到以前的那样，克服困难。

邓说：这是我们共同的愿望。这中间相当一段时间内情况是彼此不愉快的，忘掉它，一切着眼于未来。

拉·甘地：我们两国都有许多事情要做，有许多工作要做。

邓：我1978年访问尼泊尔时见到你们的外长，我请他带信给你母亲——当时的总理，我们应该改善关系，没有理由不友好，没有理由不改善我们之间的关系，以后两国之间就有一些接触了。真正开始改善关系是你的来访。所以，谢谢你。

拉·甘地：谢谢你，是你采取了很多主动姿态使我们这次访问能够成功，是你对我母亲作出的这些表示才开始了以后的接触。我很荣幸也很高兴第一次就见到了你。

至此，工作人员要求记者退场，因为时间已比通常允许记者采访的5分钟多了2分钟。

100多位中外记者采访了这一会见。

中国与印度是世界上的两个大国，又是邻国。20 世纪 50 年代中印两国向国际社会共同倡导了著名的和平共处五项原则。但 60 年代初，由于发生边界冲突，两国关系恶化。80 年代以后，为赢得一个和平的国际环境，以保证经济建设与改革开放的顺利实施，中国政府致力于重新调整与改善周边关系，于是与印度修好摆上了重要的议事日程。1988 年 12 月 21 日邓小平主席在北京会见印度总理拉吉夫·甘地，就是一个明显的信号和具体的行动。这次会见吸引了 100 多位中外记者前来采访，被西方记者视为“有历史和国际意义的转折性会见”。

我国的两家通讯社都对此播发了稿件，两篇稿件的写法不同。

新华社基于官方通讯社的背景，所发的电讯是传统的时政新闻公报式消息。全稿由 3 段组成，全部取自邓小平的讲话，如导语是“邓小平主席今天上午在人民大会堂会见印度总理拉吉夫·甘地时说”，第二段是“邓小平说”，第三段是“邓小平在谈到发展问题时说”。没有会见时的具体场景，也没有具体情节，甚至没有出现有关被会见者除了身份以外的任何信息，包括印度总理说了什么话。

而作为面向海外读者发稿的中新社，则采用了现场速写的方式，播发的是一篇新闻特写。全文有多处情节与细节的描写，如文章一开头，就透露出邓小平走出会见厅门口，亲自迎接年轻的印度总理这一具体细节，表明了中国领导人主动的姿态。其次，本文的作者几乎原封不动地保留了邓小平与拉·甘地在正式会谈前的对话，既有邓小平以拉家常的方式谈到拉·甘地的母亲、外祖父，也有印度总理的呼应回答。两人共同回顾了中印领导人过去的友谊。这些对话，具体地再现了现场亲切友好的氛围，为这次会见的成果——中印两国改善关系作了成功的铺垫。

这次会见最重要的信息是邓小平关于重新调整中印关系的政策阐述。新华社稿把它放在导语里，很突出，并且原话已经过处理，改写成标准的书面语：“我们双方要忘掉两国关系中过去的一段不愉快，一切着眼于未来。”这是官方通讯社报道国家领导人会见的标准消息体例。中新社稿处理得比较灵活，它按照时间顺序描写，把这句话放在文中，但保留了邓小平的原话：“这中间相当一段时间内情况是彼此不愉快的，忘掉它，一切着眼于未来。”其中那句干脆有力的“忘掉它”，是被新华社删去的一个口语化的细节。其实有这个具体细节更好，它留给读者想象的空间——邓小平在讲这句话时候的神情和语气，不仅形象地体现了邓小平的性格，一个政治家的风度，也使读者感受到中国政府修复中印关系的决心。通过以上分析，我们不难看出，后一篇稿件由于注意运用具体的情节与细节，使得一条重大的时事政治新闻充满了情趣，在可读性方面收到了比前一条更佳的传播效果。

但中新社的报道也存在一个重要的缺陷，它只限于对中印领导人正式会谈前的报道，而没有报道正式会谈中，邓小平阐述和平共处五项原则的重要内容，而这一点正是新华社报道的中心。

需要强调的是，“具体”这个要求贯穿新闻写作的全过程。不仅选题角度、报道内容、叙述方式以及情节、细节要尽可能具体，而且新闻语言也要讲究“具体”，在本节里我们只讲前一部分，对后者即新闻语言的要求，在第六章专有论述。

二、生动

所谓写得生动，通常是指把新闻写“活”，即要求新闻报道富有感染力。

怎样才能写得生动?

(一）在某些方面“生动”与上文中讲到的“具体”是联系在一起的，一般来说，越是写得“具体”就越容易生动

上文所举的两个例子可以证明这一点。这里再重复讲述其中的一个细节，中新社的报道写得很具体：中印两国领导人在门厅处握手时，邓小平说：“从你的访问开始，我们又恢复了朋友的关系，好的朋友、国家的朋友、人民的朋友、领导人之间的朋友，你同意吧?”一连串用了四个关于朋友的排比，步步递进，又加上一句亲切的问话“你同意吧?”把现场的气氛生动地传达出来。

再看美国《读者文摘》刊登的一篇特写《难忘的英格丽·褒曼》的开头：

> 她不施脂粉出现在银幕上，美国的化妆品马上滞销。她在影片中扮演修女，进入修道院的女子顿时增加。一个影迷把一头羊一路赶到罗马作为礼物送给她。多少信上只写上“伦敦英格丽·褒曼”，便送到她的手中。

这一段文字由4个句子组成，每句都是一件具体的事实。没有用华丽的形容词，也没有抽象的概括或结论式的评价，但我们从四件具体的事实中已感受到了英格丽·褒曼的明星魅力。而且这段文字写得如此生动，仿佛一个个盎然有趣的镜头闪过。它一下就抓住了读者，吸引他们继续阅读下去。

(二）新闻报道一定要“见人”，这是让稿件“活”起来的一个关键

首先，在绝大多数新闻事件中，人是最活跃的因素，或者说，人是构成新闻事件的主体。新闻报道说到底，是报道人在社会生活中的各种表现，人与自然、人与社会、人与人之间的各种关系的变化。因此，在写新闻报道时若是抓住了这个最活跃的因素，稿件便生动，便“活”。反之，若是舍去了这个最活跃的因素，稿件就容易死板、干瘪。

其次，我们在上文中已讲过，接近性越高，读者对这一信息的关心程度、注意和兴趣就越大。实践已反复证明，人和人的生活对受众来说，往往具有最高的心理上的接近性。也就是说，新闻报道对于传播对象，即广泛的不特定的读者群来说，最容易让他们认同的莫过于对人的关心和对人类生活状态的关心。因此，新闻报道里有了活生生、有血有肉的人，有了他们的动作、语言、行为、表情，尤其是有对他们的感情与生活状态的报道，很容易唤起读者的兴趣。如果新闻报道只是"见物不见人，讲理不讲情"，是不大可能生动的。英国一位老新闻工作者鲍勃·希契科克在一次同中国记者谈对外报道时说："读者对人比对事件本身更为关心，对人们在干什么比对人们在说什么更为关心。"① 这个观点同样适用于对内报道。

相对来说，在通讯写作中比较容易体现"见人"，而写消息时容易忽略，这是消息可读性不强的原因之一。

怎样把消息写得生动？

西藏乡村涌现一批"百万富翁"

新华社拉萨（1998年）7月12日电（记者潘海平　罗布次仁）　跑运输的贡觉次仁先后9次更新汽车，成了村里的热门话题。然而，他家的资产"更新"了多少，惟独他自己最清楚。

今年44岁的贡觉次仁原是西藏工布江达县一个普通农民。现在，他已是西藏近年来涌现出的"百万富翁"中的一员。

贡觉次仁对旧西藏贫穷的日子记忆犹新。"父母说我出生时当地农奴主的生活还没有现在这么好呢。"他说。

走进贡觉次仁宽敞明亮的楼房，房内雪白的墙壁上绘有各种吉祥图案，显得舒适而整洁；大屏幕彩电、录像机等现代化电器设备，还有窗外锃亮的东风牌大卡车，则昭示着他家的富有。

在封建农奴制社会的旧西藏，95%的社会财富集中在占人口5%的农奴主手里，这成了西藏贫穷落后的根源。那时，对于广大老百姓来说，做"百万富翁"简直就像是神话故事。

从根本上提高西藏大多数人的生活水平，是西藏民主改革以后近40年的事情。据统计，中央政府先后投入资金400多亿元，大规模地进行交通、能源、农牧业、旅游等经济基础设施建设，并组织中国各省市支援建设总投

① 转引自沈苏儒：《对外报道业务基础》，增订本，81页，北京，今日中国出版社，1992。

资40多亿元的“43”项、“62”项惠及百姓的重大工程。这些项目的建设，为高原人发家致富创造了良好的基础条件。

“我是靠国家的好政策，政府的大力支持和自己的辛勤劳动致富的。”另一位“百万富翁”、后藏日喀则地区白朗县的农民旺久说。

在80年代末期，他从做小本生意起家，如今，他家的10辆卡车和翻斗车常年活跃在西藏主要产粮区之一的年楚河流域，家庭固定资产达到400多万元。前不久，他家还添置了一部多媒体电脑，用于家庭的财产管理和对外业务。

藏东丁青县的农民永忠斯塔，20年前借贷1 500元本金，来往于成都和西藏之间，做起百货、皮货和虫草生意。现在，他已拥有县城和乡下的两家商店，家产达100多万元。

仅丁青县所在的昌都地区，从50多万农牧民中已涌现出1万多名像永忠斯塔一样的经商者，其中步入“百万富翁”行列的就不下百人。

“百万富翁”们成了西藏老百姓脱贫致富的楷模和带头人。他们以各种形式帮助和带动邻里乡亲一起致富。永忠斯塔近年来凭着丰富的经商经验，每年向银行贷款10万元用于扶贫开发，不仅为乡亲们提供了大量的生产资料，为他们拓宽了致富门路，而且将盈利全部送给乡亲。他主动承包扶助的丁青县色扎乡，已有51户贫困户走上了富裕之路。

西藏的经济建设究竟如何？尤其在广大的乡村牧区，是否已摆脱了农奴制时代的贫穷落后？这是国内外普遍关心的一个问题。这篇消息从“人”的角度入手，通过“西藏乡村涌现出一批百万富翁”的生动事实，回答了这个问题。

全文在写作方面的最大特点是抓住人物，写活人物，用“人物”的事实说话。首先是导语不俗：第一笔就落墨在一个已九次更新汽车的运输专业户身上。然后用三个自然段具体介绍他的身份和家庭的富有，并引用了他的一句话直接点题：“父母说我出生时当地农奴主的生活还没有现在这么好呢。”消息的主体部分展开后，记者继续推出人物：一个是日喀则地区白朗县的农民旺久，一个是昌都地区丁青县的农民永忠斯塔。对于前者介绍了他的致富门路以及家产，其中“前不久，他家还添置了一部多媒体电脑，用于家庭的财产管理和对外业务”这个细节用得很好。对于后者，记者通过这个人物经商致富的过程，从点到面地展开，讲述了昌都地区的经商者以及他们之中有多少“百万富翁”，然后又从面到点，讲述“百万富翁”们如何成为西藏老百姓脱贫致富的楷模和带头人，最后落笔在永忠斯塔的具体行动上：他怎样贷款扶贫，怎样主动承包扶助一个乡，使得这个乡已有51户贫困户走上了富裕之路。由于记者精心地选择了这样三个典型人物，并写出了他们的行动、语言，描述了他们的生活状况，使得这篇消息跳出了同类型报道的平铺直叙，大大加强了可读性。

（三）新闻报道能否生动，与结构也有很大的关系

无论消息还是通讯写作，都要注意谋篇布局，注意新闻事件的戏剧性和冲突性。生活中存在许多错综复杂的矛盾，如果记者善于抓住矛盾，又善于运用文章的结构把其戏剧性或者冲突性体现出来，那么写出来的报道则波澜起伏。而曲折起伏本身就是一种生动。

新闻写作的结构是很有特点的，我们在新闻笔法一章中将从一个方面做一些介绍，在本书中编、下编关于消息与通讯的写作中，都有专门的章节论述结构。这里只就上面这条消息作进一步分析，因为它的生动与所采用的“DEE”① 结构有关。“DEE”结构又称“华尔街日报体”。这种结构比较多地使用于非事件性消息。其基本特征是，从描写具体的某个人入手，通过对事实进一步解释和恰当的背景分析，进而显示整体、点明主题、引入结论；或者通过集中描绘整体事实中的一部分，通过这一部分进而说明与展示整体。这种结构会使得新闻报道生动并有力量，而且符合读者认识事物从具体到抽象的过程。美国密苏里新闻学院的《新闻写作教程》中举了不少例子说明这种结构对增强可读性的意义和作用：“例如，报道联合基金会募捐运动时，你可以将重点放在从募捐中获益或没有获益的人身上，而不是着重写当地联合基金会又募捐到几千美元或募捐的组织机构。如果你住的城市街道路面条件恶劣，你就可以从一个司机的角度出发，写一篇街道存在问题的报道。或者如果荷兰榆树病正在当地发生，致使许多树木死亡，你可将报道的重点放在某个已有好几棵树死亡的家庭主人身上。这种写法使记者能大大将机构、统计数字和泛泛不着边际的问题减少，使读者能够接受和欣赏。”②

三、通俗

所谓通俗，就是要把新闻报道写得深入浅出，明白如话。

每天，不知有多少人在通过看新闻了解天下大事。而他们的年龄、性别、职业、经历、文化程度等又如此地各不相同。向这样一个读者群进行传播，而且是在他们快速阅读的过程中进行新闻传播，显而易见，传播产品应该是普及型的，

---

① DEE是三个英文单词的词头。D：DESCRIPTION（描写），E：EXPLANATION（解释），E：EVALUATION（评价）。

② ［美］密苏里新闻学院写作组：《新闻写作教程》，260页，北京，新华出版社，1986。

如果文字艰涩难懂，将造成受众阅读的障碍，直接影响传播效果。因此记者必须学会把新闻报道写得通俗浅白，也就是说要尽量提高传播产品的清晰度，以减少传播阻力。

英国报业之父笛福在谈到他的写作原则时说，假设对500个不同职业的群众讲话，要使每一个人都听得懂。西方新闻界十分重视新闻的通俗化。20世纪40年代美国的有关专家曾研究出岗宁公式和德尔与崔尔公式来解决可读性问题。在这两个公式中都有对通俗化的要求。比如岗宁公式中提出迷雾系数，即指词汇的抽象与艰涩程度。迷雾系数越高，可读性越低。另一个公式提出的是词汇的难易度，词汇越浅显，其可读性越高。合众国际社根据有关专家的设计，还采取了一系列新闻通俗化措施，实施的结果，使得原来平均接受过16.7年教育的读者才能毫无困难读懂的新闻，降低到接受过11.7年教育的读者都能读懂。

怎样才能写得通俗？

（一）解决“新闻官腔”的问题

在我国的新闻报道中首先要解决以往“宣传文化”所留下的套话、空话，或者说“政治行话”过多的毛病。1986年在全国对外宣传工作会议上，中央领导同志在讲话中就曾明确地指出：“这几年，我们的文风有很大的改进，但仍然存在着不少问题。如空洞说教、强加于人，凡事先下结论，爱用一些华丽的形容词和空话、套话等，仍屡见不鲜。”对外报道尚且如此，对内报道的毛病就更大了。反映在会议新闻、工作经验或者典型报道中，这个问题至今还比较明显。

当然，改进这类新闻的写作是一个综合治理工程，从根本上说与改进党风与社会风气息息相关。但其中有一点是我们新闻工作者可以自我约束，应该自我严格要求的。那就是不能把来自某些权力机关的新闻发布、领导讲话稿、工作简报之类的材料拿过来，不经采访，也不经任何文字消化加工与改写，就当做新闻报道原文照登。外国新闻界把这类现成的材料称作“施舍品”，把这种发所谓“现成新闻”的记者叫做“文丐”。这是一种很不好的文风。

现在除了这种宣传味浓的报道，又出现了广告味浓的报道。毛病如出一辙，也是记者把来自某公司或某企业的新闻发布稿，有些简直就是广告词，加上一个电头或“本报讯”，基本照搬原文。这种做法是违反新闻写作规律的。

（二）要学会“第二种翻译”

所谓“第二种翻译”是指用浅显的文字、生动的比喻或者老百姓熟悉的语言来讲述、表达或说明新闻报道中的内容。每个行业都有一些圈外人不懂或不太懂的“行话”。记者在新闻写作中要注意对此进行解释与说明。西方新闻学者在谈到改进新闻写作时，有一个明确的要求就是“不要用技术语言”。他们强调要用所有读者都能充分理解的语言进行报道，在稿件中尽量删除一切技术词汇和含混不清的行话。这一点值得我们注意。

而对于那些专业性比较强的报道，例如经济报道、科技报道等，更要对其中一些专业性内容与专业术语进行必要的通俗化“翻译”。对于这类报道，提高可读性的关键就在于作好“第二种翻译”。因为如果读者对报道中的基本术语感到陌生，势必造成阅读过程的中断，给接受信息带来障碍，也就谈不上传播效果。

科技新闻就属于这类比较难采写的新闻。因为它的专业性强，科技术语不仅多而且更新率高。据统计，人类的科技知识在19世纪是每50年增加一倍，到了20世纪中叶变为每10年增加一倍，70年代为每5年增加一倍，80年代后期每3年增加一倍，90年代开始以月为单位来衡量，到2000年，则以周作为单位计算。科技信息“爆炸”，新技术、新成果层出不穷，科学的门类越来越多，科技知识越来越专。这种专业性容易造成科技新闻传播中的障碍，再加上记者自身的知识储备不足，这些都影响与制约着科技新闻作品的可读性。如果记者只照着科学家的论文摘一下，或者简单地采访一下就下笔，其结果只能让一般读者一头雾水、难以看懂。

有人把通俗化比做科技新闻的第二生命。美国一位资深的科技新闻编辑曾把科技新闻写作视为“一种翻译的艺术”，他认为科技新闻的写稿人在某种程度上就是神秘的科技语言的翻译，他必须常常想到，不是每个人都用化学、物理或医学的术语讲话的，只有当他用读者自己的语言写出来，受众才容易接受。

当今世界是一个科技的世界。科技报道将占有越来越重要的位置。而目前我国的科技报道除了数量不足以外，在新闻写作中亟待解决的问题是报道的“不深不透、不明不白”。在一定的意义上，这与许多记者还没有掌握“第二种翻译”的技巧有关。这个技巧需要把专业性很强的科技事物，“破译”成“通俗”读物，并用新闻规律再创造为文字报道作品。这是一个很艰苦的过程。请看新华社一篇深入浅出的重大科学新闻是怎样采写成功的：

科学家发现，地球上第一枝花盛开在中国

新华社沈阳（1998年）11月27日电（记者陈孟阳　徐机玲）　国际科学界今天证实：中国科学家在1.45亿年前的火山灰里发掘的8块有漂亮花纹的化石，是地球上最早出现的花。

今天出版的美国《科学》杂志以封面文章的形式向全世界宣布：最新的研究表明，地球上第一枝花盛开在中国。在辽宁西部北票发现的这种原始的花，已被科学家命名为“辽宁古果”。

领导这项研究的中国科学院南京地质古生物所研究员孙革说，这些被子植物开花时花瓣呈螺旋状排列，与现今常见的木兰花相似。

国际古植物学会副主席大卫·迪尔切教授说：“这是迄今发现的有确切证据的地球上最早的花。”

科学家认为，新发现的花化石比以往发现的此类化石要早1 500万年至2 000万年，为研究1.45亿年前的地球生态环境的变迁提供了新思路，对现代地质及石油勘探等科学和经济活动也具有重要的意义。

这些化石花朵属于被子植物，也称“有花植物”。科学家指出，在地处北温带约北纬41.7度的辽宁北票地区的这次发现，还改变了学术界通常认为“被子植物起源于热带”的认识。

100多年来，有关被子植物起源及其早期演化问题一直悬而未决，著名古生物学家达尔文曾称之为“令人讨厌的谜”。大卫·迪尔切认为“此次发现已经开始了对这个谜的破解”。

孙革说，现今地球上存在的“有花植物”约有25万种，占植物种数的一半左右。花朵、谷物、水果等绝大部分都是被子植物，这一植物类群与人类的生存、地球的气候及其他生态环境关系十分密切，它们的兴起被认为是植物发展史上最近的一次大飞跃。

此次化石的发现地——北票地区古生物化石蕴藏丰富，几年前曾在此发现过四足类恐龙化石。

由新中国培养的第一位古植物学博士孙革以及另外两名古生物专家郑少林、周浙昆进行的研究，得到了国家自然基金会、中国科学院以及美国科学院大卫·迪尔切的支持。

据了解，在《科学》杂志上发表中国科学家主笔的封面文章，近年来是第一次。

本文作者开始向总社报告他要写这条新闻时，说的全是专业术语，像“被子植物”、“侏罗纪”、“白垩纪”等。编辑告诉他：“首先得让我们这些科盲明白什么是被子植物，使大家对你谈的东西有兴趣才行。”记者解释说，被子植物就是显花植物，地球上大约有一半植物是被子植物。编辑要求他在稿件中把这些表述清楚并请专家谈谈这个发现的意义。从最后的成品稿可以看出，记者按照编辑的上述要求，做了卓有成效的努力。

科技报道通俗化的一个重要入手处，就是把其中的关键术语“翻译”好。这篇报道的关键术语显然是编辑们提出的“被子植物”。记者争取到了采访国际古植物学家大卫·迪尔切的机会，从这位权威口中得到了一句很传神的解释：“这是迄今世界上有确切证据的最早的花。”“第一枝花”是使报道这项重大的科学发现的新闻由专业走向通俗的关键，或者说“花”是这篇稿件的精髓，把“被子植物”翻译成了花，全稿就有了一个深入浅出的基础。

此后记者又多次采访有关科学家，力争把那些科学术语翻译成贴近一般读者的语言。比如“侏罗纪”、“白垩纪”都换算成距今年代的数字，对被子植物的解释：“也称有花植物”，“现今地球上存在的有花植物约有25万种，占植物总数的一半左右。花朵、谷物、水果等绝大多数都是被子植物。”在写到“辽宁古果”时，记者用“这些被子植物开花时花瓣呈螺旋状排列，与现今的木兰花相近”这一描写，也有助于使读者得到形象化的认知。于是那些看起来冷冰冰的专有名词，经过记者的“第二种翻译”，变成通俗的有生命力的东西了。这篇稿件标题的修改也体现了这种精神：原稿标题是《中国科学家发现迄今世界上最古老的花》，经编辑修改的标题是《科学家发现，地球上第一枝花生长在中国》，最后定稿的标题为《科学家发现，地球上第一枝花盛开在中国》。一个比一个更形象，可读性更强。

（三）巧妙地处理新闻报道中的数字

数字是很重要的事实材料。新闻报道离不开数字，尤其经济新闻更离不开数字。全局性、易懂易记的数字能加强传播的力量，但堆砌大量数字却肯定会削弱传播的清晰度。如何处理好枯燥乏味的数字，是提高新闻报道的可读性，使其内容通俗易懂的一个重要环节。

中国一日：数字与希望

新华社北京（1994年）9月20日电（记者薛建平　胡创伟）　一年365天，中国一日知何是？研读中国经济运行最新情况通报，你会发现串串生动鲜明而又令人惊讶的数字：

每天，中国人要消费近6 000多万公斤猪肉，1 000多万公斤食油和7.5亿公斤粮食。如此巨大的“胃口”，足以令任何政治家挠头，而中国的粮油市场却多年保持稳定。

许多外国经济专家说，中国是世界上仅存的最大市场。仅仅是一天，中国人就会买下近6万台电视、12万只手表；仅仅是一天，中国城乡就会开通电话1万多门、销售绸缎200多万米。每天，中国人的消费总额超过30亿元人民币，每天存入银行的还有8.8亿元人民币，而这些数字几乎天天还在被刷新。

海外游客形容今天的中国是“站在脚手架上的国家”：每天，中国城镇新增住宅73万平方米，农村新增住宅156万平方米。每天，中国的各种运输工具要运送旅客1 800万人次，相当于瑞典、芬兰、挪威和冰岛4国人口的总和；今年夏季，中国仅仅是铁路就承运旅客2亿多人次。

平均一天，中国有600多万册杂志出版，邮寄函件1 500多万份；平均一天，中国发行报纸5 000多万份，而这约需400辆中型货运汽车方能装载。

改革开放给中国带来了巨大的变化。现在，中国每天实际利用外资近1亿美元，融资规模仅次于美国而居世界第二位。15年来，中国协议利用外资累计已达2 400多亿美元。

如今中国许多重要工业品一天的产量，已远远超过45年前旧中国1年的产量。如：日产钢24万吨，是1949年全年产量的1.5倍；日产原油近40万吨，是1949年全年产量的3倍多。现在中国每5天创造的国民收入，就相当于1949年全年的国民收入。

中国一直是世界上人口最多的国家，全国人口现已达到11.7亿人。如今，每天有近6万人出生，1年就新增1 600多万人，比澳大利亚的总人口还要多。

去年，中国平均每天创造的国内生产总值近68亿元人民币，据国际货币基金组织统计，已居世界各国的前列。可是，按人均计算，中国却仍然属于较落后的发展中国家。

崛起与沉重同步，希望与困顿同在。中国目前尚有8 000万贫困人口。但用7年即2 500天消灭贫困的“扶贫攻坚计划”正在加紧实施中。

联合国人口问题专家曾把“中国现象”称之为“奇迹中的奇迹”。因为，中国毕竟以只占世界7%的耕地，养活了占世界22%的人口。

这篇报道堪称用数字写新闻的范本。记者从中国经济运行的一份最新通报，也就是一系列统计数字中，挖掘出了重大的新闻主题：改革开放使中国发生了巨大的变化。为表现这个伟大的成就，记者又找到了一个好角度，只写“一天”。但怎样才能通过“一天”的数字，写深写活这个重大的新闻主题呢？

第一，记者所摘引的数字，都是关系国计民生的重大成果，如“吃”、“用”、“住”、“行”，如经济发展、利用外资、国民收入、国内生产总值等。

第二，记者对全文所摘引的30多个数字作了成功的处理。如果不加处理，简单堆砌，这篇报道只是一个变相的统计报表，读者会不忍卒读。但本文作者通过精心选择，为每一组数字都巧妙地赋予了生命，让它们在横向与纵向的对比中，在比喻和背景的衬托下鲜活起来，给予读者生动而可感的印象。如叙述到每天的报纸发行数，记者用“这约需要 400 辆重型货运卡车方能装载”；而讲到每天各种运输工具运送的旅客数量时，记者紧跟着作了一个说明：“这相当于瑞典、挪威、芬兰、冰岛 4 国人口的总和。”同样，在讲到 1 年的新增人口时，记者的说明是“比澳大利亚的总人口还多。”文中所形容的“足令政治家挠头”的“如此巨大的胃口”，“站在脚手架上的国家”等都贴切而形象。

第三，此稿的结尾很精彩，仍然坚持用数字说话，写下了画龙点睛的一笔：“联合国人口问题专家曾把中国现象称之为奇迹中的奇迹，因为，中国毕竟以只占世界 7% 的耕地，养活了占世界 22% 的人口。”统计数字的重新组合与背景的挖掘，使得这篇报道具有了新闻分析的分量。

第四节 针对性：信息 知识 思想

针对性有两层意思：第一是指在进行新闻写作时，你的心中要有对象感，即明白这条消息或者通讯是写给谁看的；第二要明确为什么而写，你的报道是针对什么问题而发的，通过它要引导或影响读者到什么目标上去。

这两层意思可概括为两句话：了解传播对象，明确传播目的。

有针对性的新闻报道能够得到有效的传播，而针对性不强的，那些无的放矢、不知所云的稿件，发出去没人看，或者看了不解渴，就好比某个工厂生产出的产品，没有销路、没有市场，只有一个去处——积压在仓库里。没有针对性的稿件即便试图用时效性或者可读性去挽救或包装它，一般也难以奏效。因此，说到底，针对性还是读者观念的问题。新闻报道要了解读者在想什么，做到在内容上符合读者的需要，并为读者释疑解惑，回答他们在实际工作和生活中所遇到的问题。

针对性的第二层意思是：新闻报道为什么而写？这涉及新闻媒介的引导作用，或者说新闻报道的观点倾向。我们在第二章里讲到用事实说话时，已阐明了没有纯客观报道，任何新闻都在“说话”的观点。讲到了我们办报纸和办广播电视，不是无为而治，而是要通过具体的新闻报道，影响、指导受众的思想、情感和行为，最终把他们引导到一定的目标。传播学也强调媒介引导：它的最终目的是要改变受众的态度。它总是先设定一个方向和目标，全部引导工作都是朝着这个方向和目标来运作的。因此，新闻写作要有针对性的第二层意思是，要求记者明确为什么而写、本篇稿件究竟要说明什么问题、达到什么传播目的，起到怎样的舆论导向。

新闻写作的针对性有两个特点：

首先，这是一个灵活的概念，它的精髓在于“具体问题具体分析”。

我国的报业市场已经进入了多元化的时代。一张报纸与所有读者全方位对接，满足所有读者需要已经不可能。其原因在于读者人群或者说“大众”发生了“裂变”。如今的大众已由多个“小众”利益群体组成，除了传统的工农兵学商，又出现了非公有制单位成员、企业家阶层、个体户队伍、外地打工仔、自由职业者乃至股民、彩民、网民、车族、房族、追星族等等，于是各种报纸适应不同读者的需求应运而生。社会群体的多元化，要求报纸细分市场，找准各自的目标读者群，然后准确定位，有针对性地进行新闻传播。例如即便都是经济报，又分为中央一级的、省市级的，还有行业报、企业报等；若从专业分，更五花八门：专门报道金融的、证券的、电脑的、汽车的、房地产的、服装的、花卉的等等。

报纸定位多元化，读者分层明确，自然要求不同报纸的记者，要根据本报所面对的读者群的需要，根据本报的舆论引导方向，坚持“具体问题具体分析”的原则，研究和解决各自新闻报道领域中的针对性问题。

其次，新闻写作的针对性又是一个动态的概念，它不是一成不变的。

在一个日益开放的环境里，尤其像我国正处于社会的转型期，一切都在快速的变化中，不断有新问题、新现象、新矛盾、新事物出现，读者的心理也在随之变化。因此新闻写作的针对性又是一个动态的概念，它要随时跟踪、随时调整。今天这篇报道的内容抓住了读者的需要，很有针对性；没有多久，读者就可能遇到了新的矛盾，你若仍针对过去的问题继续报道，尽管新闻写得更生动，甚至更深刻，仍然丧失了针对性。只有那些敏锐地追上新现象，对新问题、新趋势所进行的报道，才具有针对性，才能满足受众的需要。

如果说对新闻写作的时效性与可读性，可以提出一些操作性比较强的具体要求的话，那么，如何提高新闻写作的针对性，则属于另一个不同层面上的要求。它需要的不仅是笔力——写作技巧的训练，更多的是脑力，即思想、逻辑、理论能力的训练，包括对受众需要与心理以及媒介引导的理解和把握，对写作内容、角度、主题的选择等。上文中我们已经分析了针对性同读者需要与传播目的的关系，以下主要就报道内容而提出写作要求，因为“内容”是加强针对性的一个重要因素。

一、加大信息量

尽管有多少种读者群就会提出多少种不同的需求，但受众对新闻最基本的需求是共同的，即享受信息的知晓权。没有多少信息量的新闻报道，很难衡量它有什么针对性。

新闻的本质是信息，这个观念是在我国新闻界自1983年引进信息这个名词以后逐步明确的。大众传媒的信息传播功能也被认识与接受。国家新闻出版署1995年公布的《报纸质量管理标准》中，将报纸的信息量作为质量考核的一条标准，并规定了每版必须达到的消息的条数。而抽样调查也显示，大众的传媒接触行为，哪怕在电视方面，也由1992年的“娱乐消费”为主，转化为1998年的“信息消费”为主。因此，只有千方百计加大新闻传播的信息量，才能满足受众的需要。这个任务既要落实到报纸的每一个版面上，也要落实到每一篇具体的报道中。

在新闻写作中如何增加信息量?

总的来说，一是要在比较中选择信息量较大的新闻事实加以报道；二是要把选定的新闻事实中固有的信息量充分地反映出来。

（一）学会多侧面地进行报道，或称写“立体化新闻”

所谓多侧面与立体化的写作，是针对很长时间以来我国新闻界的单向思维、直线思维模式而提出的。在这种思维的惯性下，报纸上的许多新闻报道往往是平面的。多侧面报道则要求客观地按照事物的本来面目，透过多种角度，运用多种手段进行综合报道，避免“只取所需”地报道事实的某一个侧面。这种立体新闻不仅符合实际情况，而且必将大大增加信息量，因为它的内容丰富了、事实的层次丰富了、角度丰富了、色彩也丰富了。

（二）学会抓特点

信息在本源上就是客观事物的特征和事物之间的差异。特点越鲜明，差异越显著，其信息量越大。没有特点，流于一般，则没有新意，信息量就小。因此要选择那些特点鲜明、差异显著的新闻事实，并在新闻写作中力求充分地将其特点与差异表现出来。

（三）学会使用新闻背景

只有充分挖掘新闻背景，无论是事件本身的直接背景还是与事件有关的间接背景，都能够有效地加大新闻报道的信息量。

（四）用尽可能少的信息符号传递尽可能多的新闻信息

对纸介媒体来说，新闻信息是通过语言文字传递给读者的，因此要学会用精练的文字浓缩信息，以传递更多的内容。

例一：

本报讯　29.39米！昨日零时，武汉关水位创下今年最高、历史第二高水位后，开始缓缓回落——今年长江第四次洪峰裹挟着足以毁灭整座城市的力量，从超出城区平均地面高度5米的武汉“头顶”流过。

（引自《长江日报》1998－08－11头版）

这是一条报道水情的消息的导语。总计70多个字里包含着诸多的信息：洪峰通过；水位回落；水位的高度；这是今年最高、历史第二高的水位；它是长江今年的第四次洪峰；这次洪峰的力度足以毁灭整座城市；洪峰水位高过城区平均地面5米等。除了这七八个事实信息外，作者在有限的文字里还提供了形象的信息：如水位缓缓回落，洪峰从武汉城区“头顶”上流过。

例二：

1999年9月11日中共中央办公厅和国务院办公厅印发了《中华人民共和国成立五十周年口号》。各家报纸一般都按新华社口径全文发表了这50条口号。这50条口号囊括了我国各方面的大政方针，其中第48条为“伟大的马克思列宁主义、毛泽东思想、邓小平理论万岁”。中国新闻社针对海外报道的需要，发稿如下：

中国官方首次提出“邓小平理论万岁”

中新社北京（1999年）9月13日电　今天傍晚，官方公布了圈定的新中国五十周年宣传口号。这份包括五十句的宣传文件，重申“坚定不移地推进改革开放”、“坚持和平、统一、一国两制的方针，完成祖国统一大业”，强调“推进政治体制改革”。其中官方首次提出了“邓小平理论万岁”。

列进第四十八句、居于邓小平理论之前的，依次是马克思列宁主义和毛泽东思想。

官方发布的这些宣传口号，是为了指导新中国五十周年庆祝活动的宣传工作。九月十一日，中共中央办公厅、国务院办公厅印发了《中华人民共和国成立五十周年口号》。

对于海外读者来说，上述消息所包含的信息量，要比他们看到洋洋50条口号得到的信息量多得多。在这篇不足200字的消息中，记者从50条口号中拎出了新闻：中国官方首次提出“邓小平理论万岁”，特点鲜明，尤其是“首次提出”，差异明显，这个事实中所包含的信息量自然就大。其次，写作的层次也不单一，有事实，有背景，尤其最后一个自然段，用两个层次把有关背景交代得清清楚楚。可见，一条新闻所含信息量的多少，并不完全取决于篇幅的长短。

二、加大知识含量

新闻报道除了让受众享受到信息的知晓权以外，还要满足他们的求新欲和求知欲。信息又称“毛知识”，属于浅层次的，而知识以信息为基础，比信息又上了一个台阶。人们在获取了一些信息以后，进一步的要求是了解它们，希望它们集中在一起，按照一定的顺序构成一定的含义。也就是说，读者想得到的不仅仅是些事实性的信息，而且想得到比信息更深一步的知识。在21世纪进入“知识经济”以后，人们遇到了更多全新的事物，而且这些事物的发展变化存在着多种可能性。可能性越多，人们认识它们的不确定性越大。为了消除这种不确定性，对事物的发展做出判断，除了获取有关这个事物的信息以外，还迫切需要有关这些信息的知识去解释它、认识它。因此，新闻报道的内容里要加大知识的含量，这既是读者的需要，也是媒介引导的需要。

新闻写作如何加大知识的含量?

（一）知识是人类认识自然、认识社会、认识自身的经验总结。它最大的特点是科学性。因此，在一定的意义上说，加大新闻报道中的知识含量，即是要讲究科学性，要注意挖掘和展示信息背后的某种客观规律。

（二）这种增加，不仅是简单的数量增加，更重要的是在质量上的增加，即在报道的选材、角度上都要比单纯信息的报道更深入一步。

例一：

20世纪末曾广泛流传过一个最具蛊惑性的预言，即所谓1999年8月18日“天体大十字”会给地球带来劫难。世界各地都有一些深藏心机的人曾借这个预言向社会向人类挑战。为了驳斥这个混淆视听的谬论，新华社国际部精心组织，从8月初就给国外有关分社去电，要求他们针对这个所谓预言进行跟踪报道。8月18日当天，新华社发出了一篇重头稿件。

“天体大十字”预言宣告破产

新华社北京（1999年）8月18日电　世界各地的天文学家证实，8月18日没有发生特殊的天文现象，更没有发生地球毁灭这样的大劫难。世界各地的人们像往常那样度过了平静的一天，“天体大十字”这一“世纪末预言”宣告破产。

400多年前，法国的诺查丹玛斯写了一本名叫《大预言》的书，其中提到1999年地球将出现大劫难。到了本世纪70年代，日本人五岛勉对这本书进行了解释，说在1999年8月18日，太阳、月亮和九大行星将组成一个十字架的形状，并称这种“恐怖大十字”将给地球带来毁灭性灾难。

法国里昂天文台专家鲁特梨对本社记者说，他不知道有8月18日“天体大十字”一说。在与里昂天文台的其他专家共同核对过行星位置排列后，他说8月18日太阳系行星位置排列不但没有组成所谓的“大十字”，而且根本没有出现任何特殊的排列。

在五岛勉的家乡日本，18日是一个极其平凡的日子，没有重大的天灾人祸。当地新闻界和老百姓根本没有把五岛勉的预言当回事儿。日本国立天文台宣传部部长渡边润一副教授在接受本社记者采访时说：“18日这一天，九大行星的排列没有构成十字架的形状。即使九大行星排列成十字架，也不会对地球产生什么影响。它们对地球的引力远不及月球对地球的引力。”“天体大十字”预言没有任何科学根据。

英国阿马天文台台长、著名天文学家马克·贝利教授在接受本社记者采访时说，18日是普普通通的一天，“天体大十字”预言不攻自破，这再次证明该预言纯属无稽之谈。他指出：“行星的位置排列与地球上所发生的日常事件之间是毫不相关的。”英国拉瑟福德·阿普尔顿实验室的行星研究专家艾伦·彭尼博士指出，由于行星对地球的引力比月球对地球的作用小得多，行星的排列从科学上来说，对地球根本构不成什么影响。

美国世界观察研究所的新闻官玛丽·科伦接受本社记者采访时说：“美国人不信这些邪说，人们像往常一样工作和生活。”在美国俄勒冈医科大学从事研究的旅美研究人员杨爱玲博士说，我们相信科学，不要相信那些毫无根据的异端邪说。

北京天文台副台长赵刚说：“从科学家的观点来看，18日的天象没有什么特别之处。”南京紫金山天文台副台长严俊指出，每到世纪末都有一些人为了达到某种目的而散布一些耸人听闻的言论，19世纪末也有类似“世界末日”的说法，事实证明这种预言非常荒谬。

中国科学院院士何祚庥说：“早在几年前，很多邪教的教主鼓吹什么‘1997年大劫难’，什么‘1999年由行星排列的大十字将带来地球的毁灭’。1997年已经过去，1999年也过去了一大半，可是什么事情也没有发生”。他指出，现代科学研究表明，地球是一个十分稳定的体系，已经稳定地存在了46亿年，而且还将稳定地存在很长时间。

在8月19日世界各国的不少家报纸上，我们可以看到许多新闻工作者都在关注这个题材，也做出了报道的努力，有的报道本地居民不信邪，有的报道这一天本地的生活依然美好，还有的报道这一天人们兴起关心天文学的热潮。但都没有像新华社这篇报道从全球的视野、从人类历史的高度去把握新闻的背景与素材选择的范围，以及如此精心设计其结构和布局。

这条不足1000字的消息最大的特点是让事实说话、让科学说话、让专家说话，从而使谎言不攻自破。“说话”是层层递进的：首先报道8月18日这一天并没有发生任何特殊的天文现象，而且这个信息是由“世界各地的天文学家证实的”。然后通过专家之口进一步阐述：即使九大行星排列成十字架，也不会对地球产生什么影响。接着报道了在这一天人们像往常一样的工作和生活。最后再次通过科学家之口点明主题：每到世纪末都有人散布一些耸人听闻的言论，历史的经验证明，这些所谓的世纪末言论、预言都是荒谬的。全文结构紧凑，信息量大，第一手材料多，而且选择的对象很有针对性，如关于“天体大十字”的预言，首先是400年前一个法国人提出的，到了20世纪一个日本人又作了解释。该篇报道第三自然段选择的采访对象是法国，第四自然段选择的正是那个日本人的家乡。

仔细分析这篇稿件还会发现，其中最重要的新闻事实是专家们所提出的一个科学根据：行星的引力远不及月球对地球的引力，它们的排列从科学上来说对地球构不成什么影响。这一点从根本上驳斥了“天体大十字”预言的荒谬。培根曾经说“知识就是力量”。正是科学知识以及来自科学家的证实，使得这篇稿件的内容超越了信息的层面，比一般地报道“8·18平安无事”的信息性新闻更有说服力。从知识的高度与科学的角度切入，紧紧扣住了科学战胜愚昧、实践检验真理这样深刻重大的主题，大大增强了这篇报道的针对性。在第十届中国新闻奖评选中，该篇作品获得消息类一等奖。

例二：

1992年，一些地方对兴办股票市场表现出很高的热度，争办股市、争发股票的势头一哄而起。为了引导人们正确地认识股市，安定股市秩序，促进我国股市稳定的发展，新华社于1992年9月27日播发了一篇解释性报道《关于股市的通讯》。在这篇报道中，记者对当时股市的发展情况做了比较细致的叙述，这还属于信息层面上的传播。重要的是在有关的叙述之后，记者进一步深入下去，从金融知识和市场经济规律的角度，对这些信息给予了科学的解释与说明。整篇通讯由四大部分组成，并分别冠以小标题。请看这些小标题：

1. 给股市一个试验的机会　热腾腾的股市消息　刺激无数人的入市积极性

2. 给企业腾挪跳跃的余地　能跃上去也会跌下来　中国的任何事都要一步步走

3. 修好渠才能放足水　股市规范必须一步步建立　不能让股票变成“疯狂的君子兰”

4. 赚得起也要赔得起　闯股市并不只是淘黄金　普及股票知识的ABC

（新华社1992－09－27电稿）

从上述小标题可以看出，这篇报道在传播股市发展信息的同时，用了多大的力量在讲解有关股市的知识。通读全文，还可看出透过知识讲解，该稿传达出强烈的政策信号。据作者介绍，当时担任国务院副总理的朱镕基不仅对此稿的送审稿作了重要的批示，而且召集有关领导专门开会研究此稿的修改工作，他本人亲自修改稿件达三十多处。例如他增写了“股市上不仅有鲜花，也有眼泪”。在稿件的结尾处增写了“看起来，在继续坚决进行股市试点的同时，中国股市有可能经过一段短暂的盘整”。由于有关金融知识、市场经济规律以及经济政策的解说，使得此稿有分量、有深度，大大突破了信息层面的报道，成为当时有关股市报道最具影响力，同时也是针对性最强的报道。

三、挖掘思想深度

比信息、知识更高一个层次的是思想。读者的需求在不断提高，他们不仅需要信息、知识，还需要分析与理解信息和知识，这里就包含着对思想方法的需求。也就是说，读者已不满足于知道发生了什么事，还要了解发生的原因，甚至不仅要了解原因，而且要理解事实的“意义”。这里也包含着读者对“思想”的需求。于是，能够给读者提供一定思想深度的新闻报道，或者说有“思想观点”的新闻报道，其现实的针对性也就越强。

其实思想性对各种媒介传播都很重要。我们在不同的篇章中已多次强调：办报纸、办电台、办电视台、办通讯社，最终的传播目的，都是要通过新闻报道影响受众、改变受众的态度、让受众接受它们的思想。比如力求在新闻报道中体现有中国特色的社会主义理论，用这个理论去影响、指导受众的思想和行动，这是我国新闻报道的基本要求之一，也是党的报刊、广播、电视的任务所在。

思想性，也可称为指导性，是新闻传媒的重要功能。需要说明的是，新闻报道的指导性与文件、报告不同，它不能向受众发号施令，不能板着面孔，它要用事实说话。如果把文件报告式的指导叫做刚性协调的话，新闻传播的指导则是柔性协调，或者隐性协调，它需要通过挖掘事实本身内在的逻辑性，挖掘内含的思想深度，通过柔性协调或者隐性协调而实现舆论导向。

对新闻写作来说，思想深度决定新闻报道的影响力。相同的题材，在不同的记者手里，可能写出影响力不同的作品。其高下之分，就在于思想境界的差异。

新华社原对外部主任芮菀如说："好新闻首先要有深刻的思想，要有记者的正确洞察力，要有对事物的本质的深切了解和分析。"她认为新闻写作最重要的技巧不如说是"思想的技巧"：怎样去思索、怎样把思想整理得有头绪、怎样了解读者的思想、怎样把主观和客观结合起来。她还提出，对一个真正聪明的记者来说，笔头的功夫，也就是说笔力，包含着思想理论水平、政策水平，包含着观察、分析社会现象的能力。这是一个老新闻工作者宝贵的经验之谈。

思想性在新闻报道，尤其是通讯写作中体现为主题。古人称为"立意"。意犹帅也，无帅之兵，谓之乌合。在新闻写作时，不能仅仅堆积你的信息与知识，要产生思想的火花照亮你的报道。这思想的火花就是主题，它犹如一条红线，贯穿全稿，成为报道的灵魂。它影响着对采访得来的素材的取舍、事例的运用、文章的结构布局，以至导语和标题。

主题是新闻的核心，它存在于客观事物之中，却又看不见、摸不着。它必须从事实中提炼，却又不能任意拔高。一般来说，新闻主题是记者对大局和报道对象这两个方面调查研究的结果，是从宏观和微观两个角度观察现实所得出的思想结晶。新闻报道的针对性、指导性的强弱与否，都存在于报道对象与全局之间联系的紧密和广泛的程度之中。也就是说，处于微观的报道对象，在处于宏观的大局中越有典型意义，与大局联系得越紧密、越广泛，这篇新闻报道的针对性也就越强。

1978 年新华社收到山西分社的一篇来稿，写的是植棉能手吴吉昌如何运用辩证法种棉花，处理好水、肥、土、光等关系，解决了棉花脱蕾落桃等问题。此稿的技术性很强，报道主题确定在倡导科学种田的精神上。应该说在当时的情况下，这个主题也是有一定针对性的。因为"文化大革命"结束不久，否定科学、摧残文化的余毒还远没有肃清。但是否还可挖掘更深的主题？报道中引述的周恩来总理对吴吉昌说的一席话引起了总社领导的重视，它像一束光芒照亮了吴吉昌的事迹，使这些素材呈现出另一种新闻价值：一个共产党员，被当做党的敌人遭到诬陷、批判和迫害时，仍然不改初衷，坚持科学实验。于是总社派记者下去，再进行深入的采访，把周总理的嘱托作为一条红线，重新穿起所有的新闻素材。于是最后见报的稿件，已不是在科学种田的层面上讲述一个农民的故事，而是放在十年动乱惊心动魄的历史背景下，讲述吴吉昌为了完成周总理的嘱托，如何不顾禁令地艰苦奋斗，不屈不挠地坚持科学实验，而代表"四人帮"势力的另一方则想方设法地阻止他。整个故事围绕着迫害与反迫害展开，主题升华为讴歌劳动人民的献身精神，并揭露与批判了"四人帮"的反动实质。由新华社记者穆青、陆拂为、廖由滨撰写的通讯《为了周总理的嘱托……》发表以后引起了强烈的社会反响，拨动了当时社会上绷得最紧的那根弦，这根弦就是时代的要求。因为粉碎“四人帮”以后，人民迫切需要澄清被“四人帮”搞得混乱不堪的理论和实践问题，实事求是地总结历史的经验教训，团结一致向前看。而吴吉昌的事迹和在他身上体现出来的思想品格和精神风貌，正可以回答这些重大课题，对吴吉昌事迹的报道就是“平反”，就是“拨乱反正”。

穆青在事后总结人物报道的一篇文章中说：“提炼和确定能够反映时代特征的主题，十分重要的是要解决一个针对性问题，也就是说，要有的放矢地进行宣传。要做到这一点，一方面要考察同当前工作关系最密切，群众最迫切需要解答的重大课题是什么，另一方面要考察人物本身具有哪些能够体现时代特征的精神。离开人物本身的客观事实，主观主义地拔高，硬要‘提炼’出一个什么主题是错误的；同样，离开现实生活中的重大课题，罗列材料、就事论事，也不可能反映出重大的主题。”由此可见，主题思想越符合时代的要求，其报道的针对性也就越强，读者面也就越广泛。

在非事件性报道的写作中，“思想”显得更加重要。在一定意义上可以说，如果没有思想观点，就找不到新闻，写不出报道。我们在不少优秀的通讯中，尤其是一些深度报道中，例如《鲁布革冲击》、《水　水　水》、《中国改革的历史方位》、《命运备忘录》、《金牌不是名牌》、《划时代的体制创新》等，看到记者思想的光芒。在这类报道的写作中，思想已经成为一个记者的品牌。

思考与练习题

1. 新闻写作的基本要求是什么？提出这些要求的依据是什么？

2. 如何提高新闻写作的时效性？

3. 选择一篇新闻报道作品，通过具体分析，说明可读性的重要性以及该报道是如何体现可读性的。

4. 如何加强报道的针对性？选择对同一个新闻事实的不同报道，对比其针对性的强弱，并解释原因。

第五章

新 闻 角 度

在一定意义上说，新闻报道都是事实的一个“片断”，一个“剖面”，一个能够准确表现该事实新闻价值的“片断”与“剖面”。如何截取或者切入，直接关系到新闻写作的成败。

本章将论述新闻写作的这个重要技巧，即如何选择新闻角度的问题。

第一节 一个关系成败的切入点

新闻角度的定义：记者发现事实、挖掘事实、表现事实的着眼点或入手处。

角度一词源于摄影。摄影学证明在不同的方位，或者说通过不同的角度拍摄，所拍出的照片效果是不一样的。

中国古代著名诗人苏东坡有一句脍炙人口的诗句把这个道理讲得很明白：“横看成岭侧成峰，远近高低各不同”。他描写的是站在远处、近处、高处、低处看，庐山所呈现出的不同的旖旎风光。为什么？就因为看山的方位在变化。

事实像庐山一样，也是由丰富多彩的诸多侧面组成的，呈现出“多面体”。而每一面都可能呈现出不同的表象与特点。于是新闻学借鉴了摄影的概念，要求记者要学会站在不同的方位去看待客观事物，从不同的角度发现新闻价值。

著名记者艾丰把选择新闻角度比喻为“挖矿”。他说：“新闻价值在事实内的蕴藏是不均匀的，有各种不同的矿床，选择好的角度，就是为了便于记者更迅速、更顺利地开采这些价值，更准确、更鲜明地表现这些价值。”“如果说美术摄影的角度是为了追求美的价值，那么新闻角度的选择在于追求新闻价值。”①

因此，新闻角度的选择很重要。它直接关系到记者从什么方向、在哪个立足点上、用什么视角，或者通过什么突破口去透视、寻找、挖掘、选择和表现新闻事实，以更充分地、更鲜明地体现其新闻价值和思想性。

一、角度选择是否得当与新闻价值的大小直接相关

新闻角度选得准，新闻价值倍增。反之，选得不准，报道老一套、一般化，就会削弱新闻价值。

一个角度好比一个“窗口”，从不同的“窗口”看去，所见的风景不一样。角度选准了，入手就能抓住事物的特征，就容易表现其新闻价值。请看下面一篇报道。

叶乔波坐轮椅回到北京

本报北京3月17日讯（记者孙小青） 背着冰刀出征，坐着轮椅凯旋。不久前在第十七届冬奥会上带伤拼搏，勇夺铜牌，从而演出悲壮告别赛的我军选手叶乔波，今天上午从德国回到北京。

在长达近20年的运动生涯中，叶乔波先后23次获得世界冠军。今天，当她坐着轮椅出现在首都机场候机厅时，动情地说：“没想到我冰上生涯的最后一次旅行竟这样结束。”在机场迎接她的许多人包括一些军中男子汉都流下了热泪。

冬奥会结束后，叶乔波在国家体委的关怀下，于3月8日在德国因策尔进行了膝关节大手术。亲自为她主刀的德国名医挪亚和沙拉夫边做手术边摇头，惊叹不已地说：“这么严重的伤势还能参加比赛并夺得奖牌，真是不可思议。”

据亲眼目睹手术过程的教练萧汉章介绍，叶乔波的左腿膝关节里“简直乱了套”，医生为她清除了7块碎骨片，修补了断裂的半月板和内外侧副韧

① 艾丰：《新闻采访方法论》，128页，北京，人民日报出版社，1996。

带，对错位的髌骨进行了牵引复位。

尽管如此，叶乔波仍对自己的拼搏生涯无怨无悔。她说："我认为我的奋斗是值得的，我为祖国做出了应有的贡献。就算今后我真的瘫痪了，可乔波仍然会顶天立地地站着。"

（《解放军报》1994－03－17）

1994年在第17届世界冬季奥运会上，我国优秀冰上运动员叶乔波带伤拼搏，夺取了第三名。对于这位屡获世界冠军、全国知名的体育明星，有关她辉煌的战绩、她奋力拼搏的事迹以及她的行踪都曾构成许许多多的新闻。包括她这最后一次参赛，各家传媒也多有详细的报道。有关她赛后回国的消息，也并不只有《解放军报》一家作了采访。但与有些报纸一般程式化的报道不同，《解放军报》没有简单地报道"叶乔波载誉归来"，或者开列出一大串到机场欢迎的人名单以示"重视的高规格"，而是选择了一个特殊的角度：背着冰刀出征，坐着轮椅凯旋。向读者展示与传达的是一幅悲壮的画面。从"悲壮"这个角度切入，突出了"获奖与伤残"强烈的反差，记者更容易准确地表达叶乔波感人的精神境界。她为了祖国的荣誉而带伤拼搏、战胜挫折、战胜伤痛、战胜自我，乃至冰上生涯的最后一次旅行竟坐在轮椅上结束。尤其第三、第四自然段有关她做膝关节大手术的背景情况的追述，例如德国医生的惊叹不已，"简直乱了套"的左腿膝关节，都为她不同寻常的告别赛做了极有说服力的烘托。因此尽管此文不足600字，而且只是一篇"送往迎来"的消息，但由于新闻角度选择得好，穿透力强，叶乔波的英雄形象呼之欲出，给读者留下了深刻的印象。

二、不同的角度讲不同的话，有不同的报道效果

由于事实本身具有多面性，因此对同一件新闻事实，可以从不同的角度报道它。角度不同，新闻价值可能不同，因此表达的思想意义也就不同。正如我们从不同的角度拍摄庐山，可以正面拍，侧面拍，可以仰拍，俯拍，选择的角度各异，拍出的照片景物与意境也就千姿百态、风光迥异。

中央电视台《新闻调查》节目制作人夏骏曾为新闻系学生讲过一次课。夏骏讲述了自己的经历，介绍了新闻调查节目的产生以及策划、选题与制作，还谈到了电视业的竞争。作为作业，课后每个学生写了一篇关于夏骏讲课的报道。大部分同学的报道都是从描写对夏骏的第一印象开始的。这种开头不像新闻报道，而更像一篇记叙文。新闻报道，无论消息还是通讯，都要求单刀直入，从最有新闻价值的角度切入，面对主要的新闻事实。按照这个原则，关于夏骏讲课的报道，可以设计这样几个开头——选择这样几种新闻角度：

▲　长达45分钟的《新闻调查》，被它的制作人夏骏称为“勇气性的节目”。因为它是中央电视台时间最长的新闻节目。业内人士都知道，新闻节目每延长10分钟，对编导和记者能力的要求呈几何级数递增。

夏骏今天来到中国人民大学新闻系讲课时说，3年前，他参与创办的这个节目，也是中国电视界第一个进行深度报道的节目。

这个角度是从新闻调查节目入手的，要挖掘的新闻价值是中国电视界第一个深度报道节目创办的经验与意义。

▲　面对新闻学子，资深电视人夏骏语出惊人：“你们站在一个很好的产业上。但新闻学科的厚度不够，能给予你们的知识准备和知识联想力不足。”他表示，在他麾下效力的出色的编导和记者都不是学新闻出身的。

夏骏毕业于广播学院新闻系，是进中央电视台的第一个硕士研究生。他对我国新闻教育的效果如何，是有切身体会的。这个角度的选择，显然记者感兴趣并认为有新闻价值的内容是夏骏对新闻教育的批评。

▲　当年精英文化的代表作——大型电视政论片《河殇》的制片人之一夏骏，如今主持着中央电视台的《新闻调查》。他说：“揭竿而起的英雄时代已经过去。现在是一个市民时代，要有耐心，要踏实地做事，要进行文化积累，这就是现代化。”

夏骏于1990年到1995年进行了中国农村调查，其中用两年的时间跑了18个省、149个贫困县。他对当年的精英文化进行了反思，认识到中国知识分子脱离社会实际的弱点，调整了自己的位置与心态。报道从这个角度入手，要挖掘的思想主题涉及中国知识分子如何在现实的社会变革中实现自身的价值与理想。

▲　《新闻调查》栏目打的是记者的品牌。它的制片人夏骏称：“45分钟的节目一定要做出记者调查的魅力。”今天在中国人民大学讲课时，他千呼万唤名记者的出现。当然，他承认：“拥有这样的记者还需要时间。”

报道通过“记者品牌”这个角度，想探讨的是有关中国出名记者的问题。

▲　电视竞争进入了战国时代。中央电视台名牌栏目制片人夏骏面对各省节目纷纷上天的热闹局面，开始怀疑中央电视台是否有必要搞8个频道。他说：“当没有人看的时候，你在天上飘着，还有什么意义？”

这个角度显然是从电视界的竞争切入的，它所要表现的新闻事实与体现的新闻价值当然不会和以上四个雷同。

除此而外，还可以挖掘出其他的角度。

由此可见，记者对一个事实的报道可以有多种角度的选择，或者说可以从不同的侧面入手来展现它。不同的角度就有不同的针对性，体现了记者对事实的不同关照。

三、角度选得好可以出独家新闻

当今在新闻时效性的激烈竞争中，通过打时间差获取独家新闻变得越来越困难。因此，独辟蹊径，从一个新的角度、一个别人所未走过的路径，发掘出事实的新的新闻价值。获取非时间差独家新闻，便成为记者们努力的方向。

美国有一位女记者说："要使人们真正发现美，就需换一个角度。"在新闻采写实践中，不少记者都有通过改变角度而发现或挖掘出独家新闻的经历。

1995 年底，不少跑经济的记者都得知，中国最大的海上天然气田将于 1996 年 1 月初举行投产庆祝仪式。这当然是一条重要的经济新闻，拿到请柬的记者等着到庆祝仪式那天发稿。一位新华社记者却敏锐地发现在油气田即将投产的事实中还包含着一个信息：崖 13—1 气田生产的绝大部分天然气，将首先向香港输送。当时距离中国对香港恢复行使主权还有一年多的时间，在这种政治背景下，只要改变一下报道角度，一是把读者对象从对内改为主要面对海外读者，二是把报道的主题从一般的建成投产改为"开始向香港供气"，这条程序性的经济新闻就有了更大的新闻价值。于是记者从这个角度入手，做了大量的准备工作，采访了中国海洋石油总公司的有关专家，获取了向香港供气的具体材料；还采访了海南省高层领导人，请他们讲向香港供气所体现的政治和经济意义，如稿件中引用了海南省经济研究发展中心负责人的谈话："这条长达 700 多公里的海底管道作为华南地区和香港之间一条新的合作纽带，将成为内地不断向香港输送发展动力、保持香港长期繁荣的象征。"这是本稿的画龙点睛之笔。记者还注意了时效性，不是在投产仪式举行之日发出，而是在向香港供气的当天发出，导语是：

> 今天凌晨，在海南岛以南 91 公里处的海面上，一座天然气平台通过 778 公里长的海底管线，正式开始向香港输送发电燃气。

这条全文 700 多字的独家新闻播发后，受到了海内外舆论特别是香港媒介的广泛关注。

第二节　寻找最佳新闻角度

在新闻报道中常见以下几种角度：

领导角度与群众角度、工作角度与生活角度、表扬角度与批评角度、正面角度与侧面角度、宏观角度与微观角度、对内角度与对外角度，还有可读性与可用性即宽幅传播和窄幅传播两个角度等。

在上一节中我们已讲到，事物具有多面性，反映这一事物的角度也是多样的，但这并不意味着每一个角度都是好角度，有的角度平平，有的角度老化，有的角度扭曲变形，我们在新闻写作中要尽可能寻找一个最佳角度。

什么是最佳角度?《新闻文体与写作技巧》一书中提出：一是能突出新闻的个性特征；二是能体现事物的本质；三是有生动活泼的内容；四是有新颖巧妙的形式。

西方记者则有这样几种选择的标准：切中要害，最能说明问题的角度；最能引起人们兴趣的角度；读者最易接受的角度；读者最关心的角度；时空距离读者最近的角度；最有人情味的角度。我们注意到，除了第一条，其他四条都与读者有密切关系。因此，从一定意义上说，读者的需要就是最佳角度。

多一点读者的角度，这是在新闻写作中必须牢记的一条原则。本书第三章第一节里已经讲过要树立读者观念。这一节我们将从如何选择新闻角度，再一次强调这个问题的重要。

一、根据不同读者群的定位寻找最佳报道角度

在前面的篇章中我们也已讲过，我国的传媒已经多元化。不同的传媒面对不同的读者，承担着不同的宣传任务，发挥着不同的传播功能，各有侧重、各有分工。因此每一家新闻媒介总要确定自己的“导向定位”，并拥有相对稳定的读者群。记者在面对一大堆新闻素材动手写作之前，首先要了解你的受众是谁，明确你要写给谁看，同时根据你所在传媒的舆论导向来选择最佳新闻角度，一般来说，这个角度应该是新闻事实与你所在传媒的“导向定位”和主要受众群需求这三者“聚焦”的结果。

有这样一篇新闻稿：

从 1998 年 9 月 1 日起，我国天然林资源保护工程在四川西部林区率先启动。这个林区包括阿坝、甘孜、凉山三州，攀枝花、乐山两市和雅安地区，地处长江上游干流和支流源头地区，有森林面积 463 万公顷、灌木林地 371 万公顷，是长江流域的主要水源涵养区，也是仅次于黑龙江林区的我国第二大原始森林区。由于长期的集中采伐，川西林区可采资源越来越少，生态环境日益恶化，每年经过川江流入长江中下游的泥沙超过 6 亿吨，严重威胁着三峡库区及下游各省市的安全，同时森林工业也因无树可伐日益陷入困境。

四川西部森林资源消耗殆尽的严重现状，引起中央领导同志的高度重视。今年 3 月在全国人大九届一次会议上，朱镕基总理参加四川省代表团讨论时，指示“四川要采取有力措施，下决心停止砍伐森林，把伐树人改为栽

树人种树人，要为子孙后代造福。”今年5月，朱总理又亲自听取四川省关于森工转营林、保护天然林的实施方案。6月20日，朱总理亲自批示：“四川先行启动，早动手，早提供经验。”

四川省委，省政府决定采取“停、关、转、保”四项坚决措施，即停止采伐、关闭林区木材交易市场、稳定林区权属、营造生态公益林、广开就业门路等，并确保离退休森林企业职工养老金和下岗职工生活费发放。

实施该项工程，四川森工全部转向营林和天然林保护，变伐树人为栽树人。川西森工在职的45 600人中，有24 700人将转向森林养护，对463万公顷天然林实行常年管护。还有13 400人将转向从事公益林建设，每年新造林14万公顷，封山育林69万公顷，森林抚育28万公顷，剩余的5 430人转产和从事多种经营。对森工企业人员分流所需的资金，国务院已批准中央财政每年给予一定的补助。四川省委书记谢世杰、省长宋宝瑞表示，要坚决防止“补贴到手，斧锯出手”的现象出现，凡是违反《森林法》和省政府《布告》的，要依法严惩。

四川省政府已成立了实施天然林资源保护工程小组，省内各地、市、州也建立了相应的机构，由党政一把手挂帅负责，实行省长目标责任制。省委、省政府决心带领全省广大干部群众，把这件惠及子孙的大事办好，让党中央、国务院放心，让全国人民放心。

这篇稿件写得并不成功，可挑的毛病很多。但它所传递的新闻信息很重要，信息的覆盖面也比较广。如果以它为素材改写，可以针对各家报纸不同的读者对象，选择其最佳新闻角度，写出不同的导语：

1. 面对宽泛读者群的全国性报纸或对外报道可以考虑：

中国第一个天然林资源保护工程今天在四川西部林区率先启动。

2. 四川省级报纸，尤其是《四川日报》可以考虑：

四川省政府今天下令关闭了川西木材交易市场，严令停止对该林区463万公顷天然林的砍伐，正式启动了我国第一个天然林资源保护工程。

3. 面向职工类的报纸，如《工人日报》可以考虑：

四川4万多名森林工人，从今天起告别手中的斧和锯，由伐树人变为栽树人。转岗与分流所需的资金，国务院已批准由中央财政每年给予一定的补助。

4. 企业类的报纸可以考虑：

四川西部林区的森林工业企业，从今天起经营方向已由伐木全部转向对天然林的管理、养护和营造。

5. 环境保护类的报纸可以考虑：

我国第二大原始森林——四川西部林区从今天起摆脱了斧锯加身的命运，开始得到休养生息。

6. 角度还可以做这样的调整：

处于长江上游干流和支流的四川西部林区，从今天起禁止砍伐并开始封山育林。今夏饱受洪涝灾害侵袭的下游两岸老百姓将因此受益。

这个角度拉近了这条新闻与长江中下游各省报纸读者的时空距离，有可能提高他们的阅读兴趣。

7. 这也是一个角度：

向大自然偿还毁林的欠账。四川省每年将在西部林区造林 14 万公顷，封山育林 69 万公顷，森林抚育 28 万公顷。这是今天启动的我国第一个天然林资源保护工程每年可预期的效果。

开门见山，记者用一句议论点明了观点，然后报道这个工程每年可预期的效果。这个角度面对的读者群也比较宽泛。

这个例子说明，最佳新闻角度不是绝对的。尽管严格地说，一个新闻事实只有一个最佳角度，但如何判断哪个角度是最佳的，标准是随着不同读者群的需要而变化的。

二、根据“接近性”原理选择最佳报道角度

“靠读者近些”是我国新闻界多年来的追求。在选择新闻角度时，要学会充分利用新闻价值学说中的“接近性”原理，寻找所报道的事实与读者在时间、地点、心理或者利益上的接近点。接近的因素越强，读者的阅读愿望也就越大。从读者的关切点上找角度，回答读者普遍关心的问题，解答读者想知而未知的问题，一般来说，这就是最佳的新闻角度。

例一：

1998 年美国大片《泰坦尼克号》在北京上映，许多家报纸都报道了上映的盛况、观众的反映等。《北京青年报》独具慧眼，它选择了一个无论时空还是心理距离都与中国观众最接近的角度，发出的新闻报道是：“泰坦尼克”号上有六位中国人。此稿引起读者很大的兴趣。据了解，该报记者在看电影时发现，在演员表中有一个角色“中国男人”，由林凡（VAN. LIN 音译）饰演。于是激发起他的新闻敏感。他一头钻进首都图书馆，首先从 1912 年 4 月 22 日的上海《申报》上查到了有关报道，然后从国际互联网上查到乘客名单，上面有这 6 位中国人的名字，他们都坐在三等舱，三等舱的票价为 30 美元。他又向有关的历史学

家求教，专家从事发时的历史年代和船票的价格推测，这6人很可能是赴欧美的留学生。而当年三等舱的男乘客，几乎无一生还。根据上述材料他所发出的这条新闻，其价值不仅在于独家，而且是“冰点新闻”，即从久已封存的历史中挖掘出的新闻。

例二：

《经济日报》采写我国经济建设成就性报道时的一条基本经验就是：力求紧密结合人民群众的切身利益，从老百姓能够感受、能够理解的角度选题、落笔。他们最早的尝试在1990年。这一年的2月《经济日报》连续发表了一组通讯：《穿的变迁》、《用的变迁》、《吃的变迁》、《住的变迁》、《行的变迁》。通过衣、食、住、用、行，老百姓日常生活离不开的五个方面的变化，反映了改革开放的巨大成就以及它与每个人的切身关系。这是把硬的经济成就性新闻，通过角度的转换，转化为生活气息浓的软新闻的成功之作。这组通讯见报后，读者反映不错。于是这家报纸再接再厉，当年8月又连续发表了一组通讯，还是5篇，文章做在了这些“变迁的背后”，如《在“穿的变迁”背后》、《在“住的变迁”背后》等。这次主要报道的是国家重点工程建设对增强国家经济实力、改善人民生活所起的作用。角度的变化，使得这组报道比前一组有了更为深刻的思想内容，同时它仍然注意把重点工程建设的成就与人民群众生活的变化联系起来，拉近与读者的距离，让读者能够有切身的感受与理解。

因此，读者感受、理解的程度如何，应该是衡量经济成就性报道质量高低的一个重要的标准。从《经济日报》的经验看，报道的成败与角度的选择有很大关系。以往一部分传媒，尤其是党报党刊，对这类报道以及一些涉及政策性的报道，从领导角度、工作角度入手的过多。这两个角度对有些新闻来说是必要的，但切记不能用得过滥。因为如果仅从角度分析，它们多为居高临下的“俯角”，与读者处于不平等的地位，难免有灌输与说教之嫌。从《经济日报》两组成功的通讯报道不难看出，他们都是放弃了领导角度和工作角度，而从群众角度和生活角度入手，重新组织新闻素材，使得成就性报道写出了新意，文风也变得亲切可读，同时丝毫没有削弱它的权威性。由此可见，我们的报道同读者贴得越近，它所实现的新闻价值也越高。当然，这不仅仅是一个新闻角度选择的技巧问题，更是记者应该树立的为读者服务的基本观念。

第三节　选择新闻角度的几种方法

进入新闻写作状态以后，角度的选择一般体现在两个方面：一是思辨角度，即选择哪些新闻素材说明问题；二是表现角度，即从哪里下手具体切入。两者互相联系，不可分割。

有几种选择新闻角度的方法可供参考：

一、以旧见新找角度

这里的旧，是指新闻报道中经常会遇到一些年年重复的老题材，例如农业报道中“春种秋收四季歌”、如交通报道中的“冬运与春运”、教育报道中每年一度的高考，还有节日报道，如五一劳动节、五四青年节、十一国庆节、新年、春节等。在新闻报道中还经常会遇到一些需要反复报道的老话题，如脱贫问题、减轻农民负担、国有企业改革、反腐倡廉、环境保护、精神文明建设等。如果在这些报道中，找不到一个新的角度，那么它们必然雷同、陈旧，引不起受众兴趣。

以旧见新找角度，就是要求记者在报道老题材、老话题时，要善于将过去的报道与今天的现实联系起来，从旧闻中发现新闻，推陈出新。犹如老树开新花，找到新花，就容易写出新意。

如每年一度的全国人大会议，都要报道总理的政府工作报告。一些传媒在报道2000年九届人大三次会议朱镕基总理的政府工作报告时，发现与往年相比有一个很大的不同，报告中没有提及经济增长速度的具体数字。尽管在此之前国家统计局公布的材料显示，1999年我国国民生产总值已超过8万亿元，比上年增长7.1%，总体经济效益创造了近5年来最好水平。但朱总理在宣读政府工作报告时，关于经济增长率只有一句话：达到预期目标。《北京青年报》从这个角度做文章，采访了两位著名的经济学家，发出报道《总理为何没提7.1%》。吴敬琏说：“把经济增长速度作为一个硬性指标，仍然带有很重的计划经济的色彩。在政府工作报告中不提经济增长速度，表明我们向市场经济的政府更近了一步。”萧灼基也认为，“表现了政府的一种惟实态度。”此篇报道还提供了重要的背景材料：1998年朱总理在政府工作报告中对经济增长指标使用的措辞是“确保百分之多少”，1999年说的是“力争百分之多少”。上述背景反衬出2000年“索性只字不提具体数字”的新闻价值。

在“以旧见新”的报道中，“旧闻”作为背景，作为铺垫，作为反衬是很重要的。正是在新与旧的对比中，从变化的角度入手，才容易在老题材里挖出有价值的新闻。

二、以小见大找角度

这里指的是表现大主题可以选择小角度，即“寓大于小”，大处着眼，小处着手。从某种意义上说，以小见大是由新闻的特点决定的。上文我们已经讲过，任何新闻都不可能面面俱到，它是经过选择的事实的一个“剖面”，一个“片段”。具体到这个“剖面”，也还有报道的角度问题。若摆开架势，把角度放得很大，只能蜻蜓点水，不利于主题的深化。而选好一个小角度，像钉子一样，入口小、钻得深，容易把握，并能够写得具体。

这个“小”，可能是一个典型的细节、一个典型的镜头、一段真实的小故事。例如：

豫南庄户纷纷举行交接仪式
取下神像挂地图

本报讯（通讯员李钧德　记者王方杰）东黑河是豫南一个只有100多户人家的小村庄，在县级以上的地图上从来不见踪影。但这个村却有20多户农家在当地人觉得神圣的中堂位置取掉神像挂上了各色各样的地图。

东黑河位于河南省上蔡县东北部，地势低洼，村民们因十年九涝一贫如洗，在茅草屋里度日月。不傍城不邻镇，谁要跑一趟五六十里外的县城，都是轰动全村的新闻。东黑河穷，东黑河闭塞，东黑河又很无奈。除了偶然看见别处的繁华产生瞬间的梦想，就是在家里挂一幅全神图。每逢春节，一把香火，几个响头，图的是万事如意，生财有望。然而，神仙求遍了，东黑河依然穷得叮当响，过着光嫁姑娘不娶媳妇的苦日子。

当外面的风终于吹来时，东黑河人开始探头探脑地闯世界。1986年春节过后，最远只到过县城，家里从未满过仓的李满仓，带着两个刚成年的儿子，拿着从当民办教师的邻居家借来的一幅河南省地图，徒步北上郑州。凭着庄稼人的吃苦耐劳和诚实守信，三年时间，他们学会了修理钟表家电的全套技术，到云海贩了一阵手表零件，瞅准农村黑白电视销售的空档，建起了一个覆盖几个城市的家电经营网络。1989年春节，拥有10万元家产的李满仓，在全村第一个用地图换下自己敬了几十年的全神图。

李满仓这一惊世骇俗的举动，让村里的年轻人彻夜难眠。几天之后，他们不约而同地举行了神像和地图的“交接”仪式。从此，广州、大连、北京、新疆，到处都出现了三五结伴的东黑河人。地图把东黑河与外面的世界拉得越来越近，东黑河人的腿也越来越长。每到农闲季节，80%以上的青壮劳力都会拿着一张地图走出去，做木工，搞建筑，他们用勤劳的双手盖起了一座座钢筋水泥或红砖青瓦的楼房，挣来了儿女的学费，赡养了自己的老人。

青年木工李列到大连奋斗几年以后，在那里办起了自己的家具商场，被村民们戏称为“东黑河的常驻大使”。36岁的李世英从走村串户替公家收粮，到成立自己的农副产品购销公司，走南闯北，手头总离不开一本地图册。生意越作越大，他们家的地图也由县到地区到省次第更换，今年换了第四次，变成全国地图了。在他家的《中国行政区图》上，有三分之一的省份用铅笔、钢笔、圆珠笔画上了各种记号。他说：“咱也知道啥叫地大物博，知道东黑河到底在哪里了。凡是图上画过的，我都去过了。总有一天，我会把地图上的所有省市都画上几道。”

年过花甲的李陈氏，尽管没上过学，没学过地理，但她认识地图上的北京、新乡、西安、上海。儿行千里母担忧，她的四个儿子在那些地方打工或工作。看着地图上一片黄绿色包围着的西安，好像儿子就在身边。

东黑河周围的农民，也开始喜欢地图了。上蔡县新华书店说，1993年，农民从他们那儿买走了17 500幅。

（《中国青年报》1994－04－26）

这篇报道取材于一个只有100多户的小村庄，而且主要讲了这个村里的一个农民李满仓的故事，他如何用地图换下全神图，开阔了眼界，走出去寻求致富之路。在他的带动下，村里的人也纷纷走出去。于是不仅这个村，包括周围村庄的农民也开始喜欢地图了，这个县里新华书店的地图突然畅销起来。全文从农民家里中堂位置的神像换成地图这样一个小角度切入，反映了改革开放之后中国农村发生了深刻变化的大主题：在社会主义市场经济条件下，原来封建保守的中国农民开始觉醒，他们不再把生财的希望寄托于神仙的保佑，而是渴望了解外面的世界，渴望改变生存环境。由于从“小处”着手，这个故事写得很具体，读者看得见，摸得着，有血有肉，有生活气息。比如对原来东黑河的贫穷与闭塞的报道很生动，对首先致富的李满仓的报道完整细致。“小故事”越精彩深刻，“大主题”表现得就越充分。特别是一些细节的选择，发挥了“一滴水见太阳”的功效。如报道中所写的李世英，随着生意越作越大，家里的地图换了四次，已经换成全国地图了，并且有三分之一的省市被画上了记号，表示主人去过了。这个代替过去的神像，画着很多钢笔、铅笔、圆珠笔记号的地图颇有象征意义。生活中这样的“一滴水”是很多的。在“以小见大”的报道中，记者就是要依靠新闻敏感去发现与捕捉这些绚丽的水珠。这篇报道被评为第五届中国新闻奖消息类二等奖。

获得第八届中国新闻奖通讯类一等奖的《140万双袜子的命运》，也是一篇比较典型的“以小见大”的新闻报道。通讯写的是武汉袜厂有两火车皮袜子积存多年，而面对众多商家的订单，工厂常年不肯吐货这则“怪事”。《长江日报》的记者从中捕捉到新闻题材，经调查追问得知，原来是由于历任厂长担心降价处理积压会影响当年的业绩。说它“小”，是因为这则新闻本身的外延（事件）小，不过是一家国有企业区区价值200多万元产品的积压；而它的内涵（所反映的主题）却实在不小，这篇通讯正是通过对这一有违常理的积压现象的透视，反映出国有企业的经营和管理机制不适应市场竞争的诸多侧面，触及了国企改革所要解决的一些重大问题，得出了袜子问题是“国企病”一面镜子的结论。

由此可见，“以小见大”选择角度的实质，就是要学会“解剖麻雀”，并由此及彼、由表及里，由个性见共性，深入挖掘蕴藏在具体事例中的普遍意义。

还有一种“以小见大”，在新闻特写中经常见到，一般表现为记者抓住了一个典型的镜头，或者典型的场景。国际新闻摄影界的“抓拍大师”布列松说：“生活中发生的每一件事里，都有个决定性的时刻，这个时刻来临时，环境中的元素会排列成最有意义的几何状态，而这个形态也最能显示这桩事件的完整面貌。有时候，这种状态转瞬即逝。因此，当进行的事件中，所有的元素都是平衡状态时，摄影家必须抓住这一时刻。”① 如果文字记者抓住了这种决定性的瞬间，并用文字把它记录下来，那么也同样能够以小角度表现大主题。

三、虚中觅实找角度

所谓虚中觅实，主要指对一些抽象性、概念性强的事实材料，要尽量寻找其中所包含的实在而具体的内容，从这个角度入手表现整个事实的新闻价值。

例如1985年6月23日，中国经济学团体联合会、农牧渔业部畜牧局、中国农业学会在北京召开了关于发展草业生产的科学讨论会。不少科学家出席了会议，十几家新闻单位的记者到会采访。第二天他们所发的稿件纷纷见报，大部分都是“公式化”的会议消息。虽然新闻的五要素俱全，但很难引起读者的兴趣。惟独《经济日报》记者的报道令人耳目一新，他没有就会议写会议，而是选取了著名科学家钱学森在会上发言的精华部分。他的消息导语如下：

> 著名科学家钱学森呼吁在我国创建一个新型的产业——草业，让草与农、林、牧、副、渔业平起平坐。

消息的主体部分则以钱的发言为主，逐段展开“为草正名”和论述发展草业在国民经济中的作用，有关会议的情况作为新闻的背景材料穿插其间。这样一篇

① 转引自《中国记者》，1992（2），57页。

报道比起上述的会议消息显然新闻价值大大加强了。记者抓住了这次会议中一个有具体内容又新颖的建议，从这个角度切入，把一条“虚”的会议程序性报道，写成了一条实在的有可读性的新闻。

由此可见，“虚中觅实”找角度对改进会议报道具有很强的可操作性。如上个例子所述，其他记者的那种“虚”的写作模式，可以套用到一切会议消息中，很难区分这一个与那一个会议在实际内容上有什么不同。改进会议新闻写作的重要出路之一，就是要学会找出这一个与那一个会议之间实在的“不同”。因为只有具体的不同，有特点有内容的不同，才能构成新闻，才会引起读者的兴趣。

四、逆向思维找角度

所谓逆向思维，是指遇到有些事，可以倒过来想一想，在这种类似“反思”的过程中寻找新闻角度。长期以来，中国新闻界习惯了顺向思维，“一条道跑到黑”，其结果往往把复杂的立体的事实写得简单、平面了。逆向思维可以帮助我们摆脱困境，突破老一套的模式。多一个角度就多一条出路。

例一：

《中国记者》1995 年第 6 期上有一篇采访心得，讲的是一个记者在采访中了解到往年化肥滞销，今年供不应求，农民要起大早，排长队买化肥。有人建议他在报刊上反映一下“买化肥难”的问题。他觉得这确实是一个角度，但反过来想一想，这个事实从另一方面不是说明农民种粮的积极性提高了，舍得向土地投资了吗？这是一个更新、更积极、更有价值的角度。

例二：

《光明日报》2000 年 3 月 9 日刊发的一篇报道，也是运用逆向思维找的角度。记者在三八妇女节这一天专门到全国政协妇女组的讨论会上采访，他认为这个组一定会谈到妇女问题，但结果与他的设想完全不同，妇女委员们并没有谈妇女问题。如果按直线思维，这个题目就没有新闻可做了，但反过来想一想，妇女组不谈妇女问题，不是一条角度更新颖，意义更深刻的报道吗？原文是：

三八节妇女组不谈妇女问题

本报记者　张玉玲

“妇女组不谈妇女问题”。这是 3 月 8 日下午，记者听完全国政协妇联 14 组的讨论时得到的印象。

与记者有同感的是今天会议主持人——中国科协副主席胡启衡委员。她说，妇女委员们现在很少谈妇女问题，而是结合自己的工作和生活，对国家面临的一些重大问题进行深入探讨，提出建议。妇女委员们的参政议政能力大大提高，实实在在地在履行自己的权力。

中国交响乐团演员罗天婵委员首先说，她要对如何办好文化娱乐市场提出点建议；河北省监察厅副厅长赵桂英委员对一些干部随便批条子，口头许愿提出意见。

中国轻工业总会群星集团总裁段存华委员说，官员的权力不加约束，极易滋生腐败，"一定要将政府机构改革进行到底，加强监督"。当听说原江西省副省长胡长清被处死的消息后，有的委员竟拍起了手，兴奋地说："太好了。"

两个多小时的讨论中，15 位妇女委员还对西部开发问题、教育问题等提出了一些建设性的意见。

胡启衡委员说，从前妇女委员开会总是呼吁要提高妇女地位，让妇女参政议政。而现在妇女不再空谈，而是融入到社会生活中，提出建议，为国家的发展尽自己的一份力量，把妇女的参政议政落到了实处，这才真正地提高了妇女的地位。

（《光明日报》2000－03－09）

这篇稿件跳出了三八妇女节传统表态性报道的框框，记者报道了政协妇女组委员们的踊跃发言，她们的话题涉及众多国家大事，从文化市场的管理、反腐败、政府机构改革到西部开发等，并没有仅仅从妇女的角度谈自身的问题，应该说这是妇女在参政议政方面历史性的进步。因此这篇稿件在逆向思维的引领下，挖出了更有价值的新闻信息。

例三：

小学生课业负担过重，是我国基础教育领域长期存在的问题。多年来，社会各界一直关注这一问题，希望教育主管部门采取有力措施予以解决，还给孩子们快乐的时光。2000 年 1 月 7 日教育部召开会议，明令禁止了学校许多不适当增加学生负担的做法。对此，全国各种媒体一片叫好。在赞扬声中，新华社记者肖春飞却发现了值得探讨的另一个问题：孩子们离开学校往哪里去？学校不办补习班了，家长又无力或没有时间管孩子，于是出现了一段真空。为此，记者走访了家长、教师和教育专家，最后形成了记者来信：《"减负"后小学生到哪里去？》这篇及时而有重大现实意义的报道，也是逆向思维的结果。在报道"减负"积极面的时候，也从反面想一想有无消极的一面。其实世界上的任何事物都是具有两面性的。好记者要善于思前想后，把顺向与逆向思考结合起来，这样就有可能写出有深度、有分量的报道。

五、发散思维找角度

所谓发散式思维，是美国心理学家查尔福斯提出的。这种思维方法运用在新闻写作中，即要求以一个新闻目标（或一个新闻事物）为中心，把思路向四面扩散，沿着不同的方向，不同的角度思考问题，从多方面寻找解决问题的答案。在思考时，思路要具有流畅性、变通性、独特性。打个比喻，就是要求你的思维像一部雷达，做大范围、扩散式、不间断的扫描，以求把更多的事实置于自己的视野之下和思考之中。这种思维方式符合绝大多数事物的多因多果的客观实际。运用发散式思维可以帮助你发现和挖掘事物更多的角度与侧面。

例如，每年春节前后的铁路运输高峰历来是新闻报道的热点。例行报道集中在“火车拥挤”，“民工潮”和铁路部门如何应对。《经济日报》对2000年的春运，运用发散式思维做了新的扫描，发现了一些新的角度。首先，除了往年告急的广州、上海、长沙等火车站之外，武汉也在告急，从春运的第一天，旅客发送量便连续创出新高。农历正月十六，客流量猛然上升到1万，较去年增长了71.4%。于是《经济日报》把武汉作为报道重点，并对这个“九省通衢”城市的春运再一次进行全方位的“雷达扫描”，又挖掘出几个与经济动向有关的新角度：一是外出打工的客流方向与往年不同了，往年以南下的居多，而这一年北上、南下、东进、西行，客流走向多样化，说明各地的经济在回升与发展，能够挣钱的地方多了。二是农民外出打工的数量还在增加，说明种地增收有限，负担过重，农民不愿种地。三是假日经济兴起，旅游客流不可小视。这是运用发散式思维寻找角度的结果，它使得报道深入了，视野拓宽了，信息量加大了，同时也在老题材中找到了新角度。

六、统摄思维找角度

统摄思维又称聚拢思维。与发散思维呈扩散式相反，这种思维的态势是向心的，思维的方向是向着一个点或几个点集中，以求得对新闻事实更深刻的认识。一般来说，这种统摄首先要把采访所得的具体新闻素材和具体观点聚拢，然后把这些事实与事实的意义向一个点或几个点集中，并进行深度挖掘以接近事实的新闻内核，聚焦点越来越小，越来越集中，最后就可能找出一个最佳聚拢点，这就是报道这件事实的新闻角度。

例如，北京、上海、深圳被公认为我国发展高新技术的三大版块。上海《文汇报》有一个记者，花了很长的时间，实地采访了北京、深圳、上海高新技术产业的专家学者和业内人士，并深入到一些有代表性的高科技产业中去。在写作时，他将采访得来的数据与事实，主要聚拢到京深沪的人才结构、创新机制和发展潜力等三个问题上。通过对比和深入挖掘，他发现了北京和深圳有联手的可能，使两地优势互补，出现一个理想的模式：北京处于研究的上游，深圳处于产业化的下游，形成一条完整的创新链条。而如果上海准备不足，就有“出局”的可能。据此，他在1999年11月发表的题为《京深沪：谁做技术创新的领头羊?》的研究性通讯中，从聚焦与对比的角度入手，提出了“上海怎么办?”这个重大而现实的问题。报道发出后,在京深沪三地科技界引起很大的反响,上海市领导认为此文对上海面临的挑战和危机的警示很有价值。这篇报道之所以有深度,结论准确,挖掘出了事实的新闻内核,与记者成功地运用了统摄思维是分不开的。

七、全局高度找角度

所谓全局高度，也就是宏观高度和大局意识。著名记者艾丰有一句名言：“当记者要想总理想的事。”总理心中装的是国家大事，全国的形势、情况、问题、动向以及经验。如果一个记者能够以总理所想的这些作为社会大背景，具有宏观与全局的眼光，那么他在选择、掂量某一件具体的新闻事实时，当然会找到把握时代脉搏的最佳角度。而一些地方新闻要想提升其新闻价值，也首先要“吃透上头”，即明确中央的精神。把本地新闻与具有全国意义的普遍问题联系起来，其新闻价值自然升值，针对性大大提高。

“欲穷千里目，更上一层楼”。寻找最佳新闻角度需要这种登高效应。

长江上游仍在砍树

新华社攀枝花（1998年）8月19日电（记者熊小力　黎大东）　长江上游地区大片森林仍在遭受数千把斧头和电锯的砍伐。记者近日随世界银行组织的14名生态、环保和人类学专家考察雅砻江下游的二滩水电站库区生态环境，见到江面漂浮着上游漂运下来的上万根三四米长，脸盆粗的木头，小舟左冲右突一个多小时后才驶离码头。行出不到1 000米，数万根粗木密密麻麻地塞满了几百米宽的江面。

攀枝花市一位林业干部告诉记者，这仅是雅砻江岸近期所砍伐树木的很少一部分，由于二滩水电站关闸蓄水拦住了漂木的去路，大量的木头在上面几个水运站捞上岸运走了，漂下来的只是“漏网之鱼”。他说，仅沿江的国有森林工业企业今年就至少砍伐了30万立方米的木材，相当于砍光了5万亩原始森林，而流域各县乡的砍伐量更大。

世行专家组成员、四川省林业科学院研究员刘仕俊说，四川宜宾以上的长江三大干支流中，金沙江、大渡河两岸的森林早已所剩无几。雅砻江主要流经人烟稀少、交通闭塞的横断山脉，但现在，这条江两岸的森林资源也遭到了十分严重的破坏。

全长1 517公里的雅砻江主要流经四川甘孜、凉山、攀枝花等地市州。因水急谷深，沿江所伐树木主要以顺江漂流的形式运往下游，然后再装上火车经成昆铁路运出。

记者在几天的采访中看到，雅砻江下游两岸目前仅存些残次树木，水土流失严重，当地老乡说："每一场暴雨都造成洪水和滑坡、塌方，以前江水一年四季都是清的，现在变成'黄河'了。"

这是一条由新华社四川分社记者撰写的地方新闻，是一条现场感很强的报道，从导语开始，基本记录的是记者的所见所闻。当时全国的大背景是长江流域发生了特大洪灾，抗洪救灾正在紧张地进行。从文中可以看出，记者是随一个专家小组到雅砻江下游二滩水电站考察库区生态环境的。但他并没有把眼光局限于这次地区性的考察，而是紧密联系全国性的大背景，敏锐地从"长江上游仍在砍树"这个角度切入，通过在基层采访所发现的具体事实，揭示了长江发洪水的一个重要原因，即上游涵养水源的森林长期被乱砍滥伐，其三大支流中的两条江沿岸的森林已所剩无几，而记者所亲身考察的雅砻江，仅两岸国有森工企业一年就砍伐了5万亩原始森林。尤为严重的是，中下游在抗洪，上游还在砍树。这条如此及时而且针对性强的揭露性报道，对全国都有警醒的意义，也为党中央、国务院解决长江流域洪水的问题提供了生动的第一手材料。保护森林、停止砍伐、退耕还林、种树种草，这是朱镕基总理在任期间最关心的环境问题之一。应该说，这条消息体现了"当记者要想总理所想的事"。该报道获得第九届中国新闻奖消息类一等奖。

思考与练习题

1. 为什么要寻找新闻角度？什么是最佳新闻角度？
2. 具体分析历年中国新闻奖获得消息与通讯一等奖作品的新闻角度。
3. 结合本年度各家媒体年终成就性报道的实际，分析其不同的报道角度。

第六章

新 闻 跳 笔

新闻写作具体落实到作品的结构、段落、行文等运笔叙述的技巧时，也有不同于其他文体的表现特征，其中跳笔是最主要、最具特色的一种笔法。

什么是新闻跳笔？为什么新闻写作要用跳笔？怎样使用新闻跳笔？这是本章要回答的问题。

第一节　何谓新闻跳笔？

所谓笔法，西方叫叙述学，我们指的是运笔的技巧，行文叙述的方法。

新闻写作所使用的笔法是多种多样的。一般的文字写作，尤其是文学写作中的基本笔法，比如叙述、描写、抒情、议论等，在新闻报道中同样作为基本笔法被广泛地使用。还有一些写作技巧，如排比、倒叙、插叙、伏笔、悬念、拟人、比喻、夹叙夹议等，在新闻写作中也都是不可少的。

那么新闻写作有没有属于自己的笔法？或者说有没有属于自己特有的叙述行文方法呢？

我们先看一篇消息。

中国乒乓球“人梯”依然坚固

新华社北京（1996年）6月11日电（记者王俊璞　景如丹）　参加亚特兰大奥运会的中国乒乓球选手，正踩着陪练队员搭起的“人梯”，攀向冠军领奖台。

中国乒协执行副主席李富荣说，乒乓球“人梯”出现在第26届世乒赛之前，一茬又一茬陪练队员，几十年来送一代又一代尖子选手夺得世界冠军。这一“人梯”经受着商品大潮的冲击，现在依然十分坚固。

记者在北京和正定都曾看到，中国女队的4名男选手陪主力队员训练时，拼力拉弧圈球，任汗水湿透衣衫。据统计，每位陪练半天至少“拉”7筐球，每筐200个。

主教练陆元盛介绍，他们是来自河北队的王志军、陕西队的邓勤、八一队的刘国栋和今年才进队的辽宁选手杨杰峰。

这几名队员仅是“人梯”的一部分。备战奥运会，男、女队非参赛选手都可能担任陪练；而备战世乒赛时，河北、北京、广西等队的队员都是招之即来。

商品经济大潮涌起以后，许多乒乓球运动员跨出国门，有些人的收入比在役的世界冠军高出数十倍。这给中国队造成巨大的冲击，但队里作为重要训练内容的陪练并未因此中断。

据了解，昔日的陪练员要放弃已定型的打法，模仿国外名手；现在的陪练员一般仅在一段时间里模仿对手，帮主力队员完成训练计划，只有女队的男陪练完全牺牲了自己。因为，女子打球的力量、速度与男子有差距，陪练时间长了，再参加男子比赛很难适应。

不同的国度，人们的价值观往往差异很大。西方有人曾视陪练为“不道德”，中国队却视陪练为集体主义和爱国主义的表现，称陪练者为“无名英雄”。

女队的男陪练并未因做出牺牲而心理失衡。六年前进队的王志军说：“一茬运动员能当世界冠军的只有几个。能为有希望当世界冠军的人做一点贡献，也是难得的机会，我们很珍惜。”男队老队员张雷也表示，为了国旗在亚特兰大升起，他“愿再次作人梯”。

陪练员也可得到回报：主力选手分出的奖金和被安排出国执教。但他们看中的并非金钱。当过多年陪练的黄飙说：“钱虽然有诱惑力，但这个集体的吸引力更大。”中国队前年请正在日本执教的黄飙当“管家”，他放弃了高薪，拒绝了另一俱乐部的邀请，毅然踏上归程。

李富荣认为，中国乒乓球队几十年长盛不衰，集体主义和爱国主义是最重要的经验。

这篇消息给人的第一印象是层次分明，段落短而多，且眉清目秀，招人喜欢，吸引你读下去。不像有些报道排在报纸上黑压压的一片，给读者造成一种紧张的气氛。

在阅读中你会感觉它每一段讲一件事，节奏明快、干脆利落，不像有些报道长段行文，一气荡尽，一句跟一句，一段赶一段，读起来缺乏停顿。

阅读中你还会发现这篇消息的每段之间，内容跨度很大，第二段李富荣在讲话，第三段跨到男陪练在拉弧圈球的现场，第五段介绍“人梯”的组成，第六段又跨到商品大潮运动员出国，第八段跨得更远，写到了不同国度人们的价值观。文字的空间距离很大，给了读者一个广阔的视野。

一口气读完之后，你发现表面上彼此好像没有很大联系的段落，实际上有一个内在的逻辑，它已经通过事实的排列、组合与陈述，让你自己对中国乒乓球队的陪练制度得出了结论：这种集体主义和英雄主义是中国乒乓球队长盛不衰的重要原因。

另外，可能你还会有一种与阅读其他文字作品时不同的感觉，它的文气明快跃动，有着现在进行时的动态节奏。若不信，你可以试试，再读一遍第一段导语：“参加亚特兰大奥运会的中国乒乓球选手，正踩着陪练队员搭起的‘人梯’，攀向冠军领奖台。”

上述阅读感觉正是来源于新闻报道特有的文风，也就是说来源于新闻笔法。我们姑且用“跳笔”来概括它。这种笔法有两个主要特点：

一是在文体结构上它是多段体。

二是它与一般文字作品所要求的注意上下文衔接、具有连贯性、讲究启承转合等不同，它主张“跳”，在句子与句子之间、段落与段落之间可以有、甚至必须有较大的跳跃。

为什么新闻写作要用“跳笔”？

一、吸引读者并适合读者快速阅读的习惯

我们在以前的篇章里讲过读者看报的特点“时间短、随手翻”。为了吸引读者的注意，新闻报道作品要有“一眼功效”，并要适应读者的快速阅读。以多段体为主要特征的“跳笔”，能够在视觉与思维上为读者提供这种方便。

（一）跳笔要求段落短，而且每段讲清楚一件事实。这种叙述方法便于读者集中注意力，即便阅读受到干扰，一时停顿，回头再看也不必花费很多精力去寻找“接读”的地方。

（二）长篇大论很容易引起读者的阅读疲劳。而“跳笔”使得每一个小段落形成一个新鲜的阅读兴奋点，而多段则形成多个阅读兴奋点，段与段之间既给了读者喘息、休息的机会，又以下一个兴奋点刺激读者，使他有兴趣，并保持足够的阅读耐力在快速阅读中将整篇报道读完。

（三）运用跳笔写作的新闻报道，排在报纸的版面上黑白相间，疏密有致，容易让读者“一见钟情”。美国新闻学者提出，段落是为了引起读者注意的一种印刷手段。中国人民大学新闻学院郑兴东教授在《试论版面语言》一文中也说：“运用适当的空白作背景，能使感受之间的差别增大，形成鲜明的感觉对比，从而更好地引起读者的注意。”

二、便于记者快速写作并形成明快的新闻文风

（一）记者运用跳笔写作时，不必为文章的“启承转合”费心，他只需集中那些最有新闻价值的事实，一段一段写来，没有新闻价值的都可省略，无需过渡与连接，跳跃性地报道一件事实，当然比按部就班地叙述快得多。

（二）“文如看山不喜平”。以这样的行文结构叙述事实，在段与段之间实现了跳跃式的推进，文章自然波澜起伏，而且有一种动感，体现出新闻报道作品明快的文风。

三、加大新闻信息量的一个重要手段

（一）运用跳笔，每写一个段落，就提供了一个分角度或者一个侧面的事实。这样由多个分角度的变换和组合，便形成了立体感强的信息总汇，并使多侧面传递出的信息富有一定的辐射感。

（二）句与句之间，段落与段落之间的跳跃，留下了空间，留下了停顿。有空间就有容量。容量大可提供的信息量就大，给予读者想象与思考的空间就大。在某种意义上说，思考的空间中即包含着潜在的结论，即潜在的信息。而这个停顿也很重要，它给了读者思索、回味的时机，有利于读者对新闻信息的理解。

由此可见，跳笔与新闻报道作品的特点密切相关，或者说，它是我们在第四章所讲的新闻写作的基本要求，即时效性、可读性、针对性等，具体落实到报道结构、段落以及行文上的特征表现。

第二节 如何运用新闻跳笔?

在新闻写作中，无论消息还是通讯，都可以从以下四个方面去掌握，并进而实际应用“跳笔”这种新闻笔法。

一、短段落，多分段

段落是区分内容和层次的手段。跳笔在提行分段上的一个特点，或者说它的核心就是多分自然段，并且每段都不长，用短段落来划分内容与层次。

有一个俄国文学家说：“分段是个好东西”，果然不错。可惜我们经常见到报纸上一些消息患了“大肚子”病，它们共同的特征是六七百字的内容，只分两三个自然段，诸多事实挤在一个自然段里臃肿不堪。你勾着我，我连着你，分不清面目，掂不出轻重。读者见到黑压压的一片文字，首先就产生了“抗读性”。这样的新闻报道必须“减肥”。

著名记者艾丰有一个很形象的说法，他认为人们在形容大部头难读的文章时，往往用“难啃”这个词。要使新闻报道可读性强，就要把“啃”变成“咬”、变成“吃”、变成“嚼”。那么新闻报道作品本身就必须比较“碎”，“碎”才好嚼。短段落、多分段正是为了打“碎”新闻，方便读者的接受与消化。

以下举一例说明，如何通过“短段落、多分段”这种跳笔的技巧来使新闻报道“减肥”。

中央某报1998年9月在要闻版刊登过这样一条消息：

> 本报讯　长江、嫩江、松花江流域的特大洪灾，也给了沿黄河流域的各省区一个很大的警示。日前出席在此间召开的黄河经济协作区负责人第11次会议的各位代表进一步达成共识：黄河流域各省区在经济发展上要加强协作，在生态环境上更需要加强协作。
>
> 近年来，黄河流域内环境持续恶化，已引起各省区的高度重视。“沙患”、“水患”，加上中下游频频出现的“水荒”，已经严重影响了沿黄地区的经济发展和人民生活。出席会议的山东、河南、山西、陕西、宁夏、内蒙古、甘肃、青海、新疆各省区及新疆生产建设兵团等领导人认识到，改善黄河流域的生态环境，上下游、左右岸人民都义不容辞。根据国家今后治黄的工作重点，各省区将主要作好以下工作：一是加大投入，进一步加强水利基础设施建设，控制黄河泥沙，调节黄河水量；二是搞好节水灌溉，发展节水农业，最大限度地提高黄河水资源的利用效率；三是作好中上游植被保护和

涵养水源工作，加快黄河中游生态工程建设和下游滩区综合治理；四是在产业布局上要统一认识，严禁未经处理的污水排入黄河。

会议还出台了《关于加强黄河沿岸林业生态工程建设和滩区综合开发的意见》。其中对从今年起开始启动的中游林业生态治理工程进行了全面部署，提出利用30年时间，使黄河流域治理区森林覆盖率由目前的10.1%提高到27.1%，局部地区达到30%以上。其建设目标是到2030年黄河中游宜林地全部绿化，新增森林面积7.96万平方公里；黄土高原风沙区新增森林面积1.50万平方公里；黄河源头及上游地区新增森林面积2.84万平方公里。黄河上游的省区如青海等省决定，全面实施黄河源头生态环境治理工程，计划用13年时间，在8个重点治理区建设包括造林绿化、治理沙化、建立自然保护区等在内的96项生态工程，初步形成黄河防护生态工程体系。位于黄河下游的河南和山东两省，也决定启动黄河下游林业生态治理工程，同时搞好河堤防浪林工程建设，提高抗洪能力。

这篇报道就是比较典型的需要减肥的“三段新闻”。第二与第三段都是“大肚子”，诸多的事实混合在一起。

第二段中包含有背景材料即黄河流域环境的恶化，有参加会议的各省区领导人的认识，有根据国家今后治黄重点要做好的四项工作等。

第三段里的内容更多，起码包含有五六个新闻事实。虽然它们都与造林绿化、生态治理有关，但由于把不同地区、不同的要求搅和在一起，统统“一勺烩”了，再加上10个以上的数字罗列，使得这段报道的可读性大大降低。其实这篇消息中最具新闻价值的事实，或者说最具时间接近点的事实，恰恰在这一段里，但它被眉目不清的材料淹没了。

而且这样的行文叙述不像新闻报道，更像文件摘抄。

下面是改写过的消息：

本报讯　黄河流域从今年起正式启动中游林业生态治理工程。30年后，这里将新增近8万平方公里森林，两岸宜林地全部披上绿装。

记者从日前召开的黄河经济协作区负责人第11次会议获悉，一份关于加强黄河沿岸生态工程建设和滩区综合开发的意见已经出台。

与会代表达成共识，在加强协作发展经济的同时，组成生态环境建设的共同体，联手治理这条中国第二大河面临的“沙患”、“水患”和中下游频频出现的“水荒”。

黄河流经的省区包括青海、甘肃、宁夏、内蒙古、陕西、山西、河南、山东。

在长江、嫩江、松花江流域发生特大洪灾后迅速面世的这份方案，主要内容是黄河的上下游、左右岸将全面实施绿化造林。仅黄河源头青海等省即准备用 13 年时间在 8 个重点治理区建设 96 项生态工程。

对沙化严重的黄河中游地区，会议为今年启动的生态治理工程定下的建设目标为：利用 30 年时间，使这个流域的森林覆盖率由目前的 10.1% 提高到 27.1%，局部地区达到 30% 以上。其中“沙患”之源的黄土高原风沙区新增森林面积 1.5 万平方公里。

黄河流域各省区还决定采取统一行动，根据今后国家治理黄河的工作重点，进一步加强水利基础设施建设，发展节水农业并严禁把未经处理的污水排入黄河。

改写后的消息由 7 个自然段组成，每段也都变“瘦”了。比上一篇无论“可视性”还是可读性无疑要强多了。

改写的要点：一是把原稿打散，将文中搅在一起的数个新闻事实分别拆解出来；二是一段一个意思，对每个新闻事实用一个自然段叙述清楚，组成一个个“预制构件”；三是把这些“预制构件”重新进行段落的排列组合。

两稿对比可见，运用跳笔“减肥”，或者说用“多分段、短段落”的方法改写，并不是简单的“多分几段、砍点字数”即可了事的。完成这个过程需要重新分析、评价、挑选与拆解所有的新闻事实，并按照其新闻价值重新组织与排列段落，连语言也需要做很大的改写。实际上这是一种对原稿的再创造。

二、断裂行文

这是跳笔在提行分段上的另一个特点。

新闻跳笔所要求的“断裂行文”，是指段落之间不按照时间的顺序，或者事实的原始过程从头排列，不面面俱到，不平铺直叙，不必顾及程序、顺序或者层层推理的逻辑，而是打破时间与空间的限制，只着力突出读者最感兴趣的新闻事实，把它们之间用跳跃的方式组织起来。

换句话说，段落之间可以彼此没有联系，无需过分地注意文字的连贯性和上下文的过渡与衔接。

从上一稿的改写，可以看出“断裂行文”与“段落短与多”是配套的。

只有用短段落与多分段把事实的内容打散，才有可能把这些“短段落”跳动地重新组织起来。尤其对比较复杂的事实，更需要拆解，要“大卸八块”。然后按新闻价值分类，作成一个个大小“预制构件”。而写作时只要将这些打散的材料，即把一个个“预制构件”，按照一定的内在逻辑组合起来，揉入各个段落，每一段用一部分事实，不求其尽，但每段突出一个特点，使读者印象鲜明。

记者只要对所报道事实的内在逻辑心中有数，尽管一路“跳”着写下来，传统行文中的段与段之间表示过渡、衔接的文字都可以省去。至少是能用过渡句的，一定不用过渡段，能用过渡词的，一定不用过渡句。从表面形态看全文是“散”的，段落间呈断裂状，但新闻事实依据内在的逻辑联系着，零散的材料服从连贯的思想，其神并不散。例如：

中国最大的游牧民族走下马背

新华社呼和浩特（1998年）11月3日电（记者尹洪东　严文斌　阿斯钢）　经过几个月的家庭争论，内蒙古东部阿鲁科尔沁旗牧民那顺今天终于将祖传三代的一副马鞍送到了博物馆。

一大早，这个三代当过马倌的6口之家，人人身着典雅的蒙古族服装，有如送女远嫁一般。全家人一个接一个，默默地用双手把嵌银的马鞍从头到尾抚摩了一遍。

“我把祖传马鞍放在博物馆，既可以永久保藏，还可以让后人世代记住我们是马背民族的子孙。”那顺说。

10年前告别养马的那顺特别解释：“不是我不喜欢马，是养马不合算了。有了拖拉机和摩托车干活，用不上马了。”

“过去几千年，马一直是蒙古族人不可须臾离开的最主要的劳动工具。内蒙古地域辽阔，仅锡林郭勒草原面积就相当于一个英国。”蒙古学专家阿尔丁夫说。没有马，牧民的一切生产活动就无法进行。蒙古族因此有“马背民族”之称。

而今天，蒙古人已全部告别了逐水而居的游牧生活。过去的蒙古包已由砖瓦房取代。内蒙古不养马的牧民家庭已占半数以上，作为蒙古族象征的马也逐渐退出生产舞台。

内蒙古畜牧厅厅长于铁夫说，马退出役使只是蒙古族生产生活方式改变的一个方面。

一项统计说，内蒙古牧区现在是中国城乡户均拥有机动车最多的地区之一。牧民平均每户拥有1.5辆机动车。

于铁夫说，蒙古族是近40年来逐渐走下马背的，但这一过程主要是在近20年牧区实行了草场和牲畜承包到户后完成的。

内蒙古马最多的时候是20世纪70年代，那时曾达到240万匹，现在减少了100多万匹。

"马大都转业了。"内蒙古旅游局副局长云珍幽默地说。原来，相当一部分牧民把马卖到了全区上千个旅游点。现在每年到内蒙古旅游的中外游客近600万人。纵身马背，是游客领略草原风光和内蒙古风情必不可少的一项内容。

还有一些牧民养马是专为赛马之用。内蒙古各地每年举行大大小小的那达慕大会，赛马是最受牧民欢迎的竞技项目。

"中国最大的马背民族走下马背，也与今天便利的交通紧密相关。"内蒙古自治区交通厅长郝继业说。目前，内蒙古公路总里程已达5万多公里，除位于大漠深处的阿拉善盟外，其余11个盟市都有铁路贯通。区内7个机场，把内蒙古与北京、上海等40多个城市和世界一些主要城市从空中联系起来。

锡林浩特市跃进乡76岁的老牧民哈扎布感慨地说："50年前我骑马到呼和浩特，要走整整10天。上周我去呼和浩特看孙子，坐飞机只用了40分钟。"

"马背民族走下马背是经济发展的必然结果。"内蒙古社会科学院经济学家包庆五说。目前牧民每年人均收入比20年前增长了2倍。

内蒙古中部锡林郭勒草原的伊达木，是第一位自费到澳大利亚考察的牧民。家庭资产已过百万元，但他还是保留了5匹马。他说："如果家里没有马，感觉难以称得上真正的蒙古人。"

"不理解蒙古人对马的情结就不会真正理解蒙古民族。"内蒙古大学校长旭日干说。

今天生活在中国各城市的蒙古族牧民的后代已近200万人。他们已多年远离草原。然而在呼和浩特市蒙古人家的客厅里，人们常常可以看到悬挂着的马头琴。生活在北京的蒙古族女歌唱家德德玛，家中摆放着好几副精致的马鞍。她说："每当我的目光停留在这些马鞍上，我就像回到了草原母亲的怀抱。"

"马背是蒙古人的精神摇篮，马永远不会从蒙古人的心灵世界里消失。"蒙古族歌曲《雕花的马鞍》的作者宝贵说："相反，马正越来越成为蒙古人的一种精神象征和感情寄托，马的文化意义正在日益凸现和加强。"他认为，这种意义上的马将会和草原、白云、蓝天恒久同在，并将伴随着蒙古人走向现代文明。

这篇消息主题重大，报道了一个民族走向现代文明的历史性进步。文中广泛涉及了内蒙古多方面的变化，仅经济建设成就即有：牧民已全部告别游牧生活，实现了定居；内蒙古牧区成为全国城乡户平均拥有机动车最多的地区之一；全区旅游业、交通业的发展；牧民的收入提高等等。这类成就性的报道因内容庞大，很容易写得过分沉重，有些报道甚至“重”得让读者读不下去。但这篇消息却读起来一点儿不累，而且越看越有味道。作者在写作上确实下了功夫。

第一，作者准确地抓住了这个民族的特点——马背上的民族，全文扣紧“马”做文章，层层递进地展开。把上述经济成就和牧民的生活状态与“马”巧妙地结合，使枯燥的材料与数字变得生动形象。消息结尾处，又把“马”上升到文化意义，与民族精神联系起来，加强了思想深度。

第二，作者娴熟地运用了跳笔的技巧：根据“短段落、多分段”的原则，将难“啃”的大量新闻素材打散打碎，选出其中与主题有密切关系、读者感兴趣的，组成新闻写作时的“预制构件”。全文共分了19个自然段，最长段落的文字也没有超过140字，在不长的篇幅里，展示了一个民族历史性巨变的色彩斑斓的画卷。

第三，充分运用“断裂行文”的结构，多层次、多角度地把这些“预制构件”灵活自如地组织在一起。跳笔的运用给了记者在层次、角度、时空以及叙述手段的转换上很大的自由。他可以不用过渡地从现在跳到过去，从过去又跳到现在；可以从叙述跳到议论，从议论跳到描写；也可以从这个行业跳到那个行业；从这个人跳到那个人，牧民、蒙古学家、畜牧厅长、旅游局长、交通厅长、经济学家、大学校长、女歌唱家、作曲家等；还不受地域的限制，从内蒙古东部的一个旗跳到锡林浩特、内蒙古中部、呼和浩特，最后一直跳到北京。仅从写作手法的变化分析：它的第一段是叙述：那顺一家把马鞍送到了博物馆。第二段转为描写：一家人如何身着盛装地与马鞍告别。第三、四段是直接引语，点出事情的原因和意义。第五段是通过直接引语的议论加叙述，交代了历史背景。

第四，高频率地使用跳笔，使得这篇报道从头到尾始终处于“变化”之中，节奏感很强，一段与一段事实交叉展开，如犬牙交错，“散能合之，合能散之”。不仅增加了可读性，而且使全篇充满了新闻报道的动感。

第五，这篇报道信息量很大，内容非常丰富。这也是通过断裂行文所留下的空间，以及短段落与多段落形成的多侧面、多角度而传递出来的。

三、借用电影的“蒙太奇”结构

我们知道，“经验迁移”是一种创造性的思维方式，即把某一领域的成功经验，移植到另一个领域，移植以后可能出现新的效果、新的局面。在新闻写作中，也常常借助其他文字写作或其他领域里的某些经验做这种移植，从而提高新闻报道作品自身的表现技巧。通讯写作中引进蒙太奇结构就是一种创新的尝试。

“蒙太奇”是一种电影手法，指镜头的组合和连接，通过不同的组合连接，产生不同的艺术表达效果，例如进行对比、引起联想等。

其实，“蒙太奇”结构并不神秘，它与新闻的跳笔本有异曲同工之妙，只不过它是电影语汇在镜头之间跳，新闻跳笔则是文字语汇在句与句、段与段之间跳。如果我们把通讯中的某些情节、场面、细节写成镜头感很强的段落，然后在这样一些段落之间，运用跳笔省略过程的叙述，突出事物的主要特征，按照类似电影镜头推拉摇移，把它们连接起来，不就是“蒙太奇”了吗？

因此，也可以说，“蒙太奇”是跳笔在通讯写作中的一种特殊运用。

《工人日报》1996年刊发的长篇通讯《北京有个李素丽》，就是一篇运用“蒙太奇”结构的佳作。我们选取其中的两小节：

其一：

北京。西直门站。

大雨滂沱。一幢幢巍峨的高楼隐现在一片烟雨朦胧之中。

雨幕中，挂有“工人先锋号”标志的1333号公共汽车缓慢进站。

乘客朝汽车蜂拥而去。男的、女的、老的、少的，有的扛着行李，有的拎着提包，争先恐后，步履匆忙。在各种各样的雨伞下、雨衣里藏着一张张焦虑的面孔。

“哗啦”一声，车门打开了，紧靠车门的窗口探出女售票员半截身子，她打开一把花格伞，遮在车门口。

雨点如断线的珠子砸在雨伞上，她的脸上，胳膊上都溅上了雨水。她招呼乘客们上车。

拥挤的人群变得有序了：他们一个个在雨伞下跺脚，脱下雨衣，折好雨伞，抖去雨水，依次上车……

她就是李素丽。中等身材，30多岁。海蓝色的套装整洁可体，淡妆轻抹的脸上，闪动着一双笑眼。

其二：

车厢里。人头攒动。

一位戴墨镜的乘客摸着朝售票台挤去。

他从挎包里掏出一个纸包，放在售票台上。

“同志，你……”李素丽莫名其妙。

“姑娘，我就爱听你说话。这几天，我觉得你的嗓音有点哑，这点胖大海是我专门给你买的，泡着喝吧。”

车到站，乘客被扶着下车了。原来他是盲人。

（《工人日报》1996年　记者郭萍　吴晓象）

1996年中宣部曾树立过不同职业中一批先进人物的典型，他们的共同特点是在普通的岗位上做出了不平凡的事迹。李素丽就是其中的一个。当时首都的各大报刊曾同时刊登了有关她服务事迹的报道。《工人日报》的这篇《北京有个李素丽》独树一帜，突破了人物典型报道的一般叙事方法，以朴素的文笔，镜头化的结构，给人崭新的阅读魅力。

第一，这篇报道来源于现场采访。“涉深水者得蛟龙，涉浅水者得鱼虾”。记者深入生活、深入采访，连续5天跟车，搭乘李素丽的车往返跑了13圈26个来回，积累了大量有现场感的第一手材料，记录下许多“目睹耳闻”，这是能够运用“蒙太奇”结构的基本条件。

第二，记者挑选最有说服力的事例，写成现场感很强的“文字镜头”。全文由这样的10小节，即10个“镜头”组成，自成画面，自成故事，彼此之间没有任何文字的衔接与过渡，跳得干净利落。但通篇读下来，寓理于事，寓理于情。内在的逻辑引领着你，认识着李素丽的精神世界。

第三，在每个小节的行文中用的也是“蒙太奇”式的“镜头推拉法”。如上文中所举的第九小节，先是拉开一个全景：“车厢里，人头攒动”。然后推出一个特写画面：“一位戴墨镜的乘客摸着朝售票台挤去”，笔头再集中到他的动作细节“从挎包里掏出一个纸包”等。每一拉或一推，不用连接句与词，而是提起笔来另起一个自然段转换。不到110个字，6个段落，简洁、明快、生动地再现了乘客对李素丽的关爱，反衬出李素丽的服务态度。

上文所举的第一小节，用“镜头推拉法”的效果更明显。9个自然段，先是远景：大雨滂沱，一幢幢高楼隐现在一片烟雨朦胧中。然后“摇”到中景：1333号公共汽车缓慢进站。拉到近景：在雨中焦急上车的乘客。一个特写镜头：李素丽探出车窗为乘客打伞。又一个更近的特写镜头：雨点砸在雨伞上，落在李素丽的胳膊上。又回到近景：乘客们在雨伞下有秩序地上车。每个文字“镜头”之间，用跳笔一跨而过。这种写法确实使人产生看电影的感觉，通讯的真实性与生动性也由此而生。

荣获1997年中国新闻奖特别奖的通讯《在大海中永生——邓小平同志骨灰撒放记》，行文结构上也充分地运用了“蒙太奇式”的跳笔，以下摘录三小段：

其一：

一位以自己的一生书写中华民族崭新历史的伟人，今天完成了他人生的最后一个篇章。

1997年3月2日上午。

银色的专机，离开西郊机场，在首都上空低低地、缓缓地绕飞一周，然后穿过云层，飞向祖国的辽阔大海。

机舱内安放着全党全军和全国各族人民中心爱戴的邓小平同志的骨灰。

一面鲜红的中国共产党党旗覆盖在骨灰盒上。这是党和人民给予一位93岁的老共产党员的最高荣誉。

捐献角膜、解剖遗体、不留骨灰、撒入大海——这是把毕生毫无保留地献给祖国和人民的邓小平同志的遗愿，也是他留给党和人民的一份珍贵遗产，表现了一个彻底唯物主义者的高尚情怀。

今天，胡锦涛等中央领导同志和邓小平同志的夫人卓琳等亲属一起，以最朴素、最庄严的方式完成邓小平生前的这一嘱托。

穿云破雾，专机向大海上空飞去，飞向这位一生波澜壮阔的伟人最迷恋的地方。

其二：

飞机盘旋，鲜花伴着骨灰，撒向无垠的大海。

大海呜咽，寒风卷着浪花，痛悼伟人的离去。

邓小平一生迷恋大海，与波峰浪谷有着不解之缘。一下海，他就舒展双臂，游向深处。无论海多深、风多急、浪多大，他都劈波斩浪，勇往直前。

大海的无垠，开阔了他博大的胸襟；

浪涛的汹涌，塑造了他顽强的性格。

潮涨潮落，大海沉浮，就像他人生的三起三落。半个多世纪的革命生涯中，虽历经风险，但他始终百折不挠，总是能一次次在历史的紧要关头挽狂澜于既倒，在沧海横流中显出伟大的无产阶级革命家大无畏的英雄本色。

历史不会忘记，1978年12月，第三次复出的邓小平，以党的十一届三中全会为起点，揭开了一场新的伟大革命的序幕，开创了一条有中国特色的社会主义康庄大道……

“如果现在再不实行改革，我们的现代化事业和社会主义事业就将被葬送”。

在他倡导的解放思想、实事求是思想路线指引下，改革大潮汹涌澎湃。从农村到城市，从沿海到内地，从经济基础到上层建筑，改革以神奇般的魔力，使古老的中华大地焕发出勃勃生机。正如一首歌颂小平同志的诗所写：“于是才有了凤阳花鼓，敲响农民走向市场的节拍；才有了深圳神话，十年完成一个世纪的跨越。”

其三：

骨灰撒大海，鲜花送伟人。

11 时 50 分，专机盘旋着向大海告别。

透过舷窗望去，水天一色，波翻浪涌。从那永不停息的涛声中，人们仿佛又听到了震撼过无数人心灵的声音：

“我荣幸地以中华民族一员的资格，而成为世界公民。我是中国人民的儿子。我深情地爱着我的祖国和人民。”

一个人的生命是有限的，而人民的事业是永恒的。

如同一朵浪花，他从故乡的山溪流入嘉陵江、长江，然后穿云雾、过三峡、奔腾而下，经过九曲十八折，最终汇入浩瀚的大海——漫长的征程，昭示着一个朴素的真理：敢向时代潮头立，沧海一粟也永恒。

邓——小——平

一个铭刻在亿万人民心中不朽的名字，他在大海中得到永生。

（新华社 1997－03－02 电稿　记者何平　刘思扬）

以上摘引的无论是以叙述纪实为主的第一部分，以政论抒情为主的第二部分，还是以叙述、纪实、政论、抒情交互运用的通讯结尾，作者都充分地采用了跳笔：短段落、多分段、断裂行文以及“蒙太奇”的结构，大角度、大跨度、大视野地实现了时空以及叙事手法的转换。全文恢宏的气势由此而生。

四、加大句与句之间的跨度。

以上三点我们主要从宏观上分析了新闻跳笔在提行分段与文章结构上的运用，实际在微观上，即在整个新闻写作的行文过程中，无论消息还是通讯，跳笔几乎随处可见。它具体表现在加大句与句之间的跨度。可以有多种多样的“跨”。

例如《文汇报》1999 年一条体育新闻的导语：

尘封了 18 年之久的女子 100 米蝶泳世界纪录昨日终于作古。曾五夺奥运会冠军、今年 26 岁的美国名将汤普森在悉尼举行的泛太平洋游泳锦标赛上，以 57 秒 88 的优异成绩，打破了她的同胞玛丽·马尔于 1981 年 8 月 6 日创下的 57 秒 93 的该项目世界纪录。

在这段文字的叙述中，新闻事实的“主体”发生了变化，第一句讲的是世界纪录，第二句讲的是游泳运动员。这是事实主体之间的变化与跨越。

例如日本《产经新闻》1998 年 11 月 23 日一条时事政治新闻的导语：

在中央临床医院里，中俄两国首脑举行了首次“不扎领带”的会晤。国际权威急剧下降的俄罗斯，正与中国重新构筑“蜜月关系”，谋求由美国的一极统治转向多极化。

在这段文字叙述中，第一句是对事实的报道，第二句是对事实的评论。这是在描述与议论之间的变化与跨越。

例如法新社 1998 年 9 月 26 日发自柬埔寨的一条消息的导语：

有 122 个席位的柬埔寨新国民议会今天宣誓就职。而在两个小时前洪森刚在一起暗杀他的行动中幸免于难。

在这段文字的叙述中，既有事实主体的变化，第一句是新议会，第二句是新议会的领导人洪森；也有现场与背景之间的变化与跨越，第一句是对最新消息的报道，第二句是用背景材料所做的说明。

在通讯的写作中，跳笔使用得更加灵活。在行文中，可能有由远到近或者由近到远的时间与空间跨越；可能有概述到细节的粗与细、简与繁的跨越；还有各种笔法，例如倒叙、插叙、比喻、排比等等之间的跨越。

请看通讯《一颗燃烧的心——访作家巴金》中的一段文字，凡是跳笔的地方，我们用 * 的符号标示出来：

且莫担忧，他生命的源泉并未枯竭，一本《往事与随想》足可证明。* 这本译作动笔的日期是 1973 年夏天，他失去妻子之后的几个月。*30 年代，他翻译的赫尔岑回忆录片断曾在鲁迅主编的刊物上发表，他告诉过鲁迅先生，要将那篇大部头作品“啃下来”。* 或许，这个诺言现在可以兑现。* 他攀上原先是汽车房的狭小顶楼，那里太阳西晒，但毕竟安静些。* 老作家手边缺乏资料，幸好，走廊上遗留下几本没有封存的书籍、词典，借着从窗户透进的一线弱光，他将眼睛几乎贴到了书本上。* 他忘掉了四面的墙，进入到 19 世纪黑暗的俄国，有时，思路又把他拉回到现实中来，猛然感到“四人帮”的恶行与沙皇专制统治何等相似。* 他相信，谁违逆历史的潮流横行，日子必不久长。* 译完的章节，他都一一校阅了，用工整的小字抄在普通方格纸上。* 他知道，巴金的一个字、一片纸，当时是没有出版社敢于问津的。他只期望把世界文学的宝藏留给后人，哪怕在图书馆里作为一份资料，日后自会有人去开采、发掘。

（摘引自《人民日报》1979－04－25　记者郭玲春）

最后数下来，不长的一段文字，记者共跳了九次。通过这种灵活的跳跃，记者多角度、多侧面地提供了丰富的信息，并以简洁的文字完成了生动的描写。

因此，艾丰在他的《新闻写作方法论》里说：“新闻写作的艺术在某种意义上说是‘舞蹈的艺术’。它是讲求跳的，跳得好，就成了高超的写作技巧。”①

① 艾丰：《新闻写作方法论》，217 页，北京，人民日报出版社，1996。

思考与练习题

1. 为什么跳笔是新闻写作的主要笔法？如何运用新闻跳笔？
2. 选择普利策新闻奖的获奖作品，分析其运用新闻跳笔的技巧。

第七章

新　闻　语　言

新闻语言本质上应该是传播信息、报道事实、解释问题、快速交流的语言，以“白描”为其主要特征。

“白描”式的语言洗尽铅华，文风质朴平实，有利于把复杂的问题用简单的方式处理，进而突出事物的特征，便于受众在快速交流中领会与接受。

本章对新闻语言的特点进行了分析，并主要论述了为什么新闻写作宜用白描，以及怎样使用白描式的语言。

第一节　新闻写作对新闻语言的要求

一、什么是新闻语言?

根据新闻学的原理：通过新闻媒介，向受众报道新近发生的事实，传播具有新闻价值的信息时所使用的文字语言就叫做新闻语言。

根据大众传播学的原理：新闻传播是媒介与广泛、分散、隐匿的受众为传递最新的、真实的信息而进行的“对话”。这种“对话”，按照传播学的术语即编码、解码的互动，必须遵从合作的原则，使受众在解码时尽可能多地还原出传者的意图来。新闻语言就是这种文字符号的编码方式。

二、新闻语言的特征

（一）准确、简洁、鲜明、生动

新闻写作中所需要的语言，应该是传播信息的语言、报道事实的语言、解释问题的语言、快速交流的语言。根据新闻写作的基本要求，即时效性（新鲜、快速、简短）与可读性（具体、生动、通俗），新闻语言的具体特色可以用八个字概括：准确、简洁、鲜明、生动。

从大众传播学的角度分析，如果说，新闻语言是传播过程的一种编码方式，那么它的目的性很明确：第一，它的受众多，它必须满足生活在快节奏的现代社会中大量受众对信息的需求。第二，它必须使处于广泛、分散、隐匿状况中的受众，在解码时获得尽可能多和尽可能一致的结果。第三，新闻传播的基本原则是"用事实说话"，即传者的意图应该是相对隐蔽的，新闻语言还要做到在解码时不致使受众产生被人强迫的感觉而加以拒斥。以上这个三方面的要求，也需要新闻语言坚持准确、简洁、鲜明、生动的具体特色。

谈到这个问题，需要强调的是必须打掉"新闻腔"。我们已经在本书第四章第三节讲过这个问题。在这一节里从新闻语言的角度还需强调。在很长一段时间里，由于把"新闻文化"简单地等同于"宣传文化"，所以对新闻语言的理解存在着误区。主要误区就是把"新闻腔"当成了新闻语言。

什么是"新闻腔"？尽管没有明确的定义，但说它是"党八股"式的公文语言，或者官式语言在新闻报道中的反映恐不为过。

新闻语言与公文语言在某些方面确有近似之处，如都要简洁准确。但两者在传播的对话语境中有根本的不同。在新闻传播活动中，传者与受者处于平等的地位，除了信息本身的价值和语言本身的影响力之外，没有任何东西可以对受众作出限制和约束。而在公文传递或官式语境中，传者与受者是有等级差别的，语言富有指令性。因此新闻语言如果带上了公文语言的权力色彩或者官式语境中的宣传腔儿，被受众破译出"我指示你照办"，甚至"我打你通"以至"灌输说教"的意味，都有可能被拒绝接受。这就是上文中第三点要求的意思：新闻传播的基本原则是"用事实说话"，即传者的意图应该是相对隐蔽的，新闻语言还要做到在解码时不致使受众产生被人强迫的感觉而加以拒斥。

"新闻腔"在我们的不少报道中还大量地存在。轻一点的表现是套话、空话、大话连篇，尤其是套话。例如我们现在打开报纸，还会读到某些使用频率很高的语言："在……形势下"，"在……鼓舞下"，"在……基础上"，"与会者一致认为"，"受到……的热烈欢迎"，"获得一致通过"等等。重一点的表现就面目可憎了。那是"文化大革命"期间的报刊、广播中天天向受众倾泻的语言，抽绎度极高、信息量极小、词汇重复绕缠纠结，语言学者们称它为“语言暴力”，它们极大地败坏了新闻的声誉。至今这种语言也未完全绝迹。

外国的记者也为“新闻腔”苦恼，他们把夸夸其谈、装腔作势的语言叫做“新闻腔”，主张新闻报道要用平易朴实的语言写作。美联社有个编辑在他写的一本书中分析“新闻腔”时说：“我们是被累赘不堪的语言包围着，政府把空空洞洞的官腔灌输到社会上来。各种公共机构、公司总部、专门职业和社会科学部门，全都为行话的泛滥而大卖力气。新闻记者由于职业关系，不得不同这种使人闷得透不过气来的用语打交道。他们的本职原该把这一切改变为平易的用语。可惜他们自己也染上了爱说唠叨话的坏毛病，因而丢掉了语言的精确性、清晰性和优美性。”中国的同行们看到上述分析，一定会感同身受。因此为新闻语言正名，呼唤纯正的新闻语言，打掉“新闻腔”，成为全体新闻工作者的责任。

（二）新闻语言要有时代感

新闻语言生命力的一个重要特征是要有时代气息。因为这种语言是社会语汇最直接、最真实、最迅速、最广泛的反映，说它“领导时代新潮流”也不为过。同时新闻报道的时效性与新鲜感，在一定程度上也需要通过有时代气息，包括社会上最新流行的一些语言传递出来。

现在媒体上几乎每天都会有新词出现，词汇翻新很快。据报道，《新华词典》2001 年的修订版，其修订的宗旨就是扩容词汇的“时代”含量。有2 000多个滞后于时代的词汇被删除，而增加的新词汇超过 1 万个以上，其中以科技、经济、法律等领域里的新增词汇最为突出。而这些新增的词汇大量是从新闻媒体上收集的。鉴于词汇更新之快，《新华词典》的修订周期已准备由原来的 10 年一版变为 5 年一版。所以，作为一个新闻工作者既应该保持对新鲜事物的敏感，也应该保持对新鲜语言的敏感。

当然，“领导时代新潮流”并不意味着盲目地追求时髦，现在有一些报道，文中经常生加几个“洋文”以示前卫，弄得中洋夹杂、不伦不类。这种文风不值得提倡。

（三）新闻语言应有不同的风格

新闻语言在符合总体要求，即准确、简洁、鲜明、生动的基础上，针对不同的报道、不同的作者应该有不同的语言要求，或者说可以写出不同的风格。

1. 消息与通讯对于语言的要求有所不同。

新闻界有人主张用陈述事实而不是展开事实、描写事实、再现事实来区分消息和通讯的语言。也就是说，消息比通讯更惜墨如金，消息的语言是一种具体陈述与抽象概括相结合的语言。而通讯的语言特色呢？由于通讯承担着展开事实、描写事实、再现事实乃至解释事实的任务，它比消息报道的内容更详细、更深入，它或是对消息所提供事实的进一步必要的补充，或是对消息所报道的全部事实或某一部分事实的“放大”。同时通讯报道的范围也比消息更广泛，因此，它可以也必须更多地调动各种修辞手法，更多地借鉴文学写作的技巧。一般来说，通讯的语言比消息更形象、更丰富、有更多的感情色彩。

2. 新闻语言风格取决于新闻事件本身的基调。

不同内容、不同题材的新闻事实，它的基调是不同的。例如有的题材是严肃的，有的题材是活泼的，有的题材是华丽的，有的题材是平实的，有的题材是欢快的，有的题材是凝重的等等。分清题材的基调，对准确地把握新闻事实，在写作中选用恰如其分的语言表现新闻事实有着重要的意义。也就是说，在确定了报道题材基调的时候，往往也就确定了撰写这篇报道时的新闻语言风格或者色彩。

3. 新闻语言风格还取决于人物报道中被采访者的语言个性。

比如著名记者穆青就曾经比较过他的两篇人物通讯语言风格的不同：在《为了周总理的嘱托》中，因为主人公吴吉昌的语言是很生动的农民语言，明快、简短，有时还很幽默，因此该篇通讯的语言尽量接近吴吉昌的风格，多用农民的口语，句子要简短，多用单句，少用或者尽量不用那些带有修饰语、附加语的复句。而《县委书记的榜样——焦裕禄》则不同，主人公焦裕禄不仅有与农民交谈时那种生动的口语，还有向干部群众做报告时富于鼓动性的语言，以及同人们说理时带有一些哲理的语言。作为领导干部，他又很注意语言逻辑的准确、严密。因此，在这篇人物通讯报道中，记者所用的句子一般比较长，有不少是结构复杂的复句。在语言上也比较正式，在不少地方还带有政论的语言色彩。

（四）“白描”是新闻语言的主要特征

落实到新闻写作的具体过程中，运用语言的技巧和方法，可以借用“白描”来概括。在一定的意义上，新闻语言是一种白描性的语言，或者说是以白描为主要特征的语言。

“白描”原指中国绘画中的一种传统技法。它有别于工笔，也有别于写意画。在作画时它纯用墨线勾描物象，线条简练而传神逼真，不用颜色渲染，有的只是略施淡墨。采用此种技法，能达到遗貌取神的艺术效果。

把这种技法借用到新闻写作上来，是指文字描写的具体方法，即不尚修饰，不用或少用形容渲染，以质朴的文笔，力避浮华、做作，简练而直接地勾勒出事物的特征。白描虽然是描写，但如果从形式上看，它与直接叙述没有什么很大的区别。可以这样说，白描是直接叙述和描写的高度统一。它洗尽铅华、质朴平实，透明度高，有利于把复杂的问题用简单的方法来处理，进而突出事物的特征，即突出新闻价值，便于受众在快速交流中接受。

鲁迅被公认为运用白描语言写小说的大师。作家孙犁对鲁迅小说白描语言曾作过如下分析："他的作品，没有过多的风景描写，没有过长的人物对话。不抽象地代言人物心理，不琐碎地描写人物的装饰。对话、心理、环境和服装，都紧紧扣在人物的性格和行动上。一切描写叙述都在显示人物形象，都是从情节出发，找到最有特征的表现。"① 如果用我们在第四章中所讲过的内容对照，不难发现，这段话完全符合新闻写作的基本要求。因此，"白描"概括了新闻语言准确、简洁、鲜明、生动的具体特色。

外国作家的一些写作经验，对我们理解和掌握"白描"式的语言同样大有益处。美国著名诗人惠特曼说："我决不多费唇舌，我决不在写作中使典雅、效果或新奇成了隔开我和别人的帘幕。我决不容许任何障碍，哪怕是最华丽的帘幕。我想说什么，就照它的本来面目说出来。"这个经验之谈不是很适合新闻传播中无障碍、快速交流的需要吗？

当然，最好的"白描"范本还是开创我国纪传体先河的《史记》。这部古典名著在记录历史事件、历史人物时，皆以"白描"式的语言勾勒，如《项羽本纪》中的一段：

> 羽已杀卿子冠军，威震楚国，名闻诸侯。乃遣当阳君、蒲将军将卒二万渡河，救巨鹿。战少利，陈余复请兵。项羽乃悉引兵渡河，皆湛船，破釜甑，烧庐舍，持三日粮，以示士卒必死，无一还心。于是至则围王离，与秦军遇，九战，绝其甬道，大破之，杀苏角，虏王离。涉闲不降，自烧杀。当是时，楚兵冠诸侯。诸侯军救巨鹿下者十余壁，莫敢纵兵。及楚击秦，诸侯皆从壁上观。楚战士无不以一当十，楚兵呼声动天地……

其语言叙述得简洁、生动、准确与鲜明，令人拍案叫绝。记者的使命与史官有相近之处，因此，在某种意义上可以说，《史记》的作者司马迁是我国历史上一个伟大的记者，《史记》的白描式语言为中国新闻写作提供了宝贵的借鉴。

第二节　如何使用白描语言

在新闻写作中，无论消息还是通讯，都可以从以下三个方面去掌握与实际应用白描式的新闻语言。

---

① 转引自艾丰：《新闻写作方法论》，238页，北京，人民日报出版社，1996。

一、多用动词，用准动词

“白描”所要求的简洁而准确的线条勾勒，在新闻写作中主要是依赖“动词”实现的。动词在语言中是最生动活泼的因素，主要用于陈述人物和事物的动作、行为、变化等。

西方新闻写作从来讲究动词的运用。在不少教科书中对此甚至有明确的定量要求。例如：

牢记一个句子中至少应有一个实体动词，而这个动词，应该是句子中最重要的词。

通常的规则是尽可能选用及物动词，并用主动语态。

没有任何形容词——不管怎样精心选择——能够弥补由于一个苍白无力或选用不当的动词而造成对强调性的损害。

他们认为新闻文体是一种“简洁而注重动词的文体”。主张“必须根据这一简洁而注重动词的文体来调整自己的写作风格”。近些年来，在西方新闻写作中，动词的运用更加受到重视。其中很大的一个原因是来自视觉新闻对文字新闻强有力的挑战：一是电视新闻成为西方受众的主要新闻来源，二是报纸上大量刊用新闻照片，美国《写新闻》一书指出：“一张优秀的现场新闻照片，往往使1000个形容词相形见绌。”于是精心使用“动词”更加成为写活文字新闻的一个出路。

其实对“动词”的重要性，我国历代文学家早已心领神会，不仅有极其丰富的实践经验，而且有精当的理论论述。袁枚在《随园诗话》中说：“一切诗文，总须立在纸上，不可字卧纸上。人活则立，人死则卧，用笔亦然。”动词用得好，就能够使诗文立于纸上，甚至力透纸背。中国古诗词中那些选词炼句的典故，选与炼的对象，不都是动词吗？例如“春风又绿江南岸”的“绿”字；“红杏枝头春意闹”的“闹”字。近代学者王国维先生说：“著一‘闹’字而境界全出。”确实，这个动词使景物从静态变成了动态，由无声成为了有声。又如“好雨知时节，当春乃发生”的“知”字，把本来无生命的变为有生命的了。千古名篇《陋室铭》中的“苔痕上阶绿，草色入帘青”也脍炙人口。一个“上”，一个“入”，给石阶上的青苔以及屋外的绿草都赋予了运动着的生命境界，勾勒出一幅生机盎然的动感画面。在上文中摘引的《史记》中的那段文字，其“白描”的形象感与力度也主要是通过动词传达出来的。

任何运动状态的事物总比静止状态的事物显得生机勃勃，川流不息的江河比一潭死水有生气得多。与此同理，在新闻写作时掌握多使用动词的要领，既能把人物和事件写“活”，使人如见其人、如闻其声；也能把环境和景象写“活”，使人如临其境，最终让消息或者通讯“立于纸上”。正如沃尔特·福克斯在《新闻写作》一书中强调的："在任何句子里，动词都是让句子的其余所有部分流动起来的关键。"

毛泽东在中国人民解放战争期间为新华社写的数篇消息，为我们留下了气势飞跃、笔力遒劲、文气如江河直下的新闻珍品，其中几乎篇篇都是运用"白描"，特别是动词的典范。仅举其中篇幅最短的一则：

我三十万大军胜利南渡长江

> 新华社长江前线一九四九年二十二日二时电　英勇的人民解放军二十一日已有大约三十万人渡过长江。渡江战争于二十日午夜开始，地点在芜湖、安庆之间。国民党反动派经营了三个半月的长江防线，遇着人民解放军好似摧枯拉朽，军无斗志，纷纷溃退。长江风平浪静，我军万船齐发，直取对岸，不到二十四小时，三十万人民解放军即已突破敌阵，占领南岸广大地区，现正向繁昌、铜陵、青阳、荻港、鲁港诸城进击中。人民解放军正以自己的英雄式的战斗，坚决地执行毛主席朱总司令的命令。

这篇消息只有140多个字，却包含了丰富的内容，既有战事进展清晰的叙述，又有情景生动的描写，尤其全文充满了一种动态的美，使你阅读时，感到这些新闻都是鲜活的，生动的。这种动态的美就是通过连续使用动词，展示出一幅幅生动的现场画面实现的。且看"我军万船齐发，直取对岸……"这一段，一连串的动词"齐发"、"直取"、"突破"、"占领"、"进击"等，紧扣人心，一气呵成，洗练地勾勒出"百万雄师过大江"的壮丽场面。而且在描写国民党军队"如摧枯拉朽，军无斗志，纷纷溃退"和人民解放军紧张而神速的渡江战斗之间，作者插了一句"长江风平浪静"，别看只有6个字，但它使文气立即出现了"动——静——动"的节奏，赋予整篇报道波澜起伏的立体效果。

在语言修辞中有意将几个意义相近的动词，变换着使用，也能起到一种增加动感"浓度"的特殊效果。毛泽东在另一篇消息《南京国民党反动政府宣告灭亡》中，当报道李宗仁、何应钦及南京国民党军队的动向时，用了"逃出"、"逃往"、"逃跑"、"奔逃"、"乱窜"等5个意义相近，又一个比一个更具体形象的动词，栩栩如生地白描出国民党军队"兵败如山倒"的大溃退，给予读者深刻的印象。

毛泽东在消息写作中还擅长利用动词的"现在进行式"，如在多篇消息中有"正歼击中"、"我军俘敌数万，现正猛烈扩张战果中"、"我东北人民解放军现正举行全线进攻"、"人民解放军正向南急进，……南京人民正等候着人民解放军"

等，增加了语言的动作色彩和全文“动”的魅力。

在提倡新闻写作多用动词的同时，还要提醒大家注意用准动词。丰富多彩的汉语词库里学问很大，有一些动词所反映的行为状态可能是一样的，但词义之间有差别，感情色彩方面也有褒贬的不同。比如，同样写“死”，病逝、遇难、殉职、牺牲等，都表示死亡，但它们之间有区别，各自代表了不同的死亡原因。除了词义上的区别，还要注意感情色彩。一本新闻教科书曾举例：“蒋介石死了”与“雷锋同志的心脏停止了跳动”，二者似乎都很客观，但憎与爱的立场跃然纸上。必须小心，不要把这类带感情色彩的动词用错了位置。

请看下面一篇新闻特写，全文比较讲究动词的运用，而且用得准确。

雨夜下荆江

记者谭道博　贾永　刘建新

正在湖北境内缓缓推进的长江第三次洪峰，昨夜又与一场大雷雨不期而遇。

浊浪急，暴雨骤。雨夜军情急。

大风掀动望不到边的洪水，浊浪扑打着荆江大堤新加护的堤岸。这处曾在1954年破堤分洪的干堤上，仿佛笼罩着“战争”气氛：闪电下，暴雨中，每隔一段就有几名解放军和武警官兵，打着手电巡堤查险。他们浑身上下都已湿得像刚从水里捞出来一样。

车过周家嘴险段，军情更加紧张。前天早晨，一场持续了12小时的激战刚刚在这里结束。9处个个都可能危及干堤安全的“管涌”群，同时在此出现，2 000多名空降兵雨夜赶到，“天降神兵”与群众一起在洪浪中新筑起一道200多米长的“堤中堤”。此刻，他们正和自己用血肉之躯固垒的护堤一起，经受着大风、暴雨和洪峰多重的考验。

洪流滔滔揪人心，暴雨阵阵催征人。迎面一辆辆赶运防汛物资的军车疾驶而去。前头，奉令从荆江大堤急调武汉的广州军区某舟桥旅二营的车队，载着冲锋舟、橡皮艇奔袭更急。车灯划破沉沉的雨幕，间或把一个个官兵的身影，雕塑在大堤上。

是夜11时40分，武汉三镇大雨初歇。一些低洼街巷积水过膝，临街店铺多已谢客。位于珞珈山下的湖北省军区大院，却依然灯火通明，一派临战状态：为确保天河机场畅通的100人的“敢死队”刚刚组织完毕，待令出动；作战室里，两眼布满血丝的参谋长林有秀少将，又在急令征衣未解的舟桥二营官兵，马上赶到武昌江边一处险段待命。记者被告知，省军区的几位主要领导一个月来都在一线指挥抗洪。林将军说：“雨歇夜深，军人更应枕戈待旦。”

（新华社 1998－07－29 电稿）

这是一篇和平时期的“战地新闻”。写作上的主要特点有如下几点：

第一，现场气氛浓。记者采用凝练的语言和简短有力的句式，成功地营造了“军情急”的战地气氛。“军情急”是由于长江大洪水的水情急。特写一开始就扣人心弦：“正在湖北境内缓缓推进的长江第三次洪峰，昨夜又与一场雷雨大风不期而遇。”这里的动词用得好：“缓缓推进”与“不期而遇”。下文写水情，所用的动词都很准确、有力，都是主动语态，如写“浊浪”，用“险”和“扑打”，写“暴雨”用“骤”，写“大风”用“掀动”等。正面描写部队“军情急”，如写空降兵用“赶到”，写军车用“急驶而去”，写车队用“奔袭”，写“敢死队”用“待令出动”等。

第二，极富动感。这是三位军事记者乘车“雨夜下荆州”。他们记录了沿途的所见所闻，一个一个场景迎面而来，又匆匆掠过。这种动感，也是通过“白描”的语言实现的。其中动词用得精当，例如最后一段，先写武汉三镇“大雨初歇”，这显然是记者刚刚进城，然后描写低洼的街巷“积水过膝”，临街店铺“多已谢客”，而军区大院“灯火通明”等，一路赶来的情景，用几个动词勾勒得清清楚楚。

第三，充满激情。没有一句空泛的议论，也没有用虚词来表示的感叹。记者对抗洪救灾中人民子弟兵的颂扬，还是通过“白描”来实现的。最令报道生色的一句是“车灯划破沉沉的雨幕，间或把一个个官兵的身影，雕塑在大堤上。”这里“划破”和“雕塑”两个动词，不仅用得准确贴切，而且“雕塑”用得很有创意，使官兵的形象得到升华。最后以林将军的话作为文章的结束语：“雨歇夜深，军人更应枕戈待旦。”真是画龙点睛，“枕戈待旦”又是一个对军人来说非常准确的动词词组，不仅铿锵有力，而且切中主题，展现了军人的精神境界。

二、多用子概念

“白描”所要求的简洁与准确的线条勾勒，在新闻写作中还需要以具象化的概念支撑。子概念的特点就是具体、丰富而且形象。

母概念和子概念，是形式逻辑中的专有名词。如“水果”和“苹果”就是具有母子关系的一对概念。母概念“水果”外延较大，而苹果属于水果中的一种，是子概念，它虽然外延没有水果大，但它的内涵比水果具体丰富。如果再举出

“香蕉苹果”、“富士苹果”，显然这两个子概念比苹果又具象化了一层，读者会联想到某一种具体的味道或口感。

由于子概念的内涵总比相应的母概念内涵丰富具体，因此，多用子概念容易引起人们的形象思维。这与西方新闻写作所提出的“避免死线上的抽绎”是一个道理。西方学者认为，语言具有“抽绎阶梯”的特点，即它有不同的抽绎层次，也就是我们所讲的子概念母概念，像香蕉苹果——苹果——水果——食物——生活程度等等，就是语言“抽绎阶梯”一个从低到高的例子。随着抽绎层次的不断提高，每提高一个层次，原来词汇所表现的事物的具体特征就要部分地消失在高一个层次的总体意义中。一般来说，抽绎层次越高的语言越抽象，理解的人越少。因此西方学者认为，新闻写作在语言运用上不能捆死在一条抽绎水平上，尤其不能捆死在较高层次的抽绎线上，否则它很难引起受众的真实感应，很难达到无障碍的快速交流的传播效果。

多用子概念，也就是说，多用具体的语言去写作。真实的东西都是具体的，具体的东西往往是生动的。

例一：

比如“气温高达38摄氏度”比“天气很热”更符合新闻语言的特点。“掌声持续达10分钟之久”比“受到热烈的欢迎”更准确，鲜明。《美联社日志》上有下面的一段示例，说明了这家著名通讯社对语言的具体要求：

> 不要去说“乔治·华莱士神经紧张”。要像某一篇稿子那样描写：“在一次40分钟的飞行中间，他嚼了21根口香糖，他洗了一副牌，数了数，又洗了一遍。他看了看头上和脚下的云彩，系紧安全带，又把它松开了。”

例二：

新华社记者在一篇《浓雾重回西双版纳》的新闻中，以清新的白描语言，报道了云南西双版纳地区由于热带雨林得到恢复，整个生态环境也随之改善。这篇报道是从“浓雾重归”入手来具体表现生态环境变化的。请读下面一段文字：

> 凌晨，记者在一阵滴滴答答的滴水声中醒来。仔细一听，是雨滴打在肥大的香蕉叶、槟榔叶上的声音。静静听下去，还听到一种有如蚕食桑叶的沙沙声，仿佛下着蒙蒙细雨。走到院中，只感到毛毛茸茸的雨丝迎面而来，飘落在脸上、手上。院里的水泥地上湿漉漉的，有的地方还泛起了水光。市区大街的车行道上，像是洒水车刚刚洒过水。此时空中大雾弥漫，仿佛山雨欲来，成群的雨燕啾啾乱叫，在雾中翻飞。驱车行驶在山区公路上，也像刚刚下过一场小雨，路上水淋淋的。
>
> 但是昨夜并没有下雨。一位“老版纳”告诉我们，这是西双版纳冬季特

有的大雾。黎明时听到的雨打蕉叶的声音，脸上手上感受到的雨丝和把大街公路弄得湿漉漉的水，都不是小雨，而是雾中细细的水珠。

（新华社 1996-01-04 电稿）

这种描写就是典型的新闻语言。记者使用了大量具体的“子概念”来描写大雾，如“滴滴答答的滴水声”、“静静听下去，还听到一种有如蚕食桑叶的沙沙声，仿佛下着蒙蒙细雨”、“只感到毛毛茸茸的雨丝迎面而来，飘落在脸上，手上”、“水泥地上湿漉漉的，有的地方还泛起了水光”、“成群的雨燕啾啾乱叫，在雾中翻飞”、“驱车行驶在山区公路上，也像刚刚下过一场小雨，路上水淋淋的”等，动词再加上具体的景物，使得读者犹如身临其境。

在写场面与氛围时，也要注意多用一些子概念，用具体的语言描写具体人物的表现，而尽量不用或者少用抽象的概括式的语言。即所谓的“弃多写少、弃大写小”。如瑞典乒乓球队在第45届世界锦标赛的男子团体决赛中，以3：2战胜了志在卫冕的中国队。美联社记者在2000年2月26日所发的电讯中写道：“当佩尔森在决胜局的比赛中战胜中国选手刘国梁时，瑞典队的教练员和运动员们都得意忘形了，他们跳离了座位，冲向了赛场上的佩尔森，将他按倒在地，还踢他的腿。”几笔白描，记者就把热烈的场面与氛围勾勒出来了，如果用“瑞典队欣喜若狂”等大字眼和母概念，很难给予读者如此真切的现场效果。

请看一篇关于美国东北部遭寒流袭击的新闻报道，译文如下：

“人畜不宜”——寒流袭击美国东北部

人们鼻涕稀啦。汽车不能发动。狗狂叫着不肯出门。在纽约州的一个地方，天冷得简直连冰都冻不成。

两个星期前在摄氏16度的温度里穿着T恤衫打高尔夫球的美国东北部的人们，本周一开始就受到了严酷现实的考验。

冬天，这个曾几何时成为人们遥远记忆的季节，又杀了回来。天气预报人员说，寒冷天气已经来到美国并将一直逗留到本星期末。在波士顿、普罗维登斯和罗德岛气温将达到创记录的最低点。

连设在纽约普拉西德湖的奥林匹克地区发展局都不得不停止浇制冰橇比赛1.6公里赛道的工作，因为天冷，活简直没法干。

“水浇到地上都成了一条条冰线，我们没法把整个跑道浇湿，”发展局的通讯部主任散迪·卡里格尔抱怨说。

离普里拉西德湖不远的怀特菲斯山山顶的一个滑雪场上，气温达到零下

36 度，寒风刮起来时温度能达到零下 73 度。（原文如此）

大风迫使他们将滑雪场 11 个缆车中的 6 个关闭，但卡里格尔发现还是有 512 人上了山。

在纽约的阿尔巴尼，原定纪念马丁·路德·金的游行被迫取消，而那些硬撑着到场的人也不得不跑到帝国大厦的地下层暖和一下。

在托灵顿，星期一的寒风使气温降到零下 45 度。波拉加油站经理霍斯特说，人们索性加点油凑合着走就行。

霍斯特说："我发现平时加满油箱的人今天扔下几个美元就走，他们实在不能在车外呆太长时间。"

在纽约的锡拉丘兹，求援小组不得不派工作人员到大街上把那些无家可归的人带到救援中心。到中午，这个中心的 67 张床已经满了 65 张，这里的官员说准备再增加 90 张床。

中心的发言人拉默说："我们很忙，我们的目标是确保没有人冻着。"

国家气象中心发布了大风警报，北缅因州和纽约州东南的一些组织也劝告人们尽量不要将皮肤裸露在外，以免冻伤并保证孩子和老人加上足够的衣服。

零度以下的温度在马萨诸塞、佛蒙特、康涅狄格、新罕布什尔、缅因和纽约很常见。纽约的萨兰纳克星期一最低温度达到了零下 20 度。

讨厌的天气星期一也袭击了美国中西部，厚到 5 厘米的大雪和雨加雪造成了交通事故和航班晚点。但交通不便给一些旅店带来了好生意。

在巴尔的摩—华盛顿国际机场，星期六气温还是 15 度，星期一下午突然降到零下 2 度。在马里兰州的劳伦公园，人们一致投票决定取消当日的 7 场赛马活动，因为按照该赛事的发言人泰勒的话说，天气对"人畜不宜"。

"在这种天气骑在马上蹦　，"泰勒说，"就像乘一辆没有挡风玻璃的敞篷汽车兜风。""穿着几乎像内衣一样的比赛服装，以每小时 60 多公里的速度在马背上飞奔，你可以想象是一个什么样的感觉。"

（引自美联社 2000－01－28 电稿）

这是一篇写天气的新闻，报道的是寒流袭击美国，天气异常寒冷。但通篇 622 个英文字，只有两处用了形容词"冷"。其他的几乎全部是一个个具象化的镜头。也就是说，这篇报道把母概念"寒冷"分解为一个个子概念，让子概念，即具体的事实说话。从报道的开头，记者就显示了高超的新闻语言功底："人们的鼻涕稀啦。汽车不能发动。"在英文里，只有 5 个词，而且都是名词加动词。"NOSE DRIPPED。CARS WON'T START。"开头第一自然段把人、汽车、动物在彻骨寒冷中的不同表现来了一个蒙太奇式的描写以后，记者继续摇镜头，每个镜头都是具体的，如人们前几天还在16度的气温下穿着T恤打高尔夫球，突然受到寒流的袭击；普拉西德湖工作人员没有办法浇制冰道；加油站人们冻得不敢在车外多呆，以及不得不因为天气“人畜不宜”而取消赛马比赛等，一连串表现“冷”的镜头，把“多一些描述，少一些议论”的写作法则发挥到了极致。因此，尽管没有多用“寒冷”这个相对抽象的母概念，但通过一系列的子概念，全文的字里行间始终让读者感到刺骨的严寒。

三、多用大白话

“白描”所要求的线条勾勒，不仅简洁、准确、具体，而且要生动、传神、出彩。“大白话”具备这种语言的要求。

“大白话”在这里是指群众语言，老百姓说的话，或者叫大众口语。

如果说我们在讲新闻语言第一个特点“多用动词”时，提倡吸取中国的传统文学，尤其是古典文学的精华，那么“多用大白话”写作，则提倡向群众学习，向实践学习，吸取民间文学的精华。

语言文字大师老舍先生说：“世界上最好的文字，就是最亲切的文字，所谓亲切，就是普通的话，大家这么说，我也这么说，不是用一大车大家不了解的词汇字汇。”大众口语生活气息浓，大都具有通俗明白、平易近人、生动形象的特点。用群众的语言写新闻，能为大多数读者喜闻乐见，还能使新闻具有独特的风格。例如下文：

大雪初降重灾区

记者沈祖润　陈先发

12月24日夜，呼啸的北风刮来安徽沿淮重灾区的第一场大雪。一夜纷飞，遍地皆白。

25日晨，记者雪地驱车，直赶淮河。

越往北，风越寒，雪越大。一到瓦阜湖边的长丰县三墓乡，好大雪：沟填平了，树枝压弯了，有些碗口粗的树都被冰雪压断了。但一排排拱形的、尖顶的、平顶的各种窝棚、简易住房却平安无事，像戴着绒绒白帽子的雪娃娃，笑傲风雪。

记者冒着大雪，深一脚、浅一脚地步行10多华里，串了4个村庄，挨户察看灾民的过冬房：那骨架有钢筋焊的，有木材架的，有毛竹扎的，非常坚固。薛桥村69岁的五保户孟宪成指着他的窝棚对记者说："你瞧，俺这棚子用了12根粗钢筋，再大的雪也压不垮。"在这里，巧遇正逐村查看窝棚的乡党委书记朱正山，他说："我们乡干部兵分4路，一早儿就把全乡4000多个窝棚、简易房查了个遍，没有一个倒的。"

外面大雪纷飞，窝棚里暖意融融。许多灾民翻开身上穿的羽绒服、新棉袄、滑雪衫、皮夹克，争着告诉记者自家领了几件衣服。薛桥村孟凡珍翻开身上穿的棉袄、毛衣，说："首都亲人千里送寒衣，俺穿在身上，暖在心。"66岁的谢克举老汉抖着身上的羊皮大衣，乐呵呵地说："全乡5万多件衣服中最好的一件发给俺了。看，这羊皮大袄多厚，羊绒多长。下磨盘大的雪，也冻不着俺。"

庄大圩村许多农舍在今夏被洪水荡平。如今，离村子3里多地的一片高岗上，40多幢一砖到顶的新屋，披着银装，排列整齐。村民朱庆霞激动地对记者说："昨夜大雪不停，俺夫妇盖着2床北京亲人送的被子，怎么也睡不着。念叨着，要不是党亲政府亲，俺这一家子还不知在哪个雪窝子里挨冻呢。"

（新华社1991-12-26电稿）

这是新华社安徽分社记者所写的一条新闻特写。这一年夏天，安徽遭受洪灾，洪水荡平了不少村庄。入冬后又下了一场大雪。重灾区的灾民们生活如何？能否平安过冬？记者在雪中到重灾区探访，及时地发出了这篇报道。全文不长，主要特点是用了不少大白话，文风活泼，传达出重灾区人民安定且乐观的情绪。特写中除了直接引语注意原汁原味保留了老百姓的语言，如"下磨盘大的雪，也冻不着俺"、"要不是党亲政府亲，俺这一家子还不知在哪个雪窝子里挨冻呢"等，记者的叙述也注意尽量口语化。比如写下雪的那一段："越往北，风越寒，雪越大。""好大雪：沟填平了，树压弯了，有些碗口粗的树都被雪压断了。"写记者"冒着大雪、深一脚，浅一脚地步行10多华里，串了4个村庄"等，文白如水。正像穆青在《新闻工作散论》一文中说的："我们的报道如果充满了群众生动活泼的语言，文章就像加了味精，立刻透出美味来。"

一些老记者都有过这样的经验，自己绞尽脑汁想出的句子，比不上被采访者讲的一句话来得生动准确。《人民日报》老记者刘衡在报道中擅长使用群众语言，她的不少新闻报道散发着浓郁的乡土气息。她曾对比了群众口语与记者书面语的区别。如记者说"养猪，饲料是第一位的问题"，养猪模范李仁林说："养猪，首先要抓饲料。人不给猪吃，猪不给人吃"。记者描写"这猪养得又肥又大"，李仁林形容："你看这猪，滚瓜溜圆，肚子拖地。看见人到跟前，都懒得动弹。"刘衡在《用群众语言写稿》一文中惊叹："真是个，不比不知道，一比吓一跳，同李仁林一比，我的语言，是何等苍白，何等干巴啊。"

鲁迅先生在《人生识字糊涂始》一文中，讲到写文章要通俗易懂时，也曾主张：从活人的嘴上，采取有生命力的词儿，搬到纸上来。说得也是"多用大白话"这个道理。

当然，口语化不等于地方方言。有些地方报纸出现了滥用方言土语的趋势，这种苗头不好。语言规范化是千百万人在相互交往中约定俗成的，为了在更大范围传播，并在传播过程中不致产生误解，新闻语言首先必须以规范化了的语言为基础。使用规范化的语言不仅指要注意语法修辞的正确，也包括记者在写报道时要尽量使用普通话，而不要滥用方言。

思考与练习题

1. 新闻语言的特色是什么？为什么白描是其主要特色？

2. 挑选一些历年中国新闻奖消息与通讯类获奖作品，对其进行新闻语言特色的具体分析。

中编

消息

第八章

消息是新闻报道的主要体裁

消息是各种新闻体裁中用得最多、最活跃的一种体裁，在新闻报道中占有重要地位。所以，人们又称它为新闻报道的主角。

主角，主力、主要的、核心性报道方式之意。就新闻传播活动的整体而言，消息的主角地位已延续了一个半世纪以上，今后仍将保持下去，不大可能被取代。因此，了解消息的特点，重视消息写作，掌握消息写作的基本方法，是对新闻记者的起码要求。

第一节　消息体裁的特点

一、简括

简要、概括地反映新闻事实，是消息有别于其他新闻体裁的本质特点。在电子媒体的冲击之下，报纸上的文字消息似乎出现了相对的“详述”的倾向，但是，尽管如此，从总体上看，消息仍属概括报道：消息总是用尽可能经济的文字，简明扼要地反映新闻事实，而不是娓娓道来。即使是描写或分析性消息，亦不例外。这是新闻媒体受时空限制的结果，也是传播者和受众“急需”使然。

例如，《北京晚报》2001 年 4 月 12 日曾用整版篇幅刊登长篇报道：《魂归何处？芳草萋萋处》，记录了已故作家老舍先生之子舒乙关于重视文人墓地文化的一席谈。去掉插图，全文仍有3 000多字。如果写成消息，即使保留他所介绍的一些感人的墓地情况，以使消息具有知识性和情操性，让消息能够打动人，以致文字不得不稍稍拉长一点，也只需原文的三分之一，即1 000来字就够了：

本报讯　著名作家老舍先生之子舒乙日前对记者说，北京的文人墓地是一个应当受到瞩目的研究课题，我们应重视墓地文化，推动一下这个事情。

舒乙说，中国的文人在北京居住的很多。尤其是五四运动以后，北京成了新文化的发源地，许多著名的文化人在北京居住过，最后在北京逝世的也不少。

这十几年里，舒乙与夫人骑车跑遍郊区，到处寻找文人墓地。他们发现，文人墓地大多集中在八宝山革命公墓、万安公墓、福田公墓三处。

舒乙介绍说，著名戏剧家宋之的先生和林徽因先生的墓都在八宝山。林徽因先生的墓没有墓碑、没有字，只有一块浮雕，那是她的作品——为人民英雄纪念碑设计的图案；大革命家、大文人瞿秋白在八宝山也有很大一个坟。

朱自清先生葬在万安公墓，很容易找到；作家韦素园墓碑的碑文是鲁迅先生写的，它凝结了鲁迅先生与这位年轻作家的友谊。

福田公墓里有投水自尽的王国维先生的墓；叶圣陶先生为夫人写的碑文是一篇很好的散文。

万华山山头埋葬着京剧大师梅兰芳先生；附近还有马连良先生的墓。他死于“文革”时期，无地可葬，就说，跟梅兰芳先生去吧。刘半农、刘天华兄弟俩相继去世，他们一前一后长眠在香山大木柁。

舒乙说，老舍先生自已没有墓，他和茅盾先生的骨灰都放在八宝山骨灰安放室。老舍先生的骨灰盒里没有骨灰，里边有他的两支笔——一支钢笔，一支毛笔，还有一副眼镜和他钟爱的茉莉花。

舒乙向记者谈到，墓地本身有墓地艺术。墓碑不一样，安葬方式不一样，那是一个专门的学问。

他说，世界各国，尤其是西方，都把文人墓地当做神圣的地方来对待。巴黎、伦敦、莫斯科、圣彼得堡都有很好的文人墓地，都是全世界人民凭吊的中心。

舒乙认为，提倡墓地文化，可以让大家都来尊重知识、尊重文化、尊重书，有一种神圣感、崇尚感。崇尚是一种巨大的推动力，它能鼓励这个民族向上。他说，时光流逝很快，但文化是遗传，是宝贵的精神财富，创造这些东西的人都是了不起的丰碑。他们的墓要设法作一个特殊的标志，以便发扬他们的东西，让他们永恒起来。

这里，消息只抽取了舒乙谈话中的主要部分，选择了最有代表性的材料，概括地回答了读者最感兴趣的问题：怎样理解墓地文化？为什么要提倡重视墓地文化？其意义何在？北京文人墓地情况如何？……抓住这样几个问题来写，反倒会使舒乙的意见更为突出，更容易为读者所接受。

二、消息更加注重用事实说话

消息这种体裁一般不提倡记者直接抒情或议论。虽然它并非绝对排斥抒情或议论，但要求尽可能地减少主观色彩。当然，不同类型的消息，在这方面的要求也有区别，例如，新闻述评或新闻素描就相对灵活一些。但是，即便如此，会写消息的记者也还是要尽量发挥事实的效力。

三、消息有特殊的结构方式

这是消息有别于其他新闻体裁的一个突出特点。

消息的结构是倒叙，亦即俗称的倒金字塔结构。它有一个与众不同的导语，通过导语，将新闻事件的结果、新闻事实的精要，首先呈现给读者。在这一点上，以反映事物最新变动为主的动态消息尤为典型。不过，从总体上看，无论何种类型的消息，基本上都不能完全摆脱倒金字塔结构的束缚。

美国将这种结构方式称为新闻（消息）写作的“三度反复”。意思是，对同一新闻事件，从标题至导语，到主体，分三步呈递进式展开叙述。如下图：

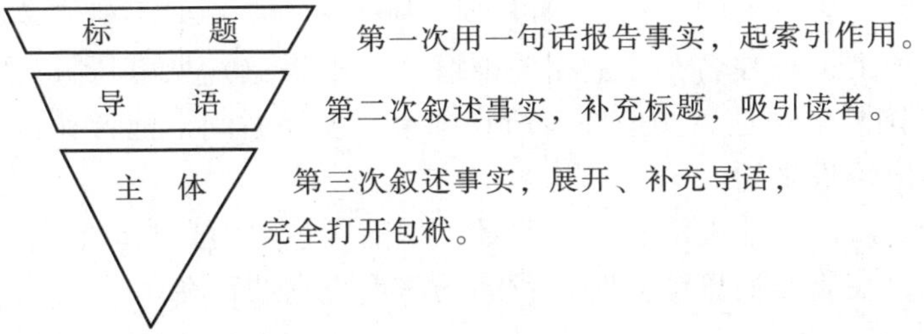

一般认为，这种结构方式起源于 19 世纪中叶美国南北战争时期。当时，读者急于了解前线战况，报社急于收到前方来稿，而电讯技术又不够成熟稳定，刚刚试用的莫尔斯电磁电报机经常出现故障，费用也太贵，记者不得不将最新的情况放在文章前头尽快发出，于是，就形成了倒金字塔写法。

这种写法符合新闻传播规律，具有很强的生命力。美国著名新闻学者杰克·

海敦曾说："倒金字塔既没有过时，也永远不会过时。"①

四、消息有自己的外在标志

消息的外在标志是电头或"本报讯"，有人总称其为"消息头"。

电头，是表明电讯稿发出的单位、地点和时间的，加括号或用显著字体标出，置于稿件开头。新闻通讯社主要以电报、电传、电话等方式发稿，故通讯社总是以"××社×地×月×日电"作为消息头。

"本报讯"是报社自己的记者或通讯员采写的稿件的标志。如系外埠采访、外地寄稿，也需标明发稿的地点、时间，写成"本报×地×月×日专讯(或专电)"。

有些消息，如报道重大事件的消息、主观色彩较浓的描写性消息、评述性稿件，或者是名记者所写的稿件，有时也要署上记者的名字，——有些媒体几乎所有的稿件都署记者的名字——以示稿件的某些观点由记者负责，并扩大记者的影响。

电头、"本报讯"的作用在于：(1) 可以表明新闻稿的发出单位，借以显示消息的"身份"；(2) 有了电头或本报讯，可以承担发表新闻作品的责任，接受社会监督；(3) 电头注有发稿的地点、时间，可以说明新闻的来源、时效，借以传达某种信息。例如，新华社报道香港回归的消息，稿件前头带有"新华社香港(1997年) 7月1日电"，就表明消息发自香港回归各种交接和庆祝活动的现场，一开始就带给读者一种真实感。

不过，有无消息头并非消息的绝对标志。有些消息，例如某些描写性消息，也不一定都加消息头。不同国家、不同媒体，做法也不尽相同。据说，美国报纸上的本报消息的标志并不明显；日本报纸国内自采消息一般不标"本报讯"，只在末尾用括号加上记者姓名，注上相关报道（详细报道）见第几版，以示本文为"消息"；发自国外的报道，文前注有所在国家、发稿时间、记者姓名；采用通讯社稿件时则标出稿件来源。

我国的传统做法是重视消息头。并且，如前所述，消息头确也有其不可忽视的作用，因此，在研究消息体裁时，我们仍需重视它的存在。

第二节　消息体裁的优势

之所以称消息为新闻报道的主角，将消息看做是新闻报道的"常规武器"，

---

① [美] 杰克·海敦：《怎样当好新闻记者》，67页，北京，新华出版社，1980。

是由于消息这种文体具有特殊的优势。

消息体裁的优势主要表现在以下几个方面：

一、消息适应范围广，多用消息，可以增加媒体的信息承载量

如前所述，消息是简括的报道，它往往省去新闻事实中的细枝末节，不赘述新闻事件的发展过程。这样，它就可以不受新闻题材的限制。换言之，某些题材一时未掌握详细的来龙去脉，没有感人的情节或细节，可能难以写成通讯，但是，只要有新闻价值，构成事实的要素清楚，它们就可以被写成消息。例如，一般的外事往来、记者招待会发布的某些信息、突然发生的灾害、事故等等，许许多多的事情，往往无法、不需要，甚至也不允许写成通讯或其他长文详加报道，而只能以消息形式简述概况。这样，消息这一体裁就能够反映大千世界的方方面面，及时地为人们提供丰富多彩的信息。

报纸以及其他新闻媒体，主要是靠消息来增加信息量的。媒体刊登的消息越多，其总体上传播的信息量也就越大。以报道新闻为主的媒体，一般都十分重视消息，原因也在这里。

二、消息发稿速度快，是一种灵活迅捷的新闻体裁

由于文章内容简括，不必照顾事件的过程或细节，消息可以及时地，用滚动传播的方式报道突发事件、正在进展之中的事件；消息篇幅短小，写作、编发稿件都可以节省时间，从而使它有条件冲在前面，担任“第一报”的任务。快讯就是一例。1990 年 8 月 2 日凌晨，伊拉克军队悍然入侵科威特，海湾战争爆发。面对这一突发事件，新华社记者立即向总社发回 100 来字的现场“快讯”：

伊拉克入侵科威特

新华社科威特（1990 年）8 月 2 日电　（计文）科威特国防部发言人宣布，伊拉克军队于今天凌晨入侵科威特。

这位发言人通过科威特电台说，伊拉克军队今天凌晨两点越过边界，占领了科威特领土上的一些哨所。

这位发言人对伊拉克使用武力解决两国争端表示遗憾。他要求伊拉克停止入侵行动，立即撤出其入侵部队。

新华社记者在凌晨 5 时听到了枪炮声。到发稿时为止,枪炮声仍不绝于耳。

本文堪称新闻精品。其语言之简练、现场感之强，事实之确凿，均值得称道。此处仅就快捷而言，这篇消息由于用字极少，只突出了新闻事件的要害——“伊拉克军队今天凌晨两点越过边界，占领了科威特领土上的一些哨所”，就说明了入侵已经开始，从而保证了新闻的时效。这说明消息这一体裁在速报方面占有绝对优势。

三、消息易为不同的读者所接受

如前所述，消息的“外包装”是“客观性”，它靠事实说话，提供给读者的是事实。这样，即使宗教信仰、政治见解以及文化背景等等方面存在差异，即使不愿接受传播者的观点，却不能不正视事实。在世界范围内，通讯社的新闻稿更易被各国媒体所采用，原因就在于通讯社——新闻总汇——的稿件，更注重掩饰观点，更善于用事实表达意见。

四、消息的新闻冲击力更强

与通讯或长篇报道相比，消息可以说是浓缩了的新闻，它突出“干货”，过滤掉了一些“水分”，加之有“一句话新闻”式的标题和先声夺人的导语，可以让信息毫无阻拦地直接进入人们的视野，对读者，对各类传媒的接受者，造成很强的心理冲击。例如，下面这两篇报道的效果就有很大差别：

消息：

我一民航客机在港着陆时坠海
6 名机组人员 1 名乘客死亡 15 人受伤

本报香港（1988 年）8 月 31 日电　记者黄幸群报道：中国民航 CA301 航班客机今天上午在香港启德机场着陆时失事。

截止到记者发稿时，6 名机组人员和 1 名乘客死亡，其余 72 名乘客和另 5 名机组人员获救，其中有 15 人受伤送入医院。

…………

通讯：

客机坠海之后

8 月 31 日清晨，香港上空乌云密布，大雨滂沱。启德机场如同笼罩在朦胧的纱帐中。

9 时许，中国民航客机——“CA301”班机从广州飞来，对准机场跑道向下降落。

不幸的事故发生了！

飞机接触地面后，失去控制，冲出跑道，冲向机场边的九龙湾。这架载有 89 人的三叉戟坠海了！

记者闻讯赶往失事现场。

据目击者说……（以下为目击者所见飞机坠海情景，以及各方救助行动。）

（两篇皆为《人民日报·海外版》1988－09－01 报道）

这两篇报道各有分工。消息以简明的语言，首先报告了事件中最令人关注的情况；后者则从天气写起，描述了笼罩启德机场的雨。一是信息，一是情景，两者开头所传递的信息与效果迥然有别。

这是典型的做法。面对某些报道对象，尤其是突发性重大事件，一般总是消息在前，由消息任先锋，以最快速度，将最新变动与最新信息，直截了当地传播开去，随后再另发文章详加补充。正因为如此，消息的冲击力比通讯及其他类型的长篇报道要强。

为消息的这一优势所决定，报纸的要闻版，特别是头版头条，多为消息所“垄断”。下面是一组统计数字：

七报头版及头版头条刊登消息比例

报纸 \ 版面位置 / 篇数比例	头版			头条		
	文章总篇数	消息	消息占%	文章篇数	消息	消息占%
人民日报	120	87	73	10	6	60
经济日报	90	65	72	10	4	40
中国青年报	75	70	93	10	7	70
北京日报	81	67	82	10	10	100
文汇报	94	82	87	10	9	90
羊城晚报	74	43	58	10	9	90
北京晨报	61	55	90	10	10	100

（2001 年 6 月 1 日—10 日见报情况）

这一粗略的统计显示，无论是中央一级的报纸还是地方报纸，综合性的报纸还是专门性的报纸，乃至带有商业色彩的都市报，其要闻版和头条的首选文体，基本上都是消息。在有些报纸上，消息在头条的占有率甚至高达百分之百。由此可见信息时代、新闻大战时代，读者和媒体对消息的重视程度；换言之，也可以看出消息在适应时代需要以及增强媒体竞争力方面，具有多么重要的作用。

思考与练习题

1. 消息这一新闻体裁的最重要的特点是什么？
2. 如何认识消息体裁的优势？
3. 找一篇长通讯，将其改写成短消息，并说明改写的理由。

第九章

消息写作的重要环节（之一）
——导语

第一节　导语的定义与任务

美国著名新闻学者麦尔文·曼切尔曾说：“写作过程中的第一步，也是最重要的一步，那就是写作导语了。”他还说：“写好导语相当于写好消息。”① 另一位美国新闻学者赫伯特·黑德甚至断言：“导语是新闻的生命所在。”② 中外新闻界有抱负的记者总是竭力经营这块方寸之地，希望写出令人称羡的新闻导语。因为，“在新闻工作中，最高的嘉奖之一就是让人说作者的导语写得好。”③

那么，何谓导语，导语的任务是什么？

一、导语的定义

关于导语，有各种不同的解释，迄今尚无一个统一的、通用的、权威性的定义。

①② 转引自洪天国：《现代新闻写作技巧》，46页，北京，中国新闻出版社，1986。
③ ［美］约翰·钱赛勒：《记者生涯》，16页，北京，世界知识出版社，1985。

研究导语这一概念，以下几点是不容忽视的：（1）它是新闻——消息体裁所特有的；（2）它处于文章的开头部位；（3）与任何文章的开头不同，它是（新闻事件或问题的）结果、提要，或高潮。

上述三点揭示了导语这一概念的基本特征。由此可以说，导语是消息开头用来提示新闻要点与精华、发挥导读作用的段落。

需要说明的是：

第一，之所以说导语是消息体裁特有的现象，因为其他体裁的新闻文章其开头并不像消息那样，要求将新闻事实的概要或精华首先提示出来。正相反，为了吊读者的胃口，它们大多将结果、精华或高潮放在文章的后面去写。

第二，一种说法认为，“导语是动态消息的开头”。从媒体的实际报道活动来看，导语的适用范围不限于此。其他类型的消息，如大量非事件性消息，也有，并且也需要导语，以便先声夺人。

例如：

▲新华社福州（2000年）4月10日电（记者景延）　妈祖故乡——福建省莆田市湄州岛自1988年对台湾同胞开放以来，前往岛上旅游和朝拜的台胞络绎不绝，累计已突破100万人次。

（《妈祖故乡接待台胞突破百万人次》）

▲［路透社伦敦（2000年）5月30日电］　英国医学专家今天说，媒体对铅笔型超级名模的热衷，导致了出现饮食紊乱的年轻女性人数增加。

（《媒体误导　厌食者增加》）

这些消息并不是动态消息，但是，它们都用导语开门见山地提示了新闻的要点。可见，导语的适用范围并不仅限于动态新闻。

第三，有人说，“导语是消息的第一段”。事实也不完全如此。大多数导语的确只有一个段落，但是，由两个自然段构成的导语也不少见。

两个自然段构成的导语称为“复合导语”，它们一般是虚实相济，第一段虚写，造成悬念，吸引读者，第二段实写，抖开包袱，说明“何事”。如：

例一：

新华社哥德堡（1995年）8月7日电（记者杨明　马小林）　爱德华兹大笑，爱德华兹大叫，爱德华兹兴奋得乱喊乱跳。

这位大器晚成的英国选手今天在第五届世界田径锦标赛男子三级跳远决赛中，以18米29的辉煌腾越创造了一项属于21世纪的纪录。

（《爱德华兹创造跨世纪纪录》）

例二：

[路透社洛杉矶（2000 年）3 月 17 日电]　就连好莱坞也编造不出这样的故事：为了侦破一起神秘的盗窃案，一个联合特别行动组成立了；联邦调查局也被请来了；一条特殊的电话热线开通了，悬赏破案的赏金是 5 万美元。

什么被偷了？英王皇冠上的珠宝？比尔·盖茨的财产？都不是。被盗的是对洛杉矶市来说要重要得多的东西：奥斯卡金像奖不见了！

（《奥斯卡金像悉数被盗》）

这两条导语仅靠第一段都不能说明问题，例一的第一段只是反映了运动员的兴奋状态，例二的首段不过是设置了一个悬念而已。加上第二段，两条导语才分别做到了明白无误。这就是复合导语的特点。

正因为如此，可以说，导语是消息的开头部分，而不宜称为“消息的第一段”。

二、导语的任务

人们之所以重视消息的导语，是因为导语肩负着十分重要的任务，起着举足轻重的作用。导语的任务主要有以下几项：

（一）开门见山，尽快地报告新闻事实，传递最新信息，使人“一眼便知”

导语的这一作用，可以比做消息中的消息，快报中的快报。这是媒体充分照顾读者需要的结果。读者接触媒体，尤其是接触传统的印刷媒体——报纸，首先是为了获取新闻，了解新的信息。而且，他们的阅读行为是匆忙的，他们总是希望在有限的时间之内，立即抓住新闻中的要害。

在信息洪水泛滥的时代，快速选择将成为阅读的难题。为此，消息导语的开门见山的功能只会加强，不能削弱。

（二）吸引读者，使人“一见钟情”

这是导语的又一个使命，从某种程度来讲，也可以说它是导语的第一使命。美国新闻学者说：“导语的首要目的是吸引读者。”① 记者辛苦采集的信息能否为读者所接受，关键在于能否让读者将新闻作品读完。导语是吸引读者的关键。导语精彩，内容与形式俱佳，可以引导读者耐心地，甚至兴味盎然地读下去，否则，他们会另有所爱。

从心理学角度看，读者接触新闻媒体，一般情况下大多是“无意注意”——

① [美] 朱利安·哈瑞斯等：《全能记者必备》，96 页，北京，中国新闻出版社，1988。

并非带着某种专门的目的特意去寻找某个新闻，而是浏览。在这种情况下，如果消息的开头格外吸引人，他们便会停下目光，从“无意注意”转为“有意注意”——将阅读变为一种自觉的主动行为。例如，你接触到这样的导语：

▲[德新社伦敦(2000 年)12 月 31 日电] 今天公布的令人震惊的新统计数据显示,烟民每吸一支烟就减寿 11 分钟。

▲本报讯 8 月 28 日，在哈尔滨市区，3 辆弥漫着浓浓白酒气味的彩色花车上，礼仪小姐手拿喷雾器不断地向地面喷白酒。这是一种名为“老伙计”的贵州白酒在搞宣传。

▲［路透社华盛顿（1998 年）12 月 17 日电］ 研究者们今天说，入睡的鸟儿不仅会做梦，而且它们梦到的事情可能就是白天唱过的歌儿。

从内容到形式，这样的一些导语都容易引起读者的注意。

吸引读者，也包括吸引挑剔的第一读者——编辑。作为稿件的筛选人，他们掌握着新闻作品的“生杀”大权。在众多的来稿中，如果某篇消息的导语很有光彩，被一眼看中，那么，这篇消息被采用的可能性就大得多。

（三）导语为全篇定音

导语为一篇之首，导语确定了写作重点，抓住了要害，材料的取舍便有了依据、准绳。导语写好了，主体也就容易展开了。正如美国著名记者亨利·费厄莱所说：“任何一个新闻记者，只要他曾经为写作导语而绞尽脑汁，就会深知，写作导语为什么如此费劲。因为导语对于他和读者来说都很重要。导语的写作使得他的精力高度集中，迫使他做出决断：这条消息里什么东西重要，应该强调什么；而且，导语如何写，会直接影响到这条消息的其余部分。”①

的确如此。导语决定消息的基调，消息的主体部分要按这个基调展开叙述。导语定音之后，材料的取舍、笔墨的轻重，都应以此为准绳。因此，对于记者的写作来说，推敲导语，是写好消息的第一步。1996 年 4 月，路透社发了一篇《要记录不要命》的消息，从一名 7 岁女孩企图驾机飞越全美国，创造吉尼斯世界纪录而不幸遇难写起，记述了众多冒险家为创造吉尼斯纪录而丧生的故事。消息用了这样一条导语：

［路透社华盛顿（1996 年）4 月 11 日电］ 美国出版的《吉尼斯世界纪录大全》一开头就有一句短短的告诫语：“一切想创造纪录的人都得自己冒很大的风险。”

一句“告诫语”概括了全篇的主旨，用它来充当导语是再恰当不过了。由此

---

① ［美］麦尔文·曼切尔：《新闻报道与写作》1 版，88 页，北京，中国广播电视出版社，1984。

可以看出，导语的写作确如美国新闻学者所说："导语写得好就是指找到了能点明消息本质的一个短语、一条引语或一个事实。"①

有些消息效果欠佳，原因之一也在"定音"不准，主题不明确，以致主体与导语的衔接出现困难。下文就是一例：

张友渔宪法学学术思想研讨会召开

本报讯　张友渔微笑着望着大家——一位参加昨天张友渔宪法学学术思想研讨会的同志说，这张遗像"照出了张老的特点：亲切、平易近人"。

照片无法反映出的是他的思想，而这正是昨天召开的这次研讨会的内容。与会者都是首都宪法学界的专家、教授及学者，共 80 多人。

研讨会上，发言者称赞张友渔的宪法学术思想"广博而精深，是我国最杰出的宪法学家"。

张友渔 1954 年曾参加了我国第一部宪法起草的工作，并为"制订 1982 年宪法和一系列重要法律倾注了全部心血"。

此次研讨会是由市政法管理学院和市法学会宪法研究会联合举办的。

（1992－04－07 见报）

这篇消息值得商榷之处较多。消息缺少背景（张友渔去世时间），重点内容（张友渔宪法学学术思想精华）未作交待，写得不够理想。这里仅就导语而言，其毛病主要在于未抓住要害。从标题看，本文目的是报道张友渔宪法学学术思想研讨会，而导语定的调子却是遗像"照出了张老的特点：亲切、平易近人"。如此一来，导语与主体脱节，后面两部分就很难接续下去了。这个例子告诉我们，选定导语的内容，对于记者完成全篇是多么重要。

第二节　导语写作的基本要求

为了写出合格的、好的导语，下述各点是不能忽视的。

一、导语必须有实质性内容，不能虚晃一枪、空泛无物

所谓实质性内容，即指新闻事实，或者事实中的要点，如某人讲话中特别值

① ［美］约翰·钱塞勒等：《记者生涯》，16 页，北京，世界知识出版社，1985。

得关注的部分等等。

既然导语的任务是开门见山，报告新闻事实、吸引读者，它就不能不按照这个要求来写，否则，读者从导语中一无所获，甚至感到莫名其妙，便会对整篇消息失去兴趣。

1992 年 1 月 18 日北京某报曾报道原北京市副市长张百发因工程质量问题当众自罚的消息。北京市亚运村安慧里 2 区 18 号楼质量差，张百发率城建部门许多干部来到现场。他批评了有关人员，并宣布：身为城建工作的主管市长，也自罚一个月工资。虽然这是象征性的自我惩戒，但是，应当说也有新闻价值，值得一报。遗憾的是，原文的导语写得不好，没有实质性内容：

> 本报讯　今天上午 9 时，副市长张百发又一次来到亚运村安慧里 2 区 18 号楼，与前几天不同的是，今天他带来了北京市城建系统几乎所有的局长、总经理。

这是由单一自然段构成的导语，消息的第二段已开始交待背景：

> 这栋 25 层高的住宅楼建筑质量太糟糕了，楼内的墙皮脱落，屋内板墙裂缝，部分厨房、厕所的地漏竟高出了地面。这幢楼在建成一年零八个月后，迟迟住不上居民。
>
> …………

可见，导语并未说清到底发生了什么事。张百发再次来到安慧里 2 区 18 号楼，带来了城建系统几乎所有的局长、总经理，这是导语的基本内容。然而，来这里做什么？集中所有负责人的目的又是什么？——核心的事实，读者最感兴趣的事实不但没有出现，甚至根本就没有说清楚到底是怎么一回事。其结果，这条导语就成了所谓的“盲导语”。

这条消息的导语似可改为：

> 本报讯　今日上午，在亚运村安慧里 2 区 18 号楼前的空地上，副市长张百发当着城建系统几乎所有局长、总经理的面，宣布扣罚本人一个月工资，以示自责。

接下去可以交待背景，说明这栋楼质量如何之差。这样写，多少有些新奇的自罚工资这件事交待清楚了，读者也会感到颇为有趣，便会继续读下去，直到看个究竟。

有些消息的导语，即使省略了部分新闻要素，只强调某一点，其叙事依然是清楚无误的。

例如：

> [美联社雅典（1996 年）10 月 27 日电]　希腊总统 25 日扬言，如果雅

典申办2004年奥运会失败，希腊将永不申办奥运会。

（《希腊总统扬言如再失败将永不申办》）

为了强调希腊总统的态度，导语只写了他的最极端的言辞，省略了何地、何种场合这样一些内容，但事情交待得还是非常具体、毫不含糊的。这是导语写作的起码要求，务必牢记。

二、将最具新闻价值、最有吸引力的事实写进导语

导语写作仅有明确、具体的事实还不够，记者必须将新闻事实中的精华挑选出来，写入导语。正如美国密苏里大学新闻学院的《新闻写作教程》所说：“像矿工从大量沙子里筛选出一点点金子那样，记者们把材料一点点过滤，以找出属于导语的那一块金子。”①

大体上有三类材料应在首选之列：

（一）最新鲜的材料

这类材料主要指：在时间上它们是刚刚发生、新近出现的，或者虽然不是新近发生的，却是迄今为止人们尚未知晓的。

对于刚刚发生的事件，视情况而定，导语可突出“何时”要素。广播电视新闻常用“本台刚刚收到的消息”来显示时效，报纸上的某些快讯，导语中注明的事件发生时间，甚至具体到几时几分几秒。

有些事件错过了最佳报道时机，只好寻找与该事件有关的新的变动，以此为由头，在导语中突出新意。

尤为重要的是，切记将最新的事实、信息置于导语，而不要让它淹没在一般性的事实之中。

1997年4月9日，某新闻媒体报道了当时的国务院总理李鹏在国际商会第32届世界大会上发表讲话的消息。李鹏的讲话谈到了全球经济发展的形势与问题，介绍了中国经济现状，强调了香港回归后的经济地位，对大会及世界经济合作提出了希望。在这次讲话之中，有一个信息是很新、很有吸引力的，即“从今年到本世纪末的4年中，中国将向世界提供将近7 000亿美元的市场……”按说应将这个信息写进导语，然而，原文的导语没有提到这个情况，只说：

国际商会第32届世界大会今天上午在上海市展览中心开幕。国务院总理李鹏应邀在开幕式上发表讲话。

① ［美］布赖恩·布鲁克斯等：《新闻写作教程》1版，40～41页，北京，新华出版社，1986。

从新闻业务角度来看，这条导语一般化，了无新意。“7 000亿美元的市场”这个信息，似应在导语中亮相，在国际上，它也会产生一定的冲击。

（二）要选择最重要、最具影响力的材料写作导语

开始构思导语之前，不妨先将有关材料分解成若干独立的部分，比较、掂量一下，看看哪部分材料最有资格充当导语。

1991 年 6 月 6 日至 11 日，北京郊区暴雨成灾。关于这个情况，可以将有关材料分解为 7 个部分：（1）市农办主任向领导汇报受灾情况；（2）受灾范围；（3）降雨量；（4）历史上同期最大降水记录；（5）灾情——生命财产损失、农田受淹情况；（6）水库拦蓄水量；（7）平原城市是否受到影响。导语最好选用哪部分材料？北京某报发表的消息用了这样一个导语：

> 本报讯　在昨天市政府常务会议上，市农办主任白有光汇报了京郊北部山区严重受灾和抗灾斗争情况。

这是材料（1），这部分材料——汇报情况，只是一般的工作程序，应当说它是最一般、最少吸引力的。那么，应该在导语中优先报告哪部分情况呢？显然，应该突出材料（5），直接反映灾情：

> 本报讯　一场百年不遇的特大暴雨，6 日至 11 日袭击了京郊西部与北部山前迎风坡地区。密云、怀柔两县交界处雨量最大，造成 10 万民众受灾，22 人死亡，6 人失踪，被毁农田达数万亩。

比较起来，这部分情况是最重要、也是读者最为关心的，应当在导语中加以交待。

（三）选用最有趣、最富有戏剧性和人情味的材料写作导语

如前所述，导语的基本目的是吸引读者。能够吸引读者的第一要件是新闻事实和信息的重要性、影响性；其次便是能够引起读者兴趣的新奇的、有故事性、有人情味的事实。在分检材料构思导语的过程中，如果发现这类材料，不妨将其推至导语中去写。例如，1999 年 8 月 13 日，32 岁的安徽农民史小六，左前臂受重伤，失血休克。北京市博爱医院在无人交费的情况下为其做了手术。然而，据说是为了逃避交费，史小六竟在尚未痊愈的情况下，带着伤口的引流条悄然离去。医院发出了一条寻人启事。《北京晚报》记者灵机一动，将寻人启事原样充作消息导语，收到了意想不到的效果。导语称：

> 本报讯（记者焱红）　昨天下午，读者顾健向本报发来紧急传真：史小六，你为了逃避手术费，竟然左臂伤口内带着引流条就失踪了。请你立刻回到中国康复研究中心博爱医院接受紧急治疗，否则，你有感染截肢甚至丧命的危险。

这样写，更直接，更带紧迫感，也更有故事性，因此，也更吸引人。

三、炼字炼句，力求简短

导语不可太长。字数过多，一会淹没“亮点”，冲淡趣味性；二会导致沉重，令读者失去耐心。麦尔文·曼切尔曾说：“为了保证导语的鲜明性和可读性，要尽可能把字数限制在30至50个（英文）字以内。长导语占的报纸栏目太多，往往行不通。只要记者下功夫，导语可以写得言简意赅。”①

写作短导语的关键是明确报道主旨，抓住事件要害。

有时，导语只用一句话即可。历史上有不少著名的一句话导语。例如：

▲本报讯　欧洲大战于昨天拂晓爆发！

（《纽约先驱论坛报》1939－09－20《德军入侵波兰　欧战爆发》）

▲［美联社（1945年）8月14日电］日本投降了！

（《东京宣布无条件投降》）

▲［路透社达拉斯（1963年）11月22日电］　急电：肯尼迪总统今天在这里遭到刺客枪击身死。

（《肯尼迪遇刺丧命》）

这些一句话导语的长处是新闻要点极为突出，信息传递效果非常明显。而且，上述例子说明，好的一句话导语文字也很讲究，令人过目难忘。

在消息结构一百多年的演变过程中，导语也经历了一个由繁到简的过程。据有关新闻史书记载，最初的导语是五要素俱全的“晒衣绳”式的导语，它集中了新闻事实中所有重要内容，目的是防止电讯中断，叙事不清。这是19世纪中叶传播技术不发达的结果。不过，日本的消息写作至今仍沿用着这种写法。他们称之为“前文”的导语，实际上是消息内容的缩写。这种现象说明，全要素导语也并非完全失去了存在价值，还有进一步研究的必要。但是，以美国为代表的欧美国家的新闻写作，其导语大多早已摈弃了全要素的写作方式。在通讯技术高度发达的时代，他们更加注重突出少数最有特点的要素，以使导语简洁轻便、富有吸引力。如：

［美联社法兰克福（1986年）3月5日电］　日本航空公司为了能让一名前往东京的奥地利人乘坐飞机，不得不腾出一架波音747飞机头等舱中的6个座位。

（《上飞机需用吊车的人》）

---

① ［美］麦尔文·曼切尔：《新闻报道与写作》，122页，北京，中国广播电视出版社，1981。

这条导语只强调了“何事”。何事要素中，奥地利胖人的名字——阿尔贝德·佩尔尼、他的体重——398 公斤，也都加以省略，留在主体部分去写了。这样，导语去掉了一些枝蔓，使得文字更为精练，有趣的事实显得更为突出，从而，导语也就更加引人入胜了。

四、力求优美生动

导语应给人以美感，这是导语吸引读者的又一手段，也是导语写作的更高追求。

请看下列几条导语：

▲［路透社联合国（1971 年）10 月 25 日电］　联合国的代表们今晚击败了美国为保住台湾在联合国的席位所作的努力，从而为北京进入联合国铺平了道路。代表们在走廊里大声发笑，他们唱歌、喊叫、拍桌子，有人甚至跳起舞来。

（《中国将进入联合国》）

▲［美联社盐湖城（1998 年）6 月 14 日电］　在盐湖城犹他爵士队主场，看迈克尔·乔丹如何投中最后两球，从而以一分优势为公牛队夺取本赛季 NBA 总冠军，你不得不相信，天才就是天才！

（《芝加哥公牛队再获 NBA 总冠军》）

▲刚从美国考察归来的农民企业家沈其南，举止潇洒地走进会客室，递给记者的名片不是一张，而是三张。

（《经济日报》1992－05－28《老外开始怕老乡》）

▲新华社北京（1990 年）11 月 30 日电　重庆川剧院昨晚以历史剧《孔雀胆》告别首都观众。巴渝风情之大剧小戏晋京半月，公演 10 场，为此间人士所盛赞。

（《古老剧种重振精神》）

以上各条可以说都是导语中的上乘之作，它们不仅清楚地阐明了事实，还使人获得了美的享受。

导语的美，来源于两个方面。一是开掘、反映出新闻事实内在的美，二是讲究文采，做到语言美。前面几条导语都有这个特点。第一条导语充分反映了大多数代表主持正义的精神，反映了历史潮流，揭示了一种内在的美；4 条导语的文字都很精彩。第二条导语末句的赞叹，是情感的自然流露，读来那么轻松自然；第三条导语不但选择了奇特的事实，而且文字朗朗上口；最后一条导语带有很强的节奏感，宛如击鼓，铿锵有声，又戛然而止。这样一些例子都说明，导语天地虽小，只要用心经营，是可以作出“好文章”的。

第三节　导语的大致类型

导语分类是总结导语写作经验、从理论上探索导语写作规律的需要；导语分类，对于编辑和一线记者选择导语式样也有实际意义。

导语分类方法各异，有的将导语分为十几，甚至几十种类型。本书认为，依据选取事实、反映事实的主要特点，导语基本上可以归为四大类，其他所说的类型，实际上多属表现技巧，是对四种类型导语的加工。

导语的四大基本类型分别是：

一、概述型导语

以概括的、直接陈述的方式写作的导语是概述型导语。

这是用得最好、也较易把握的一类导语。这类导语的优点是：事实、信息的传递最为简捷明了，可谓“直线交流”，极易为读者所理解。广播电视新闻大多采用这类导语。

写好这种类型的导语，除前一节所阐述的导语写作的基本原则之外，尚有二点需要注意：

（一）增强提炼与概括的能力

记者要在纷杂的材料中提炼出精华，以平实自然的语言加以概括和直接陈述。例如：

新华社三峡工地（1997 年）11 月 8 日电（记者唐卫彬、严文斌、刘晖）　今天，世界上最大的水利枢纽工程——三峡工程实现了大江截流。江泽民主席向全世界宣告，多少代中国人开发和利用三峡资源的梦想正在变为现实。

（《三峡工程实现大江截流》）

这条导语概述的是“结果”，是江泽民讲话的“精要”。由于采用直接陈述的方式，大江截流这一信息及其意义，会立即为世人所理解。

（二）用具体的而非抽象的事实概述

人们认识事物的规律是由具体到抽象。具体的事物不但容易理解，也容易引起人们的兴趣。写作中，应选择典型的具体的材料在导语中加以叙述。例如下面这条消息中的导语：

受过良好教育的老人记忆力强

［美联社纽约（1991年）4月9日电］　老年人有时很难记住钥匙放在什么地方，但是，一项研究报告表明，那些身体健康和受过良好教育的老人对复述人名、地名和故事等能力并没减退。

美国老年人研究所的伊丽莎白·科斯博士对60位25岁至85岁的健康和受过教育的人进行了测验，老年人同年轻人在口头记忆力上得分一样多。

所谓口头记忆力包括复述名字、故事和头一天发生的事件；领会和辨别词义以及口头表达能力等。

她的调查也确实发现，随着年龄的增长，“视觉部分”的记忆力逐渐下降。所谓“视觉部分”记忆力，包括像一个人把钥匙放在什么地方一类的问题。

这条消息的导语出示了具体例证，它比抽象空洞的概述更能说明问题，给人的印象也更为深刻。

二、描述型导语

亦描亦述、描述兼有的导语，是描述型导语。

与概述型导语相比，这类导语的特点是，消息的开头即出现画面、出现镜头，具有可视可感的效果。

描述型导语与新闻素描的区别在于，描述型导语所描绘的景物、场面，只是新闻事实中的一个有代表性的部分，一个小插曲，它不是新闻要反映的全部内容；而新闻素描大多通篇以描为主。新闻素描一般也不用描述型导语开头。

受题材限制，描述型导语不如概述型导语用得普遍，但它的长处是显而易见的：

第一，有趣，能以形象的画面引起读者的好奇，令读者不能不读。

第二，能以情境感染读者，让读者先有感性认识，再对事实进行理性的思考，从而，可以强化新闻的报道效果，《香港人信任解放军》一文的导语颇为典型：

［埃菲社香港（1999年）7月1日电］　当刘教授看到儿子扣动中国人民解放军一位战士的未装子弹的自动步枪扳机时，脸上露出了笑容。今天，在香港回归中国两年之际，这是出现的新气象之一。

这支步枪是在今天处于中国控制之下的前英国基地昂船洲基地展出的武

器之一。这次展览是为纪念香港回归两周年而筹备的活动之一。

1997年7月1日凌晨，当4 000名中国军人开进前英国殖民地之际，笼罩在香港人心头的忧虑是这种军事出现意味着什么。

尽管英国人在香港也有驻军，人们预计中国也会这样做，但中国军人的到来仍引起了人们的惧怕。

昂船洲基地向公众开放，是驻军公共关系活动的一个组成部分。

昂船洲基地占据了香港最南端的一座小山的很大一部分。从那里，可控制南中国海水域。在政权回归之前，香港橄榄球队和足球队在那里进行传统的比赛。

史蒂夫·骆说："我从来没有到过这里。我想亲眼看看人民解放军是如何生活和工作的。"他同妻子和女儿参观了宽敞的战士宿舍，并为一位战士以军人的方式整理床铺的技巧热烈鼓掌。

他说："这些战士和蔼可亲，热情友好，怎么能说他们入侵了香港呢？"

有400名特邀代表出席了官方为纪念政权回归两周年而举行的俭朴的纪念活动。中国国家副主席胡锦涛也出席了纪念活动，并为"香港回归祖国纪念碑"揭幕。

小孩子扣动自动步枪扳机这个细节是很典型的。导语中虽然只描写了一个"笑容"，但含义却极为丰富。由担心、惧怕，到露出笑容，意味深长。这一个"活化"的事实，可以使读者明白许多东西。

描述型导语的写作，要求记者：

第一，采访中勿忘捕捉有形的画面，即使未在现场，采访也应当做到"立体化"，让采访对象间接地为你提供一些情景。正如日本著名记者本多胜一所说，"要问到能够描写得如同亲眼见到一般。始终想要理解得如同亲眼见到了一般。……要达到像看电影一样。"①

遗憾的是，并非所有的记者都如此细心。下面这条消息的导语可以是另一种样子：

<u>巧打包装算盘　经济效益大增</u>

原始部落园板栗节创收九十万

本报讯　怀柔县三渡河乡原始部落游乐园以"主意妙、办法鲜、服务

① 刘明华：《本多胜一》，31页，北京，人民日报出版社，1996。

好”的经营方式，使为期一个月的板栗节于10月6日圆满结束。

板栗节期间，园内在兑现“千亩板栗园，任您随意捡，不捡白不捡，捡了不要钱”的承诺的同时，还精心策划，巧做包装文章，成功地突出了果品穿衣打扮的销售特色，采用了栗篷装篮、栗子盛袋等新举措，从北京购进51套计600只竹编工艺品篮，把咧嘴笑的栗篷分别装满大中小各种型号的竹篮，从而吸引了游客的浓厚兴趣，激发了游客的购买欲。游客买回后既可当做欣赏品，又能亲身体验一下剥栗篷取果实的“农活”感受。游客们还去当地农民的果园内自己采摘苹果，饶有丰收的喜悦乐趣。

据统计，板栗节创综合收入90万元，接待游客2万人次，比去年增加了78%。部落园和当地农民共销售板栗1.5万公斤，苹果1万公斤。

（1997－10－16见报）

即使从标题看，这条消息的重点也是放在商品包装上，而且，特制的600只工艺品竹篮，似乎的确吸引了不少顾客。这个点子本身是有新闻价值的，作为经验也值得宣传。可惜的是，导语没有写好。导语中用了几句套话，很难收到“导”的效果。更重要的是，这条导语理应用描述的方式，理应将那些装有咧嘴笑栗蓬的工艺品竹篮、将顾客欣赏竹篮的情景，用活泼俏皮的语言，简洁地描述一番。这样写，可以通过画面告诉人们，巧打包装算盘的确是个好主意。

第二，导语所描写的画面必须与事件有内在联系，有助于揭示主题，不要游离于主题之外。

导语是担负着“定音”的任务的，导语中的描写应有明确的目的性，不能为描写而描写。

1987年11月19日，中国癌症基金会组织建造的“战癌女神铜像”在京落成，不止一家报纸发了消息，消息的导语对铜像都做了一些描写。但是，通过对比可以发现，它们的写法，以及由此产生的效果是有很大差异的：

▲新华社北京11月18日电　一只十脚螃蟹被一位女神牢牢地踩着，女神手托一把利剑，双目坚定地望向远方——象征我国人民同癌症做斗争的战癌女神铜像今天在北京落成。

（《表现华夏儿女攻克癌症的决心　战癌女神铜像在京落成》）

▲本报讯　昨天，一尊3.5米高的仿古青铜战癌女神塑像，傲然耸立在中国医科院肿瘤研究所广场上。她身材修长、秀发如瀑，双手高擎智慧之剑，脚踏一只巨型螃蟹（英文中螃蟹与癌症为同一单词）。

（《战癌女神铜像昨揭幕》）

正如铜像名称所标示的，女神象征的是“战士”，建像的目的无疑也是宣扬

"战"癌的决心，而不是（至少主要不是）美与丑的对比。因此，文章的主题也应当是战癌。描写本应扣紧这个主题，准确传达组建单位和雕塑家的意图。由此推论，前一条导语的描述是准确的，它连用"牢牢"、"利剑"、"坚定"三个修饰词，突出了女神的意志和力量；后一条导语的描述停留于"美"，只将战癌女神写得婀娜多姿，离题较远。描述型导语要避免出现这种情况。有心计的记者选择的每一个细节，每一个单词，都有助于突出主题。

第三，用剪影的办法来写。

描述型导语中的描写要以最精练的文字，三言两语勾画出事物或景物特有的状貌，不要挥洒。请看下面这条导语：

> [美联社爱尔兰都柏林（1997年）11月19日电]　近百年以前，过早离开人世的剧作家和才子奥斯卡·王尔德终于在这个月回到他度过了半生的都柏林：他低头垂肩，面带自负的笑容，高居在梅里恩广场的一块岩石上。
>
> （《"王尔德"重返都柏林》）

导语中用来描写形象的部分只有最后的一句话，26个字。这个形象描写抓取了王尔德雕像的两个特点：低头垂肩和自负的微笑。消息主体中的背景介绍说："王尔德曾因与年轻男子调情而遭到起诉并被监禁3年。这使他一蹶不振，终于在1900年46岁时逝世于巴黎。"人物的表情也许反映了雕塑家丹尼·奥斯本对王尔德重归故国的心态的诠释，而消息导语中的描绘，寥寥几笔，恰恰也再现了这一特点。描述型导语的"点睛"之笔，是记者观察与思考的结果。

三、评述型导语

夹叙夹议、有述有评的导语，称评述型导语。

评述型导语的长处有二：

第一，评述型导语中的评，可以发挥"勾玄"的作用。

玄，深奥；玄妙。此处指新闻事件深层的、一般不易为读者所注意、所了解的含义。通过导语中的议论，在消息的开头就将其昭示给读者，可以使读者一接触新闻就获得某种启迪，从而对消息全文产生兴趣。

以印尼森林火灾的消息为例。该国每年被大火破坏的林木约有3 000万立方米，造成的经济损失达840亿美元。1997年8月底再次发生森林大火。9月2日路透社在报道这场火灾时，导语中有一句引人注目的评论：

> [路透社新加坡（1997年）9月2日电]　一位森林专家对本社记者说，用来同印度尼西亚全国每年发生的森林大火做斗争的主要武器应当是经济因素，而不应当是水。这些大火使这个国家和它的邻国笼罩在烟雾中，从而使

环境受到严重污染。

（《阻止森林大火应使用经济“武器”》）

“是经济因素，而不应当是水。”这句议论就属“勾玄”。它点明了火灾的实质和问题的要害，令人恍然有悟，不能不点头称是。主体部分阐释说，“火灾是由于印度尼西亚为了清理建设用地放火造成的，结果火势失去控制。”又说，“在印度尼西亚，大公司急于谋求利润；而食不果腹的农民使用火作为清理土地的最快的方法。”

第二，评述型导语可以直截了当地发表意见，能够直接影响舆论。

例如，针对文艺评论中存在的问题，新华社发过一篇《求实评论对新人不一味“捧杀”》的消息。其导语是：

新华社北京（1990年）8月5日电　过度的赞扬会使艺术变得廉价；而公正的评判才是对艺术的尊重。当电视导演程捷就自己的创作日前在北京举办研讨会时，一种求实、不虚张的评论作风令记者感叹：良好的风尚需要大家创造，更值得在文艺界提倡。

这条导语的首句和末句都是“评”，都是直接议论，它们可以引起共鸣，可以令读者对导语之后的“如何”以及“为何”产生兴趣。

已有的经验告诉我们，评述型导语的写作应注意以下几点：

（一）评述型导语中的评，应是言人之所未言，深刻而有新意

请看下面这条导语：

本报讯（记者李桂茹）　留英博士沈浩，以专有技术作价510万元入股，占深圳市汉德胜化工涂料有限公司17%的股权，同时出任总经理。深圳市股资管理公司、市建材集团有限公司分别占50%和33%的股权。这是将无形资产与有形资产结合，个人技术入股与国有资本结合，变成新的资本组织形式的大胆尝试。

（《中国青年报》1997－10－02《个人技术入股国有企业　沈浩博士成了股东》）

个人技术入股大型国有企业，实现个人技术与国有资本结合，而且，个人技术所占股权高达17%，这在全国是没有的。中共十五大提出，公有制应该有多种实现形式。此事发生在十五大闭幕不久，记者敏锐地发现了这一事件的价值，立即加以报道，并在导语中通过评述，揭示了它的意义。这说明，为使评述型导语中的评做到深刻而有新意，记者首先要在分析问题、发现事物的特点上下功夫。对于新的事物，记者要清醒地判断它的价值，只有这样，才能“评”出独到见解。所以，评述型导语对记者的政策水平和思想水平也提出了更高的要求。

（二）评述型导评中的评，应是少而精，点到为止，不宜展开

这是由导语空间狭小、文字讲究所决定的。以下面的导语为例：

本报讯　导弹要上天，人才是关键。为把有限科技力量攥成拳头，我军战略导弹部队今天组成了首批40名导弹技术专家方阵，这支队伍将在第二炮兵现代化建设中发挥特殊作用。

（《解放军报》1997－06－26《我战略导弹部队组成首批专家方阵》）

这条导语的议论只有8个字，颇为精练。将议论置于导语之最前端，既揭示了主题，又强调了人才对国防现代化的重大意义。这说明，导语中“评”的内容可依情况而定，做到详略得当。该精简时，要力求以少胜多，而且，最好使文句铿锵有力。

（三）为了使导语中的评更具客观色彩、更有说服力，有时，也为了防止因记者直接评论而招致被动，可以使用引语方式发表意见

例如：

［美联社（1986年）6月4日电］　科拉松·阿基诺4日在她就任总统一百天时说，她使国家恢复了自由，但并没有“如人民所期望的那样，使经济出现奇迹”。

（《科·阿基诺谈百日政绩》）

这条导语对阿基诺夫人政绩的评价，以本人自述方式出现比记者直议效果要好，不仅没有给读者以武断的印象，也令读者更感兴趣。

四、橱窗式导语

有如橱窗展示样品，由典型事例构成的导语，为橱窗式导语。

橱窗式导语多用于综合性新闻。其特点在于：它不是靠描写或议论，而是靠讲故事吸引读者。写入导语的具有代表性的故事，有如一只小小的麻雀，五脏俱全，可供解剖。通过讲述这个典型事例，读者可以了解事物的细微部分，获得具体的印象，受到感染，为之感动，产生兴趣，进而由感性认识转入理性思考。

《新华每日电讯》1992年发了一篇消息，题为《四川老乡不堪重负“民告官”：得胜》，反映四川农民以法律维护自身权益，起而状告政府的情况。消息说，当年从1月至9月，全省已有数十起这类讼案，大多是农民胜诉。但消息的导语却不是概述，而是用两个自然段，讲述了一个具体的事例：

新华社成都（1992年）9月7日电（记者王毅）　绵阳市中心徐家乡响水村是一个有200来户农家的小村庄。最近，村子里177户忍无可忍的农民自动筹款150元，推举农民安华等4人为代表，持村民们的控告信和分户签字画押的筹款书，到200公里外的成都，向省、市人大、政策控告当地乡政府给他们的负担越来越重。

安华等人带着的全村1992年的负担账册表明：这个村农民今年以来付出的各种税费，已占到上年人均纯收入的百分之十五点八八，远远超出国家法定百分之五的负担标准。一些农民为避催款，只好四处躲藏，不敢回家。脸上罩着愁云的安华说，"我们希望能有人给我们做主"。

这是今年四川发生的农民因负担过重而状告政府的事例之一。

省人大办公室负责人告诉记者，像这类事，四川今年已发生了数十起。他说，这表明关系四川经济、社会稳定大局的农民负担过重问题，眼下仍很严重。

…………

一个安华等人上告的故事，使读者了解了农民负担过重的具体情况，了解了农民们的情绪和决心。上告结果会如何？读者也产生了一份悬念。这就是橱窗式导语的妙处。

西方记者似乎尤为偏爱这种导语。写香港"棚户"的拥挤（1991年美国《基督教科学箴言报》），先写退休工人陈赣的"小铁笼子"；写中国山东农村的变化，先写张家车道村的张太太如何用洗衣机洗衣服、如何坐在沙发上看电视……《砂石地上的怪现象》一文也有一个惊心动魄的"橱窗"：

［美联社（1990年）5月12日报道］　在津巴布韦东北偏远山村的小河边，16岁的穆昆比正在洗衣服。正当她拧干衣服的时候，一道雷电打到她脚下的砂石上，使她成为雨季里遭雷击的第93人。

据警方统计，在从11月到3月的雨季里，这个地区每年有100多人被雷电击毙。据专家们说，这是世界上雷击致人死亡最多的地方。

写作这种类型的导语，关键是注意故事的典型性、人情味以及趣味性。在西方记者的笔下，橱窗式导语中的故事，往往也会有一些细节出现，这些细节也可以发挥用事实说话的作用。例如：

［英国《卫报》（1991年）7月24日报道］　从华沙来的扬和塔德克看上去精疲力竭，但感到很高兴。他们汗流浃背，气喘吁吁，伸开四肢趴在行李上。这些行李，他们用了1小时才装进北京站（开往苏联的）穿越西伯利亚大铁路的软卧车厢。行李约有50件，都是彩条帆布拎包，堆在车厢里，离车厢顶只剩18英寸，这些空间供扬和塔德克前往莫斯科的7天7夜路中晚上睡觉。塔德克带着发票以备海关检查：6 000件白色T恤衫、700件彩色T恤衫、600套儿童睡衣、80条牛仔裤。一摞一摞的发票，相当于14 000

英镑的廉价服装。

这是新的丝绸之路的起点。每个月，数以千计的东欧旅游者、商贩和企业家，带上他们在中国短暂逗留期间抢购来的“战利品”，从这里出发。

…………

（《旅游商贩为中国的丝绸之路带来生机》）

透过橱窗展示的扬和塔德克的故事，从他们的情绪，他们所购货物的种类和数量，读者对国际商贩的情况可以有更细微的了解，对国际商贩在跨国经济活动中的作用，也会有一个具体的、感性的认识。这是橱窗式导语的特殊效果。

第四节　导语修辞技巧

无论是哪一种类型的导语，为了增强其表现力，写作中都需讲究修辞技巧。常见的修辞技巧有以下几种：

一、设问

导语以提问方式开头，主体部分围绕导语提出的问题展开叙述。例如：

导语：

［美联社亚特兰大（1991 年）5 月 23 日电］　一位女顾客拿着一条亮闪闪的红皮带问道：“这是用鱼皮制的？那些鱼鳞是怎么处理的？”

主体：

这条皮带没有一片鱼鳞，没有一丝鱼腥味儿，极为柔软，用 14 种颜色画着独具一格的图案。这是亚特兰大海洋皮革公司推出的时髦产品。该公司总裁厄埃克森 10 年前就决定大批生产鱼皮。……厄埃克森说，他研究出一种制皮方法，用这种方法制出的鱼皮像布一样柔软，如牛皮一样耐用。

（《时髦走俏的鱼皮革制品》）

以提问方式写作的导语，有助于读者把握新闻事实的要点，有助于调动读者的阅读兴趣。同时，也可以促使记者抓住要害，明确消息主体的写作方向。这是一种较为常见的导语修辞方式，有人也称其为“提问式”导语。

写作这类导语的关键，是设计好要提出的问题。导语的设问，必须扣紧主题，必须服务于报道主旨，同时，还必须揣摩读者的“兴趣点”。此外，在文字上，还应力求简洁明快，注意提问的语气，以使读者既感兴趣又乐于接受。下面这篇 400 多字的社会新闻，导语的提问和主体的衔接处理得都很好，值得学习：

漫天飞蛾原系江淮粘虫
南来北往只是“过路借宿”

本报讯（记者刘连枢） 这几天，北京满街筒子闹腾扑棱蛾子。人们纳闷儿：这些黄褐色小东西是什么？它们打哪儿来？

昨天，记者走访了市植保站，办公室主任孟和平说，这是从江淮流域飞来的粘虫成虫，大部分不会在京久留，只是“过路借宿”。

粘虫幼虫主要危害玉米及小麦，但在饥不可耐的时候，也会觅食青草绿叶。成虫对植物和人体无害。不过，扑灯撞脸，闯入民宅，很是讨厌。羽化的成虫具有“假死性”。昨天早晨有风，大量蛾子从路边的树上吹落到地面，装死不动，结果被上班的车流轧死无数。记者在长安街上粗略一算，一平方米内多达八九个，清洁工只好边扫边用簸箕撮了。

孟和平同志说，这次粘虫成虫于五月下旬陆续飞临本市，一拨拨迁来又离去，这几天正是第一次高峰，蛾量比去年多六倍，预计本月中旬还将出现第二次高峰。他还说，这与最近的高温天气无关。成虫产卵繁殖幼虫，仍应消灭。

（《北京日报》1986－06－07）

这说明，以提问方式写作导语，从设问的内容到文字表达，都需要认真琢磨，不是轻易就能写好的。

二、拟人

导语中将无生命的事物人格化，赋予其人的思想感情，使之“活”起来。

这种写法可以使导语带有感情色彩，令读者受到某种程度的打动，从而，以一种积极的心态进一步阅读全篇。例如：

▲［美联社（1986年）5月1日电］ 在经过地球时曾使许多想看到它的人失望的哈雷彗星，本周末将降下流星雨，作为临别留念。

（《哈雷彗星留下闪光物》）

▲［英国《每日电讯报》（1989年）4月7日电］ 俄国著名作家屠格涅夫的小说《父与子》的原稿，今天将随同戈尔巴乔夫夫妇一同返回苏联。

（《戈氏夫妇在英购得屠格涅夫手稿》）

读罢这两条导语，彗星惜别的情感，《父与子》原稿重归故国的淡淡的乡愁……使读者也会受到感染。如果换一种写法，将两条导语分别改为：

▲美国海军天文台的天文学家说，5月4日和5日，人们将能看到彗星运行时留下的闪光物——流星雨。

▲来英国访问的戈尔巴乔夫夫妇从索思比拍卖行购得屠格涅夫原稿《父与子》，今日将带回苏联。

这样一改，便索然无味了。事实是清楚的，新闻报告事实的任务完成了，但缺少美感，随之而来的传播效果也有不小的差异。

拟人化的写法并不复杂，叙述无生命的事物时使用人格化的动词，拟人化的导语就完成了。这要求记者善于联想，善于形象思维。

三、借用

借用诗词典故、歌曲唱词等，来揭示新闻内涵，为导语增色，也是常见的修辞手法。

这种写法可使导语富有情趣，使消息一开头就有诗情画意，从而唤起读者的联想，使读者以轻松愉悦的心情阅读下文。例如这条导语：

本报讯（实习生李思源　通讯员郭金兰）　真是"清风破暑连三日，好雨依时抵万金"。久旱的京城终于在"五一"节之际迎来了一场"贵如油"的透雨。

…………

（《北京日报》1994-05-04《久旱京城喜逢甘霖》）

这条导语中的诗句选得非常恰当，使得久旱逢甘霖万物皆喜的气氛跃然纸上。如果改为：

久旱的京城，自5月1日至3日终于普降中到大雨。

这样写也未尝不可，文气憨实，但难以传情，远无"清风破暑连三日　好雨依时抵万金"的欢快。可见，借用得当，不仅能够达意，还可抒情，使人产生共鸣。

值得注意的是，导语所借用的诗词典故之类，应与新闻事实本身有某种内在的联系，有可供借代之处；所借用的内容最好是大多数读者比较熟悉的，否则，反而会使导语变得生涩难懂。

四、对比

在导语中，将两个极端的事物加以对照，造成巨大反差，从而引起读者的兴趣。

这种对比的写法，有助于揭示事物的特点、阐明新闻主题。如：

▲［合众国际社纽约（1991年）3月30日电］　丹尼尔·斯蒂尔有9个孩子，其中5个孩子尚不满12岁，可她却每7个月写一本小说。

（《多产母亲　高产作家》）

▲本报讯（记者梁卫国）　昨天，一场纷纷扬扬的春雨，泪水似的撒落在银河革命公墓公安坟场的烈士墓碑上，令近在咫尺的豪华墓园与黄土一堆的烈士坟形成了强烈的反差，扫墓者不禁为之心碎。

（《广州日报》1997-04-05《莫忘豪华墓园旁堆堆黄土寂寂烈士坟纷纷春雨泪》）

前者将美国女作家斯蒂尔的多子女与多产做了有趣的对比，突现了这位作家的与众不同之处，突出了她的天才与勤奋。主体部分介绍说，斯蒂尔已出版25本小说，共售出1.3亿册，她的小说连续381周列入《纽约时报》畅销书排行榜。导语的对比，为主体的展开做了很好的铺垫。

后一个导语将豪华墓园与黄土一堆的烈士坟头加以并列，通过对照，突出了烈士墓地的冷清与荒凉。银河革命公墓公安坟场埋葬着50多位为国家和民众利益献身的英雄。因为长期缺少资金、缺乏照料，均已杂草丛生、残败不堪。而相邻的某墓地，却是“长年翠柏，鲜花簇拥，拜祭的香烛散发出缕缕清香，墓园每穴2.4万至3.1万元，可安置600多穴。”《广州日报》对此事做了连续追踪报道。本文写得也很感人，其导语的对比与抒情，也是新闻奏效的因素之一。

对比写法，要求记者注意在联系与比较之中观察与分析问题，发现事物的特点，或者发现问题所在，并选准对比的切入点，用来造成泾渭分明的效果。

五、直呼

导语以第二人称“你”或“您”直呼读者，与读者对话。西方新闻界也称其为“谈话体”。

这种写法的好处是：可以将读者拉近，造成一种亲切自然的交流气氛，使读者产生亲近感，从而乐于接受记者的观点或忠告。

两次获得普利策新闻奖的美国著名记者唐·怀特黑德曾说，一篇好的报道并不是写出来的，而是讲出来的。我的意思是写作要有对话的特性——仿佛记者正和读者交谈。记者采用这种方法，可以避免使用呆板的句式和令人费解的措辞。

请看下面两条导语：

▲本报讯　1吨重的月饼你见过吗？你吃过吗？临近中秋节，在天津市家乐福超市南开店里，每天有将近5万人能一睹这个大月饼的“风采”。

（《中国商报》2000-09-04《一吨重的“月饼王”摆进天津家乐福》）

▲［德新社柏林（1999年）4月26日电］　爱无所不在，是吗？很明显，对于柏林动物园的两只大熊猫“宝宝”和“燕燕”来说并非如此。因为迄今为止，无论各方如何努力，它们都未能产下一只“爱”的结晶。

（《熊猫租期将满，产仔望穿秋水》）

前者“直呼”，后者“谈话”。这两条导语确实给人带来了一种亲切感和轻松感。如果将它们改成简单的直述，效果可能就大不一样了。例如将第二条改为：

租期即将届满，虽经多方努力，大熊猫“宝宝”与“燕燕”仍无产仔迹象。

这样写，显得“干”、“冷”，报道者与受众之间的距离也显得远，缺少亲和力。

六、排比

以结构相同或语气一致的成排的句式构成导语或导语的一部分，形成排比式导语。这种写法的好处是，可以表达强烈的感情，增强导语的气势，使导语带有节奏感。例如：

新华社（1994年）6月5日电　一身戎装、一部轮椅、一面国旗、一个军礼。叶乔波以这庄严而悲壮的一幕，结束了今晚在首都体育馆为她隆重举行的“叶乔波冰坛生涯20年专题晚会”，同时也结束了她拼搏冰坛20年的赛场生涯。

（《叶乔波壮别体坛》）

导语一开头连用4个排比词组，不仅恰到好处地揭示了叶乔波的身份、健康状况、为国争光的精神境界，而且，尤为突出的是，它痛快淋漓地表达了记者与读者共有的对叶乔波的敬佩、爱戴、感激之情。4个排比使文句铿锵有力，感情一泻千里。不采用排比的修辞手法，恐怕很难收到这种效果。

它需要提炼，需要情感和文采。

七、惊警

导语以惊醒、警戒的语句，强烈唤起读者注意。

这种写法可造成震动效果，造成一种紧迫感，使读者为之一惊，不能不注意。例如：

▲台湾《民众日报》（1991年）4月25日报道　爱吃肉食的人注意了！一份最近的报告指出，每天摄取动物肉的人，与完全不吃肉的人相较，引起

结肠癌的危险率相差两倍以上。美国医师威林特研究证实了这一点。

（《嗜好肉食者　当心直肠癌》）

▲［路透社华盛顿（1997年）3月12日电］　到明天这个时候，又将有16名美国儿童死于火器。

（《美国每天有16名青少年死于火器》）

这两条导语都会给人以强烈的心理冲击，让人不得不读，这就是“惊警”这一写作方式特有的效果。

惊警，适合于比较特殊的题材。例如某些与民众安危密切相关的、带有紧迫感的事物，以及一些服务性报道，宜用这种方式提醒读者。但是，惊警的语句也应注意平实，不要过于煽情，否则会适得其反。

此外，也有些特殊的题材，导语采用了特殊的写法。其中之一可称之为“故作惊人之语”，它们的目的是用来刺激读者的好奇心。例如：

▲［美联社亚利桑那州图森（1991年）5月10日电］　从芝加哥降落此间的奥姆内克·奥尼克说，她的故乡金星上的生活同地球上的生活并没有多大差别。

▲奥尼克女士是此间举行的世界UFO大会上发言的30名代表之一。她说“金星就像这里的沙漠地带。人类的适应能力是多么的惊人。”

（《屡闻天外有来客　客在虚无缥缈间》）

▲［法新社贝尔格莱德（1989年）11月14日电］　贝尔格莱德《政治画报》周刊11月14日一期做出令人震惊的预测：如果通货膨胀按目前月均47%的速度继续上升，一年以后，南斯拉夫人买一个面包要花300万第纳尔。

（《一个面包将卖300万第纳尔　南〈政治画报〉报道南通货膨胀日趋严重》）

前者抽取新闻事实本身最典型、最富戏剧性的场面，后者选择了一个极端的例子，二者都能令人“啊”的一声，发出惊叹。这种导语在心理和视觉上都有很强的冲击力，可以发挥“招徕”读者的作用。但是，它们仍是题材本身使然，一般情况下不可造作，更不可滥用。

思考与练习题

1. 怎样认识导语在消息中的地位？
2. 导语写作的基本要求有哪些？提出这一要求的理由是什么？

3. 从近期报纸上找出优劣导语各5条，并说明认定其优劣的依据。

4. 分析下述材料宜用何种类型的导语，为什么？

11月9日是本市开展的第七届“119”消防宣传活动日，也是本市第二个法定的消防宣传日。东城、西城、宣武等区分别在百货大楼、民族文化宫、北京西站北广场等地设立消防宣传中心站30多个，中心站前许多群众就家庭安全用火、用气等问题向有关人员进行了咨询，不少过往群众还观看了录像、文艺演出、现场灭火表演等。今天上午，全市各区县和一些企事业单位在各繁华街区、主要街道和人员集中场所，展开了丰富多彩的消防宣传活动。

据不完全统计，从11月3日全市冬防大会后至今天，全市共开展消防演习680多次，参加人数达3万余人。

（据1997－11－09见报稿重编）

第十章

消息写作的重要环节（之二）

——主体与结尾

第一节　主体重任在肩

消息导语之后的部分称为主体，也有人称之为主干、正文。

形象的说法是，如果将导语比做“头”，主体便是“躯干”。消息要有一个精彩的导语，以便吸引读者；然而，精彩的导语之后，还必须有一个丰满的、文字讲究的主体，否则，同样不能算作合格的消息。

记者要呕心沥血锤炼导语，同时，也要精益求精地写作主体。

主体必须紧扣导语做文章，不能转向，这是主体写作的大原则。在这个原则之下，主体的任务有以下几点。

一、展开导语，使之具体化

如前一章所述，为了突出新闻事实中最具吸引力的内容，为了简洁，现代导语往往省略一些新闻要素，对事实的叙述也取概括的方式。正如美国新闻学者所说，“导语是新闻报道的主旨、序曲和开场白。”① 它只能将读者吸引过来，而不

① ［美］约翰·钱塞勒等：《记者生涯》，16 页，北京，世界知识出版社，1985。

能让读者尽兴——了解事件全貌；对传播者一方来说，仅凭导语也难以揭示新闻主题、实现报道意图。因此，还必须在导语之后，通过主体对新闻事实做出进一步的交待，亦即展开导语所提示的内容。

所谓展开导语，大致有两种情况：

（一）补足导语中尚未出现的新闻要素

当代消息写作的技法之一，是“要素”逐渐亮相。亦即先在导语中提示何事，或者提示要点，然后在主体中依次报告“何人”、“何时”，或者“何地”，以使导语更为简洁，更能突显精华。新华社采写的《佩里说中国不对邻国和世界构成威胁》就是一例。

> 新华社纽约（1995年）1月31日电（记者夏兆龙　明大军）　美国国防部长佩里今天说，中国不会对邻国和世界构成威胁。
>
> 佩里是在纽约沃尔道夫饭店举行的记者招待会上讲这番话的。
>
> 在回答有关所谓“中国威胁论”的问题时，佩里说：“虽然中国拥有一支强大的军队，但我相信中国既不会威胁自己的周边国家，也不会威胁世界”。
>
> 回顾他前不久对中国的访问后，佩里说：“同中国保持牢固而具有建设性的工作关系，包括军事关系，对美国的安全来说十分重要”，因为中国是世界上一个经济大国，又是美国的一个重要的贸易伙伴，而且今后还会变得更为重要。
>
> 佩里说这一观点早已被克林顿政府所接受。他说，他希望能得到国会包括新国会的支持，以保持和建立这种牢固的安全关系。
>
> 今天的记者招待会是由美国外交协会召集的。该协会是1918年成立的美国全国性私营机构。

这篇消息的导语只交待了“何人”、“何事”，而把“何地”这一要素移入了主体。这样写，佩里讲话的内容就更为鲜明突出了。这也正是消息所要达到的目的。

（二）将导语中高度概括的事实具体化

这里，主体的任务是打开包袱，就“何事”这一关键性要素做出详细说明，介绍来龙去脉，以满足读者的需求。请看下文。

我首例活体角膜移植成功

深圳外来工眼膜捐给香港女青年

> 深圳消息　16日上午，深圳市眼科医院将外来工段国生捐献的活体角

膜，成功地移植给一位右眼盲视的香港女青年。这是我国进行的第一例活体角膜移植。

28 岁的四川籍打工者段国生，是中国华西企业第一建筑工程公司的临时工。今年 9 月 22 日，在深圳市某工地的一次施工中，段国生左眼球突遭钢筋挫伤，丧失了视功能。在经专家确认已无复明和保持外观的情况下，他于日前向深圳市眼科医院领导写了一份眼角膜自愿捐献书。

16 日的手术由曾成功做过上百例角膜移植手术的姚晓明博士主刀。从上午 10 时 30 分到 11 时 30 分，整个手术仅用了一个小时，段国生捐献的活体角膜就顺利移植给了 29 岁的香港女青年吴文艳。

深圳市眼科医院院长姚保山在向新闻界介绍手术情况后说，我国有几百万角膜盲患者，由于供体角膜匮乏，大多数患者难以重见光明。这位医学专家因此呼吁：全社会都应当大力提倡身后捐献角膜，并使之成为一种良好风气。他同时强调，如果是活体捐献角膜则必须遵循如下原则：只有在患眼已失明、萎缩，进而威胁健眼视功能等情况下方可捐献角膜。而正常眼或受伤严重但通过积极治疗可望复明并可保持外观者，均不在角膜活体捐献之列。

（《北京晚报》1999－11－18）

这篇消息的标题和导语，都对捐献活体角膜一事做了介绍，导语较标题稍具体一些，提供了捐献者段国生的名字和手术时间。然而，真正打开包袱、完全亮明情况的，还是主体。通过主体，人们才知道了段国生左眼受伤的原因、他主动申请捐献活体角膜的经过、手术过程，以及捐献活体角膜应注意的问题。继导语之后进一步报告事实，这是主体写作的基本任务。

二、补充导语，令主体更丰满

主体部分肩负的另一个任务是，在导语所概括的新闻事实之外，增补新的内容，用来扩充新闻的信息量，扩大读者的视野，用来提升新闻主题的高度。

主体应当补充哪些新的内容呢？因事而异，没有框框。常见的有这样几种类型：

（一）补充带有因果性质的材料

例如下文：

3 000万中国人拿到“驾驶本”

新华社北京（1995 年）7 月 27 日电（记者李安定）　据记者从公安部

交通管理局获得的信息，我国已有近3 000万人领取了机动车驾驶执照。

驾驶执照发放总数为2 986万份，这个数字超过在公安交通管理部门注册的2 585万辆机动车总量。按最新统计，在上述部门登记的汽车为939万辆，摩托车1 100万辆。

怀揣“驾驶本”的3 000万人中非专业司机占很大比例。在我国的城市中，学开车正和学电脑、外语一起成为人们追求掌握的现代技能。而在广大农村，买卡车跑运输已成为农民致富的一个重要领域。

据统计，10年来，我国机动车增长率在15%以上，沿海经济发达省份增长率超过30%，已有8个省的机动车超过百万辆。据悉，权威部门正按照国务院发布的《汽车工业产业政策》，从宏观上加强汽车、道路、相关产业和设施、有关政策法规的协调发展。

近3 000万人拿到“驾驶本”，这是一个单纯的数字。新闻如果只写到第二段，作为一条简讯，也未尝不可。但是，记者想到了“3 000万”背后的东西，透过“3 000万”看到了中国社会、中国人民生活水平的变化，看到了国家确定以汽车工业为支柱产业之后，中国经济的新态势，以及城市的新时尚。记者准备借“3 000万驾驶本”将上述信息告诉读者。于是，在主体部分，又增补了这样一些内容：城市中学开车已成为人们追求掌握的现代技能；买卡车跑运输已成为农民致富的一个重要领域；10年间机动车增长率在15%以上；沿海经济发达省份机动车增长率超过30%；已有8个省机动车超过百万辆；国家正从宏观上协调汽车、道路、相关产业设施的发展。这些情况都与近3 000万“驾驶本”有某种联系，它们或者是“驾驶本”增多的原因，或者是它的结果。将这些情况补充进主体之中，不仅可使读者明了近3 000万驾驶本的来历，而且，对中国社会的现实，对中国汽车工业的未来、中国机动车市场的前景也会有一个更为具体的认识。这是主体增补作用的一个很好的体现。记者在300多字的短消息中能反映如此丰富的内容，其思路之开阔、选材和概括能力之强，值得称道。

（二）在导语限定的事实之外，补充一些暗示性的情况

主体补充这样一些材料，大多是为了说明记者对新闻事实的某种新的认识或发现，为了提醒读者注意这一事实所反映出来的某种新动向。例如下面这条消息：

中国军舰访美

［法新社华盛顿（1997年）3月10日电］ 美国海军的一位发言人今天说，三艘中国军舰已经进入珍珠港，这是自1989年以来中国海军第一次访问美国港口。

这些导弹驱逐舰——“哈尔滨”号、“南昌”号和“珠海”号是昨天抵达珍珠港的，它们将在那里待到星期四，然后启程开往加州的圣迭戈。它们将在3月21日至25日访问圣迭戈。

《华盛顿邮报》报道说，阿奇·克来明斯海军上将在欢迎仪式上说，中国海军的这些访问开创了两国海军之间的一个“和平与合作的新时期”。

这次访问是中国国防部长迟浩田去年12月访美期间商定的一系列美中军事交流活动的一部分。

据海军的一位发言人说，中国海军上一次对美国港口的访问是1989年4月“郑和”号对珍珠港的访问。美国海军去年和1995年访问了中国港口。

中国正在发展一支能够将其力量投放到远离海岸的地方的远洋舰队，这次对美国的访问被看作是朝这个方向迈出的重要的一步。

报纸援引一位中国海军中将的话说，这三艘军舰访问圣迭戈之后将访问墨西哥、秘鲁和智利，其间，指挥官将评估其船员的素质并加强同东道国的关系。

这篇消息所报道的事实很简单，就是三艘中国军舰进入珍珠港。然而文章的内容却丰富多彩。在导语之后，法新社这位记者不仅使事实具体化了，而且还补充了一些看上去与新闻事实似乎关系不大的内容，这就是第六和第七段。这两段是由记者的观点带出、为其观点服务的。法新社记者认为，“中国正在发展一支能够将其力量投放到远离海岸的地方的远洋舰队，这次对美国的访问被看作是朝这个方向迈出的重要的一步。”为此，他特意加进了后两段，加上了“指挥官将评估其船员的素质”这样的内容。于是，消息所传递的信息的质和量就大不一样了。

三、回答读者提出的问题

一篇合格的新闻作品，应能解疑释惑，清楚地回答读者渴望了解的问题。这个任务也只能由主体部分来承担。

美国有些报社采取了一种新闻质量管理的新方法①，其核心的措施，就是要求一线记者在进入正式采写工作之前，首先从读者角度向自己提出问题。其中包括：“为什么一定要让读者知道这件事?”、“这件事的意义何在?”、“读者接触这一事件之后，最初浮现脑际——最关心、最想了解的问题是什么?”这些问题考虑清楚了，采写的方向、重点，也就明确了。否则，便会令读者大失所望。

---

① ［美］巴库·拉扬：《报纸制作新提案》，载日本《新闻研究》，1998（11），40～45页。

以浙江不再评高考“状元”一事为例。1997年，浙江省教委、省招生办公室明文规定，不再对高考成绩进行排队，也不再公布文理科成绩的前三名。如果新闻只写到这里，仅仅报道新规定的内容，读者肯定不会满意，他们会提出一些疑问，要求新闻给以解答。例如，为什么不再排成绩并公布前三名？这样做对学校教育有何意义？对考生有什么好处？下面这篇消息在主体部分就一一回答了这些问题：

浙江：今年高考无“状元”

本报讯（记者潘剑凯）　谁是高考“状元”？这个一年一度的热门话题，今年却在浙江省消失了。浙江省教委、省招办日前明文规定：今年将不对各学校的高考成绩进行排队，也不公布全省高考文理科成绩前三名的名单。

浙江省招办主任王晓文在接受记者采访时说，对高考成绩进行排队，公布所谓的高考“状元”，有宣扬“应试教育”的倾向。如今不这么搞，正是根据学校教育要从应试教育向素质教育转变的要求提出来的，同时也是为了更好地体现公平公正的原则。

他说，文理科前三名不一定是全省高考成绩中最好的，更不能说他们就是学得最好的学生。今年浙江省有600多位学生被保送直接进入各大学，他们没有参加高考，或是参加高考后成绩被注销，公布高考成绩，认定谁是“状元”，对这些品学兼优的保送生是不公平的。

近年来，一到高考成绩公布，一些企业就开始“炒”高考“状元”，或给予巨奖，或送补品，或让“状元”们为产品做广告。王晓文认为，高考只不过是学生能进入大学继续学习的一种途径，那些带有强烈商业气息的“炒作”容易让人产生骄傲自满的情绪，对青年学生的身心健康成长是不利的。

（《光明日报》1997－07－25）

新闻主体部分引用省招生办公室主任的话，将不排队、不公布前三名的理由讲得颇为透彻，这样，读者对这一新的规定就容易理解了。也正因为如此，这篇作品本身也就成了一篇好新闻。

忽视回答问题的新闻也不少见。例如下文：

上海“气象判官”将上岗

本报上海专讯　4月1日起，上海聘请的首批“气象判官”将上岗。20

位监督员每天要给气象预报评定“正确、不正确或基本正确”，此外，市中心气象台还将公布专业意见，并每月总结一次，季末还要选出最佳预报员。

李加禄是首批受聘的“气象预报监督员”之一，虽然正式“上岗”要等到4月1日，但这位“气象判官”早就开始“热身”了：每天19时，边看电视气象预报边记录；20时，拨打气象台的录音电话输入对昨日预报的评分；22时临睡前要特地跑到院子里“望风”。

老百姓监督员到底怎么给气象预报打分？李老师向记者解释评判标准：区分小雨、中雨和大雨主要靠低头看地面有无明显积水，小雪和中雪则抬眼瞧屋顶的白色多少。判断多云还是阴天，可要凭个人的经验和直感。至于局部地区有雨、有雾就不好办了，为此，李老师发动了住在全市四面八方的亲朋好友来当“耳目”，相帮着留意。

(2000－03－30见报)

本文导语报道了事情的梗概，告诉读者，上海聘请40位“气象预报监督员”，4月1日即将上岗。主体部分举了气象监督员李加禄的例子，介绍了他们判断天气的一些标准。那么，这样写是否就够了呢？读者的问题是否回答清楚了？面对这个新鲜事，读者最想了解的问题是什么？

显然，这样写没有说到点子上。消息中不能只举一例，它的主体部分应当回答：上海为什么要设“气象判官”？是气象预报不准？还是为了培养市民的气象意识？选拔气象监督员的条件是什么？他们的工作是义务性劳动，还是另有报酬？如果有报酬，每年要支出多少？资金从哪儿来？……特别是第一个问题，它会马上浮现于读者脑际，新闻不作交待是说不过去的。

新闻写作决非易事。其难，就难在记者必须体察读者的需求，在有限的时间、有限的篇幅之内，写个清清楚楚，让局外人——无限多数的局外人，看个明白。在这方面，新闻主体承担着艰巨的任务。

四、添加“作料”，令读者兴味不减

如前面的章节所说，导语有“导”——导入，导读的作用，主要通过新鲜、重要的内容，简洁生动的语言，引起读者阅读全文的兴趣。但是，仅靠导语还是不够的，导语之后，如果主体部分让人感到索然无味，读者也会弃之而去。

主体应尽可能不断地提供“亮点”——兴趣点，仿佛曲径通幽，让人感到总有一景在里头。

主体持续调动读者兴趣的常见方法有：

（一）运用“色彩”

被称为美国一流记者的约翰·钱塞勒和沃尔特·弥尔斯在其所著《记者生涯》一书中，强调新闻要有色彩。他们说：“任何一种新闻写作，从社论到讣告，都需要色彩。”他们认为，“色彩的核心是细节”，“记者的工作就是要把这些生活的细节精心地编织进报道中去，以使新闻报道有血有肉，富有生气和特色。”① 他们还举例说：

> 简单事实：两个少年在一起车祸中丧生。色彩：其中一个身穿短袖T恤衫，汗衫上印着：“我在人世并不追求长寿，而要过得快活。”
>
> 简单事实：总统不拿讲稿，滔滔不绝地作了一次长时间的演说。色彩：他练习了整整一天。②

这段论述说明，色彩需要在简单事实之外，补充台前幕后鲜为人知、富有故事性和人情味的事实。下面这篇消息就是一例：

高台阶难倒残疾人

副市长道歉并表示应建无障碍设施

本报讯（记者张佳庆）　昨天上午，在《残疾人保障法》座谈会上，李兰芳副市长诚恳地对残疾人代表说：“由于今天的会议场所缺乏无障碍通道和残疾人专用厕所，给来参加座谈会的残疾人带来了很大不便，我深表歉意。今后这方面的工作一定要加强。”

昨天的座谈会在市政府一号楼下的会议室举行。由于缺乏无障碍通道，十多厘米高的台阶难倒了乘兴而来的残疾人代表。上午又恰逢大雨倾盆，更给坐轮椅的残疾人带来不便。一位残疾女青年一不小心，轮椅车翻倒在会议室旁，虽幸未跌伤，但身上已污渍斑斑。几位健壮的男同志看见这情景，连忙上前将她连人带车抬上台阶，才使她进入了会场。一些坐轮椅的残疾人纷纷弃车，用双脚艰难地走进了会议室。

一位前来参加座谈会的市残联负责人告诉记者，公共场合没有无障碍通道设施的状况，目前在我市是普遍现象，给残疾人参加社会活动带来了极大不便。那位被抬进会场的残疾女青年说：“没有无障碍设施使我们出门难，因为没有残疾人专用厕所，更使我们出门在外连水都不敢喝。”

---

① ［美］约翰·钱塞勒等：《记者生涯》，1版，56～57页，北京，世界知识出版社，1985。

② 同上。

座谈会后，李兰芳目送着在雨中离去的残疾人感慨说，无障碍设施的建设问题应该马上提到议事日程上来，各部门对这项工作，要从身边的设施抓起。市政府机关更应起带头作用。她表示要与有关部门协商，尽快在市政府会议室建好无障碍设施。

（《广州日报》1991－05－14）

这是一篇报道座谈会的新闻，按说很难写活，容易公式化。它的“简单事实”只是：5月13日上午（何时），在市政府一号楼下的会议室（何地），副市长李兰芳（何人）主持召开了《残疾人保障法》座谈会（何事）。

记者变换了一个角度，从会内转向了会外，从而发现并写出了许多“色彩”：副市长向残疾人诚恳道歉；天降倾盆大雨；十多厘米高的台阶难倒了乘兴而来的残疾人代表；一位残疾女青年的轮椅翻倒，几位健壮男同志将其连人带车抬上台阶；会后，李兰芳副市长目送在雨中离去的残疾人感慨说……

这样，一篇可能写空写干的消息，变得从头到尾都有了色彩，有了波澜，直到文章结束，使人一直兴味不减。

1999年11月17日，在日本大阪参加完第八届世界杯女排赛的中国女子排球队回到北京。中日一战中国队打得失常，出人意料地以0：3负于日本女队，令中国民众，特别是女排的球迷们感到失望。17日晚，女排教练胡进率队进入机场大厅，众多记者纷纷围上去进行采访。这时，出现了一个小插曲，一位中年旅客走到胡进面前，说了几句很不客气的话。在一般情况下，这个细节是不会被写入新闻的，但是，《北京晚报》记者却大胆地、十分自然地将其带进了主体：

……机场有许多旅客看到了女排，大家有的围过来倾听，有的在旁边议论着中国队为什么会输给日本队。当胡进接受完采访，正向机场外走时，一个中年人赶过来问：“对日本队我们为什么打得那么差，进攻太缺少变化了，这绝对是耻辱啊。”胡进低头不语，走出机场。

…………

这一笔，使新闻主体异峰突起，为消息平添了惹眼的色彩。

以上两篇文章的启发是，为使新闻主体始终具有吸引力，记者采访时要善于发现有色彩的材料，写作中要解放思想，敢于创新。

（二）打开包袱中的包袱

有些新闻，例如报道某篇文章、某部戏剧或电影获奖，报道某部小说将被改编成电影或电视剧之类的新闻，读者不仅对获奖一事感兴趣，也想知道这些获奖作品的内容是什么。《辛德勒的名单》获七项奥斯卡金像奖，那么《辛德勒的名单》这部美国电影讲的是什么？类似这样的内容，可以称之为“戏中戏”，包袱中的包袱。如果新闻的主体部分对它们也能附带加以介绍，读者就会释然，就会感到满足，反之，也会给读者留下一些遗憾。下面这篇消息就是一例：

北京小学生葛竞获国际作文奖

本报讯　海淀区立新小学12岁的女学生葛竞在今年国际少年书信作文比赛中获得特别奖。近日，她收到了有国际邮联主席签署的奖励证书。

国际少年书信作文比赛，是由国际邮联组织的有各邮联会员国参加的少年儿童作文比赛。今年比赛作文的题目是：在反饥饿斗争中我们能做些什么。全国数万少年儿童投书中国少年报参加选拔赛。经专家们精心评定后，葛竞的作品被确定参加国际少年书信作文比赛，最后被评为这次国际比赛的特别奖。

这篇消息只报道葛竞的作文获奖，没有交待葛竞作文的内容，应当说是个疏忽。

一名12岁的中国小学生，对反饥饿斗争中的作为，究竟提出了怎样的见解，以致被国际邮联的评选组织认可，获得特别奖？通过作文的主要观点，可以了解中国孩子的胸怀、智慧和精神境界。它不仅是一个“兴趣点”，也具有不小的新闻和宣传价值。当然，对作文的内容不可能，也不必展开来介绍，只在主体的最末一段稍作交待即可。一举多得，何乐而不为呢？

第二节　主体的结构方式

讲究结构，是写文章的基本要求。只有结构合理，文章才能条理清晰，井然有序，主题才能得到很好的体现。

消息亦然。因为消息读者广泛、篇幅短小、内容承载量大，每个记者都希望读者在最短的时间内能够读完、读懂，所以，消息写作更应精心安排结构。

不同题材的消息在安排结构上会有不同的要求，例如，以提供信息为主的消息与故事性较强的消息，在安排结构上自然会有所区别，前者可以板块式地拼接，后者则应照顾事实的连续性，但是，不论何种题材，消息主体部分的结构，应尽可能做到单纯、简明，各个组成部分具有相对的独立性，以便突出要点，必要时可以灵活拆装。

主体结构的常见方式有以下几种。

一、倒金字塔结构

可以这样认为，无论主体如何安排结构，仅从导语和主体这两大部分的关系来看，绝大多数消息整体上采用的都是倒金字塔结构；另一层意思是，主体本身也按材料的重要程度由前至后依次展开，主体也是倒金字塔结构。如下文：

盖茨及同窗报恩母校

［美联社剑桥（1996年）10月30日电］　微软公司的比尔·盖茨和他在哈佛大学时期的一个朋友合起来将向这所学校捐款2 500万美元，用来建造一座计算机科学大楼。

该校将在这座大楼里实施它的计算机科学和电机工程计划。这所学校一直在努力扩大和加强它的计算机科学和电机工程计划。

盖茨和史蒂夫·巴尔默联合捐资的消息是昨天晚上宣布的。这笔捐款的数额在哈佛大学有史以来收到的捐款中占第五位。

盖茨是美国的首富，据估计，他现在大约拥有148亿美元。巴尔默是盖茨1980年带进微软公司的，他现在负责销售。据报道，他现在拥有37亿美元。

巴尔默和盖茨1973年在哈佛大学时曾同住过一个宿舍。这两个人决定以他们的母亲玛丽·巴克斯韦尔·盖茨和比阿特丽斯·德沃金·巴尔默的名字为这座新的计算机大楼命名。它将叫做马克斯韦尔—德沃金大楼。

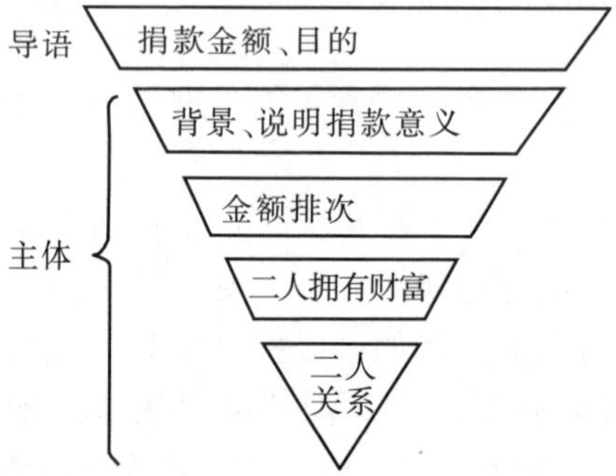

本文报道的不是盖茨及其朋友捐款的前后过程，过程本身显然没有多大意义。这篇消息回答了读者最关心的几个问题。读者对这些问题的关心程度有所不同，消息的主体便依读者关心程度的大小——材料（事实）的重要程度，安排了主体部分的结构。如左图。

从左图可以看出，消息中各部分材料的重要程度是不同的。读者最关心的显然是捐多少钱？这些钱用来做什么？这个事实最为重要。所以，由它承担导语重任。主体部分之所以立即加入背景，因为这个材料也很重要，它是导语的解说和补充，不然，读者会问，为什么要建造计算机科学大楼？以下的材料就越来越次要了。

正如人们所知道的，这种结构方式的好处不仅便于读者把握重点，也有利于编辑安排版面。如果版面位置不够，编辑只要拿掉最后一“块”，问题就马上解决了，而又不会影响全篇的完整性。

二、纵向结构

主体按事件发展的先后顺序安排结构，称纵向结构。这种结构方式的好处是，可以反映新闻事件的大致过程，让读者了解前因后果。记者也可以借“过程”说话，表达某种观点和意见。

下面这条消息就是这样安排结构的：

举报“烂泥工程”遭受打击和恐吓
义士何时能回家？

本报杭州专讯　钱塘江标准堤塘质量案4月27日开庭审理，9名犯罪嫌疑人受到法律的制裁指日可待。然而，这项“烂泥工程”的第一举报者目前正时时受到恐吓，甚至有家难归。

这位举报人名叫沈柏虎，曾是钱塘江标准堤塘工程的施工者之一，因拒绝参与向沉井中灌注烂泥而与工程包工头反目。为了制止这百年工程中的弄虚作假行为，沈柏虎在掌握了大量真凭实据之后，于去年2月向“烂泥工程”发包方的主管局杭州市林水局写信举报，无效后又连续不断地向浙江省、杭州市有关部门和当地有关媒介写举报信披露“烂泥工程”内幕，但绝大部分举报信均回到杭州市林水局领导手中。

去年9月，浙江钱江电视台等新闻单位接到沈柏虎举报后介入调查，浙江省和杭州市的领导就沈柏虎举报的问题作出严肃批示，继而省市联合调查组成立，这桩被拖了8个月的严重质量事件才得以彻底追查。

“烂泥工程”被披露后，水利部纪委等部门请沈柏虎专程赴京，向他进一步了解“烂泥工程”内幕。而被灌注了烂泥的沉井也终于得以清洗，重新灌注混凝土，“百年江堤”得以名副其实。

这样一位正义斗士，本应受到有关部门的褒奖和保护，但却受到了极不公正的“回报”。15个月来，原本挂靠在一家拥有二级资质施工单位当业务员的沈柏虎几乎处处碰壁，揽不到一笔业务。虽然浙江省和杭州市林水部门有关负责人表示“尽量考虑”给沈柏虎一些施工任务，但一落实到具体工程，却没有一项能让沈柏虎做。1997年前，沈柏虎每年收入约有六七万元，但自去年1月以来，由于接不到一笔业务，沈柏虎已经靠借债过日子。而且，经常有人往他家打恐吓电话。为了人身安全，沈柏虎已离家到朋友家居住。

（万润龙）

（《北京晚报》1999－05－03）

消息的主体部分用三个自然段叙述了“义士”沈柏虎的遭遇，从举报“烂泥工程”，到最后无工程可做、有家难回，充分说明了坚持真理、主持正义之难，显露了事件背后的症结所在。类似这样的题材，不用纵向结构展现事情的脉络很难表述清楚并达到预期的报道目的。

三、横向结构

这种主体结构方式的特点是，不受事物发展时间顺序的限制，围绕一个主题，将同一时空范围的情况有序地组织起来，反映“面”的变化。

综合性新闻、会议新闻、经验性新闻、反映成就、问题、未来计划的新闻，宜用横向排列的结构方式安排材料。如下文：

上海掀起新一轮城建高潮
20多项重大市政工程项目今年开工

据新华社上海2月11日电（记者黄庭钧）　新世纪的头5年，上海将掀起新一轮城市建设高潮。今年将有隧道、大桥、高速公路等20多项重大市政工程项目开工。

据介绍，上海外环线越江隧道工程和卢浦大桥工程已经开工。年内还将开工建设大连路和复兴路两条越江隧道工程。这些工程均将在“十五”期间建成通车。

空中交通设施建设上，已经启动建设的共和新路高架工程，上层是供汽车行驶的高架道路，中层则是上海地铁一号线北延伸段，下层是“六快二慢”8车道地面道路，全长9.65公里，预计2002年底完工。

地面交通建设将以上海外环线贯通工程为主战场全面展开。全长18.5公里的外环线西北段工程，路基施工目前已全部完成，今年国庆节前后可望竣工通车；外环线浦东段建设也已经开工，预计2002年通车。届时，整条外环线将宛如一条环绕上海城区的“金腰带”，形成总长达98公里的快速通衢大道。

（《人民日报》2001－02－12）

这篇消息的主体采用的是典型的横向结构，它并列地介绍了上海市在新世纪之初已经开始和将要开始的市政建设工程。这种结构的好处是，可以为读者提供一个“沙盘模型”式的全景图。这种结构方式其实也是题材本身所决定的，为了反映“面上”的情况，消息也不能不采用平行的方法加以铺排。

值得注意的是，以横向结构安排材料，也并非机械地排列。其各部分之间有时还是有轻重之分，有一个递进的关系的。

四、点面结构

点是指个别的、典型的事例，面是指一般的、总体的情况。以点带面，点面结合，这也是主体安排结构的一种常见的方式。

这样安排结构可以为读者提供广阔的认识空间，可以使消息更有说服力，而且，也更符合普通读者的认识规律。例如，2000 年 1 月 30 日北京一家报纸报道市公安局犬类管理处依法查处非法犬医院的情况，消息就是用点面结合的方式安排结构的。导语概述“开展了查处工作”这一基本事实之后，主体的第一段便重点介绍了朝阳区潘家园华威北里“北京康康宠物保健服务中心”的各种问题，如医疗条件差、工作人员根本不懂兽医医术等等。解剖一个典型之后，消息又概述了面上的情况：北京市属于非法经营的犬医院有几十家，从业人员达 230 余人，其中兽医专业出身的只有 61 人，而且，收费很不合理。……这样，读者对查处非法犬医院的必要性，就有了充分的认识。

除此之外，还可按因果关系，递进关系等事物内在的逻辑关系安排主体结构，方式很多，不一一列举。

实际上，许多消息并非采用某种单一结构，而是各种结构方式交叉使用。以时间先后安排结构的消息，也会在纵向叙述的过程中插入横向的材料。客观事物各有特点，极富变化，消息主体的结构也必须从新闻事实本身这个“实际”出发，量体裁衣，灵活地组织材料。

此外，消息的提行分段也有其特殊性。总体上看，消息提倡多段落，每段字数要少，段落尽可能短。美国著名新闻学者杰克·海敦说：“好的新闻写作是干净而明快的。简短的句子和段落是它的特征。”①

有关这一问题，本书第六章已有详细阐述，此处不再重复。

---

① ［美］杰克·海敦：《怎样当好新闻记者》，1 版，19 页，北京，新华出版社，1980。

第三节　消息结尾

元代戏曲和散曲大家乔吉谈乐府写作时曾说："作乐府亦有法，曰凤头、猪肚、豹尾六字是也。"意即文章开首要美，中间（内容）要丰富，结尾要响亮有力。消息写作也应如此要求。

一、消息结尾的特点

消息的结尾方法有其特殊性。它的特点是以事实结尾，亦即，事实该讲到哪里，消息就在哪里结尾，戛然而止，无需再加。

消息主要是一种信息载体，它以报道新的事件、新的经验与问题、传播新的信息为已任，读者阅读消息，主要目的也在于获取信息、了解时事，而不是为了欣赏文笔，因此，事实报告完毕，消息就可以结束了。

此外，受报纸版面、广播电视以及其他电子媒体传播时间的限制，消息也不宜另加结尾，硬把篇幅拉长。

然而，这并不意味着写消息可以不注意结尾，结尾对消息来说也是重要的。好的结尾可以使主题更鲜明，使文章有回味的余地，甚至也有审美价值，还可以带来妙趣。

二、几种巧妙的结尾方式

在大量以事实结尾的消息中，有时也会发现结尾别致、令人难忘的作品。大致有这样几种情况：

（一）材料典型、意味隽永

请看例文：

第2次洪峰昨日凌晨过汉

《长江日报》1983年7月12日讯（记者魏承史、曾伟光、肖军）　长江今年第二次洪峰昨日凌晨已过汉。百里长堤巍然屹立、武汉三镇安然无恙。

这次洪峰于19日上午11时涌至武汉，当时江面刮起6级大风，波涛滚滚，狂奔直下。武汉关水位上升到28.11米，自1865年有水文记载以来的

119 年间，这是仅次于 1931 年和 1954 年的第三个最高水位。

20 日凌晨 1 时，水位开始回落，洪峰整整持续了 14 小时。此间，市、区、街各级防汛指挥部的指挥员和工作人员5 000多人在第一线指挥，2 万 8 千多名护堤人员警惕地监视着堤防的每一个变化，3 万多人守护着薄弱的重点堤段，紧张工作，加固堤身。到 20 日晚 8 时为止的 33 个小时内，新发现 6 处险情，都及时做了处理，1 万 8 千多人的防汛第 2 梯队没有动用。全市 284 公里的堤防，迫使洪水规规矩矩顺江东去。

1931 年水位刚达 26.93 米，汉口江堤决口，市区一片汪洋。这次水位比当时高 1.18 米，洪峰过流期间，160 多列客货车安全通过武汉；紧靠江边的武钢日产生铁9 646吨，超过日计划；位于 1931 年决口处的武汉肉类联合加工厂日宰猪90 000头，比计划多3 000头；北京电影乐团的谢莉斯、王洁实两位新秀，正在临江的黄埔路礼堂为观众演出，以甜美的歌喉唱出了对祖国的热爱。

结尾段通过对比深化了主题。写“北京电影乐团的谢莉斯、王洁实两位新秀，正在临江的黄埔礼堂为观众演出，以甜美的歌喉唱出了对祖国的热爱”，既说明了治服洪水后的安定，又用一个抒情的“唱”字，表达了民众的感情，的确精彩。其成功的原因主要在于：主题思想明确，选材视野广阔；关键性的末句了无造作痕迹，却又十分讲究，既切题，又朗朗上口，有诗的韵律。——一个好的结尾，是需要多方面的功夫的。

（二）首尾关照，巧妙呼应

有些消息，由于题材本身的特点，例如某些带有趣味性的事实、非事件性的事实，写作较为从容，允许采用悬念式的导语，可以将谜底留待结尾处揭开，这时，就会造成故事性很强的首尾呼应的效果。

1990 年 8 月 2 日，法新社发表一篇消息，题目是《为迎接亚运盛会 北京正变得整齐清洁起来》，报道北京大张旗鼓美化市容的情况。消息有些尖酸，但首尾的写法确实巧妙。

开头两段：

［法新社北京（1990 年）8 月 2 日电］ 当体育迷涌到北京观看亚运会比赛时，他们不妨花几分钟参观一下幸福村，如果他们能够找到它的话。

幸福村已经被新刷的墙掩饰起来。为了迎接 9 月 22 日开幕的为期 16 天的亚洲体育盛会，当地共产党当局正努力使这座人口多达1 000万的城市变得整齐清洁起来。

中间四段写北京市修路、更换破损的街灯、整顿自由市场、整修公共厕所等等情况。

结尾：

幸福村居民十分感激他们的房东——北京市人民政府把他们的墙重新刷了一下。幸福村坐落在距举行亚运会开幕式场地一个街区的地方，在这里可以看到一幅劳动人民在有900年历史的都市中生活的生动画面。邻居们在脱了皮的白杨树下聊天。穿短裤的孩子们吮着冰棍儿。幼儿在地上撒尿。老人们光着胸膛在矮小的、经过风吹雨打的平房外休息。

通过首尾呼应，这位记者达到了“说话”的目的，用心良苦。但是，这类写法有着明显的“作文”的痕迹，非特别题材、特殊需要，不宜多用。

（三）稍加议论，画龙点睛

消息用议论结尾是可以的，原则是议由事出，议论要少而精。下面这篇消息颇为典型：

“我们都是中国人”

本报讯　最近，广东省邮电管理局副局长梁锋在美国夏威夷访问时经历一事，使他触摸到了台湾同胞的坚定的中国心。

今年7月份，梁锋在夏威夷参团参观一文化设施，团里有不少台湾同胞，导游是个美国人。按这位导游的规矩，要把这个20多人的团分组，标准是“台湾人”、“懂英语的中国人”和“不懂英语的中国人”。当导游要求“是台湾人的举手”时，没有一人举手回应。他感到很奇怪，又连说了三遍，却反而激起了台湾同胞的气愤。

有的台湾同胞说：“我们是出生在台湾的中国人”，有的台湾同胞说：“我们是海峡对岸的中国人”，有的台湾同胞更斩钉截铁地说：“我们都是中国人。”

梁锋说，见到这样的情景，深深感到两岸人民的确血浓于水，统一观念根深蒂固，李登辉宣称的“两岸是国家与国家的关系”在台湾也是不得人心的。

（艾辉　黄荣铨）

（《羊城晚报》1999－08－15）

消息结尾的议论不但顺理成章，而且巧妙地借当事人之口讲话，叙议兼融。议，也更为自然，更有说服力。

（四）水到渠成，自然抒情

消息也允许以抒情结尾，但必须从题材本身的特点出发，一些参与性很强的新闻，记者置身其中，确属有感而发，以抒情方式收束消息，有时会产生意想不到的效果。

《两家子公社夜无电话声　早无堵门人》的结尾就很特别，它是典型的抒情结尾，而且是以诗的形式抒情：

…………

四日深夜，记者步出敞开的公社大门，遥望沐浴在银色月光下的远近村庄，显得分外安谧，不禁遐想联翩，成诗一首：

劫后灾痕何处寻？
月光如水照新村。
只因仓廪渐丰实，
夜半不闻犬吠声。

（《辽宁日报》1982－03－15）

记者范敬宜熟悉农村生活，对包干到户前后农村的巨大变化深有感触，消息结尾处的抒情显得非常自然。此处用诗，也没有造作之嫌，而是水到渠成，可以引起读者强烈的共鸣，给读者留下回味的余地。

以上结尾方法只是个例，不可照搬。新闻真实准确第一，结构和语言贵在通俗质朴，写作中不可卖弄技巧，给人以雕琢之感。事实本身新闻价值越大，消息自然就越受欢迎。记者任何时候都要注意这个大前提，否则，表现形式再讲究，也只能是雕虫小技，不会引起多大社会反响。

思考与练习题

1. 主体与导语是怎样一种关系？如何理解主体的任务？
2. 写好消息主体需注意哪些问题？
3. 阅读下列消息，对其主体的写作提出自己的意见：

我国将出现有大学学历的“空哥”

本报沈阳3月30日电　来自辽宁、山东、黑龙江等地的近300名高中男生今天在沈阳航空学院参加了一次特殊的面试，面试合格者将参加今年7月举行的大学入学考试，幸运者将成为这所学院招收的我国首批空乘专业男大学生。

此前，航空公司的空中乘务人员，一般都是从高中毕业生中选拔，经过一年左右时间的培训后上岗。随着我国民航事业的发展，各航空公司迫切需要提高民航服务业从业人员的学历层次和素质。沈阳航空工业学院适应这一需求，从去年开始在社会科学系设置了公共关系（空中乘务）专业，学制3年，从部分省市参加全国普通高校招生考试的艺术类考生中招生，学生毕业后面向航空公司推荐就业。据介绍，这个学校今年仍计划招收120名空乘专业大学生，其中包括首次招收的30名男生。目前我国各航空公司的空中乘务人员都没有在大学受过专业训练，基本上是从社会上招聘后由各航空公司培训上岗。沈阳航空学院空乘专业的学生将在校学习3年，课程包括普通话、英语、社交礼仪、公关、服务心理、健美及形体、航空概论、民俗及异国风情等多门课程。

（2000－03－31 见报）

4. 分析下列消息，说明主体是否回答了读者要提出的问题，应该回答哪些问题。

我国合资铁路达万余公里

本报讯　截至1999年底，我国的合资铁路已达1.2万余公里，占中国6.9万公里铁路总里程的近五分之一。

九十年代以来，中国积极出台鼓励铁路建设投资多元化政策，使中国的各类合资铁路有了巨大发展。现有合资铁路100余条，最长的北疆铁路2000多公里，最短的南京城北环线12.9公里。

据新华社消息，到1999年底，中国正式开通运营的合资铁路达4 776公里，完成年货运量7 295.9万吨，年客运量527.5万人次，且75%的周转量进入了国家铁路网。（华生）

（2000－08－30 见报）

第十一章

消息写作的重要环节（之三）
——新闻背景

第一节　写消息切记交待背景

交待新闻背景，是消息写作中一个不可忽视的环节。消息，尤其是动态消息，往往是一事一报，如果不交待必要的背景，只孤立地反映事实，有时很难说明问题。戏剧、电影都需要铺陈背景，一桌一椅，一花一木，有时就能表明时代和环境特点或者体现出剧中人物的心境。没有背景，戏剧的效果便会受到影响。新闻写作亦然。正因为如此，有人认为，新闻背景与新闻导语几乎同样重要。一篇新闻作品能否成功，一半取决于能否写出一个精彩的导语，另一半取决于新闻背景交待得是否充分，其安排穿插是否巧妙。美国著名新闻学者、哥伦比亚大学教授麦尔文·曼切尔断言："不使用背景材料，几乎没有什么报道是全面的。忽视这个忠告的记者，他们决不能给读者和听众提供充分的情况。"他还说："事情并不是突然从不知什么地方蹦出来的。记者的任务就是发现它们的起因，说明它们的发展，而且最好在一个最短的篇幅里做到这些。"① 遗憾的是，在各类新闻媒体中，缺少新闻背景的消息屡见不鲜，令人感到费解，也留下许多遗憾。例如，

① ［美］麦尔文·曼切尔：《新闻报道与写作》，1版，175页，北京，中国广播电视出版社，1981。

1995 年 4 月 21 日，一家新闻单位报道：

> 一架载有 150 名朝觐者的利比亚客机，昨天下午 3 点 10 分离开利比亚首都的黎波里，直接飞往沙特阿拉伯的吉达市。这是利比亚飞往沙特阿拉伯的第一批朝觐者。

消息就讲到这里。这件事何以成为新闻？它意味着什么？因为缺少新闻背景，令人感到莫名其妙。而另一家媒体的消息则说：

> 据利比亚电视台报道，一架载有朝觐者的利比亚客机 19 日晚在沙特阿拉伯的吉达机场降落。这是自 1992 年联合国对利比亚实行空中封锁以来，第一架利比亚飞机飞出国境。
>
> …………
>
> 利比亚因洛克比空难事件与美国和英国的关系发生危机后，安理会于 1992 年通过决议，对利比亚采取包括空中封锁在内的制裁措施。几年来，利比亚朝觐者一直从陆路和海上前往麦加。
>
> …………
>
> （《新华每日电讯》1995－04－21）

从这个信手拈来的例子可以看到，记者为消息添加背景、增强背景意识，对于新闻报道来说，是何等重要。

一、何谓新闻背景？

关于新闻背景，可以从事物发展与新闻写作两个层面上来理解。

就事物的产生与发展而言，新闻背景是对人物和事件起作用的历史情况或现实环境。任何事物都不是突然出现、孤立存在的，它们都有一个从无到有，从小到大的渐变过程，与外在的各种相关事物都有一定的联系。抛开这些纵向与横向的联系，很难认识和反映事物的真相。

这是宏观意义上的新闻背景。所有的新闻报道、记者的一切采访写作活动，都不能不注意新闻事实产生与发展的客观背景。

在消息写作范畴之内，狭义的新闻背景，应当说是上述大背景的有选择的反映。但又不完全如此，它的范围更宽泛一些。例如，对名词术语的技术性注释，也在背景写作之列。

那么，怎样给狭义的新闻背景下定义呢？

简言之，一般消息写作中所说的新闻背景，是指新闻事实之外，对新闻事实或新闻事实的某一部分进行解释、补充、烘托的材料。请看下文：

西安发现两千多枚秦代封泥

新华社西安（2000年）2月14日电（任隆　王兆麟）　西安北郊近年陆续发现了带有官印文字的秦代封泥，迄今累计已达2 000多枚。专家认为，这是我国继1975年在湖北云梦出土睡虎地秦简之后，秦代文字出土数量最多、学术研究价值最高的一次发现。

据了解，封泥是古代用胶质粘土封缄于竹木简牍文书、进贡物品的包装之上，然后在封缄之粘土上盖上印章的遗存。它起始于东周，秦汉最盛，终于南北朝。这批秦代封泥1995年首次出土于西安北郊秦代宫殿章台遗址附近，为相家巷农民在田中挖肥料坑时所发现，后辗转流入北京文物市场，北京古陶文明博物馆馆长路东之慧眼识珠，多次出资搜购看来"不值钱的泥块"1 000多枚，随后西安书法艺术博物馆馆长傅嘉仪从农民处收了600多枚，西安市文物局又派出考古人员到出土之处进行科学发掘，又获得数百枚。目前，总计共达2 000余枚。

我国以前发现的封泥以汉代为主，每次出土最多不超过500枚，其中秦代封泥总计不到10枚，而这次出土竟达2 000余枚，其有字印面一般长、宽各在1.8厘米至2.2厘米之间，大部分保存完好。

这批秦代封泥反映的中央职官名称达130多个种类，包含了秦朝廷从丞相起的三公九卿制度的基本框架，还有各地郡县职官50多种类，可以说是第一次完整勾画了一幅秦朝官僚机构的网络图；同时，秦封泥文字系统地揭示了一批鲜为人知的秦代都邑、郡县、官殿、苑囿的名称，仅郡县名称就比过去增加了18个，成为学者考察秦代历史、地理的"活字典"。此外，它对古代文字、书法、篆刻、档案的研究也具有重要价值。

这篇消息如果去掉背景，只写新闻事实，便是：

西安北郊近年陆续发现带有官印文字的秦代封泥，迄今累计已达2 000多枚。

消息中除此之外的部分都是新闻背景。它们用来解释、补充说明：什么是封泥？封泥这种东西起于何时？秦封泥是什么样子？封泥上的官印文字是什么？有何研究价值？这批封泥是怎样发现，怎样收集起来的？

没有这些背景材料，孤立地报告"2 000多枚"，不能说是一篇明了的、完整的新闻。可见，背景在新闻中占有多么重要的地位。

二、新闻背景的任务、作用

消息主体的任务在很大程度上要由背景材料协助完成。新闻背景在阐明新闻事实、传递信息、揭示新闻主题等方面发挥着重要作用。具体来讲，有以下几个方面：

（一）说明、解释，令新闻通俗易懂

正如本书上编所说，新闻传播的受众是不特定的多数，其年龄、职业、受教育程度、社会地位各不相同，面对媒体报道的新闻事实，他们在理解上往往会遇到各种各样的障碍。这种情况在近代报纸问世之初，并非那么严重。因为当时报纸发行范围很小，新闻的内容大多反映人们熟悉的街巷琐事，容易理解。随着现代传播技术的发展，传播范围的不断扩大，尤其是随着当代经济、政治互动关系的增进，人们对远地事物的关心日益强烈，通俗化问题就显得越来越重要了。

新闻背景解释、说明的对象通常有两种。一种是新闻中的名词术语。新闻中出现专有名词、专业术语是常有之事，如果不加解释，它们就会成为读者理解新闻的拦路虎。前面所引《西安发现两千多枚秦代封泥》中的"封泥"一词就是一个专业术语，需要加以解释，下面这篇短消息对"可燃冰"的解释也很到位：

南海发现巨大宝藏"可燃冰"

本报讯　"可燃冰"这个大自然为人类子孙后代备下的丰厚礼品，最近在祖国的南海被发现。日前，从中国科学院广州能源研究所传来消息说，经初步判定，南海海底有巨大的"可燃冰"带，能源总量估计相当于全国石油总量的一半。

"可燃冰"外形似冰，能够燃烧，学名叫"天然气水合物"。与石油和天然气相比，"可燃冰"的优点更为突出。1立方米的"可燃冰"所释放的能量相当于164立方米的天然气。目前，在全球公认的"可燃冰"总能量是所有煤、天然气、石油总和的两到三倍。

除了南海以外，在我国的东海也发现了"可燃冰"的踪迹。据悉，国家已经开始组织力量就全国"可燃冰"资源进行勘察。（北莞）

（《中国商报》2000－08－15）

正因为消息中有了这样一些解释，读者才会越过专业词汇这道障碍，顺利地阅读并理解全文。

新闻背景用来解释的另一类对象，是消息中的事实部分。例如下文：

到月亮上找水

“勘探者”昨日撞击月球

新华社今晨供本报专电　昨天格林尼治时间9时52分（北京时间17时52分），美国“月球勘探者”探测器成功撞击到月球表面。A　这一“自杀式”撞击是为了确认月球上是否存在着水，但目前还没有探测到任何可见的水蒸气云雾。

撞击地点是月球南极附近直径约50至60英里的一个陨石坑，B　科学家们推测这一陨石坑可能存在少量的冰。美国国家航空航天局发言人称，探测器准确击中目标。

C　专家们希望这一撞击可以带出一些月球上的岩石和冰，这样太空中和地球上的探测器就可以观测到。现在，科学家们正利用太空中的哈勃望远镜、美国本土得克萨斯州的天文台、夏威夷的科克望远镜对这一碰撞进行详细观测，希望得到的数据能够证实月球上水的存在。但是，美国国家航空航天局指出，如果信号不强的话，要迟至几个星期甚至几个月之后才能得到分析结果。D　“月球勘探者”是美国宇航局1998年1月6日发射的，撞击之前已围绕月球飞行了18个月，其使命是绘制月球表面地形图、探测月球地质结构和寻找水。

（《北京晚报》1999－08－01）

消息中画线的部分均为解释性背景。它们不是用来解释个别专有名词，而是用来说明新闻中涉及的事实的。背景A说明“自杀式”撞击月球的目的；B说明何以选择月球南极附近的陨石坑；C进一步解释撞击的目的；D说明“月球勘探者”的使命、撞月前的工作情况。有了这样一些背景，读者的疑问大致可以消除了。

从某种意义上来说，新闻写作总是负有一定的“翻译”的任务。对于非特定的读者大众而言，新闻报道的内容总是带有“专业”、“专门”的性质，记者须臾不可忘记“通俗化”这个程序。

（二）运用背景材料揭示事物的意义，唤起社会关注

许多新闻作品要借助背景材料揭示事物的意义。之所以如此，一是读者的需要。正如前一章所说，面对媒体的报道，读者很想了解：为什么一定要我知道这件事？它意味着什么？二是信息源的需要。有些新闻发布者希望通过媒体这个舆论工具，说明某种行为的社会价值，得到社会的理解、认同、支持；三是传播者一方的需要。纳入新闻报道的事物，是严格选择的结果，在媒体一方看来，它们具有使知——让读者了解的必要，这其中就包含着它对社会所具有的某种意义。

仅仅报道新闻事实往往无法达到这个目的，在这种情况下，插入背景材料是不可缺少的手段。以北京云居寺出土石经回归地穴为例，1998 年 6 月 20 日，北京有关单位举行新闻发布会，宣布将于 1999 年 9 月 9 日 9 时 9 分 9 秒，把 1957 年从云居寺出土的10 082块石经重新放回地穴珍藏。这就是基本的新闻事实。如果消息仅仅写到这里，读者会提出许多疑问。这条消息需要添加多种背景材料予以解释，才能使读者看懂。仅就这一举措的意义而言，消息必须说明，为什么要回藏？放回地穴的必要性、其意义何在？解开这个“谜”，是读者的需要，新闻发布者为了获得社会各界的理解与支持，也必须说明这一点。于是，就有了下面这种写法：

北京云居寺千年石经将回归地穴

本报北京 6 月 20 日讯（记者李家杰）　在今天召开的“石经回归”新闻发布会上，有关方面负责人说，由于技术手段欠缺，长期受大气严重污染，1957 年从国家重点文物保护单位北京云居寺出土的佛教石刻经板已“严重风化”。为了更好地保存这批重点文物，1999 年 9 月 9 日将其回归地穴珍藏。

据史载，最早主张把佛经刻在石头上的是北齐南岳天台宗高僧慧思。第一个将此事付诸实施的是他的弟子静琬。从1 300多年前的隋代大业年间开刻，历经辽、金、元、明数代千年，无数僧人辛勤劳作，共刻出佛经1 122部3 572卷、14 278块石经。完工后藏于云居寺附近石经山 9 个藏经洞，和寺内压经塔下的地穴中。

佛学家说，这些石经包容了佛经的经典要著，辽金刻经以《契丹大藏经》为蓝本，可以校正存世佛经的舛讹。静琬生前曾留下刻经主旨：“此经为未来佛法难时拟充经本，世若有经，愿勿辄开。”但后人未遵循此言。

据北京市文物局局长梅宁华介绍，1957 年从云居寺南塔附近出土辽、金时代刊刻石经板共计10 082块。置入的展室，实为库房，既不利于向世人展示，又不利于保护。41 年来，文物部门与有关专家虽多方设法保护，但至今未能从根本上解决问题。现在，有的石经板字面已脱皮，有的整块下掉，有的表面呈粉末状，有的大面积文字脱落。

专家认为，把这些石经重新放归原埋藏处的压经塔地穴封藏，是目前防止石经风化的最佳方案。

（《光明日报》1998－06－21）

这篇消息从导语开始就插入了大量的背景材料，实际上，整篇作品主要靠背景支撑。这些背景不仅说明了石经的来历、内容，更主要的是揭示了石经的价值，它告诉读者，这批石经始刻于1 300多年以前，包容了佛经的经典要著，辽金刻经以《契丹大藏经》为蓝本，可以校正世传佛经的舛讹。从而说明，石经回归地穴，不仅是文物保护的需要，也是佛教界的一大善举。这样一来，读者对此事的意义就不难理解了。

（三）用背景进行对比衬托，突出事物特点、显示变化程度

事物的特点是在比较中存在的。文学艺术领域惯用的表现手法就是对比衬托，新闻写作也不例外。在很多情况下，新闻需要借助背景材料，以对比和衬托的方式，反映事物的特点、发展变化的程度，显示其新闻性，引起读者的兴趣。例如下文：

内塔尼亚胡：审讯室里过生日

［路透社以色列巴特亚姆（1999年）10月21日电］　以色列前总理本杰明·内塔尼亚胡的五十岁生日是在警方的审讯室里度过的。警方对他在离职后非法保存贵重物品一事进行审讯。

内塔尼亚胡同夫人萨拉一道走进了特拉维夫郊外的一个警察局。头一天，警方搜查了他的住所、办公室和他存放在一个政府仓库里的衣箱。

对一位前总理的住所和财产进行搜查在以色列历史上是前所未有的。仅仅一年前，内塔尼亚胡在美国马里兰州瓦伊种植园度过他的生日，在那里同巴勒斯坦总统阿拉法特和美国总统比尔·克林顿就达成一项临时和平协议进行了广泛的交谈。

新闻中，记者用一年前内塔尼亚胡在美国瓦伊种植园过生日，同阿拉法特、克林顿会谈等背景材料，来与今天在警方审讯室过生日进行对比（记者能从“生日”这个特殊的角度着眼做文章，也是非常聪明的），造成了强烈的荣辱反差，用背景材料反衬出了内塔尼亚胡下台之后的处境，耐人寻味。这个背景材料不仅突出了事件的新闻性的特点，而且，也为新闻作品增添了色彩，决非可有可无之笔。

对比衬托性的背景材料，可以为新闻注入更丰富的内涵，使新闻作品的主题更加鲜明。

1991年7月12日，长江汉口水位达到26.94米，但武汉三镇安然无恙。《湖北日报》在《武汉百里长堤巍然锁大江》这篇消息中，一开始就用了一个对比性的背景材料：

> 本报讯　长江汉口水文站昨21时提供的水位记录说，江汉关水位此时达26.94米。
>
> 据历史记录，60年前的1931年，江汉关水位在26.94米时，汉口溃堤。
>
> 眼下，武汉三镇308公里的沿江大堤牢牢护卫着面临长江大汛的这座城市。
>
> …………

消息的后半部分写了解放后，在党的领导下，武汉三镇防洪建设取得的成就。因为有了历史性的对比材料，这篇消息的主题升华了。新闻既赞美了武汉百万军民的抗洪精神，又没有停留在这个层次上，而是提升一步，歌颂了中国共产党的领导和社会主义制度的优越性。

报道上海宝山钢铁厂获权威机构——美国标准普尔公司对其作出的正式评级的消息，对比衬托性的背景也发挥了很好的作用。1997年11月，美国标准普尔公司对宝钢的债信能力做出评级，评定宝钢的债信能力为与中国主权级同级，即BBB^{+}。这意味着宝钢可以进入国际债务资本市场，可以到国外资本市场发行经国家批准数额的债券。《中国冶金报》在《宝钢获世界权威机构“主权评级”》这篇消息中，用了这样一个衬托性的背景材料：

> …………
>
> ……据悉，标准普尔给宝钢的评级比日本最优秀的钢铁企业新日铁还要高一级。
>
> …………

有了这样一个背景，宝钢在国际债务资本市场的地位，一下子就显现出来了，消息的主题也得到了强化。新闻写作切不可忘记这类背景材料的重要作用。

（四）以背景语言加以暗示，表达某种不便明言的观点

在新闻报道活动中，面对采访对象提供的情况，面对一些复杂的国际国内问题，记者总会有自己的分析、看法，有自己的立场、态度。有洞察力的记者，有时还会发现其中隐含的疑点、预见到可能出现的后果。对此，记者往往会感到也有将其传达给读者之必要。然而，由于事态尚不明朗，事实的暴露尚不充分，发言还不是时候，或者，顾忌到有可能引起的麻烦，记者不能不讲究“说话”的策略。在这种情况下，用背景性事实进行暗示，便是一个行之有效的办法。

谢胡自杀的消息即是一例。1981 年 12 月 18 日晚，阿尔巴尼亚党政机关发表公报，称 68 岁的部长会议主席穆罕默德·谢胡于当日凌晨自杀身亡。并说，谢胡是在“神经失常”时自杀的。新华社 19 日的新闻稿加了这样一段背景：

…………

在这之前，阿通社在 12 月 17 日曾经发表谢胡 16 日在地拉那接见罗马尼亚政府贸易代表团的消息。

…………

这段背景意在暗示：既然 17 日能够正常接见外国代表团，18 日，第二天，怎么会突然“神经失常”了？其中似有疑窦。

1991 年法新社报道原苏联核爆炸留下死湖的消息，也用背景对消息源的介绍提出了质疑。苏联彼尔姆区生态委员会的成员告诉法新社记者，1976 年在乌拉尔山脉中部开凿运河时，爆炸了三个核装置，留下了一个有放射性物质的湖。这个委员会的人强调说，彼尔姆地区所进行的核爆炸并没有造成核辐射。法新社记者不相信这种说法，但又不便直接反驳，便在他的消息一文中加了一段对比性的背景：

…………

据生态委员会说，这个人工湖沿岸的放射性物质高达每小时 1.5 雷姆，湖底达每小时 5 雷姆。在法国，核工程人员不得在放射性物质超过每年 5 雷姆的环境中工作。

…………

（法新社 1991－05－03 电《核爆炸留下死湖》）

文章用一年与一小时的放射性物质的量相比较，告诉人们，即使是沿岸，每小时 1.5 雷姆的放射性物质，也远远超出了法国规定的标准，从而对苏联彼尔姆区生态委员会发言人所说的“没有造成核辐射”间接地进行了反驳。这种借背景事实提出异议的做法，显然更有说服力。可见，以客观报道为基本姿态的消息写作，“背景暗示”的确是一种发言的艺术。

（五）借背景为新闻注入知识性、趣味性内涵，使其更可读

新闻媒体，尤其是报纸，在报道新闻、传播信息的同时，还负有传播知识、提供欣赏和娱乐性材料的任务。就读者的阅读心理而言，除了要获得新闻和信息，了解时事、随时洞悉社会与自然环境的变化，还希望获得知识的、情趣上的满足，以提高人的素养，保持健康愉悦的心绪。文艺体育类的报道、轻松的社会新闻之所以受欢迎，与此不无关系。应该说，这类内涵丰富的新闻，是读者很好的精神食粮。为了提供这样的新闻作品，记者要在新闻的选择上多下工夫，同时，还要不失时机地在新闻中加入知识性、趣味性的背景材料，使新闻变得有滋有味。下面这篇作品即是一例：

自古黄河清几回　今见银瀑泻峡谷
黄河出现“河清”景观

据新华社西宁（1991年）12月24日电（记者师海波、王宏伟）　自今年9月以来，滔滔黄河一洗浑黄的旧容，碧波清澄，呈现出罕见的“河清”奇观。宁夏青铜峡十里长峡仿佛水晶画廊，两岸山石倒映在黄河中央；刘家峡壮丽银瀑漫下峡谷；在龙羊峡滔滔而下的黄河被178米高的大坝拦腰一抱，狂涛巨浪顿时化作绿波千顷。

造成“河清”的原因是什么？黄河水利委员会西宁水文勘测队副队长喇吉中告诉记者，黄河返清的主要原因是上中游地区持续数月干旱无雨，黄河的水流量和泥沙量都大大减少。自古黄河清几回？《宋书》记过4次河清的情景，《新唐书》中的记载有14次；史书中有关“河清”的最后一次记载是在1726年。

这篇短消息文字讲究。第一段描绘了“清”与“绿”，展现了一幅少有的“河清”图景。第二段作为背景段，不仅交代了河清的原因，还引用史书的记载，使读者获得不少知识。壮美奇特的自然景观，加上略带书卷气的注释，二者相映成趣。

法新社一则关于网球赛提高奖金数额的消息，也加进了一些很有知识性和趣味性的背景，读后甚至令人难忘。

温布尔登网球赛再度提高奖金

[法新社伦敦（1995年）6月22日电]　下周，桑普拉斯将在这里打响其实现温布尔登网球公开赛男单三连冠的战斗；而此项比赛的总奖金额也将首次突破600万英镑。

这位即将从有128名选手参加的最后抽签中脱颖而出的男子冠军将得到一张36.5万英镑的支票。女子冠军将席卷32.8万英镑。在天平的另一端，每一位在女子第一轮预赛中吃了败仗的选手也将获得715英镑奖金和120英镑生活津贴。在这项一年一度的大赛中，将有40万名观众走进赛场观看比赛。

同首届温布尔登网球公开赛相比，这真是天壤之别。首届比赛于1877年在位于伦敦西南郊、古老的沃普尔路体育场举行。

当时，只有大约200名观众观看22名选手角逐男子冠军，而只有30人享受着坐座位的奢侈待遇。每一位选手都必须缴纳一畿尼（英国当时的货币名称，合现币1.05英镑）参赛费。准备了180只网球。第一位冠军、英国人戈尔获得了12畿尼的奖金。他还被《大地》杂志社老板们赠予一尊价值25畿尼的银制挑战杯，而亚军则获得了7畿尼奖金。

这类背景读起来让人获益良多，它们使新闻真正带有了“欣赏”价值。

广义上讲，新闻背景对事物进行说明、解释，使读者由不懂到懂，可以说基本上都带有知识性，但未必都有趣。既有知识性又有趣味性的背景，客观上往往受报道题材的限制，主观上则取决于记者的知识、兴趣等个人素养，主要的是采写中的服务意识、精品意识，以及努力程度。

（六）用背景材料介绍新闻中的人物，满足读者的好奇心、阐释人物行为的合理性

人物始终是读者的兴趣所在。媒体报道的各类新闻，无不与人的行为、人的命运有关。那些以报道新人新事为主的人物新闻，更是将人物推到了前台。

然而，作为社会的一个成员，人的生存环境、成长经历、活动舞台，又存在着巨大差异，相互理解并非易事。在这种情况下，传媒肩负着中介的任务，它有必要在着眼于新闻事件的同时，将其人物的有关情况介绍给自己的读者，向读者说明此人之所以会有此举的必然性、合理性，以便读者理解。而达到这一目的的方法之一，就是在消息中加入适当的人物背景。例如下文：

摩托车探险家崔迪挑战人类极限
“肉包铁”穿越艾丁湖

本报讯　据新华社报道：新疆著名探险家崔迪骑摩托车穿越艾丁湖获得成功，并于千禧年的第一天凌晨回到乌鲁木齐。据介绍，这是人类骑摩托车首次穿越中国最低点艾丁湖。

前日下午16时40分，崔迪骑摩托车由艾丁湖北岸“艾丁湖”石碑处出发，向南岸挺进，到达南岸后，原路返回，于18时26分返回出发点。此时，20世纪的最后一缕阳光正好落下。

崔迪说，目前的艾丁湖湖心已基本干涸，湖面主要为沼泽和盐碱。此次穿越共历时1小时46分钟，穿越直线距离为9公里，途中最大时速为40公里。

艾丁湖是中国最低点，低于海平面154米，是吐鲁番盆地的盆底，湖面22平方公里，湖水矿化度很高，当地维吾尔语意为“月光湖”。

崔迪是我国较早从事摩托车探险的探险家之一，曾单骑穿越塔克拉玛干沙漠、罗布泊等地，获两项吉尼斯证书。

（《广州日报》2000－01－03）

消息最后的背景段，对崔迪的探险经历作了介绍，满足了读者的好奇心，崔迪的成功，也就容易理解了。

一些新闻作品忘记了交待人物背景，结果，这些报道令人生疑，大大妨碍了新闻的报道效果。下面这篇消息就存在这样的缺憾：

山东汉子要捐2 008棵银杏给北京

本报讯　为了以实际行动表示自己对北京申奥的支持，山东汉子孙仅增要给北京捐赠2 008棵银杏树苗，但又不知道捐给哪个部门。昨天下午，孙仅增来到本报编辑部，他向记者表达了自己的迫切心愿，并希望通过报道，能尽快找到接收部门。

孙仅增从1997年就常住在北京，几年来，他对北京的感情越来越深，用他的话来说，北京就是他的“第二故乡”。孙仅增觉得北京的环境越来越好，他希望多种点树，使城市绿化得更好。“不是说要办绿色奥运吗，我想捐2 008棵树，一方面期望北京申办2008年奥运会成功，另一方面是以实际行动支持北京办一届绿色奥运。”孙仅增说。

据了解，银杏树全身是宝，树叶可入药，还能提炼成茶叶，银杏籽儿有止咳化痰治头痛的作用，树木则极具观赏价值。因此，银杏树被称为树木中的“活化石”。

（2001－03－15见报）

读罢这篇消息，人们在肯定孙仅增此举的同时，恐怕也会产生疑问：2 008棵银杏需要多少钱？孙仅增在北京从事什么工作？经济状况如何？新闻如能对这些问题做出回答，报道效果会更好些。

（七）累加同类事实，开阔读者视野

这也是新闻背景的一个不可忽视的作用。这类背景可以称之为“累加性背景”。它是在消息所报道的新闻事实之外，顺带介绍其他一些相同类型的事例，或者顺带给出同类事件总的情况、数字。这类背景与新闻事实并无因果联系，但是，它们在消息中的出现，却使读者不仅能看到消息所报道的“这棵树”，也能看到这棵树之外的“森林”。从而帮助读者举目远眺，在更广阔的背景下来观察和认识消息所报道的新闻事件。例如下文：

黑客狂轰雅虎

新华社上午供本报专电　全球最著名的网站之一美国的雅虎网站7日遭黑客袭击，从美国东部时间下午1时45分开始服务中断达3个小时。这是该网站自1995年建立以来遭黑客袭击最为严重的一次。

据雅虎网络公司发言人黛安娜·亨特说，网站中断服务是因为黑客故意制造大量假信息，造成雅虎服务器严重超载，不能使用。

有关人士认为，由于网站中断服务，雅虎网络公司应向广告公司提供赔偿。雅虎网站平均每天有4.65亿页浏览数。据悉，网站服务中断没有对雅虎网络公司的股票造成影响。据美国的一位计算机安全专家说，现在全美有75%至85%的网站都抵挡不住黑客的攻击。

（《北京晚报》2000－02－09）

这篇短消息报道的事实是雅虎网站遭黑客袭击，但消息的结尾部分给了一个累加性背景——“全美有75%至85%的网站都抵挡不住黑客的攻击”。正是因为有了这样一个背景，读者才懂得了网络这一现代传播方式的脆弱性。（这个背景如能独立成段，并交待计算机安全专家的姓名就更好了。）

累加性背景并不少见。2000年7月7日《广州日报》曾发表一篇消息《法国姑娘独闯大西洋》。26岁的商科学校毕业生佩吉·布歇于1999年11月18日从佛得角出发，独自驾驶自己的小船，航行49天，划桨80万次，行程5000公里，于2000年1月5日抵达美洲的马提尼克岛，完成独自环大西洋航行的壮举。消息在报道布歇事迹之后，于结尾处补充了这样一段累加性背景：“在布歇之前，美国的维多利亚·默登、挪威的迪亚娜·霍芙两位女探险家，于去年底分别以82天和113天完成了独自划桨环大西洋的航行。”这段背景使读者超越布歇一人，看到了人类、看到了女性的挑战精神和巨大能量。

累加性背景是褒贬事物的有力武器。无论是表扬还是批评，是宣传成绩还是暴露问题，记者都可以借助相关事实的累加，在更高的层次上发言。以高速公路建设为例，在报道某条高速公路建成的同时，可以借助累加性背景告诉读者：自第一条高速公路建成至今，我国已建成了多少条高速公路，总公里数已达到多少，在世界占有怎样的位置；如果报道某省某座桥梁垮塌，又可以顺带附上一笔，告诉读者，在一段时间之内，该省已相继有几座桥梁垮塌，造成多少人伤亡，经济损失总共有多少。这种写法比报道单个事件信息量更大，潜台词更多，发言更有力，也更能激起读者的共鸣。

胡乔木1946年在《人人要学会写新闻》一文中讲过的一段话至今仍有现实意义："不说新闻的读者和作者多半相隔几千里、几万里甚至几十万里，哪怕只隔几十、几百里，他就和你生活在两个不同的地方。他读你写的新闻时，既不会随时翻字典、看地图、查各种参考书，也不会把你过去的作品和其他有关的新闻都找在一起来对读。你可能给他的各种麻烦，全靠你写作时像情人一般的细心体贴，防患未然"，"你得在你的新闻里，每一次供给他详细的注释，纵断面和横剖面的背景，色、香、味，呼之欲出，人证物证一应俱全。这样，你的新闻就叫做'立体化'了，就叫做让人明白了。"受采写时间的限制，新闻写作要想做到简明而又周到十分不易。这就要求记者格外用心。

第二节　精选背景材料

同整个新闻写作一样，能否写好背景，第一取决于材料，第二有赖于技巧。材料在这里同样是决定性的条件。

新闻背景的基本构件是——事实。除了某些专有名词术语的技术性解释，新闻背景绝大部分由事实构成，而非空论。亦即，我们选择的对象是事实。它们虽然不是处于前台的新闻事实，但却是与新闻事实有关，可以用来为新闻事实服务的形形色色的实有之事。这是背景选材的一个基本特点。

那么，在选择背景材料时应注意哪些问题呢？

一、明确目的，抓住重点

正如前一节所说，新闻背景在新闻作品中的任务与作用是多种多样的，即使在同一篇新闻中，有时也要调动各种不同的背景材料分兵把口说明和烘托新闻事实。这样，记者在选择背景材料时，面临的头一个问题就是明确目的，分清主次，抓住重点，以免出现漏洞。

通常情况下，决定背景选材的主要因素是事实本身的"疑点"、读者兴趣、新闻主题。所谓"事实本身的疑点"，是指读者感兴趣、而不加背景读者又难以理解之处；读者兴趣，既包括前面所说的"疑点"，又包括新闻事实之外，读者需要了解的有关事实和材料；新闻主题则被认为是调遣背景材料的主要依据，大部分新闻应根据主题的需要确定背景解说的重点。不少新闻作品在背景写作上出现毛病，大致也是背离主题造成的。例如下文：

脱贫母亲受到表彰

本报讯　昨天，北京市门头沟区的李凤兰，青海省平安县的安尔存等13位来自全国的18个贫困县（市）的脱贫母亲受到了中国人口福利基金会、幸福工程组委会的表彰，国务委员、国家计生委主任彭佩云等领导向他们颁发了奖品。

幸福工程是一项以救助贫困地区的贫困母亲为主题的社会扶贫工程，1995年启动以来，工程以扶贫济困，回报母爱的深刻情感内涵和具有鲜明特色的救助模式引起了社会各界的广泛关注，工程通过向海内外募集资金，目前已投入2 000多万元在全国23个省、市、自治区建立了50个项目点，受助贫困母亲已达20 000多人。

（1997－10－16见报）

这条消息的背景主要应当写什么？——消息报道的基本事实是脱贫母亲受表彰。那么，这13位受到表彰的脱贫母亲的共同特点，她们中具有普遍意义的典型事迹，便是本文应着力介绍的背景材料。因为，从全国18个贫困县中选出的佼佼者，她们究竟是怎样的人物，有何值得学习之处，正是读者最关心的，也是最有教育意义的部分。幸福工程作为母亲们脱贫活动的后援，同样功不可没，也值得在背景中加以介绍，然而，重点仍在前者。原因很简单，无论幸福工程多么重要，作为外因，也只能通过内因——贫困母亲自身的努力，才能改变贫困面貌，她们的事迹既有新闻价值，又有宣传价值，理应多用笔墨。遗憾的是，消息中只字未提脱贫母亲的事迹，却将幸福工程当成了背景写作的重点，结果，读者不满意，新闻也很难发挥应有的激励、教育的作用。

一些消息之所以出现类似情况，原因大都在于报道思想不够明确，主题把握不准。同时，也有一个揣摩读者兴趣的问题。读者究竟想知道什么？我们应当向读者传递一些什么样的信息？只有将这些问题琢磨透了，才能明确背景的释疑重点，这是一个不可忽视的前提。

二、注意背景材料的广泛性、多样性

新闻的本源——社会生活具有无限的丰富性，用来说明新闻事件的背景性材料也是如此。为了增强背景的帮衬效果，把新闻写得多姿多彩，记者在选择背景材料时应当不拘一格，旁征博引。

就内容而言，背景材料不受时空和事物类别限制。古今中外，只要对说明新闻事实有用，均可拿来。在新闻业务研究领域，有人将背景分为若干类型，如历史性背景、地理性背景、事物性背景、知识性背景，以及人物背景等。这种分类在一定程度上反映了新闻背景的多样性，然而，实际上背景材料的种类要比上述分类丰富得多。

在表现形态上，可作背景的材料也是五花八门、多种多样的。它们可以是某人的口述，也可以是文献资料、统计数字、史籍典故，甚至可以是一首歌曲的某句唱词、民间流行的顺口溜。据说，70 年代末美国纽约出现青年志愿者组织“人民守护神”，其成员身穿印有“向雷锋学习”的圆领衫，自愿在地铁巡逻，以保护市民免受流氓伤害。美国报纸在报道这一现象时，背景引用了中国歌曲的两句唱词“学习雷锋好榜样，忠于革命忠于党”。1999 年 12 月 7 日二郎山隧道开始试通车，《北京晚报》报道这一事件的消息，也用了丰富多彩的背景：

二郎山“天堑变通途”

本报成都今晨讯　今天，将是一个历史性的纪念日，二郎山隧道经 4 年建设实现管制试通车，歌唱了近 50 年的“二郎山高万丈”的天堑结束了它“一夫当关，万夫莫开”的“鬼门关”历史。

据了解，举世闻名的二郎山隧道位于四川雅安天全县与甘孜州泸定县交界处，是千里川藏线的第一座大山隘。二郎山海拔高度3 000米以上，山势险峻，气候恶劣，地质复杂，常年受暴雨、冰雪、浓雾等灾害性气候和崩塌、飞石、泥石流等自然灾害威胁，车毁人亡事故频繁发生，严重影响行车安全，司机们无奈地说：“车到二郎山，如过鬼门关，侥幸不翻车，也得冻三天。”据悉，二郎山隧道全长4 176米，别托小隧道 101 米，和平沟大桥 118 米，总投资 4.7 亿元。二郎山隧道的建成，将缩短公路里程 25 公里，避开了冰雪、浓雾等自然灾害的困扰。据悉，从今日起至正式通车止实行交通管制条件下的试通车，实行单向放行，单日进山，双日出山。　（白雪飞）

消息在导语和主体中都使用了歌词 、顺口溜等背景材料，这些歌词、顺口溜几十年广为流传，为人们所熟知，读到这些背景，人们就会想到二郎山山高路险的情景，它们比抽象的叙述好得多。

许多事例说明，正是单个新闻事实本身的有限性与背景材料在内容与形态上的无限性二者的巧妙结合，才能使新闻作品的认识空间达到既广且深的境界。

三、借用新闻价值标准精选背景材料

新闻背景虽非新闻事实本身，但是，作为新闻作品的一个有机组成部分，它也应当能够调动读者兴趣，应当具有说服力。

这样，在背景材料的选择方面，实际上也存在一个新闻价值标准的问题。即，应以新闻价值标准——新鲜、重要、著名、接近（心理的、空间距离的）、情操、进展等符合读者心理需求的诸要素为条件，来挑选可作背景的材料。一些好的作品这样做了，它们就收到了事半功倍的效果。例如，关于北京的灭鼠活动，美联社是这样报道的：

紫禁城内也有鼠患
北京统一行动灭鼠

［美联社北京（1986年）11月20日电］　今天在整个北京市，有数以百计的卡车向每一个家庭和工作单位供应灭鼠药，以进行持续一周的灭鼠战。

该市有史以来规模最大的这场灭鼠战的组织者们希望，通过二十一日下午在北京市的每一个建筑物内投放杀鼠药，能杀死北京市内两千万只老鼠中的百分之九十。

北京市的大部分老鼠隐藏在老式建筑物内，尤其是在那些古旧的平房内。市政府官员说，甚至在市中心的紫禁城内也鼠患成灾。

鼠灾在农村地区也是一个严重问题，每年要毁掉一千五百万吨粮食，相当于中国每年进口的粮食总量。

消息的第一、二段是新闻事实，——其中也有散在的背景成分，如“该市有史以来规模最大的”、“北京市内二千万只老鼠”（数字绝对化是否合适另当别论）等，第三、四段则是纯背景段。这两段背景材料的选择，以新闻价值标准来衡量也是很精彩的。例如第三段，记者聪明地利用了紫禁城这个建筑群的世界知名度。美国人知道恭王府的可能很少，但听说过故宫紫禁城的肯定很多，说紫禁城里也已鼠患成灾，便会令美国读者感到惊讶。

中国新闻社在同一题材的报道中，采用的是另一背景材料：

……北京的老鼠横行霸道，地下铁路曾因它们的骚扰，数次发生停运事故。

…………

地铁曾因鼠患而停运，对于中外读者来说，都是新奇的。这个背景材料不但具有反常性，而且，对于国内读者来说，尤其具有心理的接近性，因为地铁和广大市民的生活有密切关系，这样的背景材料、由这样的背景材料予以强化的新闻作品，不能不引起读者极大的兴趣。

前面所引《光明日报》关于云居寺千年石经回归地穴的报道，也用了一个颇为新颖的背景材料。在文章的第三段，记者写道："北齐南岳天台宗高僧慧思的弟子静琬，生前曾留下刻经主旨：'此经为未来佛法难时拟充经本，世若有经，愿勿辄开。'但后人未遵循此言。"这个独家背景材料，为消息增添了特殊的氛围和色彩。这也说明记者在背景选材上要独具慧眼。

背景材料首先来源于采访。报道思想明确、采访作风深入、采访视野开阔，就会获得丰富的可作背景的材料；同时，背景材料也靠记者的知识和资料积累。记者要做"学习家"，不断学习，勤于积累，作富记者，只有这样，需要背景材料时才有"家底"可供调遣。这些，都是基础性的工作，是写作之外的硬功夫。

第三节　巧妙穿插

背景写作并无固定格式，"天女散花"，巧妙穿插，是背景写作的基本特点。

消息体裁没有固定的背景段。背景的位置依需要而定，应是招之即来，呼之即出。

背景是为说明、补充、烘托新闻事实服务的。背景材料由新闻事实和新闻主题调遣。而新闻事实的展开、叙述，在消息中多呈跳跃式，往往不受事物发展先后顺序的制约。这样，笔锋所至，哪里需要背景出场助阵，背景便应在哪里出现。

依次而论，常见的穿插方式大致有以下几种。

一、插入导语

导语提倡文字简练，开门见山，在消息的开头部分一般还是不加或少加背景为好。但是，这并非绝对的要求，关键看是否需要。有的消息在导语中插入了背景，效果相当不错，少数导语因为背景材料选得好或者运用得当，显得十分精彩。

有这样几种情况：

（一）背景本身为一典型实例，插入导语可以用来吸引读者，用来帮助"说话"

例如：

美国暂停基因疗法试验

[路透社纽约（2000年）1月22日电] 致力于基因疗法研究的专家们今天表示，他们对美国食品和药物管理局下令宾夕法尼亚大学暂时中止基因疗法试验表示欢迎。去年9月，18岁的杰西·格尔辛格在宾夕法尼亚大学的一项基因疗法试验中不幸死亡。治疗专家们认为，暂时中止此类试验并展开调查的做法也许可以帮助人们恢复对基因疗法研究的信心。

杰西·格尔辛格死亡，是导语中的背景成分。它是一个重要的事例，说明基因疗法还有待进一步研究。杰西之死，是基因疗法试验暂停的直接原因，也是容易引起读者重视的事件，放在导语之中可以引起人们的强烈关注。

消息的第三、第四两段重又说到了杰西的死，告诉读者，杰西是接受基因治疗死亡的第一人，他的免疫系统对植入的病毒产生了强烈反应，肝脏和脾脏被完全破坏，其他器官也受到严重损害。

由导语至主体，消息的作者始终让这个背景事例发挥作用，这种写法是颇为聪明的。

（二）背景材料极具吸引力，将其作为定语，用来修饰导语中的事实或人物，为新闻事实的出场鸣锣开路

例如：

[美联社马萨诸塞州大巴灵顿（1999年）4月4日电] 以阿尔贝特·爱因斯坦站在一块黑板前和墨索里尼拧鼻子等照片闻名于世的摄影记者卢西恩·艾格纳昨天在一家私人疗养院去世，终年97岁。

（《著名摄影记者艾格纳逝世》）

另一篇消息《再见，莫尔斯电码》的导语，也加入了精彩的背景材料：

[路透社伦敦（1999年）2月14日电] 发出泰坦尼克号遇难信号和第二次世界大战结束消息的莫尔斯电码，昨天成为科学技术无情发展的牺牲品。

爱因斯坦与墨索里尼，泰坦尼克号海难与第二次世界大战结束，用这样一些举世闻名的人与事来充当背景，并且让它们在导语中出现，对于调动读者的阅读兴趣，是十分有效的。

在日常的新闻写作中，虽然难得遇到如此级别的背景材料，但是，应当培养发现背景材料的这种眼力，学习背景穿插的写作技巧。

（三）用历史性背景与新闻事实对比，在导语中造成新旧反差，引起读者注意

例如：

［新华社合肥（1995 年）5 月 16 日电］　过去安徽省曾有一些地方为获得国家各种补助，出现争戴“贫困县帽”的怪现象。近年安徽省通过改革财税体制刹住了这一怪风。全省 50 多个财政困难县 90% 消除了赤字，去年全省财政增幅名列全国前茅。

（《择优奖励“养快马”安徽财税改革刹住争戴贫困县帽怪风》）

［美国《洛杉矶时报》1984 年 5 月 31 日报道］　35 年前，沈阳最后一位领事被中国共产党俘虏。35 年后，美国昨天重新开设了它在满洲的总领事馆，这是朝着加强北京同华盛顿的关系迈出的又一步。

（《美国在沈阳开设领事馆》）

这类纵向对比，一开始就反映出了事物的变化，可以引出话题，也可以造成悬念，可以丰富导语和整篇消息的新闻语言。

二、导语之后接背景段

导语之后紧接背景段，是一种常见的写法，但不能说是最好的写法，更不能成为套路。背景穿插何处，应视需要而定。在最需要的地方出现，就是最佳安排，形成框框反而不好。

导语之后安排背景段，有这样两种情况可供参考：

（一）导语中出现的关键性的人和事、关键性的词语急需解释，否则，会影响对新闻事实的理解，影响主体的进一步展开。在这种情况下，导语之后可立即插入背景

例如，报道 SOS 儿童村在我国试点，首批应聘“妈妈”接受培训；报道我国科学家钱学森获小罗克维尔奖章的消息，都需要在导语之后对 SOS 儿童村和小罗克维尔奖章加以解释。

下面这条消息也是一例：

［合众国际社耶路撒冷（1993 年）3 月 8 日电］　巴勒斯坦代表团女发言人哈南·阿什拉维今天告诫说，不要让纽约世界贸易中心爆炸事件在全世界引发一场反穆斯林的“绿色恐慌”。她说，抱有成见可能会阻碍中东和平努力。

绿色是伊斯兰教的传统颜色，早期的穆斯林征服运动就是打着绿色旗进行的。

阿什拉维说，尽管在爆炸事件中被逮捕的嫌疑犯穆罕默德·萨拉马是在（约旦河）西岸出生的，但是这次爆炸事件“同巴勒斯坦人没有直接联系”。

…………

（《伊斯兰组织否认同世贸中心爆炸有关》）

“绿色恐慌”一词是阿什拉维发言中使用的关键性词语，新闻有必要在导语之后立即说明这一词语的来历，否则，会影响读者对整篇文章的理解，从而减弱他们的阅读兴趣。正因如此，记者在导语之后立即加入了相应的背景段。

（二）鉴于思维逻辑和文章过渡的需要，可在导语之后立即加入背景段

有些消息，导语提示了新闻事实的结果或者要点之后，读者马上会想到，何以出现这种情况？起因是什么？亦即，在认识上，读者首先要求溯源，以此为前提，再进一步了解新闻事实的详细情况。从思维逻辑上讲，这时如果不交待背景，读者很难进行推理判断，很难得出自己的或者接受记者的结论。以下文为例：

农民请教授讲解股份制

本报讯（记者张晓芳　通讯员张磊）　十五大闭幕刚两天，一场生动的股份合作制知识讲座在固原县南郊乡农民技术学校举办。台上——固原师专经济学副教授景天时神采飞扬，讲得滔滔不绝；台下——南郊乡农民全神贯注，听得津津有味。

这场讲座是由南郊乡农民自己组成的淀粉协会安排组织的。

南郊乡洋芋粉条加工闻名区内外，已形成了以羊坊村为核心，辐射全乡13个行政村的加工网络，年产值高达1 000万元以上。然而近两年来，由于各自为政的个体经营和作坊式的传统生产方式受到市场经济的冲击，暴露出生产规模小、产品单一、竞争力差等弊病，严重制约南郊乡粉条加工业的发展。

针对南郊乡粉条加工业存在的诸多弊病，讲座中景天时教授形象地比喻：“一个手指打人，没感觉；两个手指打人，还是不疼；三个、四个、五个，直到握成拳头重点出击，方显威力。集中分散资金搞股份合作制犹如攥紧的拳头，能在激烈的市场竞争中显示优势和力量。”景天时分析说，南郊乡粉条加工业要想得到长足发展，就必须根据市场的需求，打破一家一户分散保守的经营，走集约化规模经营的路子，集中农民手中的分散资金，提高技术含量，搞精品加工，将粉条加工这一支柱产业重拳打出去，从而在市场经济的冲击中立于不败之地。

一石激起千层浪，股份合作制知识讲座引起从不知道股份制为何物的南郊乡农民的热烈反响。粉条经营大户李连森听完讲座后高兴地说："讲座让我认识到了合作经营的优越性，我有信心把自家的小粉坊向股份制方向发展。"去年加工粉条收入7万多元的羊坊村村民李克勤也打消了心中的顾虑，"以前想过联合经营，又怕钱投进去拿不回来，合作搞砸了没人负责，现在才知道股份合作经营受国家法律保护。"

南郊乡淀粉协会还请来了律师，为农民讲授合作经营、签订合同等方面的法律知识。

（《宁夏日报》1997－10－15）

素有"贫困之冠"称号的宁夏西海固地区的农民，居然对股份制产生兴趣，并主动请专家来村讲解股份制，这件事当然极具新闻价值。但是，对于反差如此强烈的事物，如果新闻中不能用背景材料架起理解的桥梁，读者接受起来就会遇到困难。本文在导语之后适时地插入背景段，说明洋芋粉条加工对于南郊乡农民的重要性，说明单人独户加工粉条已经无法适应市场竞争的需要，集中分散的资金、提高技术含量已势在必行。这样，无论是读者的思路，还是作为思维外化形式的文章的过渡，都会很自然地落到第四段，落到专家讲解股份制上面。消息所要表达的主题思想——股份合作制经济是改革中的新事物，需要支持和引导，便很好地得到了体现。

不过，并非所有的消息都适合在导语之后插入背景段。当新闻中"如何"这一要素成为读者关心的焦点，报告"如何"——新闻事实的具体状况成为当务之急的时候，例如某些突发性事件的报道，就不宜在导语之后插入背景段，而应当直接叙述新闻事实。例如，关于烽火村地陷一事，还是下面这种写法更好些：

武汉烽火村岩溶地面塌陷无一伤亡

本报武汉4月7日电　记者龚达发、罗盘报道：今天下午，记者赶到武汉市洪山区烽火村，往日繁华的村落已在一夜间不复存在，地面四处塌陷，多处房屋倒塌，伴着隆隆的声响，时有新的地陷发生。尽管天灾突然降临，但及时转移的村民告诉记者，由于武汉市委、市政府领导指挥得当，救险及时，全村无一伤亡。

地陷始发于4月6日下午4时，此后，地陷不间断地发生，地陷面积累计已超过10万平方米左右，下陷最深处达15米，共有150多户受灾，受灾人数近900人。灾害发生时，村党支部立即组织群众向安全地带转移，并向市委报告。不久，市委书记罗清泉、市长王守海等及时赶到现场，到一线部署安置工作。到今天下午，150 户、860 名村民已全部转移到安全地带并妥善安置。据湖北省和武汉市地震专家初步认定，这是岩溶地面塌陷，属自然灾害中的地质灾害。

（《人民日报》2000－04－08）

对于这种突发性灾害，读者最关心的莫过于人员伤亡、财产损失情况。消息以“特快专递”方式，在导语之后及时地、突出地报告灾情、传达抢险救灾情况，是符合读者心理要求的。但是不交待地陷原因也不行。将解释地陷成因的知识性背景放在结尾处，让读者不留疑问，是恰当的写法（这部分内容重新起段似乎更好些）。

三、分散插入主体之中

常见的写法有两种：

（一）主体中分散穿插独立的背景段

例如：

“长二丙”一箭冲天

长二丙改进型火箭发射铱星成功

据新华社太原 12 月 8 日电　今天下午 3 时 16 分 49.5 秒，我国自行研制的“长二丙”改进型运载火箭在太原卫星发射中心发射升空，成功地将美国摩托罗拉公司制造的两颗铱星送入预定轨道。至此，我国圆满完成了今年的航天发射任务，取得了 6 次发射全部成功的好成绩。

这是中国长城工业总公司承揽铱星发射合同的首次商业发射，也是长征系列运载火箭的第 49 次发射。

用于发射的“长二丙”改进型火箭，全长约 40 米，箭体最大直径 3.35 米，起飞质量为 213 吨。火箭飞行约 50 分钟后，分配器变轨成功，先后将两颗铱星释放在近地点 629 公里、远地点 632 公里、倾角为 86.3 度的近地圆轨道。

铱星系统是美国摩托罗拉公司设计的全球卫星个人通信系统，由 66 颗卫星组成，在距地球高度为 700 公里左右的轨道上，依 6 个运行面布放，实现低轨小型卫星通信。

（《深圳特区报》1997－12－09）

消息导语也含有背景成分，它的最后一句即为背景，用来强调6次发射全部成功。

第二段和第四段作为独立的背景段，分别介绍了长征系列运载火箭的发射次数、该公司承揽铱星发射合同及铱星系统的有关情况。这种穿插方式的长处在于，主角（新闻事实）与配角（背景材料）分工明确，读起来脉络清晰，比较容易把握。

（二）将背景材料化作句子的某种成分揉进主体，使其黏着在新闻事实之上，让读者看不出背景与新闻事实的界限

这种写法的好处是：可以突出新闻事实，让新闻事实始终处在聚光灯下，令通篇有一种新鲜感。例如：

在毛泽东诞辰98周年这一天

革命圣地延安无铁路的历史结束

本报讯（赵中庸　王发伪报道）　毛泽东诞辰98周年的今天，铁路铺轨到延安。喜讯如一股春风，迎来漫山遍野的人，队伍从鞭炮、烟花齐放的市区，一直通向挂着3000多盏彩灯、夜放光芒的宝塔山。

下午两点多钟，当铁道部部长李森茂、副部长孙永福和陕西省省长白清才、省委书记张勃兴踏着丰年瑞雪，拧紧全长315公里的西延线最后一节轨排螺栓后，一名从百里外赶来、身着羊皮袄的80岁老汉，破例被北京型内燃机车司机任斌扶上操纵台，用穿土布鞋的脚踩响风笛，宣告：革命圣地延安没有铁路的历史结束！

“火车通，百业兴”，大街小巷挂满这样的大红标语。站台上，手拄拐杖的86岁的陕北老革命王汝珍，向记者诉说周总理1973年来延安的情景：总理看到老区不富裕，心情很沉重，指示“一定要把西延线铁路尽快建成，早日改变延安地区的落后面貌。”由李鹏总理母校延安中学组成的秧歌队翩翩起舞，唤起人们的记忆，为了早日修通西延线，李鹏总理曾动用了首长基金。

西延线铺轨到延安的庆典，把“延安热”推向高潮。窑洞型建筑镶嵌着茶色玻璃的延安火车站，象征着江泽民总书记重倡的延安精神和改革开放。李森茂动情地指出，这条铁路的建成，不仅能促进陕北经济的发展，而且方便人民群众到革命圣地参观学习，将产生强大的政治感召力。

为这条铁路战斗了19个春秋、作出重大贡献的铁一局职工，用延安精神修建西延铁路。他们用“喜相逢”的欢快鼓点，擂出人们的企盼。老区经济振兴之日，延安精神将会发出更加夺目的光彩。

（《人民铁道报》1991－12－16）

消息中的画线部分均为背景材料。它们分别以定语、宾语、补语等不同的句子成分，对火车开通的日期、党和国家领导人对西延铁路建设的关怀、铁路建设情况及其意义作了补充说明。这样写的好处，确实突出了新闻事实本身，强调了新闻的现场感。

值得注意的是，以句子成分穿插背景，这种写法运用不当，也会适得其反，使句子过长过重，婉转有余而明快不足，因此，不宜滥用。新闻语言还是直白为好。长句子也是一忌。

总的来说，背景写作应当遵循为主题服务、少而精的原则，文字也需力求简洁生动。

思考与练习题

1. 何谓新闻背景？消息为什么要加背景？
2. 消息的背景大体有哪些类型，各自的作用是什么？
3. 怎样才能写好新闻背景？
4. 指出下面这条消息中的背景成分，说明本文背景的特点、作用、写作方法。

中国“曙光”直追美国“深蓝”

香港《东方日报》1月31日报道　中国成功自行研制超级电脑“曙光2000—Ⅱ”，性能直追美国IBM两年前击败国际棋王的“深蓝”超级电脑，中国视此为打破了国际垄断的胜利。

中国科学院计算所国家智能机研究开发中心研制的超级电脑“曙光2000—Ⅱ”，28日在北京通过科技部组织的专家鉴定，每秒可进行1 100多亿次运算，是中国迄今自行研制性能最高的电脑。以往，中国高性能的超级服务器市场，99%为外国公司所占。

超级电脑“曙光2000—Ⅱ”的性能整体上达国际同类产品的水平，中国国家气候中心利用64个结点计算机，只需一小时，便完成一个月的气候预测；连续运行5天，可预测10年的天气；用16个结点计算机，一天内可进行上千人次的电子邮件服务。

据中国的专家称，它与美国IBM的“深蓝”超级电脑性能相似，过去，这种计算器主要用于国防，而美国也因此一度限制千亿次计算器进入发展中国家。

美国一直对发展超级电脑不遗余力，能源部研制的超级电脑，它的首要任务是利用模拟试验和快速运算，确保核武器储备安全可靠，以及令科学家无须透过真正的核试，即能测试出核爆的威力，为核子技术带来突破。

（香港《东方日报》2000－01－31）

5. 简要说明下面这条短消息是否缺少新闻背景？缺少什么样的背景？

南宁出现“光化学烟雾”

专家呼吁　治理机动车尾气刻不容缓

本报南宁专讯　27日上午11时左右，在南宁市的朝阳路、新民路、兴宁路、民族大道等主要街道，人们感到眼睛刺痛、喉咙发痒、气味难闻。抬头看天，只见一层淡蓝色的烟雾在空中弥漫……环保人士惊呼：“这是光化学烟雾！”

据自治区和南宁市两级环保科研部门的专家介绍，前天的南宁市内，气温高、湿度低且阳光灿烂，这为光化学烟雾的产生提供了条件。早上，许多市民上班时就感觉到天空中雾气腾腾，到11时左右达到高峰，不少人流泪、咳嗽。这层蓝色的烟雾直到下午3时左右才慢慢消失。

有资料表明，南宁市的机动车有近30万辆，其中摩托车就有20多万辆，而一辆两冲程摩托车的污染量是轿车的4倍。由于南宁市机动车的尾气污染至今没有采取有效的治理措施，因此，造成的危害也就越来越严重了。时至今日，发生这样的光化学烟雾也就不奇怪了。

专家们呼吁：南宁市的机动车尾气已到了非治理不可的地步！

（2000－03－09见报）

6. 独立采写一篇消息，注意导语、主体及新闻背景的写作，力争写出精品。

第十二章

事件性消息

第一节　报道事件是消息的基本使命

可以说，消息这种体裁是由报道事件起家的。事件性消息是消息的“正宗”。无论时代如何演进，写好事件性消息，始终是新闻记者的基本功。

一、新闻报道必然追逐事件

人类自有传播活动起,尤其是自从商业性报纸诞生之后,事件始终是传播者猎获的目标。为了报道新闻事件,无数的记者曾经赴汤蹈火,有些人甚至献出了生命。尽管当代有些新闻学者对媒体过分强调事件、强调“异常性”而忽视“非事件”性的事物提出了批评,但是,他们只是矫正偏颇而已,从未有谁否定过事件在新闻报道中的重要性。轻视或无视事件,对于新闻传播活动来说是不可想象的。

（一）事件本身具有明显的“变”——变动的特点，容易引起读者的关注

受众接触新闻媒体，关心新闻信息，其本能的要求是了解生存环境的安危、了解世事的变化。事件性新闻报道的“事”，是环境变化的一部分，所以，它具有广泛的读者群。事件越大，例如战争、地震、洪水等等，读者面越广，关心的程度越高，媒体越应着力报道。

可以说，新闻媒体存在的价值就在于传达“变”的信息，读者主要关心的也是“变”。因此，新闻媒体不能不投入很大的力量报道事件性新闻。

（二）事件本身程度不同地都具有典型性的特点，具有典型示范、典型示警的作用

例如，2000年5月20日（当地时间），美国北卡罗来纳州康科德一座5年前修建的过街天桥突然断裂坍塌，90多人受伤，13人伤势严重。这样的事件便有明显的典型性，报道这类事件，可以使人们从中吸取教训，防患于未然。

（三）凡事件，都有其原始的戏剧性，对读者都有吸引力

有人说事实比小说奇。某些社会事件甚至比虚构的小说和戏剧更能打动人。例如2000年二三月间，《北京晚报》曾连载“下岗人原声带”，记录了许多下岗后在逆境中挣扎奋起，从山穷水尽到柳暗花明的人生故事，其情其景，都远比小说生动感人。1995年3月，由河南农村赴深圳打工的青年孙天帅，宁肯丢掉饭碗，也决不给外企女老板下跪，他所表现出来的中国人的骨气，令人感到震撼……新闻事实中蕴含着丰富的戏剧性矿藏，只要采访深入、写作得法，它们就能发挥触及心灵的感化、教育作用。

正是基于这样一些原因，各类新闻媒体都不能不把“事件”作为自己的重要的报道内容。

二、消息是报道事件的首选体裁

并非任何（具备新闻价值的）事件都能写成通讯，但所有的（具备新闻价值的）事件却可以写成消息。之所以说消息是报道事件的首选体裁，原因主要在于它具有广泛的适应性。在真实准确的原则之下，它可以用概括的手法记述各类新闻事件，而不必顾忌题材的“肥瘦”。

消息制作和传播过程的短平快特点，也为它报道事件创造了条件。特别是面对突发性事件，消息无疑是最佳报道体裁。

关于消息体裁的特点，本书第八章已有论述，此处不再重复。

第二节　报道事件需注意的几个问题

一、事实要交待得一清二楚

尽管对于不同的事件，写作的着眼点不尽相同，但是，事件性消息总要写事，“报道事件的内容是事件性新闻的重点”①。因此，清楚明了地记事，就成了事件性消息写作的第一要求。

事实交待不清楚主要有以下几种情况：

（一）缺少新闻要素，事情的轮廓不清楚

例如：

本市“抗癌明星”参选人员逾150名

本报讯　本市“抗癌明星”参选人员已逾150名。这些抗癌战线上英勇拼搏者中，包括了乳腺、胃、直肠、肺、鼻咽、淋巴、喉、甲状腺、脑、骨、子宫、膀胱、肾、食道、扁桃体、何杰金氏、白血病等26个病种；Ⅲ、Ⅳ期生存五年以上的有125人，最长的为有36年癌龄的滑膜肉瘤患者张圣贤，至今仍坚持工作，最年轻的是26岁鼻咽癌患者刘俊秀，她已和疾病作了6年斗争。

参选人员中有86岁的老将军，以及工程师、教授、作家，也有普通工人、农民、学生。他们的抗癌经验包括了中西医药、饮食、气功等综合治疗方法，取得了明显的效果，大大丰富了我国抗癌康复工作的实践。

（1992－05－06见报）

用构成事实的新闻六要素来衡量，这篇消息可以说什么都没有交待清楚。何事？——什么样的“参选”活动？何人？——谁，什么单位发起、组织了这一评选活动？什么时候举行有关活动？在哪里举行？活动的目的是什么？不交待这样一些内容，仅仅罗列癌症的种类、癌症患者的年龄、职业，简单提一笔他们的疗法，读者还是感到丈二和尚摸不着头脑。即使此前发过相关报道，也不能这样写。读者接触新闻媒体是一种随意行为。以报纸为例，读者未必、更没有人强迫他们每天必读，每篇必读。记者必须以读者“不知”为前提，将事件的内容，将基本的要素交待个一清二楚。

（二）忽略了某些必须交待的细微部分，令事件模糊不清

请看下文：

留学生坠楼　保安员相救

本报讯　日前，一位女留学生在北京大学不慎坠楼，幸遇保安员挺身相

① ［日］金久保通雄：《大众传播文章读本》，1版，110页，东京，现代新闻出版会，1977。

救，使其转危为安。10 月 10 日晚 11 时许，一声“有人坠楼”的喊声惊动了勺园保安班的保安员张国强、王红飞二人，他们冲向出事地点，并向保卫科长和留学生办公室打了电话。他们拦住一辆出租汽车，一起将坠楼女青年抬上汽车，送往校医院，后又转送北医三院。原来，坠楼的是北京语言文化大学韩国留学生丁有宣。当晚，她来到北大会见朋友，到阳台帮助收衣服时，没留神，一脚踩空，从阳台护栏上摔了下去。

（1997－11－01 见报）

消息中只提坠楼，那么，从几层楼坠下？在这条消息中，楼层高低，关系到坠楼者伤势的轻重。虽然是新闻事实中的一个细小的构成部分，但疏忽不得。

（三）事实的具体内容、事件的来龙去脉交待得不够具体

例如：

首批青年志愿者将赴内蒙古

本报讯　今天上午，市委副书记李志坚将北京青年志愿者旗帜交到将赴内蒙古支教扶贫的青年志愿者手中，以此为他们壮行。市领导徐锡安、陶西平、林文漪等与志愿者座谈。

北京青年志愿者扶贫接力计划是由团市委开创的一项爱心工程，本市志愿者 100 余人报名参加，其中最大的 56 岁，最小的 20 岁。第一批青年志愿者 17 人将于 28 日出发。

（1998－08－25 见报）

读罢这条短消息，人们会问：第一批青年志愿者即将出发，那么，他们到内蒙的什么地方去？在那里做什么？需多长时间？去内蒙期间，户口、工资、人事关系有无变化？……这篇新闻实际上也有号召的性质，为了让有志青年参与这一活动，有必要介绍一下这类政策性规定，以便人们起而响应；即使不从这个角度考虑，也应将上述问题交待清楚，因为社会各界对这一活动都很关心。

另一家媒体在报道同一事件时，就提供了详细情况：

…………

北京青年志愿者扶贫接力计划，是响应团中央号召，由团市委组织的一项为“科教兴国”战略和“八七扶贫攻坚计划”服务的爱心工程，自 1998 年起至 2000 年止，共实施三年。首批应召的志愿者将到内蒙古呼和浩特市的托克托、包头市的固阳两个国家级贫困县的中小学，轮流担任一年的教学工作。在内蒙扶贫支教期间，工资、人事、户口关系不动，申报和评定专业技术职称不受影响。主办单位还为他们购买了一定数量的医疗和人身保险，生活上也将给予一定的补助。

加进这样一些背景材料，事情就清楚明白了，新闻也就为读者提供了判断事实、选择行为方向的依据。

日本新闻学者金久保通雄在论述事件性消息的写作时，曾说："事件性新闻把事件交待清楚是基本的要求。而截稿前交卷是新闻工作的铁则。为了赶时间，容易出现这样那样的漏洞。不过，时间再仓促，也必须把文章写得清楚明白，井然有序。否则，不能算是合格的记者。"①

二、勿做表面文章

事件性消息的采访与写作，容易为眼前纷乱的事象所迷惑，写作中容易出现就事论事的毛病，使消息显得很浅。记者应是观察家与思想家，他应当能够透过事件的表面现象看到其深层的含义，预见到它的影响，并用准确的语言将事件的意义、自己的发现告诉读者。这样，消息才会有思想性、有深度。

对照阅读北京全聚德烤鸭集团公司兼并北京牙刷厂的 3 篇报道，就会从中悟出一些道理。让我们先读第一篇：

"好小伙"娶了个"病姑娘"

全聚德集团兼并牙刷厂昨天签约

本报讯　从昨天中午起，全聚德集团公司正式兼并了二轻系统的北京市牙刷厂，交接仪式选在和平门烤鸭店举行。双方如同办喜事儿，全聚德方面热情表示"欢迎牙刷厂嫁过来"，二轻总公司则喜洋洋地说，"我们是病姑娘高攀一个好小伙！"

"病姑娘"——市牙刷厂不过二三百人，始建于 1958 年，在计划经济体制下曾为确保小商品市场做出贡献。但近年来生产亏损，负担沉重，职工生活困难，地处新街口闹市又有环境污染和扰民问题。该厂厂长在发言中谈到，"并入全聚德是全厂职工的强烈愿望和迫切要求"。看来，"嫁人"之势不可当。

"好小伙"——全聚德集团享誉国内外，属餐饮业的大腕，成立两年多，

① ［日］金久保通雄：《大众传播文章读本》，1 版，110 页，东京，现代新闻出版会，1997。

麾下分店超过50家，仅“全聚德”三个字就值2亿多元。全聚德集团常务副总经理姜俊贤致辞说，“我们发展很快，缺少空间，需要优越的土地资源”。甭说，“招亲”也劲头十足。

市委、市政府调整经济结构的决策，使双方一见钟情，接触不过三个月就成了“亲”。以牙刷厂所在新街口的土地优势，与全聚德集团的资金优势、技术优势等互补，与会者均看好这门“亲事”。特别是由饮食行业兼并工业企业，据信这在北京市乃至全国尚属首例。前来道喜的有副市长李润五、市长助理臧洪阁等一批管工业、管商业、管调整的领导同志。

（1995－08－25 见报）

这篇消息的长处是语言活泼，将被兼并与兼并的双方比喻为“嫁娶”，且写出了喜庆气氛，显得颇为热闹。然而，表面的热闹还不能令读者满意，也达不到报道目的。对于这件事来说，重要的不是只写“兼并”，而是说明兼并的意义，告诉读者，兼并会给双方带来什么好处，对社会、企业、职工个人，意味着什么？

下面这篇消息的写法就有所不同：

“鸭子”吃了“牙刷”

本报讯（记者刘素京）　8月24日，全聚德烤鸭集团总裁将一张写有“兼并补偿金”的550万元支票交到二轻工业总公司领导手中。自此，“二轻”所属企业北京市牙刷厂正式被移交到“全聚德”名下。这是本市落实经济结构调整以来，第一宗饮食业跨行业兼并企业之事。

记者注意到，全聚德烤鸭集团常务副总经理姜俊贤在兼并仪式上的例行发言中以“嫁给”这一词组替代了“兼并”一词。同时，他表示感谢“二轻”对“全聚德”的支持。有与会者认为，这样听起来“舒服了许多”。此次兼并一事，全聚德将牙刷厂原有的在新街口商业区占地3000平方米的厂房、143名在职职工、143名退休职工及亏损负担、未还借贷兼收并蓄。

据了解，被兼并的牙刷厂建于1958年，该厂1994年产值仅78.9万元，亏损31.7万元，今年1至4月份亏损额已达12.5万元。值得一提的是，在历史上北京市牙刷厂曾有过它不可磨灭的功绩：在计划经济体制下，牙刷厂在“小商品市场”上为首都市民做出过贡献。

据“全聚德”领导透露：兼并牙刷厂后，将不急于立即把“牙刷”改换为“鸭子”，而是暂且保留此项经营，或以此为契机将集团引向多种经营，或将牙刷厂目前厂房占地改建为集团写字楼、商业饮食业于一体的高层建筑。

据悉，兼并后的“全聚德”在原牙刷厂做的第一项工作将是——为工厂职工报销1992年以来的医疗费。

（《北京青年报》1995-08-26）

这篇文章写得很“实”：扎实，实在，每一段都落在了实处。导语直书：“550万元支票交到了二轻工业总公司领导手中。”接下来的段落分别介绍了牙刷厂的家底和债务，全聚德兼并牙刷厂之后的打算、它要为牙刷厂职工做的第一项工作。总之，消息实实在在地反映了这次兼并对双方的意义。显然，这种写法比单纯报道“成亲”好得多。

另一篇文章的写法与第二篇又有微妙的区别：

“烤鸭子”吃进“牙刷子”

本报讯　记者武家奉报道　8月24日，北京和平门烤鸭店内上演一幕“鸭子”吃“牙刷”的“喜剧”。剧情梗概是，北京全聚德烤鸭集团公司兼并了资不抵债的北京牙刷厂，在这里顺利举行了兼并仪式。

自愿被“吃掉”的北京市牙刷厂建立于1958年，由于该厂生产规模小，缺乏应有的竞争能力，企业负担沉重，职工生活困难，1994年工业产值仅78.9万元，亏损31.7万元；今年1至4月份亏损额已达12.5万元。另外，牙刷厂地处北京新街口商业区，工业生产不仅造成环境污染、干扰居民生活，而且不利于发挥土地资源优势，不符合发展适合首都特点的经济的要求。为了尽快改善企业状况，走出困境，北京市第二轻工业总公司与中国北京全聚德烤鸭集团公司在完全自愿的基础上，经过反复协商达成一致意见，决定由全聚德集团兼并北京市牙刷厂。

“胃口”大开的全聚德集团兼并工业企业，这在北京乃至全国饮食行业尚属首例，也是全聚德集团按照现代企业制度运作的一次大胆的尝试。全聚德集团兼并牙刷厂后将消化吸收该厂的生产力资源，进行跨行业的结构调整，充分利用其土地资源优势与全聚德的资金、技术优势，优势互补，以取得更好的经济效益和社会效益，为国有资产的保值增值做出更大的贡献。

北京市有关领导同志认真观看了这幕“喜剧”，并对演出成功表示祝贺。他们认为，这次兼并不仅可以使全聚德集团获得更大的发展空间，而且可以解决原牙刷厂职工的就业问题，有利于社会的稳定，市第二轻工业总公司也盘活了现有资产，为其发展提供了新的契机。

（《经济日报》1995－08－28）

第三篇新闻的特点是“高”：站在全局的高度做文章。与《经济日报》的全国性大报的视角有关，它着眼于从宏观上揭示这次兼并的意义。除了说明这一兼并可以解决牙刷厂职工的就业问题外，它还告诉读者，“这是全聚德集团按照现代企业制度运作的一次大胆尝试”。兼并牙刷厂之后，可以“消化吸收该厂的生产力资源，进行跨行业的结构调整”，可以实现“优势互补……为国有资产的保值增值做出更大的贡献”。这样写，新闻就跳出了就事论事的框框，使读者认识到了事件的重要性。

日本作家丸谷才一谈到消息写作时曾说：“通过理性认识，文章可以产生内在的精神能量。假若‘为何’部分含糊不清，或者根本不交待‘为何’，它的精神能量就会大大减弱，新闻也就不能称之为好新闻。”① 这里所说的“为何”，既包括阐明事件的原因，也包括说明事件的意义。

三、见事见人

读者关注事件，实质上也是关注人。采写事件性新闻，不应忽视人的要素。就事论事不好，见事不见人也是应当避免的。

事件性新闻写人，大体上有以下几种情况：

（一）以人的命运为焦点报道事件

有些事件是直接关系到人的安危的，这样的事件性新闻应当在人的活动、人的命运上着力做文章。一些灾祸报道，尤其不能忽视人的遭遇。这类新闻大多在导语中便要交待人的情况。例如：

本报讯（记者侯振威）　9日晚10时40分左右，由武昌开往湛江的461次列车行经湖南省衡阳北站茶山坳站南二三公里时，列车突然脱轨，七节车厢出轨。截至发稿时已有8人死亡，18人受重伤。伤员已被送往衡阳市各家医院救护治疗。

（《北京晚报》1999－07－11《461次列车衡阳脱轨》）

导语直接提示了人的伤亡情况。事件报道中关注人，是所有新闻媒体的共识。

（二）关照事件结果对人可能产生的影响

与灾祸等直接涉及人的安危、利害的事件不同，有些事件，例如举办一次国

① ［日］丸谷才一：《新闻是否抓住了读者的心?》，载［日］《新闻研究》，1997（12），12页。

际展览、一项国际体育大赛，建起一座工厂，修筑一条高速路……一时往往看不出它对人们的生活会有哪些具体的影响，会给人们带来怎样的好处。在报道这样的事件时，记者应从事件与人这个角度，将采访与写作的视野加以延伸，告诉读者这件事与“你”有何切实的关系，以便引起读者关注。譬如报道本市举办的一次大型国际展览，新闻最好告诉读者，它会为本市的交通、服务等有关行业带来多少收益，报道一条城市高速路建成，也应说明它会给人们的出行带来哪些方便。不妨作些量化分析，这样，新闻与读者就会贴得更近些。在日常报道中，不少新闻跨不出这一步，忽视从人的角度反映问题，致使报道效果不理想。1991年6月13日北京一家媒体发了这样一条消息：

本报讯　由京南酱油厂采用新技术生产的京南酱油，一出厂就受到顾客青睐，不仅在北京市场上销路很好，还打入了北戴河、天津等地。

这种酱油的生产减少了暴露过程，翻楂、发酵是在密封隧道中进行的，与传统生产方法相比，大大减轻了工人的劳动强度。

这篇消息虽然也谈到了人，谈到了工人劳动条件的改善，但是，它没有从消费者角度介绍这种酱油的特点。“生产减少暴露过程”对消费者意味着什么？会使酱油变得更鲜美？更清洁？……这些情况才是普通读者所关心的。事件与人，这是事件性新闻采写中不可忽略的视角。

（三）反映人在事件中的活动、心态，丰富事件性新闻的内涵

人的活动是新闻事件的基本构成要素。事件性新闻的采访与写作，应当重视人在事件中的活动、心态。一些成功的作品说明，事件性新闻中写人，文字未必多，关键是材料——人物及其活动——要典型。要选择那些寓意丰富、能够打动读者的材料来写。例如，前面提到的《革命圣地延安无铁路的历史结束》一文中，有这样一段描述：

“一名从百里外赶来、身着羊皮袄的80岁老汉，破例被北京型内燃机车司机任斌扶上操纵台，用穿布鞋的脚踩响风笛，宣告：革命圣地延安没有铁路的历史结束！”

这个材料有很多画外语言，可以说明很多问题，给人印象颇深。

四、慎重报道恶性事件

灾祸、犯罪等对社会造成危害的事件属恶性事件。在事件性新闻中，这类事件的报道占有很大的比重。

报道恶性事件的新闻拥有广泛的读者，容易成为媒体的“卖点”。在写作中，记者也容易受感情支配，出现偏差。而这类报道又极易涉及当事人的名誉权、隐私权等个人权益，稍不注意，就会造成不良影响。正因为如此，写作中应十分谨慎。

（一）不要煽情

品位高、有责任感的媒体，应当理性地反映恶性事件，尽可能摒弃煽情的做法。

煽情——渲染细节，用来刺激人们的感官和情绪，以达到某种目的——是19世纪末西方“黄色新闻”惯用的法术。1896年8月19日，誓与黄色新闻的做法相对抗的纽约时报社主奥克斯曾在报纸上宣言：“本报不会污染早餐桌布。”他说：“黄色新闻把犯罪事件作为最好的煽情题材，本报在报道犯罪消息时，将把报纸变成社会学的记录书。”① 新闻竞争越是激烈，在恶性事件的报道上越是容易出现煽情的倾向。这一点，我们应当从中外新闻史吸取教训。

一般情况下，对于灾难、罪案现场，对于现场的死伤情况、罪犯的残忍程度，最好是概述，而不宜描写，更不宜过细描写。文字表现应以不令读者惊惧、反感为限，应以大多数读者可以接受为限。

（二）不要无意中传播作案手段、泄漏破案方法

有些新闻，对罪犯的作案手段或警方的破案方法写得过细，结果，客观上对坏人起到了“传授”和“提醒”的作用。究其原因，主要是有些作者过于注意文章的诉求效果，对这种写法可能造成的负面影响考虑不够。从目前情况看，手段、方法等往往是在叙述作案或破案过程时泄漏的。由此看来，犯罪新闻的写作最好不要详述过程，在敏感的问题上要有防范意识。

（三）注意保护当事人的名誉权、隐私权

恶性事件，尤其是犯罪新闻，写作中容易涉及当事人，特别是受害者的名誉权、隐私权问题。搞得不好，还会无意中造成对受害者的二次伤害。2000年春季，有的报纸曾经报道四川一名无照行医的江湖骗子残害少女的兽行，报道不但公开了被害少女的真实姓名，还登出了少女的照片。这些做法是不妥当的。

报道恶性事件，特别是犯罪新闻，记者应有很强的人权意识。不仅对受害者，对于小偷小摸之类的初犯、有犯罪嫌疑但尚未定案的人，也应谨慎行事。记者“笔下有人命关天，笔下有毁誉忠奸”。具有广泛影响的传媒的报道，有时能够决定人的一生的命运，我们必须慎重。

（四）关注事件成因

报道恶性事件，一是为了传播警戒性的信息，二是为了总结、吸取经验教

---

① ［日］武市英雄：《日美新闻史话》，1版，157页，东京，福武书店，1984。

训。从后者的角度来讲，不满足于事件报道的“一次性”，追究、揭示事件的成因，提出普遍性的问题，是媒体和记者义不容辞的责任。

1966年2月4日至3月5日，日本东京附近发生三起空难，死亡321人。日本广播协会（NHK）记者柳田邦男用5年时间追踪事件背后的问题，写出了十分详细的调查性报道《可怕的马赫》。对于高度机械文明时代的事故报道，对于电子时代事故采访的宗旨、方法，均有独特的感悟。他说：“大众传媒提供的洪水般的信息，往往会造成记忆的空洞化，因此，反映事件的内情与整体像，便具有重大意义。”①

采写方式可以因事、因人而异，但是，面对恶性事件，这种理性思考的态度，这种顽强地探究深层病理的做法，是值得提倡的。

第三节　动态消息

一、动态消息的特点

动态消息是报道“事件”的主要方式，是消息体裁的“正宗”。一般谈论消息，主要指动态消息而言。本书前面各章所阐述的内容，包括新闻写作的基本要求、方法，消息写作的若干环节等等，均适用于动态消息，这里不再重复。

除此之外，我们研究动态消息，还应注意它的这样几个特点：

（一）动态消息大多一事一报，一篇消息只写一件事

动态消息的任务，是以最快的速度，报道社会与自然界的最新变动，传递最新信息。这一任务要求它着眼于“现在”，着眼于刚刚发生、正在发生着的这件事。动态消息基本上是将报道重点限定在事发当时这个时空段上，其内容比较单一、单纯。动态消息也要交待必要的背景，不过，其背景大都是烘云托月，为说明“事件”服务的。请看下面这条消息：

我国首例网上购车成功

本报讯　昨天，成都市蚂蚁搬运公司通过驿卡网站成功地购买了两辆跃进小老虎柴油卡车，成为我国首例网上购车用户。

昨天上午10点钟，成都市蚂蚁搬运公司通过驿卡网站汽车销售系统，订购了两辆跃进小老虎柴油卡车，总价值10万多元。十分钟后，蚂蚁公司

---

① ［日］柳田邦男：《可怕的马赫》，1版，456页，东京，新潮社，1991。

收到驿卡网站的电话回复，确认下午送货上门。下午4点钟，两辆跃进小老虎卡车驶进蚂蚁搬运公司的大门。至此，我国首例网上购车顺利完成。

据驿卡网负责人介绍，全球第一例网上购车是今年7月9日在美国福特公司完成的，仅比我国早22天。（何燕）

（《中国商报》2000-08-02）

这是一篇典型的一事一报的动态消息，它只写蚂蚁搬运公司网上购车成功一事，对网上交易这个新生事物以及买卖双方的其他运作情况均未涉及。结尾处的补充性背景也是用来说明“这件事”的地位的，不属旁枝。

动态消息一事一报的特点，既可突出新闻事实与信息的精要，又可使消息做到篇幅短小、运转灵活，从而保证新闻时效。

（二）动态消息更强调“宏观笔法”

在这一点上，动态消息相当于西方新闻界所说的“纯新闻”——“一种不加评论等（主观色彩）、原原本本报告事实的新闻。”①

与新闻述评以及其他分析性新闻不同，动态消息的特点主要是报告事实，用事实发言。读者对它的要求和期待也在于事实。

动态消息是新闻的“大路货”。它面对的读者对象要比其他类型新闻的读者对象广泛得多。为了让价值观各异的受众都能接受（事实及其所包含的观点），动态消息也不能不尽量地运用客观笔法，以增强新闻的可信度。

（三）与其他类型的报道相比，动态消息更加注重时效

动态消息是新闻报道的尖兵，是先头部队。首先是由它将新的事实、新的信息正面传达出去，其他类型的报道，可以说都是动态消息的补充和策应。客观上的这一分工，也要求动态消息必须将时效放在首位。

传统的新闻价值标准表明，事件发生时间距读者获知该事的时间越近，或者，越是处于变动之中的事物，读者对它的兴趣也就越大。以反映“变动”为己任的动态新闻，用分秒计时效，也就是很自然的事情了。

在激烈的新闻大战之中，担任“快攻”任务的也是动态消息。为此，动态消息必然以时效为第一生命，这是动态消息的一个根本特点。

二、动态消息的写作

作为使用频率最高、最具代表性的消息类型，动态消息尤其要求写好导语、

---

① ［日］内川芳美等：《大众传播用语辞典》，1版，138页，东京，东洋经济新闻社，1982。

运用好新闻背景，安排好新闻主体的内容与结构……除此之外，还需注意：

（一）善于捕捉动态新闻的报道题材

动态新闻的一事一报，首先要求记者要有一双慧眼，能够发现具有传播价值的新的事实、新的信息，并立即采取行动。单发事件，如“敦煌艺术大展”在中国历史博物馆开幕、北京获体育彩票500万元巨奖的神秘人物终于露面并取走奖金、云蒙山山火被扑灭（均见2000年7月4日《北京晚报》）等等，比较容易把握；较为困难的是从庞杂的事物中发现报道题材，例如从各种会议、新闻发布会，以及其他社会事物中截取有价值的部分，都需要记者具有很强的新闻敏感与行动能力。

在这方面，值得称道的是新华社关于1976年“天安门事件”的报道：1978年11月15日，在北京市委常委会议上，新华社北京分社记者从一位领导人的长篇讲话中听到为“天安门事件”平反的意见之后，立即用236个字的动态新闻突出报道了这一信息，引起了国内外的广泛关注；新华社关于克林顿承诺“三不原则”的报道也是成功的一例：1998年6月美国总统克林顿访华，6月30日在上海图书馆与市民座谈。席间，他讲到了在台湾问题上美国的“三不政策”，这是美国总统第一次亲口谈到“三不政策”。新华社记者立即意识到这一谈话的重大意义，迅即将这段谈话抽取出来，以375个字的篇幅单独发稿：

克林顿总统公开重申对台湾“三不”原则

新华社上海6月30日电（记者邹春义　周解蓉）　正在这里访问的美国总统克林顿今天公开重申，美国不支持台湾独立，不支持“一中一台”、“两个中国”，不支持台湾加入任何必须由主权国家才能参加的国际组织。

克林顿总统是今天上午在参加与上海市民的座谈时公开重申这一承诺的。

克林顿说，他在北京时有机会向江泽民主席重申了美方在台湾问题上向中方作出的承诺。他说，美方的政策是一贯的。

克林顿说，他与江主席就美中关系和共同关心的重大国际问题广泛深入地交换了意见，增进了相互了解。他说，人们都知道，一个更加繁荣、开放和强大的新中国正在世界上崛起。他本人在这次访问中与中国各界人士的广泛接触，有利于美中两国人民增进友谊与合作。虽然美中两国在一些问题上还存在分歧，但双方应该通过对话与合作来消除分歧，进一步扩大共识。

这样的事例说明，写作动态新闻，基础性的工作在于抓动态，在于发现值得一事一报的新情况、新问题、新信息。记者要有很强的新闻嗅觉，尤其是要有政治敏感。

（二）客观记述，增强可信度

如前所述，动态新闻对“客观笔法”有更为严格的要求。因此，写作动态新闻，要尽可能采用客观记述的方式，压低主观色彩，以增强说服力。

1999年5月8日,以美国为首的北约悍然轰炸我驻南斯拉夫大使馆,造成人员伤亡、馆舍被毁。面对这一事件,置身现场的中国记者无疑是义愤填膺。然而,落笔写作时,记者又不能不抑制自己的悲愤,用客观的笔法,忠实地报告事实:

北约野蛮轰炸我驻南使馆

本报贝尔格莱德5月8日电　记者吕岩松报道：当地时间7日午夜（北京时间8日早5时45分），以美国为首的北约至少使用3枚导弹悍然袭击我驻南斯拉夫大使馆。至目前为止，至少造成3人死亡，1人失踪，20多人受伤，馆舍严重毁坏。

当地时间7日晚，北约对南斯拉夫首都贝尔格莱德市区，进行了空袭以来最为猛烈的一次轰炸，晚9时始，贝尔格莱德市区全部停电。子夜时分，至少3枚导弹从不同方位直接命中我使馆大楼。导弹从三楼五层楼顶一直穿入地下室，使馆内浓烟滚滚，主楼附近的大使官邸的房顶也被掀落。

当时，我大使馆内约有30名使馆工作人员和我驻南记者。新华社女记者邵云环、光明日报记者许杏虎和夫人朱颖不幸遇难，据悉，这是外国驻南外交机构第一次被炸。

爆炸发生后，中国驻南联盟大使潘占林一直在现场指挥抢救。许多华侨对使馆给予了极大帮助。潘大使在被炸毁的使馆废墟前，愤怒地指出，“这是对中华人民共和国的攻击。”

南联盟外长约万诺维奇说：“使馆是中华人民共和国的领土，北约炸弹是对外交的轰炸。”

当地时间8日下午，中国在贝尔格莱德的数百名华人举行抗议游行，数千南斯拉夫人参加了游行。

（《人民日报》1999－05－09）

这是《人民日报》记者发自现场的报道。亲眼目睹祖国的使馆被炸，目睹自己的同胞、同行——新华社记者邵云环、《光明日报》记者许杏虎、朱颖夫妇不幸遇难，作者内心的悲愤可想而知。但文章严格用事实说话，消息具体地报告了使馆被炸、人员伤亡情况，引用南联盟外长约万诺维奇的话，指出了事件的性质。这种客观记述的笔法，可以让全世界持不同政见的读者首先了解并接受铁的事实，它是伸张国际正义的第一步。

有些批评与揭露性报道在文字表现上忽视了客观性，结果使自己陷于被动。例如，80 年代末，某地方专业性报纸的记者在一篇批评报道中，对当事人使用了“文革幽灵”、“首席金刚”、“大头目”、“二头目”等贬损性词语，使自己卷入矛盾之中，最后引起一场官司，被判犯有诽谤罪。当然，类似这样的事件不完全是由用词不当造成的，记者采访不够深入，或者立场不够客观、有失公允恐怕是主要原因。但就写作阶段而言，文字表述上尽可能不用感情色彩强烈的词语，也是保证新闻报道效果的重要途径。

（三）传达现场气氛，使新闻更具动感

动感——读者借助文字可以领略到的对事物变动的感觉，是动态新闻写作应当追求的一种境界。动感的妙处在于，它可以将读者带入其中，令读者感同身受，增强读者对事件的兴趣，或者提升读者对事件的关心程度。例如下文：

洪水威胁莫高窟

敦煌研究院紧急加强夜间值守

据新华社电　昨天下午，敦煌莫高窟地区突遇强降雨，窟前大泉河发生洪水，下游 9 公里处一座大桥被冲毁，缺口大约有 10 米。连接敦煌市与莫高窟的惟一公路中断，今天游客可能无法参观莫高窟。

据敦煌市气象站预报室介绍，24 日下午 3 时 18 分到 7 时 35 分，敦煌市、安西县一带出现集中降雨，其中敦煌市降雨量为 9.3 毫米。由于降雨集中，强度大，大泉河流域形成洪水。记者 24 日晚 8 时左右在莫高窟前看到，大泉河浊浪翻滚，出现一人多高的大浪。晚 10 时，洪水开始减缓。记者在距莫高窟 9 公里处看到，通往敦煌市的公路上，一座桥梁已被冲断，缺口长达 10 米。洪水在断桥处依然较急。晚 10 时 15 分，还没有抢修人员赶到。

目前，正是敦煌莫高窟的旅游旺季，每天都有近千名各地游客前来参观。记者发稿前，看到机场仍有飞机降落。

敦煌研究院院长樊锦诗说，研究院保卫处已加强了夜间值班。园林科已闸断水渠，防止洪水上涌影响莫高窟的安全。石窟管理科 10 余名干部也已全部到窟前值班。莫高窟南北两区的 735 个洞窟安然无恙。

（《北京晚报》2000－06－25）

洪水威胁莫高窟，这是一个突发事件。人类重要的文化遗产面临危险，情势严峻。新闻应能传达出这种紧张气氛，以唤起各方关注。这篇消息以“浊浪翻滚，出现一人多高的大浪”、“一座大桥被冲毁”、飞机仍在降落……这样一些动的情景，造成了急剧变动的感觉，传递了水火无情的险峻气氛，效果很好。

（四）连续报道，确保时效

时效是动态新闻的生命。动态新闻保证时效的方法之一，是“化整为零”，以确保即时发稿。突发事件或其他时效性很强的事件，一般不待事情全部结束，或有了结论之后再报，而是跟踪事件进展，随时发出消息。

1997 年 11 月 8 日，长江三峡工程实现大江截流，新华社记者以滚动发稿的方式，从上午 8 时至下午 18 时 30 分，共发出 28 条快讯，每半小时发出一条，及时地报道了这一事件的全过程。

一些突发性灾害的报道，尤其不能等待结果，要传达阶段性的信息。例如地震，一般不待查清伤亡或财产损失情况，即可发出快讯。至于赶写的稿件是否能发，有时要由媒体负责人定夺。但是，作为第一线记者，必须牢记时效对于新闻，尤其是对于动态新闻的重要性。

第四节　简讯

无论是印刷媒体还是电子媒体，都少不了简讯。简讯是新闻和信息传播的重要手段之一。随着信息时代的到来，随着网络媒体的发展，使用简讯的频率还会加大，简讯将更加受到重视。

一、简讯的特点、地位

（一）简讯的特点

简讯是压缩的产物。简讯的原型大多是一般的消息，因为当天报纸版面的限制，或者因为版面（填空）的需要，有时是因为新闻价值判断的差异，而被压掉了一些内容，成了简讯。为这样一个形成过程所决定，简讯的基本特点是一个“简”字。

1. 简讯文字简略，内容简单。

从字数上看，简讯比“一句话新闻”要长，比一般的消息要简短得多。简讯大多只有几十个字，长者一二百字。三言两语，是简讯的基本表现方式。

简讯的简，源于内容简单。简讯一般不讲事件的过程，不写细节，略去一些背景材料，只报道梗概，同一般消息的导语大体相似。例如：

数字音箱问世

▲本报讯　将一块名片大小的印制板装在传统扬声器上，就可以听到数字音响。这是北京长信嘉信息技术有限公司研制的“数字音箱”产生的奇妙的效果。该技术从音箱入手，用数字技术改善音响品质，制成了“数码音箱”，可广泛应用在有源音箱、彩电、汽车音响、耳机等。（肖　佳）

（《人民日报》2000－01－25）

《人生世事来回想》出版

▲本报讯　山西省人大常委会副主任崔光祖的歌体新著《人生世事来回想》日前由中国青年出版社和书海出版社共同出版。该书内容包括展望、敬业、情操、淡泊、清廉、律己、反省、家庭、人际九大部分，采用七言歌体的句式，朗朗上口，是一本通俗易懂的思想品德修养读物。（刘武彦）

（《人民日报》2000－01－25）

如果是一般的动态消息，报道这两件事都还有一些东西可写。譬如，国外应用数字音箱的情况，长信嘉信息技术有限公司研制数字音箱的情况；《人生世事来回想》的作者及该书的写作情况等等，都应适当做些介绍。而简讯，则大刀阔斧地作了简化处理，只保留了基干。

2. 结构单一。

简讯大多有标题。标题的标示方法不尽相同，有的单独标出，有的用黑体字显示。但正文一般不换行，只用一个自然段解决问题。

正因为内容与形式均如此简单，有人便形象地称简讯为“单细胞新闻”。

（二）简讯的地位

1. 简讯是传播信息的有效手段。

可以说，简讯是简明的信息载体。一般的事件性或非事件性消息，通过较为具体的记事、通过反映社会现象或社会问题，能够体现新闻事件的各种价值要素，因此，在提供信息的同时，还可以满足读者的阅读兴趣。简讯则不然，大多数简讯由于删除了许多具体的内容，它就变成了较为单一的信息载体。而在这一点上，简略，恰恰又造就了它的直接与明快，成了它的一个优点。

2. 简讯篇幅短小，可以多发稿，从总体上增加媒体的信息含量。

以 2001 年 1 月 21 日的《人民日报》为例，当日该报共刊登简讯 23 条，加起来有3 300多字。以500字短新闻换算，只相当于六七条短消息。这就是说，由于刊登简讯，增发了十七八条信息。

3. 多发简讯可以活跃报纸版面。

简讯往往以“集纳”的形式出现在报纸上。一些报纸设有固定的简讯栏，如“中华大地”、“天南地北”、“简讯”等等。这样，刊登简讯，有助于防止版面板结，使报纸面孔显得更为轻松。

4. 简讯栏是信息集中之地，它还可以为记者提供能够再利用的新闻线索。

如前所述，由于媒体的时空限制或编辑主观判断的差异，有些事件只能以简讯形式报道，但其背后往往还有不少有价值的东西可供挖掘。在这种情况下，以简讯为线索重新采访，有时甚至可以做出大文章。

二、简讯的写作

(一) 撮要

简讯既然是压缩的产物，其写作就有一个取舍的问题——有一个大刀阔斧地舍弃的问题。因此，撮要是简讯写作的决定性环节。

面对众多材料，保留什么？提示什么？选择的标准主要有二：

1. 构成事实的基本要素。

简讯既要简单又要明了。构成新闻事实的关键要素——何人、何时、何地、何事应当有所交待。多数简讯不写“为何”、“如何”。但也不尽然。假若“如何”恰是读者感兴趣之处，那么，虽为简讯，也应扼要地加以描述。例如：

湖南发现罕见葡萄状西红柿

立冬季节，在湖南省绥宁县第一中学校园里发现一株罕见的葡萄状西红柿。297个大大小小的西红柿，像一串串葡萄密密匝匝挂满藤枝，十分迷人。这株葡萄状西红柿，是该校教师家属黄梅秀于今年五月初在住房边种植的。它生长奇异，实属罕见。从六月中旬开始，先后已摘果340多个，约重32市斤。

（《人民日报》1986－11－24）

这条简讯报道的重点是“葡萄状”西红柿，因此，“如何”这一要素，就成了重点，是必写不可的了。

2. 提示新闻事实中最有价值的部分。

让我们以发现南极陨石为例，将消息压成简讯。

消息原文：

我喜迎28位“天外来客”
新的南极陨石富集区被发现

新华社北京2月14日电（记者李斌） 第二次前往南极格罗夫山进行考察的我国科学家日前发现并回收了28位“天外来客”——南极陨石，使我国南极陨石拥有量达到32块，跻身世界上少数几个南极陨石研究国家行列。科学家进而在世界上率先确认格罗夫山区为新的南极陨石富集区，而且很可能是南极三大陨石富集区之一。

南极大陆被厚厚的冰盖覆盖，距离中山站约500公里的格罗夫山是南极冰盖深处的一片冰原角峰群，62座形状各异的山峰刺破了厚厚的冰盖，是南极内陆迄今尚未做过系统研究的极少数处女地之一。

1999年初，在第一次对格罗夫山区进行考察时，中国科学院刘小汉研究员率领的考察队首次发现并回收了4块南极陨石。刘小汉等人认为，种种迹象表明，格罗夫山地区可能存在一个陨石富集区。这一科学推测在最近的考察中得到证实。

为确认陨石富集区的存在，刘小汉率领的考察队今年二进格罗夫山地区，继续开展了陨石搜索回收工作。日前，在阵风悬崖两侧预先选定的区域，考察队员采用摩托游弋、步行拉网等方式，利用探雷仪等手段进行了比较详细的地面搜索，结果发现并回收了28位“天外来客”。

和其他地方的陨石相比，南极陨石具有数量多、科研价值高等特点。其之所以珍贵，不仅因为来之不易，更在于这些陨石从太空中直接溅射进入洁净的冰层，避免了污染，可以进行陨石表层浸染成分的高精度测试，从而判定它们来自何方。南极陨石犹如灵敏度很高的宇宙探测器，回收它所携带的一切资料和信息，可以探测宇宙中的种种神秘现象。继美国科学家宣称在南极陨石中发现火星生命遗迹后，越来越多的科学家希望在南极陨石中寻找到更多外星生命痕迹。

据悉，迄今为止，我国科研人员业已对去年首次发现的4块南极陨石进行了研究，取得了初步结果。回国后，科学家将对这次考察中新发现的南极陨石进行紧张的室内研究。

以这个材料来写简讯，何时（日前）、何地（南极格罗夫山区）、何人（我国科学家）、何事（发现并回收28块南极陨石），无疑是要交待的。但是，到此为止行不行？——恐怕不行。读者会问：28 块陨石意味着什么？为什么要报道这件事？这是必须回答的，可以说是简讯的重点。因为，不回答这个问题，徒留悬念，简讯便失去了意义。于是，压掉的应是采集陨石的过程、关于南极陨石和格罗夫山的知识性背景，要保留的除基本事实要素之外，还包括：南极陨石的价值；我国南极陨石研究的地位；发现格罗夫山为陨石富集区。结果，这条简讯可以写成：

> 我国科学家日前在南极格罗夫山区发现并回收 28 块被视为宇宙探测器的南极陨石，使我国南极陨石拥有量达 32 块，跻身世界少数几个南极陨石研究国家行列，并率先确认格罗夫山为南极陨石富集区之一。

请记住，简讯也是新闻，也要重视读者的需要，更重要的是，简讯也要“说话”。

（二）讲究文字

1. 精简。

简讯的文字能简则简，要力求一字不多。

以前面所引《湖南发现罕见葡萄状西红柿》为例，该文还可删掉一些字句：

虽正值立冬时节仍然长势喜人。

有

立冬季节，在湖南省绥宁县第一中学校园里发现一株罕见的葡萄状西红柿。297 个大大小小的西红柿，像一串串葡萄密密匝匝挂满藤枝，十分迷人。这株葡萄状西红柿，是该校教师家属黄秀梅于今年 5 月初在住房旁边种植的。它生有长奇异，实属罕见。从 6 月中旬开始，先后已摘果 340 多个，约重 32 斤。

16 公

这样一改，压掉 19 个字。保留“立冬时节”，加上“长势喜人”，目的是呼应“11 月 24 日”这个发稿时间，增加一点“接近性”。其余压掉的字句，都属重复或没有意义的。简讯写作，应反复推敲。

2. 要有表现力。

简讯应做到简短而不枯燥。媒体上有些简讯，也许与内容本身的特点有关，文字不多，却颇有读头。例如，2000 年 7 月 23 日，台湾八掌溪因山洪暴发，大水猛涨，正在溪上作业的 4 名工人被冲走。台湾一家媒体用简讯方式报道说：

> 嘉义县中埔乡吴凤桥下八掌溪昨天傍晚因山区大雨引起山洪暴发，正在

溪床上工作的四名工人走避不及而受困，消防单位据报赶往现场，但因地形险恶无法搭救，苦等二小时的空中救援也不见踪影，四名工人在洪水中苦撑两小时终因体力不支，在众人面前眼睁睁被冲走，徒留岸边伤心欲绝的家属。

除事件本身感人之外，在文字上这条简讯也是颇为讲究的。其中“苦等”、“苦撑”、“眼睁睁被冲走”、“徒留岸边伤心欲绝的家属”，这样一些词句，准确传神地勾勒出了现场情景，使小小的简讯具有很强的震撼力。可见，只要用心来写，简讯也是可以写出上品的。

思考与练习题

1. 怎样认识事件性消息在新闻报道中的地位？
2. 报道事件需注意哪些问题？
3. 怎样写好动态消息？
4. 媒体为什么需要简讯？简讯写作的要义是什么？
5. 分析下面这篇短消息的写作特点、并将其压成简讯。

东西德合伙拆厚墙

［路透社东柏林（1990年）4月28日电］　东德人和西德人今天一起拆除柏林墙的最坚硬、牢固的一部分——具有象征意义的勃兰登堡门前的厚墙。

当巨型凿岩机击碎水泥块、推土机铲除垃圾时，数以百计的旅游者和旁观者站立在设置的栏杆外边观赏、欢呼。东德边防卫队执行拆除任务，但使用的凿岩机是由西德一家公司提供的。

勃兰登堡门附近的柏林墙厚达3.5米，需要几天时间才能完全拆除这一地段的大约3 000吨水泥及岩石。

拆除水泥墙时，应时而来的商贩们向来客兜售东德共产党40年来的徽章及其他纪念品。

在附近一家豪华旅馆里，西柏林某公司正在拍卖拆下来的水泥板块。该公司计划今年6月，将在摩纳哥拍卖70块3米厚的柏林墙上的板块。

第十三章

非事件性消息

第一节　非事件性消息日益受到重视

在当今的报纸或其他新闻媒体上，非事件性新闻日益增多。其中，以消息体裁报道的非事件性新闻，占有相当大的比重。这种趋势反映了读者的和时代的需要，由此，它也成了新时期新闻采写的一个重要的研究课题。

那么，什么样的消息是非事件性消息？非事件性消息具有怎样的价值呢？

一、非事件性消息的特点

非事件性消息的特点是由它的题材的特殊性决定的。

事件性新闻关注的是事物的最新变动，是突显的“事件”；非事件性新闻报道的是社会问题、社会现象，或者某些可供参考的信息、方法。它们与事件不同，往往没有明确的行为主体，没有事件所具备的明晰的时间和空间界限，缺少具体的发生、发展过程。例如下面这条消息：

三江平原崛起二百座小城镇

据新华社哈尔滨2月28日电（谷庆范）近年来，黑龙江省三江平原相继崛起200座小城镇，促进了当地经济的繁荣。

改革开放前，三江平原区域内的20多个县城和30多个国营农场总部规模很小，当时流传的顺口溜是："一条马路一盏灯，一个喇叭全城听"。20年来，三江平原地区农村经济的发展和乡镇企业的兴起，使小城镇建设的步伐不断加快，不但县城和农场场部的面貌有了根本的变化，就连乡镇和农场分部也是座座高楼拔地而起，兴建了一批工厂、商店、市场、医院和学校等。

佳木斯市桦南县土龙镇过去是个只有千余人口的小村子，80年代以来，乡镇企业的异军突起，带动了区域经济和城镇建设的发展，如今这里已成为楼房幢幢、马路宽敞的全国小城镇试点镇。

（《人民日报》1999－03－01）

这篇消息的时间跨度是"近年"——实际上是20年左右的时间，空间跨度是广阔的三江平原，行为主体也并非哪个人或哪个单位，消息所反映的是一个大范围的变化，一种新的社会面貌，故称"非事件性消息"。

二、非事件性消息的特殊价值

当代非事件性报道之所以日渐增多，其原因固然同传播技术进步、媒体竞争激烈、报纸以及其他媒体的杂志化倾向有关，然而更重要的是，非事件性新闻，包括非事件性消息，有其特殊的魅力、特殊的传播价值。

非事件性消息的特殊价值在于：

（一）以消息体裁报道非事件性事物，可以进一步拓宽新闻的报道面

由于教育的普及、受教育程度的提高，人们对"大世界"更为关心，同时，由于信息接收行为的日常化和信息的多样化，人们的"信息欲"也更为强烈。事件性报道虽然仍是传播的重点，但是，单纯报道事件已不能满足读者的需要，他们希望媒体为其提供更加丰富多彩的信息。

消息体裁的灵活自如，可以使非事件性消息的报道内容具有无限的多样性。在时间跨度上，它们可以是现在的，也可以是过去或未来的。就题材内容而言，它们可以是显见的，也可以是潜在的、容易被忽略的。

西方媒体上非事件性新闻报道的内容五花八门。例如：《白宫丑闻重重

"门"》（法新社 1999）、《俄罗斯人最担心什么》（俄通社—塔斯社 1999）、《三百万志愿者参与寻找地外生命》（美联社 2001）、《爱因斯坦的大脑构造与众不同》（路透社 1999）、《船舰对空气的污染不容低估》（德国《法兰克福汇报》1997）等等，有如绚丽多彩的万花筒。

可以说，没有非事件性报道，媒体已经无法做到更广泛、更深入地反映现实。而消息，作为新闻报道的轻骑兵，正在这一领域发挥着重要作用。

（二）非事件性消息有助于发挥媒体的"主体意识"

主体是针对客体——传媒的报道对象，即客观事物而言的。19 世纪末，在"客观报道"、"纯客观"这样一些新闻理念的束缚下，西方新闻记者往往只报道已经发生的"事件"，而且，往往只用"摹写"的方式反映事件的现象。进入 20 世纪，特别是进入 20 世纪中叶以后，在复杂的社会问题面前，西方新闻界强烈意识到了"客观报道"、"纯客观"的局限性，开始冲破这一理念的限制，采写有深度的报道。所谓"主体意识"，就是在这一背景下形成的新的报道理念。它要求记者不但要对事件进行分析，而且，还要改变只关注已知事件、被动采访的做法，主动去采写尚未构成事件的社会问题。

非事件性新闻的报道，促使记者和媒体不待事件召唤，主动寻找报道题材，自己决定"以什么为新闻"。这样，他们可以在更广阔的领域，发现和提出问题，从而发挥新闻报道的舆论监督和舆论引导作用。

在这方面，非事件性消息也有其特殊的价值。正如第八章所讲，篇幅短小、要害突出的消息写法，可以使非事件性新闻具有更强的冲击力，它们可以占据版面的重要位置，引起读者的注意。1999 年 3 月 11 日，《工人日报》发表了题为《深圳部分外来劳务工劳动安全状况堪忧，去年伤残万余人死亡 80 多人》的非事件性消息，集中反映了深圳外来劳务工人的劳动安全状况。消息说：1998 年"每天有 31 人因工伤致残，每 4 天半有 1 人因工伤死亡"，"有毒有害企业占全市 9582 家工业企业的 42.7%，职业病问题令人触目惊心"……类似这样的报道，虽非事件，因其题材重大，写法又是"大综合"，可以揭示全面情况，所以，它的发言较之事件性新闻具有更重的分量。《工人日报》的这篇消息，使经济增长背后的"代价"浮出水面，让领导层和广大群众认识到，"不能以牺牲劳动者安全来换取外资引进和经济增长"。这篇消息见报后，国家和地方有关部门十分重视，采取有力措施解决这一问题，到 1999 年底，已关停 2000 多家劳动安全隐患大且整改不力的私营和"三来一补"企业，工人的劳动条件有了明显改善。

（三）一些非事件性新闻具有"读物"的性质，有欣赏价值和"抚慰"作用

"读物"，是指报纸、杂志刊登的富有趣味性的报道和文章。趣味性、情趣是

"读物"的主要特色。

在当今社会，竞争日益激烈，社会生活节奏日益加快；同时，因为工作繁忙，也因为电脑的日益普及，人与人之间的直接交流日趋减少，孤独感增强；竞争的失败，一时也会令人心灰意冷……经济的全球化，使这种现象有增无减。

一部分富有人情味、富有知识性、趣味性的非事件性新闻，可以给读者带来精神的愉悦。例如，当我们读到《最干净处是珠峰》(新华社 1999 年 11 月 12 日电稿)，可能会有一种圣洁之感；《江西婺源有一处全国罕见的鸳鸯湖》(见本书 273 页) 又会将读者带入画境；《狗儿是人类的朋友有新证》(路透社 1998 年 12 月 16 日电稿)，轻松幽默，也能令读者产生好奇，感到温馨。类似这样的"软派"非事件性新闻，都是读者很好的精神食粮。

(四) 非事件性消息可以为媒体采制独家新闻创造条件

独家新闻——抢先发表一家独占的新闻，是新闻中的上乘之作，自商业报纸问世以来，一直是媒体争夺的焦点。

电视问世之前，以时效取胜的"时间差独家新闻"——相对的独家新闻，是报纸猎取的主要目标；在时效上处于劣势之后，报纸便努力去挖掘社会深层、被掩盖着的"非时间差独家新闻"——绝对的独家新闻。由于信息封锁，在采写绝对的独家新闻越来越困难的情况下，对已知事件的背后追踪便成了采写独家新闻的第三条途径。上述几种类型的独家新闻，其采访范围相对来讲都是有限的。而大量的非事件性报道，因其许多是出于"点子"、出于"策划"——建立在尊重事实和调查研究基础上的策划——便于智取，所以，它就成了媒体推陈出新，超越对手的有效武器。

第二节　非事件性消息写作的基本要求

非事件性消息包含各种不同的类型。以传递实用性信息、传授实用方法为主的服务性消息、预测未来事件的预测性消息、综合反映某些新的社会现象，社会问题的综合性消息，以介绍经验为主的经验性消息，以及人物消息，都属非事件性消息。由于报道的内容不同，它们的写作方法也有所区别。本章第三节、第四节将专门论述服务性消息和预测性消息的写作，下面所述各项写作方法，对综合性消息以及经验性消息更为适用。

一、对比·显现

非事件性新闻所报道的一些社会或自然界的现象、问题，往往呈渐变状态，不像事件，特别是突发性事件那样，容易引起人们的注意。非事件性新闻的写作，要求记者通过材料的选择和运用，将其变化、其问题性、新闻性，明显地揭示出来，摆在读者面前。这需要用一种方法来加以“显现”。而显现的基本手段是对比。新闻界常说，“比较出新闻”，非事件性新闻的写作尤其如此。本章开头所引用的《三江平原崛起200座小城镇》，就是通过与20年前的情况进行对比，才突显出三江平原小城镇建设之快的。没有20年前的“一条马路一盏灯，一个喇叭全城听”，也无法衬托出今天三江平原的兴旺与繁荣。

1999年7月22日《人民邮电》报发表的头条消息《我国固定电话用户逾亿》，也采用了对比的方法。消息说：

> …………
>
> 中国电信固定电话用户突破1亿户，是继1992年突破1 000万、1996年突破5 000万之后的又一重大突破。1876年美国科学家贝尔发明了世界上第一部电话机，1882年我国上海开通了第一部电话交换机。但在此后的67年中，中国电话通信网的发展十分缓慢，电信设备陈旧，网络支离破碎，用户数量极少，到1949年全国解放时，我国电话交换机总容量仅有31万门，全国电话用户总数为22万户，电话普及率只有百人0.05部。
>
> 新中国成立以后至1978年，我国局用电话交换机总容量达到405万门，电话用户总数为192.5万户，但电话普及率仍仅有百人0.38部。改革开放20年，是中国电信飞速发展的20年，截至1999年6月底，中国电信局用交换机总容量达到1.45亿门，长途自动交换机容量达到452.5万路端，长途业务电路达到174.8万路，全国固定电话普及率达到9.54部/百人。从1户到1 000万户整整历时110年，从1 000万户到5 000万户历时4年，而从5 000万户到1亿户仅仅用了3年时间。……

正是因为有了这样一个大跨度的对比，才显现了中国电信事业的突飞猛进，才使得不易为人发觉的事物的总体情况、它的新闻性，得以显现。这是一种不可或缺的方法。

二、量化·集中

事象分散不易让人看到问题的全貌。非事件性新闻在写作上有必要将散在的事象加以概括和集中。集中的一个有效手段是总体量化——剥去事物的个别的外壳，以抽象了的全局性的数字，反映某些社会问题、社会现象的总体态势。

例如《人民日报》2000年4月11日刊载的《我国吸烟人口呈低龄化》一文，就是用总体的数字反映问题的严重性的。

我国吸烟人口呈低龄化
二十五种疾病与吸烟有关

本报讯　记者白剑峰从日前召开的中国吸烟与健康协会成立10周年庆祝会上获悉：我国吸烟人口呈低龄化，青少年吸烟率上升，吸烟人数达5 000万。专家呼吁：让青少年远离烟草危害。

我国是世界烟草生产和消费大国，现有吸烟者3.2亿，占世界吸烟总人数的1/4。据全国第三次吸烟行为流行病学调查，15岁以上人群总吸烟率为37.62%，和1984年相比，开始吸烟者年龄提前了3岁，吸烟者日均吸烟量增加了2支。其中，青少年吸烟率上升明显。

…………

正是这些抽象化了的数字，而非个别事例，使人们看到了这一问题的趋势，为社会敲响了警钟。

总体量化是当代新闻报道惯用的手法。西方新闻界大量的非事件性新闻都是采用量化的方式写作的。所谓“精确新闻”，就是利用媒体自己的，或者有关部门——其中包括专门的舆论调查机构——公布的统计数字构成的新闻。包括“精确新闻”在内的以量化方式写作的新闻，可以简洁而直观地显示事物变化的程度或范围。有时，这种总体量化的方法还可以揭示出具体事物背后的奇妙的“景观”。俄罗斯的《论据与事实》周报（1997年第10期），将主妇的家务劳动量化为数字，让人瞠目：

家务活不轻松

…………

家庭主妇的家务活是最繁重的一种活计，据统计，一个要照顾两个孩子和丈夫的妇女每年要刷1.3万个盘子、8 000把刀叉、3 000次锅。一个家庭主妇要搬动和归置的餐具，算下来每年有5吨重。

为了去商店和市场购买生活用品，一个家庭主妇每年要走2 000公里路。据波兰妇女委员会统计，一个由丈夫、妻子和两个孩子组成的四口之家，每年采购的物品相当于2 500公斤。

…………

主妇的家务劳动看去微不足道，然而，这篇文章通过总体的量化，却让人清楚地认识到家务活是如此的繁重！没有量化，就看不到事物的内核，有时，甚至无法使之构成新闻。

在日常报道中，我们常常会发现忽视对比与量化的新闻作品，其结果，它们很难说明问题、达到预期的报道目的。下文在这方面就有所缺欠：

京城随处大桃红

眼下正是鲜桃上市的旺季。永定门、大钟寺等几个果品批发市场，桃的生意极好。据永定门果品批发市场的赵经理介绍，每天从清晨五六点钟开始到上午10点多钟，15万公斤左右的桃就批发完了。

批发的桃子，除小部分运往外地，绝大多数都被贩水果的小贩拉走。从早上五六点钟开始，一辆辆满载鲜桃的三轮车便鱼贯进城。除三轮车外，还有用拖拉机、卡车运桃进城的。"每天能卖300来斤吧。"在南樱桃园，一个小贩对记者说。他卖的桃是从海淀一带的桃园里趸来的，在桃园买桃，价钱比批发的还便宜些。他差不多早上四点左右往城里走，一车桃，到中午就差不多卖完了。

北京的海淀、平谷是产桃的地方，今年产量不小。但河北一带的桃今年也源源进京，对北京市场冲击不小。河北完县、满城生产的鲜桃，品种好，产量大，价格也公道，永定门果品批发市场每天售出的15万公斤桃，有80%来自河北。

宣武区右内大街卖桃的比较多，合法的、不合法的摊位不下20个。桃多，价钱也不贵，3个就能称一斤的"大久保"，价钱是1.20元，最便宜的，都卖到0.30元一公斤了。有人说，吃桃，比吃西红柿还便宜呢。

鲜桃的大量上市，给北京人带来了口福。人们可以随意比较、挑选。个越大，越鲜亮的桃，卖得越好，一元钱搓一堆的抽抽巴巴的半大桃，反而无人问津。

（1993－08－03见报）

本文仅仅使用了一些个别的，有的是司空见惯的事例，缺少总的、权威性的鲜桃上市的数字；更没有将当时的鲜桃上市量与去年同期进行对比。因此，新闻未能，也无法说服当时的桃是否真的比以往多，究竟多出多少——这个差额也是大有文章可作的。实际上，为了写好这篇报道，记者应当到权威部门，或者亲自去几个（而不是一个）大的果品批发市场做些调查，拿到足以说明问题的统计数字和其他材料。只有这样，新闻才能为读者提供未知而又是确凿无疑的信息。

三、以点带面

以点带面是非事件性消息，尤其是综合性消息写作的又一重要方法。

点，即个别的、典型的事例，面，即全局情况。忽视点会削弱消息的说服力和感染力；没有面，则难以反映总的态势。

综合性消息应特别重视“点”，应以典型开路。典型事例有如特写镜头，可以将同类事物共有的特点集于一身，加以放大，让读者看到细微之处，仿佛借助显微镜观察一个细胞，获得实实在在的认识和感知。例如下文：

江西三万椒农败走天涯

有关人士指出，应尽快解决小生产
与大市场的矛盾，建立产销一体化

本报讯（记者邹永晖　罗建力）“亏惨了！”8月28日，江西省南昌县冈上乡合山村农民李大蝉，沮丧地对专程前往采访的记者说。他和同伴去年9月带去海南种椒的26 000元钱，只剩下了9 000元。

据南昌县蔬菜办负责人证实，去冬到海南的3万多江西椒农，九成亏本。这些椒农，90%来自南昌县的冈上、八一、塘南、蒋巷等乡镇。

李大蝉并非亏得最惨，同村的李福苟就亏了7 000元。

冈上乡党委书记杜国权说，乡里去的农民人均亏了5 000元，全乡共亏损2 000多万元，银行贷出的1 000多万元种椒款也未收回。有关人士算了一笔账，江西椒农今年在海南亏损达亿元以上。

嗜辣的江西人擅长种椒。1992年起，每年冬季的四五个月都有成百上千的农民到海南租地种椒，年均有50%至100%的赚头。

去年春节前后，南昌市的辣椒卖到每公斤五六十元。在海南种辣椒的7 000多江西农民90%都发了财，许多人带来一万元，四五个月后就带回去二三万元。冈上乡农行储蓄所农民存款，几个月就增加了1 000万元，全乡有几十户椒农买了摩托、盖了新楼。

在这种高回报的刺激下，去年冬季到来前，3万多江西农民以三五人合股为主陆续奔赴海南的三亚、陵水、乐东等市县。高峰期，南昌至海南的双层大巴每天开出十多辆。

冈上乡前年是500人，去年就有5 000人南下。八一、塘南、蒋巷等乡镇也都在3 000人以上，连一些从未种过辣椒的南昌县八一机械厂下岗工人也加入了这支队伍。

去年，到海南的江西椒农比上年猛增了近5倍。一些中介人和在海南种了几年椒的同乡，趁机哄炒地价，使地租普遍上涨，三亚崖城镇由上年每亩500至800元，涨到1 500至2 500元。

椒农们在田间搭起木棚，吃住其间，一些人携妻带子。崖城镇镇长孙诚说，他们带来了技术，活跃了市场，我们受益很大。亏得可惜。

谈及亏损，一些江西椒农抱怨运气不好。

与1995年冬相反，去年出现了适合广东、广西蔬菜生产的“暖冬”，加上内地大力发展大棚菜，蔬菜量丰价平。辣椒从海南运到南昌，加损耗，运输成本每公斤在0.50元左右，而南昌辣椒便宜时只卖每公斤0.50元。

南昌市蔬菜局局长魏朝瑜认为，这次椒农亏本并非偶然。这么多人，不了解市场，看上年有人赚了，便一窝蜂，亏本实在意料中。他说：“如果小生产与大市场的矛盾不解决，菜农一年赚一年赔的现象就难以避免。当前，建立产销一体化十分紧迫。”

在采访中记者发现，去冬今春的大亏并没有让江西椒农却步，仍有相当多的椒农表示今年还要到海南碰碰运气。李大蝉说：“江西人相信一句老话——亏本的生意莫丢。”

（《海南日报》1997-04-07）

李大蝉的遭遇给人的印象是具体而又深刻的，不仅可以引起读者的理性思考，在情感上也会使读者受到触动，从而对这类问题引起更多的关注。这就是以“点”带面的好处。

非事件性消息运用典型事例，选材上要注意：（1）高——具有较强的代表性，能高度概括同类事物的基本特点；（2）深——内涵丰富，且有思想深度；（3）活——有思想感情，或者有故事性。上文中，农民李大蝉的一句“亏惨了”，是颇有震撼力的。

在材料的运用上，可以将典型事例置于导语中，先设橱窗，也可以插入文中，根据需要灵活安排。大多数情况下可用橱窗式导语的写法推出典型，让它在文章的开头部分发挥引路作用。

四、提出问题，回答问题

非事件性报道较少被动性，大多带有主动出击的特点。亦即，大多数非事件性报道，记者是为了反映某种情况或问题而行动的。有些报道即使利用的是有关部门的调查统计资料，其调查本身——信息源一方的行动本身，也带有鲜明的“问题意识”。如2000年8月天津市燃气集团有限公司调查并公开的天津市燃气设施及管线被严重占压构成重大隐患问题；德国有关部门调查的少年扒窃问题、日本警察厅(2000－08－17)公布的“日本自杀人数创最高记录”等等，都是如此。

非事件性消息的写作重点在于正面反映这些新的情况或问题，不在于分析，这是它与分析性报道的一个区别。然而，非事件性消息在摆出问题的同时，也应适当地对问题做出说明。前面引用的《江西三万椒农败走天涯》一文，着力写“败走”，反映问题，但结尾处也点出了问题的根源在于农民不了解市场，指出，“如果小生产与大市场的矛盾不解决，菜农一年赚一年赔的现象就难以避免”。下面这篇消息也值得一读：

一年洗掉两个昆明湖
上海街头洗车自来水浪费惊人

本报记者张仲超上海报道　上海50万辆机动车，一年要“洗”掉两个昆明湖！

据悉，一到深夜，瑞虹路、宜山路、国定路、林荫路这些洗车街上，待洗的车辆排起了长队，摊主们忙得不亦乐乎。

上海是一个缺水城市，然而，每年用于洗车的自来水量高达100万吨，相当于北京两个昆明湖的储水量。经初步测算，皮管冲车用水量最大。以冲洗一辆小轿车为例，用水量在0.2吨/次以上；若用高压清洗机洗车，用水量则是前者的1/10；而使用自动循环水系统洗车，耗费干净的自来水仅0.015吨/次左右。

上海为何会有这么多的洗车摊点？成本低、利润大是最关键的原因。记者从有关部门了解到，居民用水价格为每吨0.88元，而洗车应按照非工业标准收费，应为每吨1.1元。但几乎所有的洗车摊都按居民生活用水交费。一位50多岁的王师傅告诉我们，他一个月洗车的水费不到100元，而洗车点一夜可赚数百元。

有专家提出能否使用循环水？据了解，上海日产污水量为600万吨，这些污水如果能回用40%，将有240万吨的水量可供重复使用。

（《中国商报》2000－07－31）

消息的后半部分既阐述了造成自来水浪费的原因，又提出了解决办法。这样写的好处是：（1）可以满足读者进一步获知的需求。对于非事件性新闻所反映的问题、现象，读者希望知其一也知其二；（2）可以使新闻更有深度；（3）如前面两篇报道那样，说明问题，有时也就提示了解决问题的方向，传播了方法，从而，可以提升新闻的广义的社会服务功能。

在写法上，因题材而异，回答问题的文字可多可少。而且，最好是客观引用、记述他人的见解，使之成为“报道”的一部分。

第三节 预测性消息

一、预测性消息的基本特征

报道尚未发生、有可能发生的“事情”、提供未来信息的消息，属预测性消息。它所报道的事物带有不确定性。

预测性消息同预告性消息不同。预告性消息是对必定发生的事情的报道，新闻所传达的信息是确定无疑的。例如：

清华剑桥赛艇对抗　昆玉河封航半天

本报讯　8月20日上午，清华大学与英国剑桥大学赛艇对抗赛将在昆玉河上举行。为此有关部门决定，当天上午昆玉河封航，中午12时后恢复通航。

（《北京晚报》2000－08－17）

这是预告性消息。20日上午昆玉河封航，这件事是肯定要发生的。如果消息报道“清华大学赛艇队有可能获胜”便是预测性消息，因为在当时比赛尚未进行，这种看法只是推测。

二、预测性消息的价值

预测性消息使媒体突破“马后炮”式的思维模式，既重视“现在”，也关注未来，以防患于未然的姿态，在更加广阔的时空范围内探索和提供新闻信息，是媒体干预社会生活，影响社会进程的一个重要手段。其作用可以从这样几个方面来看：

（一）有助于科学决策

上自国家领导机构，下至基层单位，社会各界，乃至每一个社会成员，在制定某个计划、采取某种行动之前，都有一个决策的问题。科学决策是成功的前提，国家大事尤其如此。

预测，无论是近期、中期，还是远期预测，都可以根据已知事实为决策者事先微缩一个未来世界、未来环境的蓝图，提前标示出暗礁，指出可行的航线，以利决策者倾听关于未来的警告和建议，少走弯路。

1958 年大跃进的一些做法及媒体的角色，是一个历史的教训。当时，强调“以粮为纲”，同时开展全民大炼钢铁运动，9 000万人上山砍树，大片森林遭到破坏，加上后来的乱采滥伐，到“六五”期间，我国森林覆盖率已从建国初期的13%降至11%，长江流域原始森林减少 85%，成了水患的一大根源……如果新闻媒体能够及早传达专家学者的预测性意见，而不是大造声势，助长大跃进时期的一些狂热的做法，今天我国的生态环境将会好得多。类似的事例举不胜举。事实说明，科学的预测性报道好比“清醒剂”，会令决策者头脑冷静，少犯许多错误。

（二）可以帮助治疗“近视症”

由于经济的、教育的，以及管理上的种种因素，人类容易只顾眼前利益而忽视长远。例如，20 世纪中期，只为节省存储空间，计算机专家在年份的表述上便省掉了“19”这个世纪值，仅留后面的两位数，结果，当2000 年临近时，为了解决“千年虫”问题，全球竟花掉了3 110亿美元。再以我国湖泊面积减少为例。由于短视——大量围垦和拦截地表水，我国平均每年消亡 20 个天然湖泊。在中东部地区，近 50 年来，因围垦减少天然湖泊近1 000个，围垦湖泊面积相当于五大淡水湖面积之和，昔日“八百里洞庭”水面减少四成。西部地区一批烟波浩渺的大湖相继消失。其结果，中东部地区增加了洪涝灾害的风险；西部地区出现了大批盐咸地与荒漠（据《北京日报》2001 年 1 月 13 日报道）。生态环境的恶化，严重限制了经济的可持续发展。而这些恶果，均与目光短浅有关。

“近视”是一种顽症。尽管已有不少教训，人们不同程度地仍在重蹈覆辙。在这种情况下，媒体的预测性报道，便显得格外重要。

三、预测性消息的写作

（一）及早预测

记者要有忧患意识，经常关心、思考社会问题，及早发现隐患以及其他有关未来的信息，及早采写预测性新闻，以使这种新闻更好地发挥决策参谋和引导舆论的作用。《中国日报》记者任侃采写的预测性消息《中国拒绝金融风暴登陆》就是一个范例。让我们先读一读原文：

人民币将继续坚挺
中国拒绝金融风暴登陆

本报讯（记者任侃报道）　中国凭借其稳定的经济形势，充实的外汇储备，良好的外资结构和有效的外汇管理，完全有能力避开目前席卷东南亚的金融动荡。

最近一段时间，东南亚国家货币纷纷贬值。一方面是受国际金融投机者的冲击，另一方面也由于近年来这些国家经常项目逆差增大，出口下降，经济增速放慢，外国投资者信心受到影响，从而导致外国资本短期内大量撤离。

外汇专家陈全庚日前在接受本报记者采访时指出，“中国的情况完全不同”，并断定不可能会有大量外资短期内流出中国而导致人民币大幅贬值，引发金融危机。

他说，虽然多年来有大量外资流入中国，但多是长期直接投资，并得到良好的管理和有效的使用，不会突然撤离。另外，中国的外债也以中长期为主，决定了一定时间内的外资回流是有限的。

陈全庚说，由于中国没有开放其资本市场，外资无法进入债券和 A 股市场，只能从事 B 股的交易，因而不会影响到国家的外汇储备。虽然的确有一些短期投机资金通过一些途径进入中国市场，但其数额和影响都是有限的。再加上中国对外资的流入流出实行严格控制，外国投机者很难在中国有所作为。

更为重要的是，中国有非常坚实的经济基础和良好的宏观经济状况。经过三年的宏观经济调控，中国经济已成功实现软着陆。中国经济继续保持稳定增长，货币供应量合理增加，财政收入大幅提高，通货膨胀得到很好控制。今年上半年，经济增长 9.5%，而零售物价指数只上涨 1.2%。

此外，陈全庚说，中国自 1994 年以来，经常项目一直顺差，也为国家的金融稳定提供了有力的支持。

他说，泰国及东南亚国家一直依靠外国直接投资和出口刺激经济发展。而去年以来，这些国家的出口开始下降，外贸逆差增大。与此相反，中国外贸在经历了去年上半年的逆差之后，已连续 12 个月保持顺差。今年上半年，中国出口额达 808.2 亿美元，顺差 177.7 亿美元，比去年同期增长 8.76 亿美元。据估计，今年下半年，出口将继续稳步增长，而进口将保持稳定，使得中国今年的经常项目依然有大量顺差。

同时，中国今年还将保持资本项目的顺差。今年上半年，外商实际投资达 207 亿美元，比去年同期增长 5.4%。

陈全庚还指出，中国有足够的外汇储备防范可能出现的金融危机。到上月底，中国的外汇设备已达1 209亿美元，并将在今后继续保持增长。

他预计人民币在下半年仍将保持稳定。人民币利率将根据市场供求在合理的范围内变动。他说，目前的人民币利率比较合理，支持了出口的增长和外资的流入。人民币没有受到任何贬值的压力。

陈全庚说，中国外汇改革的长期目标是逐步实现人民币的完全可兑换。去年，人民币实现经常项目下的完全可兑换，但中国政府对实现人民币在资本项目下完全可兑换仍持谨慎态度。

"在目前，中国加强对资本项目的管理是正确的和需要的。"他说。中国正处于由计划经济向市场经济的过渡期，宏观调控能力有待完善。为了防止外资的流入和流出冲击中国的金融市场，影响国际收支平衡，干扰经济的发展，中国将在一段时间内继续对国际的进出实行必要的管制。

陈全庚说，虽然东南亚的金融风暴不会对中国的金融业产生冲击，但可能会给中国的出口带来一些不利的影响。货币贬值将增强东南亚国家的出口竞争力，同时加大中国对这些国家出口的难度。

（《中国日报》1997－07－27）

这篇消息发表于1997年7月27日，正值东南亚金融危机爆发之始。7月2日，泰国在外汇储备仅剩80亿美元的情况下，宣布央行不再干预汇市，泰铢实行浮动汇率制，当日泰铢贬值18%，泰国开始出现金融危机，很快，东盟区内各国外汇市场发生强烈震荡，东南亚金融危机全面爆发。在这种情况下，国际社会对中国的动向十分关注。这种关注和疑虑会直接影响到国际投资者对中国的信心。正是出于这种分析，出于金融记者的责任感，本文作者经过多方努力，及时访问了外汇专家陈全庚，写出了专业性、政策性很强的独家预测性消息，受到国际社会的关注。这一报道行动之快，预测之及时与准确，都是值得称道的。

（二）他人预测

预测性报道作为新闻，不能是记者出面预测，它是预测活动、预测性意见的客观反映。预测性消息的写作，应注意交待预测的行为主体，以显示新闻的客观性，增强预测的说服力。下面这篇消息从反面说明了这一点：

南部非洲粮食严重短缺
大饥荒可能再现

××社内罗毕（1995年）5月16日电　南部非洲国家由于遭受严重干旱，今年粮食普遍减产。由于缺粮严重，该地区可能出现类似1992年那样的大规模饥荒。

据统计，南部非洲地区 1995—1996 年度预计可上市的粮食为2 019万吨，而该地区的粮食实际需求量应为2 705万吨。

为了弥补粮食短缺，南部非洲各国今年将大量进口粮食。据估计，南部非洲发展共同体成员国就需要进口 685 万吨粮食，其中 500 万吨为玉米，其余为小麦、稻米、高粱和小米。

南部非洲发展共同体成员国包括安哥拉、博茨瓦纳、津巴布韦、莱索托、马拉维、莫桑比克、纳米比亚、南非、斯威士兰、坦桑尼亚和赞比亚。

津巴布韦是南部非洲的主要玉米生产国，去年共生产了 230 万吨玉米，但今年的玉米产量预计比去年减少百分之六十二，只有 87.4 万吨，根本无法满足 180 万吨的国内需求。

消息中虽然使用了“据统计”、“据估计”这样的字眼，但并未明确交待是谁的统计或谁的估计，信息来源过于模糊，而且，它们顶多只是“论据”；消息导语中提出的预测性结论——“该地区可能出现类似 1992 年那样的大规模饥荒”，并没有预测的行为主体，从而容易被理解成是记者自己提出的。这样一来，不但说服力差，而且，记者也要冒一定的风险。

预测性消息交待“何人预测”是起码的要求，西方记者对此十分谨慎。有些消息在导语里未必出现预测者，但在主体展开的过程中，就像《中国拒绝金融风暴登陆》那样，会将预测者的姓名、身份，交待得一清二楚。这一点需特别注意。

（三）权威预测

他人预测并非是随便什么人的预测，为了发挥决策参谋的作用，这个“他人”应当是专门的研究机构或者是具有权威性的人物，以保证预测的科学性和新闻的影响力。《中国拒绝金融风暴登陆》是典型的一例。陈全庚以外汇专家的身份发表的预测性看法，是很有分量的。下面这篇预测性新闻也是如此：

天水狂泻　地水干涸
缺乏饮用水将使亚洲苦不堪言

［美联社新加坡（1997 年）12 月 18 日电］　今年，中国发生的洪灾使成百人丧生，而且连日不绝的大雨在柬埔寨、印度尼西亚、泰国等国造成严重灾害。尽管洪水泛滥，但这一欣欣向荣的地区却越来越缺水。

长期以来，亚洲大部分地区的水资源一直很丰富，但由于工业生产不断扩大，生活水平日益提高和人口不断增加，水的供应量日益下降。

专家们几年来一直警告说，亚洲必须降低水的消费量并减少浪费，否则将面临经济和社会生活发生混乱的局面。

设在华盛顿的世界观察研究所的专家桑德拉·波斯特尔最近在一份报告中说："地下水位下降，河流干涸，争夺日益减少的水源的现象加剧。"

世界银行的一份报告说，在中国，"北京周围农田的水源已被抽走，以满足北京市区和工业的用水需求。在约300个中国城市缺水的情况下，这种水源的转移肯定会更加普遍"。

设在菲律宾洛斯巴尼奥斯的国际水稻研究所去年警告说，农业和工业争水的情况可能会导致社会动乱。

这个研究所在一份报告中说："预测表明，到2025年，大多数亚洲国家将出现严重的缺水问题。"

该研究所还说，在孟加拉国、印度和巴基斯坦，水井数量激增可能会致使地下水资源枯竭。

今年6月，联合国在土耳其的伊斯坦布尔召开"人类住区会议"。会议秘书长恩杜说："我想，未来50年，我们将看到，国家之间和民族之间发生严重冲突不是因为石油，而是因为水。水源不足使经济和人类蒙受了巨大损失。"

恩杜说，研究报告估计，由于从输水系统中非法抽水，或生锈的管道漏水，第三世界国家的城市已丧失60%的饮用水水源。

在地下水方面，亚洲许多大河因利用过度而受到损害。每年旱季，农田灌溉系统从河中大量抽水，致使河流干涸。

在730多字的消息中，出现4个权威性的预测机构和人士，甚至连研究机构设在哪里、在什么情况下做出的预测，都交待得十分具体，这就让人不得不重视了。

（四）深度预测

含义有二：

1. 避免简单化。

消息中不仅报道预测性结论，而且，也反映预测者对问题的分析、做出这一预测的依据。在《中国拒绝金融风暴登陆》一文中，预测者陈全庚详细分析了中国金融、外汇方面的特点，说明了中国不会出现金融危机的几点理由，为预测结论提供了有力的支撑，使新闻具有很强的理性色彩，增强了新闻的思想深度。

2. 预测到位。

预测性新闻在采访阶段就应不断地探询“将会怎样”，使预测性意见直接同社会生活、同普通大众的切身利益联系起来。

《日本经济新闻》关于老龄化的预测很有启示。在《2020年的警钟》一文中，记者写道：

> …………
>
> 现在一个女性平均一生只生1.4个孩子，按这种低出生率推算，到2008年，日本的人口将开始减少，到2020年，每4人中就有1人是65岁以上的老人，成为世界上最高龄化的国家。而14岁以下儿童的人数将比现在减少300万，仅为高龄人口的一半，整个社会将因此而失去活力。……

预测到此，也能说明问题。一般的写法也容易到此止笔。然而，深度预测还应继续向前推进，把问题的严重性讲透。这篇文章正是这样做的，它接下去预测道：

> 儿童人数减少，老龄人口增多，其赡养负担将全部压向工薪人员。如果现有的社会组织结构不改变，那时，财政、养老金等既存制度将陷于瘫痪，2020年劳动者每人负担金额（包括纳税、医疗、养老金等社会负担总额）将达618万（日元），约为1995年（209万日元）的3倍。……

预测，以及预测性报道如能细微至此，读者心里也就更有数了。在采访与写作两个方面，这里都有功夫深浅之分。归根结底，是社会责任和敬业精神的问题。处在商品经济大潮之中，心浮气躁、追逐表面泡沫的记者，很难写出有深度的新闻、有深度的预测性报道。

（五）审慎发稿

西方新闻界有人甚至将预测称为“智力游戏”。无论现代科学技术如何发达，作为预测，都有其不确定性，其结论都有“言不中的”的可能。美国《未来学家》双月刊1967年2月一期曾对30年后的世界做过大预测。学者们依据60年代的社会和技术趋势，进行了理性的分析，成功的程度很高。然而，到1997年人们回首评估，发现其中还是有32%的预言是错误的。

1989年12月13日，国内一家媒体传播外电，称一颗小行星有可能撞击地球，撞击时其威力约为投向广岛的原子弹的700万倍，地球上一半的人类将遭到毁灭。结果，一时间引起巨大恐慌。这件事进一步提醒大众传媒，预测性新闻，尤其是直接关系到人的生命安危的预测，如地震预测等，不能抢发，要慎重行事。

预测性消息报道的内容虽非记者本人的预测，但记者却不能没有自己的预见。记者，一个真正的记者，应当有敏锐的洞察力，有历史的预见性。正如美国著名报人专栏作家李普曼所说，记者应当“像站在船头的瞭望哨，他决不止注意眼前的表象，而是要洞察气象的变化，预测航行安危。”①

第四节　服务性消息

服务性消息是一个重要的新闻品种，在21世纪，这类消息还将受到更多的关注。掌握服务性消息的写作要领，是记者的基本功，提高服务性消息的质量，是媒体和记者的研究课题之一。

一、服务性消息的特点、功能

（一）服务性消息的特点

从宏观上看，整个新闻传播活动都带有服务的性质，是一种新闻信息方面的服务。此处所说的，是狭义的服务性报道，其特点是“直接可用”，亦即，这种消息以提供切实可用的信息、方法、忠告为己任。美国称其为“菜篮子新闻”，日本叫它“实用记事（新闻）”。

服务性消息与广告性消息有本质的区别。广告性消息是以新闻包装的广告，其发表的动机、目的是替企业作宣传，是为了推销商品，目标是商业营利。服务性消息与此相反，它是站在读者、消费者一方，为读者和消费者着想，为他们服务的消息。必要时，它们要无情地揭露厂家、商店以及其他企业的欺诈行为，替受害者说话。

1992年11月10日，北京某报刊登过这样一篇“本报讯”：

“拥有一片美国”销售活动在京开始

本报讯　为纪念哥伦布发现美洲大陆，美国土地公司推出了“拥有一片美国”活动，今起在北京拉开帷幕。这一活动的土地购置者将得到一份装饰在精美贵重的木板框内的美国土地产权证书等一系列文件，每份证书独立编号登记，还配有一份五十块土地的地目说明书，详细列明了每块土地的经纬度及地形地貌。这一活动由北京天外天产业开发总公司、中国摩轮集团负责

① ［美］赵浩生：《倘若斯诺今天写中国》，载《人民日报·海外版》1988－06－29。

北京地区分销，办公地点在京伦饭店。

这是一篇货真价实的广告。问题在于它没有说明真相，没有告诉读者，这“一片美国”到手之后能作什么，不能作什么。事实上，这“一片美国”仅仅是一种装饰精美的纪念品，毫无实际意义。报纸上的这篇“本报讯”，对消费者是一种误导。据说，不止北京，其他大城市也有类似活动，结果，不少国人上当，“一片美国”的发售者从中赚了大钱。针对国内的这种情况，在纽约出版的《侨报》刊登了一篇属服务性新闻的报道，题为《美商奇想发财　国人花钱买梦　美报说“拥有一片美国”者一无所有》，详细介绍了“拥有一片美国”出笼的始末，向国内读者提出了忠告。文章说：

…………

日前在其曼哈顿办公室谈到一些大陆客以为有利于签证而抢购“拥有一片美国”的事情，“拥有一片美国”销售计划的创始人司各特·摩格表示出不安，并说他曾就此致函其中国总代理，责令对方帮助廓清错觉。如果发现代理人有意误导公众，“我将取消他们的代理权，宁肯一英寸不卖”。

“拥有一片美国”去年底在中国推出后引起一阵疯狂。当美国的售价平装精装两种分别为29.95美元和49.95美元的时候，中国的一般售价据摩格说是400美元左右，最高价据《纽约时报》说达1 700多美元。这个计划1991至1992年一年间在美国市场的成交额约一万股，而据《纽约时报》报道在短短的两三个月里，它在中国出售了10万股。

何为“拥有一片美国”？它是一纸“货真价实”的地契：上面不仅载有持有人的姓名、编号，以及根据哪条法律条文拥有多大面积的土地等，而且还载明是属于“新奇品”，不是一种投资。拥有人不得转让，当然退休之后也不能指望到那里定居。“拥有一片美国”其实不止1片，是50片，除了波多黎各、关岛等属地以外，每州一片，每片一平方英寸。

…………

摩格的奇想起自于他父母10年前退休搬家，在阁楼翻出了一张加拿大出售一平方英寸的微型地契，是50年代“快克燕麦”藏在花盒子里作促销用的。这张小地契使当时为电影公司和电视台作市场推广执行人的摩格举一反三，推及50州每州一平方英寸。

…………

这两篇文章颇具代表性。前者是典型的广告性消息，后者是真正的服务性报道，二者的分水岭在于动机、立场不同，以及由此而来的报道效果截然相反。

（二）服务性消息的功能

美籍华人学者赵浩生在其著作中写道："有人说，美国报纸所需要的不是'新闻纸'，而是'有用纸'"①。日本媒体一直设有各种服务性专栏与专版，2000年更有48家报纸发出公告，声明扩充生活版，增加有用信息（据2001年1月1日日本《新闻协会报》）。我国媒体上的服务性新闻也日渐增多，以服务为宗旨的专业性媒体相当活跃。这一切都说明，服务性新闻的繁荣是一种时代的需要。

那么，怎样看待服务性消息的功能、作用呢？不妨从以下几个方面来认识：

1. 可以从"生活"角度关注科技发展，为大众提供参考性信息。

21世纪将是科技飞速进步的时代。转基因技术、克隆技术等等，既可造福于人类，又会为人类带来负面影响，搞不好甚至会造成灾难。服务性消息可以从生活角度，监视科技动向，提供切实可用的服务性信息，帮助人们在生活中做出正确的选择。例如《慎用转基因食品》（路透社罗马2000年3月15日电稿）、《免提免不了被辐射》（法新社伦敦2000年4月5日电稿）、《手机：儿童不宜》（美联社伦敦2000年5月12日电稿）等等，都有这种作用。应当说，在科技与人这个问题上，服务性消息与一般的科技报道角度不同，它的主要功能是让科技走进生活，特别是保卫人类自身免受其害。

2. 在经济领域指导消费、捍卫消费者利益。

当代的市场经济十分复杂。全球范围的商品流通拓展了选择空间；激烈竞争带来的负产品——伪劣、欺诈随处可见；从大众化消费向个性化消费的转变，又刺激着人们对消费信息的需求……

总之，在茫茫的商品经济的海洋里，读者大众要求新闻媒体作自己的助手和朋友，为其提供最好的消费指南，帮助他们少花钱、买好货，帮助他们与欺诈行为做斗争，帮助他们满足个性化消费的欲望。例如，2000年春节七天长假，全国有2000万人次外出旅游，旅游花费约163亿元；出境旅游人数达14万（国家旅游局《2000年春节旅游市场专题调查报告》）。这些数字充分说明了我国民众的消费潜力，消费需求。同时，"假日经济"中也暴露出不少问题，消费者烦恼颇多。仅此一例，就可以看出服务性新闻肩负着多么繁重的任务，消费者对它抱有怎样的期待。

3. 提供信息、方法、建议，满足大众提高生活质量与健康水平的需要。

随着个人收入的增长，随着高龄化社会的到来，包括我国在内的世界许多国家的民众，对于提高生活质量、改善健康状况，均抱有越来越高的期望。因此，

---

① 赵浩生：《漫话美国新闻事业》，1版，13页，北京，北京出版社，1980。

衣食住行、保健、环境等等方面的实用性报道、便成了“抢手货”。传授知识与方法，充当民众的生活参谋，是服务性消息的一大功能。

此外，从媒体与读者的关系、媒体自身的发展来看，由于服务性新闻与读者大众贴得最近，它也是媒体联系群众的纽带。可以预言，在新的世纪里，哪一家媒体服务性新闻作得细、作得快、作得深，质量上乘，那么，在白热化的竞争中哪一家媒体就会赢得更多的市场份额。

二、服务性消息的写作

(一) 服务性内容要新鲜、适时

同其他类型的消息一样，首先是内容，而不是表现形式，决定服务性消息的优劣。这种消息的内容不应重复常识性的东西。例如，有的媒体报道说，盛夏酷暑，不要贪吃冰淇淋之类的冷饮；温水泡脚可以解乏等等，这些老生常谈，读者不会感兴趣。服务性消息应当为读者报告新的、他们尚不知晓的而又切实可用的信息、传授新的方法。下面这篇消息就是一例：

高科技研究找出简便价廉保健法——
萝卜是防癌“良药”

本报讯（记者郑灵巧）　在威胁我们生命的疾病排名中，癌症的位次已前移至第二，其中为害最烈是胃癌。一项持续了十几年的科研得出结论：我们菜篮子里的萝卜就是一剂防癌“良药”。

这项科研发现，萝卜中含有一种抗肿瘤抗病毒的活性物质，能刺激细胞产生干扰素，其名为干扰素诱生剂。实验证明，此物质对人的离体食管癌、胃癌、鼻咽癌、子宫颈癌等癌细胞均有显著的抑制作用。动物实验结果表明，通过皮下注射可以抑制老鼠网状细胞肉瘤的生长，对乙脑病毒感染后的小白鼠也有很强的保护作用。

主持此项科研的是中国预防医学科学院病毒学研究所古稀之年的许兆祥研究员。据介绍，干扰素诱生剂抗肿瘤抗病毒作用已为国际公认，其有效成分为 dsRNA（双链核糖核酸）。有数据表明，一个分子 dsRNA 进入细胞，即可使这个细胞释放出全部干扰素。但人工合成的 dsRNA 在吞咽过程中极易被降解，经静脉注射又往往产生副作用，故很难应用。从 80 年代初开始，许兆祥致力于在蔬菜组织中寻找干扰素诱生剂的研究，先后在 10 种蔬菜中发现了此物质，其中以萝卜的含量为最高，于是便对萝卜作深入研究，进一步发现，心里美萝卜、白萝卜、青萝卜、卞萝卜等所有的十字花科萝卜，都具有相同的干扰素诱生剂的有效成分 dsRNA。而且，萝卜中的 dsRNA 对口腔中核糖核酸酶的耐受性相对较高，在吞咽中不易被降解，又无任何副作用。

许兆祥历经十几年艰辛的专项科研，以众多的分子生物学科研数据，向我们提供了一个人人可以运用的防癌保健处方。"药"名：萝卜。服法：生吃细嚼——萝卜煮熟其有效成分已被破坏，细嚼才能使萝卜细胞中的有效成分释放出来，并注意服后半小时不饮食，以防其有效成分被其他食物稀释。服量：每日或隔日 2 至 3 两（100 ～150 克）。

在常见蔬菜特别是资源丰富而又廉价的萝卜中发现干扰素诱生剂，在世界还未见报道。许兆祥的发现无疑揭开了人类防癌抗癌史上崭新的一页。许兆祥认为，萝卜的防癌保健功能在实验室内已有了充分的证据，目前应该在肿瘤高发区，特别是胃癌、食管癌高发区大力倡导生吃细嚼萝卜。

（《健康报》1996－08－07）

萝卜可以防癌，这是一个新的研究成果。消息既传达了新的信息，又介绍了食用萝卜的方法，是一篇很好的服务性消息。此外，如西方媒体报道的"喝咖啡能防帕金森氏症"、"橄榄油妙用多多"、"预防骨质疏松的几点建议"等等，都传达了一些新的发现，介绍了一些新的方法，对读者很有帮助。

所谓适时，是指揣摩读者需要，想在读者前头，及时地向读者报告实用性信息，提出忠告、传授方法或经验，让读者少走弯路。例如，在当前转基因食品正开始进入市场、消费者颇多疑虑的情况下，前面提到的路透社 2000 年 3 月 15 日发出的电讯，通过报道联合国粮农组织的意见，提醒人们：慎用转基因食品。消息引用该组织的话说："为了减少将毒素从一种生命形式转移到另一种生命形式的风险，降低产生新毒素或将可以导致过敏症的化合物从一个物种转移到另一个物种（这种转移也许会引起意想不到的过敏反映）的可能性，我们（对生物技术）必须保持小心谨慎的态度"。当"新爱"电脑病毒开始在欧美出现、尚未进入我国之时，国内不少媒体纷纷向读者发出警讯，《北京晚报》（2000－05－22）在新闻标题上疾呼："看到'New Love'千万别打开！"

这样一些服务性报道来得都很及时，可以起到防患于未然的作用，读者是欢迎的。

（二）着力写好实用部分，增强可操作性

服务性消息是生活参谋，因此，写作中应将方法、信息、忠告交待得明明白白。

1. 方法要具体。

仍以《萝卜是防癌"良药"》一文为例，新闻详细介绍了食用萝卜的方法，像开药方一样，具体到"要生吃细嚼"，"服后半小时不饮食"、"每日或隔日2至3两（100克～150克）"，这样，有意尝试者就可以照做了。《精品购物指南》刊登的消息《2001年自考上半年统考时间将提前》（2000-08-18），甚至详细列出了各门课程的考试时间，注明星期几。

2. 对所提忠告、建议，要做出说明，以便读者接受。

下面这篇消息值得一读：

小麦粉质检六成不合格，主要原因在于不正常增白
买面别净挑白的

本报讯（记者李思源）　面粉绝不是越白越好。国家质量技术监督局昨天公布的2000年第4季度小麦粉产品质量监督抽查结果表明，抽样合格率仅为40.4%，其中大包装产品抽样合格率27.5%，小包装产品抽样合格率55.8%，而不合格的原因主要来自对小麦粉的不正常增白。

据业内专家介绍，在小麦粉中适量添加改良剂可以氧化小麦粉内叶黄素，达到"增白"效果。但过量添加却会破坏小麦粉中的营养成分，而且改良剂中的过氧化苯甲酰分解产物苯甲酸长期食用对肝脏功能有损害。国外制粉业20世纪早期曾普遍使用小麦粉改良剂，但由于其负面作用，在许多发达国家已被禁止添加。我国GB2760-1996标准中规定每公斤小麦粉中最大允许使用量为0.06克。抽查发现，北京市嘉荣食品有限公司的"晶泉"富强粉、北京绿洲果实食品有限公司的"绿洲果实"饺子粉、内蒙古恒丰食品工业（集团）股份有限公司的"河套雪花粉"等13种产品没有添加过氧化苯甲酰；而部分生产管理、质量意识较差的个体、小型企业为追求面粉的白度甚至相互攀比，有意增加过氧化苯甲酰的使用量，损害了消费者利益。

（《北京日报》2001-02-13）

这条服务性消息告诫人们"买面别净挑白的"。它在新闻中传达了业内专家的意见，说明了其中的道理：过量添加改良剂会破坏小麦粉的营养成分，长期食用改良剂中的过氧化苯甲酰的分解产物苯甲酸会损害肝脏。这样，由于讲清了原因，读者对消息所提的忠告便会引起重视了。

总而言之，服务性消息的写作要求"实"，尽可能落到实处，不能"虚"。1999年1月4日北京某报曾刊登报道，提醒人们防止有机锡中毒。然而，文章只讲了有机锡对人体的危害，告诫人们，一旦中毒，目前还无药可医。其实，读者最关心的问题是有机锡自哪里来？普通人日常生活中如何避免中毒？文章对这一要害问题反而没有交待。这种写法就不符合“实用”的要求。

（三）说明信息源的身份，增强可信性

为了让读者对服务性内容感到放心，服务性消息应将信息来源、忠告发出者的姓名，特别是身份写具体，以证明其观点、意见的科学性。前面所引《健康报》、《北京日报》的报道都有这样的特点。西方传媒的服务性新闻在这方面尤其不敢怠慢。例如：

慎用美容品

［俄通社—塔斯社新西伯利亚（2000 年）4 月 27 日电］　俄罗斯新西伯利亚细胞作物研究所的专家发现，约有 90% 的抗皱霜营养物质含量过剩，非但不能起到延缓作用，反倒会加速皮肤的衰老。

该所研制出一种独特的皮肤细胞活动模拟测试系统。该所负责人之一塔马拉·科洛科利采娃对记者说：“借助该系统，我们分析了 500 种经专利注册的化妆品的成分，其中包括世界著名公司的产品，发现其中维生素、油脂和氨基酸的含量超过规定治疗剂量几十倍，甚至几百倍。”皮肤模拟测试系统也已表明，这对皮肤细胞危害极大，会遏制其分裂及新细胞的生成。

长期使用油脂含量达 11% 的抗皱霜，就会加速皮肤细胞的老化，而通常化妆品中油脂的含量平均可达 40%，维生素过量会对皮肤造成同样的危害。

消息中不仅具体交待了从事该项研究的科研单位、发表讲话的负责人的姓名，而且，还强调这个研究所有一套独特的皮肤细胞活动模拟测试系统，说明这个研究成果是科学的。服务性新闻只有这样写，其信息、意见才会引起读者的重视。

有些新闻在这个问题上往往吝惜笔墨，结果削弱了权威性。如：

过量服用维 E
有害身体健康

据××社华盛顿（1997 年）3 月 31 日电　美国科学家指出，由于目前绝大多数药品公司生产的维生素 E 胶囊中只含有阿尔法维生素 E，所以大量服用维生素 E 药品会危害身体健康。

专家说，每天摄入维生素 E 的量不要超过 100 国际单位，否则对健康有害无益。他建议药物公司尽快生产伽马维生素 E 和阿尔法维生素 E 各占一半的维生素 E 药品。

消息中所说的专家姓甚名谁？什么身份？文章只需多用几个字，分量就会增加不少，而且，说不定这个名字对某些专业人士来说也是“有用”的，也是服务，为什么不写具体呢？

（四）亲切、自然

服务性消息也有欣赏价值，可欣赏的是“热情”——记者的服务热情。它多半表现在导语上。服务性消息的导语最适合采用“直呼式”、“谈话体”，宜用第二人称，以你或您开篇，从而给人以亲切自然的感觉。下面这篇消息可以说是服务性消息的代表作，其导语尤为精彩：

远红外除污灶具并非厨房福音

本报讯（记者屈俊峰）　您家里的煤气灶可能已安装了远红外除污灶具，当心！它会使您煤气中毒！一份专业研究所的实验报告最近提出：安装除污灶具后，使用时，烟气中一氧化碳的浓度比原灶要高出七到十倍！

这个实验是北京市公用事业研究所燃气灶具测试技术研究室进行的。第一次测验了三只首钢机械厂砂轮事业部的产品。检验标准按照国家城乡建设环境保护部和轻工业部 1983 年部颁家用煤气灶标准执行。检测前，原灶具煤气中一氧化碳含量为 0.04%，加除污罩后，第一只一氧化碳含量为 0.44%，增加1 000%，超过标准 8.8 倍；第二只含量 0.50%，增加1 150%，超过标准 10 倍；第三只含量 0.41%，增加 925%，超过标准 8.2 倍。第二次实验使用青云仪器厂的产品，结果与第一次实验基本相同。4 月 15 日，记者请科研人员当场用一氧化碳快速检定管检测青云仪器厂产品，结果是：使用原灶具一氧化碳含量为 0.027%，加除污罩后，含量是 0.313%，增加 11 倍以上。由以上数据可见，远红外除污灶具并不是广告宣传中讲得那么好，也不是什么“厨房之福音”。

市公用事业科学研究所燃气燃具测定技术研究室，在全国来讲是一家测试水平较高的研究机构。全国有 24 个省市研制的燃具，都经过他们检测。由他们签发合格报告之后，才能生产使用。

据悉：有 20 余个单位正在生产此种除污灶具。使用煤气灶的家庭欲购此物，须持慎重态度。

本文弹不虚发，以具体的实验数据，说明远红外除污灶具并非厨房福音，得罪了厂家，保护了消费者，是一篇高水平的服务性消息。仅就导语而言，消息用第二人称，以警示的口吻，既可唤起读者的注意，又令人感到情真意切。

为使服务性消息收到良好的报道效果，记者心里应当保有一份真诚与热情。

此外，视需要与可能，宜将服务性消息适当泛化——在那些与大众生活密切相关的报道中，也加入服务性内容，提供切实可用的信息、方法。例如，1998年5月底，北京王府井大街整体改造工程启动，某报的消息只写了王府井为何要改造，改造工程包括哪些内容，但是，它忘了说明，改造施工期间，商店是否照常营业？车辆是否可以通行？穿街而过的公交车是否改道？而这些信息，对于北京市民乃至外地来京群众，都是非常重要的。不少新闻都可以插入类似的一笔。报道一次书展、一次演出、一次义诊……都可以将起止日期、售票时间、联系办法等顺便告诉读者，举手之劳，就可以为大众带来许多方便。借助大众传媒进行的这种信息服务，可以加快整个社会这部机器的运转速度，值得一做。

思考与练习题

1. 怎样认识非事件性新闻的特殊价值？

2. 预测性消息的地位如何？采写预测性消息对记者提出了怎样的要求？

3. 写好服务性消息的关键何在？

4. 阅读下面两条短消息，就其采访与写作中的优点或缺点，分别写出评论性短文。

第一篇：

形似别墅　收费一元
武汉高档公厕不“方便”

本报记者刘学华通讯员张斌华武汉报道　江城武汉最好的公厕日前向市民开放，然而有人却把它当成了冷饮厅，有人在公厕门前徘徊不前。

两座投资约150万元的公厕位于汉口西湖广场两侧。有关人士称，这是该市最高档的公厕。

记者日前见到，豪华公厕的宽敞大厅里分列两排红木座椅，三室分别为男厕、女厕、残疾人专用厕，不用水冲。然而高贵的外表加上一次一元的价格，让不少人望而却步。工作人员说，生意清淡。

（《中国商报》2000－06－05）

第二篇：

我国平均20个学生一位老师

本报讯　到去年年底，我国共有1 200万教育“园丁”在各自的教学岗位上辛勤耕耘，向世界上最大的受教育人口群传播科学文化知识和技能，平均每20多名学生有一位老师。

截至1999年底，全国普通学校教职工总数1 480.8万人，其中专任教师1 178.6万人，担负着86万余所从幼儿园到大学的2.44亿在校生的培养任务。同时，72万余所各级成人学校共有教职工119.4万人，其中专任教师49.3万人，培养着各级各类成人在校学生8 346万人。

1986年，国家教委决定建立中小学教师专业技术职务系列，在中小学校实行教师职务聘任制。1991年，高等学校职称改革工作步入经常化、制度化的轨道。

（2000－09－11见报）

第十四章

描写性消息

随着时代的推移，描写性报道，其中包括描写性消息，将越来越受欢迎。新闻记者对这一新闻品种应有足够的重视。

第一节　描写性消息的定义、功能

一、描写性消息的定义

什么样的消息为描写性消息？——以描写为基本手段写作的消息，是描写性消息。换言之，描写性消息的特点是“再现”，——以文字重现新闻事件的现场情景。

各类新闻体裁都可以采用描写的手法反映新闻事件或新闻人物的状貌。属通讯类的特写更是以描绘见长。消息与特写的不同之处在于，描写性消息不是细描，而是简笔勾勒。如果将描写性的通讯特写比做工笔画，那么，描写性消息便有如写意画。就描写而言，区别主要在于繁简。

在描写性消息这个大的范畴之中，还有各种不同的分类方法，存在一些不同的新闻概念。其中包括：新闻素描、现场短新闻、视觉新闻、情景新闻，以及散文式新闻等。它们强调的重点有所不同，但基本特征均为描写。

二、描写性消息的功能

（一）记录活的、有声有色的历史

新闻是历史的速记。历史的速记不应只是抽象的概括，还应有形象的描述，用来再现特定历史时期、特定历史环境中的新闻事件的具体情景，以便今人与后人在阅读报纸这部包罗万象的历史巨著时，能够了解当时那个历史瞬间的状貌。今天，重读《巴黎人民庆祝解放》，《德国狙击手开枪》、《日本签字投降》、《火葬——甘地永存》（均见《外国新闻通讯选》上册）等世界名篇，我们仍然可以从栩栩如生的描写中，窥见那些重大历史事件的现场；我国著名的新闻作品，如《延安庆祝日寇无条件投降》、《毛泽东抵渝》、《强渡长江情景》、《开国大典》等等，也生动地记录了那段历史的真实面貌。它们绘声绘色，可以传达出当时的特有气氛，使人有身临其境之感。

除了政治性的重大事件，对于一些天灾人祸、天变地异、天象奇观，新闻也应留下有形的记录，以便人们了解和研究彼情彼景。

请读下文：

千年等一回

——漠河日全食与彗星同现目击记

本报特约通讯员　叶彩星　记者　刘传书

早已迫不及待的日全食和海尔—波普彗星观测者们，3月9日凌晨6点钟便纷纷进入观测现场漠河县三中。这里视野开阔，仰天极目可览万里。8点至10点的气温为零下26至24℃，能见度为15 000至20 000米。

6时30分，一轮红日映入眼帘，天空万里无云。各天文台站、天文爱好者的仪器镜头一齐指向太阳，电视台的现场直播也已就绪。7点50分，操场聚集的观测者已达2 000多人。

8时2分34秒，月亮开始“侵吞”太阳，初亏开始；8点25分，月亮遮挡太阳近四分之一；8点30分月亮遮挡太阳近三分之一，太阳如一牙弯月，但却依旧光芒四射；8点45分，太阳被“吃”掉了一半；9时，太阳如一条被扳弯了的金条。9时7分40秒，全食开始，霎时间天昏地暗。这时，月球的身影已将太阳完全遮蔽，平日无法直视的太阳，变成圆圆的大黑球，挂在幽蓝的天幕上。

瞬间过后，它的边缘出现了3个璀璨的亮点，似珍珠，如钻石。这就是天文学上所说的贝利珠，是月球上的环形山缺口偷偷地泄出的太阳光华。

人们先是惊讶，接着便是欢呼。接下来是太阳亮出她那闪光的“帽子”，日冕出现了。旋即摘下“帽子”，又显示了一下贝利珠，给人留下两分钟的壮丽之后，太阳又开始逐渐“露脸”，9时10分06秒，全食结束；10时19分15秒，太阳复圆。

日全食时，天空许多明星登场。也许是日冕较亮的缘故，海尔—波普彗星这位“仙女”的倩影若隐若现。但大家并不觉得有太大的遗憾，因为几天来，每天凌晨和夜晚，已多次欣赏了她那拖着长裙的风姿。

（《科技日报》1997－03－10）

在这篇目击式的报道中，记者用文字为我们描述了日全食的完整经过。1997年3月9日在黑龙江漠河看到的日全食的壮丽情景，就这样，将永远定格在报纸——即时历史的版面上，供人们欣赏、研究。令人遗憾的是，1976年7月28日唐山发生7.8级大地震，顷刻间一座城市被毁，24.2万人罹难，成为20世纪震级最高、伤亡最惨重的大地震。然而，从我们的报纸上竟找不到一篇目击式的报道，人们无法从新闻作品中了解那场地震的破坏力，无法通过活的材料思索抗震减灾的有关问题！

以再现方式写作的新闻，记录的历史，它所特有的声、情、形、色，画面中保留的活动的细节，都是具体的历史语言，包含着可供体会、琢磨的历史信息。新华社军事记者阎吾在《强渡长江情景》中再现的渡江场面，那军民协力、万众欢呼的情景，都形象地反映了历史的大趋势，反映了民心所向。这说明，描写性新闻所记录的活的历史，可以给读者留下更多的思索空间。

在这方面，消息作为新闻报道的主力，其题材更为广泛；消息的“写意”式的“再现”，可以在更大的范围内，为我们记录下多彩的历史事件的瞬间情景。

（二）发挥形象的感染力、震撼力

在各类文字报道中，消息以速度见长。描写性消息的功能在于，它可以在第一时间，通过消息中的画面，对读者造成视觉的、情感的冲击，从而以活的事实，去感染、打动、说服读者。

请看下面两篇报道：

北约承认袭击难民

［法新社布鲁塞尔（1999年）4月15日电］　北约今天承认，它轰炸了一个逃离科索沃的阿尔巴尼亚族人车队，从而证实这是它在历时3周的空袭中犯下的最大错误。

首席发言人谢伊证实，昨天正午时分，北约一架F—16战斗机的飞行员向科索沃西南部贾科维察的公路附近一个由3辆卡车组成的车队开了火，炸翻了其中一辆汽车。这位飞行员在接受录音采访时说，他朝“3辆清一色墨绿色汽车”开了火，因为他“确信”这些汽车上载有塞族军人。这位飞行员身份没有点明，但说话带有美国口音。

北约空袭阿族难民

新华社科索沃普里兹伦（1999年）4月16日电（记者义高潮） 北约飞机14日在南联盟科索沃境内对返回家园的阿尔巴尼亚族难民进行轰炸，造成严重人员伤亡。

在科索沃西南的普里兹伦和贾科维察两城镇之间不到10公里的公路上，仍有20具尸体无人认领。其中一位老人半躺在路边的树上，他的一条腿则在距身体10米以外的地方。

在一辆拖拉机的驾驶室里，司机仍呈坐姿，但已被烧焦。在拖车中有3具被烧得完全变了形的尸体。拖车的两侧还有另外4具尸体。在拖车不远处，一个没有身体的头颅在荒草地上睁着双眼。这些死者均是阿尔巴尼亚族平民。

14日，来自6个村庄的数百名阿族平民乘坐拖拉机和农用卡车，从躲避北约空袭的地方返回家乡。当车队行至上述路段时，数架北约飞机先后向车队发动4次袭击，结果造成72人死亡，数十人受伤，其中多人受重伤。死难者中多数是妇女、儿童和老人。一位在轰炸现场不愿离去的阿族平民说，他哪里也不去，他宁肯死在这里。另外一阿族平民说，他的儿子和儿媳当场被炸身亡，另外两个儿子受伤，妻子迄今仍不见踪影。

南军方战时新闻中心新闻官斯托亚诺维奇说，北约飞机发动攻击时，天空晴朗，任何飞行员都能分辨出地面行驶的是平民车队。

俄罗斯外交部14日发表公告指出，这是犯罪行为，是北约粗暴践踏国际人道主义法准则的明证。

比较上面相同内容的两篇报道，不难看出，新华社记者的现场目击，较法新社记者的概括叙述更令人信服。新华社的消息描写了平民遭到北约空袭的凄惨情景，其中的几个细节看了令人心悸。这种报道无疑会大大增强新闻的报道效果。

（三）满足读者的视觉需求

“再现”，是当代读者的一种心理需求。当代读者中，相当大的一部分是在电视的熏陶中生活的。从我国情况看，当代居民闲暇时间接触最多的媒体是电视，接触率为92.3%，报纸为53.7%（据中国出版科学研究所调查）。电视媒体对于人们接受信息，了解外间事物的方式已经产生了深远的影响。电视中的现场实况，有时会使人感到仿佛身在其中。接触这种媒体过多，人们间接体验——经由传播媒介而得到的对陌生世界的体验——的需求便会形成习惯。今天日渐普及的多媒体网络传播更加重了这一倾向。

在这种传播环境之中，印刷媒体的文字报道也不能不重视读者的这种心理需求，在自己的报道中增加再现的成分。事实上，文字报道的再现能力并不比电视弱，相反，有些方面是电视所不及的。例如，文字记者的涉足范围比电视记者更广，采访也比电视记者更方便，特别是事件现场或人物表情的细微变化，电视摄像机往往照顾不到，或者反映不出。而文字记者却可以用笔，将细部再现出来。有文章说，一次合众国际社记者写了一篇法庭审判报道，其中描写道："身材瘦小，面部像老鹰、脑袋上毛发全无的法官胡思纳同罪犯冷眼相遇。当检察官历数罪状时，犯人艾斯曼青灰色的面颊上出现了愤怒的表情。艾斯曼下巴扭曲……他紧张地舔着嘴唇。当法官提出问题时，他愤怒地提高了嗓门。……"一家电视台对此也作了现场转播。事后，《蒙塔雅新闻评论》杂志作了一次媒体效果调查。在那些既读过文字报道又看过电视转播的被调查者中，85%的人认为文字报道比电视成功，22%的人认为旗鼓相当，其余的人未表态。这说明，文字记者在描述性报道方面也是大有可为的。

描写性消息在满足读者视觉要求方面也有自己的长处。作为消息，它不仅可以扩大再现的范围。而且，它可以用短小的篇幅，集中展现景物或人物的基本特点。其中，一些所谓散文式消息，还可以做到情景交融，传达出一种意境。《光明日报》2000年2月13日发表的《江西婺源有一处全国罕见的鸳鸯湖》就是一例：

本报南昌2月12日电（记者王绍雄）　风和日丽，天气晴朗。记者春节期间来到江西省婺源县采访，同当地的干部一起到了闻名遐迩的鸳鸯湖，发现这里风光殊异，是全国罕见的胜景。

早就听说鸳鸯湖风景如画，湖中鸳鸯美丽动人，游湖所见，果然不假。上小船，绕过山坳，只见湖中鸳鸯双双对对，形影不离，或静浮水面，卿卿我我，或扑翅戏水，雌雄追逐，或翱翔空中，比翼双飞。小船转过一湾又一湾，看见鸳鸯一群又一群，有的鸳鸯还游到我们的小船边，似乎在欢迎友善的人们。在半个多小时里，记者先后看到了上千对鸳鸯，红嘴翠羽如鲜花盛开水面，别有一番风光。

鸳鸯湖位于婺源县西部赋春镇，距县城44公里，距瓷都景德镇41公里。该湖原为大塘坞水库，集雨面积9.4平方公里，水面面积1 250亩，山地面积3 380亩。湖水碧波荡漾，水质清洌，湖畔青山环绕，林木苍翠，环境优雅。县林业局高级工程师郑磐基告诉记者，这是全国惟一的一个鸳鸯湖，湖畔阔叶林的果实是鸳鸯最好的食物。每年国庆期间从北方，有的说从欧洲飞来此湖越冬栖息的鸳鸯，多的时候达2 000多对。现在每年接待游客5万多人次，且有逐年增多之势。

正在婺源县考察工作的省委书记舒惠国对记者说，婺源县森林覆盖率达72%，山川秀丽，文化积淀丰厚，一定要保护好生态环境，让青山绿水常在，让多情鸳鸯常来。

作为消息，本文用写意般的手法，以简略的文字，集中展现了鸳鸯湖的殊异风光，使读者一眼便可领略鸳鸯湖的概貌，同时，又能在美的熏陶中受到教育。

第二节　描写性消息写作的几点要求

一、简笔描写

作为消息之一种，描写性消息也应力求简括，用简洁的笔墨，概括地勾勒事件的现场情景、人物的活动，以及非事件性新闻的某个场面，而不宜过多地描写细部。详细的描写，可由篇幅相对较长的通讯特写来完成。特写详描，其情其景可供读者鉴赏、品味，而描写性消息则要以最快的速度，首先报告现场情景，形象地传达最新动态。归根结底，简笔描写是消息的时效、篇幅与任务决定的。

为此，写入消息的描写性内容应是少而精，应抓取主要的，最具代表性的场景、活动来写。鸳鸯湖一文描写景色的部分只用一个段落，180字，可谓简笔。下面这篇消息也是如此：

桑兰点亮纽约新年

应邀同纽约市长一起在时代广场上按下1999年倒计时灯球电钮

新华社纽约（1999年）1月1日电（记者　丁宝忠）　在纽约时代广场迎接1999年到来的人潮里，17岁的中国体操运动员桑兰成了令人瞩目的明星。

仍在纽约养伤的桑兰，坐着轮椅来到广场旁边的一家饭店。她面露微笑，不时举手向人们致意，并用英语说“新年快乐”！

桑兰应邀出席了迎新活动主办单位的大型招待会。同时应邀出席的还有中国驻美国大使李肇星夫妇和中国驻纽约总领事邱胜云夫妇。招待会上，不少人围着桑兰跳舞，向她表示祝福。

夜晚，23 时 59 分，桑兰应邀同纽约市长朱利安尼一起，在广场上按下 1999 年倒计时灯球的电钮。她是时代广场举办这一活动 91 年来，首位来自美国国土之外主持这一活动的嘉宾，她穿着一件胸前印有五星红旗图案的橘黄色羽绒服，在明灯照耀下格外出众。

60 秒时间在快速流逝，一个由 180 只 75 瓦灯泡组成的强光灯球徐徐降下 20 多米，停在写有“1999”几个大字的灯柱上。这时，夜空焰火闪烁，无数气球飘飞上天，雨点般的糖果和纸片从广场周围高层建筑上落下，人们欢呼雀跃……桑兰虽不能站立和跳跃，但她的脸在笑，她的心情和周围数十万人一样激动。她通过传媒遥祝祖国繁荣昌盛，人民新年快乐。

桑兰去年 7 月在友好运动会上意外受伤后，没有失去康复的信心。她说：“尽管医生说我重新站起来的可能性不大，但我绝不放弃希望，绝不相信我会永远瘫痪。”

她以顽强的毅力战胜伤痛，刻苦锻炼手臂，努力学习英文，从卧床不起到能坐轮椅活动，从手臂不能动弹到能在椅把上作撑腕动作，从不懂英文到能讲简单英文词句。她的脸上挂着甜蜜的微笑，好像什么伤痛都没有发生过。

时代广场力求把庆祝活动办出新的特色。前年，一位把毕生积蓄 15 万美元捐给一所大学的 88 岁女洗衣工被请来为灯球降落按电钮，今年则请来了不向伤病低头的桑兰。朱利安尼市长说：“桑兰是勇敢者的楷模，能同她一起主持这一仪式，感到非常高兴。在迎接 1999 年到来的时候，桑兰把纽约同整个世界联系了起来。”

这篇消息的描写十分简洁。在时代广场万众欢度新年的大背景之下，记者描写桑兰的文字主要是第二、第四和第五段的部分内容，加起来大约只有 240 多字，但桑兰的形象已经鲜明地浮现在读者眼前。

这种抓取主要镜头，用精练的文字加以描述的写法，使读者的目光更易集中，使新闻的视觉效果更强。

二、选择景物应有说话意识、信息意识

无疑，描写性消息中的描写，不是为描而描。在有限的篇幅之内，记者描写

的每一个景物、活动，都应是有丰富内涵的。亦即，它们应能以形象传达某种信息，帮助记者表达某种观点，只有如此，描写性消息才会有一定的思想性。

在《桑兰点亮纽约新年》一文中，桑兰的微笑展现了她的，也可以说是中国人的不向命运屈服的精神，桑兰橘黄色羽绒服上醒目的五星红旗图案，又向世人宣示了中国的存在。

英国《卫报》记者伊泽贝尔·蒙哥马利于1999年5月22日发表的现场报道《莫斯科见闻》也是这样。它的每一笔描述都是有目的的：

> 在莫斯科红场的一家大型地下购物中心，带有玻璃门的观景电梯平稳地上下滑动，抛光的大理石地面气派豪华，时髦女士们的背包大都来自法国、德国和意大利最著名的时装公司，身着上等毛料西服的男士们气宇轩昂地跨进自动门。这是真正的莫斯科吗？是，也不是。
>
> 在红场上，很多妇女虔诚地排在小喀山教堂的入口处，等待做祷告。远处朱可夫元帅的雕像下，一位戴着棒球帽的中年男子正在向路人兜售着什么。
>
> 很难再看出地下购物中心，小喀山教堂和朱可夫元帅的雕像之间有任何联系。不过，仔细一想，这不就是俄罗斯历史的一个缩影吗？富人云集的购物中心表明在俄罗斯，共产主义已经成为往事；小喀山教堂代表了俄罗斯不可动摇的东正教中心的地位；最令人伤感的是朱可夫元帅的雕像，人们知道他曾在二战期间率领红军大败法西斯，而现场曾令他感到骄傲的祖国正无奈地向西方乞求援助。
>
> 在莫斯科，富人可以用钱买到一切，而穷人只能靠信仰才能生活下去。购物中心的商品价格吓退了西方游客，但地铁里以兜售小猫小狗为生的老人似乎在告诉人们，物价不应该那么高。醉汉蜷缩街头的景象不时映入人们的眼帘；苏联时代建造的一些居民楼已经破败不堪；但行驶在路面上的小汽车有不少是德国的最新式样。莫斯科真是一个让人感到困惑的城市！

这篇文章描述的景物是记者精心选择的结果，它们都是典型的场景、典型的事物，都有丰富的时代和历史的内涵，都具有很强的认识价值和说话功能。

记者要有慧眼，要善于撷取最能说明问题的活的材料，来表现新闻主题。

三、描中有叙，叙描结合

描写性消息不仅不排斥叙述，还需要用叙述来补充、说明、串连所描写的场景或人物活动。很多情况下，只有加入适当的叙述，事实才会得到清晰、完整的反映，记者的意见、思想观点才会得到明确的体现。前面两篇消息都有这样的特点。第一篇关于桑兰受伤、受伤后所表现的惊人的意志力、乐观的人生态度、关于纽约时代广场历年欢庆活动的特殊安排，都是不可缺少的补叙，它们不但说明了事件中的因果关系，还使新闻的内涵丰富了许多。

描写性消息的叙述，主要靠背景材料来完成。写作中，记者要善于为描写性消息添加背景。下面这篇消息将背景与描述很好地融和在一起，使文章有了一种幽深的意境：

西域探险史最神秘的小河古墓失而复得

六十六年无踪迹　遗世独立谁能解

新华社乌鲁木齐（2001年）1月5日电（记者张鸿墀）双鸽塔里木河下游科学考察队终于找到了失踪66年的小河遗址5号墓地。

这里就是瑞典考古学家贝格曼于1934年夏天在新疆罗布泊地区找到的“有一千口棺材”的古墓葬，被世界考古学界认为是楼兰探险史、西域探险史上最神秘难解的古迹。

今年1月4日早晨，科考队从阿拉干出发，沙漠车向东南穿越一片枯死的胡杨林，再折向东北，在连绵起伏的罗布沙漠中颠簸。当沙丘渐渐低缓时，科考队发现了一处突兀立起的小沙包，沙包上密集直立着如同死胡杨般的木杆。

这是小河5号墓地最明显的标志，是世界上惟一的、至今未能被解释的墓葬形式。

66年过去了，但这里同贝格曼在其《新疆考古记》中的描述几乎一模一样，“小山的表面，有许多从未见过的、弯曲的木板，不论走到哪里，脚下都会绊到久经岁月摧蚀的人骨、被肢解了的木乃伊和厚毛物碎片”。

中科院研究员杨镰说：“小河遗址的规模是前所未见的，应该是楼兰王族的墓地，在楼兰文明的解读过程中它是无可替代的，它的再发现对罗布泊环境变迁与楼兰王国兴衰这个世界性热点课题的研究必将起到承前启后的作用。”

山包上弯曲的木板都是由完整的胡杨木制成，呈船形，可以见到棺材的顶板、侧板和底板，两端留有榫头。这些难以计数的散乱的船棺板覆盖了大约7米高的山包。在山包平缓的顶部，则是上百根直立的胡杨木柱，间隔一米左右，高出4米至5米，都是多棱柱，从7个侧面到13个侧面不等。个别的柱子底部还残留着红色的涂料。贝格曼在他的书中说：“这座死神的立柱殿堂曾经笼罩在一片耀眼的红色之中。”

除了立柱之外，记者也看到了贝格曼曾提到的“船桨形的纪念物”。它们由一块完整的胡杨木凿成，桨面呈长方形，四角修圆，长100厘米左右，宽约70—80厘米，厚约10—20厘米。做这样一只船桨必须用一根直径在一米以上的胡杨木制成。

在山包顶部，记者还看到了一个儿童头部的木乃伊，保存非常完好，褐黄色的头发长及颈部，略圆的脸上还有些许稚气。在另一个露出一端的棺材口处，记者见到了包裹尸体的很厚的毛织物。贝格曼认为在这里出土的木乃伊距今为4 000年左右，人种是典型的印欧人种。

站在山包顶部，四顾是茫茫无涯的沙海。沙包就像沙海中孤立的小岛。尽管这里曾由一条叫“小河”的河流过，但周围没有任何活着的植物，连仍然站立的死树和灌木也没有，似乎这里从来就是埋葬先民的地方。

小河原是无名河，小河之名，即由贝格曼所起，小河墓地也因此命名。在新疆塔里木河和孔雀河下游三角洲，小河是这片水系中罕见的南北流向的河流，又是惟一一条两岸没有植被带的河流。在中国50年代末的地质图中，小河是季节河，目前小河已经断流。

杨镰通过贝格曼当时绘制的地图不断修正并确定了经纬度。现在，这座“沙深不知处”的古墓遗址终于在66年后的本世纪初迎来了中国学术界的研究者。

这是一篇科学性与可读性兼具的描写性消息，是描写性消息中的佳作。文章将眼前景象与历史记述有机地揉和在一起，通过精当的背景注释，使消息收到了神秘而又清晰可辨、明了易懂的效果。实例说明，巧用背景，是描写性消息写作的一道重要“工序”。

第三节　新闻素描

一、新闻素描的特点

新闻素描也称特写性消息，实际上就是微型特写。它是以“再现”手法写作的新闻家族中的代表性成员。

如前所述，在新闻改革的进程中，由于越来越重视读者兴趣，我国新闻界相继出现了视觉新闻、现场短新闻等新的概念。加上原有的体裁，以再现为特点的新闻可谓百花齐放。

是否有必要区分它们的异同，有无可能区分它们的异同，值得研究。然而，为了说明新闻素描的特点，这里对它们的差异又不能不有所涉及。

视觉新闻这一概念是新华社原社长，著名记者穆青于1983年9月提出来的。在一次讲话中，他谈到了“视觉新闻”，并解释了它的含义：“所谓视觉新闻，无非是形象化、立体化，有典型细节，生动的画面，读来有声有色，使人能够具体地、形象地看到你所报道的事实的真面貌……”①

可以认为，视觉新闻是一个外延很大的概念，凡有再现成分、有可视效果的新闻，无论通讯还是消息，都可以看做是视觉新闻。消息容易写“干”，强调视觉效果对消息写作更有现实意义。

现场短新闻这一概念出现于1989年10月，在首都新闻单位负责人的一次会议上，中共中央宣传部领导发出多写“现场短新闻”的号召，得到与会者的响应，随后又举办了第一次全国现场短新闻评选活动。

现场短新闻的根本特点是现场（感），其次是短小。带有现场视觉成分、文字简短的消息，无疑属现场短新闻。然而，可以说，现场短新闻不一定都以描写为主，未必都有明显的视觉效果。凡来自现场，直接报告现场情况的短新闻，哪怕不描只述，都应当看做是现场短新闻。消息《伊拉克入侵科威特》，只写了“枪声”，并无战况描写，仍然是现场短新闻，而且是很好的现场短新闻。

散文式新闻形散而神不散，它的特点是有情有景，比较强调“情”，注重情景交融。

情景新闻以反映现场情景为主，实际上也就是新闻素描。

新闻素描的特点是以描为基调。它基本上通篇描写，全过程描写，通过描写，再现一个较为完整的过程和场面，再现具有新闻价值的一幕。这是新闻素描的基本特点。解放战争时期的名作《强渡长江情景》、《共产党员刘胡兰慷慨就义》都是典型的新闻素描。

二、新闻素描的写作方法

新闻素描因其大多文字简练、篇幅短小，仍属简笔勾勒，它是典型的描写性消息。描写性消息的基本写作方法也适用于新闻素描。此外，还需注意下列几点：

（一）灵活安排文章结构

一般的动态消息结构比较规范，“倒金字塔”结构成了一种通用的铺排方式。不少新闻素描，例如后面引用的例子，也是有概述型导语的。从这个角度讲，整

① 穆青：《新闻散论》，1版，279页，北京，新华出版社，1996。

体上它们大多也难以完全摆脱倒金字塔结构，——也应照顾读者急于获知新闻信息的阅读心理——但是，至少在主体部分，新闻素描，尤其是那些题材本身故事性强、事件脉络单一的新闻素描，不受倒金字塔结构的束缚。这类新闻素描基本按时间顺序安排结构，记者的描写大多依事件进展、现场变化的先后顺序向前推移。例如：

香港热土祭洒社稷坛

本台记者文立军报道：今天上午，在中山公园社稷坛这个祭祀国家土地山河的地方，90岁高龄的文物专家单士元和侯仁之、张开济、罗哲文等，把一罐从香港带回来的热土轻轻地洒在了五色土祭坛上。单老边洒边对身边的小学生们说："香港之土已经溶于祖国大地了。"

香港回归，普天同庆。首都文物界的老人们不会忘记136年前在九龙尖沙咀举行的一个仪式。当时英国驻广州领事巴夏里从地上抓起一把泥土，放在一个袋子里，交给在场的清朝官员，然后，再强迫这些官员把这些泥土交给英国人。屈辱的场面深埋在中国人的心里。

7月1号香港回归以后，参加香港交接仪式的中国政府代表团成员带回来了香港的热土。今天上午，单士元等文物专家在首都各界人士的热烈掌声中登上社稷坛。在社稷坛的东南端，单老伸出颤抖的双手，慢慢躬下身去，从一个精致的木罐中捧出了香港的热土，凝神注视了一会儿，然后，和两名小学生一起把这些热土一点一点地洒在了五色土祭坛上。

（北京人民广播电台 1997-07-05）

这篇作品值得称道之处很多。从结构来看，应当说第一段是导语，然而导语和第三段均按这一活动的先后顺序进行描述，实际上有两度咏叹之妙。这样写，使读者的目光随着热土回洒的过程向前推移，心情也会越来越激动，爱国热情也会越来越高涨。这就是按时间顺序再现场景的好处。

（二）描写好典型细节

细节传神，——通过典型细节，即最具代表性的细节，传达现场特有的气氛，传达新闻事实中只可意会的内涵，是新闻素描写作的最高境界。

新闻素描中的典型细节，既包括事件现场的景物，也包括人物的情态，后者尤为重要。《香港热土祭洒社稷坛》一文中，单老的一连几个动作都是细节。"单老伸出颤抖的双手，慢慢躬下身去，从一个精致的木罐中捧出了香港的热土，凝神注视了一会"……这些细节十分感人。特别是"凝神注视"这一细节，意蕴万千，大大增强了素描的深度和厚度，而文字却极为精练。

下面这篇素描在细节说话方面也有独到之处：

法国陷入狂欢之中
巴黎球迷挤满香榭丽舍大街

本报巴黎今晨专电（特派记者李戈） 在法国队以3比0战胜巴西队，首次夺得世界杯赛冠军后，整个法国顿时陷入一片狂欢气氛之中，四十多万法国球迷将巴黎著名的香榭丽舍大街挤得水泄不通。

当来自摩洛哥的主裁判吹响终场哨声后，圣丹尼斯法兰西体育场内法国球迷兴奋得吹响了一切能发出声响的东西，随后这股庆贺的浪潮迅速扩展到巴黎市区各个角落。在本报记者下榻的公寓区内，平常白天都静悄悄的楼群内居然响起了欢庆胜利的鞭炮声。一些法国青年大喊大叫，发泄着他们内心的欢乐。

法国各主要电视台中断正常广播，迅速报道了法国队夺得世界杯冠军的消息，并播放了现场采访记者发回的法国球迷在巴黎市区欢庆胜利的场面。一家电视台新闻主持人甚至也在脸上涂上了三色旗的颜色。在节目结束前，几个工作人员还跑到主持人身后，向电视观众大声喊着“阿勒、阿勒”(前进)。

在巴黎最著名的凯旋门和香榭丽舍大街上，继法国队闯入半决赛后，又一次变成法国球迷的海洋，球迷们大多脸上画着红白蓝三种颜色，手中挥舞着法国国旗，不少人还手拉手边走边跳起舞。据法国电视台估计，昨晚到香榭丽舍大街欢庆的球迷将超过半决塞后上街游行的35万人，而在法国各个主要城市都有类似巴黎香榭丽舍大街这样的欢庆队伍。

（《北京晚报》1998－07－13）

平日静悄悄的楼群内响起鞭炮声；电视新闻主持人也在脸上涂上了三色旗的颜色；电视台几名主持人一起向观众大声喊着：“阿勒、阿勒”……这些细节都是色彩，都是亮点。以盛大场面为背景，描写好这些细节，使读者更清晰地看到了巴黎人的兴奋状态，明白了体育是怎样牵动着民族感情的。

（三）用自然、准确的文字再现事物本色

描写性消息，尤其是新闻素描，其特点是诉诸视觉，记者总是希望借助绘声绘色的文字，感染并打动读者。为题材的特殊性和这种写作心态所驱使，记者往往容易使用色彩过重的形容词进行夸张、渲染。这种做法的效果适得其反，它会使新闻失真，会损害描写性新闻的客观性。美国一流记者、曾获得普利策新闻奖的约翰·钱塞勒在其与人合著的《记者生涯》一书中曾说："使用过多的形容词，即使不会窒息报道的生命力，也会使报道失去色彩。"① 日本著名记者本多胜一也说过，为了显现山之美，必须准确地写出那座山的形状、那座山在特定季节、特定时间里的具体颜色，既非空洞地赞叹，也非重彩涂抹，而是用朴素逼真的描写让读者自己去领略它的美。为此，需要采用白描手法，去粉饰、勿卖弄、少做作，精选恰当的词语，活画出真实的新闻场景。

此外，为将新闻素描写得短小精悍，要惜墨如金，应当向古代散文学习。明末散文大家张岱的《湖心亭看雪》，仅用 191 个字，就将雪夜西湖赏景的情境描绘得栩栩如生。请看其中写景的文字：

> ……雾凇沆砀，天与山与云与水，上下一白，湖上影子，惟长堤一痕，湖心亭一点，与余舟一芥，舟中人两三粒而已！

只 50 个字，那种特有的画面、氛围，那种特有的寂寥的意境之美，便跃然纸上。一痕、一点、一芥、两三粒，观察之细微，用字之精简，描绘之传神，令人叫绝。记者实应向古文学习，提高文字的表现力，把新闻、把素描写得更好。

第四节　花　絮

一、花絮的特点、作用

（一）花絮的特点

花絮可谓描写性消息中的"简讯"，"单细胞"的新闻特写。

花絮与新闻素描的区别主要表现在题材上。新闻素描是正面下笔，它所描述的多是新闻事件比较典型、比较完整的场面，再现的是带有画面的某一过程，其题材分量较重，描写的场面较大，形象再现的内容也更丰富多彩。花絮则不然，它是侧面入手，它从重大事件、重大活动、重大场面中选取一些小的场景、小的情节、小的趣闻轶事进行描述。可以说，它是用"边角碎料"作的"点缀"性文章。

花絮的篇幅一般也比新闻素描更为短小，几十字、上百字而已。其文字风格也更为灵活，因而也更带个性色彩。

（二）花絮的作用

花絮虽小，却有过人的魅力，不容轻视。

---

① ［美］约翰·钱塞勒等：《记者生涯》，1 版，65 页，北京，世界知识出版社，1985。

1. 花絮有特殊的信息释放功能。

一些重大活动，例如国际国内的重大会议，重大的政治、经济、文体活动，其正式场合大多带有程式化色彩，而在非正式场合，有关人士的活动、人与人的交往，以及会上会下、场内场外偶然出现的插曲，却寓意颇丰，很能说明问题。花絮选取这样一些细小的活动予以报道，作为动态新闻的补充，可以让读者了解更多的有关信息，发现事件的底蕴。

2000 年 6 月 14 日，朝韩首脑举行了历史性会晤，并签署了南北共同宣言，结束了半个多世纪相互隔绝的状态。对于这样一件举世瞩目的大事，除了正面报道之外，各国媒体也写了不少花絮。其中有这样一篇：

无微不至

[英国《每日电讯报》(2000 年) 6 月 14 日报道]　朝韩两国都是极其传统的社会，它们都尊重年长者，金正日就对来访的 75 岁的客人照顾得无微不至。

他向金大中描述了他观看韩国电视台当天早晨的报道情况。他问道："我看见你离开了机场，然后我就启程赶往机场。早上时我听到你在记者招待会上说，你早餐只吃了半个煮鸡蛋。你为什么在开始这样一次美妙的旅行前吃这么少的早餐呢?"

他说："我将在你停留平壤期间好好招待你。我们没有理由不欢迎金总统的到来。我们非常好客。"

金正日还对他的客人说："这个百花园宾馆是（金日成）主席生前命名的，意思是一百朵花盛开的地方。我希望你能在这里散散步。如果金日成主席还健在，……他也会对总统表示欢迎。南北会晤是他逝世前的殷切希望。"

这条小小的花絮——它所报道的金正日嘘寒问暖的细节，显然释放了这样一个信息：金正日本人对改善南北关系表现得颇为主动、热情，朝鲜的内外政策将出现重大转折……

2. 花絮有独特的"观赏"价值。

花絮具有探微、探秘的妙用。它将新闻媒体的触觉深入到事件的细微部分，将人与事的另一面，将许多不为人知的故事，以描述的方式呈现于读者面前，供人观赏，可以使人感到饶有趣味。例如，1999 年 12 月 19 日澳门回归祖国，18 日下午 1 时，有一个"封盖时间囊"仪式。一则花絮报道说：

封盖时间囊

《现代澳门日报》12 月 19 日报道　昨午 1 时，葡萄牙总统桑帕约和澳督韦奇立联袂出席位于政权交接仪式场馆前的主持时间囊封盖仪式，该时间囊内装有关于澳门回归时的一些文件及用品，包括有中、英、葡三种语言的中葡联合声明。这些纪念物品由桑帕约亲手放入囊中并封盖藏于地下。该时间囊将在 50 年后被打开，用来见证中国对澳门在回归后澳人治澳 50 年不变的承诺。

此外，位于白马行伯多禄局长街的葡萄牙驻澳门总领事馆昨日举行开幕仪式，葡萄牙外长出席并主持剪彩。该领事馆前身是货币暨汇兑监理署。

下面这条花絮也很好看：

举“重”若“轻”

［美联社联合国（2000 年）9 月 6 日电］　古巴主席卡斯特罗今天在全世界的国王和国家元首面前为第三世界大声疾呼，谴责 30 多个富国垄断权力，损害穷国利益。

这位古巴领导人在联合国千年首脑会议发表讲话时说，全世界 60 亿人受着贫困的煎熬，他还谴责富国——特别是美国——利用它们的权力，“使我们更贫困、更受剥削、更依赖别人”。

这位以发表 8 小时、甚至更长时间的长篇讲话闻名的古巴领导人走上讲台，掏出一条白手帕，遮住提醒发言者 5 分钟时限临近的灯光，引起很多与会者哈哈大笑。他在规定的 5 分钟内讲完了话，收起手帕离开讲台，台下又发出一片笑声。

不过，他的发言内容是比较严肃的。他说，世界冲突的根本原因是全球贫富不均。

这是 2000 年联合国召开的千年首脑会议上的一幕情景。花絮再现了卡斯特罗发言时的有趣细节。读者虽未在场，却似眼见一般，同样可以感受到会场的气氛。这就是花絮带来的观赏效果。

在读者口味、价值观多样化的时代，花絮是新闻百花园中不可缺少的一朵小花，切勿轻视它的存在。

二、花絮的写作

（一）小角度

花絮着眼于大事件中的小事，写花絮只能从小处落墨，否则就不是花絮了。记者在采访中要善于抓拍小事，用小事折射大事件的内涵、意义，反映大事的特点及其多姿多彩的状貌。

例如：香港回归花絮：

体现“一国两制”

香港《星岛日报》（1997年）6月20日报道　特首办消息人士表示，由中央政府主持的特区政府成立暨宣誓仪式，行政长官董建华将带领特区政府行政、立法、司法的主要成员，以普通话进行宣誓就职。

不过在当天上午举行的特区政府庆典仪式上，董建华将改以广东话发表长约20分钟的就职演说。

由于上述两个不同的仪式均有中央领导人在场，董建华曾经为以广东话，还是普通话发言费尽思量，最后认为还应显示出“一国两制”特色。

“两会”花絮：

日新月异

香港《明报》1999年10月8日报道　江泽民主席不仅对日新月异的高科技产品抱有十分浓厚的兴趣，还肯定了科技对经济发展的重要性。他7日在会见香港人大代表时，谈到科技发展，笑说身为工程师出身的他，面对瞬息万变的高科技产品已感到自己十分落伍。

江泽民笑说，现在连他的警卫和服务员都已懂电脑，而且打字的速度非常惊人。他还透露，过去在大学时代的打字速度为1分钟60个字，不仅不用看键盘，还可以用10个指头打，但现在已不复当年勇。

两篇文章均取小事、小角度，但含义十分丰富，耐人寻味。

花絮的小角度，大多也是带有人情味的角度，多从人的心态、神情、言语、行动入手，描述细节，构成花絮。请看朱镕基访美的花絮：

侨胞为之动容

［纽约《侨报》(1999年) 4月7日报道］　南加州侨胞今晚看到了总理流下的眼泪，大家不能不为之动容；当听到这位年逾7旬的铁面总理含泪说出“各位的深情厚谊，特别是看到小孩子们天真无邪的表情，我已经流下眼泪，说不出话”时，大家不能不为之鼓掌。

南加州侨胞从电视上看到过总理在抗洪抢险大坝上与坚守岗位的解放军官兵拥抱时流下的眼泪。

南加州侨胞从报纸上读到过总理在视察云南贫困山村，面对一天三顿洋芋当饭的农民时流下的眼泪。

参观橄榄球队

香港《明报》(1999年) 4月12日报道　朱镕基于当地时间昨日下午到丹佛市全美美式足球二连冠野马队 (Broncos) 参观。他看过了训练场的设备后，就来到球员训练的草坪，并与球员斯维尔对抛了橄榄球两次。

朱镕基说不敢叫儿子打美式足球,因为美式足球运动员个个都人高马大,个子太小不适合。斯维尔笑说,刚刚与朱镕基过招时亦特别小心,以免打到朱镕基。至于朱镕基则没有这方面的顾忌,只见他用力抛球,球就飞过去。

朱镕基离开前，训练中心的负责人给朱镕基赠送了一个签满野马队球员名字的橄榄球及一件印有“Zhu”(朱) 字的七号球衣。七号球衣是野马队队长的球衣。朱镕基接过球衣后，将球衣放在身上比了一下，明显大了几个码，他笑着说：送来的礼物非常珍贵，特别这球衣是队长的，我问了一下，队长有228磅 (1磅合453．59克)，所以他送的七号球衣，只能作为一个纪念，不能穿了。

看来，三言两语写活人物，对人的思想感情的揭示达到一定的深度，是花絮感人的一个重要因素。

(二) 大视野

美国著名记者、语言大师朱尔斯·洛曾说：“放弃 (先抠词句) 这种做法吧，必须把思想放在首位。”①

---

① ［美］查尔斯·格拉米奇：《美国名记者谈采访工作经验》，103页，北京，新华出版社，1981。

花絮虽小，仍需以小见大。记者在摄取事件的“边边角角”的时候，不可不注意事件的大背景，乃至历史的大趋势。要在这个大背景之下选取花絮镜头。亦即，花絮也要有思想性。

例如：

彭氏立法局绝响

香港《东方日报》（1997 年）6 月 20 日报道　昨日彭督最后一次进入立法局大楼举行答问大会，临别秋波，尽情发挥；议员各怀心事，一问一答皆精彩。

立法局议员几乎全体出席，彭督甫坐下，人人争相举手。彭督笑言：“那么多问题，下月我再来作答好了！”引来哄堂大笑。

各党对彭督评价不一，问题尽显歧异。前线刘慧卿苦苦追问彭定康究竟还能为港人做什么；民建联叶国谦直斥他功不抵过，使香港过渡期矛盾激化，有否愧对香港；向来与彭督不咬弦的自由党主席李鹏飞关怀地提醒彭定康：“英国保守党不行了，你也许能贡献些什么吧。”

郑耀堂问馋嘴的彭督，能否以一味菜比喻心情，主席黄宏发插口：“不是炒鱿鱼吧?”彭定康顾左右而言他。

香港即将回归，英督彭定康即将离港。立法局最后一次答问会上，面对各种诘问，彭氏心里自然别有一番滋味。透过这条妙趣横生的花絮，我们似乎可以看到历史大潮。这就是小小花絮与大事件、大时代的关系。

（三）轻松幽默、亦庄亦谐

花絮以趣味性见长。题材本身大多就很有趣，然而，如果写作时放不开，或者文字功夫不够，也会把好端端的材料写死。花絮写作要善于挥洒，不能拘束。记言记事，尽可纵笔驰骋。下面两篇花絮在选材和文字表现上均可称道：

亦庄亦谐皆真情

香港《星岛日报》（1999 年）4 月 8 日报道　朱镕基说，他即将出访美国时，与美国驻华大使尚慕杰见了面，他问尚慕杰：“当前这种气氛我怎样访问美国呀?”尚慕杰给了他一个忠告：“Always keep smiling face.（总是保持笑脸）”

朱镕基说：“这太困难了，香港人给我起了个绰号叫‘朱铁面’”。他又说，但到了这个宴会，“我的 long face 变得 shorter and shorter 了（我拉长的脸变得愈来愈短了）”，引起一阵掌声和欢笑声。

开诚布公

［美国《纽约时报》（1999 年）4 月 9 日报道］　今晚，中国总理朱镕基以其丰富的美国历史知识和他的开诚布公赢得了参加宴会客人的深深喜爱。在他背诵林肯的“葛底斯堡演讲”的片段时，引起一阵掌声。当他抱怨由于站着握手的时间太长，他的腿都麻木了，客人们对他的诚实又报以亲切的微笑。

克林顿总统在他的祝酒辞中说，朱总理说只有好朋友才能开诚布公，倾心相谈。克林顿说：“如果你说得没错，你已经证明你的确称得上一个好朋友。”他注意到了朱总理名闻遐迩的直言不讳。

朱总理谈到了两个国家的意见分歧，但是，他还聊到他白天在参观白宫时看到了“葛底斯堡演讲”的原件。他对客人们说，他曾经能用英语全文背诵这篇演讲，这篇文章是他在中学里学的。接着他改用英语说：“民有，民治，民享。”引起一阵掌声。

上述例文说明，对于微小细节的 敏感、再现幽默细节的笔力，都是写好花絮的必备条件。

最后，花絮为“絮”，自然文章宜短。应是小角度、小文章，有时只写几句话、一个剪影即可。朱镕基访美期间，在白宫的欢迎仪式上致词，结尾处用英语讲了两句话，引起热烈反响。香港《东方日报》的花絮只选了这两句话：

言简意赅

香港《东方日报》（1999 年）4 月 9 日报道　朱镕基在欢迎仪式上致辞，结尾时以英语发言：“I love Chinese people（我爱中国人民）I love American people（我爱美国人民），thank you。”对于朱总理出其不意之举，大家耳目一新之余，更是拍手欢呼。

简洁、干脆、短小而妙趣横生、意味深长，花絮理应如此。

思考与练习题

1. 如何认识“再现”在新闻报道中的地位?

2. 新闻素描与花絮在写作方法上有何区别?
3. 以“再现”方式进行报道对记者有哪些需求?
4. 采写一篇新闻素描。
5. 简析《黛安娜葬礼隆重举行》一文的写作特点。

黛安娜葬礼隆重举行

[路透社伦敦(1997年)9月6日电] 黛安娜王妃的灵柩今天上午被安放在炮架上，由来自皇家卫队的六匹黑马拉着缓缓地行驶在伦敦阴沉沉的大街上。她的儿子威廉王子和哈里王子跟在她的灵柩后面。

步行跟在黛安娜王妃灵柩后的还有查尔斯王储、菲利普亲王和黛安娜的弟弟斯潘塞。数百万哀悼者等在道路两旁，看着送葬队伍通过。当送葬队伍经过白金汉宫时，身着黑色服装的伊丽莎白女王和其他皇家成员低头志哀，随后乘车前往威斯敏斯特教堂参加葬礼。黛妃的灵柩上覆盖着褐紫红色和金色的皇家旗帜，上面摆着白色鲜花。在送葬队伍从肯辛顿宫到威斯敏斯特教堂的两个小时的路程中，哀悼者中有人向黛安娜的灵柩投掷鲜花。有人哭喊着:“黛安娜，我们爱你。”

第十五章

分析性消息

分析性新闻在当代新闻报道中已成为不可或缺的品种。新闻分析、解释性新闻、新闻述评、背景新闻等，都属于分析性新闻的范畴。

这类新闻有些带有电头或“本报讯”，形式上有明显的消息标志；有些则不然，是以特稿或其他形式发表的。亦即，在体裁上往往难以用传统的分类方法将其划归消息或通讯。因此，本章谈论的是消息，但大部分内容也带有共同性。

第一节　分析性消息的特点、地位

一、分析性消息的特点

分析性消息的特点主要表现在两个方面：

首先，与报道“事”的新闻不同，它是以传播观点、意见为主的消息。这类消息应当说也是报道，因为它基本上是以传播他人观点的形式出现的；然而，因其同时也清楚地反映了记者的价值取向，所以，也可以说，它是一种传播者主观色彩外化的新闻。

其次，分析性消息是一种有深度的新闻，换言之，分析性消息是典型的深度报道。分析性消息，包括新闻分析、解释性消息以及新闻述评，它们不是孤立地、表面地报道新闻事件或者某种社会现象、社会问题，而是将其放在一个大的社会背景之下，反映它与其他事物之间的内在联系，说明它之所以出现的必然性，它的发展趋势、它的潜在意义，以及它对其他事物可能产生的影响。例如，1995 年 11 月享有“十冠王”之称的辽宁足球队被淘汰出全国足球甲级联赛，震惊了中国足坛。11 月 22 日，新华社记者于力写了一篇有深度的分析性消息，对辽宁队降级的原因提出了很有见地的看法。消息说：

…………

辽宁队的失败，看似偶然，实属必然。一些球迷认为，表面看来输的是球，实际上输的是体制。作为中国足球在计划经济条件下生存、发展的一面镜子，辽宁足球代表着一个时代。当中国足球开始进入市场，面对迅猛发展的足球职业化浪潮之时，辽宁足球仍一味留恋昔日的辉煌，踯躅不前。体制上的落伍，使辽宁队的“生产力”难以得到解放，在绿茵场上的较量中力不从心。

…………

继而，消息又从足球与人才，足球与经济投入等方面深入分析了辽宁队陷入困境的原因，这样，就增强了消息的深度。

二、分析性消息的地位

（一）分析性消息可以为读者提供多元的、深层次的信息服务

分析性消息是从新闻事实这个“点”辐射开来，在时间与空间上将视线向外延伸，并在分析的过程中将各种相关的事实展现给读者，这样，它所提供的现实世界的图景便是立体的，从这个多维的、立体的现实之中，读者便可以获得更为丰富的信息。

1999 年 10 月 4 日，海德尔领导的奥地利极右翼政党自由党在议会选举中获胜，成为第二大政治力量。2000 年 2 月 1 日，人民党与自由党宣布联合组阁。这一事件在全世界引起关注，各国媒体纷纷发表新闻或进行评论。日本《朝日新闻》记者梅原季哉采写的分析性消息《极右势力缘何在奥地利抬头》，从不同的角度，说明了自由党逐渐得势的原因：

…………

第二次世界大战结束后，奥地利总是由社民党或国家民主党党首担任首相。在过去 13 年里，两党一直实行大联合。但是，执政党采取的向党员分派公职的制度却成为制造特权的温床。

海德尔主席把自己比做英国的布莱尔首相，极希望给人留下改革旗手的印象。他刚刚年满 50 岁，擅长马拉松和滑雪等运动。在媒体上，他常常给

人带来其他政治家所不具有的新鲜感，这也是他受人欢迎的原因之一。

然而，反对自由党的市民们组成了“民主主义联合”，其成员皮特·克赖斯基博士指出：“许多奥地利人没有努力去认清过去，在歧视外国人问题上麻木不仁，这营造了广泛支持自由党的土壤。”他说，曾经有许多人转向支持纳粹，在战后奥地利却总强调自己的受害地位，说“是最早被纳粹占领的国家”。

双亲皆为纳粹下层军官的海德尔承认，大量屠杀犹太人是“犯罪”，表面上与法西斯主义决裂，而且也收回了造成麻烦的讲话。不过，他又抛出“保卫国家的一代要坚决进行辩护”等微妙说辞，这暗中包含着一种企图，即借助奥地利人对过去抱有的特殊感情。

对历史的暧昧认识又导致了对未来欧洲统一的不安情绪。海德尔说：“只有800万人口的国家却有100万外国人，首先应该尊重国民才是。”他一面夸大数字，一面要求实行无移民政策。

自由党抓紧机会对欧盟扩大提出苛刻条件。对于打算在21世纪把东扩问题作为最优先课题的欧盟而言，自由党可能成为严重障碍。

曾任联合国秘书长的瓦尔德海姆本来有着纳粹合作者的历史，他在受到国外舆论指责的同时却当选了奥地利总统。专家警告说：“外部压力反而会招致国民的对抗情绪，很可能会使情绪偏激的自由党支持者势力得到扩大”。

（《朝日新闻》2000-02-02）

这篇报道从不同层面、用大量事实分析了奥地利右翼势力抬头的几种因素，信息丰富，对于读者认识奥地利的这一政治现象，无疑具有很大的参考价值。

分析性消息不仅信息具有多元性，它的透视效果——深入地观察与发现，也可以使读者受到启发。例如，1999年5月2日，以美国为首的北约向南斯拉夫投掷新型武器“软炸弹”。这种炸弹在电厂上空爆炸后可以喷出石墨，导电的石墨可造成电力系统短路，从而使被炸地区陷入一片黑暗。路透社记者就这一事态发表的分析性新闻指出：“……这种新武器的使用被视为北约发出的一个信号——经过40天的轰炸后，他们刚刚开始尝试最无情的方式。”新闻还说，“北约希望这种新武器摧毁的不是设施，而是人们的士气……”北约军事行动的这些含义，不经记者分析，一般读者很难识破。这说明，分析性新闻可以将事理昭示于天下，以唤起人们的关注。

（二）分析性消息直接亮明观点、表达意见，有助于强化新闻和大众传媒的言论功能

加强新闻媒体的言论性，是当今西方新闻学者议论较多的一个课题。它是针

对商业性报纸“弱体化”而发出的呼吁，目的是促使媒体摆正经营效益和社会责任之间的关系，对权力、对社会各个领域的问题进行舆论监督。这也是一个带有普遍性的问题。

分析性消息发挥言论功能有其独特的优势——因其在原因与后果上落墨较多，视野广，开拓深，且有充分的事实依据，所以，它更容易影响人们的思维和影响决策方向。在现实生活的许多领域，分析性消息都可以发挥作用。下面这篇分析性消息即是一例：

我国空调市场发育的制约因素

新华社北京（1995年）6月5日电（记者张彬）　眼下的空调市场炙手可热，但熟谙这一行业的专家告诫生产厂家应有清醒的认识：由于我国国民整体的较低消费水平、能源工业的滞缓发展、行业科技投入的不足以及南北地域气候的差异等因素，将使空调市场的发育受到很大的制约。

国民整体消费水平的低下，是空调市场发育的主要制约因素。尽管彩电、冰箱等耐用家电产品进入家庭已有时日，价格上似乎与空调处在同一消费档次上，但对大多数中国人来说，空调是超大众消费水平的高档“享受型”消费品。不说占我国80%人口的农村空调市场发育缓慢，就是城市居民添置空调时也要三思而行。一年中空调的使用时间不到三个月，而其价格却与一年任何时候都可用的高档彩电及大容量冰箱相当，这个太低的利用率/价格比使许多消费者舍此求彼。人民日报群工部最近的一份空调调查报告也证实：占53%的多数城市居民认为目前市场上的空调价格太高，这足以说明为何空调大大迟于彩电等家电产品进入家庭的原因。

电力资源的严重短缺妨碍了空调市场的成长。从全国电力供应总体形势看，我国电力发展与国民经济发展不同步。据今年中国国际经济论坛会议的一份中国国情咨询报告，到2000年，我国发电量将只增长8.6%，此期间家庭用电量的增幅就将达12%，预计我国电力供应缺口仍将达11%。目前我国人均用电水平只为世界平均水平的1/5，面对日益严峻的供电形势，我国一些城市已采取措施限制居民安装空调。

特殊的地域气候状况局限了空调的普及范围。我国地处温带，南北跨度很大，温差悬殊，北疆西陲空调的利用价值不大，空调主要市场只能集中于我国中南一带地区，这种地域环境决定了空调普及的不均匀性，导致空调的市场普及率必然大大低于其他家用电器。

科技投入的不足导致国产空调的竞争力低下。短短几年间，我国空调行业实行“拿来主义”，大大缩短了我国与世界空调生产的距离，同时也暴露出我国民族空调业的脆弱性。目前国产空调远没有做到立足于自主开发生产，一些为寻求出路转产空调的组装式生产厂家，完全没有自己独立的科研开发体系，这种状况将使我国空调业较长时期停留在仿制阶段。特别是作为空调“心脏”的压缩机，属于技术密集型的高附加值产品，科技含量高，而且投资大。据了解，目前我国的空调压缩机80%以上从国外进口，这种状况无疑使我国空调市场的发育蒙上阴影。

正确认识我国空调市场发育的制约因素，对生产者和经营者不无裨益：我国空调市场的容量增长不可能太快，不可盲目扩大生产规模。同时，在选择市场发育点上应多一些调查研究，诸如加大科技投入、解决关键零部件的国产化、提高产品能效比等做法，会促使空调市场的良性发育。

这篇新闻从国民整体消费水平低下、电力资源短缺、地域性气候差异悬殊，以及空调产业科技投入不足四个方面，分析说明了我国空调市场容量增长的有限性，提醒有关方面不可盲目扩大空调生产规模。记者通过分析性消息提出的意见和忠告，不但及时，也很有说服力，从中可以看出，分析性消息是一种有力的发言方式。

（三）分析性消息可以让受众直接听到记者的声音，实现“直接交流”

贴近受众，是各类新闻媒体生存与发展的共同策略，它也是受众的一种心理需求。长期采用客观报道手法的结果，使受众与记者不免产生一种距离感，他们希望听到第一线记者的感受、体会、意见。客观手法并未过时，新闻写作，尤其是动态消息的写作，仍需坚持这种写法，然而，分析性消息，特别是记者置身现场、直接发言的分析性消息，在与读者沟通方面具有特殊的功效。例如，关于1994年广岛亚运会上乒乓球比赛的分析，新华社记者曹剑杰在广岛现场采访了邓亚萍等著名选手和有关人士，综合分析后认为，这届亚运会的乒乓球赛，仍将是中国人与中国人之争。亦即仍将是国内运动员同在境外或外国效力的中国老运动员之间的比拼。记者认为，在国外打球的一些中国运动员宝刀不老，对中国选手仍是主要威胁。比赛结果，远嫁日本的何智丽（小山智丽）果然战胜邓亚萍，获得女单冠军。这样的分析性新闻，在记者与读者之间就没有阻隔，就产生了一种直接交流之感。

此外，还有一个值得注意的现象：分析性消息的多少、水平的高低，往往直接关系到一家媒体的声誉，可以反映一家媒体的整体素质和报道力度。事实的报道容易趋同，但是，观察与分析问题的深度却大有差异。一篇好的分析性新闻，它的精辟论见会引起世人瞩目、被广泛转载，就说明了这个问题。

第二节　分析性消息的写作

一、观点、见解——分析性消息的灵魂

分析性消息的成败，首先决定于它的观点、见解。好的分析性消息，应有鲜明的观点、新颖独到的见解。它应当能够透过事物的表面现象，洞察其底流，应是见人之所未见，言人之所未言，读后让人感到很受启发。

关于俄罗斯以武力平定车臣分裂分子叛乱的问题，美国《华盛顿邮报》记者杰弗里·史密斯 1994 年 12 月写过一篇分析性新闻，题为《看来美国的利益在车臣同俄罗斯一致》，解释美国为何一反常态，对俄罗斯的武装平叛保持沉默。这篇报道所谈的看法，就很新鲜、深刻，读后令人大开眼界。文章写道：

> 美国官员说，克林顿政府之所以决定对俄罗斯对脱离的车臣共和国进行越来越残暴的进攻采取不干涉方针，主要是由于华盛顿也希望看到车臣争取独立的行动遭到镇压。
>
> 这些官员上周说，华盛顿像莫斯科一样担心，如果允许车臣宣布独立，那么俄罗斯的其他共和国可能也会这样做，结果最终会是这个国家四分五裂，从而放松中央对其核武器的控制。
>
> …………
>
> 美国政府之所以执行这项政策，部分是由于情报界不断告诫说，如果进一步解除莫斯科对诸如车臣之类遥远的共和国的控制，那可能会使这个国家陷入混乱状态，在混乱情况下，核武器和其他致命的军备会悄悄流入黑市，种族组织会用暴力争夺领土或权力。一位政府高级官员说，虽然并不认为俄罗斯解体是一个近期的危险，但是，“如果俄罗斯解体，那将是一场灾难”。解体后存在下来的国家将是弱国，不能遏制像中国那样较强大的邻国。
>
> …………
>
> 官员们说，第二个政策考虑是，华盛顿希望在叶利钦公开批评克林顿政府在波黑战争和北约扩张问题上的立场后，重新获得叶利钦的喜欢。一位官员说，第三个考虑是，几乎没有车臣裔美国人。眼下，“对政府来说，只是等着瞧”。

本文提供的几点分析性看法，对大多数读者来说是新鲜的，它使人有顿开茅塞之感。

一般新闻的魅力，主要在事实本身，而分析性新闻的魅力，主要在观点。观

点是分析性新闻优劣的决定性因素。为写好分析性新闻，记者一定要在观点的采访、提炼上多下工夫。

二、使消息更带新闻性与客观性

新闻性与客观性，是分析性消息吸引读者、说服读者的重要条件。

对于分析性消息来说，新闻性的含义有三：其一，它应当是对新近发生、发现的事件或问题的分析；其二，它应当是讲究时效——动作较快，甚至是紧随其后的分析；其三，它应当在分析中提供新的、读者尚不了解或尚未注意到的信息。

客观性则要求提供分析的依据，它们或者是“发言人”，或者是背景性事实。

上面所引史密斯的作品，在这两个方面都无懈可击。尽管“官员们”是一种常用的概念，究竟是谁不得而知，但新闻毕竟由此而披上了“客观”的外衣，增强了可信度。

第三节　解释性消息

一、解释性消息的特点及重要性

（一）解释性消息的特点

解释性消息也称背景新闻，它是典型的分析性新闻，也是典型的深度报道。解释性消息的特点，在于说明新闻事实的来龙去脉，重点回答“为何”。解释性消息有时也会论及事件的后果、影响，——写作中并无不可逾越的界限——但其侧重点还是在于解释新闻事件或问题产生的必然性。

（二）解释性消息的重要性

自从20世纪30年代解释性新闻引起重视之后，半个多世纪以来，解释性新闻已经成为一种不可缺少的报道方式。日本著名新闻学者新井直之教授曾说：“今后的报纸，解说的重要性将日益增加。如果说，报业史的第一阶段是‘政论报纸’的时代，第二阶段是‘报道报纸’的时代，那么，今后即将到来的第三阶段就可能是‘解说报纸’的时代。”① 所谓“解说报纸”时代，就是以解说——解释性报道为主的时代。日本全国性报纸纷纷设立解说版，增加解释性报道的发稿量；日本广播协会（NHK）有专门的解说机构——“解说委员室”，这是一个

① ［日］和田洋一等：《新闻学概论》，1版，70页，北京，中国新闻出版社，1985。

由外聘专家和内部资深记者组成的解说班子，其成员多达四五十人，他们每天用两个来小时的时间分别在广播和电视节目中进行解说。这一切都说明，不仅是印刷媒体，在激烈的新闻竞争中，几乎所有的新闻媒体都想在解释性报道方面一显身手。

那么，怎样认识解释性消息的重要性呢？本章第一节关于分析性新闻的地位的论述，也适用于解释性消息。除此之外，还可以从以下几个方面来认识它的重要性：

第一，解释性消息侧重于分析新闻事件的因果关系，是一个总体的通俗化处理过程。

解释性消息因其提供的是全局性背景，说明的是新闻事件或社会问题、自然界的某种现象产生的原因，所以，它可以使新闻更易理解，从而也更能满足读者的好奇心。

在信息传播技术高度发达的所谓“全球化”时代，地球上任何一个角落发生的事情都可能很快进入人们的视野。面对这样一些陌生的、难以理解的事物，读者（受众）会提出无数个为什么，要求记者给以解答。例如，日本列岛为何频繁发生地震？美国经济为何急剧下滑？埃博拉病毒为何会导致大出血？……对于读者的无穷的求知欲和好奇心，新闻媒体不能不予以重视。例如，关于埃博拉病毒，美联社就曾发表这样一篇解释性消息：

埃博拉病毒为何会导致大出血

［美联社华盛顿（2000 年）7 月 30 日电］　研究人员已经确定了埃博拉病毒中导致人体大量出血的部分。大量出血是这种已经开始在非洲周期性出现的致命疾病的标志。

尽管埃博拉病毒感染并不常见也不流行，但自从 1976 年首次被报道后，由于人们对患者大量出血和高达 90% 的死亡率的恐惧，这种疾病一直受到人们的关注。

美国国家卫生研究所的研究人员在研究该病毒时发现，有一种名为糖蛋白的含有糖基的分子伸出病毒的表面。在试管实验中，研究人员发现这种蛋白质的某个部分使它能破坏内皮细胞。研究人员说，内皮细胞位于血管内壁，通过破坏内皮细胞，糖蛋白使血管出现渗漏。

这个研究小组是由马里兰州贝塞斯达的国家卫生研究所疫苗研究中心的杨致用（音）和加里·纳贝尔博士领导的，他们的研究结果刊登在 8 月号的

《自然医学》杂志上。

目前针对埃博拉病毒还没有疫苗或专门的治疗方法，但研究人员的这一发现也许会有助于为研制能预防或减轻这种疾病的疫苗或药物指明方向。

研究人员在研究糖蛋白时发现，这种蛋白质中被糖基改变的那部分会危害感染了埃博拉病毒的细胞。而当他们把这种蛋白质改造成不含糖基的形式，则这种蛋白质就不再破坏血管。

这是一篇科技类的解释性消息，读罢，人们对这种可怕的大出血现象会有一个初步的了解。解释性新闻的阐释、对于全人类的沟通，对于全人类知识水准的提高，都有很大的作用。

第二，解释性消息通过对信息的综合与梳理，可以有选择地为读者提供事件或问题的“全像”。

在当今所谓的信息时代，信息多如洪水。然而，它们往往又是支离破碎的，不连贯的，令读者难以把握。面对这种情况，媒体有义务提示重点，并就某一事件、某一问题，对繁杂无序的信息进行梳理、加工，发挥新闻信息讲解员的作用。解释性报道，包括解释性消息，就是达到这一目的的有效方式。日本 NHK 的几十名解说委员，每天从事的主要就是这样一种综合、梳理、讲解的工作。

印度于 1998 年 5 月进行核试验之后，NHK 的解说委员立即进行解说，对世界核裁军的轨迹进行了回顾，分析了未来值得注意之点，使听众对相关问题有了一个总体的认识。在信息技术日新月异的时代，这种归纳、解释的报道方式将会显得越来越重要。

第三，解释性消息探究事件或问题产生的根源，其“发言”更富启迪作用，也更具建设性。

如前所述，分析性消息的特点之一是主观色彩外化，言论功能较强。而解释性消息因其重点分析、解释“原因”、“为何”，所以，它可以集中、系统地进行事理或病理探测。换言之，可以在更高的层次上提出问题、说明问题，从而为社会的良性运行提出建议。即使像下面这篇短小的解释性消息，也有同样的病理诊断作用：

加蓬猴群为何血战

［德国《图片报》(1997 年）5 月 15 日报道］　猴王大声喊叫，雄猴在树上跳来跳去，接着它们就向同类发起进攻，互相撕咬。这是在加蓬的原始森林里猴群的一场血战。当地的猎场守护者最先报告了猴子打架的消息。他

们看到了猴子的累累尸体。

猴子是为了争夺地盘而打架的。美国生物学家卡罗内·图廷女士说："在过去几年中，由于砍伐者不断毁坏热带原始森林，致使猴子的生存空间越来越小。"

事实是，一些大型木材公司的电锯越来越朝着热带原始森林的纵深推进。对噪音敏感的猴子便逃往其他猴群居住的地方，从而爆发猴群大战。

人类破坏了自然生态平衡。图廷博士说："几年前在加蓬还有5万只猴子，而现在只剩下3万只。剩下的这些猴子还在因为自相残杀而不断减少。"

消息虽短，却提出了一个重大问题——自然生态平衡的问题，向人类敲响了警钟。

1999年1月5日，《北京青年报》曾刊登解释性消息，借专家之口，解释北京天空时常"灰蒙蒙，白茫茫"的原因，说明北京空气污染的元凶是"细粒子"，并说明细粒子是由二氧化硫、氮氧化物经大气物理化学作用而成，其根源在于煤烟与汽车尾气。这样的一些解释性新闻对北京的环境治理很有参考价值。近年来北京市加大环境治理力度，大气环境明显改善，与媒体的建设性报道不无关系。

二、解释性消息的写作

（一）大背景意识

写作解释性消息，记者必须善于调遣和使用大背景。

所谓大背景，即全局性背景。在这一点上，它与一般新闻中的背景是有区别的。一般新闻中的背景材料，其地位大多是从属性的，是为说明、补充、烘托新闻事实服务的。亦即，在一般的消息中，新闻事实为主，背景材料为辅；在解释性新闻中，背景性事实反客为主，新闻的焦点集中在背景分析上面，背景的任务不是解释新闻事件的某一部分，而是用来诠释新闻事件的整体，这就是所谓的大背景。

大背景意识要求记者将新闻事件放到一定的历史之中去观察、分析它产生的必然性。这是背景选材的大时空观。

以西部大开发为例：2000年，国务院曾召开西部地区开发工作会议，就西部各省的开发问题做出了战略部署。如果就此写解释性消息，那么，西部地区开发工作会议只是切入点，是解释性消息的"由头"，新闻解释的内容应是整个"战略"，要从经济发展，政治稳定，从中华民族振兴这样的历史高度，来阐释它的意义。这就是大背景意识。而西部指哪些省、面积有多大、总人口有多少……这样一些基本情况虽然也要交待，但它们只是一般的说明性背景，写作解释性消息只停留在知识性注释上就不够了。

（二）用背景事实自身的逻辑力量说明新闻事件产生的必然性

解释性消息也应注意客观色彩，因此，它不提倡记者直接发表议论。解释性消息要求用背景性事实，用事实自身所显示出来的逻辑关系来说明问题。下文即是一例：

明石康为何辞职？

本报贝尔格莱德（1995 年）10 月 14 日电（记者江亚平）　正当波黑停火在即、苦难即将结束之时，突然从联合国传出一个惊人的消息，联合国秘书长驻前南地区特使明石康即将调回联合国总部，他的职务由加纳籍的副秘书长阿南接任。新特使 11 月初即将走马上任。

明石康 1994 年 1 月到萨格勒布任职时，正可谓受命于危难之际。当时波黑风云变幻，硝烟正浓，塞、克、穆三方捉对厮杀，打得难分难解。两年快过去了，经过国际社会的共同努力，波黑冲突各方终于同意停火，并决心通过和平谈判来解决这场长达近四年的内战。在这 600 多个日日夜夜中，明石康殚精竭虑、不遗余力，历尽波黑的种种艰难曲折和惊涛骇浪，终于不辱使命，使联合国维和任务基本上得以正常执行。

这位联合国前任副秘书长在前南地区可谓是劳苦功高，然而就在他耕耘已毕，只等丰收的关键时刻，却被调回总部，难怪知情人都替他暗抱不平。而且他调回总部所任新职是联合国秘书长“特别顾问”。明石康担任这种可有可无的闲职，显然是一种无可奈何的匆忙安排，就算不是降职也是闲差。

表面上看来，明石康是“主动”提出辞职，但实际上他并不想在和平来临前夕离开前南地区，因为再等一两个月，波黑实现和平之后，他便可以载誉而归了。那么，究竟是什么原因使明石康不得不卸任、打道回府呢？

据此间消息灵通人士透露，明石康主要是因为显出对波黑塞族的宽容与同情而得罪了美国、北约以及波黑穆斯林等，最后在美国的压力下被联合国调回。

明石康上任不久，有一次在接受日本《朝日新闻》记者采访时说，穆斯林并不是波黑内战中惟一的受害者，结果引起穆斯林的不满。1992 年 4 月，波黑塞族攻打联合国安全区戈拉日代，穆斯林要求北约空袭塞族，明石康却犹豫不决。后在美国的压力下，终于对塞族进行了空袭。明石康事后说，北约的空袭造成了平民伤亡，所以这是一次“惨痛的经历”。此话一出，立即遭到穆斯林的指责。波黑驻联合国代表要求明石康“立即辞职”，美国驻联合国代表也表示了不满，并公开提醒明石康，“不要忘了是谁付你的薪水”。

后来，明石康又多次拒绝北约希望空袭塞族的要求，坚持以谨慎的态度和和平的方式来处理波黑危机，并多次遭到美国与波黑穆斯林的批评，戏谑他是“以坚持寻找妥协方式而著称的人”。

明石康还因同情克罗地亚克拉伊纳塞族而与克罗地亚政府发生龃龉。明石康曾说，几个民族完全可以存在于一个国家内，因而引起坚决主张独立的克罗地亚总统图季曼的不满。今年3月，克罗地亚总统称驻在克罗地亚的1.2万名联合国维和部队没发挥作用，并且反而加强了塞族对克拉伊纳的控制，因此维和部队必须撤走。后来联合国将维和部队名称和使命都作了修改，风波才暂告平息。今年8月，克罗地亚攻占克拉伊纳，明石康指责克政府军在塞控区烧杀抢掠，毫无人道可言，更是引起克罗地亚政府的怨恨。

现在，在美国的直接干预和大力斡旋下，波黑终于和平有望。一俟和平协定签署，一支以美国为首的多国部队将进驻波黑维持和平。这支在北约领导下的多国部队不归联合国直接领导，但却要与联合国有多方面的合作，而一直对明石康不满的美国自然不希望这位特使作为必须频繁接触的协调人。正如南斯拉夫《政治报》所说的那样，“看来，在美国特使霍尔布鲁克的努力下推动的和平进程处于最后阶段时，明石康已经越来越成为障碍了”，因为他无法与波黑的穆斯林和克族进行良好的合作。所以，在美国再三向联合国施压之后，明石康只有“打辞职报告”一条路可走了。

（《人民日报》1995-10-14）

关于明石康辞职的原因，这篇消息的看法是：“美国再三向联合国施压之后，明石康只有‘打辞职报告’一条路可走了。”明石康辞职是屈服于美国压力的结果。如何证实这个结论是正确的？这是消息写作的关键。

从第五段到第八段，消息用典型的背景材料，揭示了明石康的立场、方法与美国和波黑穆斯林以及克罗地亚政府之间的严重分歧，并按时间顺序，用事实说明了二者之间矛盾对立的不断加深，从而自然地推导出了最后一段的结论：“在美国特使霍尔布鲁克的努力下推动的和平进程处于最后阶段时，明石康已经越来越成为障碍了。”

选择典型的背景材料、依时间轴为主线安排材料，在事实的叙述中反映矛盾的演变过程，最后客观地推衍出事物发展的必然结果，是解释性消息写作的常用方法。

（三）巧妙开篇，引人入胜

开篇——导语，对于解释性消息能否抓住读者，同样具有重要意义。解释性消息的基本特点是提出问题回答问题。但是开头的切入方式却手法各异。

一种写法是立即开讲。新闻一开始就以“讲”——解释的姿态切入。1995年10月9日墨西哥城发生大地震。埃菲社当日发出的解释性消息，导语开门见山：

> 今天发生里氏7.5级地震的墨西哥城，处于所谓的太平洋火山圈。

接下去消息主体进一步说明了这个火山圈波及的范围、特点。这种单刀直入的开头方法，可以立即解开读者急欲解开的谜，使读者得到“知”的满足。

另一种开头方式是提出问题，设置悬念。这种写法似乎占多数。以悬念开篇的解释性消息之中，有的直接提出问题，有的摆出相互矛盾的事实作为铺垫，引起读者的注意，进而明确地提出问题，然后加以解释。《明石康为何辞职?》一文的开头即是如此。它将“波黑停火在即，苦难即将结束”与明石康突然被调回联合国总部这一对比强烈的事实置于消息的开头，进而又介绍了明石康殚精竭虑、不辱使命的业绩，调回后的新职实为“闲差”，来反映其中的奥妙，从而，为新闻提出和解释问题做了很好的铺垫。这种渐入式的写法显得比较自然，可以使所要解释的问题得以成立。

还有一种开头的写法是，先将奇异的场景再现出来，以引起好奇，然后再进行解释。《加蓬猴群为何血战》即是如此。

以橱窗式导语开头，也是解释性消息的写法之一。2001年1月25日美国《基督教科学箴言报》记者戴维·弗朗西斯所写的解释性新闻《美国经济为何急剧下滑》，就是这样开头的：

> 圣路易斯一家供应汽车零件的公司的总经理纳尔逊·温赖特受到库存风暴的冲击。他的重要客户通用汽车公司最近发现销售点许多小货车没有卖出去，于是停止从温赖特的公司进保险杠和挡泥板。结果温赖特不得不让他的一家工厂停工两周。
>
> 从温赖特工业公司的工厂可以看到美国经济为什么几乎一夜之间就从繁荣接近衰退。
>
> …………

这篇解释性报道以橱窗或导语开头，从温赖特的工厂生发开去，用大量确凿的事实，从几个方面解释了美国经济急剧下滑的原因。其导语事例具体，通俗，有说服力。一些综合解释某种社会问题的消息，尤其宜用橱窗式导语。

量体裁衣。解释性消息的开头、主体和结尾，同样需要从题材本身的特点出发，精心运笔。

第四节　新闻述评

一、新闻述评的特点、价值

（一）新闻述评的基本特点

新闻述评是一种有述有评，评述相间的报道式样。新闻述评与其他分析性新闻的区别在于：首先，述评中的评，是记者对事物的直接评判，是褒贬，是就事论理的一种写法。

评，是分析研究的结果，要建立在分析的基础之上，分析中也含有评的成分，然而，述评中的评与其他分析性新闻中的分析，二者还是有区别的。《纽约时报》原星期日版主编莱斯特·麦克尔曾说："解释是以充分的背景为依据的客观的加工过程，其中有一部分是评论……而发议论是一种受论点和感情影响的主观加工过程。"①

分析与评论有时是难以严格区分的。实际上，新闻作品都是主观加工的产物。所谓客观的加工过程，只是观点的由来与表述均以对客观事实的分析为手段，只是更强调客观色彩罢了。新闻述评与一般的分析性新闻，如新闻分析、解释性新闻的差异也在这里。前者主要是运用事实表达观点，而新闻述评则允许超越、跳出事实，直接说话。就加工——认识过程而言，述评的作者大多对某些问题早有"看法"，早有议论的愿望，某种新闻事实或新闻由头的出现，恰好为他们提供了议论的契机。从这个角度讲，它们也的确如莱斯特·麦克尔所说，"是一种受论点和感情影响的主观加工过程"。如果一定要将述评与分析性新闻加以区别的话，恐怕可以说，这就是二者的主要差别之一。

其次，新闻述评对事实的要求比较严格。在这一点上，它与一般的评论和分析性消息有所不同。在一般的评论中，事实只是为论点服务的论据，它们未必是新近发生、发现的，也未必是完整的。分析性新闻虽然要以大量事实说明见解，但是，它的事实往往是多样的、可以任意调遣的材料，而新闻述评因其兼有报道与评论两种职能，报道是手段，评论是目的，报道是评论的依托。所以，总体来说，新闻述评不能不清晰地反映事实。

新闻述评也有两种类型。一种类型属事件性述评，就新近发生的事实进行评论，这类述评更靠近报道，也更要写好事实；另一类是非事件性述评，例如就社会问题、工作问题、思想问题等等进行的述评，它们往往评的成分更重，看去离

---

① ［美］杰克·海敦：《怎样当好新闻记者》，1版，212页，北京，新华出版社，1980。

报道较远，距评论更近。然而，作为新闻述评，其基本特点也是依托新的情况或问题进行的评论，也带有新闻性，因此，也应当勾勒出所要评论的对象——新情况与新问题的轮廓，也必须反映基本事实。

（二）新闻述评的价值

首先，述评旗帜鲜明、尖锐泼辣，富有指导性。述评是署名言论，以记者个人评论的姿态出现，虽然它也要受媒体编辑方针的制约，但是，它的言论总比社论要放得开，要“随意”、大胆一些。例如，2000 年 9 月 20 日，在悉尼奥运会女足小组出线权比赛中，人们寄予厚望的中国队不幸以 1：2 失利，中国女足虽技艺超群，却不得不接受这一残酷现实，饮恨而归。《北京晚报》记者的述评就直逼要害：

输，是正常的

——中挪女足之战简析

中国女足在打平即可的有利形势下，以 1 比 2 告负，实在令人惋惜。不过，有偶然，也有必然。

与中国女足相比，挪威队在技术上并不占优，但体能明显压过中国女足。昨天的比赛也证明了这一点。挪威队制胜的武器正是体能。中国女足队伍老化、体能不足的问题在这场比赛中暴露出来。女足姑娘们已经尽了努力，我们不应该对她们有什么抱怨和指责。但在惋惜之余，我们又不免有更大的担忧。“中国足球凤先飞”，我们的女足之所以能够在世界上有一席之地，关键在于占了一个“先”字，即起步比欧美早。但随着欧美国家对女足运动越来越重视，中国女足在身体素质上的“先天不足”也逐渐暴露出来。此外，在中国男足职业联赛红火得要命的时候，女足却呈现出“虚假繁荣”，女足队伍的萎缩，女足联赛的沉闷，女足资金的困顿，女足后备的匮乏，正是中国女足今日梦断堪培拉的致命所在。当现在这批老将退役后，其未来就更令人担忧了。

“凡事预则立”，我们不能只有对“铿锵玫瑰”绽放的热望，还应有让“铿锵玫瑰”长盛不衰的从精神到物质的全面投入。

（本报特派记者李戈　张军）

这篇来自现场的即时述评，指出了女足失利的根本原因在于体能不够，并透过女足现状，分析了今后女足发展应注意的问题。发言直截了当，颇有力度。

在长期的革命战争和解放后半个多世纪的报道实践中，各类新闻述评都曾发挥过重要作用。例如，1979 年，当农村改革刚刚起步，党的十一届三中全会制定的尊重和保护生产队自主权的政策刚刚开始执行的时候，针对来自各方面的阻力，《人民日报》及时发表了范敬宜采写的新闻述评《分清主流与支流，莫把开头当过头》。这篇述评成为广大农村干部的一副清醒剂，对落实党的政策、解放农村生产力发挥了重要作用。

其次，述评可以为评论插上轻灵的翅膀，使其成为评论战线的轻骑兵。理由是：（1）新闻述评随报道发表评论，评与述同时出现，所以，它的评论涉及的范围更广，来得更快，有时也更具真知灼见；（2）新闻述评的评，熔叙议于一炉，不必像单一的评论那样，展开来进行详细的说理论证，于是，在写作上既可速成，又可做到风格多样；（3）由于兼有新闻报道的特点，一些来自现场的述评，事、理、情兼而有之，也令读者感到亲切自然，乐意接受。例如下面这篇新闻述评：

政府为人民办事　人民为政府作劲

《中国青年报》1989 年 7 月 20 日讯（记者张建伟述评）　素以为群众办实事闻名的天津市委、市政府再次成为热门话题。

连日来，记者不断得到信息：一些省、市或地区正在认真研究天津市的经验，以期改进自己的工作。

人们普遍认为，使天津再次引起关注的原因，起码有如下两件事：一是五六月间，在全国 100 多个城市都乱起来的情况下，天津何以能够比较平稳地度过了动乱期；另一件事是：天津几年来如何坚持聚精会神卓有成效地为人民办实事。

对天津来说，这两件事实际上等于一回事；自 1981 年以来，天津市委、市政府每年都聚精会神并卓有成效地为天津人办成办好 20 件实事，从而使“天津人”成为自豪的称号，百姓由是安居乐业，用天津人的话说，这叫做“政府为人民办事，人民为政府作劲”。

众所周知，1981 年以前，天津由于地震灾害，是全国最脏、最乱、最差的城市之一。那时，满街的塑料棚，满街的老百姓，70% 的房屋遭到破坏。天津人连衣、食、住、行这些最基本的问题都无法得到保证。然而，几年以后，天津却沧桑巨变，成为全国最安定、最美丽、生活设施最完备最方便的城市之一。一个明显的事实是，这几年，天津的物价始终处于全国的最低点。这回天之力正寓于“办实事”之中。

天津办实事的基本特点是：充分发挥政治优势，相信和依靠人民群众。

早在1986年，中央党校进修部第4期市长研究班在天津举办时，许多市长就曾提出“天津的优势何在”这一问题。当时，李瑞环市长以规模宏伟的引滦入津工程为例回答说：“简单说，就是一句话：把群众的积极性充分地调动起来，并合理地发挥出去。”

据迄今为止的不完全统计：自1981年以来，天津市委市政府为天津人民办的实事已达150件之多。这150件实事中，有许多大事，如引滦入津、每年300万平方米宿舍楼、中外环道路工程、煤气化工程等；也有许多小事，包括豆浆、油条、吃早点……对待这些事，天津的行动是：必须做的事要坚决办！不因其大且难而退缩，不因其小而不为。

关心群众——想群众之所想，急群众之所急，时刻牢记政府是人民的政府，这是天津办实事的基本出发点。由于这种“关心”，天津大大小小的“官”们，满脑袋都是要办的事情。李瑞环市长曾经通俗而朴素地讲过这个道理：“作为市长，一天有多少事说不清，哪里都是你的事。抬头一看，污染了；低头一看，太脏了；马路上走，交通拥挤；球场上看，秩序不好；找学生谈谈，说学校伙食太差；和老婆说说，她说菜价涨了……可以说，处处都是你的事。”正是这种时时处处把群众的事当成自己的事的“做官准则”，使天津市政府真正赢得了人民的衷心拥护。天津人对自己的政府由衷地感激，也因此全力支持政府的各项工作。以筑路前的拆迁为例，这是世界各国政府都头疼的事情，常常导致大量的诉讼，但在天津，拆迁却以不可思议的速度和平、顺利地进行。中环线工程施工时，涉及沿线214个单位，2478户居民，拆除住房面积11万平米。许多拆迁户不要周转房，自愿投亲靠友，主动退回拆迁费。他们只有一句话，“我们听政府的！”有了人民的支持，全部拆迁工作只用了18天。这是连外国专家也十分惊奇的数字。

应该说，天津的工作也曾有失误，但由于天津市长和政府多年如一日地办实事所树立的崇高威望，使群众从不把失误记在市长和市政府的账上。李瑞环同志最近曾十分感慨地提到这一点，他说，天津的群众真是太好了，我们做了好事，他们说政府好，李瑞环市长好；有时有了失误，把事情办砸了，群众便说“这不定是哪个楞子干的！李市长决不会把事情干得这么臭！”市长和政府的威望之高如斯。

7月6日，“回娘家”的李瑞环同志同千余干部群众一起冒雨义务劳动，许多群众都纷纷围过来，第2天的《天津日报》这样报道了这一动人的场景：“雨淅淅沥沥地下着，路过这里的群众都停下车来与市长招手，心心相印的情感在市长和市民的心中油然升起……”

这篇述评与社论有明显的不同，记者个人的言论风格跃然纸上。文章述得有情，论得尖锐泼辣，述议结合，不由人不相信它所阐述的道理：政府为人民办事，人民为政府作劲。从这篇文章可以看到，述评这种报道方式中的言论，具有浅近、可亲的特殊效果，值得认真地研究，很好地运用。

二、新闻述评的写作

（一）典型题材，全局观点

在新闻述评中，述是血肉，评是灵魂。新闻述评中的评，应是站在全局的高度，提出全局性的论点。而全局性论点的提出，又必须依赖消息中的事实，于是，新闻述评所报道的事实，应当是典型的、有代表性的事实。只有这样，才能做到评与述相得益彰，收到预期的效果。前面《政府为人民办事　人民为政府作劲》就是这样。天津市政府为人民办实事成绩显著，在全国也是很典型的，它刚好能说明述评中的论点。著名记者艾丰写过不少经济述评。在《宁可把改革想得困难些》这篇述评中，他将菜篮子作为一个典型问题来写，通过蔬菜这种商品的特殊性——保鲜难、运输难、单位重量价钱低、需求量大、季节性生产与供应均衡矛盾尖锐等问题的分析，阐述了改革过程中遇到的各种困难，从而得出结论："改革是一个系统工程……既要把某一方面的工作当做一个系统来加以认识，又要估计到其他系统对本系统的影响，还要考虑到作为'子'系统受到'母'系统的制约等等。"总而言之，这篇述评告诉读者，"改革并不像从马路上搬掉路障那么简单……宁可把改革想得困难些……"这篇述评的论点谈的是改革的艰巨性和复杂性。1986 年 3 月，正是改革的攻坚阶段，可谓关乎全局，是一个极具普遍性的问题。然而，容易写得空泛；但作者选了菜篮子这个极具典型性的新闻事实，这样，容易写得空泛的论述变得具体了，生硬的大道理化入日常的菜篮子之中，也变得极易理解了。这就是典型题材与全局观点相结合的妙处。

（二）因事论理，理由事出

新闻述评的最佳写法是因事论理，理由事出，让事实的叙述为论的出现铺平道路，使之水到渠成，论得自然。这样，才能使述评中的观点、意见，言之有据，为读者喜闻乐见。以下文为例：

维也纳传来的信息

江　陵

元旦之夜，千千万万音乐爱好者在荧屏前欣赏一年一度的维也纳新年音乐会。

在音乐会接近尾声、施特劳斯的《蓝色多瑙河》开始演奏之前，世界十大著名指挥家之一的洛林·马泽尔用德语、英语、西班牙语致简短新年贺词后，出人意料地用汉语说了一句："新年好!"获得全场雷动的掌声。

维也纳新年音乐会已有悠久的历史，但我们汉语却从未进入这个"大雅之堂"。因此，今天从这里发出这一声"新年好"，并通过卫星传送到全世界，意义不同一般。难怪许多观众看到这个场面，激动万分，感叹"中国的国际地位确实提高了"。

联系这个小插曲和乌克兰举行汉语文艺表演比赛的报道，细读一下江泽民主席的新年讲话，就会有更深刻的体会。国际地位的提高，是以综合国力的增强为基础的。如果没有全国人民在邓小平建设有中国特色社会主义理论指引下开创的改革开放的现代化建设新局面，中国就不可能有今天这样的国际地位。

维也纳传来的信息，令人深思，令人自豪，更促人奋进。

（《人民日报》1996－01－02）

这篇文章的言论起点很高，它从我国国际地位的变化，谈到了综合国力的增强，谈到了邓小平的建设有中国特色社会主义理论，再一次肯定了这一理论的伟大意义。而这些言论的出现，并不让人感到生硬、突兀，而是让人觉得十分自然可信。为什么？因为开头三段对维也纳音乐会、对汉语"新年好"引起的反响，已经做了生动的描述，已经为结论的产生奠定了事实基础。这说明，新闻述评的写作，在叙和议两个方面都要下功夫，最好做到叙与议水乳交融，以便让事实本身托起言论的高峰。

（三）借人之口，为评增加权威性

述评中的评，其方式是多种多样的。除记者直评之外，作为技巧之一，就是借人之口——引用有关权威人士的话进行评论。采取引语的方式不但可使言论更有威力，更易于引起读者的重视，而且，也可以使评论更具客观色彩。

2000年1月28日，《中国青年报》曾发表述评《京沪人才赛跑的启示》，文章引用有关专家的话评论说："不夸张地讲，北京的人才政策和观念比上海整整慢了5年"。这篇述评还引用"有关人士"的话说："北京的政策是限制人口不限制人才。然而，这一政策的执行思路并不清晰……北京政策的开放程度不如上海，这是造成北京人才外流的一个根本原因……"类似的引语一针见血地指出了京沪两地人才政策的差异，很有分量。下面这篇美国《洛杉矶时报》的述评，也采用了同样的手法：

［美国《洛杉矶时报》（1999 年）7 月 22 日报道］　克林顿总统昨天说，他下令五角大楼推迟早已确定的弹道导弹专家和其他官员访问台湾的计划。这一行动可能令台湾政府失望而令北京满意。这次访问旨在评估台湾的防空需要。

美国官员说，将访问推迟到今夏晚些时候反映了白宫对李登辉的愤怒。

华盛顿约翰斯·霍普金斯大学国际问题研究学院的中国问题专家拉尔夫·克拉夫说，总统的讲话发出了明白无误的信息。他说："它显然使我们站到了北京一边。"

但哈佛大学教授埃兹拉·沃格尔不同意。他说："我认为美国不是在偏袒一方。这是一个非常紧张和危险的时刻，我们必须与双方一起减少发生冲突的可能性。"

但克林顿的另一次讲话可能激怒了台湾。他有针对性地把台湾的命运与中国在 1997 年对其恢复行使主权的香港相比。

一些分析家说，推迟访问可能有助于华盛顿修复与中国受到严重损害的关系。

显然，借他人之口发言，是强化新闻述评报道效果的一个常用技巧，值得重视。

此外，在新闻业务改革的进程中，不妨将述评的外延加以扩大，将记者所写的新闻性杂文列入述评之中。例如，《经济日报》的《采访随想录》专栏，让记者以采访中的"边角余料"为题材，发表"采访过程中的种种思考、闪念、感慨、联想，要求亲切、朴实，生动活泼，言之有物。"这类短文实际上就是一种新闻述评。例如这个专栏发表的范敬宜的作品：

喜见萝卜入客房

不久前到山东潍坊开会，住在鸢飞大酒店，踏进房间，第一眼就发现：茶几上玻璃盘里摆的迎宾佳果，不是苹果、葡萄之类，而是一个青萝卜！

青萝卜色如翠玉，蒙着透明薄膜，再系上鲜艳的红缎带，简直像一件高雅的工艺品，令人把玩不已，不忍入口。

次日清晨，我发现同行者的几间客房里，青萝卜统统被"消灭"了。"潍坊萝卜真好吃"，成了当天餐桌上的热门话题。据说，外宾也是如此，有了青萝卜，宁可不吃其他水果。

让最平民化的青萝卜登上大雅之堂，我不禁对深谙商业文化的酒店经理产生几分敬佩之意，同时也忽发奇想：又脆又甜的潍坊萝卜既然如此受人青睐，是否也可以像烟台苹果、莱阳贡梨那样出口创汇呢？

陪同的当地同志听了我的问题，莞尔一笑，讲了一件颇有戏剧性的往事：几年前，一位上级领导来潍坊视察，市里同志向他汇报情况，兴之所至，引了一句当地的顺口溜："烟台苹果莱阳梨，比不上潍坊萝卜皮。"那位领导听了，幽默地反问："请问你潍坊的萝卜皮一年创汇多少？"当场把市里同志噎住了。从此，潍坊市立下一条规矩：今后向上级汇报千万不要再吹"潍坊萝卜皮"。

戒"吹"自然是美德，但是潍坊的青萝卜究竟能不能出口创汇，却是一个可以研究的课题。如果能解决保鲜问题，如果用新技术进行深加工、精加工，如果对潍坊萝卜的营养价值、药用价值作进一步的论证，如果通过宣传进一步提高它的知名度，如果……焉知萝卜皮不能成为潍坊出口创汇的拳头产品呢！

人类对事物的认识，总离不开科学技术的进步。就在去潍坊的那天上午，我参观了诸城的一家肉食加工厂。那里一只肉鸡可以按部位分割成22个品种，从鸡腿、鸡胸脯、鸡翅膀、鸡肫、鸡心、鸡肝、鸡爪……一直到鸡屁股，无一废物，都成了出口精品。面对一盒盒装潢精美的速冻鸡屁股，深感在科学面前"吾知也无涯"。

唐朝大文学家韩愈的《进学解》有云："牛溲、马勃，败鼓之皮，俱收并蓄，待用无遗者，医师之良也。"在科学尚不发达的古代，有此认识就算进步了。如果韩愈他老先生生在今天，知道与"牛溲马勃"地位相似的鸡屁股可以出口创汇，说不定也会去研究如何依靠科技进步实现潍坊萝卜皮的出口创汇问题哩——我又浮想联翩了。

可以说，这是一种更为自由的述评，因而也是更有个性、更具特色的述评。述评新闻的百花园中应有它的位置。

思考与练习题

1. 信息时代分析性新闻有何重要意义？写好分析性新闻对记者提出了怎样的要求？

2. 解释性新闻与新闻述评有何不同？写作中各应注意哪些问题？

3. 阅读下面这篇短消息，并说明：它属于哪种类型的新闻？写作上有何特点？

中国在悉尼奥运会非常成功，但仍不是体育超级大国

［美联社悉尼（2000年）10月1日电］ 如果想找中国在悉尼奥运会上无比辉煌的反面的话，可以看一看男子现代五项比赛，中国名列倒数第一。

当中国的多名奖牌得主、尤其是那些奥运会冠军准备以民族英雄的姿态凯旋之时，现代五项运动员则在这项很少有几个中国人知道或关心的项目中孤独地扛着中国的旗帜。在中国几乎没有人了解现代五项，更没人练。

男子现代五项比赛倒数第一进一步印证了中国体育官方的说法——尽管在悉尼奥运会上夺得了史无前例的28枚金牌，但从总体上讲，中国仍然不是一个可与美俄抗衡的体育超级大国。虽然中国选手在某些项目中有着绝对的优势，但在另外一些项目中相当落后，比如游泳、田径、大多数球类团体项目和现代五项等一些非大众化的项目。

下编

通讯

第十六章

通讯的基本特征

第一节 什么是通讯

什么是通讯？通常的定义是：通讯是一种详细、生动的新闻报道体裁。它是我国新闻报道中的常见文体。

早期的新闻报道，没有文体的区别。较短的新闻报道因为用电报传递，所以叫“电讯”。而外勤记者写回的报道，因为走邮路，以书信方式传递，所以被冠以“通信”。一般来说，“通信”比“电讯”详细、具体。

后来，由于电报技术的进步，“通信”也可以电传。为了与“电讯”相区别，“通信”又改称为“通讯”。到辛亥革命前后，“通讯”已经发展成为用文学笔法和政论色彩，融记者主体意识与客观报道为一体的新闻体裁。

始于20世纪40年代延安整风时代的新闻改革，加强了党对新闻工作的领导，加强了新闻报道对社会生活的指导性。以“新闻故事”形式出现的新闻通讯，如《西瓜兄弟》、《桌上的表》等，以典型事例、典型的先进人物为依托，将通讯逐步定位为宣传价值与新闻价值为一体的典型报道体裁。

改革开放以来，社会生活发生剧变，新闻观念也随之发生变革：信息观念的确立打破了新闻界长期以来只把新闻媒介当做宣传工具的局面。一直作为典型报道范式的通讯在选题、采写模式、报道理念和表述方式上都在不断发生变化以适应现实的需要，各种深度报道的新文体也在不断出现。因此，目前我们所称的“通讯”其实已经逐步演变为一种集合概念，一种广义的名称，是指报纸、刊物中运用的除消息以外包括各类通讯、特写、专访等所有详报型（或曰深度型）新闻体裁的总称。

第二节　通讯是一种新闻体裁

和消息一样，通讯也是一种常见的新闻报道文体。它在素材、结构和表现手法上与消息有较大的差异，在时效上也稍逊于消息。但是它与消息有一个共同点，即：同属于“新闻报道体裁”。也就是说，通讯所报道的内容都是真人真事。尽管通讯材料的细腻和文笔的优美与文学作品有相似之处，但人们阅读通讯时，很明白自己在读新闻而非在读文学作品，相信它的内容是真实的而不是虚构的。在这里，“真实存在”、“真人真事”是通讯立身的根本。

通讯既然属于新闻报道文体，就必须符合新闻作品的内在规定性：第一要真实；第二有时效性；第三，所报道的事实必须具有新闻价值。

第一，通讯所报道的事实，无论大小，必须真实存在。与消息一样，真实性对通讯的限定是同样严格的。凡通讯中报道的人和事，包括细节、情感、心理活动等，无一例外地受着真实性的制约。也就是说，每一个细节材料、描述心理活动的素材都必须来自实地的采集和访问，不允许记者做一点虚构，哪怕是“合理”的想象和推理。所有的推理必须明文标出：“据记者推断……”、“据××先生判断……”。这无疑给通讯的采访提出了很高的要求：在比较短的时间里获取既真实又生动细致的材料。而生动的素材，包括现场画面、当事人的语言是转瞬即逝的，它们的获取只有两种可能性。第一，记者要判断或追随新闻的“生长点”，力争当场捕捉。第二，记者在事后通过对知情人、目击者的访问，凭借他们的回忆和再现表述来获取这些素材。采访的功力不足，常常给通讯写作留下遗憾：“笔下生花”、“创作细节”是违背真实性原则的，而缺乏细节的情况下硬写又使通讯面目干瘪，令人难以卒读。

第二，通讯必须具有时效性。时效性是对新闻作品的基本要求。尽管通讯篇幅长、内容详细、完整，采写需要的周期长，但因其报道的是新近发生的事实，和处于“现在时”的新闻人物，因此必须讲究时效性，有时甚至相当严格，比如报道体育赛事的通讯作品，常常与相关的消息同时播发。

第三，通讯所报道的内容必须有新闻价值

我们检验一篇通讯能否成立，最简单、最基本的方法，就是看它是否传播了对受众有用的信息。无论是人物通讯还是事件通讯，通讯的内容必须具有一个新闻价值的“内核”，必须为受众所关心。写人物要能够打动人，写事件要能启发人。如果这个人或这件事的新闻价值——即“新闻眼”找不出来，最好还是不要动笔写。因为，偌大的篇幅，偌大的采写工作量，必须找到他存在的依据——传达为受众所关心的新事实、新观念、新信息，否则，写出来难免“吃力不讨好”。

第三节　通讯与消息文体特征的区别

从文体特征来看，通讯与消息的区别主要有以下几点。

一、通讯报道的事实比消息详细、完整、富于情节，可以满足读者欲知详情的需要

通讯是一种详细、深入的报道。一个事件发生了，消息往往是将事件的几个新闻要素报道出去：何事、何时、何人、何地、状况、原因等，在受众尽快了解到最重要的概括性信息，而通讯则往往在消息之后，将这个事件的来龙去脉、前因后果等读者渴望知道的详细信息加以整合，然后完整地报道出去。它满足了读者在知晓新闻事件大致结果后探求深层原因和获知详细过程的衍生兴趣，也有利于人们较完整、较深入地了解新闻事件或新闻人物。

因此，详细、深入、完整是通讯文体的突出特色。

1999年5月26日，武汉发生一件个体老板花巨资救治打工仔的事。一家蛇餐馆的一位打工仔被五步蛇咬伤，生命垂危，但武汉的医院已没有抗蛇毒血清。在这种情况下，蛇馆老板黄海达于5月27日凌晨果断花10万元包租民航飞机，将伤员送到广州救治，终于挽救了这位打工仔的生命。

5月28日和6月3日，《南方日报》先后用消息和通讯两种文体报道了这个事件。

消息：

替打工仔治蛇伤　花十万元包专机

武汉“广广蛇府”老板善心可嘉

本报讯　昨天凌晨，一架从武汉飞往广州的专机在广州白云机场一降落，被“五步蛇”咬伤的打工仔江某即被抬下飞机，送往广州中医药大学第

一附属医院，由于抢救及时，他已脱离危险。

江某在武汉“广广蛇府”打工。前天下午5时左右，他在捉一条2公斤多重的“五步蛇”时，右手腕被蛇咬了一口，他当即被送往武汉一家医院抢救，但该院没有抗蛇毒血清，只能做清创处理。酒楼老板黄先生紧急联系武汉多家医院，亦未找到抗蛇毒血清，后了解到华南地区最大的蛇伤中心——广州中医药大学第一附属医院有抗蛇毒血清，当即决定用飞机送江某到广州。由于当时已是深夜，没有从武汉到广州的航班，黄老板便花10多万元包了一架专机，经过1个多小时的飞行，于昨天凌晨抵达广州。

伤者被送到广州中医药大学第一附属医院后，医务人员迅速给他注射了抗蛇毒血清，然后作了清创处理，病人已无生命危险。江某说，要不是好心的老板，他已经死在武汉了。（段功伟　方宁　张伟程）

（《南方周末》1999－05－28）

个体老板在社会上的名声一直不太好。在很多人眼里，他们信奉的是“金钱至上”，有些人为了赚钱甚至不择手段。但正是一位个体餐馆的老板为了抢救打工仔的生命拼尽全力，为他一个人花10万元包租一架专机，这种事例冲击了人们的原有观念，有很强的教育意义。这件事的故事情节又悬念丛生，峰回路转，是不可多得的新闻素材。记者获知后迅速出击，第二天就用消息作了报道，使这件新鲜事迅速传播。

一个引人注目的事件在社会上“打响”之后，顿成舆论热点，成为大众话题。在新闻事件的主要情节吸引读者之后，人们对新闻事件的前因后果，具体过程便会产生浓厚的衍生性兴趣：

打工仔怎么受的伤？当时伤势如何？

如何救治的？如何又知道广州有专用药？

怎么想起包专机赴穗？

包机费对老板无足轻重还是负担吃力？

老板是个什么样的人？为什么舍得花巨资包专机救人？

被救活的打工仔怎么表态？

当所有这些兴趣聚积起来的时候，在事发一周之后的6月3日，《南方周末》又发表了以《为了一个受伤弟兄》为题的通讯，以详细的信息，环环相扣的情节材料，将这事件前前后后的过程和盘托出。

通讯：

打工仔被毒蛇咬伤生命垂危，老板、工友、民航、医院……全都行动起来，高奏出一曲人道主义的颂歌——

为了一个受伤弟兄

本报记者　段功伟　通讯员　方宁　张伟程　黄和龙

一滴水能反映出太阳的光芒，一件平常事足以体现我们时代最美好的思想、最高尚的风格——这种思想使人们创造了多少共产主义大协作的奇迹？你数不清！

——《为了六十一个阶级弟兄》

今天，由老板包专机从武汉送到广州治蛇伤的打工仔江海水伤愈出院了。回首这场牵动数百人的千里救援行动，不能不让人荡气回肠。

• 5 月 26 日下午 6 时，阿水被蛇咬伤

5 月 26 日下午 6 时，武汉“广广蛇府”老板黄海达正准备下班，突然接到一个紧急电话：“厨师阿水被五步蛇咬伤了！”

他心头一紧：“五步蛇是剧毒蛇，咬伤随时会没命的！”放下电话，他小跑赶到现场，见阿水被咬伤的右手腕已经肿了起来。

“赶紧送医院！”黄老板等人立刻将阿水就近送到了武汉协和医院，从他到现场再到医院前后不过 15 分钟。医院进行处理后，提出立即注射抗五步蛇毒血清，但医院没有。

• 7 时许，呼救信号响遍武汉夜空

黄海达立刻开始打电话。

“市防疫站吗？有没有抗五步蛇蛇毒血清？”

“没有。”

“161 医院吗？有没有抗五步蛇蛇毒血清？”

“没有。”

“湖北省中医学院吗？……”

…………

电话几乎打遍了武汉所有的医院，但回答都是没有。怎么办？突然，有人想到前不久长航医院救治过蛇伤病人，说不定有。于是，一位员工立刻赶到长航医院，但到药房一看，发现血清已过期了。

这时阿水的情况越来越差，同事围着他，不停地用冰块给他降温，让他保持清醒，因为医生说如果让他睡过去，就麻烦了。

• 与此同时，黄老板开始找民间偏方

…………

（黄老板先后联系了福建和湖北永安县两位蛇伤名医，缓解了打工仔阿水的伤情。）

• 晚上 8 时，开始联系外地

…………

（黄又先后到另一家蛇餐馆询药、托上海朋友买药，后又问到广州蛇毒研究所，最后决定送伤者到广州救治。）

• 27 日凌晨 1 时，开始联系飞机

…………

• 奇迹，飞机从联系到起飞不到 2 小时

（讲述武汉和广州民航部门之间高效率的联络和部署。）

2 时 20 分，这架波音 737 飞机终于从武汉天河机场安全起飞了。虽说是包机，但机组人员齐备，一位“空中先生”专门照顾阿水。其他机组人员也不时过来问寒问暖……3 时 45 分，飞机安全降落。

• 凌晨 1 时，广州的医生就忙开了

…………

飞机一降落，阿水就被送进救护车，近 4 时，就进了急诊室。等候多时的医生、护士迅速给阿水注射了 5 支抗蛇毒血清。这时，病人的蛇毒影响心脏，有心肌缺血迹象，胸闷、心悸、呼吸困难，内科医生给病人检查后，发现心律不齐，立即向主管医疗工作的樊粤光副院长汇报，樊粤光要求全力以赴抢救，确保病人生命安全，并指示李洪义和护士何群娣、麦细焕专职监护病人，另外从二线调派两位医生护士到急诊室负责其他抢救工作，看着有条不紊的抢救工作，黄老板感到阿水有救了。

27 日上午 8 时，阿水被迅速转到蛇伤病房，医生实行 24 小时监护，有的医护人员饭都顾不上吃，片刻不离阿水，看到此情此景，黄海达动情地说：“我这 12 万元没有白花。”这时，他才想起去找个地方休息一下。

当晚，病人监护超过 24 小时后，阿水的病情没有恶化，所有人都放心了。

• 6 月 1 日，阿水完全治愈

6 月 1 日，阿水的伤已经完全治愈。记者与黄海达进行了一次长谈。

三十出头的黄海达是汕头人，本是做汽车商贸生意的，今年 3 月才开始经营蛇餐馆。他说，我与阿水也是三个月前才认识的，他虽然不到 30 岁，但已经与蛇打了 10 年交道，所以聘他做总厨。

他告诉记者，其实他的生意并不算太好，投入 80 多万元的蛇府 3 月 18 日开张，第一个月的总收入仅 16.8 万元，第二个月统计还没出来，估计不

如上月，所以包机费不是小数目。他回忆包机时只大概知道要10多万，所以用自己的富康轿车作抵押。这12万是后来才定的，是航空公司的成本价。

“黄老板已经跟我讲了，这些钱不用还。”阿水告诉记者：“但为了报答救命之恩，我只求能回蛇府好好干。”

（《南方周末》1999－06－03）

详细的起因、详细的抢救过程、详细的结果；完整的事件、完整的结局。通讯以其“详细”和“完整”，满足了读者的需求。

二、通讯报道的事实往往比消息更形象、更生动，它以感性的素材还原生活的原生形态，使这种文体更具感染力

通讯具备吸引力的秘密，就是充满了生活的“原汁原味”。它把人们熟悉的生活和不熟悉的新闻现场推到读者眼前，使读者去认识，去感知，并在感知中形成自己的体验。一句话，通讯比消息更多地触动读者的感官。

在1998年夏季的抗洪斗争中，有几十万解放军指战员奋战在抗洪第一线，用青春和生命保卫着灾区人民的生命财产，出色地完成了抗洪抢险的任务。9月中旬，参加抗洪的部队陆续返回原驻地。下面是两篇群众欢送抗洪部队的报道，一篇是南昌人民欢送子弟兵的消息，一篇是九江人民欢送子弟兵的通讯。

消息：

英雄城欢送抗洪子弟兵

本报南昌9月15日电（记者胡晓军）　参加南昌市抗洪抢险的部队今天撤防返回原驻地。上午九时，该市从滨江大道经沿江路、中山路到八一广场几十公里沿途成了人的海洋和花的浪潮，数十万英雄城人民自发夹道欢送子弟兵。南昌市委市政府在八一广场举行了隆重热烈的欢送仪式。

自今年南昌遭遇历史罕见的特大洪灾以来，三千余解放军、武警官兵为保卫“军旗升起的地方”与洪魔展开了顽强的拼搏，共排除重大险情30余起，为南昌夺取万亩以上圩堤无一溃决的抗洪胜利立下了汗马功劳。

通讯：

九江城哭了

于文国

9月15日。子弟兵走了。九江城哭了。

整夜未眠的数十万九江市民，天没亮就倾城出动，等在街道两旁，挥泪告别和他们生死与共，与洪魔搏斗了长达50多天的子弟兵凯旋。

九江人说：在江堤决口的日子里，是战士们用自己的胸膛挡住滔滔洪水，用自己的生命换来了我们的生命！

就是这些战士，临行前还把九江的街道打扫得干干净净。把节省下来的31.45万公斤大米、9万件衣服悄悄地运到大堤上留给了灾民，又从自己仅有的几十元津贴和并不高的工资中，挤出了162.96万元交给了灾区……

为了怕部队夜里开走，市民们自发组织起来，从9月10日开始就轮流在部队宿营地门口“值班”：不能让子弟兵们悄悄地走了啊！

今天早晨5点，军车出来了。可当车刚出门口，就再也开不动了。一拥而上的上千名九江人急急地将手中的苹果和鸡蛋等礼物掷投到军车上。

此刻，士兵们都把手抬到了帽檐处——敬礼！

此刻，士兵和市民们的胸膛起伏着，眼里含着泪水。

敬礼的士兵们雕像一般。

市民们则仍是忙不迭地往车上掷投礼物。

人群中，一个十几岁的孩子手中举着一条标语。上面写着歪歪扭扭的大字：“长大我要去当兵”。他叫赵框喜，是子弟兵们8月5日深夜江新洲决堤时救出的那群孩子中的一个。

九江师专的一群女学生，这几天早就商量好了。在军车路过时，她们拥出校舍门举起了她们的标语：“兵哥哥，真的舍不得您走！”一位身穿太阳裙的女青年鼓足勇气冲到近处，把一条香烟扔到了车上。

到九江交通大厦时，30岁的职工胡民礼情急之下奔回厂里，扛着国旗爬到高处，狂舞起来。

在市民们搭起的凯旋门处，人山人海。鲜花、彩旗、标语，车声、歌声、鞭炮声，汇成一片：“兵哥哥再见！”“解放军万岁！”

挥手。握手。含泪的士兵们一遍又一遍地唱着《咱当兵的人》、《说句心里话》。

一位20岁姓姚的女青年向车上的两位战士高喊：大李、大江，以后来九江还认识吗？

透过长焦镜头，记者看到，两位战士泪水已挂在腮上。

8时30分，第一辆军车到达九江西站。不足5公里的路，竟走了整整3个小时！

8时45分，距列车开动还有5分钟。九江水泥厂职工54岁的刘和平和

50多位妇女突然挤出沸腾的人群吹起了笛子。人们大声伴唱《送别》和《北京有个金太阳》。

站在一旁与士兵们道别的董万瑞中将哽咽了："我为有如此受人民爱戴的士兵感到骄傲。"泪水从将军的脸上流下。

8时50分，列车开动。站台上哭声一片。

（《工人日报》1998－09－15）

从这两篇报道抗洪部队撤离的作品中可以看出，消息所报道的事实概括性强，简单明了但线条较粗；通讯则形象、生动，感性化的素材十分丰富，感染力较强。在《九江城哭了》这篇报道中，记者的笔再现了一幅逼真的送别画面，把读者的眼睛、耳朵带到现场，使读者"看"到、"听"到灾区人民对子弟兵依依不舍的深情，产生了如临其境、如闻其声的传播效果。其中生动的、现场的材料尤其给人留下深刻的印象，如："一个十几岁的孩子手中举着一条标语，上面写着歪歪扭扭的大字：'长大我要去当兵'。……""九江师专的一群女学生，拥出校门举起了他们的标语：'兵哥哥，真的舍不得您走！'一位身穿太阳裙的女青年鼓足勇气冲到近处，把一条香烟扔到车上。""站在一旁与士兵们告别的董万瑞中将哽咽了：'我为有如此受人民爱戴的士兵感到骄傲。'泪水从将军的脸上流下。"

通讯的动人之处，正在于这些形象生动的感性材料。

三、通讯的文体较自由

消息的结构尽管也是多种多样的，但毕竟有一个较为固定的结构方式：导语＋主体。而通讯的结构没有上述消息类似的"格式"，没有导语和主体之分的固定结构，文体比较自由，有些类似于散文体，在表现形式上给予作者很大的创作舞台。各种笔法，各种结构，各种风格，都可以容纳在通讯这种文体中。可以从头到尾顺叙事实，也可以从尾到头倒叙事件；可以用白描手法再现人物、再现现场，也可以触景抒情、缘事议论。可以用序数将报道分为几个大段来写，也可以用小标题来分割段落；可以写对话体，也可用日记体。可用第三人称，也可用第一人称。另外，像时空穿插的"蒙太奇"手法，像评书段子一般的悬念设置，都是屡试不爽的"保留节目"。总之，通讯文体在表现形式上相当自由洒脱，它给记者建构了一个可纵横恣肆、飞转腾挪的创作舞台。

下面是两篇表现手法大不相同的小通讯。《总理与一封人民来信》运用了对话构成通讯的主体，表现了一位普通的退休老人和共和国总理的亲切平等的关系。《汉城决赛的最后四十秒——男子4×100米决赛画外音》的主体则是记者将现场观察到的画面和情节事实与运动员的心理活动（来自记者事前事后对运动员的采访）巧妙穿插而成，读起来新颖活泼。两篇通讯都“用事实”在“说话”，但表现方式大不相同。

总理与一封人民来信

新华社记者　卓培荣　刘思扬　人民日报记者　潘帝都

“总理来啦！”

1月19日上午近10点，刚刚在福州市杨桥新村慰问两户困难职工的朱镕基总理，一走出居民楼就被周围的居民团团围住。

“大家好！春节就要到了，给大家拜个早年。”朱镕基不断向居民挥手致意。

“朱总理！朱总理！”这时，一幢居民楼的阳台上传来一阵喊声。

朱镕基循声望去，是一位满头白发的老人。

“总理，我能跟您说句话吗？”

朱镕基笑着说：“请讲。”

“我给您写过一封信，您收到没有？”

“什么信？”

“一封很重要的信。”

“什么时候寄的？”

“去年12月27日。”

“我不知你叫什么名字？”朱镕基大声说。

“我姓赵。赵承耀。”

“你是哪个承呀？”

“继承的承，光耀的耀。”

“好，记住了。我查一查。”朱镕基向老人挥挥手。

离了杨桥新村，朱镕基立即指示工作人员了解信的下落。

赵承耀曾是内蒙古海拉尔市商业局的总会计师，退休后定居福州。去年12月27日他就税制改革的有关问题给朱镕基总理写了封信。经查，这封信已在今年1月4日转给国家税务总局研究。总理指示工作人员立即把结果转告赵承耀。当天下午两点，区委领导亲自上门把消息告诉了赵承耀。

赵承耀对区委领导说：“我很激动，没想到我冒昧地问一句，总理就这样重视，反馈这样快。但愿我的建议能对国家的改革有用。”

通讯的前半部分是两人的现场对话，后半部分用叙述手法交待了当事人的背景及那封信的下落，显示了朱总理认真了解下情的负责精神和平易近人的作风，也显示了一介平民与共和国总理之间平等的融洽的关系。

而报道1986年第十次亚运会上牵动人心的最后一场金牌角逐战——男子4×100米接力的通讯《汉城决赛的最后四十秒》，则用“蒙太奇”的手法，将激烈的赛场、相关的背景和运动员的内心想法拼接在一起，将这国人难忘的“最后40秒”在历史上做了定格。

汉城决赛的最后四十秒

——男子4×100米决赛画外音

体育报记者　刘蔚

1986年10月5日，汉城时间14点20分（北京时间13点20分）。汉城奥林匹克体育场。

发令台上裁判员枪指蓝天，起跑器前选手们面地而蹲——相持半月之久的亚运会金牌大战就要在这之后的40秒见分晓。

4日晚上，南朝鲜同中国队以92比92金牌数持平。当地报界哗然：“韩国成为亚洲第一体育大国”、“中国万里长城被摧毁”。

此时，中国女子4×100米接力已取胜，南朝鲜有把握用足球金牌来抵消它，使金牌总数保持平局。对中国队来说，出路只有一条——男子4×100米接力夺得第一，拿到取胜的惟一王牌。

枪声战栗着在体育场上空炸开，最后争夺开始了。

中国队打头阵的是苏州小伙子蔡建明。

我是中国最后一炮的头一发炮弹，我要是卡壳了，后边哥们就没戏了，尽管我在200米预赛，复赛均处于前5名，但我还是决定放弃决赛，力保接力。

蔡建明在第一个弯道上已追上前边的对手，进入第一接力区。这时，后面的选手也蜂拥而至，两拨选手挤作一团。

忽然一个人冲出人丛，狂奔而去，他就是中国队第二棒，北京选手李丰。

头天晚上做了一夜噩梦，总担心自己有伤的大腿不争气，来汉城前，我妈妈（我国著名短跑名将姜玉民）说：“好好比，拿块金牌回来。”我憋足了劲儿，这可不光是还我妈的愿，这是还祖国人民的愿啊！

李丰身后，南朝鲜选手张在根（200米冠军）正拚命追赶，企图打乱中国队阵脚。

南朝鲜给他们的田径选手打了“强心剂”：拿一个冠军7.5万美金，并享有终身月薪600美元。

这时李丰一马当先，风驰电掣，狂奔在最前面。

我一进场就相信我们赢定了。我只管玩命跑，只要别失手把棒甩到观众席上就行！

李丰以两米的优势完成了他的使命，接棒的是广东名将余壮辉。

这次南朝鲜想吃掉我们，所以把我们安排在第6跑道，日本第5跑道，他们自己第4跑道，形成我们前边跑，他们后面追的局面。显然，这种安排有利于他们追不上我们时，让日本队干掉我们。

沿着跑道线，余壮辉像飞逝的流星，划向最后的直道，领先3米多。

我们是破釜沉舟，日本队没有这种压力，但我们不能当“舞台上的运动员”，平常比赛挺能“表演”，强手一来，动真家伙就腿软。

就在胜利的曙光依稀可见时，中国第四棒选手起动稍早，不得不减速等棒，交接成功时，还差两三步就跑出接力区了，此刻，日本选手将差距缩小到只亏一步。

这时，由十几名中国田径运动员、教练员组成的拉拉队，竟然在和满场南朝鲜观众的“对抗”中占了上风——中国队——加油——加油——郑晨。

我是浙江金华人。“金华火腿”长盛不衰，只是我的腿今年却不争气，从8月30日右腿拉伤到参加亚运会比赛，我最长只跑过30米，来汉城前大夫才把我的腿治得听了使唤。

离终点还有30米，郑晨放松了两步，穷追不舍的日本选手不破弘树伺机要上，他在百米比赛中赢了郑晨，日本队指望他拼掉中国队。

我的右腿抽筋了。这会儿是关键时刻，只要能动，我就拼到底。

郑晨奋力向前，率先冲向终点，25米，20米，15米……还差最后5米，郑晨挥起手来，胜利在握！

这一瞬间，多少人泪眼朦胧，喉头哽咽，多少人手舞足蹈，紧紧拥抱……中国选手以39秒17的新亚洲纪录，换得了最后一块宝贵的金牌。

94块金牌的分量是一样的，但祖国人民不会忘记第94块金牌是怎样得到的。

——这难忘的39秒17。

（《体育报》1986-10-11）

四、通讯的主题鲜明、结构完整

消息是信息型文体，要求速报。有些消息，如简讯，甚至无需提炼主题。通讯则不然。主题对通讯来说是必不可少的。因为通讯是作者有意识组织起来的文体。将各种各样的、大大小小的、有粗有细庞杂的事实材料组织在一起，没有一根主线把材料串起来是不可想象的。而主题的残缺、含混，也正是许多通讯失败的通病：中心不明、杂乱无章。因此，每篇通讯都必须有主题来统领素材。

从主题的角度来讲，文章中的每一个素材——无论什么样的事实材料都是对主题有用的，都是文章的有机组成部分。通讯一旦完成，其结构是完整、严密、不容任意拆散的：有头有尾，环环相扣，其功能是以“整篇”为单位发挥作用。消息的“段落”在排版时可以根据版面的要求进行裁剪。而通讯的开头和结尾与全篇构成一个整体，一般不能任意舍弃。

如《汉城决赛的最后四十秒》这篇通讯中，主题是非常鲜明的：表现了中国运动员的强烈的集体主义和爱国主义。四位中国短跑选手有的带着体伤，有的放弃个人夺奖牌的机会，同心协力，力保 4×100 接力这一关系到祖国荣誉的关键性的一枚金牌。

通讯将紧张激烈的决赛场面和对四个运动员的采访，编织成文字的画面和“画外音”，使之交替出现，烘托现场的气氛和运动员内心的冲动。其开头、结尾和文中的现场画面、事后采访和背景材料浑然一体，构成了以“爱国主义”为主题的一篇完整报道。

通讯一般不能任意砍去其中的段落，那样将使通讯的结构支离破碎，难以卒读，因为它破坏了通讯结构的完整性。

五、通讯体现出作者较强的主体意识和个人风格

从理论上讲，无论消息还是通讯，都是记者有目的的写作，都表现了作者的主体意识。通讯内容丰厚、题材广阔，它需要作者对素材的强有力的把握。选择什么事实，不选择什么事实，如何表现这些事实，完全受记者主体意识的支配，即思想的支配。在一篇具体的通讯作品中，作者的主体意识一般体现在两个方面，一是作品有鲜明的主题；二是作者常常以真情为文，以情动人。

采写一篇通讯时，记者面对的往往是复杂的、多层次的事实，如一个人坎坷的一生、一个事件的大小情节，一种社会现象的层层叠叠的因果链条。记者要向大众传播这些复杂的事实，必须经过一番周密的调查研究，即通过采访对事实有一个“去粗取精、去伪存真”的认识过程。达到了对事物的较深层的认识之

后， 就要考虑到如何表达的问题——根据时代背景、大众兴趣和媒体报道方针确立自己的主题，然后紧紧围绕主题选择素材来结构文章。因此，一篇通讯的主题，选材和结构方式，都不是简单“搬运事实”的工作，都需要作者的思想观照。

在阅读消息的时候，读者常常在一瞥之间就能辨别出最重要的信息，因为最重要的信息常常在导语中凸显。同样，在阅读通讯的时候，读者也可以一眼就看到作者的价值判断、观点和主张。通讯中作者的主体意识表现得非常鲜明，读者或者通过标题，例如：《洪水无情人有情》、《在大海中永生——邓小平同志骨灰撒放记》、《人民呼唤焦裕禄》，或者通过作者直截了当的议论就可以感知作者鲜明的是非、爱憎和褒贬。

例如：

祖国、连队、家庭，都压在他肩上。

这就是这一代军人时代的奉献！

黑脊梁，我们国家、民族的脊梁！

作者的主体意识还表现在“以情入文”，就是将强烈的情感写进通讯，而不像写消息时那样注意“客观手法”，于情感方面比较含蓄、不动声色。多彩的世界感染着记者，记者再将自己的爱憎、感受传达给读者。一切优秀的通讯，特别是人物通讯，无不是记者有感而发的产物。它们或者是在文章中直接倾诉，或者在叙事状物的字里行间间接流露。

通讯主体意识鲜明的特点还表现在作品常有鲜明的个人风格。人常说“文如其人”，写作通讯时亦然。因为通讯中融入的记者主观的成分远比消息多。这不是说记者可以虚构事实，而是记者要用自己对世界的理解，即自己的思想、人生经验和认识能力去把握复杂的现实，通过表现事实来表现记者的个人认识，那么这种把握和表达必然带有记者鲜明的个人色彩。通讯造就了许多名记者，而这些读者熟悉的资深记者，如穆青、艾丰、郭梅尼等，已经形成了鲜明的个人风格。比如穆青的激情、质朴的纪实风格；郭梅尼的细腻、清秀，善解人意的抒情特色；艾丰的冷峻、干练的议论型通讯，皆征服了众多的读者。

六、消息多用概括性手法叙述事实，通讯则多用详述和描写手法表现事实

消息文字要求简练明快，因此，常用概括叙述的方法，而通讯的素材比较详细，因此多用详述、白描手法再现事实，强调事实的生动性和可感知性。

《襄樊日报》的一位撰稿人，一次去看杂技“晃板弹碗”，恰遇小演员连连出

现失误，一只只碗“弹”不到位，落到了地上……

杂技演“砸”之后

本报特约撰稿人　刘东仿

11 月 22 日。初冬的夜晚，颇有几分寒意，然而，襄阳剧院内却是春意盎然。全场1 200多名观众正饶有兴趣地欣赏孝感市笑武杂技团来樊的首场表演。

时针指向 19 点 20 分。报幕员向观众报幕：下一个节目是“晃板弹碗”。话音刚落，11 岁的女演员崔小红上场了。只见她敏捷地跃上高凳，踩着晃板，不停地晃了起来。

弹碗开始了。场上的另一名演员将一个搪瓷碗放在晃板的右端。崔小红慢慢地将碗晃到最佳点，然后用脚一抖，只见那搪瓷碗离板而起，在空中翻着个，划出一道优美的弧线，“咣”地一声，不歪不斜地落在她头顶上的碗中。顿时，全场爆发出热烈的掌声。

表演在继续进行，难度在逐步升级。崔小红头顶上的碗越摞越高，另一名演员将手中最后的两个碗一正一反地放到了晃板上，这无疑是一个高难度动作。舞台上的音乐戛然而止，台下观众憋着呼吸。只见小演员细心地晃着晃着，突然用力一抖，两个碗腾空而起，一个飞到头顶，另一个却掉到了地上。

演“砸”了！杂技演员最害怕的场面出现了！然而，剧场里却是出奇的安静。没有一人怪叫，没有一人吹口哨。

再来一次！观众不约而同地为小演员鼓掌加油。不幸的是，小演员又失败了。

第三次，第四次，第五次，10 分钟过去了，小演员都未能成功。作为一名襄樊人，我真担心观众失去耐心，做出起哄等不文明的举动。然而，这种担心是多余的，场内秩序依旧井然，一个劲地为小演员鼓掌。这掌声是理解，是鼓励。

此时的小演员显得十分顽强、镇定。

第六次开始了。两个碗在空中翻滚着，“咣”！“咣!”不偏不倚地摞到了头顶。

成功了！全场掌声雷动。

小演员眼含泪花走到台前，向襄樊的观众深深地鞠躬……

笔者环顾剧场，只见悬挂着的“贯彻十四届六中全会精神，加强精神文明建设”的巨幅标语在灯光下格外耀眼。

（《襄樊日报》1996－11－25）

这篇通讯虽然只有713字，但是故事情节相当完整。记者用白描的手法再现紧张的演出现场，从小演员晃板——弹碗——失误——碗落地——场内出奇安静——为小演员鼓掌——小演员第二次弹碗——又失败……十分钟过去了，观众一直鼓掌——直到小演员第六次顽强地把碗弹向头顶——终于成功——全场掌声雷动……随着记者再现的笔，读者的心随着舞台上惊险的一幕幕紧张地跳动，大有如临其境之感。

七、与消息相比，通讯时效性稍差

对于重要的事件，人们通常用消息在事件发生后最短时间内抢先报道。随着现代化的报道手段和先进设备的普及，电视、广播所做的对重大事件的现场报道，更是将事实与报道之间的时差缩小为“0”，实现同时空转换。报纸上消息的时效也大为提高。通讯发稿较慢，是因为它对材料的要求比较严格，如要求更详细、更深刻、更生动、更典型，记者需要有一个采集选择和认识的过程。另外，通讯事实多、篇幅长，写作上也需要比消息更长的时间，同时，通讯强调报道的完整性，有时还必须等新闻事件有一个较充分的展示过程或等事物的发展有一个阶段性结果时，采写通讯的时机方成熟。如前面所述的包机救打工仔的事件报道，通讯比消息迟发约一周时间。

这样，通讯的时效性往往不及消息。通讯中发稿最快的是体育赛事特写，往往和赛事消息同时发稿。因此重大体育赛事的采访往往是对记者功力的一种考验，既要抓住重要信息写消息，又要盯住关键性的现场采写通讯或特写，这需要记者做充分的赛前采访准备和具备“倚马可待”的写作速度。

第四节　通讯与消息功能的区别

消息以最简洁的语言、抢眼的文体结构快速传递着最重要的信息，符合现代社会快速传播的需求。从理论上说，它应当是信息社会最理想的文体。通讯虽然也传递信息，但它篇幅长，时效稍差。既然如此，为什么通讯这种文体总能吸引那么多读者，吸引那么多来去匆匆、无暇他顾的现代人？为什么在如此突出时效、报纸版面又紧张的情况下，那些“大块头”的通讯却总能占据大块的版面？为什么那么多记者都是通过创作出通讯名篇而一举成名？这里面的奥秘只有一个：可读性。通讯的可读性正是其魅力所在。

可读性一般指具有可感受性。就是说一篇报道拿到读者面前，报道中的白纸黑字中不仅向读者传达理性的逻辑信息，即有用的信息，而且可以触动读者的感官，使读者阅读报道后不仅仅是得知了信息，而且能够“感受”到报道中的事实。通讯的可感受性往往比消息强烈。在这一点上，通讯这种载体在传播过程中更类似文学作品，即它有两条传播的信道：既像消息那样传播信息，还有一条看不见的信道——情感的传播。以下两篇有关解放军接管香港防务的消息和通讯，试比较一下两稿中所传递的信息。

消息：

解放军顺利接管香港防务

本报香港7月1日凌晨电　记者徐运平、曹宏亮报道：五星红旗在香港会展中心新翼升起的同一时刻，在港岛中区添马舰威尔士亲王军营，五星红旗也在这里升起。以此为标志，我国已顺利接管香港防务。

中英双方关于香港防务交接的协议于6月23日达成。依照协议，6月30日晚10时许，我军78人到达英军驻港总部威尔士亲王军营，随后，举行了简短、庄重的防务交接仪式。晚11时59分55秒，英方最后一名士兵步出军营门口。零时零分零秒，在雄壮的国歌声中，我国国旗高高升起在军营前的旗杆顶端。与此同时，我驻港部队的14处军营上空都升起了国旗。从此，我人民解放军开始在香港地区执行防务。

据悉，威尔士亲王军营也将是我军驻港部队的司令部。

（《人民日报》1997－07－01）

通讯：

神圣的时刻

——中英防务事务交接仪式

肖福　胡训军　高吉全

1997年6月30日21点。

香港。添马舰军营（又名威尔斯亲王军营）。

这时，时钟的每一次滴答，都激动着中华儿女的心。

中英双方防务事务交接仪式将在这里举行。这是中国人民解放军最神圣、最自豪的时刻。

22 点 25 分。人民解放军驻香港部队先头部队车队准时抵达添马舰军营。一下车，先头部队官兵和早先进驻的先遣部队官兵互相敬礼、握手，稍后立即整装列队。来到主楼北侧，共同迎接这一庄严而神圣的时刻。

23 点 49 分。军营出奇地安静。

空空的哨位，空空的旗杆。在场的 200 名各国记者和驻香港部队官兵一道，都在等待一个时刻的到来。这一刻，将结束中华民族百年耻辱的历史，开辟香港更加繁荣稳定的新时代。

23 点 50 分。一支由 18 名英军海、陆、空三军组成的卫队，在一名上尉军官的指挥下，步入营区大门东侧就位。两名英国士兵出列上岗。

23 点 54 分。人民解放军驻香港部队由 18 名威武、英俊的陆、海、空三军战士组成的卫队，在指挥官张洪涛上尉的指挥下，迈着雄健、整齐的步伐进入大门西侧就位。

23 点 56 分。我方两名陆军士兵从两队指挥官中间走过，分别站到大门内两侧。

23 点 58 分。中英双方各自派出一名中校指挥官，面对面走到相隔 4 米处立定。这时，英方指挥官向我方中校指挥官谭善爱敬礼报告："谭善爱中校，威尔斯亲王军营现在准备完毕，请你接收。祝你和你的同事们好运，顺利上岗。长官，请允许我让威尔斯亲王军营卫队下岗。"

谭善爱中校用洪亮的声音答道："我代表中国人民解放军驻香港部队接管军营。你们可以下岗，我们上岗。祝你们一路平安。"说完，两人的手握在了一起。

这看似轻轻的一握，握别的是硝烟，留下的是未来。

"撤离。"英方指挥官一声令下，英军卫队走出营门，走向停靠在岸边即将离港的"漆咸"号驱逐舰。当最后一名英军士兵走出营门时，时针指向了 23 时 59 分 55 秒。

从此，英国在香港驻军的历史，将随着维多利亚港湾那翻滚的波涛远去。

神圣的时刻，就在眼前。

"立正——半面向右转！"身着新式礼服、肩挂绶带的人民解放军护旗队，迈着正步走向旗杆。掌旗手在两名护旗兵的护卫下，登上升旗台。

这时的军营庄严肃穆，场上的每个军人都似乎听得到自己咚咚的心跳。他们知道，全球华夏子孙，都在为这一刻呐喊——5、4、3、2、1！

巨大的报时钟显示着精确的时间。

零点零分零秒!

雄壮激昂的《中华人民共和国国歌》开始激荡在军营的上空!升旗手面向东方,将挂好的国旗用力一抖,两旁的升旗手拉动旗绳,五星红旗冉冉升起。随着国歌最后一个音符结束,国旗升到旗杆顶端,在维多利亚港湾海风的吹拂下猎猎飘扬。

这时,驻香港部队政委熊自仁少将走向讲台。他说,我们亲手将五星红旗高高升起在香港上空,这标志着饱经沧桑的香港彻底结束了150多年的屈辱历史,标志着我国政府正式对香港恢复行使主权,标志着人民解放军驻香港部队已经担负起香港特别行政区的防务,开始履行祖国人民赋予的神圣使命。

此时此刻,维多利亚港湾涛声阵阵。站在五星红旗下的每一个军人,似乎听到了大海正在轰鸣着一个老人的声音:"我讲过中国有权在香港驻军。我说,除了在香港驻军外,中国还有什么能够体现对香港行使主权呢?"

此时此刻,那高高飘扬在港岛上空的五星红旗猎猎作响,似乎是在替所有的军人们回答:人民解放军驻香港部队用行动告诉您,您的遗愿今天已经实现了!他们将履行自己的职责,让香港这颗东方之珠更加灿烂、辉煌!

(《解放军报》1997-07-01)

上述消息《解放军顺利接管香港防务》带给读者的是振奋人心的信息:中国军队已经接管香港防务。读者还可以从消息简洁的文字中了解这一万众瞩目的历史性接管场面的大致程序。而通讯《神圣的时刻》带给读者的则不仅仅是接管的信息,还有庄严的添马舰军营、威武的驻港官兵、飘扬的五星红旗,还有炎黄子孙在那一历史性时刻的感受……

新闻现场本是一组组画面,只有用照相机或摄像镜头才能逼真地"记录"下来。在通讯写作中只能用描述性文字来再现现场画面。但现场是一种三维空间,再逼真的描写也难以再现这种空间结构。要使读者从这些白纸黑字中"读"出新闻的现场画面来,"读"出记者身临其境的感受来,必须借助于读者的想象力。这种连续的传播依靠记者和读者在两个符号系统之间不断转换才能完成:

现场画面——记者——记者的现场感受——通讯中的描述文字——读者——读者想象中的现场画面。

按照接受美学对阅读活动研究的成果,描述性语言本身比说明和解释性语言具有更多的不确定性,也就是它远不够"逼真"。但是能激发读者想象力的魔杖恰恰是记者在通讯中常用的描述性语言。正因为这种不确定性引起读者阅读时思路的“阻断”，形成作品中的“空白”，而正是这种读者认为该有而没有的“空白”，激发起读者用自己的想象力去填补意义的空间，因此，读者就在阅读过程中参与着作品的创造工作。正如一位美国记者所说：“阅读是一种相互作用的过程……作者写出的只是文字，读者使它变成故事。”读者也正是在这种不断参与创作的过程中产生审美意象：从通讯的白纸黑字中读出鲜活跳脱的形象，全身心地投入作品中的事件、人物遭遇和环境氛围中，使自己的身心在作品的人物身上得以宣泄或陶冶，进入物我两忘的审美意境之中。

因此，一些优秀的通讯作品之所以感人，其魅力正在于这种与读者的独特交流方式。通讯的功能已突破了单纯传播信息的范围，而进入审美教化的层次，它既为读者提供了审美享受，也使读者在审美中提高认识、引发思考、提升心灵、陶冶情操。

著名记者范敬宜多次提到一个命题：“感染是新闻作品生命力之所在。”他说：“我一直在思索，新闻作品最重要的是什么？最难达到的是什么？总结几十年走过的新闻道路，我终于抽象出来两个字：感染。十多年前，一位普普通通的读者给我写信说：‘生活感染了你，你又通过自己的作品感染了读者。’我一直惊讶这样一位并没有研究过任何新闻学的小学教师，何以能把新闻作品中生活——记者——作品——读者的关系概括成一个如此完整、准确的公式。确实，感染是新闻作品生命力之所在。不能感染人的新闻作品是没有生命力的作品。追求感染力，是一个记者的天职，也是毕其一生的奋斗目标。”

思考与练习题

1. 通讯的基本特征是什么？
2. 通讯的魅力何在？在媒体激烈竞争的时代，通讯占有怎样的地位？
3. 选择同一题材的消息与通讯加以比较，试谈通讯的强势所在。

第十七章

通讯写作的基本环节（之一）
——通讯的主题

第一节 什么是通讯的主题

通讯的主题是指通讯要表现的中心思想，是通讯作者经过对现实社会的观察、体验、分析、研究，通过对通讯素材的提炼和组织，所表达的对客观世界的一种认识或一种思想观念。

鲜明的目的性是通讯写作的主要特征。它是通过确定主题和表现主题来实现的。下笔写通讯之前，必须确定表达什么主题。通讯对世界的反映不是镜子式的直观反映。无论人物通讯，还是事件通讯、工作通讯等，都是新闻工作者在一种思想观念统辖下“组织起来”的新闻报道体裁。通讯的素材包含广泛，既有新事实，又有大量相关的背景。记者采访来的人物对话、现场观察材料、动人细节和有声有色的情感素材，如果没有一个主题来统帅，就会变成一堆零乱无序、毫无用处的东西，像缺乏灵魂的行尸走肉。由这样的材料组成的作品，便会显得杂乱无章，让人读后不知所云，陷入茫然状态，自然谈不上有效传播了。通讯是借用文学创作的艺术手法，真实地反映客观现实生活的文体，因此，通讯的主题酝酿和形成过程，与文学作品有许多相似之处。先立意后动笔，才能成竹在胸，这是通讯写作必须恪守的原则，是写作成败的关键环节。只有选定了主题，选对了主题，才能围绕主题选择新闻事实，选择组织素材、谋篇布局的结构，选择恰当的表达方式。

通讯的主题，是人们评价一篇通讯时首先的评价标准。一篇通讯的质量高低、价值大小，主要看其主题正确不正确、深刻不深刻，思想意义和指导作用大不大。

第二节 通讯主题的要求

一、符合客观事物的本质特征

主题往往是作者对新闻事实传播价值的认识。要确定正确的主题，首先要弄清，所报道的事实中是否存在记者这种认识的依据。如果事实中提炼不出记者所确立的主题，那么这种主题就失去了存在的依据。

我们的新闻事业长期以来担负着宣传党和国家的方针政策的重任。每当新的中央精神、新的政策下达之后，宣传报道的口径自然转到宣传贯彻上面来，但在这类新闻作品中，存在着大量主题失真的问题，即采访对象的情况与所设想的主题不对位，在这种情况下硬搞“拉郎配”，造成报道的失实。如某报纸在“五一”、“十一”报道成就的时候，将北京人自行车使用周期短说成是改革开放后生活水平提高的标志，事实并非完全如此。因为近十几年来，一方面是人民生活水平提高，买新自行车的人多了。另一方面，又是丢车丢得太多的缘故。北京丢失自行车的现象十分严重，几乎人人都有丢车经历，自己的车被盗，只好再去买车，为此经常更换自行车，因此自行车的使用周期就短。

还有一些报道把那些先富起来的“大款”捐款办公益事业的行为说成是“爱心”的表现，其实，他们当中的一些人是属于花钱拉关系、捐款买名声，还有些人是抱着“破财消灾”的心态捐钱的。把这些都说成是“觉悟高”、“有社会责任心”的表现，是强扭角度的失实报道。读者普遍比较反感，易产生逆反心理。

因此，记者在提炼通讯主题时，第一个要把关的就是主题与客观存在的实际情况是否相符的问题，就是主题的真实性问题。在这方面应当强调的是，记者要有“质疑”意识，即凡事都不要“轻信”，一切结论都应该产生于深入调查研究之后。特别是对那些来头大、有背景、社会上众口一词争相炒作的热点事件、新闻人物，一定要在确认其事实、事迹的真实性的基础上考虑如何评价其人其事。

有时，同一个事件，同一个人物，可以从不同的侧面提炼出不同的主题。例如：

一个原本性格内向的女工下岗后，为生活所迫先后干起了家庭保姆、建筑工地油漆工、街头卖报人，最终办起了一家红火的主食加工店。她本人也历经磨炼，从胆小怕事的女工到麻利、果敢的女经理。这一事实过程可以用来说明几个方面的主题：

1. 市场大潮对人的淘漉和磨难是造就企业家的途径；市场对社会进步的作用；

2. 一个下岗女工的顽强精神；

3. 社会上许多服务业有待开发；

4. “从一而终”的就业观念应当转变。

但哪一方面更能反映生活的本质，哪一方面的主题经传播后可获得正面的社会效果，则可根据不同记者的认识、不同媒体在不同社会背景下的报道需要作出选择。但是有一条原则在选择主题时是不能动摇的，即所选主题不是随意的，是受事实限制的，必须是在事实内在逻辑所指示的范围之内选择主题。

1993年春，被媒体竞相报道，有“中国第一村”之称的河北省静海县大邱庄带头人禹作敏，几乎是刚走下中央电视台春节晚会的特邀嘉宾席就因涉嫌犯罪走进拘留所的，而报道禹作敏的各类通讯的主题，几乎无一例外地认为，禹作敏代表着中国农民的“时代精神”。而禹作敏出事后，报道的主题又齐刷刷地将禹定位为“封建庄主”。

因主题失真造成的报道失实，不仅使新闻媒体面临诸多尴尬，而且误导了舆论，更造成了群众对媒体的不信任。

二、通讯的主题要深刻

主题的深刻表现在它能揭示事物的本质，反映客观事物的内在规律性。

新闻媒体有着充当社会认知工具的职能。记者在采写新闻通讯时，面对的是一个错综复杂、瞬息万变的世界。如果新闻撰稿人认识能力不强，就很容易被众多的表面事实和假相所迷惑，以至于向大众传播了表面的事实和错误的评价而误导舆论。因此，新闻记者应当善于透过现象看本质，善于将丰富的感性材料去粗取精、去伪存真，进行一番由此及彼、由表及里的深入分析，抓住事物深一层的本质，深化主题。

事物的本质是多层次的，因此记者的认识也是没有止境的。所以，采访的过程往往是记者形成主题的第一过程：记者常常从调查得来的大量事实入手，逐渐思索、比较、筛选，逐步确立主题，然后再拿到实践当中去求索、印证，即围绕初步确立的主题在采访中有的放矢地选择典型事实作为素材。随着事实线索的进一步展开，记者还会发现更新颖、更能反映事物本质特征的主题思想，从而不断开掘和深化原有主题。当然，这个开掘主题的过程是一个艰苦又富有挑战性的过程，它取决于记者的思想认识水平和世界观，取决于记者的采访功力。

那么，怎样深化通讯的主题呢？怎样才能给读者“深刻”的感觉，使人读后受到启发、引起思考、产生顿悟呢？很多记者都谈到了深化主题的三条经验：全局意识、历史感和关注人的心灵。

（一）深度来自全局意识

有些事情，乍一看没有什么新鲜之处，影响似乎也不大。要确定这些题材的通讯主题的深度，必须把这些题材放到全局的高度去衡量，深入研究其在全局中所占的地位，它是否有利于或者有害于社会发展的根本问题，它们的代表性、典型性如何等。

近年来，新闻报道中的批评报道越来越多，涉及的问题也越来越复杂。因为事实复杂、头绪繁多，记者往往使用通讯这种体裁反映问题、探索原因、总结经验、梳理思路。而这类通讯常常需要运用“全局性的视角”和根本利益的标尺来观察和研究问题。《“弱智”摘帽的背后新闻》就是一篇从教育的全局出发，探讨我国应试教育出现的扼杀青少年个性、严重损害青少年身心健康的怪现象——将正常学生“划”为“弱智”以提高“升学率”。请看——

“弱智”摘帽的背后新闻

紧邻杭州的余杭市，最近传出了一则新闻：当地有关部门为7名错划为“弱智”的学生“摘帽”正名。

余杭是中华良渚文化的发源地，近现代历史上诞生的文化名人、国学大师为数不少。要说余杭的后辈“弱智”成群，恐怕谁也不愿接受。然而，当地教育部门的一份统计显示：该市的确测评出“弱智”学生1 131名，弱智率达1.69%，远远高于国际上0.4%的正常弱智标准。

“弱智”学生在余杭这个县级市有如此之多，自然要引起外界的关注。除了测评的标准和方法或许有不尽合理之处，余杭教育局的一位老师说得直截了当：主要是应试教育在作怪。原来，由于弱智学生的成绩可以不列入对学校的综合成绩统计，一些学校单纯为了追求及格率、优秀率、平均分，就千方百计把成绩差的学生排除在成绩统计之外，人为地将他们列为“弱智”。

据了解，被列为弱智测评对象的往往是老师眼里的“笨孩子”、“调皮鬼”、“不安分”学生。原本正常的学生一旦归入弱智生的行列，就会“享受”到正常学生没有的待遇：进入辅读班，学习和考试的标准都能降低，学校教学的“整体水平”也随之上升。

公开的报道披露说，该市塘栖镇中学生吴某，在小学阶段一度被有关部门测定为“弱智”，可自升入初中以后，学习成绩却是扶摇直上，在去年的期末考试中，语文成绩80分，数学91分，各科累计总分进入了班级前10名。直到市教育局教育室主任张宁到学校检查弱智生成绩统计表时，才发现吴某的情况并非个别现象，考试成绩平均达到70分的“弱智”生并不在少数。

“弱智”不弱，这究竟是弱智教育的“巨大成果”，还是“弱智”测评的天大笑话？

据悉，对学生进行所谓的智力测评，在许多地方并不罕见。然而，这种做法给学生心理成长带来的副作用却很少有人考虑。学生被打入另册后，一些责任心不强的老师干脆放任不管，使这些智力原本正常的学生渐渐真的成了“弱智”。

“虽然弱智生测评对外严格保密，校方一再强调决不歧视弱智生，但实际上很难做到。”余杭市教育局负责弱智生测评工作的葛老师说：“学生如果被列入弱智行列，他的学习、生活以及将来的工作、乃至成家立业都会受到影响。”

对这种“极不人道”的做法，市教育局下决心一定要“彻底改一改”。

据悉，一项全新的改革措施——义务教育区域性质量评价，眼下正在余杭实施。该项目负责人张宁说，针对传统的陋习，新的方案规定，弱智生的成绩也要上报，列入学校的综合测评，并且即便其考出了高分，也只能以重、轻度弱智生的及格分30至40分计算。这样一来，正常学生如果再归入弱智行列，学校的测评就要吃亏了。

于是，耐人寻味的现象又一次出现：一些学校主动缩小了弱智生的测评范围。在最近一次的测评中，弱智率明显得到了遏制，弱智生减少了将近一半，弱智率较往年大幅度下降。其中，重度弱智率从原来的0.5%下降到了0.21%。于是，便有了7名弱智被“摘帽”正名的新闻。

学生的“帽子”摘了，学校的脑筋不知有没有真的换了？

（《中国青年报》1998－09－21　作者黄平）

《中国青年报》对此发表的评论：

“天下竟还有这样的‘错划’和这样的‘平反’！”

…………

“什么是教育的大忌？就是牺牲教育对象、教育目标、教育道德和教育原则

——牺牲教育的根本。”

记者在采写这篇通讯时，并不是只着眼于浙江余杭市的7名被“错划”为“弱智”的学生，而是着眼于全国教育界这个并不罕见的现象——“当地教育部门的一份统计资料显示：该市的确测评出‘弱智’学生1 131名，弱智率达1.69%，远远高于国际上0.4%的正常弱智标准。”“据悉，对学生进行所谓的智力测评，在许多地方并不罕见”，着眼于应试教育所结出的这枚“断送教育本身”的恶果——“学生被打入另册后，责任心不强的教师干脆放任不管，使这些智力原本正常的学生渐渐真的成为‘弱智’。”“余杭市教育局负责弱智生测评工作的葛老师说：‘学生如果被列为弱智行列，他的学习、生活及将来的工作、乃至成家立业都会受到影响。’”

在这里，记者把余杭市的7名“弱智”生问题放到全国应试教育愈演愈烈、弊端无穷的大背景下去衡量利弊，使这7名学生被摘“弱智”帽这样一个本地教育新闻有了全局性的意义，也使这篇通讯反映了一个深刻的主题：——教育不能以牺牲学生、牺牲教育目的、丧失教育道德和教育原则为目的，应试教育正在毁灭教育的根基!

（二）深度来自历史感

很多新闻工作者都知道，看问题离不开全局意识。但是很多人的全局意识仅仅局限在“空间”的概念，即把新闻事实放到更广阔的空间和一定的高度来认识，从而深化主题，而“时间”这个思维的角度常为人所忽略，有人称这种现象为“时盲”。很多事情如果只从当前的状态来看，往往感觉不出它的意义所在，一旦把它放进流动的历史长河中来考察，历史的逻辑便赫然显现。

新华社记者1989年所写的《唱给母亲河的颂歌》（原载1989年第46期《瞭望》），就是一篇从历史角度显现主题深度的通讯。说起黄河，从新中国成立以来就岁岁安澜，粗看起来没什么值得报道的。但回顾一下中国人民与黄河水患斗争的历史，新闻价值便立即浮出水面：

• 在有文字记载的2000多年中，黄河下游决口泛滥达1500次。每次决口，都给流域的老百姓带来难以历数的苦难。

• 解放后政府加大投入资金，两岸人民以英勇的献身精神，流血流汗治理黄河，仅三次修复黄河大堤，就动用了7亿多立方米的土石方，相当于修建13座万里长城，开凿两条苏伊士运河。

• 中国人民在治理黄河的斗争中，不仅显示出勇敢、无畏和坚忍不拔的毅力，更显示出科学精神的光彩，多少位水利工程师为治黄呕心沥血，奉献终生，使科学治黄取得丰硕成果。

…………

从历史的眼光回顾与黄河水患斗争的岁月，有深度的主题便凸现出来：黄河巨变的历史，是中华民族命运巨变的历史，是民族精神高扬的历史。

新华社记者正是顺着黄河的波涛，穿越历史的时空隧道，将一幅母亲河的历史画面在读者面前徐徐展开。治黄的漫长历史衬托出其点题评论的中肯有力：

这就是今天的黄河儿女——中国人民的精神风貌。他们用自己的智慧和勇敢在征服、开发、利用黄河，也辉映着中国人民艰苦卓绝的开拓、进取精神，展示着一个民族更加辉煌的未来。

（三）深度来自展示人的心灵

世界上“比大海更广阔的是人的胸怀”。人的心灵之海是至宽至深的。一个记者，若能将他的笔游弋于人们心灵的海洋，探索人生课题，抚慰受创伤的心灵，启迪心智，往往可以在读者渴求的心田中激起回响，使人感到“深刻”的震撼，从而产生精神上的动力。

因此，凡是写人或与人有关的通讯，都要在开掘人物思想深度上下功夫，方能取得读者的回应。而我们看到的有些通讯，却忽视了这一点。作者虽然在事实收集和表述上下了不少功夫，但写出的人物仍然让人感到影影绰绰、模模糊糊，“活”不起来。什么是“活”呢？是心灵的激荡，心灵的感染力。没有心灵的感染力，人物立不起来，主题也难以深化。

下面两篇人物通讯写的是两位基层干部，所用的新闻事实也均是两人在单位带头苦干、攻克难关等相似的事迹。但因作者开掘主题的功力有别，通讯的题材虽然相近，效果却大不相同。我们先看第一篇——

“拼命三郎”

赵继义，一个土生土长的昌平人，与共和国同龄，昌平县房管局器材供应站站长。当站长7年，只有七八个人的供应站由亏损20多万元，一举成为年创纯利30多万元，银行存款200万元的富户，他也光荣地被评为北京市爱国立功竞赛优秀工作者。

赵继义调任昌平县房管局器材供应站站长时，摆在他面前的是一个穷摊子：十几间破烂平房，一辆130汽车，一辆东风三轮摩托车，亏损20多万元，七八名职工人心涣散。他最怕穷，却偏偏调到了一个穷单位。他知道，怨天尤人没用，只有靠拼靠干，才能把穷字变成富字。他确立了在保证本系统房修材料供应的前提下，面向社会开展建材经营活动的方针，立下了一个规矩，器材站每个职工，哪忙去哪，什么急干什么，不养闲人。

北京的五月，已似流火，为在汛期之前从六里屯抢运一批红陶瓦，赵继义让司机和装卸工两人由每天跑两趟改为每天跑三趟。两人连装带卸，一天两趟已经够累的，听说还要加一趟，不免面露难色，赵继义二话没说，撇开那个装卸工，跳上汽车，毫无商量地对司机说："走，我去试试！"汽车很快就钻进了滚滚热浪。司机是个大高个壮小伙子，红陶瓦一捆接一捆地递上来，瘦弱的老赵就一捆接一捆地接来码齐堆好，汗水沿着脑门淌下来，滴滴落在他那近视眼镜上，可他连擦都顾不上擦一下。不到半小时，两个人硬是装满一车瓦。他这种拼命苦干劲头，一下就震了全站职工，从此，器材站七八名职工个个像赵继义一样，老是摽着劲苦干。

1988年春节前夕，昌平公园建设拆迁任务迫在眉睫。半个月之内必须将昌平镇一街地区260户居民全部拆迁上楼，实现"三通一平"。半个月的时间，七八个人，上千间房子要拆平、拆光谈何容易，赵继义没说一个难字，默默率领他那支小分队紧紧跟随在拆迁动员小组的后面，腾空一间，拆除一间，腾空一户，拆除一户。只要是今天腾空的，无论多晚，他决不让房子留到天明。长时间的劳累，加上心脏不好，他晕倒了，从墙上滚落下来，身上十几处受伤。当他醒来时，大家都劝他回去休息，他却死活不走，站起身来掸了掸身上的土，吃了几粒速效救心丸，贴上两块止痛膏，粘上几贴"创可贴"，又爬上了房梁，骑在檩条上，继续指挥大家拆房。当1989年新春第一下钟声敲响的时候，当万家团圆时，他和站里的同志才拖着疲惫已极的身子，带着完成任务的喜悦走出工地。

去年三月，北京市百个大商场之一的昌平商业大厦即将开业。而西侧停车场还是废墟一片，要用20天时间，清运上百万立方米渣土，铺出400平方米的停车场。真是急难险重，这活老赵接了。他调用了十多台机械，通宵作战，五天四宿没睡觉，愣是提前两天完成了任务。

正当器材站事业逐步红火时，赵继义遇到了新的考验。1992年，器材站改为自主经营、自负盈亏的企业单位，计划供应的建材没有了，皇粮断了，小小的器材站能在激烈的市场竞争中站稳脚跟吗？职工们感到困惑，赵继义感到肩上的担子重了，他带领大家走上了以建材经营业为主，兼营拆迁服务、建筑施工等业务的多种经营之路，先后开办了兴昌水电拆迁咨询服务公司、昌房建筑工程公司和昌房建筑工程队等分支机构。

去年五月，赵继义听说昌平城区镇意欲在八街开展旧城改造，引资建造农民住宅楼，便主动为北京市水泥厂筹建处与昌平城区镇牵线搭桥，促成了双方联建玉虚观住宅楼，并主动承担了从拆迁安置、规划设计到建筑安装的全部工程任务，七八个人的单位要承办11 000平方米的住宅工程，真是天方夜谭。其实，盖楼建房是赵继义的拿手好戏。他既当经理，又当业务员、材料员，还是工长，跑规划、跑设计、跑施工，一个人干几个人的活，一天当几天用。为保证施工质量，每到关键部位，他都要亲临现场监督施工。由于长时间劳累和生活不规律，心绞痛、神经衰弱等疾病日趋严重，救心丸、安定已成为他案头、卧室必备的应急药。

然而，大楼在一天天长高，工程主体已到五楼，10 月底即可竣工。赵继义用“拼命三郎”精神，写就了新的天方夜谭。

（1994 - 06 - 13 见报）

再请看——

黑脊梁

——记广州军区某团连长李邦亮

连长李邦亮要走了，到师教导队上任。

他没有惊动正在酣睡的士兵，以至许多战士急急爬起来后，只看到连长那熟悉的背景消失在月光中。

李邦亮依恋连队，战士依恋连长。这不仅仅是他留给连队 1 万多元和上千斤余粮的家底，还有 26 块参加各级军事比武夺得的金牌，12 面闪闪发亮的军事训练、政治教育、后勤管理先进单位的奖旗、奖状，而且是他以自己的模范行为，给干部战士注入了军人崇高的责任感，形成了连队建设的巨大动力。

那脊梁，共和国安全的屏障

1988 年，一连分来 16 名新兵，张大好奇的眼睛四处乱瞅。

“集合!”李邦亮站在全连面前。“全体老兵脱下军装!”脊梁裸露了。那是一排排黑红健壮的脊梁。

李邦亮也脱掉了上衣，露出的是更加黝黑隆起肌块的脊梁。

“新同志看清了，要在一连当个好兵，都得这样!”

话不多，却句句震撼着新战士的心。半年后，他们都成了“黑脊梁”。考核场上无一不显示一连士兵的风采。

1987 年，李邦亮升任连长。他想摸摸连队军事素质的底。三次考核正副班长，三次成绩仅仅及格，一天早上搞紧急集合，一些战士丢三落四，整整25分钟才集合完毕。

“一个优秀军人，就是国家一道安全屏障。我李邦亮年过29，全连数我最大。5公里越野最佳成绩是24分26秒，刚够格。从明天开始，要抹掉4分钟！”大家听了直瞪眼。

雷州半岛的夏天，火辣辣的太阳晒得石头滚烫。只见李邦亮时而两腿绑着沙袋，时而拖着几十斤重的汽车轮胎，在崎岖不平的山路上来回奔跑，每一次都汗流得人像从水里捞出来一样，他终于突破了5公里越野21分钟优秀大关，跑在全连最前面。

连长拼搏，谁敢含糊。射击、障碍、军体、越野……个个都练脱了几层皮。一天，连队进行实弹对抗射击，突然狂风猛刮，乌云翻滚，“哗啦啦……”瓢泼大雨劈头盖脸地砸下来。周围观看的群众呼呼啦啦地四处奔散找地方躲雨。连队有的战士也想跟着跑。

“不准动，看我的！”只见李邦亮把冲锋枪一端，在暴雨中对着“敌阵”冲击、滚进、射击……20多个动作迅猛利索。瞬间，山头上一群群“泥人”在风雨中摸、爬、滚、打。

一次，团领导到一连检查内务和点验物资，发现半数同志的背包绳断了。“咋回事？”战士们不敢撒谎：“练投弹拉断的！”再看看战士身上穿的，竟有30多人打了补丁。团领导火了：“把新的都留着娶媳妇？”战士们把小包打开了，里面的军服更黄、更破，李邦亮内疚地说：“训练磨的……”团领导望着这群黑头黑脸，闪着军人英气的官兵，眼睛湿润了：“一连的人再发一套新军装，用生产费买！”

黑脊梁，撑起了训练场上的太阳。在师建制连比武中，一连一举夺得7个比赛项目的6个第一、1个第二。师党委给一连记集体三等功。

那脊梁，托起战士的希望

第一连住在一条偏僻的山沟里，训练苦，生活更苦，但却没有人愿意离开一连，因为这里有个可亲可信的当家人，紧紧地拴着全连同志的心。李邦亮上任之初，连队钱粮双超，干部战士生活清苦。他到沟里沟外一转，到处是石头蛋子。土留不住，水浇不进，一锄下去，尽冒火花。“这样的乱石沟不长菜，怨不了谁。但活人哪能让尿憋死？”李邦亮又裸露出黑脊梁，带领官兵一锄一镐地将地里的石头挖出，再到又臭又脏的水沟、鱼塘里捞肥泥铺起来，起早贪黑干了半个月，手和肩的皮肉磨烂了又长，硬是在乱石沟沟里造了3亩多良田，又上山开出3亩多好山地，解决了蔬菜自给。

一连之长，既要为全连同志的衣食住行操劳，更要为他们的成长进步操心。新战士李小红，父亲不幸病逝，原工作单位按政策同意小红进厂顶职，但有关部门规定必须当年上班，否则指标取消。小红接到家信后，顿时傻了，不吃不喝，要求提前退伍，李邦亮把他拉到屋里："别傻了，咱们订个君子协定，你安心服役三年，连里为你前途负责到底，你相信吗？"小红抬起头，看见连长那坚定有力，不容置疑的目光，破涕为笑了。事后，一连的干部战士都知道：小红当了4年兵，入了党、当了班长，高高兴兴拿着招工通知书退伍了。但却没有多少人知道，李邦亮为了小红的工作，写了多少信，找了多少人，磨了多少嘴皮。

那脊梁，妻儿老小的依傍

这是一个什么样的家啊！80多岁的奶奶瘫痪在床，年过6旬的父母无法下地劳动，正在上初中的弟弟因病辍学，还有一个年仅3岁的女儿，养老育小和10多亩口粮田的农活，全落在妻子张继云一人的肩上。一个农家妇女，毕竟身单力薄啊！于是，在部队当干部的李邦亮便成为这家人的顶梁柱。

三间祖传土屋，墙蚀梁朽。遇上刮风下雨，一家人提心吊胆，东挪西遮。父母省吃俭用，东凑西借，总算把盖新房的料备齐了。写信上部队，叫李邦亮回来开春动工。可这时，部队正是新兵训练的繁忙季节。

一家人等啊、盼啊，直到秋天落叶，通往家乡的小路上，才出现李邦亮宽阔的身躯。那裸露的黑脊梁，又给这清冷的小家带来欢快和生机。噼噼啪啪的鞭炮声，落基填土，打浆抛砖，升梁上檩，你吆我喝，一幢新房拔地而起。但还未安装门窗玻璃，李邦亮的假期却到了。一家人含泪送走了他，用塑料布封住窗口，勉强遮挡住纷纷扬扬的雪花。

李邦亮以对祖国、对连队的责任感和对家庭的负疚心情，一肩挑起两副重担。多年了，他春节没有回过家，一来与战士同乐，二来把假攒在农忙季节回家干活。

麦地里，他裸露出黑脊梁，"刷刷"地飞舞着镰刀，饭凉了又热、热了又凉；公路上，他嫌牛拉大车走得太慢，就将牛车套在自己脊梁上，别人拉1趟，他拉3趟；麦场上，他打麦直打得手臂抬不起来。

月光如水，妻子依偎在丈夫坚实的肩头，轻轻地抚摸着那双打满血泡的大手，不由地心里一酸，淌下了泪水，"亮，回来吧，家里没有个男人多难啊！"丈夫没有吭声，睡着了。

祖国、连队、家庭，都压在他肩上。

这就是这一代军人对时代的奉献！

黑脊梁，我们国家、民族的脊梁！

（《解放军报》1990－11－18　作者郑穗华　朱大成　秦凤尝）

将两篇通讯加以比较，可以发现：

《拼命三郎》中的主人公虽然拼命苦干的精神可嘉，拼命的业绩也非同寻常：

如当站长7年，使一个原本亏损20多万元的县房管局供应站，“一举成为年创纯利30多万元，银行存款200万元的富户”；

如带领七八个人，半个月时间，拆房上千间；

如七八个人承办11 000平方米的住宅工程……

但是，读完全文，人们不知道这位主人公到底为什么苦干，人们看不出这位“拼命三郎”的真面目，听不到他的讲话，感受不到他的思想和情感，整篇通讯成了“苦干篇”、“工作篇”，主题好像是为了苦干而苦干，缺乏触及心灵的深度，因此也缺乏感染力。

而《黑脊梁》同样是写连长李邦亮惊人的吃苦耐劳精神和苦干的业绩：带领一连夺得比武六项第一、一项第二；在乱石沟里和山坡上造了6亩良田，解决了连队的吃菜问题；利用休假帮家里收麦子盖房子……但李邦亮的苦干，目的很明确：

作为一名军人，“就是国家一道安全屏障”；

作为连长，就要“托起战士的希望”；

作为家庭的一员，作为儿子、丈夫、父亲，就是“妻儿老小的依傍”。

这位有着一副“黑脊梁”的军人，以他对祖国、连队、家庭的深沉的爱和高度的责任感，一肩三任，忠实地履行着作为“国家、民族脊梁”的责任。整篇通讯以它特有的“兵味儿”、“人味儿”感染着读者。正因为作者没有仅仅着眼于“苦干”、“拼命”，而是通过这些事例去展示军人李邦亮的心灵，展现一个当代军人的“人生答卷”。这个主题正是这篇通讯感染人、打动人心的力量。

三、通讯的主题更强调社会人文意义上的针对性

随着中国改革开放的步伐，社会思潮空前活跃、多变，呈现出复杂的局面。一些公众的心态从兴奋到迷茫，从不平衡到浮躁。新的生活方式使他们新奇、兴奋，新的矛盾又使人们彷徨、无奈。在这种急剧变化的社会环境中，人们迫切从新闻作品中寻找对周围世界的解释和精神依托。

因此，通讯的主题一定要有社会人文意义上的针对性。主题针对性在这里有两层含义：一曰新鲜；二曰时代色彩。

我们经常看到一些通讯，虽然事例是具体的、个别的，但主题却似曾相识：

比如写人物，总出不了“无私奉献”、“老黄牛精神”、“舍己为人”、“毫不利己，专门利人”这几个主题，写不出人，写不出魂，写不出思想，写不出人的亮色，有“千人一面”的感觉，比如我们前面提到的《拼命三郎》就是这样。

写到劳动模范、英雄人物，更是“老三样”：上班拼命干，下班不回家，病了不休息，主动放弃休假。这反映出这些通讯的作者缺乏对当代受众心理需求的了解，依然沿用着过时的观念；主题不新鲜，更缺乏社会针对性。

有一位身为劳模的工程师在接受采访时明确表示：他是上班工作，到点就下班回家。他认为这才是现代人应有的做法，所有的工作应在上班规定的时间完成。对待生病，他决不像以前描写的劳模那样把病假条“揣起来”，而是有病就休息，他认为“拼身体不是好办法”。因此，当记者按照老一套的主题套路在这位劳模身上“按图索骥”时，引发了这位工程师的强烈反感。

主题“新鲜”的要求，即主题要对社会生活中新出现的倾向和问题说明、表态。

1986 年 12 月 20 日，《哈尔滨日报》发表了吕晓琦的通讯《我们穷得只剩下钱了!》，反映了在市场大潮中暴富的个体户对自身一无所有的精神赤贫状态的不满，以及对精神文明建设的呼唤：

一个青年个体户说：

“我们穷得只剩下钱了！”

——精神文明建设备忘录

一句话引起的震动

青年个体群，改革和开放中崛起的新生一代，商品经济中一支活跃的力量。无需讳言，他们每天的收入与消费一般要比其他青年高，许多人称他们为富翁。然而，正是他们，在发出“饥饿”的呐喊。

黑龙江大学王千里老师对我讲了这样一件事情：

一天，她去饭店吃饭，人很多，她见两个青年独占一桌，便走过去。两青年注意到她胸前的校徽，热情地邀请道：“大姐，别买了，一块吃吧。”“不，谢谢。”青年人诚挚地说：“不用客气，我们是干个体的，有钱!”王老师仍不肯。一个小伙子激动了：“大姐，你是不是瞧不起我们？说实在的，我们现在‘穷’得只剩下钱了!”

哦，穷得只剩下钱了。多么沉痛而悲怆的心声！我被震动了，决定去访访一些个体青年。

一、夜，在百乐宫舞厅：一群物质上的富翁，精神上的“穷汉”。

光怪陆离的彩灯，节奏强烈的音乐，奔放的迪斯科……

舞厅经理曲志林介绍说：“这里票价三元（节假日四元），每晚有一百五十人左右，个体青年占一半，其中有的天天来，我可以给你找几位聊聊”。

王瓦胜（个体行商，三十三岁）：

我们家七口人，六个党员，就我一个“白丁”。（问：你想入党吗?）入党？上哪入啊？没人管，完全靠自己管自己。我一年有半年在外，在外时想回家，回家又闲得受不了。告诉你，我还是中专毕业呢，那点知识早都就饭吃了。我爱好文艺、体育，可没地方施展，没办法，就在这穷泡，到点回家睡觉。

王彦军（道外个体劳保旧物商店，二十三岁）：

我一星期能来两三次，说实在的，真没啥大意思，离开校门，就没参加过什么活动。今年一年，就公安局给我们开过一次会，告诉不能收赃物。听说区上有个劳协是我们的“头”，可谁都不知它在哪。看看电视里的智力竞赛、棋类比赛、体育比赛，那些青年人真叫人羡慕。可我们除了挣钱就是“三个饱一个倒”。记者同志，你能不能把我介绍到哪个组织活动活动?

二、晨，在邮政街轻工市场：令人担忧的无知，又萌动求知的欲望。

(工商管理所的同志请来五位正在出摊床的青年：杨英华、姜世宪、李洪柱、马兴志、张宪柱，平均年龄二十七岁。为了不影响他们做买卖，谈话很简短。)

记者问：你们学过“精神文明建设决议”吗?

答：啥决议？不知道。

问：全国正在搞普法教育，你们知道有九个法一个条例吗?

答：没听说过。

杨英华：我知道有个《婚姻法》。

姜世宪：我过去在一家厂子拣点钢铁，公安局把我收容了八个月，犯了啥法到现在我也不知道。

问：你们平常有没有什么组织活动？譬如团员啦？……

答：啥活动也没有。

马兴志：我来这六年了，谁知道我是团员？我五年多没处交团费，恐怕早就算自动退团了吧。

问：你们对当前的改革、时事关心不关心?

答：我们是关心与我们有关的政策变不变。

问：如果有人组织，你们愿意参加什么活动？

马兴志：我愿意听老山前线的报告。电视里播这种报告时，我都不出床子啦。

五青年议论一会儿，说他们愿意参加的活动是：学法，学文化，共青团活动，有意思的报告会，还有联谊交友活动。

三、在个体劳动者协会，听到：不仅是七万比七的问题。

市个体劳协秘书长宋惠真介绍：目前，全市个体从业人员近七万人，其中青年占37%，大约两万多人。这部分人，文化水平普遍较低，自我教育的能力差，所以宣传教育的工作量很大。但市劳协只有七个工作人员，各区劳协仅是挂个牌子，干部基本都是工商人员兼任，有的连办公室都没有。党团组织关系也一直没有理顺。工商部门每年拨给劳协那点经费，仅够一年两次会的。

现在个体青年要求文化生活的呼声很高，有的已自动组织起来学文化、学理论，有人还上了业大。我们曾设想过建立“个体劳动者之家”、“个体乐园”，搞“个体晚会”，但实在是力不从心。

道里区个体劳协团委书记陈福黎介绍：我们团委曾荣获全国个体先进团组织称号，按说，我们搞的活动不算少，春游、打靶、植树，智力竞赛，可全区近3 000名个体青年，能经常参加活动的也就百十人，一是没地方，二是那点团费不好干啥。

一个需要关注的群体

个体青年们发出“我们‘穷’得只剩下钱了”的呼吁，恰是表明他们在物质生活富足之后的新的渴求——精神生活的富足！

未来的个体青年群，随着改革的深入，商品经济的发展将逐步扩大，队伍日趋年轻。满足他们的精神需要，提高这个队伍的思想文化素质，是精神文明建设中不容忽视的问题。

精神文明建设是我们全社会的共同任务。个体青年们不应该成为被遗忘的群体。

这篇通讯在当时众多对个体经济的报道中独树一帜，以其犀利的视角、敏锐的嗅觉，将个体富户“穷”的一面展示给社会，其主题“新颖独到”，发人深省。

2000年8月，《人民日报》发表的通讯《由谁来教育富起来的人们——武汉汉正街第一代富翁追踪》，又一次将人们的目光拉向那些暴富的个体户。记者发现，那些在80年代初诞生的第一代富翁，很多人走过了暴富——癫狂——挥霍享受——经营失败后败落——贫民悲剧的人生轨迹，成了历史的过眼烟云。而究其原因，是管理教育上的“放任自流”，是“现代经营理念的缺乏，是自身素质的低下……”通讯全篇用了三个小标题：

当年富翁今安在

谁来教育富翁

莫让今日星辰明天陨落

改革开放给富人提供了迅速致富的历史机会，却没有给他们提供必要的引导和教育，使武汉这条著名的商业街成了悲剧上演的舞台。因此，“谁来教育这些富翁”便成了记者着力探索的社会问题。这个主题自然新颖，又一次发人深省。

另外，主题要抓住社会矛盾，反映时代提出来的课题。这里，主题的针对性，往往也正是新闻传播的“市场针对性”。不符合受众需要的思想观念和新闻信息自然没人看。当然，时代特征是不断变化的，人物感兴趣的时代精神也在不断发展变化，需要记者及时了解社会思潮，把握社会脉搏，才能在主题的选择上不落伍。

例如，改革开放以后，我们在经济上快速发展，物质上日益丰富的同时，精神上匮乏和荒芜的现象却在四处蔓延。“人与人之间的冷漠，以及一种比钱，或者比钱更说不清的物化、量化的东西很大程度上成了今天人与人交往的最主要的尺度。这是我们社会的悲哀，也是我们人自身的悲哀。”《工人日报》记者孙德宏痛感人们的良知正在随着财富的增加而被丢弃、被践踏的社会现实，通过对已故掏粪工时传祥往事和家人的寻访，去追寻时传祥所代表的、正在逝去的人的良知、人的美好。因此，他所写的《寻找时传祥》虽然通篇都是围绕时传祥这一过去的新闻人物来展开，但因其紧扣时代脉搏的主题，和鲜明的社会警示意义，使其通讯中看似过时的题材展现出了新的报道价值，产生出新的震撼人心灵的力量。

寻找时传祥

一

36 年前，一个人与另一个人握了一次手。

26 年前，另一个人连真名也不能说地去了；这一个人后来知道后，精神便有些失常，不久便也去了。

他们死于同一场名叫“文化”的“革命”。

这一个人是个北京掏粪工人，叫时传祥。

另一个人是共和国的主席，叫刘少奇。

二

今天，循着那渐被淡忘了的历史，记者去重访时传祥的足迹，探寻他的生前身后。

偌大京城，人海茫茫，人事沧桑。

问起时传祥，一些中学生便摇头，几位大学生也双眼漠然。在崇文门路边，遇到几位老师傅，“时传祥?!”惊讶中便有些激动，接着，就像是述说自己的光荣一样，“知道吗？那时咱这北京也有一种‘热’，那叫‘义务掏粪热’!”

下面叙述了时传祥受到刘少奇主席的接见及50年代在京城掀起的“义务掏粪”热。

很快，一张国家主席与掏粪工诚挚握手交谈的照片传遍了大江南北。于是就有了“掏粪热”。

1964年12月，时传祥当选为第三届全国人大代表。1966年国庆，时传祥被推选为北京市观礼团副团长，登上了天安门城楼。

解放前也背了十几年粪，经常挨打挨骂吃不饱的时传祥动情了。至今，他的儿女们还清楚地记得爸爸当年给他们讲周恩来总理给他夹菜劝饭时的口气和眼神……

三

后来，便赶上了那个动荡的年月。

背了大半辈子粪的时传祥因与被污蔑为“工贼”的共和国主席握过手，便也成了“工贼”。

下面叙述了时传祥被遣送回山东农村老家的经历。

正直、朴实的人格没能战胜那个劳动有罪、正直有罪的年代。

1973年春节，时传祥听到刘主席已逝世，便精神失常了。两年后的5月19日，他也走了，时年60岁。

四

若干年后，一个“文革”中曾踢打过时传祥的徒弟，带着妻儿在师傅的遗像前泪流满面……

又过了若干年，记者循着那渐被快节奏的人们淡忘了的历史，去寻访时传祥，寻找今天还动荡不定的精神家园。

下面写了经济迅速发展之后，社会对掏粪工、环卫工人的轻视：

环卫系统招工难；

环卫工人被打事件增多；

幼儿园老师将环卫工人当做失败人生的实例教育幼童……

……这世界，变化真大！

不过，时传祥的儿女们却认这个理："时代变是应该的，但干活做人的道理不能变。"今天，时传祥的四个儿女全都工作在环卫系统：

长子时纯庭，在使馆清洁处当工人。

长女时俊英，在崇文区环卫三队当工人。

次子时纯利，在当了十几年清洁工后于1993年底当上了市环卫局纪检委书记。

次女时玉华，在市清洁一厂行政科当科员。

五

采访时传祥老伴崔秀庭老人时是一天傍晚。住着挺宽敞的三居室的老人指着去年春节时73岁的王光美来家看她的合影，便说起了李瑞环、倪志福等时常来看她的事，然后就一定要记者在她家吃饭。家里除一台电视机外，再也看不出还有什么值钱的东西。这位解放前因老板不让时传祥回家，便抱着大公鸡"拜堂"的老人头脑极清楚，但也说不出什么"闪光"的话，多是看着儿女们与记者谈。可儿女们也多是一味地让菜……当听到要写时传祥时，老人就挺激动，同时也有些黯然："现在实实在在干活，本本分分做人还时兴吗？你写劳模还有人看吗？"

记者默然。

几天前，记者与几位挺有身份的人士聊天。有人问"忙什么？""在写时传祥。"大家就笑。后来其中一人单独对记者说："现在赚钱再多的人内心深处也都有一种感慨——大家都能像时传祥那样正直、敬业、实在，该多好！"

文中的时传祥其人其事是一个参照物，是记者用以表现问题、表明观点的依托，其内在的主题却是一种默默的探寻，是对当代人一声声急切的追问：劳动是人类一切美好和成就的源泉，难道诚实的劳动不再能进入现代社会的词典了吗？难道物欲大潮必然要卷走朴实、诚恳、勤劳的中国传统美德了吗？"时代不前进是民族的悲哀，'变'是必然，但做'好人'的标准和追求和人对于劳动的态度却是不该变的。"通讯作者以此向人们纷纷抱怨和担忧的"精神荒漠化"现象提出发人深思的质询。

第三节　通讯提炼主题的方法

发现、思索、提炼、确定通讯主题的过程，虽然依通讯作者的不同思想水平、生活经验而带有较大的个人色彩，但它们仍是一种带有一定规律性的思维过程，是新闻实践中的重要一环。

一般来讲，在学写通讯的过程中，发现、提炼、确定主题的过程有以下几种。

一、依据事实，提炼主题

这是通讯采写过程中选择、确定主题的常规思维过程：作者在接触新闻人物和新闻事件前，对将要采集的事实不甚了解，对将要写作的通讯主题也没有事先预想。需要在了解事实过程中逐步分析素材，进入主题发现和提炼的过程。通讯的写作过程是，先将大量事实收集到手，然后对这些事实做详细分析，弄清楚事实各个侧面之间、多个事实之间的内在联系，搞清楚作为原因的事实和作为结果的事实，然后抽出可以贯穿各事实之间的意义线索，再判断这些意义线索（链条）哪条更具有传播价值，更具有普遍的示范或警示意义，预测它的传播效果而最终确定主题。

1997 年 8 月 14 日至 21 日，《陕西日报》在一版刊登了系列通讯《陕北农民石光银和他的治沙公司》（一组四篇），四篇的题目分别是《气吞大漠》、《聚沙成塔》、《志在共富》、《点睛之笔》，这组报道被评为当年陕西新闻奖一等奖。

通讯的作者贾玉峰等从 1992 年开始报道治沙农民石光银，在历时五年的报道中一直苦苦思索该题材的主题。先是了解他联合几户农民治沙，变卖了家里值钱的东西买苗木，几户农民组成了初级的股份合作公司；后来又了解到，由于石光银治沙有成效，不断有农民来投奔他，石光银来者不拒，救穷救贫，使治沙的这几个股份公司由七户扩展到 180 户。治沙的规模也越来越大：一万亩、五万亩、六万亩，还将山区贫困户迁来合作治沙，引种松树、麻黄，又创办了饲料厂、麻黄素厂……一时间，在各个媒体的报道中，石光银几乎成了“万能胶”，什么事几乎都和他沾边，如报道他：

关心、扶助贫困户；

治沙成效大，带动了周边地区治沙步伐；

从开发沙地，发展经济作物入手来治穷；

关心公益事业，创办“黄沙小学”；

治沙公司是非公有制经济迅速发展的典型……

从上述几方面的主线中，如何选出主题的切入点？作者苦苦思索。

终于，石光银的几个特点逐渐在我们的脑际浮现：联户（股份合作制）、治沙、扶贫、开发、办学、关心公益事业、石光银的品格（为光棍娶媳妇、帮助贫困户、治沙历程中的百折不挠）以及石光银极端地爱树、爱草等一系列特征。

在一系列特征中，应该突出哪几个方面呢？哪几个具有全省、甚至全国的意义？问题一旦提到这样的高度,过去纷繁复杂的报道素材之间的脉络似乎突然之间清晰起来。……最后只剩下了联户、治沙、扶贫、开发这四个方面。

…………

有了这四个基于全局的认识切入点，记者六年中采访石光银积累的新闻素材如散珠一样可以串起来了。

（《苦苦求索五年间——从石光银治沙报道感悟提炼通讯主题》作者贾玉峰）

作者的思索过程，前后达五年之久，“得来全是苦功夫”。这个记者的经历基本上体现了“依据事实，提炼主题”的大致思维过程：反复研究手中的事实，列出多种主题，然后看哪条是这些事实的本质特征，哪类主题传播以后更具有针对性和时代色彩，如此反复，琢磨、推敲而后确定主题。

二、预设主题+事实印证

这也是确定主题的一种方式。

作者依据长期对生活的观察和思考的结果或媒体布置的报道思想，预先设定了要写的主题，然后围绕主题去等待、选择表现这个主题的新闻事实，以验证主题，这是很多成熟新闻从业者选择通讯主题的一种思维过程，这就是所谓的“主题先行论”。很多新闻实践证明，这种“主题先行”的办法，即在进入采访之前就考虑主题的思维过程，往往可以产生无主题意识时采写通讯所难以产生的效果。因为采访前对某一主题的大致设想，是作者依据长期对社会生活思考、观察的结果，是对其传播价值深思熟虑、反复推敲的结晶，这类主题一般具有针对性强，适应广大受众或解惑或警示或寻求服务的心理需要，具有一拨即明、一碰就炸的传播效果。著名记者艾丰将这种提炼主题的方法比喻为“凤凰落在梧桐树”，他说：“这里指的主题，在一次具体的采访之前就形成了。记者心中已经有一只凤凰在飞翔了。她飞呀飞呀总是落不下来。为什么呢？因为没有梧桐树让她落。后来终于发现了合适的题材，她一下子就落在梧桐树上了。——先有主题，后有题材，而后结合。这就是这种主题提炼的顺序。”①

① 艾丰：《新闻写作方法论》，1版，137页，北京，人民日报出版社，1995。

近几年，药价虚高不下是人们议论最多、意见较大的一个热门话题。为了揭露造成药价虚高背后的不正常交易，新华社派出记者进行了历时两个月的明察暗访，通过对一种最常用药水——盐酸环丙沙星滴眼液价格的前后追踪调查，找出了药价“逐级攀升”的症结所在——药厂报虚价，药品流通环节层层加码，医院的回扣现象……《药价追踪》这篇通讯以第一手材料，展示了药品产、销、用各环节不可告人的“奥秘”，揭露了各环节幕后的不正常交易、联合起来坑害患者的不道德行为了药品流通渠道亟待改革的现实。

谁也不能保证不生病，谁也不能保证不吃药。可是，药品价格居高不下，甚至不断攀升，成了堵在老百姓胸口的一块心病。一次求医买药的经历，使记者有机会透过一种普通眼药水的价格，发现了药价蹿高的一个侧面——

药价追踪

不同地方不同价

最近的一天，因为眼睛轻微不适，记者前往北京市方庄第一医院就诊。医生诊断的结果是结膜炎。她说：“这是小毛病，用点眼药水就行了。”

她在处方上开出的，是江西萍乡制药厂生产的5毫升装盐酸环丙沙星滴眼液眼药水。这家社区医院划价每支15.70元。

记者随后来到与方庄第一医院相距百米的方庄购物中心，看到药品专柜上一模一样的滴眼液售价仅为6.60元。两个价格相差2.3倍。

几天后，记者又来到堪称国内最高规格的一家三级甲等医院，想在这里得到一个放心的药价。几经打听，结果有些出人意料：病还是那个病，但这种滴眼液又派生出一个新售价——每支12元。

出厂价最多每支3.80元

一种药品到患者手中，一般有两个途径：药店零售或医院开药。这两种途径各有多重环节。在这些环节中，既存在国家规定的正常差率，也存在一些非正常的折扣和回扣。

主要用于结膜炎、角膜溃疡、沙眼等眼疾的“盐酸环丙沙星滴眼液”，也不例外。

按照环丙沙星滴眼液中的使用说明书，记者按图索骥拨通了江西萍乡制药厂的电话。接通电话后，记者问：如果想经销这种眼药水，按什么价格拿到货？这个厂销售科彭科长报出了出厂价：“一次进货一箱以上，每支价格3.80元。”

记者问：“如果多进货，这个价格还有商量余地吗？”

彭科长回答：“可以，但是优惠不了多少，顶多也就是几毛钱。”

记者几经辗转与这个厂负责北京市场的业务员取得了联系。这位业务员说，如果从他那里进货，每支滴眼液的价格可以降到3.50元。

北京市场规定零售价为6.60元

那么，这种商品在北京市场的规定价格是多少呢？

据北京市物价局主管药品的农副食品价格处副处长安群介绍，江西萍乡制药厂生产的5毫升装环丙沙星滴眼液，属于企业按规定的作价办法自定价格的药品，它必须先到北京市物价局进行登记后才能销售。这种药品在北京市场登记公布的价格是：每支批发价为5.75元，零售价为6.60元。

安群说，在北京市场上销售的同一厂家同一品种同一规格的药品，无论是在药店还是在医院出售，可以低于北京市物价局公布的药品价格，但决不允许高出。谁高于这个价格，谁就应当受到查处。

正常差价是多少

药品从生产到批发再到零售都有差价，通俗理解就是加价部分。据安群介绍，一般情况下，厂家按不同的剂型给批发商20%左右的进销差率，批发商再给零售商15%的批零差率。此外，对企业按作价办法定价的药品，可以有5%的工商让利。这些都属正常的经济行为，是药品价格管理办法允许的。

如果按厂家报的实际价格进行推算，环丙沙星滴眼液的批发价大体上应为4.75元，零售价应为5.46元。那么，这种眼药水在北京的规定价格，已按市场规律充分照顾到了各个环节的利益，都应该满足了。但事实并非如此。

实际赚头更大

采访中，有知情者告诉记者，业务员拿到江西萍乡制药厂生产的环丙沙星滴眼液的价格在每支3元以下，批发商到手价格在每支4元以下，零售商到手价应该在4.50元至4.80元之间。

通过与江西萍乡制药厂负责北京市场的业务员“周旋”，记者了解到，他给批发商的价格为每支4元。

为了问到价格，记者拨通了这种药品在北京的两家批发商——燕京医药公司和燕京第一批发部的电话。接电话的两位女同志都不愿意透露从厂家的进价，但比较爽快地报出“批发价”：规定批发价——每支5.75元的八六扣（即打八六折），就是4.95元。

燕京第一批发部接电话的女同志说：“我们一般是八六扣，最低八五扣，如果是现款，可以给八四扣。”

记者问：“你们给医院的价格呢？”

她说：“一般都是八六扣。”

至此，记者了解到，环丙沙星滴眼液进入医院的价格每支不超过5元。而在有的医院却都抬高到十几元。看来，药价窜高症结在医院。

折扣之外还有回扣

按安群介绍，在北京市药品销售中，医院渠道占总销售额的90%。而且，绝大多数由医生介绍给患者——你来看病，开什么药、开多少药都由医生说了算。患者几乎没有任何自主权，就等着掏钱吧。

正因为这样，药厂都把目光盯住医院，请吃请喝请旅游，送车送钱送设备。医院则越来越“狮子大开口”。据介绍，北京的大医院普遍要求批发商提前支付两到三年的药品折扣。有的医院的办公大楼、宾馆，就是由药品的折扣堆积而成。有的医生不管三七二十一，专开贵药、回扣高的药，造成多开药、开好药的“大处方”现象久禁不绝。

据业内人士透露，相比药店零售而言，医院开药的中间环节要复杂得多。一般情况下，厂家聘请医药代表或业务员，由他们负责向各医院进行“公关”。一所医院需要攻下的关口至少有：医院负责人、负责进药的主管和经办人、相关科室负责人和医生。每个关口都要暗地里“奉送”一定的回扣，从2个百分点到15个百分点不等。这是绝对违法的，也是绝对“保密”的。

知情者称，医生开出一支环丙沙星滴眼液，可提取占零售价10%的“好处费”。

最高价是这样定出的

以出厂价每支3.50元计算，环丙沙星在方庄第一医院卖到15.70元，抬高4.7倍多，那么，方庄第一医院的价格是怎么定出来的？

记者随着北京市物价检查所工作人员来到这家医院。检查发现，这家医院从一家医药经销中心交叉进了两种环丙沙星滴眼液，其中浙江一家药厂生产的8毫升装的零售价是每支15.70元，医院在给患者开药时存在以低就高的现象，将应为每支6.60元的萍乡制药厂生产的5毫升装环丙沙星滴眼液，以浙江产的8毫升装的价格收费。

不知院方这种“以低就高的现象”是有意还是无意，反正，吃亏的是消费者。

一次平常的求医问药，蕴含着如此多的问题和难题。记者在采访中接触到的各界人士普遍认为，必须尽快加大改革力度。改革，才是医治这一顽症的灵丹妙药。

（《新华每日电讯》2000－06－11　作者冯瑛冰　崔军强　胡晓梦）

这篇通讯的主题：揭露药品流通中的不道德行为是记者早已准备确定的，有了这个主题，便围绕这个主题尽快收集第一手素材，使通讯主线分明、事实典型，产生强烈的社会反响。

再如《中国环境报》记者欲揭示人类对草场的破坏造成沙尘暴的通讯《沙尘暴骤起祸在人为》；《人民日报》记者欲提示“用先进文化教育先富起来的人们”，而寻访武汉汉正街第一代富翁的衰落史，写出《由谁教育先富起来的人们》等，都是“主题先行，事实印证”的成功之作，这种提炼主题的方式具有准确、快速、主题深刻、说服力强的特点。

思考与练习题

1. 主题对于通讯写作有何重要意义？
2. 通讯写作对主题有哪些要求？
3. 就现实的某一事件或某一新闻人物，试作通讯主题方面的训练：

（1）该事件或人物可以从几个侧面去写——可以提炼出几个方面的主题？

（2）哪一个主题更好？为什么？

第十八章

通讯写作的基本环节（之二）

——通讯的选材

新闻工作者说服别人的方式往往不是直抒胸臆，而是通过向读者提供精心选择来的材料，使读者自己说服自己。通讯要具备说服力和吸引力，所用的材料必须充实丰满。因此，选材是采写通讯的关键环节。

第一节　通讯选材的特点

为读者的特殊要求——如详细、生动等等所决定，通讯对选材的要求比较高。其特点如下。

一、要注意材料的典型性

正如本书上编所述，“用事实说话”是新闻写作的基本方法，也是新闻文体的基本特点，是新闻报道取信于受众的最有力的武器。从传播效果的研究成果看，人们更容易接受“暗示”出来的道理。既然要通过传播事实的手法达到记者对社会表态、发言，以求影响大众的目的，被传播的这类事实就必须典型，必须有“以一当十”，“以点带面”的作用。普遍存在而又富有个性，是个性和共性的统一体，这就是我们常讲的典型事实，就是记者在采访中苦苦寻觅，一旦抓到便如获至宝的东西。

选材的典型性的直接含义，即材料的代表性。“代表性”有两层含义：一曰突出，即所选材料较一般事实材料突出，有特点，有特别之处；二曰普遍存在，即所选事例无论大小，都不是社会中的个别现象、个别事件，而是普遍存在的现象和事件。

因此，在通讯的选材中，先要分析一下事实材料有没有特别之处，是不是比一般的事实材料突出，二要考虑一下事实材料的存在有无普遍性。符合了这两条，事实材料无论大小，均具有了典型性。

典型事实不一定都是大的事实，有时，很小的事实也具有典型性，也会起到突出主题的作用。例如为反映发达国家的环保意识，一位记者记下了出访德国期间的一件小事：1993 年冬天，记者在一个德国普通百姓家住了两夜，发现每晚 12 点，房东太太都要将所有房间的暖器一一关闭。虽然德国的暖器费极为便宜，但她的理由是：您睡下以后暖气所放的热量对您是无用的，但它却增加了地球的温度，加速了全球的气候变暖，而且烧暖气也会消耗地球的资源。

一个普通的主妇，不为省钱，在没有人督促的情况下，天天夜里关掉暖器，只为了全人类共有的地球！事例虽小，却很有普遍性，也很能说明德国深入民心的环保意识。

在采集通讯素材的过程中，很多人遇到的难点是典型事例的“稀缺”。有时事例不少，但都不突出，缺乏特色；有时事实很特别但又缺乏普遍性；或者事实精彩但又与主题无关。

例如：

有一篇通讯，报道某部一战士文化水平低，患上小肠疝气后，看到医生的诊断书上的“疝”字，便误认为是人人惧怕的“癌”字，精神上立即受到重大打击，随后自杀身亡。作者想用此事例说明：战士的文化水平对个人的命运举足轻重。

从因果关系上看，这位战士人生悲剧的原因的确在文化水平太低，但作者再三考虑：文化水平低，肯定会对人生造成不利的影响，但不一定导致死亡。这个事例显得有些极端，缺少普遍性，所以写稿时没有采用。

当然，事实材料是否典型还受主题的制约，在某些主题评价标准的衡量下毫无意义的事实，在另一种评价标准的衡量下却价值倍增。比如关于战士患疝气的事例，如果不是用来说明识字的用途，而是说明青年战士心理承受力的脆弱，或者说明基层连队需加强思想工作时，倒是一个不错的好事例。

二、要围绕主题选材

记者通过深入采访，了解了事实的来龙去脉和本来面目，确定主题后，就完成了采访的第一个任务，换一种表述就是完成了第一度思维。一般人对事物的了解认识就可以说基本告一段落。但作为记者，仅仅第一度思维是不够的，因为记者的任务是向大众传播，他时时要考虑怎样传播的问题。

在确立通讯主题之后，记者就围绕着主题，寻找能够表现主题的事实材料。因此，选择通讯素材，说到底是一种思维的结果，是记者用新闻价值标准过滤事实材料的结果。我们选择的每一个典型事例，都是想让读者顺着这一个个事实达到记者对事实本来面目的认识。如果说，众多庞杂的、零乱的、以各种面目出现的客观事实是记者认识事物的“路径”的话，那么，在通讯作品有限篇幅中的那几个生动的、清晰的典型事例则是记者为读者铺就的认识“路径”。记者采写通讯时，就是非常辛苦地寻找“认识”路径和铺设“认识”路径的过程。记者采写某个事件时用了10天，他获得了自己的认识，他在这种认识的指导下去选取事实材料写成报道，希望读者在阅读报道后也得出这种认识。记者思考的工作量，从这里就可见一斑：记者一方面要面对庞杂的自然界和社会生活中的大量事实进行思索，一方面又要面对各类读者的阅读接受规律。记者整天在这两个维度的曲线中思考，其脑力劳动的任务是非常之重的。

比如说某位记者去采访某市的老百姓、外国游客、进城民工反映强烈的“公厕难觅、难用”的问题。他先后去了市区环卫局、市旅游局、市建筑设计院，“视察”很多星级宾馆的高档公厕和平民区里不堪入目的茅房，走访了几个居委会和受公厕脏、臭困扰的居民户，得出一这样一个结论：某市公厕问题是由政府决策机构的人文观念落后、公厕布局不合理、环卫行业经费紧张、环卫管理水平低下及群众的公德意识差等原因造成的。到此，记者完成了采访中的一度思维。继而，记者马上意识到：观念落后，思路僵化，管理水平低下，公德意识差是目前社会上很多问题共同的根源。于是他将这几个问题定为主题，计划对此问题采写一个系列社会观察通讯，每一篇写一个主题。他马上要考虑的问题是如何表现这几个主题？选取哪些材料作为典型事例？如何为读者铺设一条认识路径？于是，他除了在已采访的笔录中搜索典型事例外，还进行了一系列的定向采访挖掘。在呼唤公德意识为主题的通讯中，他选取的典型事例是：展现某区二三个公厕被破坏的五花八门的现场：

厕门被烟头烧成大黑窟窿；

厕所中照明的灯泡被打碎；

洗手池数次被偷盗；

纱窗被人拆去做鸽子窝，往便坑里倒建筑垃圾堵塞了下水道等；

采访环卫工人，特别是那些无端遭辱骂、甚至被殴打的环卫工人；

采访相关管理人员和附近居民对这些行为的谴责态度等等。

这几个典型事例都紧紧围绕着公民的公德意识这个主题。当读者沿着记者为其铺设的“林中路”走向“公德意识亟待加强”这个基本认识时，记者就完成了主题的表现。这里面的每一个事例就是路径的石阶，而主题可以说是石阶铺设的方向和顺序。一些通讯失败的原因，在于选材与要表现的主题错位，一个事例说明这个主题，第二个事例又说明另外一个主题，几个事实所标明的意义之间缺乏逻辑联系，又没有更高层次的一个主题作为统领，就如同村中的铺路石子东一块，西一块，横七竖八，不成体统，形不成一条完整的路径，让人难辨方向。

通讯对素材提出这个要求表面上是个约定俗成的写作要求，其实根本原因在于：通讯要适应读者阅读时的思维状态。因为人的思维的一大弱点就是怕乱。如果通讯中的典型事例东一个西一个，使人的注意力在内视屏幕上大跨度地多次移动，造成注意力振荡，导致人的思维过程发生混乱。读者看不明白，只好放弃阅读。一些初学者所写的通讯常常出现“两个黄鹂鸣翠柳——不知所云”和“一行白鹭上青天——越飞离题越远”的情况，正是因为所选材料与主题结合不紧或发生矛盾所致。

三、选材忌重复

说明同一问题、同一侧面的事例，列举一个即可，不必连续用几个意义相同的事例来强调。事例最好大小搭配，各个事例之间或有差别、或有递进。比如写一个以吃苦耐劳著称的先进人物，大可不必连续几个事例都写大致相同内容、相同情节的事例，如：这次是去运盖房的红瓦片，他连装带卸一个人顶三个人；下次是去拆旧房，他带头上房抡大锤，累得险些跌下来；第三个事例又是去拆房子，不过地点不一样而已……运瓦、拆旧房，全是苦累的具体工作，有一个就够了。这里举了三个，并未从不同侧面挖掘表现此人素质的关键事例，这样运用材料既累赘又难以奏效。

第二节　通讯选材的类型

无论表现事件还是人物，通讯所选取的素材主要是以下三种：

骨干事例、细节材料和一般叙述性材料。

一、骨干事例

一篇通讯必须有能够支撑主题的骨干性材料，也叫骨干事例。也就是突出的、较有分量的典型事例，否则，通讯的主题根本就不能成立。在这里，“典型”与“骨干”有相通之处。比如写孔繁森的通讯，如果不写他含泪告别老母二次进藏、在海拔5000米的雪灾现场指挥抗灾、在冰天雪地把毛裤脱给衣衫单薄的老阿妈、卖血养育藏族孤儿这样几个骨干事例，孔繁森“干部楷模”的形象就难以立起来。

所谓骨干事例，就是那些事实过程比较完整、事实意义比较突出又有代表性，能够说明主题的事例。

一个大的骨干事例，如果情节丰富，通常可以独立写成一个新闻小故事或一篇事件通讯。如《重庆日报》2000年8月15日的小通讯《移民直航专船“刹了一脚”》，讲的是从四川云阳外迁去上海的移民船上发生的一件事：

在云阳首批外迁上海的移民专船上，尚未满月的男婴潘玲突然没有奶粉了，为了不让他饿着——

移民直航专船“刹了一脚”

本报记者　张国勇

为了一位小移民的几包奶粉，运送云阳首批外迁移民前往上海的专船，昨日专门在武汉港“刹了一脚”。

上午10时许，载着600多云阳移民的“江渝9号”客轮刚刚驶经湖南省城陵矶港，一对年轻移民夫妇焦急的神情引起人们的注意，原来他们还未满月的儿子没有奶粉了。

随船采访的《民主与法制》杂志记者侯劲松获知情况后，立即告诉了本次护送外迁移民的指挥长——云阳县副县长刘海清。刘海清当即指示有关人员，兵分几路为婴儿寻找奶粉。大家跑遍全船，却一无所获。

与此同时，大家纷纷出主意、想办法，最终联系上了长江水利委员会，商量好在武汉把奶粉送上船。下午6时30分左右，原本直航上海的客轮破例停靠到武汉港新客运码头。当长江水利委员会库区处一室主任卢旺明将6包奶粉交给这对年轻夫妇时，夫妇俩的眼眶充满了泪花。

这对年轻夫妇名叫潘家农、卢水香，是云阳县龙洞乡高升村一组的外迁移民，他们将迁到上海市崇明县绿化镇建新村三组。儿子名叫潘玲，出生于今年7月18日，小潘玲从出生之日起就一直吃奶粉，他是这艘移民专船上年龄最小的移民。

（《重庆日报》2000－08－15）

一个直航的大船为了一个婴儿的奶粉，中途破例停靠，事情虽不大，人文意义却不小：政府对移民群体的关怀，社会对儿童的呵护都在其中。这是靠一个骨干事例就可以说明主题，从而可以单独成篇的事例。

但如果是写一个人，或一个社会问题，反映某方面的社会现象，就需要靠几个方面的骨干事例组合起来表现主题。

如新华社记者撰写的通讯《能把资金投到这里吗》，作者通过观察到的材料，说明我国某些基层干部的素质、工作作风和管理水平完全不适应现代化经济的发展。作为骨干事例，作者选用了三个事实：

“说不清楚的电话费”：指有些国内宾馆对外商收取高额电话费，引起外商的不满；

“谈判桌上的尴尬”：指某些基层领导与外商谈判时旁若无人地大打手机，造成谈判对手的尴尬；

“餐桌之上见管理”：指外商从餐桌上看到的吃喝陋习和低水平的管理。

这三个事例一写出来，外商的投资环境便一目了然了，这包括：

法制不健全（乱收费）；

不懂文明规范；

缺乏合格的企业家（只有懂大吃大喝的干部）。

外商的问题“能把资金投到这里吗”便不言自明了。

骨干材料是通讯“说服力”的基础，是通讯主题能否成立的事实支柱，也是通讯内在逻辑的基本要求。骨干事例是通讯中的“干货”，它必须真实，必须带有权威性。在采写通讯的过程中，寻找骨干事例是中心的一环。如果找不到有说服力的骨干事例，或者骨干事例不多，则要考虑改变通讯的主题。

二、细节材料

几乎在任何新闻写作教材上，细节材料都被列为通讯写作最具特色的要素。细节材料是再现型的材料，是指骨干（或典型）事例中细致的情节、细致的现场画面，或者富有个性化的对话。它们是通讯中最有灵性、最富有感染力、最易吸引受众的部分。

一般说来，骨干事例只能告诉你一件事，如孔繁森靠卖血养育藏族孤儿，一共卖了几次等等。这只是一件用简述手法传达的事实。你知道了，但也许难以感动。但细节材料不是“告诉”你这一件事，而是将这件事“再现”给你看，他触动你的感官，使你“如临其境”、“如见其人”、“如闻其声”，让读者从文章中切实“感受”到活生生的事实。感受到的经验容易让人相信，且难以忘怀。而新闻中的细节感染力最强的材料，往往成为通讯的生动性、可读性的来源。这也是为什么好的通讯读起来格外优美动人、富有吸引力的地方。例如，如果仅仅从报纸上得到一条信息：“我国每年有100多万少年儿童因贫困失学”，读者可能很难被震动，100多万失学儿童对读者来说是难以感受的概念事实。但是，《中国青年报》摄影记者解海龙的一组贫困地区儿童就学状态的新闻图片在报纸上一发表，立即引起轰动，其中安徽金寨小姑娘那双渴求的大眼睛，一时间演化成了100多万失学儿童的眼睛，感动了许许多多并不熟悉农村儿童的城里人，拉近了城里人和遥远山村孩子的距离。这双大眼睛使人的目光留驻，使你震惊，使你难忘，使你动容，而后的行动便可想而知——解囊相助。这双小姑娘的眼睛几乎成了希望工程的最深入人心的广告。人们常常难以置信，一个特写画面，一个有象征意义的细节对人们心灵的触动，超过了千言万语的说服和宣传。

文字报道中的细节材料虽然比不上新闻图片直观和电子媒体声画一体的原生态效果，但通过白描手法“再现”事实，也可使这种再现的材料通过读者阅读中的想象力触动读者的感官，使人仿佛听到、仿佛看到了新闻事实，从而产生一种心灵的体验。文艺理论的著名学者伊泽尔说，在阅读中我们能够体验不复存在的事物，能够理解对我们来说完全陌生的事物，现在需要研究的只是这个令人惊奇的阅读过程。

通讯中大量细节在传播典型事例中的画面、声音、对话和情节的同时，也传播着记者的深切体验，传递着人类共同的情感。人们阅读信息，一般是了解了就行，不需读第二遍。但是，人们阅读优秀的通讯时，却常常被感染、被感动，虽然读懂了，了解了仍不忍释卷，因为人们阅读通讯不仅要了解信息，而是享受一种人生的体验。有人说，感动这种情绪反映，就是在读者主观化的情绪下出现的。当读者完全进入通讯所营造的情境时，阅读主体就和他自身相分离，“不仅使主体自身能够出现在文章（指作品）之中，而且它还造成一种张力，这种张力表明了主体受文本感动的程度。这种情形能够唤起读者心灵中的潜在意识，引导他们走近崇高。”①

这段文字虽然是论述阅读文艺作品时对人产生的一种神奇的影响，但它对通讯的阅读也是适用的，因为通讯是较多借用文学的再现手法来写真人真事的，因此从大量阅读实践看，通讯也恰恰适用文艺接受理论所阐述的规律。

---

① ［德］伊泽尔：《审美响应理论》，1版，北京，中国人民大学出版社，1986。

在通讯中起到感染作用的材料主要是细节材料，它分为以下几种：

（一）详细的情节事实

人人都喜欢听故事。情节事实的特点是：比较完整地再现了某一事态前因与后果之间的行为形态演变环节，就像一个个小故事。那些行为形态环环相扣的变化，包含着明显的情节悬念和变化着的人像物像，适合大众的阅读口味。

情节事实可分为完整情节、片断性情节和言论性情节三种。

1. 完整情节事实。

这是指完整表现行为形态演变环节的事实。它具有明显的事态起因、中间变动环节和结果。如小通讯《莫老更买电视》，讲的就是布依族老汉莫老更为自己、继而又为乡亲买电视的经过，听起来有趣，读起来更有味。

莫老更买电视

那天，正逢赶场，天上飘着牛毛细雨。一位身披塑料雨布的老人，一手拿扁担，一手抱砣石头，走进黔南州工贸大楼商场，径直冲到家电柜前。

值班经理张承启感到有些蹊跷，便走到老人面前，试探地问道："老人家，你抱这么一砣石头进商店，不累？"

老人望了望经理的胸牌，看出他是店里的管事人，抑制不住内心的喜悦，说："我叫莫老更，家住独山县翁奇。幺崽讨娘母（布依话妻子的意思），来弄台电视回去。这东西太庞夯，挤不上车，用石头作衬头，挑着走。"

张经理一听，拍着放在柜台上的石头，说："你好福气！"老更取下绑在扁担上的绳子，欲捆石头，说："也是这年头，党的政策好、要不哪个来闲钱。"经理递给老更一支烟："你家哪天的酒，我们来庆贺庆贺。"老更吸着烟说："就怕同志不来。别的没有，米酒多的是。"经理打个哈哈，说："去，去。这就喊人，把石头留下，我用车给你送去。"

老更用诧异的目光望着经理："你是讲来宽我的心哟。我跑了十几家店子，还没遇到这么撇脱的事。"经理指着满商场的三角旗，向老更介绍了本店的服务宗旨："购货到大楼，送货到千家。"老更仍然半信半疑："话倒是入耳，我家又不是十里八里，就怕开不起你的车票钱。"经理解释说："只要是在我们店里买东西，拿不动的大宗件，近在门槛边，远上百把里，我们分文不收，都送上门。"

说话间，经理让营业部主任叫来一辆写有"购货到大楼，送货到千家"

字样的便民车。

老更这才真信了。他拉过经理的手，轻轻地拍着，说："得罪你了，老哥！话又讲过来，这机子是买了，就怕我们那旮旯里收不到影子。"

一句话提醒了经理。他立即找来维修技术员，大家立马把电视机弄上车。老更高高兴兴地坐进了驾驶室。

一串喇叭声打破了宁静的布依山寨，人们闻声探出木楼，见汽车给莫老更家送来"小电影"，不知他家哪来这么大的面子，纷纷赶来看稀奇。近些年，寨上通了电，人们包里有了闲钱，都想学城里人买个电视在家热闹热闹，又怕收不到影子白花钱，这回莫老更家讨儿媳妇就看这宝押得准不准了。

人们三三两两来到莫老更家，只见维修技术员和老更的幺儿在电视机前这里扳扳，那里扭扭。这娃儿就像听农技师讲水稻半旱式栽培课一样，生怕漏掉一句话。几扳几扭，他俩就把电视机弄出人人马马，叫的叫，唱的唱。有了声音和影子，看稀奇的人们像蜂子朝王般往堂屋里涌，忙得老更应接不暇。人们议论起来："老更，你算走运，遇到了当年的'扁担商店'。照他们这样卖东西，送货下乡，又教使用，坏了包修，我们也要整一台放在家里。"

第二次赶场，莫老更拎着鼓鼓囊囊的黑提包，和两个后生一起又来到黔州工贸大楼，找到经理室。

一见面，经理就问："老同志，机子在你们村表现好吧?"老更满脸堆笑地说："好！好！不好我就不来了。这回寨里人们讲我同你熟，凑起数数，派我带两个后生来拉一车回去。"

经理一听，笑得嘴都合不拢："没问题，这回我给你派一个维修技术人员，包大家和上回一样满意，不让你老人家丢脸。"老更乐呵呵地答道："那就更安逸了。"

满载电视机的便民车，在弯弯曲曲的公路上走了几个小时，驶进布依山寨。早就站在寨前的农民不等车停稳，便争先恐后地爬上车，你家扛一台，他家搬一部，三下五除二，下光了一车机子。

车子一空，忙坏了城里来的维修技术员。当他们调完最后一家人的机子，明珠早已撒满布依山寨，木楼外不见一个人影，只有莫老更提来一竹筒米酒，递给司机："师傅，请把这筒米酒带给张经理。"

车启动了，几条撵山狗跟着车跑着、叫着。伴着"留住青春，留住美好"的电视歌声，便民车驶离了布依山寨。

（《人民日报》1992－11－09）

《莫老更买电视》是一个情节完整的新闻故事。如果写商场改变经营作风，为山区农民服务为主题，它可以作为其中一个骨干事例。但这个事例带有浓厚的生活气息和细致情节，单独成篇也饶有趣味。

通讯在报道一件复杂的事件或报道一个人物时，仅有一个典型的完整的情节事实难以说明问题，常常围绕主题选用多个完整的情节，以达到多侧面、深层次地表现事件或人物的目的。

1987 年 5 月 14 日《经济参考报》刊登了一篇通讯《棉农对压级压价犹存余悸》，文章中就穿插了几个小故事。如：

“太康县一个农民为了尽量多卖几个钱，拉着一车子棉花，从本县拉到驻马店地区上蔡县，又从上蔡县拉到汝南县，汝南县拉到新蔡县，无处不压级压价。为了寻找‘公理’，他又拉到周口地区行署喊冤，有关领导同志赶紧给他安排食宿，他竟饿得瞬间吞下两大碗肉丝面和六个烧饼。行署看他的棉花确实好，就给他联系到淮阳去卖。他拉去了，不曾想淮阳照压不误，这位农民终于灰心了，又拉着棉花回了太康，结束了这场横跨两地区四县，近千里路程的折磨。”

如果不是详细地写这个情节，也可以写成“一个农民拉了一车棉花，转悠了几个县，行程几百里也没卖出个好价钱，哪个县都压级压价，最后只得把棉花又拉回家。”虽然也讲了大致情节，但不够具体，不够细致，难以让人体味到拉一车棉花行程近千里的艰辛之状，因此就难体会农民种棉卖棉的辛苦和某些部门压级压价盘剥农民的可恶。

2. 片断性情节事实。

是指一个完整故事的每个阶段中行为形态演变环节的事实。比起完整的情节事实，这种有外部形态特征的演变反映的事实过程更短暂，是典型事实的一个侧面。

有些情节包括人物动作、语言，如：

> 在北京市北太平庄的一所住宅里，一位白发苍苍的老者正和戴红领巾的小孩对弈，只见车来炮往，“杀”得难分难解，过了一会儿，小孩儿将车往下一沉，一拍手跳起来：“爷爷，你输了！”老人一拍额头，忙说：“不跳马，不跳马，悔一子，悔一子。”小孩嚷了起来：“不行，不行，落子无悔。”老人边说边抢棋子：“知错能改好男儿。”“你赖，你赖！”……祖孙俩争得不可开交。这时从内屋走出一位老妈妈，将棋盘哗地一撸说：“老虎洗面，重来！”于是新的一局又开始了。

这是《经济日报》1985 年 1 月 13 日刊登的通讯《华罗庚教授的星期六》中，华老和孙子下棋的一个情节，反映了华老的生活片断。

在《洪泽湖不会忘记》这篇通讯里，记者展示了一个片断情节，表现共产党员在洪水滔天的生死关头，先人后已的风格和大无畏的气概：

> 59岁的老党员葛永宽，家中进水多日。风雨中，他正在抢修两间摇摇欲坠的危房。听到抢救的呼喊，他拽下两根支撑房子的木桩，扛上就往大堤奔。没跑出百米，只听“轰”地一声，房子应声倒了。他回头看了一眼，狠狠地抹了一把脸上的雨水，步子迈得更快了。锋利的瓦砾戳破了他的右脚心，500米、600米……泥泞的小路上，是一行清晰的脚印；脚印中，留下殷红的血迹……

雨夜抢险，抽了自家危房的木桩去保大堤。这仅仅是洪泽湖抗洪恶战中的一个片断情节。正是众多这种细致的情节再现了惊天动地的历史场面。

在《领导干部的楷模——孔繁森》中，记者也通过片断情节记下了孔繁森许许多多的故事：

> 每次下乡前，他都要买上几百块钱的药，为农牧民看病治病。一次，有位70多岁的藏族老人肺病发作，浓痰堵塞了咽喉，危在旦夕。当时，没有其他医疗器械可用，孔繁森就将听诊器的胶管伸进老人嘴里，又对着胶管将痰一口一口地吸出来，然后又为老人打针服药，直到转危为安。
>
> 一天，他到噶尔县门土区检查工作，看到草滩上有几间土坯房，听说那里住着两位孤寡老人，便走了过去。他推开门，借着火塘的光亮，看见一位藏族老阿妈有气无力地靠在墙上。“阿妈啦，党派我看您老人家来了！”他随手摸了摸放在地上的口袋，糌粑不多了，又摇了摇一旁的酥油茶壶，也快空了。原来，政府给老人这个月的生活费已经花光了。孔繁森马上掏出200元钱给随行的同志：“快去给老人买些茶叶、食盐、酥油和大米来。”说着，他又转身走进另一位孤寡老人的家，只见老人病着躺在一张破羊皮上，孔繁森心情沉重地对区里的干部说：“马上请医生来给老人看看病，另外再买块床垫来，要厚，要暖和。”

孔繁森的善良，孔繁森的忠诚，他的“人民之子”的形象，你可以从这一个个片断情节中读出来。

不仅在写人物通讯和事件通讯时需要讲故事，在撰写社会观察通讯时也可以运用这种再现手法，甚至还可以把故事情节引入调查报告，这样可以使平时显得干干巴巴的调查报告也变得生动起来。比如新华社记者去河南调查粮食统购改合同订购情况，了解到很多农民对合同订购的概念非常淡薄，就在调查报告中引入这样一个片断情节：

> 在一个党支部书记的家里，记者问他定购合同是什么样子，拿来看看。

他说："去年是个本儿，今年是张纸儿。"在旁的一个驻村国家干部纠正说："哪儿咧，去年也是一张纸。"支书说："我咋记得是个本咧。"他去找了有20来分钟，拿回来一个小本本："这不，是个本儿。"记者一看，不是去年的粮食定购合同本，而是1984年的《粮食征购任务通知书》。支书不好意思了："84年的？我再寻寻。"又出去十来分钟，拿来一张纸："我的找不着咧，这是吴兴元家的。"记者在这张去年的合同上看到，前文的甲方是农民吴兴元，后面落款的甲方却是该村名称，也没有签章。"合同执行情况"一栏没有任何记录。

连一村之首的村党支部书记都搞不清楚"合同订购"是什么，一般农民就可想而知了。一个简单的情节，比你说千百句"合同观念淡薄"都有力。

情节性材料中画面感强，环环相扣的行为形态变化又富有悬念感，使受众较易感受到事实的状态、情感和其中蕴含的道理，因此，它是通讯必不可少的素材。在通讯中，无论写人还是写事，提炼情节、划分情节、表现情节成了学写通讯的关键环节，甚至被人称之为"诀窍"。

3. 语言情节事实。

和前面所讲的行为形态变化的情节相比，新闻人物的语言所构成的有头有尾的情节是极有特色、极传神的事实材料。新闻人物在采访过程中与记者的对话，新闻人物之间的对话，内心独白（当然是采访到的），常常呈现出带有个性特征的感性材料。另外，报告、演讲、会谈中都可以摘取大量生动的语言情节片断。既然叫语言情节，一般不是只取一两句话，而是将围绕某个问题的谈话环节较完整地记录下来。这里有两点需要注意：一是引用一段有新闻价值的连续对话或谈话，内容要求环环相扣；二是全部用直接引语，即引用原话，要尽量显示个性语言、群众语言的特点，甚至包括有个性的语气词，有特点的方言词汇。这样，新闻人物谈话中的信息、观点、语气、情感就容易活灵活现在读者眼前了。如：

在新华社播发的通讯《县委书记的笑柄》中，报道河南浚县县委书记刘银锁到乡里办事，中午时分，下属们商量如何安排吃饭时，摘取了以下的语言情节：

乡里偷着给"拎提包的"说："给刘书记弄两杯（酒）喝喝吧？"

"不敢不敢，你还不知道他那个脾性？"

"那是过去。刘书记干这两年，县里经济有个正儿八经的路数了，几个项目有了起色，他心里高兴，弄两杯喝喝，准行。"

"无论如何不中，他不会坏那个规矩，我知道。"

"那吃啥？"

"还是捞面条。"

短短的一席对话，将刘银锁这位作风严谨、严于律己的县委书记的一个侧面勾勒了出来。

这类语言情节事实并不难寻，有时“俯拾即是”，关键在于记者要用心捕捉，及时记录才行。

（二）特写镜头

通讯所选的最富有表现力和个性色彩的细致的画面和瞬间的特写，正如摄影中的特写镜头，可以使人产生特别的关注并能使读者借助想象力体味其中的意义。

细致的画面分为场景画面特写、人物特写和人物个性语言特写三种：

1. 场景画面——如临其境。

这多指的是新闻事实的现场环境。

1991 年华北大旱，新华社一位记者随当时的河南省省长李长春视察旱情之后，在通讯《水秤》中这样写道：

> 在这本应是原野上铺满麦苗绿毯的时节里，新安县境内却到处尘土飞扬，干坷垃遍地。偶能看到片片拉拉的麦田，也是缺苗断垅……看见路旁不时闪现的运送“救命水”的车辆，和井旁排队接水的人群……

2. 人物特写——如见其人。

> 部长面前的这位已年逾花甲的著名边疆考古学家，像个地道的渔民。花白的头发，蓬松凌乱；那张脸，像是被南海炽热的太阳烤焦了一般。他左臂肘关节以下，飘荡着一只空袖管。

这是《中国青年报》记者卢跃刚撰写的人物通讯《独臂走南沙》中的主人公，中央民族大学历史系教授王恒杰的形象。王教授身有残疾，又患绝症，仍在用生命最后的时刻到南沙作考古考察。他耗尽心血的外貌，给人留下深刻的记忆。

> 五叔陈绍远下田刚刚回来，背着大竹篓，矮矮的个子，说着难听懂的土话。一身破旧的衣服，线背心漏着窟窿，双脚踩着双破解放鞋，没有鞋带，用两根稻草系着。

这是《中国青年报》《冰点》栏目中的名篇——《五叔五婶》中的特写镜头，特别突出的是五叔脚上踩的那双破解放鞋：“没有鞋带，用两根稻草系着”，极度贫困和落魄状全写出来了。

人物常常是通讯的主角，是最可感知的素材。因此，通讯作品常常在刻画人物上舍得下功夫。而表现好人物的特写画面，对于突出人物的个性、预示人物的命运、烘托作品的主题，都是有效的方法。

人物特写镜头大致可分为三类。

一是人物形象的特写画面。它用突出人物肖像特征和衣着特征的手法，让“事实说话”，凸显人物的个性和命运。如上文所讲的王恒杰教授的人物特写就是一例。

类似的可列举出许多：

> 乔安山的脸色不太好，黑黄的，皱纹很深，眼睛有些浑浊，似乎还有点肿，声音是沙哑的，像是没休息好。

这是通讯《乔安山的故事》里的主人公形象。这个形象写出了重负之下的一个善良人。

> 王镜的衣服脏得看不出本色。两只手掌是黑的。脑后的头发，七长八短，一绺绺的。张嘴说话，只能瞧见四颗牙。

这是一个捡破烂的退休老人的相貌，但正是这样一个贫寒之人，却慷慨地给“希望工程”捐了一万多元钱。

> 他一见你就笑，你一见他也准乐：蓬而散的头发，短而曲的眉毛，眯而神的眼睛，瘪而翘的嘴巴和下巴无时不在书写着——喜剧。

这是写喜剧演员严顺开。

形象描述可以再现一个人的长相、性格、社会处境，还可以传达一个人的情感。

二是人物动作特写：

> 开大客车跑长途，看见农村的老大娘哆嗦着双手从手绢包着的钱里一毛一毛凑着车票钱……

这是泛指的人物动作。

> 47 岁的土家族汉子，大声嚷着，满脸带笑，泪水却顺着黑黑的脸，不断地流下来。
>
> 五叔的眼睛一下睁得大大的。他没有推辞，抓过钱来，使劲儿在手里窝来折去，又紧紧握住，从左手转到右手，右手转到左手，嘻嘻笑着，一句话也不说。

这是《中国青年报》记者蔡平深入湘西深山区采访一户贫困农民时对主人公动作的再现，看后令人心酸。

当然，人物动作特写如果拉长一些，有个开头、过程、结果，就成了前面所讲的情节特写。

3. 人物语言特写——如闻其声。

富有个性特征（包括阅历、文化水平、性格、人生态度）的人物语言在通讯中出现，可以起到两个作用：

一是可信，因为越是个性化的语言，越难以编造、杜撰，它是通过记者在采访中的敏锐的观察，或与采访对象的深入交谈才能得到。只有让人相信，才可能说服读者。

二是生动，越是个性化的语言，语言上附着的东西，包括新闻人物的阅历、文化水平、性格、当时情绪和人生态度越丰富，因此，这种语言听起来"如见其人"，感染力很强。它可以充分调动、满足人们的好奇心，提高人们的阅读兴趣，达到较好的传播效果。

个性语言分为直接引语和间接引语。在通讯的写作中，为追求素材的生动性和现场感，越来越多的记者采用新闻人物的直接引语，既传达了新闻人物的态度，又传达了新闻人物的个性特征。

> 大饭店里整鸡整鸭没动筷子就扔了，这是多大的浪费啊！1960年三年自然灾害，我差点儿没饿死，腿一按一个坑儿，走路打晃儿，我一辈子都忘不了那个滋味。浪费粮食、暴殄天物啊！我看了垃圾里扔的东西，真心疼！

这是靠捡破烂攒钱资助"希望工程"的退休老人王镜的话。

> "我抓坏人有瘾，只要别让我碰上。都说社会治安不好，谁都不管，大家都看共产党的笑话呀?"
>
> "哎呀我说大姐，"他瞪大眼睛看我，"你怎么能这样说？你以为这国家是谁的？不是江泽民、李鹏的，是你的，是老百姓的，是我李高令的呀！"

这是青岛市"雷锋司机"李高令的心底话。他的献身精神和责任感，从他对社会、对国家的大白话中表露无遗。个性十足的语言，令人感慨和思索。

那些有见地的、个性鲜明的、形象概括感染力强的人物语言，可以直接用作通讯的小标题，甚至大标题，读起来有掷地有声、先声夺人的效果。

如反映青年个体商户精神生活贫乏，渴望社会关怀的通讯标题：《"我们穷得只剩下钱了!"》。

如反映一位母亲痛失爱子的通讯标题：《"下辈子我们还做母子!"》。

如《改革大潮中的老支书》（新华社北京1981年6月16日电）这篇通讯中的几个小标题，用的全是蠡县辛兴村老支书阎建章的铿锵之语：

"共产党不姓穷，受穷不是社会主义。"

"改革开放是个大舞台，就看咱能不能唱大戏。"

"共产党的目的就是共富，共产党员要永远姓共。"

这几个小标题也勾勒出通讯的主题和逻辑脉络。

人物语言特写不仅传达了人的特有观点，更传达了人的特有情感。

三、一般叙述性材料

除了骨干事例、细节材料外，通讯写作中也不可缺少一般性叙述材料。这种材料一般不是事例，也不细致生动，但它可以对人物、事件、风貌的背景和现在状态作概括性介绍和解释，使人了解一个大致的事实框架，“织”出通讯的一个基本背景和舞台，让骨干事例和细节材料有赖以展现的场所。

例如在《领导干部的楷模——孔繁森》一文中，一个骨干事例是，当组织上征求孔繁森的意见，意欲将他调往条件艰苦的阿里地区工作时，“他坚决而干脆地回答：‘我是党的干部，服从组织安排。’”

而紧接着的一般性叙述材料是：

> 像这样的工作调动，孔繁森经历过多次。每一次，他都把党和人民的需要作为自己的惟一选择。

骨干事例讲一个点，细节材料也表现一个点，而一般性叙述材料却表现一个面。点、面结合，才能相得益彰。如果只有点上的材料，虽然精彩却显得没有依托和不完整；如果只有面上材料，虽然完整，但又显得空泛、沉闷，因此只有点、面结合，事实才显得完整。

第三节　通讯感性素材采集的渠道

通讯取材的难点，在于细节等感性材料。通讯写作要求记者善于运用形象思维，善于形象地去叙事、论理、抒情。但记者和作家的工作在这里有很大的分野。作家可以创造形象去表现理念，而记者必须去寻找、挖掘这些正在发生、已经发生和预计将发生的形象事实，来表现自己的观点。因此，好的通讯常常能达到把读者带到现场的效果。一般来说，感性素材来源有以下三个渠道：记者的现场观察；记者的体验式采访；记者访问当事人得来的回忆材料。

一、记者的现场观察

现场材料很多来自记者的悉心观察和记录。是否及时地赶到事发现场，目睹新闻事件或等待新闻事件的发生，取决于记者的现场观察能力，更取决于记者的现场意识。

很多通讯写得概念堆砌，缺乏生动的细致情节和画面描述，根本原因，还是记者根本没有到现场去。说得重一些，有些记者根本没有要到现场去采访的想法和习惯，根本没有任何到现场去的心理准备和物质准备，更不用说那种奋不顾身、直扑现场的勇气了。这样的记者，即使是“遭遇”突发性事件，新闻撞到了枪口上，也难以在事件发生地完成观察、访问、体验、记录、捕捉新闻事实的任务。“机遇总是偏爱有准备的头脑”，这是现场采访特别适用的一句话。

缺乏现场采集的渠道，对记者来说是写作素材的重大损失，因为再充分的想象力也难以想象出现实世界的千姿百态和五彩缤纷，更何况想象在新闻写作中是绝对禁止的。

对于记者来说，对较重大突发性事件的现场采访，是可遇不可求的。能够在事件发生的第一时间赶到事发地点采访的概率是很低的。记者大多只能“闻风而至”。而对于大多数预知事件，如某种特殊天文现象的出现，某些重大活动，如运动会、大型会议等，记者完全有可能在事件发生之前做好充分准备，并及时赶到现场。

2001 年 1 月 10 日凌晨，我国成功发射了“神州二号”无人飞船。由于这是一次预先知晓的发射，众多记者赶到酒泉卫星发射中心，一睹“神州”飞天的风采。

下面是《光明日报》2001 年 1 月 10 日刊登的现场速写。

献给新世纪的厚礼

——“神州二号”无人飞船发射现场速写

《人民日报》记者　杨明方　新华社记者　奚启新　田兆运

公元 2001 年 1 月 10 日凌晨，地处西北戈壁滩的酒泉卫星发射中心载人航天发射场亮如白昼。高 100 多米的飞船发射塔架，环抱着“长征二号 F”捆绑式大推力运载火箭，就像一尊巨型礼炮，遥望苍穹。火箭顶部是“神州二号”飞船。飞船两侧，两面鲜艳的五星红旗在探照灯的照射下分外夺目。

酒泉卫星发射中心是我国载人航天事业起步的见证。1999 年 11 月 20 日，我国第一艘试验飞船“神州一号”从这里起飞遨游太空，掀开了中国载人航天工程飞行试验史上的第一页。

今天，中国航天又将在这里鸣响新世纪的第一声礼炮。

为了这辉煌的瞬间，中国航天人进行了一年的精心准备。

尽管今天即将升空的“神州二号”没有航天员，但飞船的技术状态与载人飞船基本一致。飞船顶端的逃逸系统，就是针对载人飞船的要求专门设置的，在发生意外的情况下，它将是航天员生命的“保护神”。

“神州二号”无人飞船上搭载的动物和微生物细胞组织实验样本，将随同“神州二号”遨游太空，接受微重力状态下的空间生命科学实验。在飞船发射现场，一位专家告诉记者，这一系列空间科学试验，是我国首次在自己研制并发射的飞船上进行多学科、大规模和前沿性的空间科学与应用研究。

时至子夜，气温降至零下13摄氏度。在"三九"严寒季节发射航天器，这在酒泉卫星发射中心历史上还是第一次。中心采取了一系列防寒措施，并专门研制了自动升降温系统，保证推进剂的储存和加注合乎规定的温度要求。

"30分钟准备！"随着指挥员清晰的口令，一颗绿色信号弹划破夜空，发射场上的工作人员陆续撤离。

"3分钟准备！""1分钟准备！"发射时刻就要来临，发射场上一片寂静，空气仿佛已经凝固，人们只能听见自己的心跳声。

"10、9、8、7、6、5、4、3、2、1，点火！"指挥员的口令声刚落，发射场上响起一阵惊天雷鸣。霎时间，大地震颤，烈火喷射，火箭腾空而起，箭船直上云天。这时，时针指向北京时间1月10日1时零分。

火箭在飞行。指挥大厅的大屏幕上红色的实际飞行轨迹和绿色的理论飞行轨迹正确地重叠在一起。

火箭向太平洋飞去。"远望号发现目标！"全场顿时兴奋起来，1时10分，火箭与飞船分离，飞船正确进入预定轨道，开始了遨游太空之旅。

成功了！这是中国航天新世纪献给祖国母亲的一份厚礼。

（《光明日报》2001-01-10）

在这篇现场速写中，记者用观察到的素材，将酒泉卫星发射中心航天发射场紧张神秘的气氛、工作人员的发射操作、带着神州飞船的火箭发射升空，直到10分钟后的箭船分离、发射成功的消息公告等现场情景作了逼真的再现描述。

还有一种现场观察，是事件发生后的弥补性现场采访。这种采访一般不是预知的事件。记者闻风而至时，已时过境迁。但事件却为广大读者所关心。如果不报道现场情景，会令读者大失所望。比如，车祸发生后看现场；凶杀惨案过后访惨案现场；水灾过后再现被冲毁的家园等。

对于这种有弥补性质的现场采访，如果注意观察、验证、捕捉事发当时的现场情景，事件过后的遗留痕迹以及及时采访当事人、见证者，同样可以起到"再现"现场的作用，使人产生触景生情、如临其境之感，增强报道的感染力。

最近几年，越来越多的记者将科技手段运用到采访中，如用照相机拍摄现场帮助回忆、记忆；用录音机记录采访对象谈话内容，记录眼见的画面和文字；或利用摄像机拍下现场及事件过程，然后参照录下的画面写作。这些都使记者增添了观察能力和记录能力，掌握丰富的感性材料，有利于写作时"再现"现场，使作品的可读性增强。

二、记者的体验式采访

体验是人们认识事物的一种好方法，“纸上得来终觉浅，绝知此事要躬行”。体验式采访可以促使记者获得、加深理解和感受，增强记忆。有经验的记者，常常会千方百计地深入社会，接近采访对象，与采访对象共同生活，参与采访对象的工作，在现场访问中体验，在体验中观察记录，所得的不仅是详细的事实、材料，而且有记者因体验而获得的感受，因感受而引起情感的变化，又因情感的变化与事实的融合而达到对客观事物更深刻的认识和对细节材料的敏感捕捉。

三、记者的访问

记者要得到生动的材料，如果已无现场可访的话，靠访问当事人来获取材料便是必走的途径了。访问不仅要求记者有较强的观察和现场捕捉能力，而且要求记者有较强的交往能力。

在访问中获取感性材料是一项艰巨任务。第一，记者与很多人打交道，双方开始都有陌生感，与陌生人谈话很难放开，也难深入；第二，采访对象在接受采访时，所做的事已经成为过去，激动的细节已时过境迁，而且很多人并非懂新闻规律，不懂得什么样的材料才是感人的、才是记者需要的。因此，许多采访对象在回答提问时，第一喜欢概述，泛泛介绍事情梗概，表明自己的态度，至于细节，当时说的话，当时谁在现场，是什么状态等，因为缺少回忆的情景气氛，很少在主动表述之列。而这些恰恰是最好的感性素材。

为了克服这个难点，有些记者常用的方法，就是“触景生情”，即把对象带到曾经历过的地方去采访。写什么事，最好在新闻发生地采访，如采访售票员最好在公共汽车的售票台边上，而采访体操运动员最好在鞍马旁。这在人物访问中特别重要。见证人到了现场，思维记忆都被周围场景激活，细节较容易回忆，情感较容易流露，睹物思人，睹物忆事。有时，一张照片、一幅图画、一个旧物品、一种景色、一个熟人的名字、一段旋律，都可以引起当事人或美好或痛苦或酸或涩的回忆。

思考与练习题

1. 通讯选材需注意什么问题？
2. 通讯需要哪些类型的材料？细节在通讯中的作用如何？
3. 分析穆青的通讯在选材上的特点。

第十九章

通讯写作的基本环节（之三）
——通讯的结构

结构是一切事物的基本属性和存在形式，是某事物用以区别它事物，保持其整体性、特殊性的有机联结、组合和排列模式。通讯的结构，是围绕通讯主题对素材的组织方式和通讯文体的外部形式。

第一节　通讯结构的特点

作为名词来讲的“通讯结构”，通常指的是通讯的表现形式，俗称“通讯的骨架”。

从外部形式的特征来看，通讯和消息的差异很大。

首先，通讯的结构比较自由。通讯没有消息那种较固定的“格式化”的结构。作为一种写作体裁，通讯是一种发展和开放的文体，结构形式多样，灵活多变，没有固定的模式。同样的内容可以根据不同的报道要求和记者的风格来安排素材，不同的报道内容也可以写成大体相同的形式。

其次，通讯的结构较消息的结构复杂。由于通讯的内容涵盖面广，时空跨度大，矛盾重叠，头绪繁多，记者要根据对新闻事实内在逻辑顺序和逻辑性质的认识，将复杂的新闻素材有机组织起来并给予符合审美标准的体现，因此，通讯的结构样式较多，驾驭起来难度较大。

第二节　结构通讯的原则

结构是通讯写作成败的关键。没有合理的结构，材料杂乱无章、层次混乱，主题也难以彰显；有合理的结构，材料才能各归其位，文章重点突出，层次清晰，过渡自然，浑然一体。通讯结构可以分为两个层面，一个是文章的“内结构”，即通讯表达新闻事实内在逻辑联系的“意义性”结构，它表现为记者构思通讯时的具体思维活动，是通讯最具个性特征的内核；另一个层面是它的“外结构”，它是通讯的意义性结构表诸文字、篇章而必然取得的一种外在形式，即我们通常所看到的通讯的外部形式，如纵式结构，横式结构等。

我们通常所讲的构思通讯的过程，也就是结构通讯的过程。这里的“结构”二字，是作为动词使用的，指记者对通讯的谋篇布局、选材组合的思维过程。在结构通讯的过程中，即从抓主题思想入手的结构过程中，既要尊重新闻事实本身的条理性和内在联系，又要尊重受众的阅读习惯和阅读心理，以达到好的传播效果，因此，以下的原则是行之有效的。

一、表现事实为本的原则

新闻通讯是对新闻事实的报道。在安排结构时，首先要研究所报道的新闻事实的类型：概括性材料还是具体材料？是情节材料还是特写材料？是事件性材料还是非事件性材料？基本的原则是：以清晰表现事实为目的，而不是要事实去服从体裁、结构的需要。如果是一个完整的事件，就考虑用纵式顺叙的结构；如果是现场材料，就可考虑写成新闻特写。再如写人物通讯，如果只采访到此人的一个有意思的情节事实，就可考虑写成新闻小故事，而不必硬要写成三侧面或“三块式”的人物通讯。

二、表现主题为本的原则

主题是构思通讯的第一关，也是结构安排的“灵魂”。它是通讯“内在结构”的主线。提炼主题，用事实材料来表现主题，是记者最能发挥创造力的地方。因此在构思通讯结构时，要围绕主题来理顺全部事实材料的内在逻辑关系和层次排列，将通讯的“意义性”结构表现得十分集中和鲜明。不可因硬模仿形式上的体裁、结构而打乱内在结构，也就是“意义结构”的逻辑脉络，使通讯的外部结构形式成为脱离主题的没有生命的文字堆砌。

三、简洁清晰原则

笔写真人、笔写真故事，历来是最难的。一是真人真事是历史长河中的流，与历史的每一滴水都会有千丝万缕的联系，而我们写的每一篇通讯，较长的也不过五六千字，因此必须对人对事的各种复杂联系进行切割，只挑选出表现主题最有力的材料，这样才能使主题与素材相对简约清晰，易于受众的理解和记忆。而这种切割，又不能对真人真事的本来面目“伤筋动骨”，要符合新闻人物和新闻事实的内在逻辑，因此，在结构通讯时，务使篇章宁小毋大，防止形神具散。要使主题集中，材料必须精当，以一当十。只有这样，剪裁方可显其清晰、亮丽、简约。

四、均衡对称原则

“均衡对称”原则是新闻事实内在的逻辑性和整体性在外部结构中的表现。

第一，要有层次意识。每篇通讯的逻辑和大意是意义上的层次，段落是形式上的层次。通常几个段落表述一个层次。在构思时，要讲究每个层次上的清晰和前后层次的排列递进联系，事例的大小要大体相当、编排对称。

第二，写新闻小故事一般一篇文章一个事例，而写较大的典型则需要几个骨干事例。

第三，段落、层次之间的材料安排要考虑意义上的互异、互补。

所谓互异，是指段落、层次之间的思想观点和新闻素材要保持某种不同的侧重点以示区别。通讯《速写陈章良》中，突出写了我国青年学者、北京大学教授陈章良日常工作三件事：实验室里搞科研、副校长的行政工作、筹建北大生物城，三件事各不相同。再比如写某大学教学改革时采访五个学生，最好要男女皆有，本科生、硕士生兼顾，北京学生与外地学生的比例也要考虑，采访的提问和每个人回答的侧重点也要有区别，这样使各层次段落之间呈现“互异”现象以增加报道的新鲜和变动感。

所谓互补是指各层次、段落之间要有逻辑上的必然联系，所使用的材料不能互不相干，更不能相互矛盾，而应互相联系，互相支撑，层层递进。

一般写作的新手在通讯的结构方面存在的问题多在均衡对称性上。如层次之间的混乱状态：几个层次同讲一件事，或一个段落里讲了两件不同的事，再有就是层次所含内容的混乱，将同一层次的材料排在前后不同的段落里，造成受众思维的混乱。再一个是各层次段落之间的事实雷同,差别不大,暴露出选材时的毛病。

第四，均衡对称原则的最后一个要求，即要求通讯的首尾衬托、互相照应，以突出整篇文章的整体感。

五、跌宕起伏原则

“文似看山不喜平”。所谓跌宕起伏，是指根据受众的阅读心理，在通讯结构的安排上注意形式变化，充分利用纵式结构或横式结构所提供的时空框架，组织编织出具有美感特征的通讯结构。

之所以人们喜欢看波浪起伏、峰回路转的报道，是因为这种结构充分利用人的好奇心而设置悬疑之处，吊起受众的胃口。

从外部形式来看，跌宕起伏原则要求通讯的结构疏密得当，穿插灵活。

所谓疏密得当，就是略写和详写合理搭配。略写与详写是叙述中最主要的方法。没有“略写”，任何对过去发生的事实的叙述都是不可能的。用一页纸写6个月发生的事，甚至用一行字、三言两语写几十年的历史也是常见的。

而详写常常指细节描写，人物直接引语等。这种写法往往事、景、情同现，易使人“如临其境”、“有体验感”，容易感染人，但也比较占用篇幅空间。

所谓穿插灵活,主要指在反映较复杂事件或人物时材料在纵横结构的框架中叙述时间和空间的灵活变化。如不断变幻叙述中的时序:顺叙、倒叙、插叙;如时空顺序的穿插、时间叙述中插入画面、空间叙述中又叠进时间链条,时空按照逻辑线索不断穿插和拼接等,这给读者一种全新的步步紧逼的悬念感,促使其阅读全文。

另外，还应有虚实结合，即概括性的介绍和具体事实相结合；张弛有道，即节奏的快速与舒缓相结合。

第三节　通讯结构的表现形式

通讯结构的表现形式，是指通讯这种文体的基本框架和段落格式。通讯的结构可基本归纳为以下几种。

一、纵式结构——按照新闻事实发生、发展的时间顺序组合和编排事实材料的一种结构形式。也叫单线条过程链接法

这种结构方式较为常见，使用起来也较为简单，适用于报道有中心事件、中心故事、中心人物的事实，如有些新闻小故事、事件通讯等。这种结构一目了然

的地方，即是将新闻事实的发生、发展的时间顺序，直接作为通讯结构的主要线索。这种纵式结构有以下几种情况：

（一）按照一个事件的发生、发展过程，按时间顺序叙述下来

例如《商业部长买鞋上当记》：

商业部长买鞋上当记

陈芸

商业部长胡平买了双皮鞋，穿上脚不到24小时，后跟就掉了一块。这件事最近在商业部机关大楼里广为流传，成为人们痛斥伪劣商品的话题。

7月12日下午，胡平在湖北省调查研究，逛了逛武汉百货商场。在皮鞋柜台前，胡平看中了一双带网眼的棕色牛皮鞋，试了一双，号不合适；又试了一双，正好；于是付款49.50元，买下了这双鞋，并当场穿上新鞋，继续参观。

之后，胡平穿着这双鞋走访了粮库、肉联厂和服装学院，13日下午回到北京，谁知到家一脱鞋，就发现右脚一只鞋的后跟已掉了一块。翻过来、调过去，细看才发现这双鞋既没有商标，也没标明产地和生产厂家，只是鞋底上有"上海"两个字。

17日，在11城市一商局长会上，胡平不点名地讲了这件事，又深有感触地说，劣质产品泛滥，太可恶了。这个问题，生产者有责任，商业企业进货把关不严，也有责任。

会后，武汉市商委的同志主动向胡平要回了那双鞋，经查：鞋底是上海的，鞋是武汉制作的。

21日，轻工部长曾宪林约见胡平，听说胡平买了双"一日鞋"，便说："鞋的质量问题是当前消费者反映最强烈的问题，轻工部已打算专门举办一个假冒伪劣鞋的展览会。"

胡平当即表示："我支持，如果你搞这个展览会，我希望我买的那双鞋也能作为一件展品，曝曝光。"

如今，胡平已经穿上了武汉百货商场为他换的新鞋，可是他的心情并没有轻松。他说："我是一个部长，买了劣质鞋能及时退换。但要是普通消费者呢？"

（新华社1990－09－11电）

（二）按照生活中发生的一连串故事的时间顺序，依次叙述

例如：新华社1982年11月18日播发的事件通讯《抢财神——河南农村见

闻之六》，就讲了河南省扶沟县农民视种棉技术员为财神爷，将这些技术员抢来抢去的一连串故事：

扶沟县的农业技术员叫刘凤理，被人称为“活财神”——农民抢着让他去指导植棉技术，抢得他不敢出门，便躲起来——农民便抢他的铺盖，发生各队之间的铺盖争夺战——又发展到抢他的老婆。农民说，有了财神婆，不愁财神不回来——抢到财神的队，竟派民兵站岗放哨，怕他“跑掉”——没抢到财神刘凤理的队，又抢刘的徒弟—— 一二十徒弟被一抢而光——最后一个徒弟是个叫高大套的瘫痪病人。也被抢走——在高大套指导下，该队棉花丰收——过年时农民送高大套回家——因担心年后被人抢走，又把高大套接回来。

——刘为当地培养了二十几名技术员，也全被抢走——刘继而又为当地培养了二三百名农业技术员……

这种事实虽然不是突发性事件，但有中心事实、中心人物，按时间顺序纵向写下来，事实本身的逻辑力量便展现出来，它使人震惊，更令人反思。

通讯的纵式结构，一般用来叙述单线条的事件或故事。

单线条的叙述可以做到不穿插，也无倒叙和预叙，是一种线性发展的通讯，也比较容易掌握。

另一纵式结构通讯，确切地讲叫“纵切式结构”。

这里强调的是人为地“切割事实”。

前一种纵式结构，是强调按照事件、故事情节发展的本来时间顺序安排结构，是根据采访当事人所得的材料对客观发生的事件或故事的记述。而纵切式结构反映的往往不是事件或故事，而是对客观世界中人的生存状态或某种现象的存在状态切出一个按时间顺序的纵向剖面，以展示新闻事实中蕴含的传播价值。这种纵向剖面是记者事先准备的，是其为读者开辟的观察世界的一个窗口。

例如《杭州日报》发表的反映弱势家庭中独生子女生活的通讯《小叶涛的一天》。记者通过对特困家庭中生活的小学生叶涛一天生活的轨迹的追踪观察，截取同一地点的一段时间中发生的事实，来表现这个不幸又自强的男孩儿。

同是家中独养的“小皇帝”，因着家境的差异，他们每一个普通的日子里却有着不同的生活轨迹，请看——

小叶涛的一天

本报通讯员　陈莉　本报记者　罗坚梅

1998年4月29日，星期三。对于特困生叶涛来说，是极其普通的一天。叶涛在父母离异后随因视神经萎缩而几乎失明的母亲生活；我们全天跟踪采访了叶涛一天的学习生活情况，以下是采访实录。

△6:00 闹钟定时把叶涛叫醒，他把昨晚放在小钢丝床边的衣服穿上后，对着镜面泛黄而只能照出模糊身影的镜子，仔细地戴上红领巾。然后将被子整齐地叠放在床头。

△6:15 他洗漱完毕，在已置放在小电饭锅里的隔夜饭里倒上开水，开始煮泡饭。

△6:30 叶涛盛好饭，扶母亲坐下来吃饭。菜照常是一个咸鸭蛋，一人一半。增加了一碗前晚吃剩的霉干菜。

△6:45 母子俩静静地吃完饭，叶涛就洗完碗筷和锅子，到离家三四百米远的小菜场去买菜。要价8角的青菜，在他的讨价还价之下以6角的价格买了下来。

△7:00 把菜叶一片片洗干净后，叶涛开始拿出语文课本晨读。又拿出4年前表兄玩旧了送给他的"小钢琴"放在桌上，叶涛一边在这架只有8个键的琴上弹了《小鸡小鸭》、《春天里》等乐曲，一边在嘴里哼着歌词，非常开心。

△7:30 他说着"妈妈再见"，准时出门上学。开始和同学们一起上课。

△11:00 下课后，叶涛马上赶回家，泡了两包"鼎鼎"方便面，草草地解决了中饭。给母亲捶了一会儿背后，他又回到学校，开始了下午的课程学习。

△16:15 放学后的叶涛独自先看课本，然后开始淘米烧饭。身高1.21米的叶涛在脚下垫了条约0.30米高的小凳子，好够着灶台炒菜。晚上的菜要多一点，除了炒青菜，还有一小碗排骨。因不久前外婆过来看他时买了些小排，可以美美地吃上这顿略显"丰盛"的晚餐。他不时地把小排夹到母亲碗里。

△19:00 叶涛开始每周一次的清扫工作。把家里约10平方米的厨房和客厅的小方格瓷砖地面，用抹布抹得干干净净。自己洗完澡，他就把换下的衣物加点洗衣粉浸泡在水里，准备泡一个晚上再清洗。

△20:15 照例是叶涛睡觉的时间，等母亲休息下来，他才关灯上床。

（《杭州日报》下午版 1998－05－04）

像每个社会一样，由于家庭的变故，总会有一些孩子沦落到社会底层。那些特困家庭的孩子生活状态如何？这类事实有普遍意义，也能引起大众的兴趣。但这是一种现象性事实，缺乏事件和故事的生动情节，按照一般对新闻价值的衡量较难进入报道领域。因此，记者在这里没有仅仅等待这类事实的突发状态（一般是现状的恶化，如母亲的病故，孩子发生意外等）的发生，而是主动出击，用记者对特困家庭子女一天悉心观察到的事实，写成报道，使读者得到一个按时间顺序（纵向）观察社会的一个窗口。可以说，记者的视角是独特的，富有表现力的。这个窗口虽是人为构造的，但观察到的事实却是客观存在的原生态。这类对事实的切割观察是记者采写通讯时常用的手法。

（三）将多线条事实“编织”成单线条纵结构

这里主要是通过比如“日记”等手法将通讯原来的复杂事实进行梳理，使之简单明了。有些复杂事实的发生是多线条、多场面、重叠穿插的，但写作通讯时，为了便于记者理清事实头绪，对事实一目了然，记者有时采取简化于一根时间主线的做法安排通讯结构。

例如2001年7月17日凌晨，广西南丹县龙泉矿冶总厂两个下属矿发生严重透水事故，81名矿工瞬间丧生。事故发生后，当地县领导隐瞒不报，面对国务院调查组，炮制出“没有死人，没有受伤”的弥天大谎，并用金钱堵住遇难者家属的嘴。国务院调查组历经曲折调查，终使事故真相大白。这个事件情节复杂、线索多头，很难由一个主线索把众多事实材料串联起来。因此，记者采用“调查日记”的方式，将各方面的事实串联起来，小标题分别标出如“8月1日”、“8月2日”、“8月3日”至“8月6日”几天中，国务院调查组的调查过程和成果，使多线头的事实在以调查者的视角延伸的梳理下变得简单、清晰：

> 8月1日
>
> 一场大雨将南丹县拉甲坡的林木洗得一片苍翠，在张着黑色大口的矿窿周围，一片寂静。
>
> 记者随调查组深入到拉甲坡矿道2000米处，没有发现什么异常，……矿工众口呈辞：我们不知道，我们都是刚来的。
>
> “没有死人，也没人受伤。如果发生了事故，矿工家属早就围在矿窿前了，哪会有什么平静？”拉甲坡矿矿长黎家西信誓旦旦。
>
> 继而，调查组发现很多疑点……
>
> 8月2日
>
> 黎家西第一个承认发生事故。
>
> 经过一天半的斗争，到今天下午5点50分，在公安人员凌厉的心理攻势前，昨日还拍胸脯保证没有死人的黎家西败下阵来，承认“7·17”事故的经过……
>
> 8月3日

天空下起了小雨，40 多名武警战士荷枪对发生透水事故的矿井及其周围 7 个矿井实行封锁……

外围调查组对集中控制的龙泉矿冶总厂管理人员包括总经理、矿长、负责安全生产的安全科长在内的 20 人进行了讯问，他们供认矿井中发生了透水事故，淹得很厉害……

8 月 4 日

今天外围调查工作取得明显进展。据负责外围调查的公安部门调查，矿方提供的 76 名失踪人员名单中，已查证 62 名失踪人员家属获得赔偿金。

井下调查工作受阻：事故现场位于矿底深处，地形复杂，积水多，水温高，抢险队仍未能找到一具尸体。

…………

8 月 5 日

龙泉矿冶总厂总经理黎东明、副总经理、拉甲坡矿矿长黎家西等 14 人被刑事拘留。

8 月 6 日

经过 2 天时间的抽水，下午 4 时，抽水工人在龙山矿海拔负 116 米处，发现了一个颅骨，这是南丹发生透水事故以来首次发现施工人员的尸体。下午 8 时，抽水工人又发现一具骨架。

…………

（新华社南宁 2001－08－07 电）

这种经编织形成的时间单线条事实，使读者看后一目了然。

二、横式结构——按照新闻事实的内在性质的区别和联系，以多侧面拼接的形式来安排新闻素材

这种结构方式比较适用报道那些场面宏大，但没有中心事件的新闻事实。记者从不同的观察空间去体现主题，即以主题为圆心串联不同空间的事实，常为工作通讯、社会观察通讯所运用。这种通讯的结构形式，还可以分为以下两种：

（一）同时异空结构

将同一时间作为一个平台，将发生在不同空间、不同方位上的事实串联起来，以显示题材的丰富和场面的宏大。这种结构常常用来报道某些纪念日的重要时刻，它是以空间的变幻来显示时刻的重要。如世界进入 2000 年之际、香港回归的时刻、北京成功申办 2008 年奥运会的瞬间，众多新闻媒体都用这种结构方式来展现“天涯共此时”的风采。

例如在1997年“香港回归”的报道中，许多媒体都实施了“多点同时”的报道方案，展现7月1日凌晨香港中英政权交接仪式、中英驻港部队的换防、北京天安门广场的狂欢、中国各大城市的庆典和海外华人的庆祝活动，充分展现全球华人在这“历史一刻”的激动和欢乐。

还有一种“同时异空”结构，即同一时间点在不同空间取材的方法，明显地表现出记者“横切”事实表现主题的意图。因为这种“时间点”并非历史性时刻，而是记者为表现日常生活中的一种状态而挑选的特定时间点。

例如：某校报的通讯《上午10点钟，你在做什么》，一组记者分别于一个工作日的上午10点左右访问了五个正上课的教室、三间学生宿舍、两个学校阅览室。他们的收获是：了解几个教室中听课学生的课堂纪律；访问了四个仍留在宿舍里的学生，了解了他们不去上课的原因：或曰“课讲得没意思”，或曰“昨晚去火车站送人，起晚了”；观察到几位学生旷课到阅览室为本班好友占座位的行为。上午10点，学生本该都在教室上课，但有不少同学却去了他们不该去的地方。这种状况既体现了学校的学风，又反映出了学校的管理水平。

这种“横切”事实取材的办法同“纵切”事实一样，为读者开辟了一个观察窗。从这个小小的窗口，你可以让读者看到原来不易感觉到、不易接触到的事实。

（二）多侧面拼接结构

写一个人物某方面的品质，或写某人的一次活动（如申办奥运，如南极考察，又如军民共建活动、校园环保活动等），由于要写出这个人或这项活动的整体轮廓，常常围绕主题采用多侧面拼接事实的结构。

例如人物通讯《人民信赖的建房人——范玉恕》，通讯以三个小标题统领的三个侧面的事迹，将范玉恕“人民信赖”的主题凸显出来。这三个侧面是：

第一个小标题：比甲方还甲方

——范玉恕其人其事（1）

（主要表现范玉恕严格管理的事迹）

第二个小标题：“8515”工作法

——范玉恕其人其事（2）

（主要表现范玉恕实行的科学管理方法）

第三个小标题：心正楼才正

——范玉恕其人其事（3）

（主要表现范玉恕的思想境界）

这里照录第一个小标题的篇章：

比甲方还甲方

——范玉恕其人其事（1）

本报记者　王长安

即将竣工的金皇大厦让天津又窜高一截。

这座27层的大厦矗立在市中心，鹤立鸡群般地统领群楼。它已成为津门新的象征。对这个庞然大物，许多天津市民张口就能说出它的高度是188米，但很少有人知道，作为这座楼项目负责人的范玉恕，却是个身高只有一米六几的小个子。

47岁的范，不是什么镁光灯下频频亮相的明星。假如说天津百姓对范"疏忽"还情有可原，可在建筑行业，谁若"疏忽"范玉恕就几乎等于"无知"。正基于此，金皇大厦近日在媒体做销售承租广告中一再醒目注明：本工程由特等劳动模范范玉恕主持施工。

在"金皇"人的心目中，"范玉恕"三字就是"优质"的代名词。

"金皇"打出"范玉恕"的牌子，不是冲着"特等劳模"的荣誉，而是施工中作为乙方代表的范玉恕和他们的一次"摩擦"。

一天，作为甲方的金皇房地产合资公司将60吨钢筋运往工地，范发现这批钢筋已经生锈，便说："这车料不能用。"

甲方急了："范经理，钢筋是我们的，质量由我们负责，和你没关系。"

旁边有人劝道："干活不看东（东家），累死也无功。开发商是咱的上帝，何必呢?"

范稍作让步："用也行，但必须经过除锈。"

对方沉默了。此时，围观的人冒出一句："嘿，老范，你比'甲方'还'甲方'!"周围的人轰地笑了。此事在建筑圈内传为佳话。

奇怪的是，这事不但没得罪"上帝"，反而引得"上帝"大受感动，甲方老板号召本单位全体职工向范玉恕学习。

范替甲方操心，用有些人的话说"纯粹是咸吃萝卜"。他在主持某教学楼施工时发现基础桩混凝土强度设计偏低，于是不顾同事"耽误工程进度的劝阻"，找到甲方，要求设计单位重新审核混凝土标号。设计单位审核后采纳了他的建议。

事后，范对劝阻他的人说："工程进度耽搁了，可以加班加点赶上。质量出了问题，拿什么也补不上。"

范对质量要求几近“苛刻”。对甲方尚且如此，对手下要求更是可想而知。24 岁的马津宝大学刚毕业，领导安排他到范的手下实习。范看他理论说得一套一套，于是，委任他为“见习工长”，派他干的就是一件事儿：帮范挑毛病。

没想到，挑毛病的他却先被范挑出了毛病。

一天，范爬上正在施工的金皇大厦，发现刚刚支好的模板中有几块除锈不太彻底，便让把整座楼的模板全部拆掉。此前，马津宝已对模板验收完毕，并给施工队签发了验收单，只等着浇铸。这一拆等于 300 多人两天的活儿白干了。马于心不忍，便凑上去说情：“这些模板已经反复用了多少遍，有点儿锈也不算嘛大问题，再说工期在这儿摆着，就算了吧。”

范脸一沉：“我干的是放心活儿，你想砸我的牌子？”

马津宝至今认为，这是他“出校门后上的最重要的一课”。

民工队长刘从勋被同行誉为“能人”。他 22 岁带施工队走南闯北，干过许多大工程、好工程，平常心高气傲。在绑扎钢筋前，范向他交代：必须在垫层上弹出墨线，再按着墨线绑，最后还要用靠板尺量，平整度不得超过半厘米。

刘从勋吃了多年“建筑饭”，绑钢筋要弹墨线还是头一回听说。他不信这个“邪”，憋着劲要干个好活儿“让范经理瞧瞧”。果然，工期提前了半天。

验收时范拿眼一瞄，又用靠板尺一量，火了：“这么多钢筋偏离了墨线，平整度超过了两厘米，全拆了，返工！”

见状，民工们纷纷围上来：“钢筋是包在混凝土里头的，表面上又看不见，这不是鸡蛋里挑骨头吗？”

“不干了！不干了！”工地上一片吵嚷声。

范缓和一下口气：“不干可以，但道理要讲明白。假如是你家盖房子，看不到的地方就凑合，你能允许吗？”民工们哑口无言。刘从勋默不作声带头儿返工。

正是凭着这份“苛刻”，范 18 年主持施工已建成的 20 多万平方米建筑项目，经验收项项优良，其中两项还夺得国家建筑工程质量最高荣誉——鲁班奖。

在一些建筑企业苦于找不到活儿的今天，天津三建公司的活儿排得满满当当。开发商们无不知晓，三建有个范玉恕。

去年 8 月，深圳一家房地产公司老板找范商谈一个 10 万平方米的大项目，条件是范带着项目班子主要成员跳槽到他的公司。见范沉默不语，对方递过一句：“你的年薪是20万。”此时，范在三建的月工资是1300元。

“那就算了吧，”范抬起头，“我是有点名气，但这是三建给的，我不能离开三建。”

谈判结束了。项目丢了。但市场秤出了“范玉恕”的身价。

（《中国青年报》1999－06－14）

在大规模工程建设的时代，一个建房人的品格与老百姓的幸福和安全紧密相关。“比甲方还甲方”，显示了范玉恕对质量一丝不苟，甚至连甲方的妥协要求也不买账的“苛刻”劲儿，体现了其对人民负责、对生命负责的高度工人阶级主人翁精神。

三个侧面的事实组合拼接，使一个“人民信赖的建房人”的形象立刻树立起来。

在撰写工作通讯时，为了表现某行业、某企业的新鲜经验，也常用这种多侧面拼接的结构。

例如，《人民日报》1996年刊载了一篇题为《名牌一半是文化——江苏红豆集团发展企业文化纪实》的通讯，报道江苏红豆集团汲取我国文化中的亲情色彩注入企业文化，增加了“红豆”制衣产品的名牌效应。

通讯将这三个侧面的事实拼接在一起：

• 此物最相思

报道红豆集团以“红豆生南国”的唐诗命名产品，使其服装产品能“诗随衣走，衣随诗传”。

• 江海纳百川

报道该集团求贤若渴，一方面将人才请进来，另一方面将员工“送出去”培养，使企业内部形成崇尚知识、渴求文化的氛围。

• 款款红豆情

报道红豆集团关心企业员工的个人发展，加强企业共生意识的措施。

这三个侧面的故事一组合，红豆集团提供的新鲜思路——企业的成长要靠深入的文化建设——便展示得十分清晰了。

三、递进式结构（又称层层剥笋式结构）

一个事物总是呈现多侧面和多层次的。尤其对于复杂社会现象和社会问题的报道，记者总是力图透过表面现象层层深入到事实背后，去寻找导致某种社会现象和社会问题的原因。这种结构方式常常被用作安排工作通讯、事件通讯或社会观察通讯的结构。递进式结构的通讯往往从现象入手，层层挖掘现象的原因，以及原因背后的深层原因。这样，通讯的事实排列便步步深入，环环递进，从事实到原因，从现象到本质，将主题脉络清晰展示，文章的说服力也油然而生。

以下是新华社记者采写的工作通讯《阜阳拒绝铁路》其递进式结构的形式非常清晰。

阜阳拒绝铁路

安徽阜阳，京九铁路全线现代化程度最高、规模最大的枢纽所在地，也是华东地区铁路密度最高的地区。但记者在拥有1 300多万人口的阜阳采访时获悉：很多阜阳企事业单位和阜阳人拒绝铁路。

记者在阜阳化工总厂门前看到一个奇怪现象：该厂左邻阜阳枢纽货站，门前约100米就横贯一条铁路，可一辆辆山西、河南严重超载的汽车喘着粗气爬过钢轨向厂里送煤和运送其他原材料，运货车也同样跨越铁路出厂而去。厂办主任杨军介绍：该厂每年货物进出总量约60万吨，全部雇用汽车，几乎和铁路不打什么交道了。

第一层：用数字和现场材料，提出问题：阜阳人拒绝用铁路。

“出力、受气、多花钱的事当然不能做”，他以该厂运量最大、运距最长的煤炭为例进行说明。该厂年用原料煤10万吨，燃料煤8万吨，全是从河南焦作、山西等地送来。过去他们厂也曾用铁路运输，虽然标明的运价不到汽车运价的一半，但“铁老大”是“一口秤”，票据一到，说多少是多少。一列车少一二百吨很正常，亏吨多时要达总运量的1/3。化工厂对原料煤质量要求比较高，块煤要达97%以上。汽车送煤是进厂计量验质，不好可以不要。火车就没有这一说，到站后煤灰达10%以上，厂里还要租用站场，专门雇人筛选，一核算下来，吨煤成本要高出汽运几十元。

第二层：阜阳人拒绝铁路的原因：费用高，服务差。

阜阳市化工局副局长王显义总结阜阳铁路运输是“诱惑人的标价，吓坏人的费用”。他们从青岛买一台汽轮机，上千公里运到阜阳，所花的费用还没有在阜阳挪个窝多。

现在阜阳市有10个阜阳化工总厂这样的化工企业，所用原料煤、燃料煤最近的来源地是焦作，全是汽车运输。刚刚投入运营的阜阳热电厂，大京九与之擦肩而过，月耗煤两万多吨，就没有一两是走铁路的。

第三层：阜阳市大型企业皆不用铁路。

阜阳制药厂也是货运大户，每年总运量在20万吨以上。该厂供应科长张春帮是20多年的“老运输”，一提起阜阳铁路，满腹苦水：“货进货出，站台费、治安费、卫生费样样伸手，货物挪动一下还有转道费。装卸费高得吓人，还非得由‘站霸’们装卸。最要命的是费用说多少是多少，一定要交现金。有时还不给税务发票。回厂后老脸没处放！货物破损、短少，都只能自认倒霉了！”现在该厂的主要原料、主要医药产品都放弃了铁路运输。

“火车要用汽车拽”，是阜阳又一奇景。在阜阳肉联厂边，有一条罐车卸货线，由于机车作业推不到定点位置，卸货时货主就用汽车在前面拉，人在后面推。每节车花费约百余元。市石化总公司经理赵新民说：“一听货到，恨不得到铁路上磕头！”

第四层：拒绝铁路的另一原因：吃拿卡要、管理混乱。

阜阳市和相邻的河南一些地、市，公路交通部门意见也非常大。进出阜阳的重货车，尤其是煤车，严重超载，一些设计使用寿命30年的新修路段，不要几个月就“公里千顿”了。记者在阜阳市西北入口处采访了河南焦作司机李和平，他用两天时间走完400多公里，从焦作的博爱送煤到阜阳，核定载重10吨的“东风”带拖斗车拉了28吨。他说他拉的货算少的，他的同伴用“红岩”、“黄河”，一次就拉60吨、80吨。

第五层：不用铁路的结果：汽运货物量大，损坏了公路。

客运也不例外。尽管阜阳有“米”字型铁路骨架，日始发和通过客车14对，但阜阳200公里以上汽车客运开行班次、运量都是全省最多的，远的到广州、威海。到省会合肥的中巴车更是首尾相接。

第六层：阜阳客运极为方便，但阜阳人仍爱乘汽车。

阜阳铁路主管上级蚌埠铁路分局一位副局长承认，目前阜阳铁路运量不足，大京九尤甚。只能靠行政手段从其他线压过来一部分车。阜阳铁路部门一些段、处领导分析：铁路干部职工思想并未“进市场”，突出表现是对“上帝”没有平等、信誉观念，只能你来求我，只能以我为准，客户要想对运输质量、时效有要求，只有“望铁却步”。另一方面，在市场大潮冲击下，铁路灵活性、适应性变化不大，吃、拿、卡、要现象却日益增多。“价低费高”、“车中无人票难买”，就是少数部门和少数人为中饱私囊从中作祟。更有甚者，少数人利用近水楼台，作“梁上君子”，甚至邮包都发生短少。与汽车等“三包”运输，形成强烈反差。顾客愈少则卡要愈烈，日复一日演化为恶性循环。

第七层：拒绝铁路的结果：铁路运量不足。

第八层：铁路部门总结教训：缺乏市场观念、制度僵化、管理混乱。

阜阳市委一位负责人说："垄断行业不能以垄断思想对待市场。"这位负责人感慨地对记者说：阜阳人盼铁路，"跑部进京"要铁路，勒紧裤带自筹资金修铁路，像当年支持淮海战役一样支持铁路建设。建京九铁路时，曾创下半月之内搬迁600多户、征地3 000多亩的"阜阳速度"。现在阜阳市铁路四通八达，存量资产数10亿元。我们殷切希望铁路充分发挥其应有的社会效益，"阜阳不再拒绝铁路"。

第九层：阜阳市委总结：垄断行业不能以垄断思想对待市场。

（《经济参考报》1998－05－11）

这篇通讯的递进线条是：

▲ 现象：地处京九铁路最大枢纽站的阜阳企事业单位拒绝使用铁路。他们运输货物都用汽车。

▲ 现象背后的事实：暴露铁路的弊端。

铁路运输费用高——"诱惑人的价格，吓坏人的费用"。

铁路货运乱收费严重，货运装卸不到位。

铁路客运服务不好，吃拿卡要严重。

▲ 事实背后的原因：

体制僵化。

观念问题：以"铁老大"自居，用垄断思想对待市场。

通讯中虽然没有用"因为"、"所以"的连接词，但阜阳拒绝铁路的现象和原因之间的因果链条已经相当清晰了，事实之间层层排列已使事物内在的逻辑显现出来，最终使读者不能不接受通讯的结论。

从纵式、横式和递进这三种基本结构中，还衍生出许多次等形式的结构方式，即组合式结构。多侧面事实拼接时各侧面或按时间顺序展示情节，或按各侧面事实的逻辑关系层层剥离递进；在揭示事实因果链条的递进中可以列出所涵盖的多侧面事实或各展示所涵盖事实的情节材料等等。也可将这些衍生性结构称为纵横交错式结构、辐射式结构、蒙太奇式结构等。这些结构的基本形式是以时间和空间交错，时间倒叙、时空拼接的方法，将复杂的层次和线索，将多场景、多线头的故事，以受众阅读理解的特征为依据，脉络清晰地有机结合在一起，使复杂的事实井然有序。

例如大家比较熟悉的新华社记者采写的《领导干部的楷模——孔繁森》。在这篇人物通讯中，由于涵盖了孔繁森后半生中两次进藏，历时10年的经历，其间这位地委书记的个人履历、成长过程、进藏前后的思想、工作及家庭情况，以及他进藏后的政绩、作风和思想脉络等众多内容，时空跨度大，矛盾重叠，头绪繁多，因此，记者在横式结构——即空间结构的大框架下，灵活穿插了时间结构的顺叙、插叙、倒叙，使通讯的架构丰富、广阔又条理清晰，集中凝练又起伏参差，读起来引人入胜。

第四节　通讯的开头与结尾

通讯与消息相比，反映的事实相对完整，文章的整体感较强。通讯完成之后，就成了一个相对封闭的体系，它的开头、结尾是通讯的有机组成部分，不可缺少。通讯是围绕主题组织材料、结构文章的文体，因此，开头与结尾皆与它的主题有关。开头要吸引受众的注意力，引导其向某一方向思考，结尾要总结全文、深化主题、开阔思路、引人回味。

从传播学对受众接受的研究结果看，最易吸引人的是文章的开头和结尾部分。

一、通讯的开头

通讯好似一场大戏，开头就是戏的“序幕”。

通讯的开头与消息的开头完全不同。消息的开头常用导语这个自然段概括出整个新闻事实的主旨，而通讯的开头则往往是作为开启读者思路、寻找叙述起点、预述主题和标示风格的一面小旗。

从一些通讯的成功经验看，通讯的开头有以下几种：

（一）开门见山

这种开头与消息导语有类似之处：几句话概括叙述通讯的主旨，给人一种概貌式印象，使人产生阅读兴趣。例如：

▲ 大陆某些干部难过“三关”，往往为了房子、孩子、车子闹出事情来，遭到老百姓指责。邓稼先是中国的核弹元勋，功高位显，他的“三子”如何呢？

（摘自《核弹元勋的“三子”》作者李春　王进昌）

这个开头很明确地点出主旨，引入邓稼先在“三子”方面的故事。

▲“如果多几个滕增寿，我就可以去钓鱼了。”温州市长陈文宪说。

（摘自《温州奇人》作者艾丰）

用市委书记的原话引出滕增寿其人。下面马上就是一段档案式介绍，使读者可以静听下文的“奇人奇事”。

（二）突出中心事实，勾起人们的阅读欲望

▲ 几年前还为金牌大省而洋洋自得的辽宁人，如今却受到了市场无情的嘲弄：目前，在全国各省、市、区中，辽宁产成品资金占用“三角债”全国第一……

然而，许多辽宁人尚不知道悲哀。

（摘自《金牌不是名牌》作者刘欣欣　何大新）

▲ 鸡年大连出新闻，“小机”咄咄斗“大机”

（摘自《“小机”斗“大机”》作者李天斌　詹国枢）

“小机”者，成立刚两月，人数不满百的村办乡镇企业——大连渤海机床厂也。

“大机”者，成立50年、职工6 000多人的大型国有企业——大连机床厂也。

▲ 一壶茶多少钱？三星级龙泉宾馆的歌厅，一壶茶要价75元。

（摘自《喝茶喝了1 000元》作者卜平）

▲ 临沂出了个王廷江，江泽民总书记说：这个农民了不起！

（摘自《王廷江，好样的！》作者于立利）

金牌大省为什么成了亏损大省？

成立两个月，人数不满百的村办乡镇企业为什么敢跟大型国有企业叫板？

一壶茶水怎么能卖到75元？一晚上喝茶如何能喝掉1 000元?!

山东一个农民王廷江，为什么被江总书记称为“了不起”的农民？

无论用对比的手法还是转折的手法，这些通讯的开头突出了引人注目的中心事实，立即将悬念推给了读者，使人不得不看全文。

（三）突然插入记者截取的现场事态，有场景，有直接引语，有人物动作……

▲“要炸，他们自己去，我不当这个坏蛋！”安徽省颍上县半岗区委书记两眼血红，火爆爆地冲着报话机嚷。尔后，他甩掉话筒，看也不看在场的省防汛指挥部来人一眼，转身奔代家湖指挥护堤去了。

（摘自《含泪再炸邱家湖》作者胡秋野　许珂　郭定）

一开头便将尖锐的现场镜头摆在读者面前，一石激起，先声夺人。

▲ 去年9月9日入夜时分，一架发自香港的班机降落上海虹桥机场。辗转回大陆寻亲的朱老先生，急步走下舷梯。他向出口处望去，只见熙熙攘攘的接客人群中，有一块纸牌高高举起，上书“朱玉英”三个大字。“女儿接我来了！”看到这刻骨铭心45年的名字，73岁的老人鼻头一酸，他奔上

前去，紧紧抱住迎面跑来的一位年过半百的妇女。“爸爸!”一声亲切的呼唤，使老人激动得泣不成声。

（摘自《老台胞寻女奇遇记》作者叶正亭　邱范　嵇元）

这是一个感人的骨肉重逢的场面。然而朱老先生却不知道，他怀中抱着的，并不是他的真女儿!

一次激动人心的骨肉重逢，使人“如临其境”一般感动，然而下文却突然一转：女儿居然有假！记者当然不会放过这巨大的悬念。

▲ 连长李邦亮要走了，到师教导队去上任。

他没有惊动正在酣睡的士兵，以至许多战士急急爬起来后，只看到连长那熟悉的背景消失在月光中。

（摘自《黑脊梁》作者郑穗华　朱大成　秦风尝）

一个基层的连长，何以能引起那么多战士的留恋？这个截取的画面带着读者的好奇深入故事的一个个情节。

▲ 数千人的会场一片肃静，千万双眼睛神情专注，亿万颗激动的心倾听着时间的脚步走向那庄严的一刻，走向那永恒的瞬间……

1999 年 12 月 20 日零点。雄壮的中华人民共和国国歌《义勇军进行曲》庄严奏响，鲜艳的五星红旗由翠绿的澳门特别行政区区旗相伴，在6 000平方米的澳门文化中心花园馆内徐徐升起。

（摘自《永恒的瞬间——中葡澳门政权交接仪式纪实》作者张宿堂　孙承斌　陈斌华）

一个现场镜头，把读者带入澳门回归祖国的庄严时刻。

▲ 高度近视、双目失明、双腿残疾，超常矮小……他们年龄不一，各有各的不幸，但因为遇到了同一个人——李长春，他们的命运彻底地改变了。

（摘自《春来花开》原载《慈溪报》1993 - 02 - 25）

▲ 苏联经济危机的严重程度，从 64 岁的马洛费耶娃老泪纵横的脸上看得再清楚不过。

这位瘦小的孀妇一连 4 小时站在地铁通道里哭哭啼啼，想把她最好的朋友——一只瘦弱的牧羊犬“恰帕”卖掉。

（摘自《饥饿迫使人们卖掉心爱之物》作者王克　凯利　选自《中国记者》1992（2））

（四）以寓意的诗歌故事开头，然后迅速转入本题

▲ 西口，一提起西口，人们就会想起那凄凉的陕北民歌：

哥哥你走西口，小妹实难留；提起你那走西口，两眼泪长流。……

（摘自《哥哥今日走西口　妹妹欢喜不再留》作者王忠杰）

▲ 我愿做默默的小草
扎根在老山阵地
为祖国站岗放哨
用自已红的血绿的衣
把南疆装扮得更美好

——老山战士　董自传

（摘自《战士万岁》作者李伟中）

二、通讯的结尾

通讯的结尾有三大功能：强调主题、引发思考和抒发情怀。具体的表现手法多样：或议论，或抒情，或叙述事实，或现场再现场景。

（一）强调主题或深化主题

主题鲜明是通讯写作的特征。当一篇通讯写完了，结尾往往要通过议论和叙述事实强调立意、深化主题。这种强调或深化有两种手法：明示和暗示。明示就是公开表态、发议论；暗示就是用新闻人物之口，发表议论。

1. 公开发表议论

如：少数企业“死”不了，多数企业“活”不好——这是被无数事实证明了的无情规律。

天时人事日相催，冬至阳生春又来。以“搞活大中企业”为中心环节的中国经济改革，已经走过坎坷不凡的12个岁月。抬头看，见前方又横亘着一座绕不过去的山头。莎士比亚名剧中哈姆雷特那震颤心灵的独白，正隐隐在我们耳畔回响：

“活着，还是死去？这可是个大问题。”

这是《经济日报》1991年8月15日发表的工作通讯《少数企业“死”不了多数企业活不好》的结尾，这篇通讯通篇探讨的是产业结构调整涉及的最紧迫问题——少数企业面临的倒闭问题。记者从兼并少数劣势企业的必要性说到可能性，最后结尾强调主题：兼并劣势企业是产业结构调整的“一座绕不过去的山头”，“是被无数事实证明了的无情规律”。

再如以下几个结尾皆用公开发表议论来强调主题：

▲ 不，鲁布革人不服气。旧体制的短处毕竟不是中国的全部。“中国国情”不应是放松改革的遁词，只能是奋力改革的依据。改革带来了阵痛，而

阵痛中必将会诞生新的婴儿！

（摘自《鲁布革冲击》作者杨　）

▲ 祖国、连队、家庭，都压在他肩上。

这就是一代军人对时代的奉献！

黑脊梁，我们国家、民族的脊梁！

（摘自《黑脊梁》作者郑穗华　朱大成　秦风尝）

▲ 采访结束了。我们向卡孜木一家告别，波拉铁汉抱着不满周岁的小孙子哈密特向我们招手。土屋远去了，戈壁滩展现在眼前，张一平当年栽下的红柳如今已枝繁叶茂。啊，倔强的红柳，在这干涸贫瘠、北风犀利的草原上，你竟长得这么生机勃勃！你锁住了风沙，染绿了荒漠，唤醒了戈壁滩，你不正是栽树人的象征吗？

（摘自《戈壁的女儿——记北京籍退伍战士、全国新长征突击手张一平》作者何德来）

2. 用新闻人物的话来点题。

▲ 阜阳市委一位负责人说："垄断行业不能以垄断思想对待市场。"这位负责人感慨地对记者说：阜阳人盼铁路，"跑部进京"要铁路，勒紧裤带自筹资金修铁路，像当年支援淮河战役一样支持铁路。建京九铁路时，曾创下半月之内搬迁600多户、征地3 000多亩的"阜阳速度"。现在阜阳市铁路四通八达，存量资产数十亿元。我们殷切希望铁路充分发挥其应有的社会效益，"阜阳不再拒绝铁路。"

（摘自《阜阳拒绝铁路》）

▲ 从歌厅出来，康感慨地说："为什么有些歌舞厅长盛不衰？就是靠这些姑娘坐台。现在很多泡歌厅的中年人专门喜欢找这些年纪轻的姑娘陪喝、陪舞。"

（摘自《暗访歌舞厅问题少女》作者伍洪涛　吴湘静）

▲"不管这理由那理由，不干或干不上去就没有半点理由。"开封市领导已亮明了态度："谁英雄，谁好汉，要在经济发展的主战场上比比看！"

（摘自《"开封"缘何不"开封"》作者詹国枢　庹震　刘海法）

其实，引人回味和思索的结尾方式还有很多，比如可以用对比式评论，反问式提问，甚至可以让报道的情节戛然而止，似乎该有的评论和结尾都没有，使读者在阅读中有一种突然中断的"空白"感，这样做很容易激起读者的想象力，去完成他心目中的通讯结尾。

如：

▲ 郑晨奋力向前，率先冲向终点，25 米，20 米，15 米……还差最后 5 米，郑晨挥起手来，胜利在握！

这一瞬间，多少人泪眼朦胧，喉头哽咽，多少人手舞足蹈，紧紧拥抱……中国选手以 39 秒 17 的新亚洲纪录，换得了最后一块宝贵的金牌。

94 块金牌的分量是一样的，但祖国人民不会忘记第 94 块金牌是怎样得到的

——这难忘的 39 秒 17。

（摘自《汉城决战的最后四十秒》作者刘蔚）

第 94 块金牌是怎样得到的？通讯结尾处没有明确议论，文章戛然而止，留给读者更大的想象空间。

▲ 邓稼先平时不爱坐专车。病重时也是如此。1985 年春节前夕，邓稼先做完手术在家休息，医生绝对禁止他看书和工作。他把引流瓶藏到衣服里，挤公共汽车去图书馆查资料。其实，如果他非要出去的话，打一个电话就会有小车来接他，可邓稼先说："乘公共汽车方便！"

（摘自《核弹元勋的"三子"》作者李春　王进昌）

核弹元勋邓稼先从不利用自己的地位要好房子、高级车以及安排孩子的工作。文章用事实说话，事完话止，让读者的回味去结尾。

（二）抒发情怀

通讯要感人，需讲究事、理、情。写得好的通讯，可能通过含情的结尾，给读者留下回味的余地，使主题得到强化。例如以下几个结尾：

▲ 在洪泽湖畔，省政协主席孙颔和民工有这样一段对话——

孙颔（紧握着民工的手）："感谢你们，是你们保住了洪泽湖大堤。"

民工："应该感谢党，是党保住了我们的生命。"

洪泽湖，你听见了吗？这就是你儿女的心声！

洪泽湖，你不应忘记，也不会忘记！

（摘自《洪泽湖不会忘记》作者刘向东等）

▲ 风轻轻吹动他发白的双鬓，像妻子温柔的抚摸，又像她的低诉，他又听见她说："这辈子嫁你虽苦无怨。"

他擦擦眼泪转身离去，又要去着手制定下一个治理目标，像平时的每一次出门一样，他觉得妻子又在目送他远行。

（摘自《勋章背面的未了情》作者金振蓉）

▲ 我分明看见一颗晶莹的泪珠从儿子的眼中滚了出来……儿子安详地走完了他短暂的、但没有虚度的一生。我默默地对小云峰说，下辈子，我们

还当母子！

（摘自《下辈子，我们还当母子》作者黄卓坚）

思考与练习题

1. 通讯与消息在结构方式上有何区别？

2. 通讯结构的基本类型有哪几种？

3. 分析《总书记来到小岗村》（载《光明日报》1998－09－28）的结构特点。

第二十章

人物通讯

人是大自然最伟大的杰作，是社会生活中最活跃的因素。因此，写人的通讯总是最能吸引人、打动人、影响人的一类通讯。

在我国传媒的各类通讯中，人物通讯占据着一个突出的位置。

什么是人物通讯?

简言之，就是以人为对象、专门写人的通讯。

具体说来，人物通讯就是以通讯的形式报道具有新闻价值的人物，反映其行为、事迹和生活，再现其精神境界、人生轨迹和生存状态，从而达到教育启迪，或监督批判、警示社会的目的的通讯。

在通讯家族中，人物通讯在数量上所占的比重比较大。

在记者众多的个人作品集或“经验谈”中，人物通讯（包括人物特写）和采写人物通讯的经验体会所占的比例最大。例如，1999年出版的由辛华主编的《新时期中国优秀通讯选》中，共选录优秀通讯130篇，其中人物通讯就有51篇，占近40%。

研究并掌握人物通讯的写作方法，反映社会各界多姿多彩的人物，是时代赋予我们的任务。

第一节　我国人物通讯的发展轨迹

一、以表彰先进人物为主的通讯半个世纪兴盛不衰

与西方新闻界相比，中国新闻报道中的人物通讯显得十分突出。以表彰先进人物为主要内容的人物通讯以其比重大、兴盛时期长、社会作用显著和发展变化快而成为中国新闻传播业中的突出现象。

从延安时期开始，党的机关报《解放日报》就十分重视这种报道形式。《解放日报》经常通过宣传军队和群众中的英雄模范人物来推动抗日战争的开展。从那时起，中国社会历经了抗日战争、解放战争、20世纪50年代的新中国建设时期、60年代到70年代的十年浩劫，直到80年代至21世纪初改革开放20年的历程。在半个世纪的历史进程中，中国的政治生活和经济生活发生了巨大的变化。在社会急剧转型过程中，人们的文化观念和价值体系也发生着急剧的转型。尽管如此，写人物的通讯仍然活跃在中国报纸的版面上，活跃在广播、电视节目中。以人物通讯的形式向社会报道的先进人物有：劳动模范孟泰、向秀丽，英雄志愿军战士黄继光，解放军战士雷锋、王杰，县委书记焦裕禄，大庆工人王进喜，植棉模范吴吉昌，优秀科技工作者栾茀、蒋筑英、罗健夫，身残志坚的青年张海迪，直至90年代维修工徐虎，汽车售票员李素丽，西藏地委书记孔繁森，林业工人马永顺等。人物通讯兴盛半个多世纪，显示出其持久的生命力。

我国新闻业的历史经验证明，用人物通讯的形式报道各个时期的英雄和先进人物，曾有过很好的社会效果。我们的时代需要英雄。杰出人物的价值追求，代表了历史发展的方向，具有促进和推动社会进步的力量。几十年来我们在媒体上推出的一系列英雄、模范、先进人物，以他们的模范事迹、时代精神和民族美德，鼓舞、教育了几代人，促进了社会风气的净化，有利于社会的整合和健康发展。

比如20世纪60年代初关于雷锋的报道，使“毫不利己、专门利人”的雷锋精神在社会生活中迅速传扬，净化了社会风气，培育了一代有理想、有道德的青年。

20世纪60年代中期对县委书记焦裕禄的报道，鼓舞了人民战胜自然灾害的斗志，增强了民族的凝聚力，进行了民族精神的“洗礼”。焦裕禄那种直面困难、战天斗地、奋不顾身的赤子情怀鼓舞和感动了成千上万的读者。

20世纪80年代，关于残疾青年张海迪的报道，既写了她身残志坚、奉献社会、奉献他人的事迹，又写了她不甘毁灭、顽强不屈实现个人理想的强者精神。

20世纪90年代关于山东援藏干部、西藏阿里地委书记孔繁森事迹的报道，将他的奉献精神、党性原则和对藏族百姓的赤子情怀一一展现出来。

实践证明，在改革开放、进行社会主义现代化建设的今天，用人物通讯的形式报道我们时代的英雄和先进人物，以他们的模范事迹和时代精神鼓舞和教育群众仍然是新闻界的重大任务。

二、人物通讯随着时代的步伐发生重大变化

随着改革开放的深入，人们的生活方式、思维方式和价值取向都发生了巨变，随之而来的是国民思想所发生的民主变革：思想环境从封闭走向开放、从极左走向现实；思想方式从绝对走向相对，从非黑即白的模式走向系统思维的模式。20年来中国社会舆情的变化是一个世纪以来最广泛最深刻的。

中国新闻事业的功能也逐步从较多承担宣传功能演变为宣传与沟通信息、监测环境并重的功能。信息观念的确立，使新闻观念和新闻思维发生很大变化。人物通讯的报道内容、报道理念和采写技法也随之发生了变化。

（一）报道对象的变化

在采写人物通讯时，选择哪些人物，采集什么事迹，弘扬什么主题，在这些看似纯业务性选择的后面，常常负载着深厚的历史文化内涵和鲜明的时代印迹。80年代中期之前，人物通讯的报道对象基本是两类——英雄人物和先进模范人物，负面人物的报道极少，普通老百姓则基本上被排除在通讯的选题之外。这本身给社会造成一个比较片面的、甚至虚假的信息环境，也造成了比较片面的舆论导向：只有英雄模范才有新闻价值，而普通人是微不足道的。报道对象的片面和雷同，不利于民主社会的建设，也不利于人们客观地认识社会和把握自己。

20世纪80年代之后，随着社会民主化进程的推进，我国人物通讯的采写对象才从单纯的“高、大、全”式的英雄和模范人物向社会上“普遍存在”的人群转移。20世纪90年代以后，以普通人、特别是社会弱势群体为报道对象的平民化人物通讯登堂入室。继而，以揭露批判的对象——党和政府官员中的腐败分子、社会各色犯罪分子为报道对象的人物通讯也占有了一定的份额。这样，人物通讯的报道对象逐渐显示出丰富、多元和均衡的特点。不仅有各行各业的英雄人物、劳动模范、创业的精英、风云人物，而且有普通人系列：下岗工人、山村教师、贫苦的农妇、无依少靠的孤儿、重病求治的患者、默默无闻的掏粪工、顽强奋斗的残疾人……只要他们是一定社会阶层的代表，都有权通过人物通讯的渠道，接近媒体，与社会对话。

（二）报道理念的变化

在人物通讯的演变中，变化最大的莫过于报道理念，即：用什么样的视角去看待这些或优秀的、或平凡的、或值得怜悯的、或应当谴责的人物。如果用一句话概括人物通讯的报道理念的变化，那就是：向人的回归。无论好人还是坏人，首先要将报道对象当成一个人来观察、描述和评判。逼近了社会生活中真实存在的“人”，才是逼近了真实。它正是新闻本身的魅力所在。

具体说来，在报道先进模范人物时，人物通讯的报道理念也经历了由神到人的转变，逐步摆脱了一度形成的“神化”先进人物的报道理念和采写模式。

曾几何时，人物通讯中报道的先进模范人物个个形象高大、意志超人，有些甚至被描写成不食人间烟火，没有七情六欲，没有内心矛盾，没有家庭生活，没有个人追求，心中只有社会理想的“神”。这种被“神化”的先进人物，脱离了正常人的思想特点和行为特征，也就失去了作为“个人”的光彩，失去了起码的真实性，易使读者产生逆反心理，因而也就减弱了其作为先进典型的社会示范作用。

改革开放以来，在人物通讯中逐步扭转了这种“神化”先进人物的报道理念，塑造了一批真实可信、血肉丰满，既有无私奉献社会的精神，又有正当个人价值的追求；既有坚强的性格，又有一个普通人内心矛盾的先进人物。例如写残疾青年张海迪的通讯。在《生命的支柱》这篇通讯中，作者郭梅尼不仅展示了张海迪身残志坚，为社会、为他人的奉献精神，又着力刻画她不甘毁灭、顽强不屈实现个人理想的强者精神；不仅展示了她超乎常人的顽强意志，也记述了她遭受生活屡屡打击后曾试图轻生的事实。又如在人物通讯《黑脊梁》中，作者不仅表现了解放军某部连长李邦亮刻苦练兵、带兵的事迹，突出了一名共和国军人的责任感，同时着力刻画他抽空回家乡给自家盖房子、收麦子，孝敬父母，尽一个儿子、丈夫、父亲的责任，既表现了“兵味儿”，也表现了“人味儿”。

在揭露反面人物的通讯中，也同样经历了由“鬼”到人的报道理念的转变。反面人物包括腐败、堕落的贪官、行凶杀人的罪犯等，这些人在人物通讯中曾一度被脸谱化，即“魔鬼化”。有些通讯写到这类负面人物时，往往对他们美好的过去只字不提，对其做过的好事、有益的贡献有意抹杀，报道的只是他们自甘堕落、本性凶残、冥顽不化的一面。90 年代媒体的舆论监督力度加大以后，以人物通讯的形式对反面人物的报道数量增加，同时也逐步扭转了把人“魔鬼”化的理念，而把他们当做犯错误的人、犯罪的人看待。不仅报道他们的罪恶事实，也报道其犯罪时的心理冲突及犯罪得以实施的社会环境；不仅报道他们的贪婪、凶残和丑恶灵魂，也报道他们的内心矛盾和忏悔；不仅报道他们肮脏的今天，也报道他们曾经是无瑕的昨天。例如对于因犯非法拘禁罪、行贿罪被判20年徒刑的原著名的农民企业家禹作敏的报道，肯定了他在农村改革工作中敢闯、敢干、有经营头脑的强者意识和将大邱庄建成“华夏第一村”的历史功绩，又将他的犯罪过程从思想根源、社会环境一一作了分析。再如对1999年北京发生的特大杀人案的凶手赵连荣，除报道了他连杀八位打工女青年的令人发指的罪行外，也述说了他临刑前对受害者的忏悔，对妻子、儿子的负罪心情和对人生的眷恋。

总之，从人的视角去看待先进模范人物，也从人的视角去看待普通人或反面人物，显示每位人物的个性和人生曲线，才能使人物真实可信。

第二节　人物通讯报道对象的若干类型

如果详细地划分，人物通讯的报道对象可分为以下几种类型。

一、先进模范人物——典型人物

它是指新闻媒体报道的在一定时期或一定地区，其事迹或思想观念能够代表时代潮流、反映时代精神的新闻人物或人物集体，一般称为典型人物。

“典型”原指铸造器物的模子，在这里指在同类中“具有代表性的人物或事件”。

典型人物报道是我国新闻事业的一种传统而重要的宣传报道方式，也是我国新闻事业的一大特色。典型人物报道是历史的产物，带有鲜明的时代印记，集中反映特定时代的社会风貌和时代精神，各个时代的典型人物也呈现出不同的特点。

典型人物可统称为受表彰的各类先进人物。如全国十大杰出青年、司法系统评出的十大法官等，还有各省、地、市、县、乡树立的先进人物和各单位树立的先进典型。

• 全国性的典型人物。

如《县委书记的榜样——焦裕禄》、《领导干部的楷模——孔繁森》等都属于全国性典型人物。此外，带领农民致富的山东临沂党支部书记王廷江，把温暖送到千万家的上海修理工徐虎，北京的优秀汽车售票员李素丽，建筑行业的质量标兵范玉恕，浙江的优秀企业家滕增寿等，这些典型人物都是由地方推荐，记者经实地采访写出报道的典型人物。

• 配合一个时期宣传主题的典型人物。

典型人物报道向来是配合党和政府各个时期中心工作的一种有效的形式。如为配合解决职工下岗问题，通讯《促进再就业的功臣——记大连劳动市场职业介绍员戚秀玉》介绍了她4年帮助11504名下岗职工再就业的非凡成绩。

为了配合解决企业的政治思想工作，《跃动的生命线——山东小鸭集团党委书记李淑敏思想政治工作纪事》这篇通讯，报道李淑敏紧紧抓住“尊重人——理解人——启发人——关心人——激励人”这五个环节，摸索出一条在市场经济形势下做好思想工作的卓有成效的路子。

为了增强人们的环保意识，鼓励植树造林、绿化荒山的行动，《黑龙江日报》1994年7月14日刊出了《马永顺：无愧于大森林》的人物通讯，报道了马永顺这个砍了一辈子树的老一代伐木工人，退休后给大山还“账”，植树3万多株的事迹。

二、新闻人物

这里所说的“新闻人物”，不是从宣传角度树立起来的人物，而是指在大大小小的新闻事件中涌现出来的杰出人物。他们因“事”而“显著”，他们和事件有密不可分的关系。

新闻人物有两类：

（一）与事件有关的新闻人物

如解放军战士徐洪刚在公共汽车上面对歹徒的利刃挺身而出保护乘客，身负重伤，成为闻名军内外的“见义勇为”英雄。

1999年5月8日，以美国为首的北约突然用导弹袭击我国驻南斯拉夫大使馆，造成我国三位新闻工作者邵云环、许杏虎、朱颖殉职。一时间，这三名冒着炮火在前线采访的新闻工作者成为人们关注的新闻人物。各媒体相继刊登了报道邵云环和许杏虎的人物通讯。

1998年夏天，我国长江、松花江流域发生历史上罕见的洪灾。无数英勇的抗洪部队指战员顽强战斗在洪灾第一线，用汗水和生命保卫着人民的生命财产，涌现出了许多可歌可泣的英雄子弟兵。较有影响的通讯有《大江中永生——记抗洪英雄高建成》，介绍解放军某部指导员高建成舍己救人的事迹；《你与干堤同在——记抗洪钢铁战士、一等功臣吴良珠》，介绍了这位普通的军士在不知病情的情况下，忍着晚期肝癌的巨大病痛，竟在抗洪现场奋斗了55个昼夜，直到昏倒在大堤上才被送到医院救治，不久在医院去世。

（二）精英人物

新闻价值的要素中有一个要素：显著性。凡在社会中有显著性的人物无一例外地聚集了众人关注的目光。20世纪80年代以来，社会生活多姿多彩，各时期、各行业英雄蜂起，浮现出不少风云人物，如巧于致富的农村专业户，敢闯红灯的事业开拓者，创造经济奇迹的企业家，新当选的人民代表、新就任的部长、市长，敢于冒险闯生命禁区的勇士等。另外，当红的歌星、影星，体育界明星，也常作为人群中“显眼”的一族成为人物通讯的报道对象。他们或创造了常人难以创造的业绩，或有万人羡慕的机遇。采写精英人物的目的，常常不是通过事迹彰显其先进观念或精神境界，而是因其成就、机遇的不寻常而关注其成功的原因，如报道他们的现代理念、超人的气魄和胆略、出众的才华甚至是难得的机遇等人生带传奇色彩的一面，与表扬先进、激励社会的典型人物报道有较大差别。

三、凡人奇事，奇事凡人

社会生活中出现的大量平凡的劳动者，他们不属于哪级树立的典型，亦无轰轰烈烈的业绩，但他们的一事、一语、一情、一思，他们的所作所为符合我们报道的主旨，符合主流意识形态弘扬的精神。这类人物通讯也可算是新闻小故事，常常有小巧、新奇、隽永的特点，人因事而显，人与事相连，一般篇幅不太长，有时说不清是写人还是写事。

例如，《解放军报》1991年6月1日一版发表的小通讯《孙铁锤传奇》，就报道了一个黑乎乎、壮实实的志愿兵孙铁锤。

孙铁锤传奇

江永红

志愿兵孙铁锤，黑乎乎，壮实实，一口河南腔，今年整40。

他一顿能吃连队的包子24个，力气过人。在山沟当饲养员时，几只狼来叼猪。他追着狼打，抓住一只小狼崽，攥着后腿一撕两半。不久，在山上打猪草的两个小姑娘被几只狼包围，他闻声冲上去，一只胳膊夹一个姑娘，冲了出来。

这两个姊妹看上咱铁锤，把他叫进家，一屁股堵住门，说：“我俩任你挑一个，要不同意这门亲事，就找连长。”铁锤正色说：“金花配银花，葫芦配南瓜，不中不中！”说着便夺门而出。住在隔壁的郑连长把情况听了个一清二楚，喊住铁锤：“今天处理得不错，以后要小心！”从此，铁锤见了女人就装哑巴。野营到村庄，也是只做好事不说话。

怪就怪在怕啥有啥。1989年5月，咱铁锤正在黄石市大街上走，一女人跑过来挽着他的臂膀。铁锤惊呆了，正要甩开她，女人急切地说："后面有人要抢我，求你救救我!"铁锤扭头一看，见六七个男子拿着匕首围了上来。他大声吼道："俺是解放军，有胆的上来较量较量!"众歹徒见他五大三粗，一声口哨，散去。

言归正传。国防施工打坑道，铁锤抡八磅大锤打100下才肯喘口气，人称"拼命三郎"。坑道竣工了，连队有3人患矽肺病住院，铁锤最重。他闷得慌，偷跑回连队，照干不误，照样一顿饭1公斤面条。说来邪门，半年后，住在医院的两名战友相继逝世，他却活得好好的。拍胸片一查，不治而愈了。医生惊呼"奇迹"，问他的秘方。他说："俺啥方也没有，不管是死是活，就想为连队多干活。"

铁锤当兵后尽干苦差事，干啥都是不要命。他烧锅炉，一年进煤40余吨。他也不要公差，一个人一锹一锹把煤从场上搬进屋堆起来。有人说他"吃饱了撑的"。他眼珠一瞪："你懂个屁！这都是钱买的，放在外头，一场雨要冲走多少斤?!"

铁锤现在看仓库，攥紧钥匙就行了。可他又"多管闲事"，带着两个民工，鼓捣电锯电刨的，把全旅的铺板和桌椅板凳的制作都包了。

铁锤没有节假日，业余时间为战友修鞋、修表、修收音机，啥都干，还常到街上摆义务修理摊。

他只上过小学三年级。入伍后，就靠一本"毛选"，一本字典，知书识礼了。有个干部用农场的东西巴结领导，铁锤找他理论，他说："你讲的都是毛主席的话，我算服了。"

咱铁锤爱好书，恨坏书。有个小贩在书摊上吆喝："快来买呀，这书真够刺激呀!"他上前一看，封面上印着裸体女人，问书贩："还有几本?"书贩回答："只剩5本，一本两块。"铁锤不由分说，全买下了，掏出火柴，把书烧了。小贩和围观者目瞪口呆。

铁锤就这么傻得可爱，憨得有理。不只一位首长提醒他："典型要有典型样，说话办事要讲方法，不要一张嘴就见到你的喉咙。"他说："俺也知道这不好，可……"首长说："你看人家雷锋，好事做得多，说话也有水平。"他说："俺咋敢跟雷锋比。"

铁锤当兵18年，现在他的住室，一张桌一张床，还有一个装修理工具和衣物的床头柜。他的财富都挂在墙上，是贴了一圈的奖状。旅首长看他如此简朴，问他："你不抽烟不喝酒，钱到哪里去了?"他说："俺娘和老婆孩子在农村，常闹病。"还有两条他没说，一是做好事贴了不少钱，二是饭量也实在太大了，定量不足自己补。旅首长揭开他煮红薯的铁锅，心里很不是滋味。今年2月24日，旅党委专门为孙铁锤的肚子开了会，决定每年从生产粮中给他补助250公斤。

（《解放军报》1991－06－06）

孙铁锤是个当了18年兵的老兵。他力气过人，胆量超人，饭量也惊人，很有些奇事可流传。他做的奇事：打狼救人、勇斗歹徒、干活拼命、爱连队如家，颇让人敬佩。但他不是完人，他的憨直性格也让人忍俊不禁。这篇通讯把孙铁锤写活了，很有人情味儿。

四、“冰点”人物

与奇人凡事不同，这类人物似乎没有值得特别提起的先进思想和传奇事迹，他们并非因事迹而进入人物通讯，而是因为他们的命运、他们的生存状态值得社会关注，具有一定的社会认识价值，才被作为报道对象。

这里的“冰点”是借用《中国青年报》一个专栏的名称。

《冰点》是《中国青年报》1995年元月开设的一个专版，每周一次，大多报道生活中的普通老百姓，或者说以普通人的视角去“关注普通人的命运和想法”。之所以叫《冰点》，一是显示其选题的异类和“逆潮流”。二是显示其选题的独家。人物通讯写先进模范人物、新闻人物、精英人物的多，写似乎没什么“新闻价值”的普通老百姓的少。很多媒体喜欢在“热点”扎堆儿，明星新闻炒得很热，普通人的生活却始终罕有媒体问津，经常是冷冰冰的，被媒体遗忘的角落。这类人物通讯，有人将它命名为“平民化报道”。它以平视的角度再现普通人的生存状态。这些形形色色的主人公没有骄人的业绩，没有人人称羡的机遇，甚至说不出任何在传统意义上可以值得写上一笔的先进思想和“时代精神”，倒是有太多的叹息和困惑。生活的苦涩、命运的不公，使他们每家都有一本难念的经。即使是先进人物，立足点也不像传统人物通讯那样是为了引导舆论和弘扬其精神，而是再现此人物的美德的同时展现其内心世界中不易被人看到的重负和无奈的一面。如《五叔五婶》报道的是湖南湘西土家族自治州保清县清水乡沓湖村的一对土家族夫妇，为供两个儿子读书，拼死与贫困抗争的故事；《最后的粪桶》写的是北京几位90年代的背粪工——几位回城知识青年当清洁工的苦涩生活；《李高令其人》写的是青岛市学雷锋标兵、个体出租司机李高令当模范、做标兵的隐衷……

平民化人物通讯是20世纪90年代中国新闻文体中浮现出的一种新的报道类型，它带来了新的理念和新的技法。与此相类似的有中央电视台1993年5月开播的《东方时空》的子栏目《生活空间》中的人物报道。它以“讲述老百姓自己的故事”为口号，标示其创作理念和技法的平民化特征，开辟了电视平民化报道的路子。与此同时，一大批报纸也开始刊发平民化的人物通讯。

1996年4月8日，《广州日报》刊登了一篇人物通讯，是一个痛失爱子的母亲讲述她刚刚16岁就被肿瘤夺去生命的儿子：

下辈子，我们还当母子

——一位痛失儿子的母亲自述

黄卓坚

在今年年初七，当春天到来的时候，我的儿子张云峰却安详地离开了这个世界。他和病魔拼搏了十几年，总算迈进了16岁花季的门槛，而我这个当母亲的感到安慰的是，儿子虽然身患绝症，心里却是健康的。

儿子两岁的时候患了“何杰金氏症”，这是一种恶性淋巴瘤，病魔真是来势汹汹，基本上是两年大发作一次，每次都是上医院作半年的化疗。因此，骑车送医院，成了我时常的“功课”，儿子也仿佛就是在自行车的后座上悄悄长大的。

儿子生性活泼，爱说爱动，但当他懂得将自己与别人相比的时候，阴影就不期而至了：“妈妈，为什么我那么瘦弱啊？为什么我总是感到辛苦呢？为什么……”

我说，因为你是个有病的孩子，我们还不能选择不生病。但可以选择不示弱，只要努力，你照样可以生活得很快乐。有个叫张海迪的阿姨，虽然高位截瘫了，但还做了许多了不起的事情，你能蹦能跳，条件比海迪阿姨好多了，儿子，我们不能“执输”（失败）啊！

话虽然这么说，但生病的孩子很容易产生自卑自弃的心理，我和丈夫在这方面格外留神。有一次，学校组织学生去游泳，老师担心儿子的身体吃不消，没让他下水，儿子未免有点沮丧。回家之后一个劲地问我：“妈妈，游泳是不是要很勇敢啊？在水中是什么滋味呢？”望着儿子那充满渴求的眼神，我和丈夫一商量，决定带儿子闯一闯：全家去游泳。那天，套了个救生圈的儿子在水中手舞足蹈，笑哈哈地激起了串串水花，高兴极了。那一刹那，我也觉得自己俨然是世界上最幸福的妈妈。

从此之后，我们鼓励儿子尽量多参加集体活动。上初一的时候，他甚至随同学们去远足登山，回来后见人就说：“我登上了西樵山啦！”这些有益的活动对培养儿子坚强的意志很有帮助。

儿子虽然身陷沉疴，但我们希望他不要做个特殊的学生，即使是化疗，也尽量安排在星期六下午，星期日休息一天，星期一照常上学，在升旗仪式上，儿子和同学们一样，庄严地敬队礼，谁也不知道，就在前一天，由于化疗的副作用，他还在家中呕吐得天翻地覆，连黄疸水也吐出来。

为了治病，儿子拉下了很多功课，成绩自然不会是拔尖的，为了给儿子鼓劲，我们刻意去发现他的闪光点，加以肯定。我衷心感谢儿子的各位老师，他们给了孩子许多自信和勇气，但凡他在学业上有一点点的进步，老师都给他颁发“学业进步奖”。有一次，儿子兴奋地告诉我：“老师讲，张云峰，你真了不起。”原来老师在讲授《三国演义》节选时，儿子把一个典故完整地叙述出来了，老师马上就表扬他。又有一次，儿子贴在我的耳旁悄悄说：“学校排名次，我不是最后，我后面还有100人呐!”

儿子特别喜欢小动物，他的理想是当一名生物老师，而第一个目标是考上21中。为此，他尽了自己所能刻苦学习。记得小学毕业考试的时候，他正发高烧，达39.7摄氏度，我们劝他算了，但他坚持要考，硬是挺了过来。儿子上了21中，高兴得不得了，他体验到了成功的喜悦。

现在的家长大都对孩子呵护备至，但有的孩子却根本不珍惜长辈的爱，他们缺乏一种爱的体验，很难指望他们会回敬父母，而一个连父母都不爱的人，又怎么可能真正去爱周围的人，爱自己的祖国?

我认为爱的教育是培养孩子健康心理素质不可或缺的一环。倒不一定讲什么大道理，可以从身边最朴素的事情做起。记得儿子读小学的时候，有次对我说：“老师真锡（疼爱）我，又怕风吹我，又怕太阳晒我，又怕同学碰倒我，老是给我调换座位。”我就不失时机地给他讲“受人滴水之恩当涌泉相报”的故事。儿子很幸运，遇到了很多爱护他的老师和关心他的同学，感激之情经常溢满孩子的心田。

去年，新闻单位报道了儿子与病魔斗争的事，社会上关心他的人更多了，气功师、治癌专家纷纷找上门来，区长也登门慰问。去年11月22日，是儿子15岁的生日，也是他最后一个生日，市妇联在儿童活动中心为他举行了盛大的生日会，100位小天使载歌载舞祝福云峰，儿子感动极了，回到家还自言自语：这么多人喜欢我，我一定治好病，好好报答他们。

至于对我和他的爸爸，儿子已经作了很好的报答。我们一旦有个头痛脑热的，儿子必定端水递药，嘘寒问暖，一如我们对他那样。平时我在家做饭，儿子总喜欢搬张椅子坐在厨房门口，给我讲他从书上看来的笑话。

儿子那么乐观，那么热爱生活，但病魔却不放过他，一口一口在吞噬他的生命。去年冬天，他终于躺倒了。在病榻上，他央求爸爸：“你背我回学校，我就看那么一眼……”

我对我的学生们说，小云峰多喜欢学校，多想读书啊！但永远也不可能了，你们千万不要身在福中不知福啊！孩子们都哭了，想必是听懂了我的话。

在今年新春那个春寒料峭的清晨，是我们最痛苦最难忘的日子。由于肿瘤转移到脾脏引起破裂，儿子非常痛苦。我一边轻柔地抚摸着他，一边掏出了我们最后的心里话：“孩子，爸爸妈妈要感谢你，感谢你那么懂事，感谢你给我们带来了永远回味无穷的欢乐，也感谢你让我们尽可能地完美——为了做你的榜样，我们从不敢怠惰，不敢游戏人生，谢谢你，亲爱的好儿子！”

我分明看见一颗晶莹的泪珠从儿子的眼中滚了出来……儿子安详地走完了他短暂的，但没有虚度的一生。我默默地对小云峰说，下辈子，我们还当母子！

（《广州日报》1996－04－08）

一位母亲痛失爱子——这种人世间最大的不幸通常只有当事人自己去默默承受，似乎缺少报道的理由——新闻价值。但当我们用社会价值观来审视这类报道时，就会发现，这些不幸的人生中的那些灿烂的人性之美：母子之爱，与命运抗争的勇气、对生命的理解、两代人之间的心灵沟通和相互扶助的生存状态便像火花一样迸发出来，去点燃所有的孩子和父母的心灵。

这篇通讯的主人公是一个遭遇不幸的普通人的家庭。惟其普通，才能使普通人产生共鸣。由这些普通人中体现和传承的人性的真善美，更使报道余音袅袅，回味绵长。

五、批评或揭露性报道中的反面人物

这类人物主要是各类反腐败案件中的党政干部。

在改革开放及社会转型的过程中，滋生出大量社会腐败现象。其中，党政官员以权谋私，大搞权钱交易的现象常常引起老百姓的激愤和舆论的震荡。20世纪90年代后，媒体纷纷将在社会生活中影响比较大的、反腐败案件中的主角——腐败的官员作为人物报道的对象，详细披露其犯罪事实，谴责其对社会正义和人民生命财产的侵害，剖析其道德上的堕落和人性蜕变的轨迹，并提示产生腐败的社会土壤，起到了警示社会、释放民怨、鼓舞斗志、引导舆论的作用。仅1999年到2000年，中国媒体就报道了原云南红塔烟草有限责任公司董事长褚时健贪污、巨额财产来源不明案；原湖北省副省长孟庆平受贿案；原浙江省副省长、宁波市委书记兼市长许运鸿受贿案；原江西省副省长胡长清受贿案；原广西壮族自治区副主席徐炳松受贿案；2000 年更有原全国人大常委会副委员长、原广西壮族自治区主席成克杰受贿案等一批大案要案。因此，作为被批判或被揭露对象的反面新闻人物，也作为一类报道对象进入“人物通讯”的家族。

第三节　人物通讯的采写特点

一、选择新闻人物要贴近时代，贴近社会生活

“笔写真人”是最难的。

生活中可歌可泣、可圈可点、可引以为训的人生很多。著名记者、新华社总编辑南振中在《记者的发现力》一文中要求记者“善于发现和表现最能体现时代精神、对人们有较大激励和鼓舞作用的典型人物”。在新闻人物的选择上通常有两点要求：一是能体现时代精神；二是能对人民群众有启发、激励作用。选择的采写对象如果离时代的要求差得比较远，或者超前或者落后，都不能使广大受众与其产生共鸣，也就难以收到“教育人、鼓舞人、激励人”的社会效果。中国正在走向市场经济的时代，若一味报道那些“毫不利己，专门利人”、“无私奉献不求索取”的先进模范人物，便难以引起现时代的受众，特别是青年一代思想上的认同。而那些奋发向上、迎接挑战的人生理想，那些审时度势、抓住机遇的人生选择、那些勇于维护公民权利、又自觉承担公民社会责任的人生态度则显得更符合时代的要求，也更贴近社会生活的实际，更能对社会产生影响。因此，人物通讯的采写对象总是随着时代的发展而产生变化。他们或许是著名人士，或许是普通百姓，或许是先进人物，或许是反面人物。但万变不离其宗的是，他们的生活理念或人生教训切中社会话题，能吸引广大受众的目光，并可以从正、反面引导社会舆论的健康发展，为老百姓树立起一个认识世界和判断社会价值的坐标系。

如 20 世纪 90 年代对李素丽的报道，有较好的社会反响。这位优秀的公共汽车售票员以其在普通岗位中显示出的敬业精神和热情、善良、乐于助人的美德，在当今社会道德滑坡，人际关系淡漠的时代大背景中，显示了特殊的感染力和影响力。

再如，《中国妇女报》1999 年 1 月 26 日刊登了《爸爸妈妈昂起头来—— 一个女中学生鼓励下岗父母再就业的故事》。这篇人物通讯的主人公是个普普通通的中学生。这篇报道缘起这位女学生给其下岗父母的一封信：

亲爱的爸爸妈妈：

女儿知道，咱家的生活遇到了困难，我觉得近来你们的眼光变得黯淡了，你们的脾气变得暴躁了，爸爸，失败并不可怕；妈妈，不要哭，生活是不相信眼泪的，重要的是，面对生活的挫折，我们要昂起头来。

为了克服困难，女儿可以吃得节省，为了生活，女儿可以没有零用钱，为了战胜挫折，我们可以不买新衣服，可是惟有不能失去的是信心。

我不会因为你们的下岗而自卑、苦闷，我也不会因花钱受限制而抱怨，更不会用无能来嘲笑你们，希望爸爸、妈妈永远也不要失去生活的信心……

女儿：嵩琦

女儿的信极大地激励了下岗的父母。父亲尹书章"抱着头哭着说：'孩子这么小就这么懂事，我一个五尺高的汉子怎能不如一个孩子！'"

"第二天，夫妻俩同时说出一句话：'我出去找活干！'"

这封信激励的决不仅仅是嵩琦的父母。

职工下岗是我国经济转型时期遇到的特殊难题。尤其是夫妻同时下岗，生活顿时没了保障，巨大的经济压力和心理压力往往使家庭失和。各级政府虽然就解决"再就业"问题倾注了很大的精力，但家庭和亲友之间在精神上的支持和理解是必不可少的。

这篇通讯选取了从子女对下岗父母再就业的理解、支持和精神的鼓励这个角度切入，贴近社会生活，具有较强的时代针对性。

二、凸显新闻人物的内心世界，展示其思想发展的过程

在人物通讯中，无论写先进人物的事迹，还是写反面人物的罪恶行径、写普通小人物与命运的抗争的故事，目的绝不仅仅是为写事实而写事实，而是从这些事实中再现其内心世界和人生追求，描述新闻人物的人生曲线。只有写出人，才能影响人。而要表现一个人物，重要的或许不是他们的事迹、能力、机遇、成就，因为人的生活受到社会环境的制约，自己常常难以改变命运。因此，人与人的出身、阅历、文化背景、面临的机遇很难相比，所以人的能力和成就也很难相比。难以相比的东西就很难打动人。人们欣赏明星的才华，赞叹名人的智慧，羡慕幸运者的机遇，景仰伟人的功绩，但欣赏、赞叹和羡慕却很难打动人心，改变一个人的价值观。与能力、机遇不同的是，人的心灵具有相似性，是易于沟通的。无论先进人物还是反面人物，无论大人物还是小人物，他们的精神追求、人生哲学是现实社会中的一面面镜子，能够照出各色人的心灵，或激励斗志、陶冶情操，或警示心灵、启迪思路。因此，这种精神、思想情感是最容易感染他人、

震动心灵的。

著名记者郭梅尼在总结人物通讯采写中的通病时说：

“产生通病的原因，主要是记者采写人物的业务指导思想不明确——不明确写人物主要应写什么。他们简单的认为，写某某人就是把他做出什么成绩或事件的过程写出来。……我认为，写人物，主要是反映他们的精神面貌。对一些做出成绩的人物，要写出他们之所以能做出这项成绩或事件的思想根源。因为，对于某项成果的技术过程，只对这一行、这一方面的人有启发作用，而提示出产生这项成果的精神力量、思想根源，对广大读者都会有启迪作用。作为面向广大读者的报刊，就应报道这些具有共同规律的东西，才会在广大读者中引起共鸣。”

因此，在人物通讯的采写过程中，既要下功夫去捕捉、挖掘典型事实，又不仅仅着眼于报道事实本身，而是通过事例去表现人的精神境界和人生轨迹。因此，在报道中既要讲故事，又要摆脱事实的过程线，追踪人物的思想线、心理线。对于英雄人物、先进人物，要表现出他们为社会的奉献精神、大无畏的牺牲精神、高度的责任意识；对于普通老百姓，要表现他们所做的平凡事中体现出的不平凡：坚韧、奉献、同情心、助人为乐、扶危济困、见义勇为、维护公正等人类美德和伟大人格。正是这些人类美德和伟大人格，成为人物通讯中的亮点，成为感染人、陶冶人、团结人、凝聚民族心灵的永恒主题。

比如，郭梅尼通过对残疾青年徐效钢的一步步观察，在人物通讯《烧不毁的美》中，将徐效钢内心世界的不断发展升华过程展现出来，将一个人外表的缺陷和内心的美丽共同展现出来。

> 徐效钢走进庐山五一疗养院，迎面树着一面大镜子。奇怪，镜子怎么糊了一张白纸？再往里走，走廊的镜子上，也糊了一层白纸；房间的镜子上，还是糊了白纸。这是怎么回事？原来是疗养院的护士们，听说有烧伤病人来休养，把所有的镜子全糊上白纸了。
>
> 徐效钢走过去，用手撕掉了镜子上的纸，明净的玻璃，照出了他烧伤的脸孔。
>
> 还是那张烧伤的脸孔，镜子比当年红枣汤碗里映出的更加清晰。可是，徐效钢却非常泰然。他对护士说：“不必这样，一张白纸，怎么遮得住客观存在的现实呢！”
>
> …………
>
> 他深有体会地对我说：
>
> “我被烧成这样，人们都认为我是很不幸的。但是，有一位名家说过，

人的不幸程度，是由他对不幸的理解所决定的。随着我对自己不幸的理解提高了认识，我的不幸程度也就逐渐减轻了。”

…………

我和他谈起对幸福和不幸的看法。他沉思片刻后说：

“有一张报纸上写着，一个因公负伤断了腿的人，感到非常幸福，我认为，这是不够真实的。说老实话，像我们这样的人，可以说，活着比死了更难。”听到这里，我的心不由得一颤，这句话里，饱含了多少委屈、辛酸和痛苦啊！

“说老实话，想走绝路是很简单的。”他接着说。“但是，一个人来到世界上，对周围，对社会是有义务的。如果一遇不幸就轻生，自己对党、对社会的义务由谁来承担呢？如果那样做，未免太自私了吧！”

采写反面人物也是同样道理。比如，面对一个腐败官员，人们关注的已经不是他受贿50万、100万甚至4000万这个简单的数字，也不仅仅是他是怎样接受一笔笔贿赂的，而是更感兴趣这样一些事实：他的心灵是如何一步步堕落的？他收受的第一笔贿赂时是怎么想的？内心有没有斗争？他为什么会从一个清清白白的人走到几百万、几千万的巨贪？他的犯罪事实败露后有没有心理斗争？此时的他，内心究竟是怎样一个世界？他怎样看待自己的堕落？有没有悔过？悔过什么？……

也就是说，对于反面人物的报道，不仅要陈述其犯罪事实的脉络，更要展示其犯罪的思想脉络和灵魂堕落的轨迹，以及作为一个“过来人”的反思和忏悔。只有这样，人物通讯才能使千千万万读者“以史为鉴”，“以人为镜”，起到有效的教育引导作用。

三、通过讲述和再现人的行为，表现人物的个性

“神似胜于形似”。

读人物通讯，新闻人物的个性不可缺少。但表现个性却是一个难题。只有通过讲述人物的故事，把这个人物有代表性的谈话、行为和情节表现出来，人物的性格和心灵才能再现出来。因此，人物通讯中的故事性和情节感都比较强，要求记者在采集素材时，要特别注意捕捉以下材料：

人物的骨干事例；

凸显人物精神面貌的个性语言；

具有代表性的细节。

例如，《人民日报》1990年发表的报道浙江东方集团总经理滕增寿的人物通

讯《温州奇人》，在写作上就有样的特点。请看原文：

温州奇人

——记全国优秀企业家滕增寿

艾　丰

“如果多几个滕增寿，我就可以去钓鱼了。”温州市长陈文宪说。

滕增寿，1990年全国20名优秀企业家之一，现年54岁，身高1米80，说话好站立，挥动两手，声若洪钟，此人多奇事，略记一二：

“吹牛”哲学

一接手濒临倒闭的温州玻璃钢建材厂，滕增寿就在职工大会上讲：“我要是完不成任务，到时候就买一把快刀，站在这个院子中间，抹脖子！”有的领导劝他，这话不要再讲了，留一点余地么，他不以为然，此事发生在1984年。

亚运会前。北京市副市长张百发说，准备工作出问题他要从京广中心跳下去。滕增寿问领导，张百发说得如何？领导说：“好”。他笑了：“张百发说的和我一样，怎么官大就对了？”

他热衷于抬此杠的理由是：“现在有的人，事还没办，就想好了退路，我这样吹牛，就是不给自己留后路。”

“三轮车”理论

滕增寿对一位市委主要领导人说：“我把你好有一比。”

那领导人问：“比做何来？”

滕增寿说：“三轮车夫。”

问及其详，他做了如下阐述：你全市经济有三个轮子，集体经济这个后轮气半饱不饱；个体经济这个后轮，气鼓鼓的；国有经济这个前轮，气是瘪的。要想车走得快，该给前轮打气，前轮气不足，蹬起来费劲，也妨碍引导方向。

自小生活在温州的滕增寿，深知“温州模式”形成的缘由，但他想得更远些。

断指、割疮及其他

1974年滕增寿带着一批待业青年创建玻璃钢建材厂。当时一批造反派说他“用生产压革命”，手持利斧、棍棒，要砸烂工厂设备。他闻讯，呼地冲出门，拦住来人大声喝道：“谁要敢砸我的锅，我就砸烂他的头。”行凶者吓退了。而他冲出门的当儿，关门过猛，一个手指骨折断，竟全然不知！

为研制产品，滕增寿和青年们在屋子里关了一百个日日夜夜，大腿上长了一个肉瘤，疼得钻心，他拿了一把消了毒的剪刀，一咬牙，划开了自己的裤腿，连脓带血带肉瘤，一次清除。

12 岁，滕增寿就能举起百斤石锁，天长日久，见义勇为，敢作敢当的名声，成了他的“威慑力量”。1990 年兼并了温州造船厂后，一个个体运输户占据着工厂的院子和房子，作为客货运汽车站，就是不腾。这主儿钱多路广，本身还有点武功，谁也不敢找他，滕增寿出马了，他通知那个个体户：“限你四天，给我腾了，不然，一切后果你负！”第四天，场地腾出来了。

善出奇兵，可敬可畏

滕增寿广读中国史籍，尤爱孙子兵法。

上台之初，重整人马，选用中层干部是个大问题，他搞了个“打擂台”。全厂大会上，他讲，谁愿意当中层干部，不管现在是干部还是工人，可以在一周之内到我这里来报名，最后特别声明：“来报名的，我们择优录用，不来报名的，这次不用，以后也不用！”

有人担心，都不来报名怎么办？滕增寿嫣然一笑：“会来的。”果然，来打擂台的不在少数，人们问其究竟，他说，这一次不用，他不太怕，永远不用了，他就害怕了。这样，就把“要你干”变成“我要干”了。

滕增寿认为，好的领导者应该既可亲又可畏。只爱不怕，令出难禁，只怕不爱，人心难服。

“和尚”厂长

滕增寿对自己有 15 字要求：干有劲，言有理，利要让，难要抢，带头干。

他每周七天都在厂里，没有节假日。

他每月只拿工资，不拿奖金，年终兑现承包奖，分文不取。上级把奖金送到家中，也被退回。

外面来人，他从不陪吃，中央领导同志来了，也是如此。

前不久在职工代表会上，滕增寿和职工代表发生了争吵，职工代表说：“这次分房你不能再让！”滕摇摇头。职工代表又说：“你不要，把房子分给你女儿。她也是老工人了。”滕红了脸：“一定要分，就是给我抹黑。”职工说：“要不先空着。”滕说：“忠臣不留后，留后不算忠。”

对上述种种，相当多的人不理解。“是不是太绝对化了？”“可敬而不可学。”“该拿的就拿，也不见得就当不好厂长。”也有从反面加以猜测的，或曰家里钱多，或曰暗里装足了等等。

滕增寿只想当个“和尚厂长”，更便于大胆推进改革：我连一根头发也没有，你辫子又从何抓起？温州市委书记刘锡荣深知此心，他在一次大会上说：“滕增寿这样做，是为了保护改革成果，千金难买他的事业心啊！”

在他获得全国优秀企业家称号之后，市长陈文宪亲自起草了向滕增寿学习的决定。滕增寿对市长说：“你真有水平，肯把好话送给下级，同时也把困难交给下级。”陈市长说：“我开高帽工厂，你也喜欢戴呀！”

在这篇人物通讯中，记者选取了滕增寿吹牛的故事、他的经济发展理论、作为雷厉风行的硬汉处理矛盾的三个小插曲、出奇制胜的用人政策、“既可亲又可畏”的领导者风范以及对待个人利益（房子、票子）的态度等几个骨干事例，不仅表现了滕作为优秀企业家的改革者的胸怀、眼光和处事能力，而且突出了这位企业家果敢、执著、机智还有些鲁莽的个性特征和人格魅力。

另外，记者非常善用人物语言来表现人物。

如：“如果多几个滕增寿，我就可以去钓鱼了。”（市长陈文宪语）

“我要是完不成承包任务，到时候就买一把快刀，站在这个院子中间，抹脖子！”（滕增寿语）

“张百发说的和我说的一样，怎么官大了就对了？”（滕增寿语）

“现在有的人，事还没办，就想好了退路，我这样吹牛，就是不给自己留后路。”（滕增寿语）

“谁敢砸我的锅，我就砸烂他的头！”（滕增寿语）

“限你四天，给我腾了，不然，一切后果你负！”（滕增寿语）

“来报名的，我们择优录用，不来报名的，这次不用，以后也不用！”（滕增寿语）

“这次分房你不能再让！”（职工语）

“千金难买他的事业心哪！”（市长语）

…………

另外，作者很善于用再现手法表现关键场面和细节：

如造反派手持利斧、棍棒来砸工厂设备。“他闻讯呼地冲出门，拦住来人，大声喝道，……‘关门过猛，一个手指骨折断，竟全然不知。’”

为清除腿上的瘤子，滕“一咬牙划开了自己的裤腿……”的细节。

职工代表会上为让房子与职工的对话的细节：“一定要分，就是给我抹黑！”

生性不服输又善用心计，眼界开阔，敢作敢为又无私无畏……骨干事例、个性语言和现场细节，把滕增寿这个来自温州的企业家的个性展现得活灵活现、入木三分。

四、在社会生活的矛盾中表现人物

一个人生活在世界上，就会遇到很多矛盾。个人与集体的矛盾，工作和生活的矛盾，家庭责任与社会责任的矛盾。表现一个人物，常常要抓住关节点的事实，也就是矛盾点的事实，看这个人在众多矛盾中如何做出了别人难以做出的选择。

一个人为社会的奉献，总要损失一些个人利益。如果一辈子做好事不动摇、不后悔，没有别人的干扰，没有两难的选择，便失去常人学习的基础，失去了正常人的"人味儿"。因此，抓住矛盾点表现人物，在与读者沟通心灵方面具有普遍的规律。

例如，通讯《领导干部的楷模——孔繁森》一文所选取的几个骨干事例：

▲ 1988 年党组织选孔作为进藏干部时，家里的困难也着实使他为难：

年近九旬的老母，生活已不能自理；三个孩子尚未成年，需要有人照看；妻子动过几次大手术，体弱多病。自己一走，全家的生活重担又压在妻子一人肩上。他不会忘记第一次进藏时家里的情景，里里外外都是妻子操劳。有一次，她去刨地瓜，五岁的儿子没人照看，掉进地窖里爬不上来……孔繁森觉得对不起妻子，对不起孩子。

一天夜里，他终于鼓起勇气说："庆芝，组织上又安排我进藏了……"话还没说完，王庆芝的眼泪已像断了线的珠子滚落下来。看着妻子难过的样子，孔繁森的心里也一阵阵发酸，他动情地说："庆芝，我欠你的太多太多了！等从西藏回来，我一定会加倍地补偿。"

▲ 在即将赴藏前，孔繁森含泪与白发苍苍的老母亲告别：

孔繁森默默地站在母亲面前，用手轻轻梳理着母亲那稀疏的白发，然后贴在老人耳朵旁，声音颤抖地说：

"娘，儿又要出远门了，到很远很远的地方去，要翻好几座山，过好多条河。"

"不去不行吗?"年迈的母亲抚摸着他的头舍不得地问。

"不行啊，娘，咱是党的人。"孔繁森的声音哽咽了。

"那就去吧，公家的事误了不行，多带些衣服、干粮，路上可别喝冷水……"

想到也许这是同年迈多病的老母亲的最后一面，孔繁森再也抑制不住内心的感情，"扑通"跪在母亲面前："自古忠孝不能两全，娘，您要多保重!"

说完，流着眼泪给母亲深深磕了一个头。

▲ 为养活两个藏族孤儿，孔繁森迫不得已去献血。

摆在记者面前的，是解放军西藏军区总医院血库一张献血证明，上面写着：

兹有孔繁森同志于1993年曾先后三次来我库自愿献血900毫升。已按医院规定付给献血营养费900元整。

在这张献血证明的背后，是一个催人泪下的故事——

…………

1993年春的一天，孔繁森悄悄来到西藏军区总医院血库，要求献血。护士看着他那已经斑白的鬓角，婉言劝道："您这么大年纪了，不适合献血。"

孔繁森忙恳求道："我家里孩子多，负担重，急需要钱。请帮个忙吧！"

护士见孔繁森如此恳求，只好同意他的请求。

殷红的鲜血，从孔繁森的体内缓缓流进针管。……

这几个骨干事例均突出了主人公在矛盾中的选择：

▲ 撇下妻子儿女，离开白发苍苍的老母亲，只身赴藏，家庭困难和工作需要形成了尖锐的矛盾。

孔繁森的选择是：工作第一，毅然赴藏。

▲ 抚养两个孤儿的重负，使孔繁森微薄的工资难以支撑。

孔繁森的选择是：宁愿献出鲜血，也不丢弃孤儿。

在人与社会、人与自然的层层矛盾之中，孔繁森以"奉献生命"的精神完成他的人生选择，使一个"党和人民的儿子"形象悄然屹立。

思考与练习题

1. 如何认识人物通讯在新闻报道中的地位？

2. 采写人物通讯应该注意哪些问题？

3. 选择一两家有代表性的报纸，量化分析其人物通讯的篇数、在各类通讯中所比重、人物通讯报道对象的类型，提出自己的看法。

第二十一章

事　件　通　讯

所谓事件通讯，就是详细报道社会上发生的新闻事件的通讯。这种通讯重在记述和再现新闻事件发生、发展的相对完整的过程，显示事件的内在逻辑和社会意义。

无论什么样的事件，都大致具备以下几个特点：

一、有明确的行为主体；

二、发生的时间、地点比较具体、集中；

三、有开头、有过程、有结尾；

四、常常带有鲜明的矛盾性和冲突性；

五、有具体的原因和结果。

上述五个特点将日常生活中的“事件”与“现象”大致划分开。

社会生活中每时每刻都在发生着大大小小的事件或“故事”。有突发性的事件，也有预先知道的事件；有“坏事”，也有“好事”。在“好事”中，有政治、经济、文化生活中的一个个成就：香港回归、三峡截流、重大科研成果问世以及难以胜数的建设成就和“好人”做的“好事”。在“坏事”中，有我们称为天灾的地震、洪水、海啸、山体滑坡、雷火等自然灾害，也有我们称之为“人祸”的灾难性的事故，如车祸、空难、翻船、楼塌、桥垮等；还有各种各样的社会冲突、战争、刑事犯罪案件。

所有这些,不论大事与小事,坏事与好事,只要与老百姓的生活相关,老百姓想详细了解,都可以进入我们通讯的报道视野。因此,以报道新闻事件为主的事件通讯应当是选题广泛,信息丰富,富有生命力,是深受读者欢迎的一种常见文体。

第一节　事件通讯报道对象的基本类型

事件通讯报道的内容可分为以下几种类型。

一、突发性事件

突发性事件，指事先无法预知、突然发生的事件，例如政治冲突、民族骚乱、刑事犯罪案件、重大责任事故和各种突然降临的自然灾害等。这一类事件是事件通讯报道的重要选题。

“出了什么事?”这是人们探求新闻时脱口而出的一句话。的确，前文所述的各种各样的突发性的天灾人祸，大概可以算作自有新闻以来最原始的报道内容。因为此类突发性的天灾人祸通常是人与自然的矛盾以及人类社会中的各种矛盾不可调和的冲突点和爆发点，它是自然界和社会以冲突、灾难的形式向人们发出的警告，因此，天然的具有较高的新闻价值。这类事件大多浓缩了大量的有用信息，有利于受众“以点见面”，从冲突和灾难中了解周围的环境，调整自己的行为以适应变化的外部世界。这类事件大都具有矛盾冲突的故事情节，富有悬念感和刺激性，比较容易引起读者的兴趣。因此，这是新闻工作者追逐的热点领域。

突发性事件大多为灾难性事件，伴随着人类生命和财产的重大损失，是人们通常所称的“坏消息”、“坏事”，对于这类事件的报道难度比较大。曾几何时，我国新闻界对突发性、灾难性事件的报道是一个禁区，认为这是“给社会主义抹黑”，认为“不利于鼓劲，倒容易泄气”。或者反面文章正面做，不报道灾情的严重，受灾的原因，只报道抗灾的成绩。改革开放20多年来，受众作为权利主体，其“知情权”逐步受到尊重，社会参与意识和参与水平大为提高，他们希望全方位地了解外部世界，在了解“好消息”的同时，也渴望了解“坏消息”，以使自己及时调整思想观念的行为，适应飞速发展的社会。随着我国改革开放步伐的加快，新闻的开放程度大大提高，对突发性事件的报道也由少及多，由浅及深，突发性事件逐步成了事件通讯的主要内容之一。

需要指出的是，对于突发性的事件，多数媒体总是遵循“先简后详”的原则，先用消息抢先报道，将灾难的大致情况和损害程度抢先告诉读者，以满足读者尽快获知信息的心理需要，继而再采写详细的事件通讯，将消息中的“如何”以及“为何”要素一一展开，对事件的原因进行探索，满足老百姓详知、深知的心理需要。

如1980年7月8日，《工人日报》发表的通讯《渤海二号钻井船翻沉说明了什么》，对造成72人死亡的“渤海二号事件”中暴露出的官僚主义、无视科学规律和官员的渎职行径进行了揭露。

1987年5月，我国大兴安岭林区发生建国以来最大的火灾，各媒体纷纷派出记者前往报道。《中国青年报》于5月11日至5月28日，连续刊发动态消息。从火势蔓延，到各路救援，从大火扑灭到查明火灾原因，抓获肇事者，天天见诸头版，满足了读者获取信息的渴求。紧接着，该报又以三篇事件通讯《红色的警告》、《黑色的咏叹》和《绿色的悲哀》，全方位、多角度、深层次地展示了这场令193人葬身火海、5万同胞流离失所、85万立方米原材焚毁、100万公顷土地被烧的大火究竟是怎样燃烧起来以及怎样被扑灭的，透析了从林业职工的渎职、林业管理部门的官僚主义、落后的管理体制，到人与社会、人与自然的关系，一时引起很大反响。

再如，1990年《经济日报》对胶州湾“6·18”海难的报道：《这125小时——胶州湾“6·18”海难抢险纪实》；

1999年1月13日《中国青年报》对四川綦江垮桥事件的报道：《一座必垮无疑的桥》；

2001年1月30日《南方周末》对河南洛阳大火案的报道:《追问洛阳大火》。

这类突发性事件的通讯，大多展示事件不同寻常的过程，追索事件发生的原因及社会影响，以起到警示社会、引导舆论的作用。

1996年7月11日，一场风暴袭击了广东省雷州市企水镇、纪家镇一带海面，正在海上作业的十多艘小船被打翻，10多位渔民落入狂风巨浪中的大海。由于雷州市水产局的一些干部见死不救，致使12位渔民同胞葬身大海。1996年8月10日，《中国青年报》发表了林炜采写的通讯《雷州“7·11”海难追踪》，对这一事件发生的过程、原因和最后处理作了详细的报道。

这篇惊心动魄的事件通讯由三个小标题统领的三部分组成：

小标题：海难还是人难

详细记述了7月11日发生在雷州的悲剧：渔民海上遇风暴，当地干部先是互相推诿，后又非要渔民凑足3 000元钱才肯开船救人，致使12位渔民因得不到及时救助而丧生。

小标题：最是渔民兄弟亲

与当地干部“漠视百姓生命”的态度相反，遇险渔民黄妃赤在自己险被大海吞噬之时，奋不顾身救起另一位奄奄一息的渔民；数百名渔民群众赶到出事现场，驾小船冲进风浪，在海水中手拉手组成纵队，对遇险者施以援手。个体户联合向遇难家属捐款……

小标题：心里没百姓，别想再做官

报道了对在“7·11”海难中见死不救，严重渎职的有关干部的党内、行政和司法处理。

雷州“7·11”海难如同一面镜子，照出了当地多少“漠视百姓生命”官员的丑恶灵魂！记者通过对这次突发性事件的报道，抨击了某些官员的素质低下和道德沦丧，向全社会敲响了警钟！一篇突发性事件的通讯所承载的信息量和舆论监督的力量，常常是不可小视的。事件本身毋庸置疑的逻辑力量，带给读者思想上巨大的冲击力，往往形成范围较大、时间长久的社会影响。

但是，突发性事件因其不可预知和灾难色彩给记者的采访也带来很大困难：

第一，记者的采访写作大多在事件发生之后，很难在现场进行同时空的观察，不容易看到事件的发生过程，往往缺乏现场感受，只能靠事后寻访当事人和目击者，从他们的回忆中了解情况，勾勒事件的过程，然后向读者展现这个事件。即使赶到发生事件的“现场”，有时也只能依据“现场”的遗留物来做报道。

第二，突发性事件绝大多数是灾难性的，常常伴随有生命和财产的惨重损失，而我们的报道大多是去挖掘真相，追踪原因，因此，去调查这一事件本身必然牵涉到某些人的责任、名声和利益的损失，所以，记者的采访常常受到封锁：当事人三缄其口，现场被破坏，为采访者设置重重障碍等等。在这种情况下，拿到的材料就可能过于零碎，甚至可能是假相，这使得记者的调查更加扑朔迷离。这时候，记者面对的难题简直与公安人员相似。这种事件的调查，是对记者的正义感、责任心、洞察力和调查基本功的严峻考验。

第三，对突发性事件的报道，往往要求有较强的时效性。在事件的复杂程度和采写时效的压力下，要十分警惕“失实”的陷阱。

第四，在市场经济的压力下，有些记者片面追求“卖点”，在突发性灾难的报道中，渲染恐怖镜头，展示犯罪细节，易造成负面的社会效果，这也是我们在采访写作中应该注意的。

二、在社会上产生较大影响的预知事件

这些事件一般是意义重大且事前预知的。如党的重要会议的召开、中国对香港恢复行使主权、成功实施长江三峡截流、成功发射卫星、重大体育赛事、重大

考古发现、重要的审判等。对这些历史性的重大事件，报纸一般要发大型的具有历史文献性质的纪实性事件通讯。近几年，由于电视媒体的发展和电视现场报道的兴起，电视报道全程跟踪事件的发展，与报刊的纪实性事件通讯进行着激烈的竞争。声画同步的绚丽画面和现场气氛，比用文字记载的事件现场更生动快捷。于是，报纸上的事件通讯更注重多角度再现和对背景材料的穿插使用，使报道向纵深化发展。

1999 年国庆节，是中华人民共和国 50 岁的生日，天安门广场举行盛大阅兵式。中国人民解放军陆海空三军和武警部队英姿勃发的军人列出一个个方阵，以磅礴的气势走过天安门广场。之后，14 万盛装的激情群众和 90 辆彩车，组成了建国以来最大的国庆游行队伍，载歌载舞通过天安门广场。10 月 2 日，《人民日报》刊载了事件通讯《为了世纪大阅兵》和《万岁，祖国！——国庆 50 周年群众游行纪实》，将共和国这一盛大的活动载入史册。

万岁，祖国！

——国庆 50 周年群众游行纪实

今天的早晨雨后初晴，空气清新；今天的北京容光焕发，绚丽夺目；今天的天安门广场啊，鲜花如海，人如潮涌。

14 万盛装激情的群众，90 辆争奇斗妍的彩车，10 万学生组成的巨大字幕，千名军乐手奏响的激昂旋律，一条条空中飞舞的彩带，一面面迎风招展的红旗……

50 年来规模最大的国庆游行队伍，拉开了气势恢宏的立体画卷，她是充满骄傲的回顾，她是信心百倍的展望，她是中华儿女为祖国母亲献上的最隆重的贺礼！

…………

下面是依据游行队伍的顺序，依次展开的三个小标题：

▲ 50 响礼炮震天动地的春雷，鲜红的国旗漫卷着金秋的白云，数十万人一起高唱雄壮的《义勇军进行曲》，百年的历史让人回味

▲ 50 年的岁月沧桑，50 年风雨历程，神州大地处处飞花，是亿万人民的奋斗和奉献使春风化雨

▲ 花样年华的少女，在今天的庆典中领略了神圣，这宝贵而深刻的生命体验告诉我们，总有一种精神情感亘古不变，永世流传

通讯用全景画面和近镜头交错、现场材料和新闻背景穿插的手法，夹叙夹

议，情景交融地将整个国庆群众游行的先后过程，现场有特色的画面，对新闻人物的现场采访和热烈的现场气氛展现给读者，使人至今读起这篇通讯，仍感受到那个神圣欢腾的场面和记者澎湃的激情。

因为引用原文占篇幅太大，这里试分析通讯的第一部分。

在第一个小标题后，记者用抒情的笔调把读者带入到欢庆的广场，报道了以回顾百年历史为主题的游行人群和彩车：

> 50响礼炮像震天动地的春雷，鲜红的国旗漫卷金秋的白云，数十万人一起高唱雄壮的《义勇军进行曲》，百年的历史让人回味。
>
> 今天是你的生日啊，我的祖国！一个古老的民族获得新生的日子，一个亿万人民翻身解放的日子！
>
> …………

以下用概述中国人奋斗求解放的历史背景，导引出广场上出现的三辆分别代表“长征路上雪山草地”、“宝塔山下抗日烽烟”和“百万雄师过大江”三个历史时期的彩车，“环绕着红绸开进广场”，“身佩勋章的老战士和老英雄肃立在彩车两侧”，他们“饱经风霜的脸上，刻满了岁月的年轮”……

继而是对老红军郭汉田的采访：

回忆起50年前开国大典时他在金水桥边值勤的一幕，无法按捺自己的心情：

> 毛主席声音刚落，整个天安门广场沸腾了，欢呼声、口号声震耳欲聋，人们跳啊，喊啊，敲锣打鼓，什么样的动作都有；哭啊，笑啊，什么样的表情都有……

继而又是点题的议论：

> 祖国和人民永远不会忘记这些为国为民抛头颅、洒热血的英烈。正是为了纪念他们，新中国的国旗选择了鲜红的颜色，像烈士的血，像燃烧的火。那血与火一般的旗帜永不褪色。

在通讯的第二、第三部分，作者用同样现场+背景的手段再现了“以表现50年建国的历程”和“迈向新世纪”为主题的游行队伍和彩车队列，相当完整而富有哲理地再现了这场世纪末的盛大游行的历史场面。

预知性的重大事件，绝大多数是报道喜庆场面和建设成就的，但也有报道预知的灾难性事件的通讯。

1998年夏季，我国长江、松花江流域发生特大洪灾。为了保全大局，一些地区在经历抗洪救灾的日日夜夜之后，被迫放弃防洪大堤，决堤泄洪，当地的干部群众担负着巨大的经济损失和精神压力。

《中国青年报》1998年8月8日、8月11日发表通讯《52万群众大转移》

和《悲壮的弃守》，将这些悲壮的瞬间记入史册。

《52 万群众大转移》报道了 1998 年长江特大洪灾时，湖北省公安县荆江分洪区 52 万群众为确保城市、铁路和长江大堤的安全，“含着泪水”扶老携幼地放弃家园的过程。

通讯用的是按时间顺叙的方式：从 8 月 6 日 13 点 30 分到 8 月 7 日 12 点，分洪区 52 万群众陆续转移到安全地带，静静地看着肆虐的洪水吞噬家园，读之令人心情沉重。它着重再现了一个个时间段上记者观察到的镜头：

> 8 时。孟家溪大堤。解放军舟桥旅 1100 多人，50 艘冲锋舟在溢满洪水的垸内进行拉网式搜索。一船一船的群众穿着橘红色救生衣在堤边登岸。一位 80 多岁的老太太在战士的搀扶下走下来，眼睛里噙着泪水。大堤上停了上百辆军车，堤坡上坐着几群焦虑的妇女。三架直升机在水面超低空飞行，向被困的人群投掷救生衣。解放军的冲锋舟向岸边驶去。“解放军与灾区人民心连心”的横幅格外醒目。
>
> 9 时。孟家溪缺口。洪水从长江流向洞庭湖的虎渡河滚滚而下，缺口朝东，水流在这里形成一个惊涛拍岸的激流。溃口已经 8 个小时了。
>
> 10 时。夹竹园镇。该镇大堤环城。大堤上家具、农具堆成山，人畜混杂。镇委朱书记是个身高一米八的彪形大汉，说起昨晚搬家，“全镇 5 万人滴水未沾的不知有多少！”他的眼睛有点湿。他说：“镇里没有准备，很多群众没有粮食，没带锅盆碗灶，镇里也缺油、缺蔬菜、缺柴，群众全在露天，坚持一两天还可以，搞长了还不知该怎么办。”
>
> 12 时。分洪区 52 万人全部转移到安全区。
>
> 13 时，……
>
> （《中国青年报》1998－08－08 作者熊波　陈念祖）

记者目睹了这次悲壮的转移，见证了在这场人与自然的抗争中人们的理智、勇气和无奈，富有现场感和感染力。

以预知事件为题材写成的事件通讯，大多数有三个特征：

第一，因题材重大，报道的社会影响也较大，记者写的报道可以起到历史文献的作用。

第二，现场材料丰富，可感可信。

因为采访预先知道的事件，记者有较充分的时间进行策划和采访准备。另外，记者有可能赶赴现场进行采访，“见证历史”。大量的镜头化语言使通讯可感性强，可信度高。

第三，写作“投入”，富有激情。

亲身感受重大事件，目击“正在发生的历史”，使报道者不是“如临其境”，而是实实在在“身历其境”。他可以真切地感受到事件的气氛，加深对事件的理解，写作时身心更投入，写出的报道富有激情和感染力。

三、反映社会精神风貌的小故事

生活中每时每刻都在发生着大大小小的“故事”：一个老人摔倒了，被送往医院；一个小学生迷路走失，几天后被好心人送回家；消费者买了伪劣商品要索赔；十几个民工到希望工程办公室捐资救助失学儿童……千千万万这样的小故事、小事件，既不像突发性事件冲击力那么强，又不像重大活动那样为众人瞩目，但是，通过展示这类故事的发生、发展和矛盾解决的过程，褒扬社会中的人类美德，传递精神文明，针砭时弊、抨击邪恶，有利于扶正祛邪，净化社会风气，发挥新闻引导舆论的作用。所以，这一类生活中的故事也常常成为事件通讯的重要题材。

1960年3月29日，《中国青年报》报道了抢救山西省平陆县61名中毒民工的通讯《为了六十一个阶级弟兄》，一时间，这篇弘扬人们的高尚情操，歌颂社会主义社会人与人之间新型关系的事件通讯的代表作，被编入中学课本，产生了巨大的社会影响。从那时起，反映人民群众新的精神风貌、鼓动良好的社会风气或批评落后现象、针砭时弊的大大小小的事件通讯、新闻小故事便占据了重要的版面位置，延至今日。抓住这些有新闻价值的凡人小事，加以报道，不仅仅是就事议事，而是在于从中提炼出一个在社会意义上有针对性的主题来引导舆论。

1991年1月22日，新华社记者解国记发表在《经济参考报》上的小型事件通讯（有时亦称新闻故事），讲了一件很有意思的事：

寻觅“吵架的”

解国记

9岁的儿子已经嘟囔了好些日子：“老师让在大街上观察一场吵架，描写人在吵架时的神态、语言、动作。可找了几天，没见到一次。交作业的时间马上就要到了，该咋办哪?”

偌大的郑州，找一起吵架的还不容易！1月13日是星期日，我推出自行车，带上儿子，满怀信心地上了大街。

市东部最热闹的地方是花园路，只见街上挂满了红红绿绿的标语：“依法纳税是每个公民应尽的义务”，“支持生产是税务部门的首要职责”。道旁还设了不少税法咨询站、宣传站。对，今年是全国税法宣传教育年，今天又是郑州市税法宣传教育日。过去常因为交税收税之事争争吵吵，口角不断，说不定在这里也会有人干上“仗”的。我俩认真“搜索”，仔细寻找，可映入眼帘的是，人流熙来攘往，或驻足宣传栏前，阅读有关税法条文；或伏案咨询台，倾听税务工作者的耐心解说，处处细语低声，笑容可掬，哪里有什么吵架的迹象。

于是，我俩又“搜索”过长长的人民路，来到市中心“二七”广场。广场周围有四家大商场，是郑州最集中的购物中心。我想，在这里找几起顾客与营业员吵嘴的事还不探囊取物一般！可是，出这商场，进那商场，从一楼到二楼，就是见不到斗气吵架的。走出商场门口，我们终于听到了吵声，儿子不禁“喜出望外”，拉着我就跑上前去。遗憾的是，不是大人在吵架，而是一位妈妈在训斥不懂事的孩子。

猛然记起摄影记者樊鸣涛同志告诉我的，文化路上的太平洋商场今日开业，海鲜、水产最多最便宜。我想，新开业的商场肯定人多，人多吵嘴的机遇可能性就多一些。于是立即飞车而去。果然，“太平洋”里简直是“人海”，虽离春节还有月余，但那气氛跟除夕临近似的，鲤鱼、草鱼、武昌鱼，三块一二角钱一斤；大带鱼、小带鱼，两块多钱一斤；上好的海米，10来块钱一包。还有鱿鱼、鳗鱼、丁鱼、海螺，简直目不暇接。人虽很多，但处处秩序井然。我俩在黄花鱼柜边一站，营业员就笑眯眯地说：“秤点黄花鱼吧，又便宜又对小孩营养好。”“多少钱一斤?”“两块七。”嘿，真便宜，我没犹豫就要了500克，又要了一包海米。

走出“太平洋”，孩子提醒我：“找个乱糟糟的集贸市场吧，那里保准有吵架的。”我想也是，便飞车来到西郊我印象中最乱的五里堡集贸市场。但一到那里就有点犯“傻”：过去胡摆乱放、横七竖八的这个市场，如今井然有序。摊档分列两旁，三类小商品、主副食品琳琅满目；中间又加一排干鲜水果摊车，苹果、大枣红通通，香蕉、鸭梨黄澄澄，看上去都眼馋。整个市场人挨人，人挤人，难找一点缝隙。但与我们“愿望”有悖的是，大家都不急不气，慢悠悠地“随流”而走。忽然，街侧一辆自行车与一辆三轮车迎面相撞，自行车连人带车倒在三轮车车把处。我与儿子相视一笑：“机会”来了。谁知那两人彼此看看车、人无损，居然互相一点头，各自走人。

回到家里已是晚上六点半钟，妻子听我俩是出去找“吵架”的了，哈哈一笑：“吵架的肯定有，不过现在吵架的比过去少多啦。”年近八旬的老岳母也说：“我天天都在门口街上转转，难得碰上个吵架的。”儿子直埋怨：“真是，老师咋出这个题目。”

（《经济参考报》1991－01－22）

一个小学生要以社会上常见的吵架现象作为观察对象写作文，跑了一天找“模特”却空手而归，而学生的父亲——新华社记者解国记却没有空手而归，这位有心人顺手拈回一篇通讯《寻觅“吵架的”》，将一个大家往往视而不见的百姓安居乐业、社会风气好转的“吉祥升平”的画面呈现在读者眼前。

《北京日报》1992年12月5日发表的通讯《喝茶喝了1 000块》，批评了在市场竞争中的无序现象：

喝茶喝了1 000块

卜平

一壶茶多少钱？三星级龙泉宾馆的歌厅，一壶茶要价75元。

数日前，笔者被邀请参加一个工作会。承主人盛情，晚上大家在下榻的龙泉宾馆“百老汇卡拉OK歌厅”轻松一下。付门票20元进厅坐定，各人点的饮料多是茶水。因为，按一般人的消费观，喝茶省钱又实惠。

一壶茶喝完，招呼小姐再续，小姐着意说：再加水是要钱的。想想也对，加水应该加钱，况且20元钱门票都花了，又何必在乎这加水的几元钱。这样大伙共续了14壶。

“OK”完毕，且看账单，喝茶一项要付1 050元。乍一听，简直令人“晕菜”。问小姐，伊人振振有词：我们这里从不让续水，一壶水喝干，要加水就必须重新沏茶。每壶茶75元，因此一分也不差。

说实话，那茶叶还可以，据说是毛尖；但壶不大，据说每壶能倒五碗，每碗也就能喝五六口。

于是我们准备“要个说法”。王府井碧春茶庄的毛尖价钱，最贵500元一斤；“前门大碗茶”茶馆的老师傅介绍，沏壶茶一般说需要两钱茶叶，饭店档次高，算四钱，也不过是20元；一壶水钱，算一元，统共21元；从市旅游局问知，三星级饭店的服务费，在10%～15%之间，龙泉饭店名声在外，服务费自然也要价15%，但算过来算过去，一壶茶最多25元。

再看最高标准——五星级饭店的水平。王府饭店的歌厅，一壶进口的英国红茶也只卖到60元，而且加水不再添钱。再问问其他几家歌厅，一壶茶也多在20～30元水平，加水更是随意。

且不说一壶茶75元，已是京城奇事。此种续水就必须换茶的“强买强卖法”更是闻所未闻。说白了，是我辈连想也想不出来的“宰人”绝招。

时下，大家都在“走向市场”。“市场”大了，什么怪事都有。但这里饶舌几句，做买卖应该把眼光放远点儿，不能为一时得利，砸了自己的招牌。

（《北京日报》1992－12－05）

进歌厅去喝茶，被“宰”了1 000多元，闻所未闻。记者与歌厅“理论”之后，没忘了借题发挥，将歌厅“宰客”的故事一一道来，草就一篇小通讯，让这种时常发生的“强买强卖”的行径曝光。

第二节　怎样写好事件通讯

报道事件，特别是突发性事件，向来是对记者的职业精神、调查经验、应变能力和快捷作风的考验。

面对突发性事件，记者由于不可能作采访前的准备，因此，一般采用“先简后详”的报道模式：先采写关于事件的动态消息，将事件发生的时间、地点、大致经过及时发出，再采集事件的详细过程、前因后果、矛盾冲突、损害程度、相关人物的故事和内幕背景等材料，写成详细的事件通讯。

无论是哪一种类型的事件，在采写事件通讯时均需注意以下几点。

一、要迅速赶赴事件现场，收集目击材料

无论是采写突发性事件还是预知事件，新闻事件发生地——现场材料在事件通讯中是不可缺少的，现场材料可以带给读者真情实感，它的可信度、吸引力和感染力是其他材料无法代替的。因此，它要求记者有很强的现场意识，及时赶赴事件发生地，收集现场目击材料。

收集现场素材有三种可能性：

（一）亲历事件，捕捉现场素材

亲历事件：即记者身处在事件发生的同时空，作为事件的目击者，从头到尾亲历事件发生、发展的全过程。这通常是在预知事件的采访或体验式采访中才是可行的。由于记者亲历事件，取的是第一手材料，感受的是当时当地的现场气氛，这种现场材料较为真实可信。

但是，采访实践中也发生过许多“眼见不为实”的现象，因为目击也可能出现误差。特别是亲历大型事件时，事件中小型的场面、过程众多，记者必须紧紧抓住关键时刻的关键场面，必须找好观察事件的角度，必须设计好同组记者的采访布局，搞好协作，才可能捕捉到精彩的、有说服力的材料。

1993 年 9 月，北京以两票之差在申奥活动中败给澳大利亚的悉尼，痛失 2000 年承办奥运盛会的机会。祖国的落选重重地锤在千千万万中国人的心上。9 月 24 日黎明，人们静悄悄聚集在天安门广场的国旗下：

9·24，我们一起升国旗

刘海涛　马明洁

9·24，一个平平常常的黎明。

9·24，一个与众不同的黎明。

凌晨 2:36，人们从电视从广播里，听到萨翁吐出那个亿万人期待的名字。

那个亿万人期待的名字不是北京。

4:30，记者来到长安街。

长安街汇往天安门广场的人流中，有背着大包小包远道而来的游客，也有骑着自行车的北京人；有霓虹灯光里步履蹒跚的老人，也有双手被父母牵引着的儿童；有三三五五肩并肩的一群，也有急匆匆的单行者。

这些同是来观看升旗的人们，有的已经知道了来自蒙特卡洛的消息，有的也许还在期待着蒙特卡洛的消息。

在人民大会堂北侧，记者见到一位自称刚从澳大利亚回国的女士。“我一知道结果就来了。当时说不出心里是什么滋味，真的，我睡不着，心里堵得难受。我突然有一股强烈的冲动，只想到广场看一次升国旗，听一听国歌。”她说，“作为老北京，我最清楚北京是什么样子，我也见过悉尼。尽管明白北京未必是幸运者，可当这一切真正成为现实的时候，我才知道自己无法接受。”

一位身穿单衣、背着行李的小伙子话未出口，看了眼记者的证件，便哽咽了。他告诉记者，他才下火车不久，本来是要转车去东北的。可他听说了北京没有成功的消息，立刻就哭了。“我从来就没有想过北京会输，有老半天，心里都空空落落的。我想不能这样就走（离开北京），我得去看看升旗，哪怕到广场站站也行。”

一位操着老北京口音的年轻人说：“我把电视抱到院儿里看的，一听没戏，我蹬车子就奔天安门。我不看升旗，只是想在这儿找人聊聊，不聊不行，我能憋死。您想想，下回，不还得等四年吗？”

5:30，晨曦微露。

越来越多的人们从四面向那高高的旗杆下汇聚。广场静悄悄的，人们默默地等待那个庄严时刻的到来。

在金水桥前的铁栅栏边,站着三个9月初才考入北京化工学院的大学生。

晨光中，他们脸上的倦意依稀可辨。为了赶上这个不同寻常的黎明，他们在广场守候了整整一夜。三个多小时前，他们从广场布置花坛的工人师傅带的收音机里得到消息。他们每人手里提着一袋面包，那是前一天晚上为驱赶后半夜的秋寒而准备的。可谁都没吃。

5:50,东方的天空现出一抹云霞。

一声声汽笛自广场东南北京站方向传来。

人民大会堂的身后响起军人嘹亮的歌声和口号声，那是守卫祖国心脏的武警战士在操练。

人们在东南西三面围住旗杆基座，注视着被云霞唤醒的天安门。

6:02,那个熟悉的方队从天安门城楼中走出来，咔，咔，咔，迈过金水桥，穿过长安街。

雄壮的《义勇军进行曲》回旋在天安门广场的上空。五星红旗冉冉升起，在晨风中徐徐展开。

人群中突然有一个女声随着旋律唱起来。记者扭头看去，认出来了，那是我们的同行，一位中央级报纸的记者。她的眼里噙满了泪水。

好运北京，把太阳揽进怀中。

（《中国青年报》1993-09-25）

无论申奥成功与否，天安门广场肯定是新闻的“生长点”，记者预感到了，捕捉到了这个感人的场面。这件静悄悄地发生在初秋凌晨的一件小事，折射出当代中国人对祖国母亲深沉的爱。

（二）采访事发之后的现场

因为事件的突然发生难以预知，对于大部分突发性事件，记者只能采集到事件发生后的现场。但是，此时的现场仍然是佐证事件的有力证据，具有较强的说服力和现场感染力。

《人民日报》老记者金凤在20世纪50年代曾有过一次成功的突发性事件的事后采访。1955年2月，蒋介石军队在中国人民解放军强烈攻势前，用武力将浙江大陈岛上的一万多居民劫运到台湾。待金凤等记者到达大陈岛采访时，岛上已空无一人。记者正是靠这场浩劫留下的“痕迹”来记述现场的：

港口是一大片瓦砾场，余烬还在燃烧。几十条残破的渔船船底朝天，躺在岸上。沾满鱼鳞的船板，一片片散落在地上。一座座抢劫一空的石头房子，沉默地像骨头架子似的靠山兀立着。

…………

另一家店铺门上同样写着“中华民国四十四年二月九日，本主人封”，门上还贴着户口牌，上面有店主和他的妻子以及三个儿子、四个女儿的名字。看来这是一个大家庭。桌上放着七八个饭碗，碗里是吃了几口的地瓜丝，筷子上还留着几根地瓜丝。好像他们一家正在吃饭，无情的刺刀便逼着他们走了。我还看到墙上的白粉笔写的稚嫩的笔迹：“我们家里出去，马上就回来”。看来，这是店主人七个儿女中的一个孩子的笔迹，表达了他天真的愿望，看了令人心酸。墙上褪色的红纸上，写着这样的对联：“凤引斑衣人绕膝，觞飞丝酿齐案眉”，地上还有小学生用的米达尺，一瓶用剩了的百雀灵油膏和一面女孩子用的小圆镜，居然奇迹似的没有打破。这一家的和平生活遭到毁灭性的打击。

（三）请事件当事人陈述事件的经过和现场素材

采集非预知事件的素材的另一重要渠道，是采访事件的当事人，目击者，请他们陈述新闻事件的经过，描述现场情景。在这里，记者得到的现场材料已经是第二手材料，真实性和生动性有可能衰减。但如果找到的是权威的见证人，记者仍然可以收集到比较鲜活的现场材料，以弥补不能亲历事件的遗憾。

二、清晰展示事件的来龙去脉、主要情节和转折点

每个事件的经过，总有一个环环相扣的情节链条和因果链条，这是记者在事件通讯中必须首要展示的线索。一般来说，情节链条是显性事实，找到当事人比较容易弄清楚，而因果链条有时是隐性的，调查了解清楚要靠记者的深入采访和分析能力。例如《雷州“7·11”海难追踪》一文中，非常清晰地展示了官员的见死不救的过程：渔民家属恳求渔政海监船船长冼永康——冼给主管副局长钟进打电话——钟进要求先收足“工本费”才开船——找到副镇长冯亚生求救——再求钟副局长开船救人——钟副局长坚持要先交钱——又求助于雷州市水产局正局长——无果——家属求助于私人船——无果——渔民的尸体被冲上岸边……

“用事实说话”是新闻报道最有力的武器。将事实的环节一段一段地展现在读者眼前，事实清晰了，报道者的发言自然无可辩驳。

在叙述事件情节的过程中，要特别关注那些事件发展过程中的关节点、转折点，详细采访，详细叙述，以展示事实构成的逻辑力量。

2000年11月21日、22日、23日，上海《新民晚报》刊登了三篇《紧急寻找》的系列报道，追踪报道了上海同仁堂药店一位年轻女营业员周静华从卖药出错，经历了激烈的思想斗争，终于下决心舍弃个人利益，直到找到患者，退回药

品的事件全过程：

11 月 21 日　患者安危重如山（题）

　　　　　　纵使下岗心也甘

11 月 22 日　买药人昨晚找到（题）

11 月 23 日　小周，请千万安心（题）

　　　　　　老吴，请接受退药

这个系列报道中的几个关节点得到较详细的叙述，得到了强调。如：

小周卖药时对服量所做的错误的解释；

小周发现错误后引起的激烈思想斗争；

小周打电话向报社求助：既救人心切，但又怕“害”了企业，丢了饭碗；（记者在这里用的力量最多！）

经反复思考，小周决定舍己救顾客；

得到上海同仁堂经理的理解和支持；

通过《新民晚报》的启事，终于找到买药人；

买药人恰巧没有错服药；

买药人亲赴药店致谢，同仁堂药店为二位购药者退了药款并销毁所售之药。

由于通讯对以上事件的关节点、转折点的清晰、突出的叙述，使报道增添了可读性和说服力。

三、从事件中提炼出最有新闻价值的主题

一个事件的全过程，有它各个不同的侧面。以突发性事件为例：灾难突发的事实、损害延续的事实、救灾的事实、灾后调查原因的过程、处理责任者的事实、灾后重建家园的事实，都有新闻价值，都可以提炼出不同的主题，但我们应当尊重读者的“知情权”，应当首选那些老百姓最关心的，有普遍意义的角度去认识新闻事实、确立报道的主题。

2000 年 12 月 25 日，河南洛阳东都商厦发生特大火灾，309 人在火海和浓烟中丧生。火灾发生后，不少媒体作了报道。以下是国内一家晚报和《南方周末》的两篇报道，试比较两篇事件通讯及主题选择的优劣。

众志成城战火魔

——东都商厦“12·25”特大火灾抢救工作纪实

12 月 25 日夜，东都商厦四楼歌舞厅，数百名群众正在尽情地欢歌劲

舞。一些民工在大楼里忙碌施工，以使“丹尼斯量贩东都店”赶在28日开业。这些人做梦也未曾想到，一场横祸正在悄悄降临……

21时许，一场大火从商厦地下室二层燃起，逐渐蔓延到地面一楼。霎时间，一楼大厅内各类易燃品发出咯咯吧吧的声音，火焰和浓烟在大厅里四处扩散，顺着楼梯急向楼上涌去，巨大的毒气团，步步向民工及在歌舞厅的群众逼去……

紧接着作者利用六个小标题，分别报道消防官兵英勇救火、市领导亲临火场指挥扑火、市公安局组织警力现场救人、洛阳市医护人员抢救伤员、洛阳市民自发到现场参加援救行动等。

六个小标题是：

冲在最前头的是消防官兵

市领导赶赴火场第一线

视火场如战场

白衣天使的爱

普通市民的奉献

愿死者的灵魂早得安息

结束语写道：

309名死者是不幸的，他们在原本是最快乐的时刻，离开了这个世界，作为生者，我们只能相信：在各级党委、政府的高度重视和积极努力下，事故的善后工作一定能够得到圆满的处理；事故的责任人将受到应有的惩处。

以下是《南方周末》的报道：

追问洛阳大火：惨剧是如何酿成的

河南省委书记陈奎元针对洛阳大火说，这起事故夺走了309人的生命，是事关人民群众生命的特大灾难，党委和政府难辞其咎，必须主动地承担责任，对此必须有足够的认识。

2001年1月1日，洛阳北郊北邙山，建在一处土坡上的洛阳市殡仪馆冷冷清清。院内是几拨值班的警察，三三两两地闲立着，面无表情；院外空留一排摆卖冥品的摊子，冷风吹过，红红绿绿的纸钱哗啦哗啦响。

10公里外的洛阳城，焦黑狼藉的东都商厦仍被绳子圈着。七天前，这儿是上百个大小商户的聚金之地；去年12月25日之后，它成了座坟墓，一座死寂的吞掉了三百多个生命、几百个幸福家庭的坟墓。

这是新世纪的第一天，这是灾难后第七天的洛阳。烈焰已熄，浓烟已散，但被它们裹挟去的三百多个冤魂尚未走远。就在洛阳城内，那些突然破碎的家庭正在平静的哀伤中，燃烧纸钱，为亲人送行。

违章作业推倒多米诺骨牌

2000年12月28日，洛阳“12·25”特大火灾事故处理小组对外宣布，此次事故系丹尼斯量贩非法装修引起，事故直接责任人是违章操作的丹尼斯量贩东都分店的赵宇、王成太、来登阁等12人。

事故处理小组称，12月20日，丹尼斯量贩东都店负责人赵宇安排本店养护科的来登阁、王成太焊接地下一层、二层之间遮盖钢板上的缝隙和方孔。25日晚7时，没有焊工作业证的王成太违章作业，导致电焊火花从地下一层落入地下二层的沙发上，引起大火。王成太等人发现着火后，用消防水龙头通过方孔向地下二层浇水灭火，因为当时地下一、二层之间的所有通道都已锁住，王成太等人没有能够控制住火势，这几人很快撤离现场，并且没有及时报警。地下二层火势迅速蔓延，浓烟以每分钟240米左右的速度，沿着东都商厦大楼东北、西北两个楼梯上升，在顶层四楼东都歌舞厅聚集大量高温有毒气体，造成正在参加圣诞狂欢的几百号人在极短的时间内昏迷，其中309人死亡。

据记者了解，丹尼斯量贩东都分店未向洛阳市消防支队审批科办理相关手续，擅自装修，违反消防法；其负责人赵宇明知王成太没有合法证件，安排王成太焊接操作，罪责难逃；王成太等人擅自违章作业，引发大火，并且在大火燃烧的情况下既不报警，也没有通知其他楼层，将他们定性为事故直接责任人，并不为过。

但是，仅仅凭借上述因素，并不足以酿成309人被烟熏致死的惨剧。

也就是说，如果事发所在地东都商厦、东都歌舞厅消防安全设施符合国家法定条件，如果东都商厦、东都歌舞厅本身不存在重大消防隐患，如果事故现场周围没有太多的违章建筑阻碍救人灭火，洛阳“12·25”大火不会造成如此严重后果。

恰恰在这几个关节点上，东都商厦和东都歌舞厅出现了严重问题，致使惨祸无可挽回。

隐患不除高调照唱

…………

文章还报道了东都商厦混乱的管理和重大消防隐患：

经公安消防部门认定，东都商厦“发现防火间距被占用，消防通道被堵塞，自动报警系统损坏，自动喷淋喷头数量少，大楼内没有防火分区。虽装有自动报警系统、自动喷水灭火系统，但由于年久失修，报警系统失灵，灭火系统水泵不能启动”。

我行我素变本加厉

在无视安全、违章经营上，东都商厦和东都歌舞厅相比，还是小巫见大巫。根据记者了解到的情况，东都歌舞厅的见利忘义、生命当儿戏早已到了无以复加的地步。

…………

报道东都歌舞厅从 1997 年到事发前，一直是洛阳市消防队督促整改的消防隐患重点单位，但该歌舞厅屡促不改。

有恃无恐腐败撑腰

对于东都商厦、东都歌舞厅这样的长期视国法如无物、拿人命当儿戏的管理对象，政府部门到底采取了哪些措施？

姚国红说，公安消防部门只有监督权，只能督促他们整改。在他们严重违法的情况下，我们也只能向市政府提出停业意见，报请市里批准。

…………

但是，当地一位不愿透露姓名的干部一针见血地指出，在洛阳市，能够管得了东都商厦、东都歌舞厅的政府部门，不是没有，而是太多了，相关的法律条例，也不是没有，而是详细得不能再详细。可以说，既有国家颁布的明文法规，也有相应的执法机关和职能部门，关键问题是这些机关、部门怎样执法，怎样管理，是为谁的利益而执法，为谁的利益而管理。

他说，公安、消防、工商、税务、技监、文化这些部门不用说了，就连卫生防疫站也能让东都歌舞厅俯首帖耳，因为他们要管麦克风的消毒。

至于职能部门和管理对象最终是一种什么样的关系，要视具体情况而定。所谓的具体情况，就是你的后台硬不硬，你有没有背景，以及你和有关部门的关系怎么样。没后台没靠山的，管理部门的权力就大得很，这一家可以让你停业，那一家也可以封你的门，手段多了！

洛阳大火后，当地即有关于东都歌舞厅幕后老板的传闻。据称已被熏死的老板王健国并非真正老板，真正老板是某官员的儿媳妇。就在去年河南电视台“都市频道”报道东都歌舞厅消防设施不合格后，洛阳市有官员还专门写过条子，要求消防部门不要让歌舞厅停业。

记者在采访期间，也有当地群众反映，洛阳市几乎所有歌舞厅，都可归为三种：要么老板是公检法的亲戚朋友，要么是与这些部门关系非同一般，更有甚者，有些歌舞厅就是由公安人员出股合资开办。去年9月，全国统一整治娱乐场所时，洛阳市仍有一些歌舞厅照样开张，据说，它们就有公安人员在后面撑腰。

针对这些反常现象，一位熟悉当地情况的新闻界朋友说，洛阳大火的深层次原因在于政府权力的异化以及法律制度的尊严遭受到首长权威的侵犯。

他说，有些部门把人民赋予的权力当成私家权力，行使管理职能时首先想到的也是最愿意做的是怎样才能多收费，怎样才能尽可能多地谋取部门利益，而不是如何有效地管理。另外，首长权威大于法律、制度权威，公职人员不是去维护法律、制度的尊严，而是首先要维护首长的尊严，没有把法律制度看成至高无上的准则，而是把领导的旨意当成至高无上信条去执行，对于他们而言，领导的一句话、一张字条往往要比法律制度还要重要。

正是由于这些因素，才导致东都商厦、东都歌舞厅多年来能够违法经营，进而最终酿成世纪末惨剧。

（《南方周末》2001-01-06）

面对一场造成309人死亡的惨烈火灾，老百姓最想知道什么？当然，救火的情况也应该报道，群众也想知道，但是，他们最想了解的还是“为什么？”——谁该对此事负责？

在通讯《众志成城战火魔》里，未提及酿成惨祸的管理混乱、各级干部的渎职行为和腐败的根源，仅将消防队员的扑救、相关领导的亲临火场、人们对受难家庭的同情和帮助作为报道的主角度，淹没了这个事件所蕴含的十分突显的新闻价值。这种反面文章正面做，报喜不报忧的写法降低了媒体的可信度。

而《追问洛阳大火：惨剧是如何酿成的》这篇通讯，却抓住了读者最想知晓的事实——谁应当为这场惨剧负责？通过层层剖析火灾的深层原因，这场世纪末的大火和309人的生命最终为人们立下了一座黑色警示碑。

四、展示事件的关键场面，捕捉事件的戏剧性情节

事件性通讯只要把事件展示出来，本身就具有吸引力。因为大多事件特别是突发性事件都具有故事情节且充满矛盾性和冲突性。通讯中一步步对事件的叙述和展示本身就有一定的悬念感。有些事件通讯是先从前因讲起，吸引人一步步追随情节去探寻结果；有些事件是先交待结果，吸引人渴望了解过程和原因。事件性事实本身的张力是事件性通讯的独特优势。然而，要发挥这个优势，记者要学会捕捉关键场面，展示事件发生过程中的关键转折点，充分展示事件本身中的戏剧性情节的说服力量。例如：

“北国之春”酒楼——

一个军人遇到的冷嘲与敬重

赵红军自述

这是我亲身经历的一件真实事情。

当我提笔要把它记叙下来的时候，心灵深处在颤抖。那是去年7月的最后一天，我出差在长春市某宾馆住下后，到一家叫“北国之春”的酒楼吃饭。我一边走，一边不住地安慰自己：在边防山沟里，大锅馒头、米饭吃了二十多年了，好歹现在也是个团级干部、空军中校，今天这餐饭破费点，也算是庆祝军人的节日吧。

走进酒楼，里面灯红酒绿，猜拳行令，热闹非凡。顾客还真不少。找个位置坐下后，热情的服务小姐递给我一份菜谱。翻开一看，我直咋舌：一盘菜几十元，有的几百元。我开始后悔到酒楼，直想溜。可是服务小姐拿着笔和单子，笑吟吟地就站在我身旁，并一再催问：“先生，您要点什么？”看来溜是溜不掉了，我虽然已是浑身发热，但表面还得充大方：“大鱼大肉最近吃腻了，今天换换口味，吃点清淡的。来一碟花生米，来一盘素炒油白菜，来一碗蛋汤和一份米饭就行了。”小姐撇撇嘴，说：“先生，您一共才消费10元。”

饭菜上齐后，正吃着，耳旁传来议论声：“瞧那位大兵，两碟小菜一碗汤就是一顿饭，也太抠门了。”我的心一收缩，循声望去，只见离我几尺远的一张桌子边，几个男女青年围坐在一起，喝得脸红脖子粗。桌子上摆的是五粮液酒和红塔山香烟，十几盘山珍海味已是杯盘狼藉。

“太寒碜了，看来还是个当官的呢！”声音又一次传来。

寒碜？我这就够奢侈的了。有些驻守边关的战士遇上大雪封山，一天三顿吃的是萝卜、白菜、土豆老三样，从头年的10月吃到第二年的5月，有时这些菜吃完了，新鲜菜又运不上来，只好顿顿吃酸辣菜罐头。长期熬下来，他们有的眼睛凹陷下去了，有的头发脱光了，有的手脚指甲断裂了。就这样，还得爬冰卧雪，担负战备执勤任务……

“莉莉，去！把咱们哥们吃剩下的菜端几盘赏给那位大兵，让他开开洋荤。”一个刺耳的男高音消失后，一个浓妆艳抹、花枝招展的女郎，在其同伴的鼓励声中，端着一个空盘子走了过来。她嗲声嗲气地说：“兵哥哥，可惜菜没了，据说菜汤的营养价值更高，味道更好，请你喝了吧。”

我异常愤怒，血管都要爆裂了，咽了口唾沫，拳头攥出了汗，终于忍了。喝多了的女郎越来越放肆了。她挤眉弄眼，动手动脚，抓住我的手摇晃着："你喝了吧，喝了吧，让我们大哥大、大姐大们高兴高兴吆！"

"太不像话了！"我指着这帮醉醺醺的男女青年说："我作为一个边防军人，缺少的不过是金钱，但不缺人格和尊严。你们想过没有，假如没有我们这些军人，能有你们挣大钱的安宁环境吗？假如边防军人们知道保卫的是你们这群酒肉之徒，那他们肯定会伤心的。"

这时，我的周围已挤满了人群。一位中年妇女上前握住我的手说："尊敬的边防军人，我是酒楼的前堂经理，前面发生的事情我全看到、听到了。谢谢你给我们上了一堂课。其实，现在不理解军人的只是少数人。人民群众对军人还是有着深厚感情的。"说完，她回头望了望，喊道："小王，到后堂去端我们酒楼最好、最贵的一道菜，今天，我请这位军人的客。"

"慢着！"一位西装革履的中年男子也挤了上来，说："我是酒楼的总经理。为了庆祝明天的八一建军节，我代表酒楼的全体职工请客。凡是那边桌上有的菜都要上，那边桌子上没有的，只要我们酒楼有，也都要上，我们用实际行动来慰问亲人解放军。"话音刚落，周围顿时响起了一阵阵热烈的掌声。

我的双眼模糊了，哽咽着说："谢谢，谢谢两位经理，谢谢大家。菜我不吃了，但大家的深情厚谊，我代表边防军人领了。"说完，我郑重庄严地向周围人群敬了一个标准的军礼，然后，转身离开了酒楼。

（《解放军报》1994-02-26）

这篇小通讯很有震撼力。其震撼力完全来自于对戏剧性情节的朴素的叙述和描写。文章中也有抒情，但其强烈的"情"，也是依托情节流露的。可见，选好、写好事件中的戏剧性情节，对事件性通讯具有多么重要的作用。

五、选择恰当的结构方式

事件通讯的结构大致有以下两种。

（一）单线条过程结构法

对于比较简单明了的单线条事件来说，通讯的结构最简单、最方便的就是单线条过程结构法，即按照事件的主要发展线索，原原本本把其发生、发展、结束的过程写下来，使读者不费力地了解真相。这类事件大多线索单纯，但故事性强。上面所引《一个军人遇到的冷嘲与敬重》一文，用的就是这种结构方式，它从这位军人进入饭店写起，直到离开，脉络单纯、清晰，读起来很顺畅，也有助于表现主题思想。

（二）“多线条过程”结构

一些复杂的事件，不是单线条展开，而是多头并进的。其线索复杂、时空重叠，这就适合用“多线条过程”结构法。它把一个事件的发展过程分解成两个以上的线索，这两个以上的线索同时进展，时间平行、空间交叉；有时分头进展，有时又交叉在一起，很类似电影的结构方法：按时间发展的脉络，变幻空间故事。

如《雷州“7·11”海难追踪》中就有两条主脉络：一是渔民数次向当地官员求救而不可得；二是渔民自己的救灾行为。一边是冷漠、无情，一边是舍己救人。两条线并行，互相映照。

另外，事件通讯还可分为顺叙结构和倒叙结构。

六、写好事件中的人物

除了天灾，很多事件的行为主体是人。没有人就没有故事，也很难产生新闻价值。人是事件中的主要角色，是事件的行为者、事件的受益者或受害者。尤其通过事件表现出具有社会意义的主题，几乎都是通过事件中的人的活动、人的思想感情、人的命运、人的故事来表现的。因此，事件通讯中，人仍然是最活跃、最有表现力的因素。在救灾抗灾中，舍己为人、救死扶伤的人常常浮现；推卸责任，甚至见死不救、落井下石的丑恶现象也不罕见。

例如在《雷州“7·11”海难追踪》中，记者就着力表现了两个人物：雷州市水产局副局长钟进和普通渔民黄妃赤。

写钟进几乎全是通过他在电话和BP机中的一系列指示来表现的：

第一次：“你们救人可以，但一定要先收足钱才能开船！”

第二次：“救人可以，但要有钱才能开船。”

第三次：“关于救难的事，一定要收费才能开船，而且死尸不能放进船里。”

三次指示，把这位冷漠的钟副局长的价值观和无视百姓生命的“铁石心肠”表现得淋漓尽致。

面对见死不救的局长大人，一个普通的渔民的行为却和当地干部们形成鲜明的对照：

> 44岁的黄妃赤，是纪家镇恬神管理区的一位普通渔民。7月11日凌晨5时多，他和其他小户渔民一样，划着一条小艇到离岸3 000多米的北部湾海面撒网捕蟹。7时多，天空突然乌云翻滚，海天漆黑一片。顷刻间，刮起了9级以上狂风，翻滚的海浪把他的小艇掀了个底朝天，转眼间就再也见不

着了。这时，怒吼的大海有如发狂的巨兽，一会儿将他抛向七八米高的浪尖，一会儿将他摔到数米深的浪谷。黄妃赤就这样在狂风中被巨浪抛摔了半个多小时，精疲力竭，方向不辨。待风流稍有减弱，黄妃赤经过一番努力辨别出方向后，就顶着巨浪向岸边一寸寸地游动。经过数小时的挣扎搏斗，他终于拖着血肉模糊的身体游回了岸边。当早已守候在岸边盼望丈夫出现的妻子带着4个儿女迎向黄妃赤时，黄已经无力地瘫倒在浅滩上。

见到站都站不起来的黄妃赤，村里人找来担架，准备将他抬回家。这时，他下意识地看了看依然翻腾的大海，突然看到远处的海面上，有个人在随浪沉浮。不知突然间哪来的力量，黄妃赤一下子从浅滩上站了起来，就要向海里冲下去。亲人和乡亲们惊呆了。妻子拉住他，哀求道："不要下去了，风浪这么大，你会没命的!"黄妃赤睁大眼睛，大吼一声："放手!"就挣脱众人，扑向那十几分钟前他逃都来不及的大海。他以惊人的毅力，在仍刮着四五级大风的海面上与风浪搏斗了40多分钟，终于靠近了素不相识的企水镇渔民邓否。他用左手架着邓的胳膊，用剩下的微弱的力气顺着海浪慢慢向岸边移动，这期间他们10多次被巨浪卷入海底。约1小时20分钟后，两个奄奄一息的汉子终于神奇般出现在浅滩上。

"7·11"事件被传媒披露后，黄妃赤的事迹也迅速在雷州渔民中间传开。雷州市委也顺应民意，于8月10日做出决定，号召全市人民向黄妃赤学习。雷州市和黄妃赤所在的纪家镇还分别向他颁发了2万元和5 000元奖金。采访中，黄妃赤对恭喜他得到大笔奖金的记者说，救了个人，能得到钱，他连想也没想过。他说，他一年打鱼下来，最多也只能挣个三两千元，"得到这么一大笔钱，太意外了"。记者问他在自身难保的情况下怎么还敢下海救人，有些腼腆的黄低声回答说："见死不救我做不到!"

这样，通过对一个个人物言行的描述，使通讯具有了深厚的内涵。

思考与练习题

1. 怎样认识事件通讯的价值?
2. 采写突发性事件通讯需注意哪些问题?
3. 以写事为主，采写一篇小故事，并写出采写心得。

第二十二章

工　作　通　讯

工作通讯因题材的特点而得名。与记人的人物通讯、记事的事件通讯、记地的风貌通讯不同，它以记“工作”为主，亦即它是反映不同领域、各行各业工作中的新情况、新办法、新经验、新矛盾、新问题或者新趋势的通讯。

工作通讯在我国的新闻报道活动中，一直占有重要地位，在不同的历史时期，工作通讯都发挥过重要的指导作用。按照传统的观念，采写工作通讯要紧紧围绕党和政府的中心工作进行报道。在进入改革开放的新时代以后，特别是在建立社会主义市场经济的过程中，各行各业的工作方式与内容都在变化，媒体也从机关报的“一统天下”变得多样化，因此工作通讯的内涵与外延也随之有了新的拓展。这种类型的通讯在围绕党和政府中心工作进行报道的同时，还发挥着沟通各行各业、交流彼此工作方面的信息以及向受众直接传达各行各业政策层面、工作层面信息的桥梁作用。面对转型社会众多的新事物、新挑战，写好工作通讯具有重要的意义，记者应重视工作通讯并不断提高工作通讯的采写水平。

第一节　工作通讯的报道内容

一、展示各项工作中的成功经验，发现和提炼启迪人的新思想、新观念

经验性报道是我国新闻媒体特有的品种，这是由我们媒体的性质和任务决定的。报道典型经验，除了采取综合消息的形式以外，工作通讯以其篇幅和时效的宽容度，几十年来一直是最具有传播效果的另一种新闻报道体裁。

一般来说，采写工作通讯要力争通过反映一个单位、一个地区或一个行业、一个领域工作中所取得的成功经验，对其他行业起到展示经验、启发思路、引导、示范的作用。它的报道选题偏重于成熟的经验，及由此带来的新思路、新观念。这类工作通讯在我国各级机关报中所占的比例很高，成为党和政府指导工作、引导舆论的有力武器。

例如《光明日报》1996年3月26日刊发的《扭亏为盈大变化》即是一篇比较成功的经验性工作通讯。请看原文：

新春伊始，从我国东北重工业基地辽宁，传来了一个令人振奋的消息：曾经困难重重、一度亏损严重的鞍山钢铁集团公司，实现了扭亏为盈，去年全年实现利润3.3亿元。这个消息使人看到了搞好国有大中型企业、特别是老企业的希望。

鞍钢，曾经是新中国工业的光荣，为国家创造过600多亿元的利税，但这个拥有近50万职工和80年历史的企业，近些年却像一艘古老的、超负荷的船，经受着市场竞争风雨的考验。

鞍钢集团公司总经理刘玠告诉记者，1994年末，鞍钢的形势已经十分严峻，真是到了生死存亡的关头。一方面资金短缺，原材料不足，在生产上不得不实施应急方案，下调了生产水平；另一方面，由于合同不足，产品库存显著上升，资金回收十分困难。1995年，仅一二月份，公司亏损就达两亿元，并且这种亏损局面一直延续了8个月。

全国各地拖欠鞍钢货款数额巨大。为了维持生产，鞍钢不得不大量向银行借贷。

大量产品以托收承付的方式发了出去，货款回不来，税却要照样上缴。

更使鞍钢人震惊的事情发生了：长春中国第一汽车制造厂，这个距鞍山最近的用钢大户，第一次向鞍钢说出了“不”。1993年以前，一汽每年要从鞍钢购入钢材十几、几十万吨，而1994年却只购进5 400吨。

是一汽愿意舍近求远，还是鞍钢的信誉降低了？这一个问题引发了鞍钢全公司范围的一场大讨论。鞍钢人意识到了问题的严重性，感觉到了被“上帝”抛弃的耻辱，他们提出口号：洗心革面。

这是一种深刻的自省,鞍钢人在讨论中看到了自己所处的劣势。这种劣势包括两个方面,一是设备陈旧落后,难以实现较高的工艺水平。由于企业的社会负担重,得养活几十万人,其中包括相当一部分离退休职工。教育和医疗等社会福利事业耗资巨大。因此,很难腾出资金来进行技术改造。二是职工的观念不能适应市场经济的发展,产品可能达到的技术水平也没能够达到。

在短时期内彻底改造设备，显然并不现实。公司本身没有这个能力，依靠贷款只能是雪上加霜，因为冶金产品的利润，还抵消不了银行的利息。最后的结论是：只能依靠自己，依靠改革。

1995年8月29日，这是全体鞍钢人都不会忘记的日子，鞍钢召开了一个大会，大会上，职工们统一了思想；经过失望、迷惘、思索，鞍钢人终于认识到，以往之所以丢掉了市场，就是因为没有按市场规律办事。鞍钢的改革从此上了一个新的台阶。

既然困扰鞍钢的主要是资金问题，改革便从这里入手。公司制定了以资金管理为中心的财务管理，以财务管理为中心的企业管理模式。尽管鞍钢资金紧张，但以前有限的资金没能用到刀刃上。有的技术改造项目得不到预期的效益，相当一部分资金进入死点，无法盘活。

围绕资金的盘活，公司重点抓了两项工作，一是组织人员清欠，去年共清欠资金51亿元；二是严格压缩成本，使设备改造真正可以收到效益。第三炼钢厂的一个技改项目，原来预算为9亿元，经过精细核算压缩到了7.6亿元，并未影响项目质量。

鞍钢公司计划经营部部长王仕周告诉记者：“1994年的问题就在于一味地追求规模，追求产量。”这种不惜成本地对产量的追求，结果造成高成本、高产出，低效益。

1995年,鞍钢调整了生产方针,树立了质量是企业的生命,让利不让市场的新观念;为减少产品积压,制订了不付款不发货,没有合同不生产的营销措施。同时,市场机制和银行机制被引进到企业内部,哪个部门也不能无偿地占用资金了。任何项目,如果不能保证在短期内收回投资,公司将不批准立项。

第二个改革之举是将附属企业与主体公司分离。去年9月，矿山公司、弓长岭矿山公司和机械制造公司开始了与主体分离的试运行，当年这三家公司实现了减亏4 949万元。矿山公司过去每年要亏损数亿元，这次，总公司要求该公司在3年内扭亏为盈。

经过分离以后，鞍钢主体职工还有7万多人，他们的最终目标是再减少二到三万人。

经过一系列的运行机制和管理方式的变革，到去年8月，亏损的势头终于被遏止住了。去年，公司完成了钢产量813万吨，生铁800万吨，钢材518万吨，在上缴利税之后，实现利润3.3亿元。

3.3亿，对于鞍钢来说，不算个大数字。但它是在消除了前8个月亏损、消化了30多亿元的不利因素之后实现的。王仕周部长说，去年的成绩主要体现在第四季度，实际上这一时期铁的水平年产量达到900万吨，钢的水平年产量达到897万吨。

记者在采访中感觉到，鞍钢人一年来所取得的最大成绩应该是，他们终于看清了面临的危机和挑战，并且以改革的姿态回答了这样一个问题：经过努力，国有企业是可以战胜当前暂时的困难的。

正如冶金工业部副部长、鞍钢集团公司党委书记吴溪淳所说，鞍钢改革的路子走对了。鞍钢有潜力可挖，改革的前景很乐观。

（《光明日报》记者陆彩荣　周立文　苗家生　曲冠杰）

鞍钢是我国著名的国有大型企业，鞍钢所在的辽宁省又是我国主要的重工业基地。企业改革实施20年以来，重工业、再加上重工业中的大型国有企业一直是改革中的“难中之难”。《扭亏为盈大变化》抓住了鞍钢改革所取得的经验，对全国大中型企业的改革可以起到启发思路、引导示范的作用。

这篇通讯以跳跃的笔法，丰富的层次报道了鞍钢扭亏、重现生机的主要特点和经验。首先是鞍钢人深刻的反省，这是展现给读者的一个新的思路。对于国有企业改革来说，新思路就是出路。只有“换脑筋”，改变观念，才能走上改革之路。通讯随后报道了它的经验：一是确立了以财务管理为中心的新企业管理模式，包括清欠资金，严格压缩成本，调整生产方针等；二是将附属企业与主体公司分离。记者将鞍钢经济效益转变的数字一层层夹在递进的事实中，用数字说明事实，使得上述经验更有说服力。在通讯的结尾处，记者通过自己在采访中的感受和冶金工业部副部长、鞍钢集团公司党委书记的话作了总结：国有企业可以战胜眼前的困难，鞍钢改革的路子走对了。

二、反映工作中的问题和教训，揭示这些问题和教训中带有普遍意义的内涵，以引起社会的注意，推进各项工作的顺利进行

这种类型的工作通讯比较多地体现在调查性报道上，这是近年来越来越受到

青睐的一种报道形式。它的报道内容更侧重于揭露问题，展开批评。例如获第二届中国新闻奖一等奖的通讯：

金牌不是名牌

几年前还为金牌大省而洋洋自得的辽宁人，如今却受到了市场无情的嘲弄：目前，在全国各省、市、区中，辽宁产成品资金占用“三角债”全国第一……

然而，许多辽宁人尚不知道悲哀。

闪光的金牌没市场

金银牌一直青睐着辽宁。几十年来，国家每年评比金银牌，辽宁的得数都排在前三名，目前其获奖金银牌总数已达520块之多，占全国金银牌总数近六分之一。

然而，市场却不肯把她那媚人的秋波送向辽宁。

沈阳生产的沈乐满牌热水器与广东万家乐牌热水器同为国家银牌产品。论性能，“沈乐满”的安全可靠性和煤气燃烧率全国第一；看结构，“沈乐满”由500多个部件组成，属高档产品，而“万家乐”只有300多个零件，属中档货，二者的零售价又相差无几。然而，“万家乐”去年销售30万台，“沈乐满”只有8万台。

辽宁生产的雄狮牌美发器是全国第一家引进设备生产的，质量超过香港产品，国内称雄，可是在北京、广州、上海等地那群芳斗艳的美发用品柜台前，却难见沈阳的“雄狮”。

昔日在全国显赫一时，辽宁引为自豪的丹东手表、金笔、营口幸福牌钢琴、友谊牌洗衣机、沈阳的机床等，如今都坠入市场萎缩的困境。

失去市场的直接后果是产品的大量积压；今年年初，在沈阳市一轻局各工厂的仓库里，积压着18万辆自行车、72万只手表、1.2万台冰箱。流动资金压死了，生产难以为继。

机械行业是辽宁的支柱产业，光国家金牌就有73块，雄踞全国首位。令人难堪的是，1990年，辽宁省机械产品竟在全国夺得积压第一的“桂冠”。

有金牌无市场，金牌大省的处境着实可怜。今年1至5月，全省60%的国营企业亏损。除鞍山、本溪、盘锦三市因有鞍钢、本钢、辽河化肥厂三个“盈利大户”支撑外，沈阳、大连、抚顺、丹东、营口、锦州等11个城市的工业全部亏损。

金牌大省成了亏损大省。

"上帝"为何不买账?

金灿灿、银闪闪，一块块奖牌货真价实，为何难博"上帝"的宠爱?

究其背后的原因，辽宁的金银奖牌有五大缺憾:

一曰:"杨贵妃"型——"养在深闺人不识"。金牌并不等于名牌。辽宁人不善于把奖牌变为名牌。在电视广告节目中，人们看到十次"万家乐"，也难见"沈乐满"一面，前者已成为消费者倾慕的名牌，后者却鲜为人知。

二曰:"模特"型——不能形成批量生产。这样的金牌于企业有何用?

三曰:"铁拐李"型——生产腿长，销售腿短，销售渠道少，网点更少。获国家味素行业第一块金牌的沈阳红梅牌味精早就名扬大江南北，而今却因销售乏术，在市场上不得不拱手称臣。

四曰:"皇帝女儿"型——价高无人攀。据介绍，辽宁省的名优产品价格普遍比外地高。功能过剩是价格高的一个重要原因。沈阳一家新型建筑材料厂生产的石棉瓦质量之好可用50年，因此荣获同行业惟一的一块银牌。可是时代进步了，现在人们只用石棉瓦盖暂设房。一家建筑单位表示:"能挺两年足矣，50年不坏，有什么用呢?"于是用户都转而去买乡镇企业生产的寿命短但价格低的产品。

五曰:"老面孔"型——沈阳某大机床厂一种获得银牌的车床生产20多年，直到去年销售不出去了才大吃一惊。

曾使辽宁人引为自豪的金牌产品，如今却又给人们带来苦涩的疑惑:这样下去，金银牌产品还会闪耀出当初那迷人的光彩吗?

市场呼唤"制造商"

记者在大连、沈阳时，发现不少企业的金银奖牌或奖杯不是摆在销售科、展销室，而是供奉在荣誉室、贵宾会客厅。有人曾问:金牌是什么?一些辽宁人答:是政府给的荣誉，是上级的褒奖!可一位南方厂长则说，它首先是市场通行证!

重生产、轻流通，这是金牌大省悲哀的症结所在。

目前，辽宁省一些领导部门最关心的自然是"产值"，每个月，不少企业都要收到以"必得产值"为首的生产调度令。一些地方、一些企业仍在积极扩大生产规模，然而，对其产品能否走上市场变为商品却不甚关心。辽宁的许多企业，精兵强将、优秀人才集中在生产上，销售人员过少，有的上万人大厂竟然没有开过订货会，且不知产品市场在何方。

行家说辽宁，感触最深的一点是这里的生产组织结构落后，生产结构刚性化，调整适应性差，大批量生产单一品种容易，干那些小批量、多品种的产品难上加难。沈阳的标准件厂、铸造厂、低压开关厂等企业均号称亚洲最大，人才、技术、设备、资金都占优势，可面对市场的新变化、新需求却是“磨盘身子——转不动”，拿不出适应用户需要的产品来。沈阳某大机床厂生产的普通车床大量积压，而眼看着一叠叠轴承车床、管子车床的用户订单，连连叹气：咱这“母鸡”不会下这种“蛋”。

难怪有人出言入木三分：“辽宁多的是生产者，少的是制造商。”

事实最有说服力，向以豪爽著称的辽宁人在花钱做广告上显得格外小气。今年5月，在北京召开的首届中国国际广告研讨会暨展览会设置的300多个广告摊位中，多数是南方企业，其中福建省的三个市就占32个摊位。而偌大的东北三省只有三席。更使辽宁人丢面子的是，自己家门口的广告媒介也成了外地人的天下。1990年，沈阳共发布3.4万条广告，其中当地企业的只占三分之一。据一位广告界权威人士介绍：沈阳市共有5 400家企业，到目前，做过各种广告的只有540家，占十分之一，而广东省轻工行业做过广告的企业则占总数的十分之九。

难堪也罢，不服气也罢，现实无情地告诉人们：“金牌现象”是一面镜子，它从一个侧面映照出，面对新的市场格局，辽宁人无论在经营机制和思想观念上都是不适应的。

补上市场这一课已成为摆在辽宁人面前的重要课题。给人们希望的是，辽宁省许多有识之士已开始认真地思考，他们开始承认自己的不足和落后，他们开始探求新的出路。

（《经济参考报》1991－08－24 作者刘欣欣　何大新）

写这篇报道的记者是从现实经济生活中的一个怪现象入手的：应该在市场上最具有竞争力的金牌产品却不畅销，甚至无人问津。作为金牌大省的辽宁省，现在却成了产品积压大省。经过调查，记者发现这些金银牌产品有五大缺憾：一是“贵妃型”：不做广告宣传，鲜为人知；二是“模特型”：不能批量生产；三是“铁拐李型”：生产腿长，销售腿短，销售渠道少，网点更少；四是“皇帝女儿型”：价高无人攀；五是“老面孔型”：销售的居然是20年前生产的产品。然后，记者进一步揭示了问题：这些金牌是以往计划经济体制下的产物，它的标准并不反映市场需求，而是上级机关下达的指标。而上级机关最关心的是“产值”。重生产，轻流通，这是金牌大省悲哀的症结所在。记者在本篇通讯的最后大胆直面地提出了批评：“面对新的市场格局，辽宁人无论在经营机制和思想观念上都是不适应的”。“补上市场这一课已成为摆在辽宁省面前的重要课题”。这篇报道引起了比较强烈的社会反响，也引起了辽宁省领导的重视，他们认为该报道对“转变思想观念很有说服力”。一篇工作通讯能够达到这样的传播效果是难能可贵的。

三、剖析工作中的难点问题，探讨对策与解决的方法

这种类型的工作通讯比较多地体现在分析性报道上。也就是说，它不仅要通过调查，展现出工作过程中的各种问题和矛盾，还要对此进行分析与解剖，找出问题的原因，探寻可能的解决方案。一般来说，它的选题要扣住工作中的“老大难”问题和大众舆论关注的“热点”问题。例如，剖析中国目前严重水荒现象、探讨消灭“大锅水”，建节水型社会的工作通讯《水 水 水》（《经济参考报》1986－06－01）；反映沈阳市城市管理执法难的通讯《城市管理执法为何这么难?》（《工人日报》2000－09－19）；反映社会上人们的环境意识差，以至塑料餐盒形成“白色污染”的《“白色”不禁“绿色”难兴》（《人民日报》2000－09－18）；探讨事故死难者赔付问题的《彩虹桥垮塌案应适用国家赔偿》（《中国青年报》2001－02－05）。这些工作通讯都在详细分析的基础上，提出了解决问题的一些思路、途径，甚至对策。

新华社记者 1994 年采写的《菜价追踪》是一篇将选题定在工作“难点”问题上的通讯。当时，北京居民纷纷反映蔬菜太贵，而千里之外的蔬菜基地山东寿光菜农并没有大幅度地提高菜价，钱被谁赚跑了？这是城市老百姓呼声最高却无法解决的一道难题。新华社两位记者深入山东寿光市，向菜农、蔬菜购销公司、小贩，继而又向北京市民一一进行了访谈，将菜价增长的各个运销环节调查得一清二楚，对蔬菜价格贵的原因进行了有力的剖析，并在这个基础上提出了增加蔬菜销售网点、调整网点布局、建立一个可调控的宏观管理机制等平抑菜价的措施。

几乎与此同时，《人民日报》记者对菜价问题也进行了一系列的调查、分析和探讨，他们在探讨解决问题的出路方面尤其下了功夫。该报先后刊登了 8 篇对菜价问题的报道：

《菜价追踪》（1995 年 2 月 15 日）

《菜价是否暴利》（1995 年 2 月 16 日）

《菜贩也道贩菜苦》（1995 年 2 月 17 日）

《国有菜店还要不要卖菜》（1995 年 2 月 18 日）

《关键是发育和管理好市场》（1995 年 2 月 20 日）

《靠市场把菜价降下来》（1995 年 2 月 23 日）

《国有商业怎样卖菜》（1995 年 2 月 26 日）

《提高流通规范效益》（1995 年 2 月 28 日）

如果说新华社记者采写的《菜价追踪》更多地分析了菜价上涨的原因，《人民日报》的《菜价追踪》系列则更侧重于探讨解决菜价问题的出路：建议通过政府调控市场网点、国有商业参与蔬菜流通竞争、规范市场秩序、合理布局流通渠道等措施，以从根本上解决久治不愈的菜价的上涨问题。这类工作通讯，一般要同时完成表现事实、剖析原因、探讨出路的“三部曲”，在探讨解决方案时需要更多地吸取各行各业专家的意见，以便对建议的可行性或者前景作出中肯的预测。在这一点上，有些工作通讯类似于一篇论文，一篇用事实写成的论文。它要求记者不但有过硬的调查研究基本功，还要有相关的专业知识。

第二节　工作通讯的写作

一、从全局高度选择典型事实

写好工作通讯，首要的一点是记者必须胸有全局。他要明确党和政府的中心工作，明确他所采写的具体行业当前工作的重心以及亟待解决的问题，然后敏锐而准确地抓住有典型性、有指导性的事实，来揭示矛盾，分析与解决矛盾。换句话说，全局是“面”，典型事实是“点”，工作通讯的写作，就是要通过对“点”的报道，来回答“面”提出的问题。这两者结合得越好，工作通讯的写作就越成功。对全局的把握，是在工作通讯写作中时刻要注意的。而对典型事实的选择，则一定要深入到实际工作中去精心地筛选。

通讯《“小机”斗“大机”——记发生在大连市的“三师出走”的风波》，在这方面就是一个成功的范例。请看原文：

> 鸡年大连出新闻，“小机”咄咄斗“大机”。
>
> “小机”者，成立刚两月、人数不满百的村办乡镇企业——大连渤海机床厂也。
>
> “大机”者，成立 50 余年、职工6 000多人的大型国有企业——大连机床厂也。
>
> 市场竞争，企业较劲，本不足为奇。奇就奇在“小机”厂从厂长、副厂长、总工程师、技术部主任、生产部主任到几十名技术骨干，全都来自“大机”。
>
> 用“大机”厂长周魁的话说：“简直是用刀子一块一块从我们身上挖走的！”

事情，还得从去年秋说起。

1992年9月，大连机床厂总经济师李福喜、总设计师李毅、总会计师助理张黎三人同时出走，到甘井子区红旗镇一家村办企业“落户”，创办大连机电设备制造销售公司，并筹建渤海机床厂。

“三师”都是机床厂高层管理干部。李福喜来厂已30余年，当过组长、科长、经营部主任，长期从事组合机床设计、研究和经营主管工作；总设计师李毅，原任厂总工程师，是组合机床设计、研究方面公认的专家；张黎原任厂财务处副处长，调整班子后，升任总会计师助理。

“三师”出走，全厂波动。工厂设计部门、经营部门以及装配车间的近50名骨干，也相继投奔而去。短短两个多月，由李福喜牵头出任厂长的大连渤海机床厂在鞭炮声中挂牌成立。又是短短两个多月，设计部门已设计出新产品图纸；经营部门已拿到大量订单；生产部门正密锣紧鼓加班加点，计划再用2个月时间，拿出第一批产品……

与“小机”厂红红火火形成对比的是“大机”厂因骨干出走而元气大伤，人心浮动。这家国内最大的组合机床生产厂有职工近7 000人，固定资产原值2亿元，主要生产为汽车制造业配套的专用组合机床。我国一汽、二汽、北京吉普等大型汽车厂，90%以上精密组合机床都由“大机”厂提供。为适应我国汽车工业发展，国家先后把工厂技术改造列入“七五”和“八五”计划，共投资1.2亿元用于发展数控柔性组合机床。

“三师”出走，骨干流失，在“大机”厂职工中引起极大反响，成了职工每天上班后议论纷纷的话题。有的部门已是人心思走，不少人向厂领导递交辞职报告；有的部门根据去“小机”厂人员的收入及住房待遇，也要求厂里“水涨船高”，比照办理，否则就要一走了之；厂领导几个月来一方面要抓生产经营，另一方面又不得不抽出更多精力安抚人心，深感心力交瘁，压力重重。

“大机”厂长周魁忧心忡忡地对记者说，李福喜等人的出走，是极不正当的行为，已经给工厂带来严重后果：

一是严重影响了今年生产经营任务的完成。“大机”厂组合机床装配专业骨干仅有60人，现已挖走5人，尚有十几人正酝酿出走。这些人的出走将导致关键设备全部或部分停台，加工处于瘫痪状态。

二是严重影响组合机床产前技术准备，导致工厂1994年出现巨额亏损。“大机”厂组合设计人员120余人，其中主管设计人员仅30余人，承担1994年1.35亿元的设计产值任务，现室主任和主管设计人员被挖走22人，预测因短缺主要设计人员使设计能力下降一倍，今年设计产值将由此减少6 000万元，因组合机床产量下跌，这家1992年产值1.6亿元、利税1 600万元的国家大型一级企业1994年可能出现巨额亏损。

三是造成人心浮动，增加企业内部不稳定因素。“三师”出走风波，已波及科研、工艺、锻冶、经营、销售等专业技术人员和一线工人队伍。一些职工要求按“渤海”价码提高待遇，而厂里又因包袱沉重条件限制而无能为力。工厂担心由此而产生“多米诺”效应，人心涣散，人员流失，直到企业被搞垮。

记者前往“小机”厂所属大连市甘井子区红旗镇了解情况。“小机”厂的上属单位乡镇企业渤海建筑装修公司经理孙萌环认为：人才流动是符合历史潮流的行动，无可非议。既然要搞市场经济，就应该允许竞争。人往高处走嘛！人才当然要往最能发挥自己价值的地方流。至于高薪、住房，并不像人们传言那样每年几万十几万。即使出高薪、给住房，这也是人才所应有的待遇。国有企业缺乏活力，没有吸引力，人家到乡镇企业来，有什么不可以呢？

“小机”厂长李福喜也向记者谈了他“出走”的原因。他说，之所以要离开“大机”建“小机”，是为了更好地干一番事业。来这里才短短不到半年，已经干出了在“大机”厂几十年干不成的事情，投资4 000多万已经落实，新厂已经奠基，两三年内产值可以上亿，今后再由组合机床发展到综合机械企业集团，单是上30万台汽车变速箱，产值就可达9亿。都是在中国的版图上，干出一番大事业，不也是利国利民的好事吗？

“小机”斗“大机”事件已成为鸡年大连市民街谈巷议的新闻。记者在同一些企业领导和职工座谈时，他们说：人才流动，竞争纠纷，过去也发生过不少，但像这样典型、这样突出的事件，还没有过。它牵涉到大中企业怎样才能搞活、究竟能不能搞活？市场竞争是否需要一定的秩序，究竟应该建立什么样的秩序？乡镇企业机制与国有企业机制究竟有何不同？为什么国有企业基础很强却往往竞争不过乡镇企业？……解剖这个麻雀，大有益处。

（《经济日报》1993-02-07）

这篇通讯所选择的被称为“两机风波”的事件确实很典型，连报道中都说：“人才流动，竞争纠纷，过去也发生过不少，但像这样典型、这样突出的事件，还没有过。”它的大背景是我国正在向社会主义市场经济过渡，所有的生产要素都需要在市场中得到优化配置和有效组合。“两机风波”深刻地反映了在这个过渡中新旧资源配置模式之间的激烈碰撞。特别是这种碰撞涉及人才和劳动力这样一种特殊敏感的资源，再加上“大机”和“小机”在所有制方面的差异，使得矛盾更加复杂。越是典型的事实，越是复杂的矛盾，其新闻的内涵就越丰富，价值就越高。例如这篇工作通讯就提出了许多问题：人才和劳动力能不能在竞争中得到市场配置？竞争和流动需不需要秩序和法规？需要什么样的秩序和法规？国有企业和乡镇企业能否平等竞争？国有企业的机制问题在哪里？如何改革？等等。通讯发表后在广大读者中所引起的强烈反响，也说明了这个典型事实在全国都具有普遍意义，它及时并深刻地反映了市场经济进程中的新问题，新情况。

二、进入工作现场，运用活的事实反映工作中的经验、教训或问题

写工作通讯不是写工作总结，如果只是概括性地交待一下过程，再罗列上一、二、三、四条经验，读者必然失去阅读的兴趣。既然工作通讯是新闻报道的一种体裁，它就要遵循新闻报道的规律，就要学会运用新闻写作的基本手法，即用事实说话。也就是说我们采访所得来的新经验、新观念、新问题，必须通过具体的、活生生的事实传播给读者。要让读者以这些事实作为认识的起点，然后一步步顺着记者为其铺设的路径——一系列经过梳理的事实，内涵着某种逻辑关系的事实，最终自己得出结论——新经验、新观念带来的启发，达到工作通讯的传播目的。因此，工作通讯的起点一般也要从具体事实开始，或以具体事实贯穿始终。而这些具体事实如果不进入工作现场是很难发现的，也很难在写作中如实地生动地再现它。因此，工作通讯的写作，同样需要强调到现场去，到实际工作的第一线去。

例如，《人民日报》1996 年 8 月 13 日发表了一篇何伟采写的《感受文明——再访石家庄出租车》的工作通讯，其中记者三次采用“微服私访”，亲身体验了石家庄出租车行业“争当文明使者”的文明服务经验：

8 月 9 日，记者在国际大厦拦下一辆红色夏利。“您好，请问您去哪儿?”坐稳之后，年轻的司机送来了问候。他胸前佩戴的服务证上写着陈建军。

“到火车站多少钱?”

“大约 10 元起步费，以计价器为准。”

“你可以不打计价器，我不要发票。”

“对不起，兄弟，我们公司有规定。”

说完，他拿给我一张地图，大概听出我是外地人。

环顾四周，车容整洁，没有异味，一天一换的白色座套写有监督电话，轻松、舒心的感受油然而起。驶入车站，他收下钱，开发票，然后用手指出通往候车室的最佳路线。“谢谢，您走好”，驾车缓缓融入车流。这时，贴在

后车窗的“我就是河北，我就是省会，我就是文明使者”的横幅让我心头一热。又暗访两次，除发现个别座套没有更换之外，“空手”而回。

…………

除了记者的亲身经历，该篇通讯中还引用了不少具体事实：如：

司机陈文杰那天遇到三位“广东仔”，坐车后未付钱便扬长而去。陈文杰心想：今天倒霉，又遇上“砸罐”的了（意为乘车不付钱）。他习惯地扫了一眼，后座上乘客遗留下一部“大哥大”。“我们真对不起你！”三个乘车人拿到失物后，愧疚地掏出一沓钞票要重谢，陈说我只要计价器上的数，决不多收一分。

记者翻看厚厚的电话记录本，这类事不胜枚举。比如，8 月 7 日这天，表扬电话 9 个，投诉电话 1 起。其中，让我们怦然心动的是一位叫张玉华的司机，主动归还一件包裹——里面，方方正正 10 万元现钞。

…………

通过上述生动的事实，记者总结并传递出石家庄出租车行业如何实现文明服务，而且以示范效应点亮了整个“窗口行业”的经验。

写作揭露性或者批评性的工作通讯，对于具体事实的要求就更加严格了。在一定意义上说，没有大量的、充足的、真实的第一手材料，是不能动笔写作这种内容的工作通讯的。

三、从群众角度、生活角度写作

工作通讯自身的功能，决定了它先天的具有自上而下的指导性。这种指导性是必要的，也是实际工作所需要的。但是这种指导性在传播中属于刚性协调，不易对广大读者产生较好的效果，如何把它转变为一种柔性协调，这里就有一个转变角度的问题了。在工作通讯的写作中，特别是报道有关政策或者工作的重点时，要力求找到它们与老百姓利益的结合点。一般来说，只要找准了这个结合点，就可以做到“贴近群众，贴近生活”。因此从群众角度、从生活角度来反观有关的工作，来报道有关的工作，一直是改进工作通讯写作的一个诀窍。下面这篇工作通讯就是一个很好的例子：

请注重开发大众住宅
安居工程造福万家

这是一个令人振奋的消息：为了让“居者有其屋”，国务院宣布的“安居工程”将从今年起在有条件的城市启动。其主要内容是：从今年至1997年三年间，政府将拿出1 000多亿元周转资金，用于在城市中新建2亿平方米的“安居住宅”。“安居工程”的建设资金将通过国家安排一部分政策性贷款和地方汇集住房公积金、售房款，以及地方政府安排一定比例自筹资金来加以解决。“安居工程”不以赢利为目的，所建房屋按成本价向中低收入职工和个人出售。为提高职工个人购买住房的能力，承办房改金融业务的银行将相应建立面向个人的买房抵押贷款业务。为降低建设成本，其建设用地一律由当地政府划拨，免交土地出让金，并免交部分税款。

我国城市现有500多万住房困难户，即人均居住面积低于4平方米；其中有40万特困户，人均居住面积不足2平方米；另有3 000余万平方米的危房待改造。

“安居工程”的全面实施意味着：今后一个时期内，房地产市场的开发重点是大众住宅。日前，广州市政府决定，今后每年将在整个用地计划中拿出20%的指标，用于微利房和解困房的建设，未来10年内，将陆续开发建设3 000万平方米的普通住宅，其中1 000万平方米属于廉价房。天津市准备用3年时间，建成1 000万平方米的普通住宅，并在5至7年内，将市内近1 000万平方米的危旧房屋进行改造。北京市政府预计1994年至1997年间安排大众住宅建设2 500万平方米，向中低收入家庭出售。

豪华别墅受冷落

当大多数人的“安居梦”尚未圆时，“别墅热”依然存在。据统计，我国的房地产公司已发展到近3万家。其中，仅北京市就有600多家，20多家公司涉及豪华别墅开发项目，目前已批准预售的别墅面积达80.69万平方米，占外销商品房总量的23.39%。这么多的豪华别墅拔地而起，对普通百姓来说，无异于“海市蜃楼”。据了解，尽管别墅成群，但供大于求、售房困难仍是开发商们最大的苦恼。据不完全统计，这些别墅的平均售房率仅为三成。原因很简单：价格太高。以北京为例，别墅平均售价为每平方米1 793美元，最高售价达每平方米3 062美元。如此昂贵的价格，即便对于为数甚少的外商、“大款”来说，购置一套也并非轻而易举之事。况且，其实际需求量也是极其有限的。一位外资企业老板告诉记者，别墅纯属个人休闲消遣场所，对开展业务并无多大益处。花巨资购买，既没必要，也不值得。这番话颇具代表性。一些房地产开发商也许并未考虑到这些，难怪花园别墅冷冷清清。

大众住宅有利可图

投资者为何对兴建豪华花园别墅情有独钟？原因恐怕只有一个：追求高利润。据悉，投资豪华别墅的平均利润回报率为50%以上，而普通住宅为30%左右。然而，豪华别墅如果过快增加，势必造成供求失衡。别墅一旦滞销，即使是降价处理，有购买能力的人也是寥寥无几，其结果必然是得不偿失。目前，我国普通住宅面积占全部商品房总面积的80%。这一事实告诉人们：中国房地产业发展的基石是普通住宅，住宅建设是今后一个时期内房地产业投资的主体。一些城市高级花园别墅受冷落的情况表明：房地产业的发展绝不能脱离实际，不顾国情国力。中国人对高级别墅的购买力不足，但对普通住宅的需求量却很大。因此，大众住宅才是房地产业最大、最稳定的市场，薄利多销是房产投资者获取利润的最佳途径。

据悉，越来越多的房地产商开始适应市场潮流，把目光转向普通大众，投建薄利多销的"平民住宅"。不久前，浙江巨川房地产开发公司以重奖向市民征求企业"定位"大计——你想购买的以及经济能力能承受的商品房是什么档次？结果，在3万份问卷中，90%的市民迫切需要实用型的中低档公寓房。据此，该公司专门为普通市民建造了150套小康型经济住宅。这一举动引起了许多房地产公司的纷纷效仿，售房情况之好，出乎意料。另据来自全国各地的信息表明，普通居民住宅一旦有售即迅速一抢而空。这反映出大众住宅供需之间的巨大缺口。聪明的投资者应迅速调整开发结构，切莫放弃大好时机。

（《人民日报》1995－02－06 记者白剑峰）

这是一篇关于房地产市场的通讯。记者寻找的突破口是"安居工程"。他之所以选择这样一个角度入手，是经过反复思考的。当时的房地产市场可以报道的问题很多，从政府管理的角度，从开发商的角度，从房地产市场发育的角度，从建筑工程的角度都有可反映的工作中的新问题、新情况。但记者在分析有关材料时，一份关于"全国城市目前住房困难户达500万人，即人均居住面积低于4平方米，其中有40万特困户，人均居住面积不足2平方米"的调查数字引起他的注意。傍晚，他回家穿过狭窄而拥挤的宿舍楼道，看着一个个因住房困难而不得不在楼道炒菜的家庭主妇们，心中更是一震。他的思路打开了，他决定从老百姓的角度分析房地产市场。于是他在报道中首先传达并解释了中央政府有关实施"安居工程"的计划和政策，然后揭示与批评了近年来房地产开发中的一哄而上的"花园别墅"热，并进一步通过具体数字分析了大众住宅才是房地产业最大、最稳定的市场，薄利多销是房地产商获取利润的最佳途径。《请注重开发大众住宅》发表以后，记者收到一些群众来信，一位退休的老工人说："住房是老百姓的头号大事。你能替老百姓说话，我们很感激。"由于抓住了中央的政策与老百姓切身利益的结合点，这篇工作通讯不仅反映的问题有深度，有新意，而且赢得了广大的普通读者。

四、虚实结合，既要注意使用通俗、具体、形象的语言，又可以有一定的评论色彩。虚实结合，是工作通讯写作在语言运用上的两个方面的要求

实：是指语言要通俗、具体、生动、形象。因为工作通讯的语言最容易公文化，而且它报道的又经常是非事件性新闻，容易空泛、笼统，它所涉及各行各业的具体工作也容易落入专业化。因此在工作通讯的写作中更要讲究语言的运用，最主要的是要学会把抽象的概念具体化。

《经济日报》的记者詹国枢擅长写工作通讯，而且多是宏观题材的工作通讯。但他的新闻报道作品却可读性很强，对广大读者来说丝毫没有阅读障碍，而且给人一种清新悦目的哲理美。例如，获得1992年中国新闻奖二等奖的工作通讯《少数企业"死不了"多数企业活不好》（《经济日报》1991－08－15）一文的开头：

> 绿野，苗圃。
>
> 成千上万株小苗，头碰头，肩并肩，密密麻麻挤在一起。空气，严重不足，养料，极度匮乏，眼见得小苗蔫蔫然日渐萎黄。
>
> 怎么办？送气排风，施肥浇水。效果不佳，未见起色。
>
> 果断间苗！把那些枝叶已经萎黄，根须已经溃烂，无法成材的病苗，毅然拔除，腾出空间。空气，清新了，养料，充足了。一株株地伸枝展叶，充满勃勃生机！
>
> 大自然生生不息的景观，给予我们耐人寻味的启示：小苗生长发育如此，企业生存发展，不亦如此吗？
>
> …………

他的另一篇获奖工作通讯《从煮饺子说到规模经济》（《经济日报》1990－12－08）是这样开头的：

> 朋友，如果我向您提一个小小的要求：请您帮我煮一个饺子，地道的韭菜、肉末、虾仁做馅儿，精白粉做皮儿的"三鲜饺子"；但不要多，只煮一个。您一定会说，别开玩笑了，要吃，咱就好好下一锅，只煮一个，谁那么傻？

是的，即使只煮一个饺子，也得买菜、剁馅、擀皮儿、包馅、生火、烧水、下饺子……一道程序不能少，饺子虽然还是饺子，那“成本”，恐怕就高得令人咋舌了。

但是朋友，您可知道，在咱们的一些地区、一些企业，过去、现在（或许将来），还正干着“只煮一个饺子”的傻事儿呢！

不过那不是煮饺子，而是办企业，出产品。

这就引出了“规模经济”和“产品经济规模”的话题。

…………

工作通讯能用如此形象、活泼的语言来写，难能可贵。而工作通讯也只有讲究语言的美，才能增强它的传播效果。

虚：是指在工作通讯的写作中，不可避免地要有议论。基于指导工作的功能，它与其他题材的通讯相比，评论的色彩要重一些。特别是那些有结论、观点非常鲜明的工作通讯，在某种意义上是带有述评性质的。因此在工作通讯的写作中，要学会和善于运用夹叙夹议的写法，即在叙述中带议论，在议论中带叙述；要学会和善于运用“直接引语”议论，即用领导的、专家的、群众的见解画龙点睛地进行评论。

有些新闻教科书中把《采访札记》、《记者来信》、《工作研究》等也列入工作通讯，这也有一定的道理，因为这是记者反映在自己工作中所遇到的新问题、新情况、新感受。这种工作通讯的写法就灵活多样了，有较大的写作空间，也可以有更多的个人风格，甚至可以发表个人见解。

思考与练习题

1. 怎样认识新时期工作通讯的重要性？
2. 写作工作通讯的基本方法有哪些？
3. 阅读《经济日报》的工作通讯，并分析其基本特色。

第二十三章

风 貌 通 讯

风貌通讯又称为“旅行通讯”、“概貌通讯”。它是以采访者旅行见闻的视角反映社会变化和风土人情的通讯，因此，也有人简称为“记地”的通讯。报纸上常见的诸如“见闻”、“巡礼”、“散记”、“纪行”等都可归属于这类通讯。

风貌通讯继承了我国历代山水游记的文体特征。它伴随着采访者的足迹，以通俗的语言，熔纪实、写景、言情、说理于一炉，记录了在一定历史条件下广泛的社会现象和时代风俗。由于这类通讯带有浓厚的时代气息，因此也具有强烈的历史画面感。

目前，我国读者熟悉且产生过巨大影响、可称得上风貌通讯典范之作的有范长江的《中国的西北角》、《塞上行》，邹韬奋的《萍踪寄语》、《萍踪忆语》。这些通讯（当时被称作旅行报道）皆因其反映并回答了时代提出的重大问题而成为新闻史上的不朽篇章。

在中国迈向现代化的今天，在我国颇有历史传统的风貌通讯以其广阔的报道视野、生动的感性素材和无拘无束的个人写作风格吸引着读者，它使人们足不出户便可漫游天下，既可了解世界，又可感知时代，因此是现代人喜闻乐见的一种报道文体。

第一节　风貌通讯的分类

风貌通讯的选材比较广泛。如果按内容划分，大致可分为以下三种类型。

一、综合报道某个地区、某条战线的今昔变化和新的建设成就

报道地方的新变化和新的建设成就是风貌通讯的重头戏。这种报道在综合性大报上尤其常见。《山也还是那座山》，以特有的文化情调展现了革命老区的新貌：

山也还是那座山

安　详

吕梁是座沉重的山，交城又困在那山窝里。

吕梁百姓的话，“交城自古就是个苦叫的鬼地方”。

先说那山，一座套着一座，海拔高度由1 000米盘旋到2 886米，吞食了交城县总面积的92%。绵绵的霜冻期，小麦、玉米在这里扎不住根，莜麦和土豆是山里人果腹的主食。

再说那路，七扭八歪，晴天“磕磕碰碰的石头挤破了哥哥的脚”，雪天“滑溜溜的坡坡咬伤了妹妹的腿”。婚丧嫁娶，走亲串户，就只好苦了那不会说话的灰毛驴。

回头再看那水，交城河年流量不下4亿立方米，但一拐弯便顺势而下，交城人只能眼巴巴地望着浇了山下的文水县。于是有了那首苦涩的歌，“交城的山来，交城的水，不浇那个交城浇文水，灰毛驴驴上来，灰毛驴驴下，一辈子也没有见过那好车马。交城那个大山里，没有好茶饭，只有莜面饽饹饹，还有那山药蛋”。

粗涩涩的莜麦饽饹饹，白生生的薄皮山药蛋，气喘喘的矮头灰毛驴，滋养了一茬一茬的交城人，构成了交城山民独有的风俗和文化。

那莜麦，生长期短，一亩地能收四五十公斤就算高产，但老乡看得特珍贵，人来客往，“没吃上莜面饽饹饹怨我不仁义，吃饱了肚子再捎上半袋袋盼你把我心上记”。娶媳妇嫁闺女吆唤乡亲们，“满山的朋友你都来，莜面米酒让你喜开怀”。

记者在王氏沟的王二狗家做客，主人家先把莜麦加热水和成团，然后把

面团擀成薄片片，用两个手掌一片一片地搓成3寸长的空心小卷卷，再一个靠一个地立在笼里蒸一会儿，揭盖后热腾腾的饽饦饦端上炕，蘸着肉丁做成的酱，那味道真是香，王二狗说："原来可没有这么好的调料，化上碗盐水水就算了。"

交城山里土豆垒成了山，地里、院里、窖里都是土蛋蛋，老百姓离不了可又吃不完。抗日战争时，山里有民谣，"胡家沟里的山药蛋，砸死三个日本大坏蛋，雪片密的山药蛋，打败了鬼子手里的真子弹"。当年参战者刘骇虎老人说这可是一个真的故事。

至于那灰毛驴，旧时可不是家家都有的，那是财富的象征："叫声妹妹你别急，哥给你挣头灰毛驴"，"金山银山妹不想，只求坐上毛驴颠一颠"。

尽管这里山水秀丽，民风质朴，文化诱人，交城人却长期没有挣脱贫困落后的枷锁。

交城人视农村改革为"天赐良机"。"山不转水转，水不转人转"，认着这个死理，他们几经努力，终于让小麦在交城寒冷的大山里长起来了。这种夏播小麦，6月底播种，国庆节收割，亩产125公斤。1982年在古洞道、燕家庄、水峪贯栽种小麦成功，逐步推广到山顶的横尖岭。全县年产150万公斤小麦，使山庄窝铺上的家家户户天天都能吃上白面馍。双龙村的索二新，去年10亩麦地"除吃除喝，还落了万数来块钱"。

1992年，寒地水稻又在大山里栽种成功，亩产400公斤。山上10个乡镇全部种上了水稻，总产达190万公斤。白花花的大米喜得交城人说了话，"南方人精贵，吃的就是这东西呀!"

县委、县政府还在山里推广了8 000亩地膜覆盖玉米，亩产达650公斤；又资助农民建起了2 400座日光节能温室，长起了西红柿、黄瓜、豆角、西兰花，农民冬天里都能尝上鲜。安定村的夏有珍告诉记者："第一次看到满枝的西红柿，我哭了一场，心里说不清的滋味直往上反。"

在大山之外，这些事可能平常得不足挂齿，而在交城海拔2 000米以上的大山里，有了小麦，有了玉米，有了稻子，有了蔬菜，以往可真是不敢想呵!

交城县委书记兼县长王宝生是位38岁的年轻人，整整两个冬季，他都是在修路工地上度过的。在他手里，交城272个行政村终于实现了"村村都通机动车，二级乡路连成网"的宿愿。"撇开别的不说，光土豆下山就了不得，上山拉的是两毛五一斤，送下山是4毛钱一斤，每户至少都有万数来斤"。今年刚出正月，寨上乡庄头村240户人家，拉土豆下山，家家都拿到了1 000多元的现钱。张三娃得了4 000多，“咱有车，突突突一下山就涨了价。”像张三娃那样的农用车，在交城的山里去年一下就卖了3 500辆。喘了一辈子气的灰毛驴，终于有了歇脚的日子。

山里的乡镇企业日新月异，近几年的利税都上了亿，县委、县政府正一点一滴铆足劲，准备带领群众“一斧一斧劈山引回交城的水”。

交城的山水依然，饸饹饹、山药蛋仍在，古朴的民风未变，而交城人则正在走出交城山。

（《人民日报》1995－04－09）

这篇通讯用对比的手法报道了革命老区交城人在改革开放年代里艰苦奋斗、千方百计摆脱贫困的喜人景象。在这里，记者对交城面貌的变化用了不少笔墨：过去交城是“苦叫鬼的地方”，这里的山是“一座套着一座”；这里的路是“七扭八歪”；这里的水“不浇那个交城浇文水”，整日吃的是“莜麦面、山药蛋”。改革开放以后，终于在海拔2 000米的大山里有了小麦和玉米，继而有了“白花花的大米”和蔬菜，实现了“村村都通机动车、二级乡路连成网”的宿愿，乡镇企业近几年利税上了亿。“交城人则正在走出交城山”。

1996年9月7日，从北京直达香港九龙的京九铁路贯通江西老区。《光明日报》记者程鹃乘坐大京九的第一趟旅客列车从九江到深圳，将一路见闻写成风貌通讯《我能摸摸火车吗——首趟庐山号随车目击记》（《江西日报》1996－09－06）：通过目睹“沿途一路锣鼓一路鞭炮”，目睹几名从来没看过客运列车的妇女“好奇地问火车有多长，能不能上去看看，能不能摸一摸”。目睹她们在“喃喃自语：我的手很脏呢，会不会弄脏火车？”的景象，将沿途老百姓对这条迟来的“幸福路”的欣喜之情展示出来，也将这条贯通祖国南北、联结发达地区和贫困地区的交通干线将给老区经济带来腾飞的光明前景展现出来。

二、报道某地的风土人情，人的精神面貌

中国地大物博、民族众多。各地迥然有别的风土人情，往往是足不出户的读者最感兴趣的题材。

如《中国日报》记者在采集通讯《人迹罕至的藏乡》（《中国日报》1992－07）的素材时，来到这个位于西藏南部群山中的中印边界线上的中国人口最少的乡——玉门乡。全乡三口人，也就是桑杰曲巴及两个女儿一家三口。69岁的曲巴是原乡长，现由曲巴32岁的长女卓嘎接任，乡公所就是他们家的客厅。曲巴一家坚守在这与世隔绝的河谷地，这里没有通讯设施，没有诊所，没有电，父女仨就在此与80多头牦牛、三匹马和一匹肥硕的藏獒相依为命数十载。

印军的哨所距曲巴家只有两小时路程。

地区和县领导再三强调曲巴一家是“国土和历史的见证人”。

这里与世隔绝的生活极其艰辛，原有的四户居民都陆续迁走了，他们为什么还要坚守呢？

曲巴的“回答很简单：‘我生在这里，我祖父的祖父就生活在这里，这是我的家。这里的国土，我当过乡长，别人走了我不能走，留下也算守着国土吧。’他说着，又加了一句‘这里其实很不错的’。”

人迹罕至的高原之乡，正因为记者勇敢的脚步（以前从未有记者来过），读者得以感知这里雪山冰峰、牦牛藏獒、纯朴的藏族父女以及他们的生存信念和期盼。

再如《人民日报》记者郑德刚采写的《夜逛下九路》（《人民日报》1996－01－13），将南国都市一条几百米长的商业街“浓浓的商业味、悠悠的人情味和撩人的叫卖声”一起送到读者面前：

“下九路”不沾官不带府，窄窄的马路两边店铺林立商贾云集，而更多的则是拖家带口扶老携幼勾肩搭背逛大街的，黑压压一片，几乎每一个店铺都挤满了人。店主笑容可掬春风满面，一位位囊中无多又耐不住客套的顾客出东家进西家，大包小包往外拎，然后当街就把刚买到的货色拿出来评头论足，口中絮絮叨叨却一脸满足接茬再逛。大姑娘小媳妇唧唧喳喳挑挑拣拣分明惹人心烦，同样的大姑娘小媳妇的营业员却不厌其烦无论环肥燕瘦任挑任拣。一位小童驻足玩具店的橱窗前久久不肯离去，其母无论轻嗔薄怒或温言相呵均不奏效，正尴尬间，女营业员迎出来询问，这位年轻的母亲说：“家里的玩具已经太多了，再买就重样了。”女营业员一笑：“不买没关系，别伤着孩子的心。”说着随手塞给已泪流满面的孩子一只小小的绒毛熊。母亲愕然道谢，孩子破涕为笑，一场“母子冲突”转眼烟消云散。

有些风貌通讯博采上述三种类型之长，既写风土人情，又写社会变迁，如：

远去且末的那条路

本报记者　祝谦

位于塔克拉玛干沙漠东南缘的且末县，曾是古且末国的都城，距巴音郭楞盟自治州州府库尔勒市800余公里，是巴州管辖最远的一个县。4月下旬，记者乘坐越野车“切”开浑浑噩噩的黄尘，走了两天，来到这座绿洲小县城。

记者在县委办公室和宣传部负责同志的帮助下，采访了一个已退休的税务局长，他叫吾甫尔·艾则孜。吾甫尔是个很风趣的老汉，谈起且末，他总爱讲且末的路。他乐呵呵地说，他1952年参加工作，在县里当税务员，当时总共3个人，管着全县的税收。当时的专员公署在库尔勒以东40多公里的焉耆。那时去焉耆开会，是骑毛驴，从且末到库尔勒，紧赶慢赶，28天，再一天赶到焉耆。一趟下来，屁股上磨出厚厚的老茧。

“一路怎么吃饭、睡觉、喂驴呢?”吾尔甫介绍说，原来在这条萧索的丝绸古道上，大约30公里左右便有一处无人驿站，供行人歇息，有些大站，还备有炊具。长途跋涉的，大都是出公差的人。一人两头毛驴，一头是坐骑，一头驮行囊。到了有人烟的地方，补充一次给养。就这样一站一站朝前蹭。不能多走，也不能少走，过了站或不到站，就会有危险。一路上看不到飞鸟，也见不到走兽，一旦碰上了缺水、酷热、严寒和沙暴，就会十命九不保。

“骑马不是快些吗?”

“马缺耐力，一趟走不下来就‘它死郎了（死了）’。”吾甫尔说。“50年代，不是有个库尔班·吐鲁木要骑毛驴到北京看毛主席的故事吗？过去，在维吾尔人心目中，毛驴是最好的交通工具。”

“开会怎么通知呢?”

“一个月以前打电报。”

吾甫尔告诉记者，1957年，且末通了汽车。如果路上不出问题，汽车得走一个星期。那时的路况差，汽车都得带上杠子，到了沙窝，得搭上杠子，汽车的双轮卡在杠子上才能通过。吾甫尔说：“且末这条路上发生的故事，我能给你讲一个星期。不过，最动听的，还是这个最新的故事：1991年夏天，我坐上从库尔勒到且末的飞机。飞机像一只大鸟，在沙漠上嗡嗡地叫着，晃呀晃，我真像做梦一样，这也算在走‘路’呀！82分钟，轰地一声，到了。过去得走28天，屁股磨出老茧。如今，屁股还没坐热呢。”

从28天到7天，再到82分钟，这就是远去且末的那条路。

（《人民日报》1995-09-09）

人们常说：“不到新疆不知中国大”。1995年4月，记者祝谦乘了两天的越野车，穿越塔克拉玛干大沙漠，来到南疆的小城且末。在这里，他敏锐地观察到，从库尔勒到且末这一条800公里的路，人们经历了骑毛驴一个月——“屁股磨出老茧”，到坐汽车一个星期——还得带上杠子过沙窝，再到乘飞机——只需82分钟，“屁股还没坐热”的三个阶段，这极具地方特色的边疆风俗画卷和30

年的历史跨跃感，促使记者写成这篇边疆味十足的通讯。

三、报道历史文化遗产，以景写情，睹物思人

重游中外历史文化遗产的诞生地，使人领略文化韵味，聆听历史的足音，启发思绪，陶冶情操。

《人民日报》记者所写的通讯《走近平型关》就是从这个角度入手的。

平型关地处晋东北灵丘县，是抗日战争中最壮烈的战役——“平型关大捷”的发生地。它以重创日寇精锐的坂垣师团、粉碎日军“不可战胜”的神话，鼓舞了国民的抗日勇气而名垂青史。请看：

走近平型关

本报记者　阎晓明

1995年5月15日日落时分，我翻越古长城的要隘平型关，进入晋东北灵丘县的白崖台乡地界。58年前的仲秋，八路军115师血战日军的平型关战役就是在这片山梁上进行的。

从白崖台乡政府出来，天已渐露夜色。转过一道弯，吉普车直插入一条深沟，白崖台乡乡长王建明说：这就是桥沟，115师就埋伏在沟东。他把身子探出窗外，指着蒙蒙夜色中的一座小山包说：“当时的总指挥部就设在那里。那边是老爷庙，咱们伤亡最多的地方。”桥沟是一条由灵丘方向通往平型关口的峡谷。沟底最窄处不到5米，两边峭壁陡立，从崖头到沟底，深达数十米，最深处达100多米，人行沟中只能看到一线窄窄的蓝天。从这条古道越过平型关就是一马平川，省府太原便一览无余了。当年，日本侵略军正是打着由此直取太原，从而占领整个华北的如意算盘。

战斗在1937年9月25日早晨打响。前一天晚上，在瓢泼大雨中，八路军117师埋伏在桥沟的东侧山崖上。次日，嚣张至极的日军坂垣征四郎第5师团第21旅团两个联队和辎重车辆，耀武扬威向沟内开来。战斗从早晨7点开始，下午3点结束，歼灭日军1 000多人，缴获大量武器、物资。八路军600多将士也牺牲在桥沟里。平型关大捷是自卢沟桥事变以来，中国军队对日作战的第一次胜利，打破了日军“不可战胜”的神话，极大地鼓舞了全国人民的抗日斗志。

距乡政府两公里左右，有一座孤零零的楼房——平型关战役纪念馆。

纪念馆是从1969年开始用两年时间建成的，当时有一个排的女战士在

做讲解员。只是开馆不到3个月就关闭了。如今，纪念馆前除竖立着平型关战役和腰站战役两块纪念碑外，其余的地方都被守门老人堆了柴草或种了庄稼。偌大的纪念馆大厅内，空空荡荡，只有一尊毛主席的巨幅石膏像耸立在入口处。如今，馆门口挂着“山西省青少年革命传统教育基地”的牌子，这恐怕是对平型关战役纪念馆的最新说法了。

应我的要求，乡长带我来到白崖台村。正值中午时分，村南路口的墙根下围坐着一溜歇闲的老人。“谁见过桥沟打仗，给记者说说。”乡长扯着嗓子问。人们笑了，随即推出一位叫张守富的老人。老张76岁，当年曾帮助八路军掩埋过烈士的遗体。老人回忆说，战斗结束后，沟里和山上都是尸体。八路军都是十七八岁的孩子，又瘦又小，大家边埋边流泪。正说着，有一位叫李刚的老人接上了话。他清楚地记得打仗那天是阴历八月二十一，战斗结束后，日军的尸体也是村里埋的。热心的乡亲们又找来了当年的粮秣委员曾起河。

在打坏多少汽车问题上老人们争执起来，有说100辆有说82辆的。可见那次战斗在老人们心灵上留下多深的印象！老人们说，打那以后，他们就参加了村里的民兵，老张是爆破组，老曾是抗日村政府的粮秣委员。望着沉浸在回忆中的老人，我想起了当年流行在边区的一首抗日民歌：“槐树开花碎纷纷，当兵要当八路军，有吃有穿最光荣。半夜叫门不开门，不知道是八路军还是日本人。八路军来了烧开水，日本人来了埋地雷……”“那时对干部没意见吧?”乡长笑着问。“有什么意见？尽跟上共产党沾光呢。”张守富说。“现在呢?”“现在也没意见，顿顿大米白面，活了一辈子数现在安稳。”

我想起了两天来人们不止一次给我讲述的一件事。1989年仲秋，日本首任驻华使馆武官携女儿、女婿来到平型关。人们清楚地记得，那天下着雨，天气与当年平型关战役时非常相似，道路十分泥泞，武官率女儿、女婿弃车徒步走上桥沟对面的山梁，在风雨中伫立良久，满脸的凝重。不知武官和他的家人知不知道，他们脚下这片土地上，日本侵略军占领的7年中，就发生22起惨案，有记录的有3 986人惨死在日军的屠刀下，600多人至今下落不明。几万个家庭，至今仍背负着战争的伤痛；知不知道在这样一个山村，这样一些善良的人们对战争与和平的朴素而深刻的认识……

离开白崖台时又是落日时分。古老的平型关高高站在巍峨的五台山和恒山之上，在夕阳的余晖中讲述着战争的昨天，俯视着和平的今天……记住昨天是为了今天。

（《人民日报》1995-07-10）

记者的笔触一下把人们拉回历史中，使平型关战役的史实、115师的足迹历历在目。“疏远了平型关，意味着我们正淡忘着历史”。通讯始终围绕着“如何才能使历史不再重蹈、悲剧不再发生”这个问题。这种通讯的教育功能是十分明显的。

另外，《罗密欧与朱丽叶故乡行》（《光明日报》1984－11－14 作者李春芳）也是一篇优美动人的风貌通讯。作者带着读者一颗颗虔诚的心灵，拜谒了莎士比亚不朽悲剧的男女主角罗密欧与朱丽叶的家乡——意大利北部维罗纳城。

轻轻走进古城中心区，这对恋人的故居，仿佛穿越600多年的悠悠岁月……

…………

巍峨的古城墙与逶迤的阿迪杰河相连，环抱着一块古老的土地，这就是维罗纳古城区。1303年，这里发生了一对青年男女的爱情悲剧。他们的名字就叫蒙泰基·罗密欧和卡佩莱蒂·朱丽叶。蒙泰基与卡佩莱蒂是当时维罗纳城的两个名门望族，伟大诗人但丁曾在一首诗中提及过这两个家族。

位于古城中心区的朱丽叶故居与罗密欧故居至今仍然保持着当年的风貌。朱丽叶故居是一幢建于1200年的5层楼房，尽管经历了七八百年的悠悠岁月，墙皮已经脱落，但仍不失当年的华丽风姿。走进楼前僻静的小院，即可看到二楼上一座不到3平方米的阳台。据说，这就是当年罗密欧与朱丽叶幽会之地。参观的人们凝视着它，遐想着600多年前这里发生的情景。阳台下方的一块白色大理石上镌刻着莎士比亚剧作中的一段话：“但是静静，是什么光从那边的窗户透出来？那是东方，朱丽叶就是太阳。”院子的一侧有一堵五六米高的、爬满常春藤的围墙。可以猜想得出，罗密欧是翻过这座墙来到朱丽叶窗下的。二楼有一间宽敞的客厅，据说罗密欧与朱丽叶就是在这里举行的一次舞会上一见倾心的。

…………

离朱丽叶故居不到一公里处，人们可以觅到朱丽叶墓。这里古柏参天，青藤绕墙，原来是当年曾给与这对不幸的恋人以帮助的那位神父所在的教堂。约20平方米的朱丽叶墓室内，正中停放一口空着的、表面已凹凸不平的石棺，罗密欧与朱丽叶正是在这里殉情而死的。遗憾的是，不知道他们的遗骨后来被移葬于何处。来这里参观的许多青年，特别是女青年，面对悲剧发生的现场，有感于罗密欧与朱丽叶至死不渝的忠贞爱情，在石棺里留下了许多字条，抒发自己的情感。

…………

莎翁以其超众的天才，将一个世代流传的真实故事，写成人类的不朽杰作，深刻地反映了当时人文主义的爱情理想。

第二节　风貌通讯的写作

一、抓住特点写见闻

风貌通讯的取材特征就是活材料多，有特点的见闻多，活灵活现，感染力强，使人如历其境，如闻其声。

如新华社记者采写的《温州夜行记》，通篇的见闻使你对这个陌生的“中国私营经济之都”留下鲜明的印象：

温州夜行记

饿了九个多小时，下了火车，我们在夜色笼不住通明灯火的金华，狼吞虎咽了一盘炒年糕，就又匆匆登上了去温州的夜行客车。

许是长久在中西部地区采访的缘故，我们一行欲早睹当今傲视华夏的温州风采的心情格外急迫。

当汽车在浙南大地奔驰后，连日的劳顿使我们昏昏欲睡。然而，在这条通向温州的公路上，夜晚的喧嚣声并不比白天减少多少。在温州人眼里，夜晚似乎比白天有利，既少了经常堵车的烦恼，又可车上休息，白天照常做事。人皆此心，人皆此行，路上喧嚣，黑白也就没有两样了。可这样一来，就苦了我们这过惯了日出而作、日落而息的人了。

迎面不断的刺眼车灯、鸣笛声，生生让我们欲睡不能。无奈之下，我们便观察起同车的人来。从口音和举止看，这些人中有少量外地商人，更多的则是温州本地的小业主和推销员。他们指戴金戒指、衣着随便，从一开始上车，他们就争先恐后地挤，现在 60 人的车已座无虚席。他们看来已习惯了这样的旅程，东倒西歪地照睡不误。然而，一对年轻夫妇却仍在哄着一直哭个不停的婴儿。一问得知，丈夫是温州人，妻子是南昌人，在火车上我们就与他们面熟。此刻，年轻的父亲说，他在北京做生意，这次回来接妻子孩子去同住。他打算先送孩子去温州与奶奶爷爷见上一面，然后乘机去北京。婴儿才出生 80 多天，就要跟随父母辗转南北了，看来也只有温州人才做得出来，这就是温州人的做派。

记得在外国人眼里，温州是中国的“私营经济之都”；而国人的眼中，它是凭借一支十万人的推销员队伍走南闯北，闯出了今天的地位。事实上，温州并无纵横发达的交通运输网络和丰富资源，而且人均仅有四分耕地；全省六个贫困县中，它就占了四个，然而，世人都惊奇地看到了它那“魔术”般的变迁发展。

我们把目光投向窗外，想探寻一点什么。可夜幕沉沉，又能看见些什么呢？

沿途，但见一家家农户开的店堂彻夜不闭，或旅店，或饭馆，或修车铺，或加油站，数量之多，实为别处少见，一盏盏箱灯、一串串链泡，繁星满天，光亮触目。这时，无论北方还是南方的城镇工人们，只怕早已进入梦乡，而温州人却仍在紧张劳作，不舍昼夜。困了就伏膝打个瞌睡，一有车来即刻振作精神迎上前来。这条公路可以说是我们迄今为止看到的夜里最为繁忙的运输线了，多次出现堵车。在夜里四点左右最严重的一次堵车中，被堵的几百辆大小车辆前后两三公里不见头尾，串串车灯蜿蜒于山道上状若赤龙。人体正常的生物钟好像对这些温州人起不了什么作用，真不知是发展起来的温州造就了他们，还是他们造就了今天的温州。像这种不分昼夜地运转，将来的温州又会是什么样子呢？那些既羡慕温州又认为温州得宠于政策偏爱的人，有没有看到和想到温州人是怎样在超常地劳作的呢？

这晚，我们也看到了温州人的另一面。朦胧中我们听到一阵喧闹声，真实以为是遇上打劫者，随后在夜色中看到十来个农民围着车叫卖甘蔗。不知车上哪位买了一农妇的甘蔗有意少付了一毛钱，于是农妇拦在车前不让走。司机一时火起，站在车厢中叫把钱给她，但车上人没见一个出来承认的。司机只好又动之以情，晓之以义：“他们蛮穷的。一毛钱对你们就像九牛一毛。”可是，说了白说。不久，我们又在另一处遇上纠纷，当车停在一温州人开的小店吃夜宵时，一江西老俵与小店卖柑橘的人争吵起来，说卖橘人搞鬼。我们和车上其他人看了看，三个不大的橘子怎么也不会有一斤，最多也就六七两。但察看秤，找不出毛病在哪儿。无奈车不能久等，老俵只好认倒霉。

这晚，真是眼不寂寞，路不寂寞，夜不寂寞。

（新华社 1993－05－11 电稿）

记者饿了九个小时，下了火车，狼吞虎咽一盘炒年糕后，又爬上去温州的夜行车。本想在车上睡一觉，但上车后忽然发现“夜不能寐”。他写了温州人白天做事晚上赶路，车上东倒西歪照睡不误；写了夜景“一家家农户开的店堂彻夜不闭，一盏盏灯箱、一串串链泡，繁星满天，光亮触目”。在进行了全景式的扫描之后，记者又将镜头推进，着重写车中一对年轻夫妇带着自己啼哭不已的8个月的婴儿外出创业……

总之，现场见闻是风貌通讯最吸引人的地方。

再如前面列举的《远去且末的那条路》中，有大量生动的人物对话：

> 维族老税务局长告诉记者，当时从且末到库勒，来回都是骑毛驴，紧赶慢赶28天，“一趟下来，屁股上磨出厚厚的老茧”。
>
> 吾甫尔说，“50年代，不是有个库尔班·吐鲁木骑毛驴到北京看毛主席的故事吗？过去，在维吾尔人心目中，毛驴是最好的交通工具。”
>
> “且末这条路上发生的故事，我能给你讲一个星期。不过最动听的，还是那个最新的故事：1991年夏天，我坐上库尔勒到且末的飞机。飞机像一只大鸟，在沙漠上嗡嗡地叫着，晃呀晃，我真像做梦一样，这也算在走‘路’呀！82分钟，轰地一声，到了。过去得走28天，屁股磨出老茧。如今，屁股还没坐热呢。”

二、旅行者的视角——新鲜

在一个地方住久了，嗅觉自然会迟钝，对本地的变化不易察觉。然而忽然来到一个新地方，那种新鲜感便扑面而来。

风貌通讯的一个特点，首先是以本地人的眼光去看外地，观察它的概貌、探求它的陌生和神秘。这可以极大地满足人们求知求新的心理需求。

因此，无论是在报纸版面上还是电视画面中，风貌通讯都是打开一扇观察外面世界的窗口。使本地读者跟随记者的脚步，仿佛也身历其境地看到异地的变化和风情。

拿《温州夜行记》来说：

改革开放以来，“温州”这个地名早已为读者所熟识，它以私营经济领域中的明星地位记载于中国经济改革的史书中。对于温州的报道更是难以计数。然而，记者却独辟蹊径，以一个夜行旅游者的身份，将去温州一路上的鲜明印象，不加渲染地再现出来，引导读者去“感受”温州，把温州人的实干精神和超常劳作的一面展示给世人。看过全文，想必读者也像记者一样“眼不寂寞，路不寂寞”，也会“心不寂寞”。

再如《人民日报》记者卢小飞采写的报道西藏羌塘风情的通讯《西去羌塘》（《人民日报》1989－08－07），完全是从一个内地人的视角去看西藏，体味这个人称“冒险家的乐园”的羌塘。文章写到作为全国五大牧场的羌塘名叫“那扎”的“寸头”牧草；写在牧民家喝到的刚挤出的牛羊奶；要拿小刀削生肉吃；写羌塘的面貌——相当于8个浙江省；写羌塘的海拔——4 500米；写羌塘的人文景观——经幡、马尼堆；写羌塘的荒漠、湖泊和巍峨的火山岩；写大群的地中海黑头鸥，写草原上的风能发电机……总之，从内地人的视角看高原羌塘：写出了她严酷的自然环境和高原上顽强的生命，也写世居在此地的羌塘人和内地赴藏的建设者们生生不息的创造力。

旅游者的视角的另一个特点，就是以行进中的观察获得见闻，专业术语叫“步移式观察”。记者每到一地，都用好奇的目光捕捉着各种镜头，而这些镜头的变幻随着记者随机式采访的脚步，或山或水，或草或木，或大或小，或先或后地移动式出现，读者跟着记者一路走，一路看，一路遐想，一路品味，游兴十足。

读者的感官跟随记者的脚步“延伸”，报道的悬念感和吸引力也油然而生。

三、主题不容忽视

风貌通讯尽管取材以见闻为主，且格调轻松，强调可读性，但仍然需要突出主题，要通过记者的所见所闻，考察社会生活的变迁，回答时代提出的问题。再者，风貌通讯的素材很多为随时采访所得，一般没有中心事件，如果不确定明确的主题，势必出现结构松散、浮光掠影、拉杂拖沓的毛病。因此，在采写过程中，仍有一个观察事实——提炼主题——围绕主题选择事实的过程。有些通讯是记者事先经过认真策划所采写的，主题意识非常鲜明。

如王学孝采写的《今日大邱庄》（《人民日报·海外版》1995－11－03）一文中，报道了天津市大邱庄在其主要负责人禹作敏1993年被依法逮捕后，其经济发展、群众生活和精神文明建设各方面仍然保持着旺盛的发展势头，说明了依法处理禹作敏，并不意味着否定我国农村的改革开放政策，相反，正是为了保证改革开放的正常进行。这是记者在禹作敏被捕后第一次公开报道大邱庄，回答了当时社会上产生的疑虑，澄清了思想上的混乱，表现出记者的大局意识和新闻敏感。

再如《温州夜行记》的写作目的也是非常明确的。温州成为“私营经济之都”，是不是享受了中央和地方的特殊政策照顾？记者用一路夜行的见闻做了回答：温州人不仅靠党的政策，更靠实干精神和超常的劳作。一句话：财富是双手干出来的，不是政策的“小灶”吃出来的！

有了主题，才能有序地统领材料，各种素材才能各归其位，各侍其主，使整篇通讯形散而神不散，也符合读者的阅读心理。

需要强调的是，风貌通讯的采写，也必须注意“新”——从时代的高度，发现和反映某地的新变化、新风貌，或者新的社会问题。同时，风貌通讯也不可忽视写人，在一个大的风景画中，要有人的活动，要通过人的活动、人的思想感情的流露，反映时代特征。

思考与练习题

1. 风貌通讯具有怎样的特殊价值？

2. 怎样才能写好风貌通讯？它对记者提出了哪些要求？

3. 重读范长江的《中国的西北角》，就风貌通讯的采写以及记者素质，写出自己的心得体会。

4. 采写一篇小型风貌通讯，并写出采写札记。

第二十四章

社会观察通讯

社会观察通讯是一种新兴的通讯类型，也是当代使用频率很高、很受关注的一种通讯类型。

所谓社会观察通讯，是报道社会现象、剖析社会问题的通讯。与传统的人物、事件、工作、风貌通讯不同，社会观察通讯并非着眼于社会上的某一个别人物、个别事件，或者某一方面工作中的经验教训，某个地方的风光风貌，而是在上述各类通讯的报道范围之外，用广角镜头透视大千世界、人生百态，反映社会生活中值得注意的新变化、新问题、新观念的通讯。

在不同的媒体上，社会观察通讯有不同的称谓。"新闻观察"、"纪实报道"、"问题通讯"、"调查报道"，以及某些报纸上的社会大特写等等，都属于社会观察通讯。

社会观察通讯的兴起与中国社会的进步与发展息息相关。自20世纪80年代以来，我国开始了由计划经济向有中国特色的社会主义市场经济的历史性转变。整个社会处于重大的转型期，而且变得越来越开放。在这种迅速的转折与变化中，原来被压抑、被掩盖、被忽视的许多社会问题凸显出来；随着社会结构与资源的重新组合，不同社会群体利益的重新分配，大量新的社会问题层出不穷地涌现出来。但宥于我国原有通讯文体分类的局限性，无论是人物通讯、事件通讯、工作通讯，还是风貌通讯，都无法容纳与表现如此庞杂多变的社会现象。再加上社会现象、社会问题一般比较敏感，许多问题一时还无法定论，因此在较长一段时期内，以社会现象为报道对象的通讯还是一个“空白”。到20世纪80年代中期，一大批直面社会生活变化、大胆剖析社会现象的报告文学相继推出，它们在一定意义上促进了中国新闻的改革。面对社会实践向新闻传播提出的新课题，不少记者拿起笔来，开始用通讯的文体反映社会问题。其中《中国青年报》的一系列报道可视为这个时期社会观察通讯的代表作。随着改革开放的不断深入，这类通讯得以发展的土壤越来越肥沃，而社会生活本身的丰富多彩，也使得这类通讯不仅具有广阔的选题空间，而且具有多样化的写作形式。社会观察通讯就是在这样一种社会大背景下迅猛发展起来，在一些都市报、非日刊的报纸上所占的比重越来越大，电子媒体中也出现了不少这种类型的节目。

第一节　社会观察通讯的主要功能

一、拓展了通讯文体的报道视野，促进了通讯由“典型报道”的写作模式向新闻文体的回归

首先，在选题和报道对象上，社会观察通讯自成一体，开拓了人物、事件、风貌、工作以外的另一领域，即社会现象与社会问题。这不仅极大地开阔了通讯的报道视野，也为新闻工作者提供了一种迅速反映现实、监督社会生活的有力武器。尽管人物、事件、风貌通讯也脱离不了社会现象与问题，但它们是针对一个具体的“点”进行报道的，“面”只是它们的背景。而社会观察通讯则是直接以“面”为报道对象的，描述“点”是为了完成对“面”的揭示。它与工作通讯在“面”——即宏观角度的把握上有近似之处，但工作通讯所具有的指导性功能，一般是自上而下地进行报道，而社会观察通讯在某种意义上是自下而上地进行报道，对受众来讲它的角度是平视的。

其次，它在通讯的写作理念上有较大创新。社会观察通讯产生之初就突破了传统通讯写作“非黑即白”、“直线思维”、追求对报道对象的“终极性结论”等典型报道的写作模式，而以多角度、多侧面的“立体报道”方式，曝光社会万象，展示社会矛盾，追踪动态中的时代思潮，以新鲜的信息和敏锐的视角，为新闻写作领域吹进创新之风。

二、满足受众对社会信息的获知欲及追求社会公正的愿望

在社会转型期环境大变动的背景下，受众与社会的联系比以往任何时候更加

紧密；个人的生存状况受到社会变化的影响程度也比以往任何时候都大。因此，一方面受众迫切地需要得到有关社会的各种信息，以加强对社会生活的认识与了解，从而跟上时代潮流，作出自己定位的抉择；另一方面社会各阶层的不同人群也会对大量新的社会现象产生不同的看法、不同的意见，需要有一个表达、宣泄、沟通的渠道。社会观察通讯在这两个方面都可以发挥信息传播与服务的作用。

首先，它的选题来自社会实践，并集中于那些普遍存在的新现象、新问题，因此它可以比较及时地向受众提供有关的最新社会信息。只需列出一些社会观察通讯的标题，就可以看出它们的作用：例如《北京日报》1991 年 4 月 27 日刊出的《京城白领》，率先报道了在外企的“洋打工”一族；《北京青年报》1991 年 4 月 9 日刊出《今日跳槽现象》，系统分析了各种跳槽的原因以及由此带来的制度与观念上的变化；《科技日报》1997 年 3 月 31 日刊出的《网上风景无限》，据称是国内记者“第一次采用网上采访网友”的方式，详尽、细致地报道了网络世界里人们虚拟交流的情况；《中国青年报》2001 年 2 月 15 日刊出的《京城“走婚”族》，则率先报道了一种现代婚姻的新形式。

记者吴宓雯在《京城“走婚”族》这篇报道里是这样开头的：

> 北京城里，有这样一个特殊的部落——“走婚族”。
>
> 他们是夫妻，却很少共同生活在一个屋檐下，他们各有各的生活轨道，各有各的生活空间，却又像两个交叉的圆，在特定的时间、特定的地点相会。他们是夫妻，却并不朝夕相伴，他们在感情的潮头相聚，然后带着甜蜜和幸福冷静地离开。这群人，也被称为“周末夫妻”。他们以一种特殊的生活方式折射出当代生活的一种变化，一种走向。
>
> 在这个部落里，有被称作“新新人类”的青年，有带着岁月风霜的中年，也有穿过历史隧道走过来的老年。一个偶然的机会，我走到他们中间，听到了一个个走婚者的故事。

记者是这样结束这篇报道的：

> 对于这种走婚现象，社会各界评说各异。有表示惊诧的，有不屑一顾的，也有表示惊奇欣喜的。中国社会科学院社会学研究所研究员李银河认为，“走婚”是城市婚姻中的一种特殊现象，它与现代人追求独立的个性有密切关系。而“走婚”是现实生活中探索出来的一种婚姻方式，它对传统的婚姻方式和性的规范也许会带来冲击。但她认为，人类有权利选择他们认为合适的、方便的婚姻方式，社会应该给人们这种选择的权利，未来的社会将会越来越多元化，未来的婚姻走向也会是多元的、丰富多彩的。

其次，社会观察通讯中的相当一部分以揭露、批评报道为主，而它所揭露与批评的重点往往是贴近百姓生活的问题，特别是一些社会不公正的现象。例如当一种新的政策实施时，是否有些社会群体的利益受到了损害？这往往是社会观察通讯所关注的问题。因此，这类通讯不仅更全面、真实地反映了社会现实，而且代表了民意民情。对受众来说，它可以成为一个宣泄某些不满的渠道。而从全社会来看，通过这种类型的通讯进行“密集的小批评”，在一定程度上起着“排气阀”作用，有利于缓解社会矛盾。如《市场报》1998 年 4 月 1 日刊出通讯《有人没房住 有人房闲置》，记者通过对北京朝阳区金台里新 14 楼的调查，揭示出一些机关工作人员有两处以上住房、致使住房闲置的问题，反映了福利分房制度下产生的不公平现象。《中国青年报》1999 年 5 月 6 日刊出的《山那边的寡妇村》，揭露了私人承包的煤矿事故频仍，一个 100 多人的煤矿，在 10 年里死了 20 多人，遇难的农民矿工家属生活陷入困境。《北京青年报》1992 年 6 月 7 日刊出的《军营贫困线》，首次披露了一些基层军官带兵任务重，但收入低、待遇差的不合理状况。

社会观察通讯与受众的接近性，特别是心理上的接近性，以及通讯体现出的揭露与批判精神，满足了受众对社会信息的获知欲，切中老百姓渴望社会公正的心理诉求，因此它从问世那天起就备受青睐，这也是以市场为导向的都市报纸经常把这类通讯作为“卖点”的原因之一。

三、设置议题，自下而上地行使新闻监督权

社会观察通讯强调从社会生活中选题，强调以调查采访为主，这些特点决定了它能够把受众关心的话题变成具体的新闻报道，然后通过媒体传播进一步提升这个话题的社会关注度，直至把这个话题“设置”进社会议题，引起政府决策部门的重视。这些话题一旦进入政府的议事日程，就有可能得到解决了。这是一条已被实践证明了的成功行使新闻监督权的途径，即：把受众关心的话题变为媒体报道的热点或焦点，再进入政府的议事日程，使社会—媒体—政府之间，形成良性互动，社会问题就有可能不断得到解决。

社会观察通讯经常是通过调查性报道完成的，从选题到采访均由媒体与记者独立进行，也就是说媒体与记者在这种题材的报道中，相对能够发挥主动认识与干预社会的作用。我们注意到优秀的社会观察通讯一直在关注着社会的公平与正义，关注着可能引起冲突的社会矛盾和问题，关注着各种社会人群的生存状态，特别是关注弱势群体，为弱者说话，这几乎成为社会观察通讯的一个重要的选题特征。例如：

《中国青年报》1988 年 7 月 28 日至 8 月 9 日刊出的《三十万临时工在深圳》，最先报道了打工族（大部分是女工）这个群体在深圳的生存状态。

《北京青年报》2000 年 4 月 19 日刊出的《“新北京人”浮出水面》，也是第一次对进京的外地人群的生存状态给予了“成规模的整体关注”。从这篇通讯的一些小标题可以看出这种关注的倾向：“身影无处不在”、“以存在影响北京”、“感情徘徊在边缘”。

而《中国青年报》1997 年 1 月 9 刊登的《面对贫困》，虽然报道的也是一个弱势群体，即高校中来自贫困地区的大学生，但记者关注的不是他们经济上的贫困，而是他们面对贫困的心理状态：他们在勤工俭学过程中，打工怕累，清扫教室怕丢人，嫌工资太低，甚至心安理得地放弃养活自己的机会，伸手向学校要生活补助、坐等社会资助等。记者写道：当“人们纷纷将关爱的目光投向他们时，我们却将目光投向了贫困生的心理、人格和精神，我们看到了一些贫困大学生心灵的扭曲、人格的羸弱和精神的萎缩”，记者因此感叹“计划经济下养成的依赖性，对心灵的腐蚀是可怕的，它使一些被‘抱大’的大学生正在失去自立自强的精神”，记者提醒社会：在给贫困大学生们经济援助时，“不要忘了在精神上扶他们一把”，揭示出一些被掩盖的社会问题，惊醒世人注意，这也是行使新闻监督权的一种方式。

第二节　社会观察通讯的基本类型

一、按题材分类

如果从报道的题材和深度来区别，社会观察通讯可以分为话题型和课题型两大类。

（一）话题型

所谓话题型，是指通讯所报道的内容，正是此时大众议论的热门话题，或者大众对其感兴趣，有可能成为热门话题的社会现象。这类选题大多比较浅近，比较容易为读者所接受。例如：

从 2000 年开始，我国“五一”和“十一”两节开始实行七天假期的制度，国内出现了“旅游黄金周”，七天长假到哪里玩一时成为人们的热门话题。众多媒体纷纷就此话题展开报道，版面上出现了《今年五一怎么过?》、《国庆长假哪里去?》、《我选驾车自助游》等话题型通讯。

2001 年 11 月，我国加入世贸组织前后，汽车价格问题成为不少市民关注的话题，入世将对进口汽车价格产生什么影响、何时买车更划算也因此成为诸多媒体竞相报道的热点。《汽车价格不会一降到底》、《入世能让我成为有车族吗》等与此话题相关的报道频频见诸报端。

近年来，小学生减负以及减负后孩子的管理和教育等问题也成为社会话题，不少媒体对这个热点话题进行了大量报道，《光明日报》的通讯《减负之后该怎么玩》，就是反映小学生课业减负后的盲然状态和家长们困惑的一篇社会观察通讯：

减负之后该怎么玩

本报记者　杜弋鹏

“每天，第一批上马路的是孩子们，最后离开马路的，还是孩子们……”内蒙古教科所张岩静老师说这话的时候，眼睛里汪着泪。

教育部门有关减负的规定早已开始运行，孩子们的书包确实已经“轻”了，有关减负的座谈会、研讨会接二连三召开……但是，课业负担减下来后，众多教师却发现，有些学生减负之后把剩余时间往台球室、游戏厅里泡，或者成群结队地往学校和家庭外面跑，最让家长和教师们担心的是“不知道干什么去了”。家长们认为，还是应该把孩子们盯住管住才让人放心。教师中也有许多颗心悬得难受，他们认为，最好还是把剩余时间利用起来才好，否则，孩子们很可能学坏，放任自流地往坏学，那可快得很。

减负不到两个月，呼和浩特许多教师和家长变了个形式加负了。

这变了的形式，就是补课。一些教师家成了补课场所，孩子们一放学，就成群结队往教师家走。学校减了什么，在这些教师家就补上什么，往往，比以前负担还重。而且，考试的次数比学校还多，考完后还排名次，让没考好的学生脸上无光。知情者透露，更有个别“缺德老师”，重要的东西课堂上不讲，留到家庭补习班再讲，迫使孩子们非得花钱听讲不可。

有个上初中二年级的孩子说：“不补课做什么呀？什么事也没有，多闷呀。”“你为什么不玩呢？”这孩子反问：“玩什么呀？”确实，孩子们玩的选择太少了。玩足球吗？整个城市没有多少足球场地；玩乒乓球吗？球案有，都在娱乐中心之类的地方，是要钱的，很贵，孩子们玩不起……我们的城市玩儿的东西从古至今都是给大人设计的，属于孩子们的东西太少。

我们的城市曾经装备过一些文化、体育、娱乐设施，但是，许多设施早就改了样，比如文化设施，办了舞厅歌厅饭馆，或者改为商店家具店……没什么可玩儿的，只好自己玩儿，男孩子捉迷藏，骑自行车，女孩子就跳皮筋、跳方方，仅此而已。许多教师、家长发现，孩子们连玩儿也不怎么会了。老一些的教师们还记得自己小时候是怎么个玩法，打岗，打嘎拉，胯下拖一根柳条子玩骑马打仗，连自己穿的鞋子都能玩儿出名堂来，翻鞋玩儿，有双刀、单刀、流水、大红门……

呼和浩特教科所所长刘彦认为：玩儿，最能增长孩子们的才干，最能促进孩子们的智力发展。刘彦主张，减负之后的时间应该真正地、彻底地、无条件地归还给孩子，让孩子们有决定自己业余时间的权力。刘彦不主张组织孩子们玩儿，他认为，组织的活动，和孩子们自然结合的活动完全是两回事，远远没有孩子们自然结合的活动那么丰富、复杂、多彩，只要是组织的，在一定程度上就是虚假的，给孩子们一个虚假的环境，是得不到什么启迪的。

减负之后怎么办？要命的是家长。日前，记者和一个五年级小学生对话："你爱玩吗？"答："当然了。""你为什么不玩儿呀？是老师不让吗？"答："爸爸妈妈不让玩儿，他们比以前管得更紧了。""怎么个管法？""天天亲自留作业，再亲自判作业，月底亲自出考试题。再亲自判分。以前可不这样。"

也真是难为了这种家长。他们不懂教育，不知道玩儿的重要性，不放心孩子自己安排自己、自己设计自己。总之，不晓得素质教育的重要性。

呼和浩特许多学校已经行动起来了，他们安排孩子们玩，比如呼和浩特第三中学，学生中有什么问题，就开展什么活动，想着要充分发挥孩子们的个性空间。

但愿这只是个过渡，最终过渡到孩子们有能力自己安排自己的业余时间，最终让孩子们玩儿痛快，玩儿好，玩儿他个花样翻新，玩儿出个水平来。

（《光明日报》2000 - 05 - 21）

（二）课题型

课题型通讯与话题型通讯的主要区别在于：它所反映的社会现象与问题不是暂时性的，而是具有长远的、重大的意义，深入研究下去，可能涉及法律制度、国计民生、历史文化传统、国民素质等深层结构问题。这种类型的通讯需要在更大范围内进行调查，需要采集典型的事实。它在写作上则比话题型通讯更重视综合分析，常常在事实层面的基础上进一步深挖下去，整个报道具有一定的思辨性。这种类型的通讯写得好，传播效果有可能辐射到政策层面，影响有关决策部门的动作。

例如,《中国青年报》从1988年7月28日到8月9日刊发的系列报道《三十万临时工在深圳》,一共5篇。从每篇的标题就可以看出记者当时研究与报道这个社会问题所达到的深度:《临时工:特殊的社会群体》、《劳动争议:呼唤中国的劳动法》、《不容回避的问题:女临时工的性导向》、《童工现象:如何摆脱过早负重的命运》、《多元化利益:纵横交错的矛盾》。

这组社会观察通讯中所提出的问题,直到现在仍然有重大的社会现实意义。记者在报道中表现出对这一社会现象超前的预见性关注,已被后来的实践不断证实。报道中所涉及的问题在有打工族群体存在的地方相继出现。

又如,扰乱经济秩序、影响社会安定的传销活动,曾如过街老鼠,人人喊打。国家早已三令五申严禁传销活动。但一些不法分子利用人们急于致富的心理,打着"快速致富"的旗号,使一度销声匿迹的传销和变相传销活动死灰复燃。《人民日报》2000年6月29日刊出了通讯《警惕变相传销害人》,对许多地方出现的变相传销的表现和危害进行了深入报道,并在报道中加进了执法部门对这一现象的态度和打击措施。

话题型通讯与课题型通讯并无不可逾越的界限。通过媒介的报道,课题可以转变为大众话题,而有些话题性的题材,也可成为社会认真研究对待的课题,例如青少年热衷于电脑游戏,开始只是作为社会热点话题被媒体关注过,随着电脑游戏厅的增多,一些青少年被拉下水、因沉溺于电脑游戏而失学甚至犯罪的事实日益严重,已经成为一个不容忽视的社会问题,电脑游戏厅被称为瞄准孩子的"电子海洛因"。2000年5月9日,《光明日报》刊出一篇通讯《电脑游戏 瞄准孩子的"电子海洛因"》,在这篇通讯中,记者通过三次暗访,用详尽、全面的第一手材料揭示了电脑游戏厅的经营内幕,证实它们确实是瞄准孩子的"毒品"。报道刊发后社会反响强烈,许多媒体纷纷转载,引起了学校与家长们的注意,也推动了政府有关部门对电子游戏厅的整顿。

通讯全文如下:

电脑游戏　瞄准孩子的"电子海洛因"

——由一位母亲控诉引起的暗访

夏斐

近日,武汉的一位母亲奔走于新闻单位,悲痛欲绝地向记者控诉害人不浅的电脑游戏机室。根据报社编辑的指示,记者决定暗访武汉的电子游戏厅和电脑游戏室,看看"电子海洛因"是怎样毒害孩子的,是如何泛滥成灾的。

第一次暗访

这位深明大义的母亲一定要陪我暗访，她说："你自己很难找到电脑游戏室。"我说："我知道有些地方有很大的电子游戏厅。"她说："那种老式的电子游戏机，对孩子有危害，但只是鸦片；电脑游戏才是真正可怕的'电子海洛因'。"这位母亲说，电脑游戏厅在周围一平方公里内有20家。

在武珞路附近一幢普通居民楼前，这位母亲用手一指：二楼就是。我以找孩子为由独自进去，只见二楼中间一间大房里放满了电脑，大约有30台，坐满了孩子，最大的不过十几岁，正聚精会神地在机子上拼杀。

街头发廊旁，没立任何牌子，也未写"电脑游戏"字样，但是，只要推开其中任何一扇铁皮门，里面玩电脑游戏的80%都是孩子。

令人不解的是，这时正是上午11时左右，都是学校上课时间。知情人士说：游戏机室最火暴的时候是12:00—14:00、18:00—23:00。有的游戏机室提供一条龙服务，包吃包住，甚至包代替家长签字。

在武昌民主路旁安家湾的一幢居民楼里，记者推门而入，只见一楼摆满了电脑，而二楼则摆满了高低床。我问老板："摆这么多床，给孩子们睡呀?"老板说："对，有时实在太晚了，怕他们回去不安全。""那么你这里就安全了?""当然安全，我这里除了电脑就什么也没有了。"

这些开在偏街上的，没有牌子的电脑游戏厅几乎都是非法经营的，而那些公开开设的电子游戏机室又怎样呢？记者一行来到某大学门口的学院路。在相距不到100米远的地方，有两个大型的电子游戏室。一个里面至少有50台游戏机，几乎都是孩子在机上拼杀，而且有10个女孩子，有的孩子还熟练地拿着烟，里间的小房子里有5台苹果机，是可以赌博的那种。另一家规模更大，称为某某娱乐中心，有电子机、电视游戏机、电脑游戏机，约有120多台，简直是一个大工作平台。只是坐在上面的都是花季少年。我走到柜台前买了10元钱的硬币，然后问："你们这两家相隔这么近，不抢生意?"卖硬币的老头说："不用抢，这周围一平方公里内有4所中小学，有的是孩子来玩。"记者3天之内还遍访了汉口硚口宗关街、汉阳钟家村、武昌胭脂路、武昌珞珈山路、广八路等地，无论是在电子游戏厅还是电脑游戏室，几乎都是孩子们的天下。

据武汉方面知情人透露：在武汉公开挂牌的电子游戏厅有500多家，没有合法手续的电子、电脑游戏机室有3 000多家。游戏室设有包房，包玩、包吃、包睡，有的学生玩游戏竟然5天5夜不回家。武汉市至少有30%的学生迷恋游戏机。

第二次暗访

这些秘密的电脑游戏室都在一些居民区内，孩子们是怎么知道的呢？为了与孩子交朋友，记者花了一个晚上学会了目前正流行的《星际争霸》和《英雄无敌》，然后来到一个正在聚精会神地“打着”的孩子身后说：“你不行，我做给你看。”我的“高招”果然吸引了他。很快我就成了他的师傅。我们有了共同的话题，这个只有11岁的孩子就对我无话不谈了。

晚上11点，我说：“我带你出去吃点东西吧？”他说：“那好吧。”走出了电脑游戏室，我对他说：“这么晚了，你跟我走，你不怕我把你卖了？”他说：“你卖我？把我卖了才好呢，只要能打游戏，到哪儿都无所谓。”

在一个排档前我们停下了，因为孩子不肯走远，想速战速决地赶快吃完好回去接着打。我只好稳住他：“吃饱了才好战斗到天亮啊。过会儿我们俩联机打，决一胜负。”这样他才安下心来。

我慢慢地与他交谈起来。“这些电脑游戏室都藏得这么紧，有的干脆就在居民家里，你是怎么知道的。”他说：“别的同学带来的。”“他们怎么知道的呢？”“可能是老板去校门口发了纸条吧，也有的是跟着高年级的同学来的。”“你是怎么被带来的？”“班上很多同学经常聚在一起谈怎么打怎么打，大家交流谁打得好，那时我从未玩过，那年我8岁，我觉得好像很丢人，就跟他们一起来了。”“那你又用什么办法带别的孩子来？”“很简单，我们打赌，谁赢就由谁做作业。我曾带我隔壁的小弟弟来过，他可聪明了，只有6岁，就能过很多关了。”“家长不给钱，你拿什么打？”“老板可以欠账，只要你天天去就行。也可以带别的同学去打，带三个以上，可以免打一次。”“你欠老板多少钱了，我替你还？”“快两个星期了，我已带了不少同学来打，但老板说，仍然欠了100元。”“怎么欠这么多？”“我差不多每天晚上都打到半夜或者天亮。”“你晚上不回家，父母就不知道吗？”“开始我骗他们，我晚上先睡觉，然后等他们都睡了，就溜出来，打个通宵。早上6点多，装作跑步跑得满头大汗，证明我是起床早。后来父母发现了，我也就不再骗来骗去了。”“爸爸妈妈不打你？”“打，经常打，我不怕打，我的皮很厚，有时他们打得急了，我就在脑里过关，反而不怎么痛了。”“那你还来？”“他们现在打少了，怕我出走，反正游戏室包吃包住，我到哪儿都能过。”……

我实在不忍心再问下去了，我甚至害怕问出他怎样弄钱或骗其他孩子的事。他的眼睛由于长期面对电脑，已有些近视了，但仍然有孩子般的纯真，我给了他100元钱还债，然后默默地离开了。他向电脑游戏室的方向跑去。

不久前，武汉一家媒体报道：家住武汉满春街的一个只有16岁的少男，与两名同伙今年3月初在游戏室里以交朋友为名，把两名14岁的少女骗入圈套，卖给了自己的表哥，获利4 000元和一支枪。少男为什么拐卖少女？少男又何以能拐卖少女？这件触目惊心的案子与风靡江城的“电子海洛因”有什么样的联系呢？

第三次暗访

为了了解那些开游戏厅的老板们，记者决定再访电脑游戏室。

老板们大多是中年人，看样子没有多少文化，有的长得也挺凶的。我到了几家私家电脑游戏室，都没有套出什么，他们挺老练的，口风紧，都异口同声地说“没赚到什么钱”。但看到他们手上拿着那么一大叠找零钱的票子，你相信吗？

4月26日夜晚，机会来了，我在胭脂路一带的小巷子里瞎转，我知道就这么一条小巷子，也不下5家。可我推开了好几家的门，都没有人打，有的说机子坏了，有的说有人暗访不开机。由于我一身大学生的装扮，加上对电脑游戏又张口就是行话，总算没有引起老板的怀疑。我对一个年轻老板说：“今天虽然是4月26日，但是我本身是电脑专家，如果开机之后引起故障，我可以排除，不能修复的话，我甘愿一赔十，怎么样，让我玩一会，我实在手痒心痒。”然后我主动交了100元押金，老板相信了。我熟练地打了一会，老板就不再起疑心，就与一个黄头发的青年人聊。

黄头发说：“某地方游戏室比较少，可有市场，周围有好几所学校，我想在那里开一个。”

老板说：“那个地方的文化站长搞不定，再说房租可能贵。”黄头发说：“街道、工商、派出所还熟，重点是文化站长和房租。”

我见机会来了，就说：“房子我可以想办法，我住那里，我家有多余房，是又偏又不偏的那种，一楼有三室一厅。我们合伙怎么样？我负责房子，你们负责关系。”

就这样，我们聊开了。我说：“那里的孩子家长都是干部，家庭环境好，家长又看得严，你们怎么开拓市场？”

老板说：“这方面的办法我多得很，我本人就是初中迷上了游戏机，没考上高中，只好想办法开一家了。我的经验是，只要迷上几个坚定分子，不愁拉不到一个班，拉到了一个班就可以拉来半个学校的孩子。”

“怎么样拉？”

黄头发说：“那是孩子们自己的事，他们有的把别人骑的自行车气门芯拔掉，中午没办法回家，又没办法睡觉，只好到我们这里转悠，看多了，就想上去，一上去就下不来了。”

怪不得在这条巷子里有几个修自行车的。

我故意装傻地问：“孩子们玩上瘾了，下不来了，怎么办?”

老板说：“就睡在我这里。我包吃包住还代替家长签字。”

“那孩子没有钱了，怎么办?”“我这里很便宜，一个小时2元钱，打一通宵只收10元，一般的孩子这点钱不在话下。”“要是一个孩子喜欢打，又实在搞不到钱呢?”“两个办法，一个是哄别的孩子来，一个是去参加‘擂肥’。”“什么叫擂肥?”

老板不耐烦地说：“就是在路上抢别的更小的孩子的钱。”

我更傻地问：“你这不是引诱孩子变坏吗?”我为迷惑他，仍没有停止游戏。

黄头发说：“你的电脑游戏玩得这么好，怎么就不知道呢？这电脑游戏就是毒品，就是海洛因4号，不是我引诱他，孩子一迷上了，自己就会变坏。”

老板补充说：“整天在游戏室里的孩子，只有一个结果，男孩子最后变成抢劫犯，小偷，女孩子最后变成三陪小姐。”我害怕他们起疑心，就赶紧接上说：“要是这样，我们没办法合作了，因为我家有小孩子啊。”

遍布偏僻街巷的电脑游戏室，难道真的不为有关部门所知吗？我们不是有《未成年人保护法》吗？我希望那些黑心的游戏机室的老板们，那些应该管而没有管或者暗中支持这些地下游戏机室的人想一想：也许明天沦落迷失的是你的孩子。

这篇通讯的研究性质非常明显：记者撕开了游戏厅“游戏”的面目，抓住这一社会顽疾的症结，一步步展现其“青少年毒品”的性质：用事实揭示了青少年从痴迷到堕落的必然性，揭示了游戏厅老板为攫取金钱，绞尽脑汁拉孩子下水的用心之恶，为社会、学校和家庭敲了重重一记警钟。

二、按报道方式分类

如果从报道方式上区分，社会观察通讯又可分为“展现型”和“剖析型”。

（一）展现型

这类通讯及时追踪社会上出现的新事物，新动向，所报道的题材大都是读者略知大概而不知详情的现象，因而有极强的获知欲。这类通讯要求记者目光敏锐，对新题材反应及时。在报道方式上偏重于展现而不求纵深。《当前青年最关注什么》（《中国青年报》2001－02－06），《空调降价灵不灵》(《人民日报》2000－05－12），以及前文所提到的《京城“走婚”族》即属此类通讯。在《京城“走婚”族》这篇通讯里，记者走访了几对走婚的夫妻，将这种新形式的婚姻形式展现给社会：

第一个小标题：我要一间自己的房子

报道了一位年轻的女性网站版主的“走婚观”；

第二个小标题：分居使爱情之树常青

报道了一个叫大军的中年男子“走婚”形式的家庭生活；

第三个小标题：黄昏恋　一半清醒一半醉

报道了两对老年伴侣或自愿或无奈地选择“走婚”生活的故事。

展现型通讯的结构一般为全景扫描式。

（二）剖析型

这类通讯大多报道社会生活中出现的矛盾、问题类题材。这类题材往往已为社会所关注。但受众获知的表面信息虽多，却缺乏对这类问题高屋建瓴的信息梳理和根源剖析。因此，这类通讯的报道方式大多在纪实的基础上剖析问题。报道中有许多分析解释的段落，是对纪实内容必要的整理和深化，有比较强的社会认识价值。

如关于水的紧缺、水的浪费、水的污染的问题，就有《经济参考报》的《水水水》,《中国青年报》的《民以水为天》等通讯做了报道。《人民日报》1996年7、8月间，与《劳动报》联合推出反映淮河两岸污染的社会观察通讯——《江河的控诉》，解剖了淮河的重度污染原因——两岸数以千计的中小造纸厂的兴盛和发展，以及这些造纸厂得以生存发展的深层原因——地方保护主义和为攫取金钱，不惜牺牲社会及后代利益的疯狂心态。此报道引起了中央的关注，加快了对淮河的综合整治步伐。

第三节　社会观察通讯的采写要求

一、记者要有高度的社会责任感和主持正义的精神

社会观察通讯在选题上的最大特点，一是要直面复杂、多变的社会生活，特别是社会舆论中的热点问题和“难点”问题，这就有可能触动社会的某些敏感区。二是要直面社会的不公平，甚至社会的丑恶与黑暗面，这就可能有一定的风险。因此采写这类通讯对记者的良心与勇气提出了更高的要求。记者所传播的每一条新闻都是“对社会的一种表达”。在社会观察通讯中记者应该表达的是追求

社会正义、除恶祛邪、维护大众利益的职业精神。研究那些优秀的、有影响力的社会观察通讯的采写过程，都会发现在每篇通讯的背后都有记者的一颗追求正义的心。

二、深入社会、深入民众，掌握第一手材料

（一）社会观察通讯的好题材只能在社会生活的深处发现。没有沉到社会基层、沉到各种社会群体中去的努力，很难抓住那些鲜活的社会变化。前文中提到的《京城“走婚”族》，就是记者在深入采访了这个“特殊部落”的几对夫妇之后完成的报道。

（二）社会观察通讯调查性报道，特别是批评与揭露型的报道，更需要掌握详实的第一手材料。重证据，才能使自己立于不败之地。我们注意到，不少社会观察通讯是记者采取隐蔽式采访完成的。这正是为了获得绝对真实的第一手材料。前文提到的《光明日报》记者为了揭开电脑游戏厅的内幕，三次暗访，而且自己首先学成玩电脑游戏的高手，因为如果没有这个身份作掩护，他就不可能取得玩游戏的孩子与游戏厅老板的信任，就不可能掏出真话，获取事实的真相。

（三）要反复核实事实，要注意对事实之间的因果关系悉心梳理、如实反映。

三、微观和宏观结合的纪实手法

社会观察通讯的主要写作手法是纪实手法。纪实是一种运用人物、情节、现场、对话、数字等各种资料客观叙述或描写的手法。社会观察通讯因题材的特殊性，必须兼顾微观纪实和宏观纪实的两个方面。

一方面，这类通讯所选的“点”是“面”的代表，即微观事实是宏观事实的代表，必须着力去表现，才能以“点”带“面”。前文提到的《科技日报》记者通过网上采访网友的通讯《网上风景无限》，以及《光明日报》记者三次暗访得来的《电脑游戏 瞄准孩子的“电子海洛因”》都非常鲜明地体现了微观纪实的表现手法。其中《网上风景无限》有一段是这样写的：

> 在信息高速公路上，我们用手交谈，键盘敲得多快就能说多快，屏幕上飞快地跳出对话。“领袖”（以下简称D）开场就说：“网络将会改变人生，你的人生。”在我们互道职业之后，倒是D先发问：“你认为网络是何？”与此同时，我的问题也跳上屏幕：“你为什么自投罗网？”D说：“我喜欢带网的活动，两年等于两百年，在网络上！”
>
> 瞬间，“咖啡桌”边又来了几位新朋友，他们立即反应：“好像在采访

谁?"我立即再报:"我是北京的一个记者。"还未容我表达问候,上海已经说出:"不好。"还有的说"采访吧。"有的说"网络上没有时间。"有的说"可以单独谈吗?"等等。我说:"我想尝试网上采访的乐趣。"D说:"我想尝试被采访的乐趣。"然后立即补充:"你还可以尝试其他乐趣,比如当总编。"这我听说过,眼下已经有人用网络上的信息编辑报纸了。我说:"在网上采访,在我,在许多报社记者是第一次。"D说:"你会有很多第一次,在网络上。"

另一方面,社会观察通讯的目的既然要表现社会生活的"面",宏观的纪实材料——综合性的背景介绍,概括性的全景材料和各种统计数字是不可缺少的。如《中国妇女报》陈勇辉采写的《沿海地区"重婚纳妾"》(之一)的通讯中,在叙述了一个50多岁的暴发户包工头有一妻六妾的典型事例后,就用统计数字概述了一个面上的情况:

像这个包工头一妻六妾的现象毕竟是个别的。与大多数合法、健全的婚姻相比,"重婚纳妾"现象毕竟是极少数,然而比例虽小其绝对数量却不少。广东省1990年至1992年间,仅各县区法院受理的重婚案多达600多宗。全省各地级妇联1990年至1996年4月接到此类投诉达4 300多宗,仅广州市就有1 100宗。广州市妇联曾有一天接待十几个妇女前来投诉的纪录。海南省妇联近年信访中关于重婚、姘居案件占70%。海南省人大1995年对十几个县市作粗略调查,就发现76对公开重婚。海南昌江自治县1988年至1995年仅法院受理的重婚案就有24起,其中乌烈乡有10人公开纳妾;福建沿海市县妇联接到的投诉中,重婚、姘居案仅次于家庭暴力。闽南某一乡镇去年正月里就有6起因重婚纳妾引起的纠纷。

值得注意的是,"重婚纳妾"现象已有逐渐蔓延的势头,沿海妇联接到这方面的投诉逐年增多。广东省各地级市妇联接到的投诉为1993年676宗,1994年736宗,1995年859宗,1996年仅1—4月就有348宗。广州市妇联权益部从1983年成立以来,每年接到的信访都在1 000件左右,但反映重婚、姘居、婚外恋问题却从一开始的不到10%变成近年的70%。

(《中国妇女报》1997-02-09)

除了纪实手法,还可以尝试使用其他各种表现手法。因为这类通讯面对着五花八门的社会现象与社会问题,为了再现它们,必然需要采取多样化的方式,因此从某种意义上说,社会观察通讯的写作是自由度比较高的,记者创新的空间大,体现个人风格的可能性也较多。

四、避免走入的几个误区

（一）媚俗、盲目追求“卖点”

社会现象与社会问题是复杂的，有光怪陆离、千奇百怪的一面，也有丑恶与黑暗的一面。在社会观察通讯的写作中要注意坚持与维护新闻报道的品位，不能一味迎合读者寻求刺激、猎奇的需求，将渲染凶杀、色情、暴力、吸毒、性病、同性恋、婚外恋、走私、政治经济丑闻、离奇故事作为追求媒体“发行量”或“收听、收视率”的诱饵，而不顾社会效果。一些以市场导向为主的报纸尤其要防止这种倾向，否则它将从整体上败坏社会观察通讯。

（二）注意保护隐私权

社会观察通讯在进行调查性报道中，在对弱势群体生存状况的报道中都会涉及具体人、具体事。由于从社会角度进行观察与剖析，容易触及一些敏感问题或个人隐私，这时要掌握好“度”。另外，在运用隐蔽式采访时，也要掌握好一个“度”的问题，这里也有一个保护隐私权的问题。

（三）严防道听途说和虚假报道

社会观察通讯取材面广，采访的难度大，需要记者投入相当的精力。而报道的社会现象经常是老百姓的热门话题，社会上往往会有很多相关的传闻。在这种情况下有些记者在“抢时效”的压力下投机取巧，或者以道听途说代替采访，或者从见诸报端的第二手、第三手文字材料中获取素材，更有甚者，剪刀加糨糊，把别人的报道抄抄拼拼就成了“社会大特写”。这种虚假报道的教训已不少见。

（四）防止片面、偏激，以免造成负效应

这里有两层含义：

其一，社会观察通讯不等于揭丑通讯，许多新的、所谓“中性的”——不是非黑即白、非好即坏的——或者令人鼓舞的社会现象、社会变化，也应列入选题之内，否则，社会观察通讯便有沦为“扒粪新闻”的危险。

其二，采写批评、揭露性的社会观察通讯，记者接触到的大多是负面情况，听到的往往是沉重的呼声。置身现场，记者容易受到感染。在这种情况下，如果不能钻进去，又跳出来，以一个新闻记者应有的审慎的态度，冷静、客观地对事物进行分析，行文中就很难把握分寸。反映民情是可以的，但是，一味宣泄，甚至渲染、煽情，就会适得其反，对社会、对弱者不但无益，反而有害。对此，也不可掉以轻心。

（五）刹住超长风

社会观察通讯一般篇幅比较长，但这并不意味着越长越好。如何掌握这类报道的篇幅，如何组织好报道的结构，如何简练地写作，已经成为这类报道的新

追求。

总而言之，社会观察通讯的采写对记者提出了很高的要求。这类通讯容易成为“卖点”。但记者不能受“卖点”的诱惑，而应当以社会的健康发展为己任，严肃地对待它的采访与写作；同时社会观察通讯应当成为研究社会问题的参考书，采写这类通讯的记者要向思考型、研究型记者的方向努力，学会为社会把脉，学会透视深层的问题，给受众以理性的启迪。

思考与练习题

1. 怎样认识社会观察通讯的特殊功能？
2. 结合实例，谈谈目前社会观察通讯存在的误区。
3. 分析《中国青年报》或《南方周末》的社会观察通讯的采写特点。

第二十五章

专　访

第一节　专访的文体特征

专访，又称访问记，自从它面世那天起，就受到读者的青睐。

《纽约先驱论坛报》创办者贝内特，1839 年首开记者单独采访总统的先例，并创立了问答式的记者访问记。

《纽约论坛报》创办者格里利因采访摩门教主布林汉姆·扬而撰写的专访名噪一时。随后，他成为当时写访问记最出色的记者。

1929 年出生的意大利女记者奥丽亚娜·法拉奇，对几十位国家元首和政界要人，包括中国的邓小平，进行了成功的访问。她以写“国际风云人物”专访著称，被西方新闻界视为 20 世纪最著名的新闻工作者之一，有“世界第一女记者”之称。

在中国新闻史上，写专访的开路先锋是黄远生。在他之后的几十年中，还有多篇出自名家之手的专访或称访问记，载入了新闻史册。

值得注意的是，进入 20 世纪 80 年代以来，专访作为一种独立的新闻文体，在我国报刊界迅速崛起，蓬勃发展，且大有方兴未艾之势。《本报专访》的专栏频繁地出现报刊上。

什么是专访？为什么这种新闻文体有如此强大的生命力？

需要说明的是，在现代新闻史上，人们本来是把专访当作一种采访方法，即获取独家新闻的手段，特别强调的方式，较一般采访更高的技巧来使用的，而不是把专访当作一种新闻文体。但随着新闻事业的发展，这个概念的内涵与外延都在发生变化。它仍然是一种专门的采访，但在这种采访之后形成的新闻报道作品，已逐步脱离了通讯的范畴，被越来越频繁地当作一种相对独立的新闻文体来使用。我国不少新闻教科书把专访与消息、通讯、特写并列为四种主要的新闻文体，并试图对它重新界定与说明。于是，我们看到了各种观点的陈述，仅有关专访的定义就有诸多说法。本节准备从具体分析专访的文体特征入手，寻找上述问题的答案。

每一种文体，都会在表现手法、内容、结构、语言、形态等方面表现出独有的特征，不然，就构不成一种文体，就无法将自己同其他文体区别开来。

专访的文体特征是什么？

一、专访强调的是“访”，它是由“访问”脱胎而成的一种文体

与其他新闻文体相比较，专访更注重采访手段，它所进行的是一种特殊的访问，或称正式访问。即记者是有备而来的，事先怀着一个比较明确的、专门的采访目的到现场去的。多数采访是按预先准备好的既定方案或计划进行的。而且一般来说，在正式的访问开始之前，记者已完成了文体认定，也就是说，他很明确要写出一篇专访。而记者在进行其他采访的时候，多数情况下行动之前并没有明确的文体意识，即我要写一篇消息还是通讯。只有在采访的过程中或者结束后才面临“量体裁衣”的问题。但“专访”是个例外。

二、专访强调的是“专”。即非专不访：访专人、谈专题

第一层意思，“专”在采访对象上。它是专门对“人”进行采访的，而且是事先经过选择的“特定的被访问者”、“专门的采访对象”。即便有的专访是“记事”、“记言”，也是通过对访问与此有关的“特定的人”来完成的。

第二层意思，“专”在内容上，即突出专题性，回答“特定的问题”；突出专一性，无论写人，记事还是记言，都不面面俱到，而是突出某一些侧面，这些侧面是记者根据报道的需要，读者的需要，专门选择的。

第三层意思，“专”在独家的角度上。专访所选择的被访问对象和所报道的

内容，要有做专题的新闻背景或者特定的新闻价值，当然，最好是独家新闻价值。

三、专访的内容是访问活动的实录

实录包括正式访问时的话题、氛围、现场、记者与被采访者的交流等。也就是说，它的主要内容应该以被访者的原谈话为主，再穿插有关的现场情况、背景材料等连缀成篇。一般来说，专访有三个要素：被访者、记者、现场。与其他新闻文体不同的是，专访通过上述要素更着力于营造一种记者、被访者、读者三方同在的时空效果，以尽量实现读者与被访者的“近距离交流”。

四、叙述角度一般是记者直接出场，主要以第一人称写作

记者“赤膊上阵”，以见证人的身份把读者带入现场。当然，有时候也会隐去自己，但即便如此，文中也有记者的影子。无论直接出场，还是间接出场，记者都是不可缺少的一个要素，他在代表读者向被访者提问。与其他新闻文体相比，在专访中记者更加主动，主观色彩比较鲜明。从某种意义上说，他处于主角的地位，起着引领和控制问题与采访过程的作用。

五、专访的结构以问答体为主

因为它是访问活动的实录，所以选择问答体为主要形式是顺理成章的。多数专访采取了显形问答体。有些专访根据报道效果的需要，也可以处理为隐性问答的散文体。

第二节　专访的文体类型

所谓文体类型，主要指某一种文体按内容进行的功能分类，不同类型的功能具有不同的报道特色与报道价值。

专访按照这个原则主要分为人物专访、问题专访、事件专访三种类型。

一、以记人为主的人物专访

顾名思义，人物专访是对一个“特定人物”的正式访问，是专门报道这个被采访对象的。这是比较常见、也很受读者欢迎的一种专访。

对于人物专访来说，被采访者选择得是否准确，对采写成败有决定性的意

义。与人物消息或者人物通讯相比，人物专访更强调被采访者的新闻性或者现实针对性，因此，所选择的报道对象应该是当前受众所关注的新闻人物，所关注的新闻事件或热点问题中的关键人物，或者是受众感兴趣的、有某种特定新闻背景的人物。

例一：新闻人物

1998 年春天全国人大进行换届选举，产生了新一届的政府。一时间，纷纷走马上任的国务院各部部长成为新闻人物。中央电视台《东方之子》栏目对他们逐一进行了访问，及时满足了受众对这些“新面孔”的好奇与关注。部长们的经历、个人背景、性格、爱好、工作特点以及他们将如何对待这份新的工作，是这组人物系列专访的主题。

例二：新闻事件或热点问题中的关键人物

2000 年上半年，北京新组建了中国爱乐乐团，这是一支国家级并拥有雄厚经济实力的交响乐团。这个乐团实行了新的灵活的体制，乐手向全国，甚至向国际公开招聘。于是，在北京不仅出现了两支国家级的交响乐团（另一支是中国交响乐团），引进了乐团之间的竞争，而且使得音乐人才在较大的范围里实现了流动。中国爱乐乐团组建的背景是什么？它的公开招聘是否成功？它在世界各地招聘了多少乐手？它下一步的计划是什么？这是当时北京最大的文化新闻，也是音乐界的热点问题。旅德归来的著名青年指挥家余隆被任命为中国爱乐乐团的艺术总监，于是他成为这个新闻事件与热点问题中的关键人物。余隆有着什么样的经历？他对执棒爱乐有何打算？他对乐团的竞争、乐手的流动有什么看法？等等。余隆一时间成为许多传媒竞相采访的对象。例如《北京晨报》2000 年 6 月 10 日在访谈专版上做了题为《我在幕后仍指挥》的长篇人物专访。

一般来说，新闻人物与新闻事件或热点问题中的关键人物有时候是很难截然分开的。因为新闻事件造就新闻人物，新闻人物离不开新闻事件。

例三：有某种特定新闻背景的人物

1993 年在第一届国际中文大专辩论会上，上海复旦大学代表队荣获冠军，国际政治系硕士三年级学生蒋昌建被评为本届辩论会的“最佳辩论员”。7 年过去了，蒋昌建从美国耶鲁大学做完博士后研究回到母校任教。《北京青年报》记者对这位昔日曾风光无限的最佳辩手进行了专访。尽管他现在并不是新闻人物，但他拥有曾经是新闻人物的背景，他的近况如何？这也能引起读者的兴趣，同样是做人物专访的题材。

有某种特定新闻背景的含义很广泛：上述例子是指过去的新闻人物，其实与过去或者现在的新闻人物或新闻事件有各种各样关联的人，都可以包括在专访选择的范围之内。

与人物通讯相比，人物专访注重新闻性，还体现在写专访的记者要善于找新闻由头，从这个由头入手，以专题的角度切入。也就是说，它比人物通讯更注重寻找最佳的采访时机与访问的话题。

例如上文所举的对蒋昌建的专访，时机选择在2000年8月中央电视台演播“2000年全国大专辩论会”，蒋昌建是其中一场的点评嘉宾。新闻由头则来自当时的网上聊天室，一些网友怀念“激动人心的1993年”，难忘新加坡首届国际大专辩论赛辩手昔日的荣光：“尤其那个蒋昌建，那时候我们模仿他的说话和表情，梦想有一天像他一样气势如虹。他影响了我们整整一批人。”于是作这个人物专访的新闻需要已呼之欲出。

二、以记言为主的“问题专访”，也称“意见专访”、“言论专访”或“学术专访”

这种类型的专访是记者带着社会生活和实际工作中人们共同关心和迫切需要解决的问题作的专题采访，请有关人士加以解答。

与人物专访相比，“问题或意见专访”虽然也是对人的访问，但落墨的重点不是写人，而是记言，即不必着意刻画或表现被采访者本人，笔锋的重点在于记录与传达被采访者的见解、意见、观点、主张等。

这类专访在选择被采访者时，也与人物专访的出发点有所不同，这个人物不一定是新闻人物，但必须是某个方面的“权威人士”，在某些问题上有发言权的代表人物，或在受众中有影响力的人士。

“问题或意见专访”的现实针对性是最强的。它能够及时为读者释疑解惑，为决策者提供意见，还能起到传播知识、引导舆论等作用。

例一：

在2000年秋天中国铁路第三次大提速以前，铁道部部长傅志寰接受了上海《文汇报》记者的独家专访。记者共提出了六个问题，集中代表了旅客对铁路部门服务质量的意见。作为铁道部的一部之长，傅志寰是最有资格回答这些问题的人。他在这篇专访中强调了中国的“铁老大”要彻底放下架子，真正转到为“旅客上帝”服务的新轨道上来；详细阐述了大力发展客运是中国铁路的希望所在；并提出通过组建客运公司来进行铁路体制的改革，铁路服务也要努力创造“名牌”，用这些品牌带动所有运输产品质量提高等新的观念。上述来自铁路管理“权威人士”的意见，不仅内容重要，而且针对性强，及时回答了读者的问题。这篇独家专访的题目作得也很好，直指主题《提速提服务：“铁老大”要动真格》。

例二：

在分析中国的经济形势时，物价走势是一个重要的指标。人们很关心价格问题，特别是在一段时间内，一些与老百姓生活有关的垄断行业的价格，如电信、汽车、民航机票等，成为舆论关注的焦点。《中国经济时报》记者就此采访了经济学家杨帆。这篇问题专访也采用的是问答式，但与上篇对铁道部长的专访主要是为了释疑解惑不同，采访杨帆，是为了向读者介绍一位经济学家对这个焦点问题的观点：杨帆主张大幅度下调垄断价格。他认为中国进入了一个非常特殊的“通货紧缩型经济增长”时期，在通货紧缩中要保持比较高的经济增长速度，就必须大幅度下调垄断价格，刺激居民大量购买，不仅是购买垄断产品本身，还会产生连带效应，从而全面启动内需，带动经济的发展。记者一共提出了 9 个问题，也都是环绕着被访者的这个观点，一步步深入地进行探讨。例如：垄断价格为什么居高不下？大幅度下降的可能性有多大？有人建议垄断行业可以通过上市把价格降下来，你认为这个建议可行吗？等等。被访者列举了现实经济生活中的不少例子回答了上述问题，并给予了理论上的解释。在本篇专访接近尾声的时候，被访者进一步提出了大幅度降价的一个观点：“我国自 1998 年开始需求主体转换。过去拉动中国经济的主体，第一是外国人（中国出口的需求方），第二是单位购买力，第三是富裕阶层，他们的购买力几乎饱和，而城镇居民买不起住宅和汽车，农村居民买不起家用电器和汽车，这是‘总需求不足’背后的结构性原因。因此，价格弹性的理论在中国不是失灵，而是有收入分配悬殊的特殊障碍，需要进一步大幅度降价，价格的弹性作用就可以显现出来。”

“问题或观点专访”的最佳组合是“名人 + 权威观点”或者“名人 + 最新观点”。这篇专访就是由一位著名的经济学家阐述了一些对当前经济发展很有见地的观点，不仅现实针对性强，而且分量重。

三、以记事为主的事件专访

一般来说，只有新闻事件才能构成事件专访；而且与事件性通讯相区别，事件专访是指记述某些新闻事件的特殊意义、内幕情况或者澄清事实真相的专题访问。它主要是通过采访这些事件的参与者、目击者或者见证人来“复原”与“剖析”新闻事件的。当然，事件专访也要通过对人的采访来完成，但与人物专访不同，在事件专访中，“事”处于中心位置，人是配角。事件专访的主旨不是为了表现人，而是通过被采访者之口来报道“事”。

例一：

1982 年 12 月 4 日新华社记者邹爱国采写的《我们万众一心，前进——夏衍谈“义勇军进行曲”》。此篇专访是配合全国人大五届五次会议通过《义勇军进行曲》为国歌而发表的。它主要介绍了这首歌诞生的历史背景和过程，它在革命事业中产生的影响。这篇事件专访的一个特点是发表的时机好，就在国歌通过当日播发，在时效上赢得了较高的新闻价值。另一个特点是选准了有代表性的知情人。《义勇军进行曲》的曲作者聂耳早已逝世，词作者田汉在十年浩劫中被“四人帮”迫害致死。两个当事人都已不在。尽管今天还可以找到一些知情人来回忆与这首歌背景有关的事情，但在这些人中，最恰当的人选莫过于夏衍。夏衍与聂耳、田汉两人都相熟，而且在田汉被捕后，是他继续完成了电影《风云儿女》的制作，《义勇军进行曲》正是《风云儿女》的主题歌。因此，由夏衍来谈这首歌无疑具有权威性，在这个事件中他是比其他人更直接的参与者、目击者又是见证人，他还能提供一般人所不能提供的历史情况与内幕。例如过去有的传媒曾提到夏衍当年修改过这首歌的歌词，在专访中，夏衍对此事特意进行了澄清。

例二：

在2000年悉尼奥运会之前，中国体坛上爆出了一条新闻：200米个人混合泳世界纪录保持者吴艳艳，由于两次尿样检查呈阳性，被中国泳协认定服用了兴奋剂，失去了参加奥运会的资格。《中国新闻周刊》的记者颇费周折地找到了这个新闻事件的当事人吴艳艳，对她进行了独家访问。这篇专访尽管也写到了吴艳艳本人的一些情况，包括她从7岁下泳池，她与教练父女般的感情，她十几年不间断的艰苦而枯燥的游泳训练，以及目前她的心情与生活等，但上述新闻素材在通篇专访中处于背景与陪衬的地位，记者的注意力集中在兴奋剂事件上，专访的重点围绕着这个事件展开，并且着重挖掘了读者对这个事件所不清楚的侧面，读者可能感兴趣的问题甚至某些内幕情况。例如在专访中首次披露了吴艳艳尿检的具体数据，她如何申诉自己的清白，她对自己“根本没有服兴奋剂动机”的解释等等。应该说，这是一篇很标准的事件专访，而且是很有新闻价值的独家专访。

从以上两个例子可以看出，事件专访的关键也在于选好被采访者。选择的标准：越是与你所要报道的事件关系密切的人，越有可能成为比较理想的事件专访的对象。上文中我们已经提到，事件专访与事件通讯相比较，它的“专”，还应体现在独家的角度以及透露出某些独家的新闻细节来，所以，作事件专访要尽可能选择最知情的人。

第三节　专访的写作要领

所谓专访的写作要领，主要是分析与研究如何把访问的内容和过程叙述出来。不同的文体有不同的叙述方法或者说写作形式。那么人物专访、问题专访或者事件专访，它们的叙述方式与其他新闻文体，尤其与通讯有什么不同呢？

专访的叙述方法主要有三大类型：

一、问答整理式

这是最常见的叙述方式之一，也是最简单，又最能体现专访文体特征的叙述方式。其写作要领就是实录经过整理后的采访过程，以记者提问、受访者回答的问答体发表。

问答整理式的优势在于能最大限度地再现访谈内容，其实录性、可信性与可读性强。

意大利著名女记者法拉奇对世界风云人物的专访，为了保持历史的真实与权威，全部都采用“问答整理”的方式发表。在采访时她用录音机录下全部问答内容，然后几乎一字不删、一字不加地采用原对话形式全文发表。1980 年 8 月 21 日、23 日法拉奇采访了邓小平。两次谈话共 4 个小时。这篇专访很快于 8 月 31 日和 9 月 3 日在《华盛顿邮报》上分两次发表，采取的也是忠实于原始对话形式的全文实录。

1972 年 2 月法拉奇对印度总理英迪拉·甘地的专访，发表时也采用问答整理式。下面摘引其中的一小节：

法拉奇问到了当时一个敏感的问题：

> 法：我想从最糟糕的问题开始。您打赢了而且彻底打赢了一场战争，但是我们认为这是一次危险的胜利，而有这种看法的人并不少。您认为孟加拉真能成为您所希望的盟友吗？
>
> 英：要知道，生活总是充满着危险，我不认为危险必须避免。我认为只要看来是正确的事情就应该去做。要是在看来是正确的事情里包含着危险，……那么，就应该去冒险。我一贯遵循的哲学是：从不考虑一个必要的行动会带来的后果。后果我总是事后才去检查。要是有了新的情况，那就去处理新的情况。仅此而已。您说这次胜利是危险的。我说今天谁也不能再说危险了，我也看不到你所指的危险。要是这些危险真的变成事实的话……我就会根据新情况来行事。我希望这番话听起来是积极的。我愿意从积极的方面回答您的问题。我愿意肯定地说，在孟加拉和我们之间存在着友谊。显然友谊不是单方面的，谁也不会一无所获，双方都会有所得失。要是我们给了孟加拉什么东西，孟加拉显然也要给我们一些东西。为什么孟加拉不该承诺自己的保证呢？经济上它资源丰富，可以重整旗鼓；政治上我承认它的领导人是

训练有素的人。在这里避难的难民也在重返家园。

法：他们真的在重返家园吗？

英：是的。已有两百万人回去了。

法：一千万中的两百万，不算多。

英：不能这样说。不要着急。他们回去得很快，够快了。我已经满意了，比我所期待的要好得多。

以上引文能够体现法拉奇专访的基本风格：力求保持访问的原汁原味。比如英迪拉·甘地回答中的停顿、叹词、语气词等口语化的细节，法拉奇都不做处理。而正是这样的自然天成，传递出了对话现场特有的气氛，把读者带入其中。

“问答整理”的叙述方式，适合重要人物的专访写作；适合阐述重要观点的专访写作，如上文中提到的对经济学家杨帆的访问；也适合一些比较复杂的或者有争议的问题或事件的专访写作。例如上文中提到的《中国新闻周刊》记者对陷于兴奋剂事件中的吴艳艳的专访，采用的都是问答整理式。

这种方式的劣势在于其篇幅一般比较长，在报纸上发表要占相当的版面，它更适合于发表在杂志上。其次，如果问答不精彩，就会大大削弱感染力。此外，如果仅仅是一问一答，缺乏有关人物、事件或者问题的背景介绍以及必要的现场描写，也可能影响可读性。因此，在运用“问答整理”叙述方式的同时，一般都加上“导读”。“导读”有的是被访者的履历，有的是采访者的札记。有些没有配“导读”的，也可以通过在问答中间插上简短的背景材料或者现场情景来加以弥补。

法拉奇的人物专访，在已出版的专集中，每一篇“问答实录”之前都有一段采访札记作为开篇，也就是我们所说的“导读”。在这部分文字中，她详细地记述了每一个人物采访的经过以及她在采访中的感受，对被采访者的印象等。

比如在《英迪拉·甘地》这篇专访正文之前的札记中，法拉奇写到：

这是一位不可思议的女人：她统治着近五亿人口；甚至打赢了一场遭到美国和中国反对的战争；她通过民主的方式夺取了总理的宝座，据说，没有人能把她赶下台去；……

了解她是一件令人烦恼的事。企图用单一的色彩或仅仅从一个方面描绘她的性格是不能成功的，因为构成她性格的因素太多，而且各不相同……

法拉奇记述了对这位印度女总理的两次采访经过。第一次在政府大厦的总理办公室，谈话进行了两个多小时。两天之后，法拉奇发现采访中还有些遗漏，希望再次见到她。于是第二次采访在她的家里进行。英迪拉·甘地除回答了法拉奇所提出的问题，还主动地向法拉奇讲述了自己的两个儿子、孙子。这次采访又进行了一个小时。可以说“导读”已经成为法拉奇专访不可分割的重要组成部分。

在我们常见的问答整理式专访中，不可能写这样长的采访札记或者“导读”，尤其刊登在报纸上，“导读”一般都经过了提炼与压缩。寥寥数语，或者起画龙点睛的作用，或者设置一个悬念吸引读者看下去。

例如：2000 年 4 月初，美国孟山都公司向全世界发布了一条信息，称它已在破译水稻遗传基因密码的研究工作方面取得了重大的突破。《北京青年报》记者随即采访了这家公司亚太地区的首席代表查理博士。这篇事件专访是以问答整理的形式发表的。它同时刊登了一个“导读”，全文如下：

> 它是人类第一次成功破译粮食作物的遗传基因密码，此前被人类破译的高等生物仅有一个草本类植物。
>
> 水稻基因的遗传密码破译就其强度和复杂性来说，仅是人类的六分之一。
>
> 孟山都公司采用秘而不宣的方式，仅用一年零八个月时间，就完成了包括日本、中国、泰国等十个亚洲国家在内，共花费了将近十年时间所做的同一项研究。
>
> 水稻是亚洲许多国家最主要的粮食作物，因此未来围绕水稻展开的生物技术竞争也必然进入白热化。

这篇“导读”既是事件专访的新闻由头，又为专访提供了重要的知识性背景材料。

二、散文处理式

散文式处理，也可称为隐性问答体。它基本摆脱了一问一答的模式，记者可根据专访报道的需要自由取舍问答的内容，并灵活地运用描写、议论、抒情等手法，穿插叙述访问的情景、过程，或者勾画被采访者的形象、性格等。

它的优点是：报道精练、明快，在一定程度上，解决了问答整理式的篇幅过长问题；同时，通过灵活的文体处理，它把问答整理式一般不可缺少的导读，穿插于专访中间，也使得报道显得丰富饱满、多姿多彩。此外，这种方式给记者留下了较大的新闻写作的创新空间。

是作家，还是要写作

——访陆文夫

> 小巷深处，又走出来一个人——徐丽莎，汇合到徐文霞、汪昌平、赵德

田、朱源达、唐巧娣、朱自治、徐经海……那人流中去了。

这位女工程师，或许将以她几十年的曲折历史、家庭婚姻纠葛，吸引着众多的人们。不过，这位苏州人刚由陆文夫给她报上户口。说是苏州人，却脱胎于常熟。这是陆文夫的新作，《井》中的主人公，是今年初他躲到常熟的一个村办招待所中经过一个月的孕育“合成”出来的。

“躲”到了常熟？是的，来人太多，他无法动笔。到了二月初三才回苏州。连他的58岁大寿都是单身一人在常熟度过的。他的生日是二月初二。面倒是吃了——方便面。在常熟的一个月，常吃方便面，还有稀饭。

哈。“美食家”和方便面，有人就以此为题写了文章。

陆文夫说：“在《文学报》上有文章，说作家要做杂家，那位作者以《美食家》为例，说我肯定对烹饪有研究，不然写不出这吃的细节。一加肯定，可就出纰漏了。我这个人恰恰不会烧饭，做菜更加勿来事。我的学问是跟周瘦鹃学来的。他吃的门槛精。五十年代，作协小组开会，每人二元，八个人，十六元一桌，就很好了。菜馆的人见周瘦鹃来了，烧菜师傅把拿手菜端上来了。”

也亏得这个有心人，记住了。

那么，对作协副主席的工作，今后有什么设想呢？

“作家，还是要写作。作家不写东西，就不成作家了。当然，也要力所能及地为文艺界做些事——只能是少量的。”

他计划在今年写三个中篇、一个长篇。已完成了一个中篇，秋天再完成两个；长篇，要在年底以前，加班突击了——可能又要躲到什么地方去了吧？

苏州一位诗人写陆文夫：他那14平方米的卧室，是工作室也是会客室。陈设简单朴素，可也有好东西：在写字台右边的抽屉里放着整条整条的好烟。

“烟，有时也放着一条，老出去买，不方便，麻烦。”究竟放着多少条？他打开右边抽屉，里面放着的，其实是一叠叠手稿。

我翻看他《门铃》的手稿。

已经扔掉的不算，仅仅存放在抽屉里的，统计了一下，那草稿是第一页：4张；第二页：11张；第三页：6张……大体形成的，有3份：一份写了18页；一份写了17页，一份写了19页。

我望着那蓝色的字，眼前一片模糊，幻化成一片红云，那是作家的心血所染成的。

“我写短篇，如果是一万字，一般说，总要写五万字的草稿。以《门铃》来说，写了四五稿。原来的构思，徐经海家里来了三四个人，各方面的人，门铃一次次被拉响。后来发现不行，重复、拉杂，就推翻，变成只来孟得怡夫妇。”题目也是改了三次的，由《无为而为》，而《哑剧》，而《门铃》。小巷人物的户口簿上，他也改过名字，给徐经海最初报的是徐冠亚的官名。第一次拉响门铃的并不是孟得怡，而是一位徐工程师，终于，这位徐工程师从他的小巷人物志中消失了。

“第一稿，先给我爱人看。”

他爱人姓“管”，对老陆的生活是“管”得挺不错。

“可总是通不过。现在，第一稿不给她看了——第一稿最难看——就给她看第二稿或第三稿，提出意见，再修改。”

《献身》获奖，《小贩世家》获奖，《围墙》获奖，今年《美食家》又获奖了。成就，绝不来自偶然。

他呢，有他的理解。

“得奖，鼓励一下。但是如为了得奖写作就不好了。”

“想要出名得利的人是写不出好文章的。想出名，就不免哗众取宠；想得利，不如去养蚯蚓、地鳖虫。”

“也不能有负担。创作和跳高差不多，一紧张，跳不高，也写不好——对得奖不能看得太重。写作当然不是为了得奖，总有追求吧?”

“作品，要使读者读了以后能在心里产生一种美好的东西，使人的精神道德有一种升华，对美好的事物有一种向往。作品是管灵魂的。”

就谈谈《美食家》吧。

“我写《美食家》，并不是写朱自治的。我写小说，就是把一些人物拉到一个‘特别法庭’上来审判。审判谁？我。审判我自己。我写朱自治的对立面……高小庭，高小庭就是我。”

怎么审判?

“要审判一个人，必须从时代的高度来分析、审判。我写的是具体的、个别的事情，如果这些事情不和时代相关联，也就没有多大意义了。”

他的文集快出版了。从他的文集中，是可以更了解一位作家的。了解作家的依据，是他的作品吧。而且，在小巷深处，还将不断走出来一个个惹人喜爱的人物呢。

（《新华日报》1985 -04 -03）

这是一篇用散文方式处理很成功的人物专访。其写作特点表现在以下四个方面：

首先，作者没有拘泥于采访时的一问一答，也跳出了按时间顺序写整个访问过程的框框。

这篇专访的立意是很明确的，即表现作家陆文夫的精神境界，尤其在作品屡屡获奖，本人又当官（作协副主席）之后，他仍然勤于写作，满怀着对读者、对时代高度负责的精神。为了表达这个主题，作者重新构思了专访的结构。全文共29个自然段，并没有按照陆文夫怎么出场、他怎样接待记者、如何问答、怎样互相交谈、采访又怎样结束等展开；而是打乱了采访顺序，重新整合。全篇报道还是以陆文夫的谈话记实为主，但又不是原话照录，而是作者经过精心剪裁，重新作了排列组合。这种处理使得这篇专访简洁、明快，被采访者的形象鲜明突出。

其次，运用新闻跳笔，以灵活的叙述跨度和段落转换完成了对访谈内容的再现。比如第三自然段，从“躲”到常熟写作，写到他的生日也是单身一人在这里过的，（这里巧妙地交代了陆文夫的年龄）他吃的生日面是一包方便面。下一段马上转到方便面和获奖作品《美食家》。又起一段，是陆文夫的谈话纪实，他回答了读者对这部中篇小说可能有的一个疑问：“写了那么多吃的细节，作者是不是对烹饪有研究”。专访的后半部分，跳笔运用得更多，一段一段地摘引陆文夫的原话，每段讲一个意思，中间只以作者简单的叙述过渡。如引陆文夫的话：“第一稿，先给我爱人看。”作者在下一段里很巧妙的交代：“他爱人姓管，对老陆的生活是管得挺不错的”。另起一段，又是陆文夫的原话：“可总是通不过。现在，第一稿不给她看了——第一稿最难看——就给她看第二稿或第三稿，提出意见，再修改。”这样灵活的“直接引语”与作者叙述彼此呼应，又快速过渡，在全文中还有多处。这篇专访的结构特点是多段落、短段落，尽管初看有些散，但读下去却“形散神不散”，并且包容了大量的信息。

第三，以作者的角度作现场叙述，但采取的是“作者”与“现场”基本不在明处而在暗处的手法。尽管如此，全文的现场感很强，记者的采访轨迹也很清晰。这篇专访没有着意写现场，具体的描写只有一处：即陆文夫写字台右边抽屉里一叠叠的文稿。作者在文中直接出面也只有两次。尽管如此，作者向陆文夫提了什么问题，他的感觉怎样，读者却一目了然。这与作者对专访内容剪裁得当，注意连续地突出地使用被采访者的直接引语有关，其实记者的提问基本都隐藏在这些直接引语的背后。同时也由于作者擅长浓墨重彩地写细节。通读全文后，我们会注意到，现场的直接描写与记者的直接出面都在“文稿”这个细节上。这是一个能够体现陆文夫创作精神的典型细节。作者对此描写很细，例如他“翻看

《门铃》的手稿”，并具体统计了文稿的页数。作者以第一人称直接出面的议论也是针对这个细节：“我望着那蓝色的字，眼前一片模糊，幻化成一片红云，那是作家的心血染成的。”从这个细节以后，作者与现场又全部隐去，但通过这画龙点睛的一笔，读者已经被带入到访谈的实际场景中。

第四，开头和结尾尤其值得一提，堪称独具匠心。这是作者突破问答式专访，运用散文处理很有创意的地方。第一段：“小巷深处，又走出来一个人”。但这个首先和读者见面的人并不是被采访者陆文夫，而是他最新一部作品《井》中的主人公。由此笔锋一转，写到了陆文夫如何躲到一个村办招待所去，抓紧时间创作这部新作品。这篇专访的结尾与开头遥相呼应，在透露了“陆文夫的文集快出版了”这个最新的信息之后，全文的最后一句又回到了“在小巷深处，还将不断走出来一个个惹人喜爱的人物”。这个开头与结尾不仅形象巧妙地报道了陆文夫的创作进展、他的新作问世、他的文集即将出版、他还将继续写作等，而且抓住了这位作家的作品特点：他以写苏州小巷深处的小人物命运著称，一支笔淋漓尽致地表现了这些人物的生存状态和悲欢离合的命运。

“散文处理”的叙述方式，主要适合写各种类型的人物专访和一些事件专访，尤其适合篇幅比较短的报道。以上所举的陆文夫专访一例，是这种类型中运用文学手法比较多的一篇。大多数专访的结构与头绪没有这样复杂，例如上文提到的事件专访《我们万众一心，前进——夏衍谈“义勇军进行曲”》采用的也是“散文处理式”，此文的开头：

> 1982年12月4日下午，在庄严的人民大会堂里，三千多名人大代表举手一致通过一项决议：恢复《义勇军进行曲》为中华人民共和国国歌。决议刚通过，全场立即响起热烈的掌声。

下面的13个自然段，基本是摘引被访者夏衍的谈话，但其取材精心，使访问内容集中在《义勇军进行曲》的创作经过、影响、恢复作国歌的背景以及现实意义四个方面，中心突出，主线明朗，从而使报道的主题更为集中。

散文式处理的缺陷在于访谈的过程与内容展现得不完整，不容易让读者看出一种整体的问答思路。而且经过作者主观性较强的裁剪，加工痕迹较重，可能削弱访谈的实录性。

三、口述实录

这种处理方式的写作要领很简单：全文集中记录被访问者的口述，也就是说，把现场的记者和记者所提的问题都删除掉，或者非常淡化地处理，主要保留被访问者的谈话。

口述实录的优点在于它使得被访问者和读者之间形成了一种直接交流，因而这种专访令人读起来更亲切、可信。如下文：

从艺术中吸取人格的力量

——物理学家钱三强谈他与文艺（节录）

（数九寒冬，身着大衣的钱老在办公室接受了采访。钱老已看过《科技日报》新创办的文艺副刊，未等我多做解释，便谈起了文艺对他成长的影响。回首童年往事，身体欠佳的钱老似乎忘记了不适……）

我生长在一个开明的家庭，父亲鼓励我们多读课外读物。当时中华书局的《小朋友》、商务印书馆的《儿童世界》都是我非常爱看的，这两本刊物也欢迎小朋友投稿。记得初中时，《小朋友》已经成了我的"老朋友"，我试着给他们寄点稿子，有一篇稿子是看了《悲惨世界》以后写的，我很同情那个受虐待的小姑娘珂赛特。这篇稿子事先并没有让父亲看过，没想到不到一个月，居然登了出来。父亲给我买的第一部小说是《鲁宾孙漂流记》，写一个人怎么在荒岛上生活，我非常喜欢，很佩服他。父亲的书房里的书很多，我没事就跑进去，翻这翻那，反正他也随便，主张我们搞自己喜欢的东西。

（钱老的父亲叫钱玄同，是闻名遐迩的《新青年》杂志的编辑之一，文学修养非同一般。也许和家庭的耳濡目染有关，少年英姿的钱三强走过一小段"文学之路"呢。那是他在中学的时候——）

我和几个同学替《华北日报》办文艺副刊《迹》，有的写诗，有的写小说，我主要写散文。当时我们的胆子也真不小啊，初中生敢到一张大报上办文艺副刊，也算是新鲜事。我原名叫钱秉穹，三强就是当时改的。和我一起办副刊的一位同学叫李志中，爱写诗，比我大一岁，个子也比我高，因为身体弱一点，自称大弱。我在家里行三，喜欢打球，身体强壮，于是我俩的通信就以大弱、三强互相称呼。父亲看了以后问：三强是谁呀？看着像你呀，这名字还不错么。名字就是个符号，三强可以解释为德、智、体都希望好一点么。从此我就改名为钱三强。这是题外话了……

这篇专访主要由四大段钱三强的谈话实录组成，前后穿插作者简单的说明性叙述，作为背景，作为连接，也作为下一个话题的引言，在某种意义上，起着和"问答整理式"里导读同样的作用。

"口述实录"的叙述方式，适合作一些现身说法的专访，例如个人经历、人生感怀、喜怒哀乐，也容易谈及思想心理、心灵深处的问题。近几年"口述实录”以“心态专访”的形式流行起来，与这个特点有密切的关系。

值得注意的是，这类专访在采访对象的选择上，出现了与以往不同的新闻价值取向。正如中央电视台《东方时空》栏目中“生活空间”的宗旨：讲述老百姓自己的故事。流行于不少报刊上的口述实录式“心态专访”，被采访者不再是什么名人、明星或者新闻人物，而是普通的老百姓，他们在倾诉自己的经历、情感，讲述自己生活中发生的事情。

比如2000年8月11日《北京青年报》刊载的一篇专访，题为《我喜欢你》，记者采访了一个“网虫”，口述实录了一个网上恋爱的故事。这篇专访的开头如下：

> 采访：海尔
>
> 受访者：铃儿（网名）女　23岁
>
> 　　　　网龄一年
>
> 采访时间：2000年7月15日
>
> 她拿出厚厚一大摞整整齐齐的打印纸告诉我，这是他们在聊天室里所有的谈话的记录。我有些愕然。她遗憾地说：“你知道吗，我最最遗憾的是我们第一次相识时的聊天记录没有保存下来。不过，我把我们每次来往的邮件都作了拷贝存盘，每次给他寄完礼物我的寄件人存根都完整地保留着。还有啊，每次他呼我BP机的留言我都给抄下来了。不过，有一点我没有做到，那就是打电话的时候没有电话录音。”
>
> 见我一脸的惊讶，她接着问：“你在用心听吗？”看着她认真的眼神，我点了点头。
>
> 我这个人特别喜欢记数字。比如他那天呼我，说了些什么，具体到几点几分，我都记得清清楚楚。我第一次上网是在去年，那天是9月12号，我记日子是挺清楚的吧。对，就是那一天。我先来到的是雅虎的“茶艺小轩”，结果一个人楼上楼下地折腾了半天，居然没人理我。后来又去了“海阔天空”，看着大家聊得很起劲，就是没人理我，我就信手打了一行：“有人闲着吗？”这时一个叫“好奇”的网友注意到了我，连打了三个“我，我，我”。“你，你，你。”我回应道。他说：“是呀，我闲着，陪你聊天好吗？铃儿响叮当……”

本文的第一段是记者出面写的“开场白”，类似“导读”，但比前面我们所讲过的导读更简单，只是一个引子而已。而且即便在这段里也主要是被采访者的叙述。从第二段开始，全部为口述实录。这种专访给读者的阅读感觉，确实像与被采访者在面对面地交流，直接地倾听他（她）的讲述。

但这种叙述方式与问答整理式有一个共同的劣势：一般篇幅都比较长，同时如果被访者的谈话不生动，就可能空洞苍白，削弱了可读性。

作平民式“心态专访”还需要注意以下三点：

一是要保证被访者所谈内容的真实。

二是要有一定的新闻选择，不能事无巨细，家长里短都“口述实录”。这类专访尽管是从一个私人的角度切入，但报道的内容总要有一定的普遍意义，才能够吸引读者，并产生好的社会传播效果。例如上文所举的那篇讲述网上恋爱的专访，是有一定针对性的。随着互联网的兴起，网上恋爱风行一时。这种虚拟的爱情究竟是一种什么样的情感状态、结果如何？这篇专访做出了一种回答。

三是要防止迎合“窥私欲”。报道过分私人化，新闻就有可能庸俗化，导致品位下降。

第四节　专访成功的决定性环节

新闻专访这种文体，究其根本，离不开两点：一是专，二是访。

专是指文体内容的特点而言，访是指成稿的手段。也就是说，专访在主题以及内容方面所需要达到的“专”，是通过“访”来实现的。因此，与其他新闻文体相比，专访的写作更强调要以成功的采访为前提，没有成功的采访，也就谈不上专访的写作。

在本章第一节里我们已经强调，专访的采访必须是一种专门的、特殊的访问，或称正式访问。与一般采访相比较：

专访是一场目的性明确的思想交流。交流什么，主动权在记者的手上，问题的准备和提出都要由记者完成。

采访时，记者还要到现场，与被采访者“单兵较量”，进行面对面的接触、一对一的访问。

一般来说，专访具有不可重复性，约好时间、地点，采访一次就是一次，要尽量做到一次成功。

专访的过程一般是通过一系列提问完成的，因此记者提问的质量，直接影响到采访对象回答问题的质量。况且在采用问答整理式的专访文体中，记者的提问本身就是稿件的组成部分，体现记者的风格和智慧，这就更需要提出高质量的问题。在一定意义上说，有高质量的问题才有高质量的采访。

综上所述，采访成功是专访写作的决定性环节。

怎样才能完成“专访”的访问呢？

一、专访前作好充分的准备

著名的电视记者杨澜在主持卫视凤凰台的人物访谈节目时，曾经成功地对几十位各界人士进行了专访。当问及她“在这些采访之前，最紧要的事情是什么?”时，她回答说：“准备，不厌其烦地充分准备。我觉得进行采访，最紧要的事情就是通过自己能做的所有准备，迅速跨过年龄、地位、资历的距离，最大限度地获得被采访者的认同感。”

法拉奇形容自己每次作人物专访前的准备状态：“紧张得就像学生准备大考一样，要读大量的材料，要用几周的时间来准备。”

专访事前的准备包括：

（一）背景材料

有关被采访者尽可能全面的背景情况。例如他的年龄、专长、成就、爱好、经历、性格、习惯、职业、家庭等。如果是进行问题专访或者事件专访，除了对被采访者的基本情况有所了解之外，还要尽可能掌握与所采访的特定问题或者事件有关的背景情况，这个问题或者事件的来龙去脉，它与其它问题或者周围事件的联系等。从某种意义上说，熟悉掌握背景情况，就是摸索、寻找被采访者的脉络，这是为确立采访的突破口，在采访过程中排除意外的障碍，深入挖掘专题材料打基础的。

例如中央电视台1998年在《东方之子》节目中曾作过部长系列访谈。从现场提问可以看出，记者在对这些部长访问之前，都认真作过“功课”，即尽可能了解他们的背景情况。例如专访铁道部部长傅志寰，记者提问：“您小时候看到铁路，看到火车轰隆隆地过来时，有什么样的感觉?”还问到他当上铁道部部长时，有没有把这个消息告诉他的父亲等。这些很有情趣的话题，显然来自记者对傅志寰身世的了解，这位部长出身于铁路世家，他的父亲干了一辈子铁路工作。

（二）知识资料

专访的采访与其他采访不完全一样，由于特定的人物与特定的话题，其采访不可能光“打外围战”，提一些泛泛的一般性问题。被访者所回答的内容也必然有一定的“职业”或“专业”深度，尤其问题、观点、学术专访，更会涉及不同的领域中专业性比较强的内容。记者需要具备一定的相关知识才能与被采访者对话。因此，在专访前，熟悉有关的知识、掌握一定的资料也是不可缺少的一课。

例如1999年10月29日《中国经济时报》发表了一篇对著名经济学家厉以宁教授的专访。从提问可以看出记者事前做过充分的准备。比如他问的两个问题：

> 1991 年，您在《中国金融信息》上撰文指出中国经济处于非均衡状态中的第二种状态，企业没有活力是此状态的显著特点，现在您如何看待这个问题？
>
> 1990 年，您在《关于发展证券市场的思考》一文中说，发展证券市场有利于解决三个方面的问题：企业效益下降、税收不保，价格补贴，财政筹资。今天，这些问题有的不存在了，有些还存在着，而证券市场已经发展了九年，您认为证券市场发挥了怎样的作用？

从以上提问不难看出，记者在采访前详细地阅读过厉以宁以往发表的文章，了解了这位经济学家的思路与主要观点。上述问题提出后，果然引起了厉以宁的注意，也引起了他与这个记者对话的兴趣。

（三）问题设计

我们在本章第一节讲到专访时，还曾经强调过它的另一个特点：记者是“有备而来”。这里所说的“有备”指记者是带着准备好的一些问题，有目标而来的，因此一般的专访都要准备采访提纲。这就需要事先设计，包括设计问题、问题的结构、提出的顺序等。按照问题的性质分类，提纲中应该包括基本问题、随机性问题、储备性问题、引导性问题等。按照问题的提法分类，可以设计开放式问题、闭合式问题、重复性问题。即使就一个基本问题还可以变换提法，用正面问、侧面探、反面激等多种手法。问题的排列顺序也很重要，先问什么、后问什么、问题之间如何巧妙地转换等，这些都直接关系到专访的效率与成果。

1999 年 4 月朱镕基总理访问美国之前，曾接受《华尔街日报》记者的专访。为了准备这次采访，《华尔街日报》记者称，他们整理采访提纲的过程就是一项浩大的工程，先后开列出了 100 多个问题，并查阅了手头有关中国的资料，打电话找到一些中国问题专家，询问他们会提出什么问题。问题汇总后，三位作专访的记者再集中与挑选，并设计提问，反复做问题的顺序排列。据报道，直到采访当天，这三个记者吃饭的时候还在精简问题，讨论问题按怎样的顺序提出更合理、更有效。

（四）注意挑选适当的采访时机和场合

人的思想、情绪和心态，会随着时机与场合的变化而变化。恰当的时机与场合有利于引导被采访者进入角色，打开他的话匣子。有时特定的时机和场合还可能使被采访者触景生情、活跃思维，讲出感情、讲出有个性色彩的语言来。采访在什么环境中进行，有时会对记者和被访者产生意想不到的效果。例如上文中我们已经提到法拉奇对英迪拉·甘地的第二次采访，是在这位印度总理家中进行的。

与上一次在办公室里采访完全不同的现场氛围，帮助法拉奇发现了另一个平易近人、内心丰富的英迪拉·甘地，一个充满了母爱的女人。英迪拉·甘地谈到了自己的婚姻，包括丈夫去世多年她是否想过再婚，谈到一个女人从政对生活是否感到遗憾等许多问题。总之，采访现场的变化，使得法拉奇的这次补充采访获得了巨大的收获。

二、专访中善于提问与观察

（一）重视第一组问题的成功率

进入采访后，要尽快形成谈话所需要的合作气氛。在某种意义上说，专访的完成是访问者与被访问者密切合作的产物，这也是专访文体区别于其他新闻文体的一个重要特征。而实现合作的前提，正如杨澜所说的，要最大限度地取得对方的认同感。但访问者与被访者之间存在差异是不可避免的，包括个人背景的差异，也包括文化、政治、知识结构背景的差异等等。记者为了在最短的时间内消除对方的这种差异感，第一组问题如何发问，十分重要。美国新闻学家麦克道格尔说："最好的采访是在一种自然、友好、非正式的气氛中进行。"一般来说，第一组问题就要创造这样一种谈话的氛围。

例如，法拉奇在1980年8月采访邓小平时，见面后她最先的问候是从祝贺邓的生日开始的：

> 邓小平：我的生日？明天是我的生日吗？
>
> 法拉奇：是的，邓先生。我是从您的传记里得知的。
>
> 邓小平：好吧，如果您这样说，那就算是吧。我从来不知道我的生日是哪一天。而且，如果明天是我的生日，您也不应该祝贺我：这就意味着我已经76岁了。76岁的人是江河日下了。
>
> 法拉奇：邓先生，我的父亲也76岁了，但是如果我对他说76岁的人已是江河日下，他会扇我耳光的。
>
> 邓小平：他干得好。您不会对您父亲说的，对吗？

从以上对话可以看出，法拉奇拉近与被访者之间距离的技巧，尤其是她强调"我的父亲也76岁了"，巧妙地找到了被访者与她的父亲的一个共同点，对营造自然、友好、非正式的访问气氛很重要。

为了迅速地实现彼此沟通，还有一种类型的"开场白"，是从被访者最熟悉的问题入手，也就是说，提出一个只有被访者本人才能回答的问题，引起他的兴趣，以便尽快进入他的话语体系。上文中所提到的《中国经济时报》记者在采访厉以宁时提出的第一个问题，就是从他1991年发表的一篇文章开始的。美国新闻教科书中经常引用一个例子：资深记者利布林曾成功地采访了赛马骑师艾迪·阿尔卡罗，他提出的第一个问题是："你的左蹬皮带比右蹬皮带多放长几个眼?"这一极其专业而内行的提问，不仅使对方对记者刮目相看，而且吸引他打开了话匣子。于是他谈了足足一个小时，最后说："看来你一定和骑师们混得很熟。"

（二）增强临场的问题控制与应变能力

在实际进入访谈之后，光有事前周密的准备还不够，临场的控制与发挥很重要。访问者能够自如地控制问题，也就控制了一次访问活动的主动权。法拉奇在谈到这一点时说："有时简直就是一部包含高潮和悬疑的剧本创作……事后再安排情节就不忠实了，你必须迅速，当机立断。"也就是说，在专访进行中，记者要善于根据现场情况，随机应变地通过提问把握谈话的方向与话题的深入。

这里的应变能力，包括如何根据采访对象本人的特点，采取灵活的提问方式，所谓"一把钥匙开一把锁"；包括如何避免冷场、如何掌握访谈的节奏等。但最重要的一点是要善于抓住要害问题，即最有新闻价值的事实，临场发挥，想方设法追问下去。

法拉奇 1972 年采访基辛格时，就有出色的表现。当时她的主要采访目的是了解美国与越南停战谈判的内幕。由于谈判已进入了最后阶段，基辛格担心亮出了自己的底牌会对美国谈判不利，因此采访开始不久，他就亮起了红灯："够了，我不想再谈越南了，在目前这个时期，我不能让自己再谈论它了，我说的每一个字都会成为新闻。"但法拉奇不理这一套，她继续从另一个角度，谈美国和西贡政府之间对停战谈判的分歧。基辛格不得不第二次发出警告："请您不要叫我再谈越南问题了。"法拉奇又用了一个激发式提问："很多人认为您和尼克松接受那个协议实际上是对河内的投降，对此，您也不愿谈论吗?"基辛格当然不能保持沉默了，他辩解了一番，第三次警告说："真的不要再谈论越南问题了。"对此，法拉奇迂回了一下："我们来谈谈战争，基辛格博士。您不是和平主义者，是吗?"看来，谈话从越南问题退却了，可是刚谈了一点题外话，法拉奇又巧妙地拉回采访的主题："那么，关于越南战争您有什么要对我说的？我觉得您从来没有反对过越南战争。"基辛格又不得不表态了。他很快发现自己上了当，于是第四次发出警告："我们怎么还在谈论越南?"

法拉奇说，每一次采访经历"就像在戏剧演出中。我事先会准备一些问题，但有时也会跟着感觉走。我设置悬念，然后如剥茧抽丝般慢慢解决。"她认为每一次长时间的访问都是对她的智慧和政治敏感的挑战，是不可能重演的事件，是消耗她灵魂的一次"人类实验"。

法拉奇几乎在自己所作过的全部重要的人物访问过程中，都实现了从倾听者、对话者到主持者的角色变化，这是记者在专访中的最佳状态。

（三）注意用眼睛采访

在本章第一节已经谈到专访有三个要素：被访者、现场、记者。与通讯不同，这里的现场特指专访现场，即专访是在什么地点、场合、环境、气氛中进行的，对于构成专访内容来说，虽然“现场”处于“陪衬”或者说背景的地位，但它对专访写作能否以真情实景来感染读者起着重要的作用。在专访稿件中如果能有机地穿插一些采访现场的描写，便使全文顿生光辉。

在上文中我们已经谈到要尽可能选择一个好的专访现场，这里要强调的是专访进行中记者必须注意观察，不仅用“口”采访，而且用“眼睛”采访。观察的重点是现场以及被访者。对被访者的观察，当然比对现场的观察还重要。对方的形象、音容笑貌、举止、服饰等细节，都应在记者密切的视线之中。首先，通过察言观色，尽量了解对方，有助于你掌握采访的进程；其次，这些细节在写作中都可能发挥作用，有助于你写出特点来。

例如在上文中提到过一篇对陷于兴奋剂丑闻中的世界冠军吴艳艳的专访。此文的开头，是记者对吴艳艳的观察采访：

> 听说来意后，她走过来用身体倚住房门，一只手放在门后，另一只手搭在门框上，摆出一种“请勿入内”的姿势。
>
> 她是一个模样清秀的女孩，个子很高，大约 1.74 米，一件大号的黄色 T 恤松松垮垮地套在身上。让记者感到意外的是，她的体格不仅不健壮，而且略显瘦弱。她极力控制着不安的情绪，看起来有点不知所措，而且面容憔悴，一头长发松散着。

此处无声胜有声。尽管吴艳艳还没有开口讲话，但她受到伤害，又急于保护自己的心情与处境，已经通过记者的现场描写体现出来，尤其是那个“请勿入内”的姿势，很有说服力和感染力。

又如在一篇对革命老人李淑一的人物专访中，记者有这样一段现场描写：

> 我环顾了一下客厅。只见迎面墙上的正中挂着柳直荀烈士的生前照片，两边挂着用镜框镶嵌的两首词，一首是毛泽东主席 1957 年所作的著名的《蝶恋花·答李淑一》，一首是李淑一同志 1976 年 12 月为毛主席诞辰 83 周年所赋的词。这两首词是上海一位书法家特为李淑一同志手书的，笔力雄浑、苍劲。

这段现场描写，除了说明专访是在李淑一家中进行的，还通过墙上挂的照片与诗词等，交代了李淑一老人特殊的背景，她与毛泽东的关系。

法拉奇也很重视现场观察。在她的采访札记里，记录了大量的现场情景，氛围和细节。她是一位善于抓住细节并描写细节的高手，例如对英迪拉·甘地相貌的勾勒：

> 她有一双淡褐色略带忧伤的美丽的眼睛。脸上挂着一丝奇妙的，高深莫测的，能引起人们好奇的微笑。她那弯曲的黑发左侧，夹着一绺奇特的灰发，犹如一支银色的光束闪闪发亮。就是这一点，她也不与任何人相像。

上述文字中那“一绺奇特的灰发”的细节描写，可以称得上是神来之笔。

三、专访后注意核对，引语一定要准确

无论哪一种文体的专访，主要都是记录被访者的谈话。因此记录的语言一定要准确。

（一）要准确地表达被访者所陈述的内容、概念与意思

首先，专访时要作录音，不能过分相信自己的记录与记忆。访问结束后，要认真核对录音，整理笔记。

其次，稿件最好送给被访者审改。

据有关回忆文章披露，1982 年法拉奇采访邓小平，为了能够准确地如实地再现这次谈话，她花了比采访多得多的时间进行问答整理，因为采访是用英语进行的，而法拉奇是意大利人，为了确切地了解邓小平讲话的意思，并选择确切的英语表达方式，她要求当时担任翻译的施燕华帮助校对。由这个细节可以看出法拉奇在专访写作中严谨、尊重客观事实的态度。

（二）要准确地体现被访者的性格、身份

做到这一点的关键，也在于直接引语的准确，要善于抓住被访者富有个性化的语言和独特的表述方式，并把它们再现于专访报道中。

思考与练习题

1. 简述专访的文体特征和写作要领。
2. 具体分析法拉奇的一篇政坛人物访问记，阐述其采写的特点。
3. 采写一篇问答整理式的“记言”专访。

第二十六章

新 闻 特 写

第一节 特写的文体特征

特写，是从消息和通讯之间衍生出来的 一种报道形式。

把它作为一种相对独立的新闻文体来研究，在新闻传播实践中经历了一个逐步演变的过程。

它的快速成长与兴旺，主要在20世纪广播、电视等电子媒体相继出现以后。纸介媒体为了与它们竞争，特别是与电子媒体的视觉化、形象化的新闻抗衡，越来越多地求助于各种文字表现手法，并借鉴了摄影中“镜头感”的传播功效，于是“特写”这种文体脱颖而出。

现在，在各类报纸上，在各种题材的报道中，特写都已经成为常见的新闻体裁。它作为一支新闻报道的“轻骑兵”，充分发挥了机动灵活的特点，又以其生动、形象的文字起到了感染读者的作用。

什么是特写？

特写是以描写为主要表现手段，截取新闻事实中某个最能反映其特点或本质的“片断”、“剖面”或者细节，作形象化的再现与放大的一种新闻体裁。

特写与消息的共同点是，简要和迅速地报道新闻事实。它与消息的区别在于，消息往往择要地报道新闻事件的全过程，而特写主要抓住新闻事件中富有特征的片断，浓笔展开。

例如报道在全国人大会议上朱镕基总理作政府工作报告，消息的写作需要把握报告的过程以及报告的主要内容，而特写完全可以仅仅从“掌声”这个角度切入，浓墨酣笔地描写在总理报告过程中，有哪几处赢得了人大代表的掌声，掌声有无不同的程度，鼓掌人的表情乃至通过对他们的采访，获得他们为什么鼓掌的原因。又例如报道一场球赛，消息需要报道比赛的全过程，而特写则可以只写比赛中最精彩的一球之争。

总而言之，消息是以简洁和让事实说明问题取胜，而特写则以描绘新闻事件中有形象感的镜头取胜。本书第十四章第三节讲到了描写性消息中的新闻素描，其中提到一个观点，即“新闻素描可以说是微型特写”。那么特写与新闻素描有什么区别呢？除了在篇幅上一般特写比新闻素描要长一些之外，主要区别在于特写更讲究“截取”，同时在写作上如果说新闻素描用的是简笔勾勒，那么特写一般运用的是“细笔勾勒”。

特写与通讯的共同点是，都重视运用形象思维，都重视运用更多的文学手法，生动形象地报道新闻事实。它和通讯的差异在于，特写比通讯更强调时效性、新闻性，同时在报道同一件新闻事实时，通讯一般向读者展示其纵断面，来龙去脉比较完整；而特写则集中笔力，着重展示新闻事实的某一个横断面，不一定需要完整的情节。

例如1997年香港回归之夜，北京天安门广场有10万各界群众举行通宵庆祝活动。有一些报纸用通讯的形式记述了这个难忘的不眠之夜。而新华社记者以新闻特写对此进行了报道，题目是《激情十秒》（见新华社1997年7月1日电）。在这篇报道中，记者只截取了香港回归之路的最后十秒。在广场上10万人喊出“10，9，8，7，……”倒计时的强大声浪中，记者通过现实与历史、北京与香港浓缩式的交叉描写，突出了百年巨变的伟大意义。在人物的镜头“截取”上也颇有代表性，如描写了一位女子军乐队的鼓手、一位82岁的原北京市老市长焦若愚、一位舞狮团里来自北京郊区的农民、一位妻子与岳父母都在香港的市民、一位正在国家行政学院进修的澳门政府工作人员等。同时，在场景描写中，记者在广场各种歌舞活动中，也集中选取了“敲锣打鼓，龙舞狮腾”这种具有中国民间特色的欢庆形式，把对它们的描写与渲染，作为背景贯穿了全文。

由此可见，特写比一般通讯写作更集中、细腻、突出，而且出手更迅速与洗练。

在专访这一章里，我们已经讲过，每一种文体都会在表现手法、内容、结构、语言、形态上表现出独有的特征。那么特写具有哪些文体特征呢？

一、镜头感

特写，在一定程度上借鉴了摄影或者电影中特写镜头的表现方法，因此它在文体结构与形态上表现出了一种文字镜头的美。

（一）巧妙的“截取”

与其他新闻文体相比较，特写更注重、或者说更讲究角度的切入。相对于一个完整的新闻事实，它所再现的只是其中的一个片断、一个切面、一个瞬间、甚至一个细节，不可贪大求全。

（二）适当的“放大”

特写，即摄影中“放大了的近景”。因此，它对所截取的新闻事实进行再现时，与其他新闻文体的另一个区别在于，它要把这个事实所包含的内容，立体化地表现出来，对其局部要放大，要细化，以加强视觉和艺术效果。

西方新闻界有一种说法，大意如下：纯新闻的作者，有如建筑工程师，他们熟练、准确地将一块块砖头，砌成一堵坚固的事实之墙；而特写的作者，有如雕塑家，他们要从事实的材料里精心选择，然后精心雕琢，最后创造出一件艺术品。

二、透视感

所谓透视感，是指特写比其他新闻文体更强调“以小见大”的传播效果。它不是为了描写而描写。特写的目的是把新闻事实“镜头化”了以后，对读者产生更强的感染力，使读者能够更深入细致地体味其中的神韵与精髓。因此，它虽然摄取与描写的只是新闻事实的一个片断、一个剖面，但这个片断、这个剖面，应该具备透视全局性或者本质性内容的功能。从这个意义上说，特写对选材要求很高，只有找到典型的、有特征的、新闻价值高的横断面，有较强的内在张力的新闻事实，才能写好特写，才能达到“以少少许胜多多许”的目的。

三、现场感

与其他新闻文体相比，特写一定是来自现场的报道，作者一定要在现场采访，他必须是新闻事实或被采访人的现场目击者。这一点也同摄影记者抓拍新闻特写镜头一样，不同的只是他们用的是相机，而文字记者用的是手中的笔。

现场感的另一个特点，表现在特写的写作要历历如绘，要情景交融，在很多情况下，记者是将目击式和感受式结合在一起写，以便给读者造成从视觉到情感的强烈冲击与感应。

1999年两会期间发表的一篇特写，鲜明地体现了上述三个文体特征：

33级台阶走45分钟

本报记者　田健东

走完人民大会堂33级台阶，萧灼基委员整整花了45分钟。

萧灼基，北京大学经济系教授。国内著名经济学家。

昨天下午，当萧灼基委员一脚踏上人民大会堂的台阶时，记者便手执采访机，第一个冲到萧灼基委员面前。

萧灼基委员刚刚止步，周围就呼啦啦围上十几位记者。

记者问："扩大内需要考虑注意哪些方面的问题？"

萧灼基答道："扩大内需要考虑两个方面：一个是增加基本建设投资，更主要的是发展消费品市场。这次我的大会发言中有一个问题就是《发展消费品市场》。当前消费品市场比较疲软。"

"怎样发展消费品市场呢？"又有记者问。

萧灼基答："首先可增加城乡居民的收入水平；其次可解除人们的后顾之忧，如住房、医疗、子女教育等；再有就是发展消费信贷，同时必须扩大消费领域，发展消费服务……"

"如何发展私营经济？"

"谈一谈作为支柱产业的石油石化？"……

15分钟过去了，记者高声问："萧先生，您是接受采访时间最长的委员，您有什么看法？"

萧灼基委员笑着回答："我非常高兴。这表明人们对经济问题十分关注、十分喜欢。"

几乎所有的记者都向萧灼基委员"讨"张名片。他掏出名片连连说："不要挤，都有，都有。"

20多分钟过去了，当记者完成一个又一个采访后，偶然间发现在一个记者人数众多的"包围圈"中，站立者竟然还是萧灼基委员。

记者费力地挤进去，好奇地问："萧先生，是不是记者把您又从人大会堂请出来了？"

忙于回答问题的萧灼基委员向记者"苦笑"道："不是，我实在是走不过去，走不到门口呀。"

记者们都笑了。

"请您谈谈再就业问题。"

轻松片刻之后雪片般的提问又向萧灼基委员飞来。

"萧先生，您对1998年国民经济增长预测有什么看法?"

最后一个记者的提问，追向萧灼基委员匆匆而去的背影。

45分钟，从萧灼基委员下午2时15分钟左右踏上台阶时，他被记者团团"包围"了45分钟。

45分钟，正好是学校一堂课的标准时间。

45分钟，掂量出经济问题在人们心中的分量。

45分钟，探讨经济问题不算长，但作为一个在人民大会堂前的采访，确实极为罕见。

（上海《青年报》1998－03－04）

每年的两会都会引发一场新闻大战。各路媒体的上千名记者在会上展开激烈的新闻竞争。几年来，一个有趣的现象是，这场竞争首先呈现在人民大会堂前的33级台阶上，记者们在这里围追堵截代表和委员。上海《青年报》的记者敏锐地抓住了这个场景，又截取了其中最有新闻价值的一个镜头，即众记者包围采访萧灼基委员，使得这位经济学家在33级台阶上竟然走了45分钟。在进一步的写作中，他还巧妙地回避了有关经济问题的观点报道，而是选择了对这一采访过程的描述，现场感很强，并不断地"放大"萧灼基被记者团团围住、无法脱身的细节，使报道更加立体化。尤为精彩的是，他不仅写出了鲜活的画面，而且通过摄取的这个"镜头"体现了一定的政治寓意，即我们在上文中强调的特写应具备"以小见大"的透视感。他在特写的结尾处点出了新闻眼："45分钟，正好是学校一堂课的标准时间。45分钟，掂量出经济问题在人们心中的分量。45分钟，探讨经济问题不算长，但作为一个在人民大会堂前的采访，确实极为罕见。"

第二节　特写的取材与分类

在上一节里，我们已经提到了特写是新闻报道中的一支"轻骑兵"。这个概念包含两方面的意思：

第一，它的取材灵活，几乎各种类型、各种内容的新闻事实都可以写成特写，只要它们具备上文中所提出的三个要求，即新闻事实本身要有镜头感、透视感、记者要在现场。也就是说，凡旨在充分而集中地表现新闻事实中最生动感人的部分、并造成立体的有感染力和现场效果的新闻报道，都可以归为特写。

第二，它的文体结构与表现方式灵活，几乎没有什么固定的写作之规。与消息写作相比较，它不必那么讲究导语或者倒金字塔结构；与专访相比较，它也没有那么明确的三种叙述方式；它与通讯写作有更多的相近之处，也就是运笔灵活，文体结构自由，可以也必须调动各种文学的表现手法。也就是说，只要严格遵循新闻真实性的原则，特写的写作，给予了写作者在文体与表现手法上很大的创造空间。

现有的中外新闻教科书或者有关新闻写作的专著，对特写有多种不同的分类，例如最细致的分类，美国得州大学瑞狄克教授将新闻特写划分为11类；而我国的有些新闻写作著述中也将特写分为事件特写、场面特写、人物特写、景物特写、工作特写、风情特写等。

这些分类是从不同的角度划分的，或者从内容，或者从形式，或者两者兼而有之。但基于上文对特写两个灵活性特点的分析，我们认为这些分类都不够规范，往往“你中有我，我中有你”。而且随着新闻实践的不断发展，特写无论在内容还是形式上都有了新的变化，原有的分类越来越不能囊括丰富的新闻实践。因此，在没有更加科学界定的情况下，为了教学的方便，我们采取最简单的一种分类方式，即把特写分为人物特写和场景特写两大类进行讲授。

一、人物特写

人物是新闻报道中的灵魂。因此人物特写在特写中占有重要的一席之地。苏联著名作家高尔基曾经说过：“特写的中心，尽可能永远是人。这些人是单个的建设者也好，是一群战士也好，或者是创造性的集体。”

人物特写要求绘声绘色地再现人物的某种行动、行为或者性格。它比人物通讯更集中与凝练，同时应该“画面感”与“动感”更强。

下面所引的这篇特写就是一篇佳作：

梦碎雅典

新华社记者　杨明　马小林

奥蒂又输了，这次依然输给了“坏运气”。

这位37岁的牙买加老将具备夺取世界女子百米冠军的实力已达17年之久，但好运却从未降临到她的头上。当奥蒂今晚含着泪花走出第六届世界田径锦标赛赛场时，她追求了一生的梦想化作了一场噩梦。

奥蒂已经赢得过20多枚世界大赛百米的银牌和铜牌，参加过5次世界锦标赛、四届奥运会，但还从来没有赢得过一次百米冠军。可以说，没有任何一个田径选手付出得比奥蒂更多；没有任何一个女子田径选手能在37岁“高龄”依然在世界赛场上奔跑；也没有任何一个世界名将比奥蒂遭遇到更多的莫名其妙的不幸。

这次大赛前，她以10秒96的成绩排名今年世界第三。美国的奥运会冠军德弗斯和世界冠军托伦斯因故没能参加本届的百米赛，这次“天赏之赐”给了奥蒂一次绝好、也是最后一次竞争世界“短跑女皇”的机会。

经过三轮出色的表现，奥蒂终于站到了决赛起跑线前，观众送给她的激励掌声超过了所有其他的选手。她太珍惜这次机会了，这将是她人生最关键的一次搏击，就像剑手要毕其全部功力于一击。

奥蒂蹲下了，全场静默着。发号员举起手臂。反常的两声枪响预示着有人抢跑。所有人跑出后都停了下来，惟独奥蒂没有听出是犯规的枪声。这对于比赛经验最丰富的她来说，真是不可思议。

起跑通常不好的奥蒂这次“启动”完美之极。她像旋风般掠过跑道，人们惊呆了。夜色中，孤独的奥蒂如黑色的闪电射向终点，转瞬之间，她已经跑过了80米。

在全场的惊呼声中奥蒂停了下来，她意识到发生了“可怕”的事情。此时，全场再次静默得反常。在这片静默之中，奥蒂转身，面无表情地朝起点慢慢地一步一步地走着……

奥蒂，为什么总是不幸的奥蒂。人们想起了在1993年的世界锦标赛百米决赛中，奥蒂和美国的德弗斯同时撞线，成绩虽然都为10秒82，但金牌莫名其妙地判给了对手。站在银牌领奖台上，奥蒂的那双泪眼给世界留下了难忘的印象。

历史居然惊人地再一次重演。1996年奥运会百米决赛上，奥蒂又一次在同样的情形下输给了德弗斯，又一次 成为无可奈何的“伴娘”，让世界唏嘘不已。

去年底，奥蒂曾决定退役。捧着一大堆银牌和铜牌，心怀不甘的她宣布改当时装设计师。当时，世界上所有的体育爱好者都将深深的敬意，献给这位不是世界百米冠军的“女皇”。

现在，奥蒂那两条修长的腿沉重地走着，分明是一步一个坎坷、一步一个艰辛，那条跑道浓缩了她20多年的运动生涯和一个未能如愿的梦。数万观众以静默表示着他们深深的同情。

出乎所有人的意料,奥蒂没有沮丧,没有发脾气。她的脸上是坚毅的表情。

起点前，奥蒂再一次蹲下，再一次使出毕生的气力去拼搏，结局是大家可以预料的（仅获第七名）。

奥蒂以永不向厄运低头的勇气证明了什么是奥林匹克精神。她的世界百米冠军梦虽然没有实现，但在世人心中，奥蒂何尝不是英雄？

（新华社 1997－08－03 电稿）

这是一篇关于世界女子百米短跑名将奥蒂的人物特写。它的选材角度奇佳，摄取的是在第六届世界田径锦标赛决赛中奥蒂失败的那个瞬间。通过饱含激情的文字，特别是栩栩如生的现场气氛的刻画，以及丰富的背景材料的烘托，奥蒂这位永不服输的悲剧英雄在读者的心中矗立起来。这篇特写在某种意义上开拓了体育人物报道的层面，跳出了只写胜利者，不写失败者的模式，于是从一个更加动人的角度体现了奥林匹克精神。

人物特写的选材范围很广，它与人物通讯以及人物专访中对人物的选择标准是一致的。但这种体裁对所要报道的人物有一个要求，即这个人物的身上最好有一个新闻“突起点”，即某一方面的特征比较鲜明、比较立体，这样才好“截取”出镜头来对其进行细笔勾勒与放大。

二、场景特写

除了人物特写之外，我们把其他的特写都用场景特写这个“大篮子”装起来了。主要理由是：在原来的分类中，例如事件特写、工作特写或者风情特写等，其实它们在具体写作中都是通过截取某一个或者一些关键性或者典型性的场景而完成的，取材的基本方法是极其近似的，因此可以不再做详细的区分。

例如下面这篇特写《别了，不列颠尼亚》，在过去的分类中，显然属于事件特写，即它再现了 1997 年 7 月 1 日香港回归这一重大历史事件中的一个片断。但从全文不难看出，它是通过摄取一个个典型场景完成的。

别了，不列颠尼亚

新华社记者　周树春　杨国强　胥晓婷　徐兴堂

在香港飘扬了 150 多年的英国米字旗最后一次在这里降落后，接载查尔斯王子和离任港督彭定康的英国皇家游轮“不列颠尼亚”号驶离维多利亚港湾——这是英国撤离香港的最后时刻。

英国的告别仪式是 30 日下午在港岛半山上的港督府拉开序幕的。在蒙蒙细雨中，末任港督告别了这个曾居住过 25 任港督的庭院。

4 点 30 分，面色凝重的彭定康注视着港督旗帜在“日落余音”的号角声中降下旗杆。根据传统，每一位港督离任时，都举行降旗仪式，但这一次不同：永远都不会有另一面港督旗帜从这里升起。4 时 40 分，代表英国女王统治了香港 5 年的彭定康登上带有皇家标志的黑色“劳斯莱斯”，最后一次离开了港督府。

掩映在绿树丛中的港督府于 1885 年建成，在以后的一个半世纪中，包括彭定康在内的许多港督曾对其进行过大规模改建、扩建和装修。随着末代港督的离去，这座古典风格的白色建筑成为历史的陈迹。

晚 6 时 15 分，象征英国管治结束的告别仪式在距离驻港英军总部不远的添马舰东面举行。停泊在港湾中的皇家游轮“不列颠尼亚”号和邻近大厦上悬挂的巨幅紫荆花图案，恰好构成这个“日落仪式”的背景。

此时，雨越下越大。查尔斯王子在雨中宣读英国女王赠言说，“英国国旗就要降下，中国国旗将飘扬于香港上空。150 多年的英国管治即将告终。”

7 点 45 分，广场上灯光渐暗，开始了当天港岛上的第二次降旗仪式。156 年前，是一个叫爱德华·贝尔彻的英国舰长带领士兵占领了港岛，在这里升起了英国国旗；今天，另一名英国海军士兵在“威尔士亲王”军营旁的这个地方降下了米字旗。

当然，最为世人瞩目的是子夜时分中英香港交接仪式上的易帜。在 1997 年 6 月 30 日的最后一分钟，米字旗在香港最后一次降下，英国对香港长达一个半世纪的殖民统治宣告终结。

在新的一天来临的第一分钟，五星红旗伴着《义勇军进行曲》冉冉升起，中国从此恢复对香港行使主权。与此同时，五星红旗在英军添马舰营区升起，两分钟前，“威尔士亲王”军营移交给中国人民解放军，解放军开始接管香港防务。

零点 40 分，刚刚参加了交接仪式的查尔斯王子和第 28 任港督彭定康登上“不列颠尼亚”号的甲板。在英国军舰“漆咸”号及悬挂中国国旗和香港特别行政区区旗的香港水警汽艇护卫下，将于 1997 年底退役的“不列颠尼亚”号很快消失在南海的夜幕中。

从 1841 年 1 月 26 日英国远征军第一次将米字旗插上港岛，至 1997 年 7 月 1 日五星红旗在香港升起，一共过去了 156 年 5 个月零 4 天。大英帝国从海上来，又从海上去。

（新华社 1997－07－01 电稿）

这篇特写主要把“镜头”对准了英国的米字国旗和英国皇家油轮《不列颠尼亚》号。这两个景物都是英国统治的标志，颇有象征意义。全文按照时间顺序，采取了类似电影摇镜头的方式，从6月30日下午开始，一一用文字记录与“拍摄”了两次在雨中降旗仪式的特写镜头。随后特写的笔锋转向了不列颠尼亚号，又以近景摇向远景的方式，描写了这艘皇家油轮从香港的最后驶离，“镜头”寓意着英国殖民统治在中国土地上的彻底终结。

在重大新闻事件或者突发性事件的报道中，配以场景特写是可以加强传播效果的。因为一般这样的事件，为了抢时效，首先是通过消息报道的，但如果能够同时配发一篇特写，再现与放大这个事件中典型的、关键的或者感人的场景、场面或者细节，正如配发现场的新闻图片一样，会给读者以更强的冲击力与感染力。这也是现在“特写”这种新闻文体越来越走红的一个重要原因。

我们在上文中所举的两个例子：《33级台阶走45分钟》和《别了，不列颠尼亚》是配合“两会”以及香港回归两大新闻事件的报道刊发的，它们对消息的报道都起到了重要的补充、深化以及锦上添花的作用。又如1998年取得长江抗洪救灾胜利后，子弟兵撤离灾情最重的江西九江时，《工人日报》1998年9月16日刊登的特写《九江城哭了》；中国99昆明世界园艺博览会，《中国青年报》1999年5月2日刊登的特写《人类的梦想》；中国发射神州二号无人飞船，《光明日报》2001年1月10日刊登的特写《献给新世纪的厚礼》等，都是场景特写的佳作。

在报道突发性事件中，特写也以其快速地再现事件中最核心的、最震撼人心的“画面”而发挥了独特的作用。例如2000年6月30日广东省江门市一个烟花厂发生爆炸事故，《工人日报》四天后刊发的见闻式特写《沉重一刻》；2001年发生中美撞机事件，我军飞行员王伟跳伞坠海，新华社4月4日、4月7日、4月9日连续播发的目击式、见闻式以及纪实性特写《目击南海大搜救》、《搜寻，搜寻，再搜寻》、《望眼欲穿寻战友》等等，都是场景特写的佳作。

场景特写的取材范围决不仅限于重大的新闻事件或者突发性事件，其实有许多日常生活中的小镜头也盎然有趣，不仅人情味浓，而且能够一滴水见太阳般地折射出时代的光彩。正如人物特写不一定只把镜头对准名人，场景特写也完全可以把镜头摇向大千社会、芸芸众生，从中不难发现一些精彩的新闻。下面这篇特写称得上是范例：

亚运会从墙上走下来

作者　刘昕

刘满长和袁广兵撤掉“二”，换上“一”，忽然间感觉自己要“失业”了。

阜外西口解放军报社大门对面，一面洁白高墙，两行赫然红字："亚运会正向我们走来，离亚运会还有一天。"固定的是字，活动更换的是日期。

袁，一个笑起来憨憨厚厚的江苏兵，已记不清自己亲手换掉过多少块日期牌。有半个月了，他没有出过大门上过街。说真的，他真想出去，亲眼看看天安门广场现在是什么景象。他去过亚运村，远远地隔着栏杆望，没进去过。

他和他的七位战友是这里的警卫。每天上下班时间，人流涌动经过牌下，总能听到这样的议论："呦，还有三十天。""嘿，还有十天了。"这时候，警卫班的战士们心里常莫名地激动起来。一百五十多天，天天傍晚时分卸牌挂牌，已经成了近似职业的习惯。

"明天，撤掉'一'之后，我们每天的生活里就会缺点什么东西的。"二十二岁的邢海平班长脸红红的。"可我们站岗的时候，会在心里惦念，今天是亚运会第几天了。"

马贵禄一家也这么说。这面十六米长七米高的墙，正是马家厨房的后墙。

每天晚饭后，搬个小板凳，坐在道旁树阴下纳凉，这位五十八岁的老测绘工和老伴以及孙儿是警卫班战士卸牌挂牌的忠实观众。

这面墙伴随马师傅长大。"文革"时，灰旧斑驳的旧墙上，朱笔书就最高指示："下定决心，不怕牺牲，排除万难，去争取胜利。"三中全会后，标语一换为："文明城市人民建，文明城市人民管。"第三次，就是这两行半年前红漆刷出的标语。

前一阵北京狂刮几次大风，日期牌好几次被吹落，很快就被过路人捡起挂好。有时候看见牌子歪了，他自己就过去给扶正了。

亚运会要开幕了，马师傅一家猜想这标语一定还得换，舍不得，"可盼了这么久，不就盼的是这一天吗。"马师傅这么说，他还准备就着亚运会这喜兴劲儿，给小三操办婚事呢。

"嘿，亚运会，铺天盖地的，这就到跟前了。"

（《中国青年报》1990－09－22）

这篇特写取材自一个大背景，即迎接1990年第十届亚运会在北京召开。但记者抓住的是一个很不引人注意的小场景、细节：矗立在大街旁墙面上的一块标语牌。通过几个普通的人，即每天换"日期"的警卫战士们和住在标语墙后面的马师傅，他们的所作所为、所思所想，写出了一篇角度新颖的平民化报道。阅读它的时候，你会感到这就是发生在自己身边的事情，是被自己忽略了的事情，但经过这位年青的记者用新闻特写的“镜头”一凸现、一透视，“镜头”里的内容竟如此饶有情趣，并在平凡中寓有深刻的意义。

第三节　特写的写作要领

采写好特写，需要注意以下几个环节：

一、抓准“镜头”

如果我们再用摄影来进行类比，一般的消息和通讯可以写中景、全景、远景，而特写则要求记者通过仔细的观察，对准一个有特色的近景，按下“快门”，收到以小见大、出奇制胜的效果。

并不是所有的新闻事实都可以很快找到这样一个有特色的“近景”的，或者说，并不是所有的新闻事实本身都有“镜头”可写。这就需要记者的发现。在一定的意义上会不会捕捉特写镜头，是检验一个记者新闻敏感、新闻洞察力以及观察力很重要的一个方面。上文共选择了四篇特写作为范文。我们在初步的分析中，都首先对他们各自在抓准“镜头”方面的功力有所评价。因为这是写好特写的先决条件。

采写特写，如果抓不准“镜头”，也就是说，如果不善于截取新闻事实的某一个剖面，某一个片断，而且这个剖面或者片断还必须具有本质性的新闻价值，那么即便你精雕细刻，力气花得再多也没有用，不仅产生不了魅力，甚至反而弄巧成拙。只有选准了“镜头”，写作才有了目标，有了中心。对准这个目标，这个中心，进行聚焦，进行局部“放大”，特写方能立得起来。因此，选材要求高，这是特写与其他新闻文体在写作方面的重要区别之一。至于特写选材的具体要求，请参考本章第一节所讲述的特写的三个文体特征，这里不再赘述。西方新闻学者认为特写记者要经常性地处于准备状态中，要培养找寻“镜头”的能力，要训练在平凡中找出新奇的能力等，这些都值得我们参考。

二、要有精彩的细节描写

当“镜头”对准了新闻事件的某一个剖面或者某一个片断之后，下一步要做的就是“局部放大”了。一篇特写总要有几处精彩的描写来支撑。这“几处精彩的描写”就是局部放大的细节。

（一）细节要有特点

无论写人还是写事，只有抓住了特点，才能给读者留下鲜明的印象，而且能收到文字少，容量大的效果。

例如在《梦碎雅典》这篇特写中，记者用几处细节描写了奥蒂：“起跑通常不好的奥蒂这次启动完美之极。她像旋风般掠过跑道，人们惊呆了。夜色中，孤独的奥蒂像黑色的闪电射向终点”，“奥蒂转身，面无表情地朝起点慢慢地一步一步地走着”，“ 现在，奥蒂那两条修长的腿沉重地走着”，“出乎所有人的意料，奥蒂没有沮丧，没有发脾气，她的脸上是坚毅的神情。起点前，奥蒂再一次蹲下……”这个世界级的短跑名将在决赛中，犯了一个不可思议的错误，失去了唾手可得的冠军。她屡不走运，但决不服输，并勇于向厄运挑战。记者用上述人物动作与表情的细节描写，寥寥几笔就把她内在的精神力量凸现出来了。

又如在《亚运会从墙上走下来》这篇特写中，记者对每天去撤换标语牌上日期的一个警卫战士进行了细节描写：“袁，一个笑起来憨憨厚厚的江苏兵，已记不清自己亲手换掉过多少块日期牌。有半个月了，他没有出过大门上过街。说真的，他真想出去，亲眼看看天安门广场现在是什么景象。他去过亚运村，远远地隔着栏杆望，没进去过。”于是一个朴实、憨厚的战士形象跃然纸上。在这篇行云流水的场景特写中，这个颇有特点的细节被“放大”以后，正如在近景中又抓了一个特写镜头，使得报道立体化，并增加了真实与亲切。

同样的手法运用在《激情十秒》中，记者在第二段就推出了一个特写镜头：“6 名鼓手一起抡圆了双臂，12 只系着红绸的鼓槌同时敲响了那面直径 3.3 米的牛皮大鼓”。在当时天安门广场欢庆香港回归的盛大场面中，六名鼓手擂响中国最大的牛皮鼓，这个细节是很典型的，很传神的，并有象征意义。

（二）细节要有动感

无论写人还是写事，只有捕捉到动态、动势，才能做到形象和生动。例如在《33 级台阶走 45 分钟》这篇特写中，记者用了一系列的动词描写当时的场面：萧灼基委员一脚“踏”上台阶，记者“冲”到他的面前，萧灼基刚刚“止步”，十几位记者呼啦啦“围”上来。在以后连续的一问一答中，记者还没有忘记动作的描写，如记者向萧灼基“讨”名片，萧“掏出来连连说”。20 多分钟以后，记者又费力地“挤”了进去，雪片般的提问向萧灼基“飞”来。最后一个记者的提问“追”向萧灼基匆匆离去的背影等。从“踏”、“冲”、“止步”、“围”、“讨”、“掏”、“挤”、“飞”一直到最后的“追”，这一连串的动词，逼真地再现了当时的场景，使得整个画面“立”起来了。

在上文举例提到过的对于短跑女皇奥蒂的细节描写，既是有特点的，也是有动感的，即通过一系列动作来表现的，她的起跑，她的旋风般的掠过跑道，当她发现错误时的停下来，那个刻骨铭心的“转身”，以及她一步一步沉重地向回走，她的再一次蹲下等。这些细节使读者犹如身临其境，自然增加了特写的感染力。

因此，观察采访的能力，对特写写作的重要程度，相对于其他类型新闻文体的写作更加重要，因为特写要“放大”，没有细节就谈不上“放大”。所以无论对人物还是对事物进行采访时，记者一定要善于捕捉那些重要的细节、转折的关键、一纵即逝的精彩镜头和微妙的变化，准确、详细、生动地记录下来。

三、要抓住新闻事实的高潮写

特写的文体特点决定了它不可能面面俱到，而必须要注重人物或者事件的单个有特别意义、情趣的细节、片断，继而不惜重墨地予以形象化的突出处理。因此在行文与结构上，特写比其他新闻文体更要紧凑。一般的消息或者通讯的结构，或者按照事实的重要程度和内在逻辑联系的顺序来安排层次，或者按照事件的时间顺序来组合事实，通常表现为高潮在前，低潮在后，或者高潮——低潮——高潮相交错，但特写则不然，它的结构强调紧凑，不容松散，要求写作者抓住新闻事实高潮接高潮地铺陈，推动读者的视觉、感觉、联想与共鸣不断向前走，最后还要给他们一个颇有回味的结尾。

仔细分析我们在上文中推荐的几篇特写，都有这样的结构特点：

《33 级台阶走 45 分钟》从头至尾扣紧 45 分钟，层层推进，最后的结尾直接点题。《梦碎雅典》从开头就抓住了这个新闻事实的高潮：奥蒂又输了，这次依然输给了“坏运气”。然后一步一步展开她失败的经过，最后也给了读者一个富有哲理的结尾：“奥蒂以永不向厄运低头的勇气证明了什么是奥林匹克精神。她的世界百米冠军梦虽然没有实现，但在世人心中，奥蒂何尝不是英雄?”而《别了，不列颠尼亚》，它选择了英国最后撤离香港的几个主要告别仪式，一个接一个地铺陈，并且不断地用背景材料衬托与渲染，保持着整个新闻事实始终处在高潮的状态中。最后的结尾尤其精彩、意味深长：“从 1841 年 1 月 26 日英国远征军第一次将米字旗插上港岛，至 1997 年 7 月 1 日五星红旗在香港升起，一共过去了 156 年 5 个月零 4 天。大英帝国从海上来，又从海上去。”即使短短的一篇《亚运会从墙上走下来》，共 11 个自然段，看起来结构有些松散，但实际上它的逻辑关系十分紧密。文章从两个战士撤掉“二”换上“一”这样一个现场镜头开始，然后逐段展开有关战士和墙上标语牌的故事。接着笔锋很自然地转到墙后的马师傅家，这是新闻事实的又一个展开，也是又一个高潮。结尾很巧妙，一句直接引语：“嘿，亚运会，铺天盖地的，这就到跟前了。”用老百姓的大白话点题，把新闻事实再推向高潮，并在高潮中戛然收笔。

特写的写作就要这样紧紧地抓住新闻事实的高潮部分，也就是紧紧抓住读者的心。能否做到这一点，一是要对高潮部分观察入微、思考入微，详细地占有其详细而生动的材料；二是要果断地摆脱非高潮部分的诱惑，集中笔力，砍去枝蔓。我们称特写是新闻文体中的一支轻骑兵，原因之一在于它的篇幅比通讯短小精悍，如果不能突出新闻高潮，势必拉长篇幅，那就失去了特写的性质。因此，特写必须着力描写好关键的地方，非关键的地方或者“忍痛割爱”，或者一笔带过。同时，高潮部分的描写，也要用白描的语言，使用准确而且动感强的字句，尽力避免累赘。

四、要情景交融地写

特写是一种描述性新闻，又是记者进行现场采访的产物。第一节中我们已经提到过特写在写作时经常把目击与感受结合起来写，因此，记者不仅要用描写，而且要用激情来感染读者。好的特写中都渗透着记者的感情。当然，这种感情的表达，不是指那些虚浮的感叹，而是把描写与抒情有机地结合起来，借景抒怀，寓情于景，情景交融地描写。例如在《梦碎雅典》中，记者对场景的描写：“奥蒂蹲下了，全场静默”、“在全场的惊呼声中奥蒂停了下来，她意识到发生了‘可怕’的事情。此时，全场再次静默得反常。在这片静默之中，奥蒂转身，面无表情地朝起点慢慢地一步一步地走着”。这里通过对全场观众从静默到惊呼再到反常的静默这一过程的描写，文字间深深地渗透了记者对奥蒂的同情。而在以下的一段中“奥蒂那两条修长的腿沉重地走着，分明是一步一个坎坷，一步一个艰辛，那条跑道浓缩了她 20 多年的运动生涯和一个未能如愿的梦”，记者已经把描写与抒情融为一炉，表情达意，使读者产生了强烈的共鸣。

情景交融的写作，在下面这篇特写中体现得也比较充分：

望眼欲穿寻战友

——海军南海舰队某导弹护卫舰搜寻王伟纪实

记者　刘建新　通讯员　叶龙斌

深夜，南海海面上波浪滔滔，海风呼啸。担负搜索飞行员王伟任务的海军南海舰队某导弹护卫舰，慢速航行在波涛之中。舰艇两侧，舰尾甲板和指挥台上，站满了睁大双眼的水兵。官兵们一遍遍深情而焦急地呼唤：“王伟，你在哪里?”

美军用侦察机撞毁我战机事件发生后，护卫舰的官兵们把满腔的愤慨化做搜寻战友的行动，在茫茫大海上全力以赴地搜寻王伟。舰长赵晓刚对全舰各战斗岗位实行了优化配置，尽可能多挤出一个人参加搜索观察。他说：“多一个人就多一双眼睛，多一线发现王伟的希望。”

夜晚，月色暗淡，能见度常常仅有20米左右。为搜战友，操舵手伍卫国全神贯注，双手把舵，依口令在搜寻海域作往返航线间隔仅有30米的“耕地式”航行。

舰副政委黎倪说，4日黄昏，一水兵在海面上发现了一块类似救生筏的漂浮物，上面还有东西在活动。大家一阵兴奋，禁不住欢呼起来，赶紧快速驾舰靠近，竟发现是一块泡沫板，上面站着一只大鸟。水兵们大失所望，心里又增添了一份沉重。

“我真恨不得多长一双眼睛。”水兵江卫国说。连日来，他常常一站就是一整夜，有时禁不住大声呼喊，热泪长流。

白天，水兵们顶着炎炎烈日，站在灼热的甲板上搜寻海面；晚上，轮班休息的官兵仍不愿下岗，在上下起伏、左右摇晃的甲板上一站又是一个通宵。4日晚，机器出现故障，代理电机长陈福带领机电班的水兵连夜排障，从晚上11点一直干到第二天早晨5点。处理完故障后，他们顾不得休息，急忙爬上甲板搜寻。

据航海日志记载，这艘护卫舰在海上已连续搜寻了4天3夜，航程720海里，搜寻面积约7 000多平方公里。

随着作战室桌上的台历一张张翻过，水兵们的心里越来越沉重。眺望茫茫大海，他们期盼着奇迹的发生，更希望能通过自己的双眼发现奇迹——飞行员王伟的生还。

（新华社2001-04-09电稿）

这是一篇现场报道。尽管记者本人没有出面，但他通过目击的方式，把读者带到了海军南海舰队某导弹护卫舰上，让读者仿佛置身于搜寻现场，直接面对着已经在海上连续搜寻了4天3夜的官兵们。记者在对环境的描写，对官兵们的描写中，充满了对英雄王伟能否生还的希望与担心交错的复杂感情。本文第一段就是一串镜头感很强的文字：首先是远景：“深夜，南海海面上波浪滔滔，海风呼啸”；然后是中景“慢速航行在波涛之中”的某导弹护卫舰；镜头很快推向近景“舰艇两侧，舰尾甲板和指挥台上，站满了睁大双眼的水兵。官兵们一遍遍深情而焦急地呼唤：王伟，你在哪里?”。这段画面般的描写不仅从开头就把新闻事实推向高潮，而且在场景的描写中渗透着记者的感情，以情景交融感染着读者。在以后的段落中，类似的描写很多，例如写水兵：“‘我真恨不得多长一双眼睛。’水兵江卫国说。连日来，他常常在舰 旁一站就是一整夜，有时禁不住大声呼喊，热泪长流。”如4日黄昏水兵们从有所发现时的兴奋与欢呼到后来的大失所望，记者生动地写出了人物情感的强烈变化。特写就是要善于把人们的感情恰到好处地表现出来，让情感寓于事实中。此文的结尾也有独到之处，记者直接抒写了官兵们的心情“随着作战室桌上的台历一张张翻过，水兵们的心里越来越沉重。眺望茫茫大海，他们期盼着奇迹的发生，更希望能通过自己的双眼发现奇迹——飞行员王伟的生还”。因此，特写要善于抓住有感情色彩的东西去写，记者要充满了激情去写。新闻事实感动了你，你才有可能感动读者。有了感情色彩，特写就有了生气，就有了可读性。

五、善于运用背景材料烘托与凸现

上文中我们已经提到，一篇特写，必须靠几处最精彩的描写来“支撑”。但红花还得绿叶扶。这几处精彩的描写，彼此之间需要有机的连接，自身也需要烘托与凸现，方能透视出其神韵与精髓。由谁来完成上述使命？是背景材料。因此，学会运用和写作背景材料，是特写写作极其重要的一环。在一定意义上说，特写的透视感、纵深感，或者说它内在的张力，正是通过灵活地运用背景材料来实现的。

例如在《别了，不列颠尼亚》中，记者通过大量背景材料的运用，不仅把几个新闻场景巧妙地连接起来，而且使这篇特写具有了强烈的历史纵深感。其中记者不惜用一个自然段进行背景介绍：“掩映在绿树丛中的港督府于1885年建成，在以后的一个半世纪中，包括彭定康在内的许多港督曾对其进行过大规模改建、扩建和装修。随着末代港督的离去，这座古典风格的白色建筑成为历史的陈迹。”

在《亚运会从墙上走下来》中，记者也用了一个自然段的背景材料：“这面墙伴随马师傅长大。“文革”时，灰旧斑驳的旧墙上，朱笔书就最高指示：‘下定决心，不怕牺牲，排除万难，去争取胜利。’三中全会后，标语一换为：‘文明城市人民建，文明城市人民管。’第三次，就是这两行半年前红漆刷出的标语。”正是通过背景材料的挖掘，使得这篇看似题材平常的特写，有了透视新闻事实本质的魅力。

又如在《梦碎雅典》一文中，如果没有关于奥蒂这个人物相关背景材料的烘托，又如何凸现她不向命运低头的悲剧英雄的精神境界。因此，记者慷慨地在特写有限的篇幅里，在15个自然段中用4个自然段，整段进行背景描写，其中有两段是连续地进行铺垫、渲染与烘托。

我们在本书第三章第四节中，已详细地讲述过“挖掘背景材料说话”的意义和方法。这些在特写的写作中都是很重要的。但在具体的运用背景材料的过程中，特写与其他新闻文体还有一些不同的地方：

（一）背景材料，特别是当它独立成为一个背景段落时，一是要挑选那些本身就具有镜头感的背景材料，二是要尽量把它们写得有镜头感

比如我们在上文中引用的对港督府介绍的背景段落，对那面亚运会标语墙的背景段落，都是有色彩、有动感的画面。再摘引一段关于奥蒂的背景段落："奥蒂，为什么总是不幸的奥蒂。人们想起了在1993年的世界锦标赛百米决赛中，奥蒂和美国的德弗斯同时撞线，成绩虽然都为10秒82，但金牌莫名其妙地判给了对手。站在银牌领奖台上，奥蒂的那双泪眼给世界留下了难忘的印象。"最后落笔在"那双泪眼"细节的特写镜头上，使可能有陈旧感的背景材料一下子亮丽起来。

（二）大量背景材料的运用要讲究巧妙，位置要灵活，最好是把背景与新鲜的事实描写自然而有机地融为一体，成为一个新创造体、新的镜头，从而在全文中居于更突出的地位，加强特写的立体感与纵深感

在《别了，不列颠尼亚》中，这样的例子几乎比比皆是。例如"4点30分，面色凝重的彭定康注视着港督旗帜在'日落余音'的号角声中降下旗杆。根据传统，每一位港督离任时，都举行降旗仪式，但这一次不同：永远都不会有另一面港督旗帜从这里升起。4时40分，代表英国女王统治了香港5年的彭定康登上带有皇家标志的黑色'劳斯莱斯'，最后一次离开了港督府。"在这一段里"根据传统，每一位港督离任时，都举行降旗仪式"是背景材料，但它与前一句的描写与后一句的议论融合在一起，成为一个吸引人的新"阅读点"。又如"代表英国女王统治了香港5年的彭定康登上带有皇家标志的黑色劳斯莱斯，最后一次离开了港督府"，这一句使用的2个定语和一个状语都是背景材料："代表英国女王统治了香港5年的"、"带有皇家标志的"、"最后一次"，它们与全句已经化为一体，很难割裂或区分背景与新闻，但它们为"彭定康上车离开港督府"这个简单不过的新闻事实，涂抹上一道寓意深刻的感情色彩。再如"7点45分，广场上灯光渐暗，开始了当天港岛上的第二次降旗仪式。156年前，是一个叫爱德华。贝尔彻的英国舰长带领士兵占领了港岛，在这里升起了英国国旗；今天，另一名英国海军士兵在'威尔士亲王'军营旁的这个地方降下了米字旗。"这里"156年前，是一个叫爱德华·贝尔彻的英国舰长带领士兵占领了港岛，在这里升起了英国国旗"显然是背景材料，但它与新闻有机地结合在一起，不仅使得久远的背景被赋予了新意，而且用背景"点化"了新闻事实，使得其内在的张力打开了，透视出了历史的纵深。

思考与练习题

1. 特写的主要特点是什么？写作的要领是什么？
2. 寻找 4 篇近期报纸上刊登的新闻特写，具体分析其写作的优劣。
3. 采写一篇人物特写。

第二十七章

网络新闻写作

1998年5月，联合国新闻委员会年会上正式提出了“第四媒体”的概念：继报刊、广播和电视后出现的因特网和正在兴建的信息高速公路，开始加入大众传播行列。

从广义上讲，“第四媒体”泛指因特网（因特网是正在兴建的信息高速公路的主要组成部分）。但因特网不仅具有传播信息的媒体功能，它还具有电子邮件、电子商务等其他功能。

从狭义上讲，“第四媒体”是特指基于因特网这个传输平台来传播新闻和信息的网络。

因此，第四媒体又被称为网络媒体，即通过因特网传送文字、声音和图像的新闻传播工具。

第四媒体还被称为大众传播新媒体，这是相对目前已经存在的报刊、广播、电视三种传统大众传播媒体而言的。

本篇将要论述的正是这种新的大众传播媒体所带来的新闻写作方式的变化，或者说利用这样一个新的传输平台进行的网络新闻写作，与传统大众传播媒体的新闻写作有什么不同？

这是一个不好回答的问题。

因为信息技术发展的速度太快，在此基础上催生出来的这种信息传播方式，还在日新月异地发生着变化。新闻工作者在网络媒体面前总体的表现是被动的。在尽力的追赶中，尽管先驱者们已经积累了一些经验，包括提供了关于网络新闻写作的一些思考，但它们还不成熟，甚至有些也许很快就会被信息技术新的发展所否定。

也因为网络媒体本身，要求它的管理者和使用者拥有丰富的想象力和创造力。国外一些网络新闻传播在充分发挥想象力和创造力方面，给我们展示出了不可思议的奇妙、难以预见的前景。

因此，本章所提供的不可能是网络新闻写作的某种模本，而是仅仅汇集了一些经验与思考，作为进一步研究这个问题的起点。

第一节　不可忽视的新媒体

网络媒体在我国的发展势不可挡：

一、数量增长惊人

资料表明，1995 年 10 月 20 日《中国贸易报》在中国新闻界率先将自己的新闻信息搬上了国际互联网。

1997 年 1 月 1 日，中国第一大报《人民日报》推出了网络版，同年 11 月 7 日国家通讯社新华社主办的网站正式开通。

截至 1999 年 6 月 15 日，国内上网的报纸已有 273 家（不包括台港澳的数字），占 1998 年统计的全国报纸种数2 053种的七分之一。其中全国发行的报纸有四分之一创办了网络版。电台、电视台上网的有 100 多家。

就在这一年年底，具有历史突破意义的商业网站新浪网诞生。1999 年，众多的商业新闻网站纷纷面世。CN 下注册的域名总数为99 734个，WWW 站点数量为27 289个。中国网站增长速度之快已经超过了网络大国美国。这些网站发展的最大特点是注重网络新闻，很多商业网站都有新闻门户，千方百计地抢作新闻。

2000 年，在社会战略投资基础上，一些传媒联手组建的大型网站传播平台相继开通，如四川新闻网、河南报业网，目前声势最大的是北京千龙网、上海东方网等。

在短短的 5 年中，中国网络新闻传播业从无到有，并已经初具规模，而且形成了“第四媒体”的群体组合阵列。

二、质量进步神速

在数量增长的同时，中国网络新闻传播业在质量的提高方面也进步神速。无论是新闻信息的传播方式，无论是如何发挥规模化效应，还是商业运作的方式，都有了极大的发展。

报刊、广播、电视、通讯社以及各家商业 ICP，在互联网上全面地开发着新闻信息的各种功能，在掌握和运用网络传播的规律和特性方面也不断地突破现状，优化自身。

网络新闻从最初的简单信息罗列进化到现在的系统化、关系化模式。

网络媒体从初期的相互模仿到现在各种各样的独立创新。

2000 年一些国家级媒体的网站更是全面改版，完全脱离了母报网络版或电子版的模式。例如《人民日报·网络版》于 4 月 14 日改版；中央电视台网站于 6 月 16 日改版；动静更大的是新华社网站 7 月 12 日的全面改版。它正式定名为新华网，并启用新的域名（www. xinhuanet. com 及 www. xhnet. com）。由 8 个语种中外文网站、12 家社属报刊网站、35 家地方分支社网站组成，栏目由 12 个猛增到 168 个，每日发布信息超过 100 万字，带宽由 2 兆增加到 100 兆。其目标是建成“中国一流，世界知名”的网上新闻信息中心。

三、网民呈几何级数增长

“ 网民”，也就是传统意义上所说的网络新闻的受众，数量的增长几乎呈几何级数。

中国互联网络信息中心的报告显示，截至 2000 年 6 月 30 日，中国上网计算机数有 650 万台，用户达1 690万户。而按有关部门的分析，这个数量每半年翻一番。

同一份的调查结果还显示，目前中国大陆的网民中，18 岁～24 岁的比例为 46. 77%，25 岁～30 岁的为 10. 03%，也就是说接近 60% 的网民是 18 岁～30 岁的年轻人，这是中国网络新闻的主要消费群体。

人民网以往的一份调查显示，它的受众平均年龄在 35 岁左右，比它原来的母报《人民日报》的读者年龄年轻了 5 岁。

新浪网作为一个商业网站，对读者市场有高度的敏感性，它在受众年龄上的定位是 20 岁～30 岁左右。预计网络新闻受众年轻化的趋势还将持续一段时间。

目前中国网络媒体的受众不仅年轻化，而且比较集中于有中等经济收入的知识阶层。据人民网的调查显示，它的网众在职业构成上主要是政府官员和企业经理层。新浪网的读者定位除了上面已经谈到过的年龄，另外两个标准是属于受过较好的教育和具有购买力的群体。因为网络新闻受众群体数量的增长，受到一个“瓶颈”的制约：

第一，没有电脑，没有调制解调器，没有电话线的人，就无缘与网络媒体相识。

第二，上网无论阅读、检索还是参加讨论、发电子邮件，需要一定的技巧，即要掌握网络的接触技术。

第三，上网还要付出其他的成本，有形的如电话费、上网费，无形的如电脑显示屏幕前的阅读，比传统媒体要更耗费视力等。

尽管如此，无论在中国，还是在全世界，网络媒体的发展势头远远超过了人们的预计。

国外有资料对不同媒体从出现至达到5 000万受众所需要的时间作了对比：收音机 38 年，电视机 13 年，有线电视 10 年，国际互联网 5 年。

如果从一个单独的新闻事件报道来看，网络受众数量的增长更是惊人。1996年的亚特兰大奥运网站点击数达到 1.87 亿次，而 2000 年悉尼奥运会的奥运网站（WWW. OLYMPICS. COM）的点击数高达 90 亿次，单日流量最高时超过 8.745 亿次，每分钟点击数最高达到 76.8 万次。

对于这样一个威力与魅力俱佳的新媒体，任何新闻从业人员都不能、也无法忽视它。这就是我们要研究网络新闻写作的意义所在。

第二节　网络媒体的传播特点

研究网络新闻写作，与传统新闻学在研究新闻写作时一样，必须首先从了解网络传播的特点入手。

因特网这种崭新的传播技术，使传者与受者双方，在获得新闻与展示新闻的方式上都发生了巨大的变化。

与传统媒体相比较，网络媒体在新闻信息的传播上有三大优势：

一、传播时间的自由性

（一）随时发布新闻的实时性

报纸的传播，受出版与发行时间的限制与制约极大，日报通常以“天”为单位。

广播与电视，尽管在时效上可以比报纸更快，但仍受到播出时段、顺序的制约。

相比之下，网络媒体可以轻易做到随时发布，并即时滚动式发布各种新闻信息，在报道突发性事件时，这个优势明显地超过了传统媒体。

同时网络媒体的新闻来源广泛，任何人上网后都可以找到发布自己信息的空间，也就是说网民人人可以发布新闻。

（二）随时阅读新闻的易检性

易检性是指网络媒体具有过刊查询和资料检索功能。也就是说它在传播时间上与传统媒体相比，还具有“往复性”的优势。

广播、电视的观众，如果错过了收听或收看的时间，除非重播，否则很难再听到、看到同一内容；报纸的读者，想查看以前的报道，也是一件费时费力的事情。

网络媒体完全突破了这种时间的限制，网民在网上可以随时按日期查看一家网络媒体的过刊，也可以很方便地输入关键词进行资料检索。

例如深受读者欢迎的《中国青年报》冰点栏目，在中青在线（www.cyol.net）上，借助搜索和链接的功能，即可很容易地获得这个栏目自1995年创办以来，每周星期三所发表过的每一篇报道，充分满足了受众“回头看”的需要。人民网更可检索到《人民日报》自1948年创刊以来的任何一期报纸。

新技术提供了高效的工具，通过各种搜索引擎，网民可以随时找到自己需要的信息。网络媒体可以按需要提供信息，受众不必像以往那样，等待报纸的出版，或者等待广播、电视的播出时间，而可以根据自己的时间来收听或者收看新闻。

二、传播空间的无限性

（一）不受地域限制的全球化

传统媒体的传播范围常受限于当地，不同地域传播范围之间的媒体很少存在竞争。而网络媒体的传播则不受空间的限制，全球互联的电子网络有多大，网络媒体的传播空间就有多大，它完全打破了地域与疆界，受众遍及全世界。

互联网把世界变成了一个“地球村”。传统媒体依据地方性或专业性，尤其是按照对内报道和对外报道实行的“画地为牢”，现在均被如水般无形而柔韧的网络冲击得荡然无存。

互联网突破了地域和疆界的限制，它的灵魂是信息的开放与共享。

从技术上说，凡是能够阅读和视听该网络媒体所使用的语言的人，都是你的受众，不管他在地球的哪个角落。因此，任何一家市县报上网后，都会拥有不少关心该市县的省外、国外读者。例如一个居住在美国新泽西的华人，完全可能在《哈尔滨日报》还没有上报摊的时候，通过互联网抢在哈尔滨当地人之前，在网上阅读了这家万里之外的报纸。

据新华网内部对读者群的认知，海外读者大约占30%，国内读者占70%。而浙江在线的调查统计结果显示，国内外读者的比例与此接近。内地有许多报纸曾经争取过出版海外版的许可权，现在已经没有这个必要了，因为只要它上了网，轻易地就走向了世界，而且以比办报纸低得多的成本，拥有了国际化的读者群。

网络媒体受众全球化的特征，有利于地方性媒体和全国性媒体的公平竞争，有助于改变中国在国际传媒界声音微弱的现状。

（二）不受“容积”限制的广容性

广容性是指网络媒体发布信息的容量不受限制，它对新闻和信息量的包容是无限的。就传统媒体而言，报纸苦于版面有限，广播、电视限于时段固定，不得不对许多材料忍痛割爱。网络媒体则一改传统媒体线性叙事的方式，采用超链接的方式将无限丰富的材料立体式地发布。受众点击感兴趣的链接，就可看到相关条目的详细内容。

上海东方网每天更新新闻1200条。新华社仅2000年奥运网站，在未开播之前，已收入了450万字的中文和8万字的英文背景材料，还有近4000张图片。

由于信息有存储空间的优势，在网络媒体上借助搜索和链接的功能，网民不仅可以看到一条新闻的本身，而且可以看到相关的报道，相关的网页甚至进入相关的网站。网络媒体的如此“海量”，是任何传统媒体难以比拟的。

三、传播方式的多样性

（一）多媒体传播

网络媒体传播手段的多媒体化，是指它能集报纸、广播、电视三者之长于一体，实现文字，图片、声音、图像等报道手段的有机结合。报道同一新闻事件，报纸用文字、图片，广播用声音，电视主要用图像，而网络媒体可以三者皆用。多媒体化融合了报纸、广播和电视的报道手段，使受众在网上同时拥有读报纸、听广播、看电视的诸般乐趣，并可以把新闻做得可读、可听、可视，比传统媒体更加丰富、饱满、更加精彩。

（二）交互性传播

交互性是指网络媒体能够实现传播者和受众之间的双向互动传播。这是一个具有革命意义的变化。

传统媒体虽然可以通过问卷调查和读者来信、来电等方式与受众沟通，但本质上新闻机构对受众是点对面的单向传播。网络媒体通过开设电子论坛（BBS）、公布记者电子邮件和在每篇报道之后设置评论区等手段，给公众提供了一个交换批评和评论的场所，使网民能够直接参与新闻报道。受众随时可以同媒介工作者、媒介机构以及其他受众在网上直接进行文字或者音频与视频的对话，形同于面对面的传播。于是在网络传播中，受众对新闻的获取由原来相对封闭的状态进入完全开放的状态。这不仅做到了媒体与网民之间的沟通，还实现了受众对受众的传播。交互性使网络媒体真正成为大众共同发言的媒体。

（三）小众化传播

小众化传播是指网络媒体能够以个性化的点播服务代替以往传统媒体的新闻批量生产。

传统媒体的传播过程是报刊或者广播电视向受众推出（PUSH）新闻信息，网络媒体的传播过程则是受众从网上拉出（PULL）新闻信息。

在传统媒体的传播过程中，受众总是被动地接受信息，只能在媒介每天为他们设置的有限的阅读与视听“议程”或“菜单”中进行有限的选择。然而网络媒体从根本上改变了受众的角色和地位，他们从被动地接受信息变为主动地获取信息。

新闻传播的一个新的理念由此生成：定制新闻与新闻直送，即把新闻内容直接投入网民的电子邮箱。但新闻直送并不简单地意味着“把一份报纸塞进一个数字化家庭的门缝里”，新闻直送的网络报纸是网民根据自己需要的内容而选定的，是专为网民细分化和个性化的需求而特别定做的，是完全用户化了的新闻，也就是说，受众分享新闻的方式更加个人化。

现在新浪网、人民网都已经开设了这种个性化的新闻服务，即发送一部分“定制新闻”。新华网对海外一些订购的读者也提供了类似的电子邮件服务。

第三节　网络新闻的种类

什么是网络新闻?

综合运用文字、图片、图像、音响、动画等手段，借助网络平台和网络技术对新近发生的事实所进行的报道即网络新闻。

另一种范围更广泛，专业性也更强的定义：

通过因特网发布、传播的新闻报道。其途径可以是万维网（WWW）网站、新闻组（SENETNEWS）、邮件列表（MAILING LIST）、公告版（BBS）、网络寻呼（ICQ）等手段的单一使用或复合使用，其发布者可以是任何机构也可以是任何个人。

无论对网络新闻定义的哪一种表述，目前都还没有超出传统新闻的定义，两者主要不同是传输手段。当然，第二个定义还提出了一个新闻发布者的多来源问题。但这都不影响网络新闻在基本的新闻观念上与传统新闻的一致性：即对新近发生的事件的报道。

因此，区分网络新闻写作与传统新闻写作的不同，主要在如何利用互联网这个技术平台以及如何面对网民这个不同的受众。网络新闻在报道面、侧重点、语言风格、报道形式、题材以及报道方法上的特点和要求，主要是随着互联网这个新的技术而来的。

目前网络媒体上的新闻，根据来源可以分为两种类型：复制新闻和原创新闻。

一、复制新闻

复制新闻，或者称 COPY 新闻。

这是指从传统媒体上复制（COPY）来的新闻。各个新闻网站把传统媒体的新闻搬上了网络，然后大家再彼此搬来搬去。

如人民网除了使用《人民日报》记者为母报采写的稿件以外，还与 117 家非北京地区上网的新闻媒体签约，由这些家媒体提供新闻和信息，人民网再选择采用。

上海东方网在本地媒体大联合的基础上，还与 300 多家中央媒体、外埠媒体以及本地政府各部门的信息网络签约，网上新闻选择有了更充分的余地。

而没有新闻采访权的商业网站更是充分利用网上的资源。例如新浪网与 300 多家上网媒体签约，其中国内媒体 200 余家，境外媒体 100 多家。

现在的网络新闻竞争，在某种意义上说，是看谁家的网站新闻搬运得快、全、多。

复制新闻谈不上写作，因为它奉行的是“拿来主义”，它更多涉及的是网络编辑技巧。

它的制作过程如下：

编辑从上网报纸的内容中寻找新闻；

具有新闻价值的稿件被挑选出来；

通常新闻不作改动，只是把长段打开，多划分几段；

改写标题，多为实题，包含新闻基本要素，单行题；

搜索本条新闻的相关链接，敲入与此新闻相关的关键字，搜索出相关的新闻，在发送该条新闻的同时，也完成了对它自身的“合并同类项”的归类。

复制新闻只是网络媒体初创时的一种形态，在今后的发展中也只能是网络新闻中的一部分内容。如果只有复制，或者复制新闻比例占得过多，就会出现网络媒体的“新闻沙漠化”，直接影响到网站的生存。如果仅仅依靠来自其他信息源的信息，这个网站不可能有自己的特色，甚至只是一个空壳。

二、原创新闻

原创新闻：

一是指独家的，第一手的、网络记者自己采访写作的新闻报道。

二是指通过重组新闻资源、重新编辑改写的新闻报道。

三是指该新闻是利用网络传播的特殊优势，制作出的适合网络信息传播规律，与传统媒体的报道方式、方法在形式上有差别的新闻报道。

原创新闻才是网络新闻写作研究的对象。

在对原创新闻的描述中，实际上提到了内容和形式两层意思：

（一）第一层意思主要讲的是内容

网络新闻从业人员已经越来越清楚地认识到，网络媒体以“内容为王”。

在网络新闻的内容中，是否具有以及具有多少富于冲击力与渗透力的原创内容至关重要。一个媒体网站如果仅仅作裁剪工与泥瓦匠，不可能占据网络新闻的制高点。在拥有了一定规模的新闻量之后，必须不断推出自己的原创新闻，才能形成风格，才能赢得受众（网民）注意力的市场。

西方网络传播研究者告诫说：“提供原创内容。你可以通过链接使用一些别人的资料和图片，但你必须同时有自己的东西，否则你就不是一个新闻组织，而只是一个线路公司。获得成功的要素，还是要有自己的报道和写作。”他们认为“原创的，才是激动人心的和有趣的”。

新华社主办的新华网已经高扬起原创新闻这面大旗，他们要在国内外新闻竞争中，力争“新闻信息原创量第一”。

中国记协对原创新闻也给予了关注，表示今后条件成熟，将考虑把网络媒体的原创新闻纳入中国新闻奖的评选。

上文已经提到，网络原创新闻包括网络记者采写的第一手新闻与网络编辑经过新闻资源重组改写的新闻。随着专业网络记者的出现，以及这支队伍的壮大，网络媒体自采的原创新闻量将会逐渐增加。但在目前的情况下，充分利用网络媒体本身拥有“海量”的信息资源，通过新闻重组而生产出更多的网络原创新闻，以充实网站内容，形成风格，不失为一条现实而便捷的办法。对此，应该给予足够的重视。

什么叫资源重组的网络新闻呢？

利用传统媒体或网上信息库所提供的现有的新闻资源，通过筛选、集成、配置、整合，进行第二次加工、深度开发等编辑手法，使其增加信息含量和提升新闻价值，重新改写出的符合网络特点的新闻报道。

这种网络新闻的写作有什么特点呢？

东方网的经验认为：“综合”是重组新闻资源进行改写的重要手法。可以实施多种方式综合：

1. 同类事件的综合。

一个新闻事件常因为孤立而单薄，不会引起受众的注意。但如果把类似的事件集中到一起，增加了信息的厚度，就有可能成为引人注目的新闻。2000 年 11 月 1 日，“东方新闻”在滚动新闻中陆续报道了“一架新航波音 747 飞机在台北桃园机场失事；一架俄制安－26 型客机在安哥拉的索里莫爆炸”等空难新闻。一两起空难事故在世界航空史上并不稀奇，可细心的编辑发现，从 10 月 31 日晚上 11 时至 11 月 1 日晚上 11 时，全世界先后有 7 架飞机发生了或大或小的事故。于是，他们对 7 条空难新闻进行综合，做出独家新闻《24 小时内 7 架飞机出意外》。这条新闻被各网站纷纷转载，并登上东方网单篇新闻点击率排行榜的榜首。

2. 对某一时段新闻的综合。

东方网在“东方新闻”的要闻区“今日关注”的固定位置，每周六推出一篇《一周要闻综述》，将这一周的新闻进行综合，编辑还在文中穿插进点评性的文字。在 2000 年 11 月第二周的《一周要闻综述》中，有“美国大选让世界看笑话”；“远华案首批案件公判振奋民心”；“上海职工医疗保险制度改革要启动啦”等重要新闻，从这些小标题中就可以看出评论的意味。时段新闻的综合并不固定在一周，可以根据受众的需要，灵活选择时段综合新闻。还可以通过网上投票，将一个月或一年内网民评选出的重大新闻进行综合。

3. 同一事件的综合。

从 2000 年“常德特大抢劫案”发生之日起，东方网就进行了跟踪报道，随时挖掘信息，滚动发布。等劫案侦破后，该网将有关报道进行综合，推出了《常德大劫案全景报道》等系列综合报道。让受众通过全景式的报道，弄清这个新闻事件的来龙去脉。

在综合改编的网上写作中，东方网的经验再一次强调了要写好新闻标题。

他们认为当上千条新闻集中到页面上时，标题就成为吸引网民注意力的关键。网络新闻整合改写得再好，如果标题没有吸引力，其他工作几乎等于白做。但如果标题形成了强势，这篇新闻就会从“新闻丛林”中跳了出来。

标题必须改成一行实题。字数限制在18个字以内。如许多网站曾发过题为《国家药监局紧急通知立即停用所有含PPA的药品制剂》的重要新闻，而东方网的标题却是《康泰克等含PPA的药不能再吃了》。这个标题“实上加实”，让不知PPA为何物的受众知道，停用的是某些品牌的感冒药。

中新网为我们提供了另一种重组信息资源进行网络新闻改写的经验：

在2000年悉尼奥运会的报道中，该网站充分利用了奥运官方网站，他们认为这个网站“结构之完美，数据之准确及时，同类信息关联性之强，令人惊叹”。下面一篇人物特写就是网络记者通过这个网站调阅相关资料，查询相关信息与报道，重新组合改写而成的：

牙买加短跑女明星奥蒂无缘奥运金牌

奥蒂永远想赢，但永远赢不了。今晚，上天再次证明，她自己那颗坚强的心，毕竟对抗不过无情的命运和岁月的双手。十一秒一九，她用比同胞慢百分之一秒的成绩告别了奥运百米奖牌；也用未能攫取到最后一点光荣的手，为自己几乎拉上了职业运动生涯的帷幕。

虽然还将参加本月30日的4×100米接力赛，可只凭自己双脚跑上奥运冠军领奖台的道路，已经彻底断绝了。

奥蒂今年40岁，得过34枚世界大赛的奖牌，但其中没有一块是奥运金牌。

她身高1.83米，面容娇好，本来可以当一名出色的模特。但从20岁起，她就参加了莫斯科奥运会，16年前，获得过洛杉矶奥运会铜牌。那时候，当今奥运百米冠军琼斯，还在庭院里和男孩子们戏耍呢。

在足以诞生两代田径巨星的岁月里，奥蒂始终是百米跑道上有实力争夺金牌的人，但她在奥运会上的最好名次是1996年亚特兰大奥运银牌。她以千分之一秒的差距，输给了美国选手德弗斯。

去年七月，奥蒂因为兴奋剂检测呈阳性被禁赛。但她说，完全不知道自己服用了这种药物。尽管国际田联在奥运前取消了她的“禁赛令”，但悉尼奥运上，她注定只能充当“跑道上的伴娘”。

就算只获得第四名，奥蒂仍然执著地拒绝消沉。她说“这很好。许多人，包括许多牙买加人都觉得，我根本取得不了现在的成绩。”

她用已被岁月拖老的一双腿，固执地在奥运百米跑道上飞奔，只为向世界证明自己的清白和永不放弃。

今晚，站在起跑线前，站在比自己小十几岁，几乎可以当女儿的对手们旁边，奥蒂仍然不动声色，面容如水，像美丽，永恒的女神。她赛后告诉人们："这是我今生最后一场重要的比赛。"

（中新网 2000－09－23）

需要说明的是：本文改写所使用与依赖的都是英文的信息与资料。在第二十六章中，我们引用过新华社播发的人物特写《梦碎雅典》，写的也是奥蒂。这里再次引用有关这位运动员的报道，一方面由于这个人物身上具有独特的新闻魅力，另一方面也为了便于对比：现场采写的新闻与通过重组网上信息与资料改写的新闻之间的差别。

（二）第二层意思主要讲的是形式

网络新闻写作与传统媒体写作在形式上有三点不同，它更强调即时滚动式写作，它是一种超文本写作，它又是一种互动写作。

由于写作方式的变化，网络原创新闻应该在表现新闻的手段、方法与形式上与传统新闻有所不同，或者是一种新的结构，或者是一种新的文体。现在这种新的结构、文体还只是"小荷才露尖尖角"。相信随着原创新闻写作的进一步实践，也随着网络技术手段的不断发展，网络新闻会创造出一种全新的样式。

当然，正如传播史反复证明了的，新媒体的诞生往往对传统媒体具有包容性。网络新闻写作的新结构形式也将充分吸取传统媒体在新闻传播方面成功的经验。可以预见的是，将来的结构形式很可能是"你中有我，我中有你"。

第四节　网络新闻的写作技巧

上文中我们已经提到网络原创新闻的写作与传统新闻写作比较有三种不同的形式，即它更强调即时滚动式写作，它是一种超文本写作，它是一种互动式写作。

下面我们将对这三种写作形式作具体分析：

一、即时滚动式写作

即改变传统媒体的单篇静态报道为多篇滚动的动态报道。

传统媒体的新闻写作，主要是纸介媒体的新闻写作，受到出版时间以及版面的限制，其新闻报道写作的文本是独立成篇的，即便连续报道，也是以“日”为单位，一天一更新。网络媒体则不受这种限制，它的写作更接近通讯社记者的写作，但比传统通讯社的写稿与播发还要快。例如我国的两个通讯社新华社与中新社，原来也实行的是滚动式发稿，也要求记者学会滚动式写作。但他们原来的供稿对象主要是报纸，抢时效也主要是抢晚报和日报两个截稿时间。由于有截稿时间，因此严格来说，大部分消息都是一天情况的综述。而网络新闻没有截稿时间，一切都应该是以“现在进行时”的要求投入新闻写作，因此网络新闻的写作变成了一种全方位跟踪新闻事件发展，即时滚动式的写作。

新华网把一篇网络新闻的写作过程描述为：

事件发生或得知的第一时间：发快讯

十多分钟后：多篇详细报道，以超文本的方式展开

接下来：附上背景资料和相关报道

最后：对此事件的评论

例一：

2000 年 9 月 27 日我国发生了一起客机遭劫持的突发性事件。

新浪网的滚动报道如下：

12:24　快讯　包头飞往北京的一架航班今天早上遭劫持

12:54　详讯：包头飞往北京的一架航班遭劫持　疑犯已被捕

13:20　快讯　新华航空一航班遭劫持迫降济南

14:42　图片资料：波音 737—300 型客机（注：被劫持的客机）

14:57　详讯：新华航空一航班今早遭劫持　疑犯被击毙

16:39　详讯：劫持新华班机的歹徒被机上保安击毙（附图）

例二：

2000 年 9 月 20 日下午，悉尼奥运会女子足球中国队对挪威队一战。

浙江在线对比赛进展情况进行了即时滚动报道：

下半场开赛后大约 8 分钟，挪威队利用一个角球，由 11 号彼得森顶入大门，打破僵局。

两分钟之内，发快讯：女足中挪之战下半时挪威队 1:0 暂时领先中国队

比分落后的形势迫使中国队加紧进攻，不久，对方队员禁区内手球，中国队获得一个点球机会，由队长孙雯主罚命中，1:1 将比分扳平。

发快讯：女足中挪之战孙雯射入点球，助中国队扳平挪威队

仅仅几分钟后，形势急转直下，挪威队 15 号又灌进一球，比分被改写为 1:2。

发快讯：挪威队又进一球，以2:1领先中国队

在裁判员终场哨声响过之后不到一分钟的时间内，发最后一条快讯：挪威女足2:1战胜中国队，铿锵玫瑰无缘四强

例三：

2001年4月发生中美军机相撞的突发性事件。在事件告一段落，中方允许美军机组人员离境这一天，请看新浪网即时滚动播发的新闻报道：

04/11 20:28 快讯：布什发表讲话 称美机组人员将很快回国

04/11 20:37 详讯：布什发表讲话 称美机组人员将很快回国（附图）

04/11 20:48 中美双方将于下周会晤 商讨撞机善后事宜

04/11 20:55 江泽民就允许美方机组人员离境一事发表谈话

04/11 21:00 海南省官员说 美方对撞机事件必须承担全部责任

04/11 21:04 美方称24名机组人员将在5个小时后被接回美国

04/11 21:10 海南省外办就中美撞机事件举行新闻发布会

04/11 21:10 资料：美方在中美撞机事件上的态度变化情况

04/11 21:25 美国总统布什就事件最新进展发表讲话（全文）

04/11 21:27 美国驻华大使就美机组人员获准离开中国发表讲话

04/11 22:06 美国民航飞机准备于明晨接回24名机组成员

04/11 22:16 美国军方透露美方机组人员离境计划

04/11 22:36 美国驻华武官西洛克希望再次会见机组人员

04/11 22:37 美媒体对我政府决定反应积极 布什对撞机事件再表悲哀

04/11 22:48 美方人员与中方代表紧急磋商机员离境事宜

04/11 23:27 美方飞机1小时后将飞赴海南接回机组成员

04/12 00:38 快讯：美方飞机从关岛起飞准备接回美机组人员

04/12 01:19 唐家璇外长：美方对撞机事件必须承担全部责任

04/12 05:59 美国国务卿鲍威尔：美中关系未受损害

04/12 06:13 美方运送肇事机组人员回国的飞机抵达海口（附图）

04/12 06:28 美国飞机抵达海南 机组人员准备登机

04/12 06:58 快讯：24名美国肇事飞机机组人员登上回国飞机

04/12 07:08 24名美国肇事飞机机组人员登上回国飞机（附图）

04/12 07:11 快讯：运送美肇事机组人员回国的飞机已关闭机门准备起飞

04/12 07:28 快讯：接美国肇事飞机机组人员的飞机起飞

04/12 07:35 美国肇事飞机24名机组人员已乘飞机启程回国

事情进展的每一个环节都跟进得很快，报道及时。

这种写作方式，以快讯为主，然后再跟进比较详细的报道，如果有需要再跟进述评。其中快讯很重要，是即时滚动式写作中的“领衔主演”。随着新闻事件的每一步进展，快讯都要争取与此同步发出。新华网在2000悉尼奥运报道中，开赛前5天，每日平均播发滚动快讯38.8条。不仅中国选手夺奖牌、晋级或被淘汰发快讯，一些中国选手的关键比赛如乒乓球、羽毛球等，还做到了一局结束发一条快讯。

如果快讯能够做到与新闻事件同步发出，而且发得频率高、密度大，那么就成为即时滚动式写作的另一种形式，即文字现场直播了。

新华网在2000悉尼奥运报道中，对中国队抵达悉尼的报道，在网上作了文字现场直播。记者分兵把口，代表团到达机场、袁伟民接受采访、运动员进入奥运村等，记者一路追踪，滚动报道，让网民仿佛置身悉尼与中国队同行。

新浪网则对一些网民感兴趣的比赛，如中国女子曲棍球队、中国女子垒球队的几场赛事，都做了文字现场直播，其中中国女子垒球队对美国队的第一场比赛，持续了14局，一直打到晚上9：30分，新浪网文字现场直播跟踪到底，并在比赛结束后，很快做出了完整的夹叙夹议的全貌性报道。

美国《萨瓦那晨报》的网站对女子75公斤级举重选手卡拉·海兹兰的比赛，通过电子邮件也进行了全程的网上直播，从晚上11：20一直持续到凌晨0：42（美国东部时间）。由于举重比赛时间比较长，网上直播运用了多视角的方式，随时插入卡拉父母、妹妹和队友在现场的报道和评论，网站编辑也通过手机与前方记者保持联系，不断加入现场实况，创造出一种类似电视直播的报道方式。

由此可见，即时滚动式写作，要求记者会写快讯，会追踪报道，并善于跟进，进行连续性的现在时写作，同时交叉使用快讯与详细报道和述评等文体。

二、超文本写作

即改变传统媒体写作的线形文本结构为超文本结构。

所谓超文本，一方面是指信息以多媒体形式存在，另一方面是指通过超链接可以使信息之间产生联系。

（一）运用多媒体技术进行网络新闻写作

迄今为止，报纸等印刷媒介的新闻报道写作是以文字为主的。文字这种符号在信息沟通中的最大特点，一是字面上具有表意的相对确定性，二是字里行间能够留给读者充分的想象空间和解释余地。但是如果与广播和电视新闻报道相比，又有弱点，它不如声音、视频报道生动形象，也不如它们的报道客观立体。特别是在报道纷繁复杂的新闻事件时，文字报道有时会显得力不从心，因为它只能做线性的描述，做抽象的概括和主观的形容，这就难免与客观真实有差距。

多媒体和超文本技术，集文字与声音、图画、照片、影像以及三维动画等为一身。随着各种智能、易用软件的不断推出，记者在网络新闻写作中，在文字报道的同时，需要运用声音文本、图画文本、动画文本或者影视文本时可以随时变换。这样就打破了传统新闻写作的局限，即只能用一维的线形文字来陈述，只能按有先后顺序的线形结构来排列，只能用千篇一律的黑色的、无声的文字来复述，而实现了有声有色、声情并茂、图文并茂地全方位地报道新闻事件。

（二）通过超链接使与新闻相关的信息之间产生联系，使得网络新闻的文体不再是传统媒体的线形结构，而是网状结构与多维结构

运用这种超文本写作的要领是：

1. 把新闻素材划分层次

正如传统写作时对新闻素材的分类，有主要新闻事实、典型事实、背景事实、新闻细节等。在进行网络新闻写作素材划分时，应把最关键的新闻事实划为第一层次，或者称为“骨干层次”。而相关的新闻事实，例如背景、细节以及新闻事实的详细展开，作为第二、第三甚至第四层次等，也称为“枝叶层次”。

2. 要着力写好骨干层次

如果把网络新闻比喻为一棵大树，那么我们先要把这棵大树的主干勾勒出来。骨架搭得越好，就越吸引受众，同时为枝叶的展开创造充分的空间与条件，使其舒展且繁茂。

3. 在骨干新闻中凡涉及枝叶部分的“关键词”，分别用超链接给出

读者可以根据自己的需要决定进入那一方面的内容阅读。通过超链接可以使新闻既向外延、平面地展开，又向内延、纵深地展开。同时枝叶部分可以是多媒体的不同文本。

例一：

新浪网关于法航协和式客机坠毁的报道：

法航协和式客机坠毁

当地时间7月25日下午4点45分（北京时间7月25日晚上10点45分），法国航空公司一架协和式客机在巴黎戴高乐机场起飞不久即坠毁。机上100名乘客和9名机组人员全部遇难。飞机坠毁时还造成地面4人死亡。>>>>详情请进

当地时间7月27日晚7时，北京时间28日凌晨1时，法航空难调查小

组公布了初步调查结果：失事的法航协和式客机左弦的两个引擎是此次空难的罪魁祸首。＞＞＞＞详情请进

在这起震惊世界的大空难中，居然还有了一位幸存者——21 岁的英国女大学生爱丽丝，她的死里逃生只能用“奇迹”两个字来形容。＞＞＞＞详情请进

着火的协和客机，惊愕的目击者，悲痛欲绝的遇难者家属

组图：全程目击法航协和客机坠毁（1）、（2）为您真实重现法航空难历史性的一刻。

（新浪网 2000－07－25）

这个消息交代了最基本的新闻事实，用骨架，或者说用梗概的形式为读者理出了一条清晰的阅读线索。在这个基础上，消息通过 5 个链接，对不同角度的详情进行了报道。在阅读时，通过点击“＞＞＞＞详情请进”即可进入第二层次，它们分别是：

1. 详讯：法航协和客机坠毁 113 人遇难
2. 详讯：法航空难调查小组公布初步调查结果
3. 协和客机撞向我住的宾馆——英国女游客讲述逃生的故事
4. 组图（1）：全程目击法航协和客机坠毁
5. 组图（2）：全程目击法航协和客机坠毁

例二：

2000 年 10 月 23 日朝鲜领导人金正日会见美国国务卿奥尔布赖特

首先出现一张金正日与奥尔布赖特握手的新闻图片

新闻正文：

平壤时间今日下午 3 点左右（北京时间下午 2 点左右）美国国务卿奥尔布赖特与朝鲜领导人金正日会面。

奥尔布赖特希望，在她对朝鲜进行的两天访问能够历史性地缓和两国关系，并争取美朝双方就克林顿访问朝鲜一事达成共识。如果克林顿能够成行，冷战后国际政治舞台上这一历史性的一幕最早可能在下个月实现。

奥尔布赖特今日早晨抵达平壤，开始对朝鲜进行为期两天的访问。她因此成为第一位访问朝鲜的美国国务卿。在与朝鲜领导人金正日会谈前，奥尔布赖特已先行与前不久刚刚访问美国的朝鲜国防委员会第一副委员长赵明录次帅举行了会晤。

此次，奥尔布赖特访朝没有预期与朝鲜签署任何协议，但奥尔布赖特行前表示她对朝鲜的远程导弹计划表示出极大的兴趣，期望看到朝鲜领导人金

正日能够放弃承诺这一导弹研制计划。另外，美国还有可能就美朝在双方首都互设联络处达成一致意见。

在会见中，金正日对奥尔布赖特说："我很高兴，从历史的观点来看，这是一个崭新的事件。"

握着金正日的手，奥尔布赖特说："我也很高兴来到这座美丽的城市。"

金正日与奥尔布赖特的会晤在奥尔布赖特下榻的国宾馆举行。

在这条新闻中，有几个关键词的下面用横线标出，它们分别是"金正日"、"奥尔布赖特今日早晨到达平壤"、"朝鲜"以及"赵明录次帅"等。

点击这些关键词，则进入另一个层面的新闻。如从"金正日"拉出的是"新闻人物：朝鲜劳动党总书记金正日"，由"奥尔布赖特今日早晨抵达平壤"拉出的是新闻图片配文字新闻的"美国国务卿奥尔布赖特抵达朝鲜访问"，由"赵明录次帅"拉出的是"赵明录以金正日特使的身份访问华盛顿"。而如果点击"朝鲜"，则拉出了一大串新闻，进入了近一个时期以来的朝鲜问题专题，其中既有快讯、消息，如"联合国通过朝鲜半岛和平决议案"、"英国将与朝鲜建立外交关系"、"德国将与朝鲜建立外交关系"、"韩国总统金大中称朝韩冷战坚冰已融化"等，也有新闻资料："美朝关系大事记"，还有新闻分析"朝美如何面对面"，"克林顿是否会访问朝鲜"等。

这条消息报道了事件的最新动态，然后以关键词给出提示，通过超链接引导网民进入深层次的阅读，对事件的来龙去脉做了完整的报道。

限于技术条件，目前我国的网络新闻基本上还是文字报道，至多配上一些新闻图片。更完美的报道，应该是多媒体的，网民可以自由选择对这条新闻是阅读还是视听。

例如《今日美国》（USATODAY）具有可视可听的当天新闻链接，并设有简洁易用的、美观的界面便于读者操作，还根据读者的调制解调器、提供了28K、56K、128K三种不同的下载速度。

需要提请注意的是，超文本结构写作是以文本写作与结构为基础的。因此，传统新闻写作的所有理论以及对写作技能的要求，不仅不能丢弃，而且要加强练习。

三、互动式写作

即改变传统媒体写作对受众灌输式的信息单向传播为与受众之间的平等的双向传播。

前文中我们已经多次谈到，目前我国的新闻网站还处于初创阶段，复制新闻占绝大多数，原创新闻不仅量小，而且写作方式尚在摸索中。如果说，运用即时滚动式写作和超文本写作已经产生了一些网络新闻的模本，那么对互动式写作还停留在理论认识上。有些实践主要体现在网站的分类聊天室、谈话区，一些网站开设的专家即时应答热线、热点在线调查以及网络媒体中谈话主持人的登场等。

西方学者关于网上新闻写作的互动，提出了这样一些观点：他们认为网上新闻是一种与某个特定群体之间的对话，是一种关于可大可小话题的交流。因此记者在做新闻的时候，要选择一个相应的读者群，然后成为这个新闻话题的专家，你要力求提供给网民更多的相关新闻和信息，甚至利用网络媒体本身所具有的超大型深度信息库，给读者提供无穷无尽的资源帮助。

因此，在互动式写作中，记者要始终保持与读者的交流，要有强烈的信息服务意识，例如为了你随时能被找到，在页面上要做一些发送反馈的按钮或公告牌等，例如你要定期地组织一些电脑聚会，在互动交流中了解读者的问题与需要，例如你要学会按照读者的具体需要，或者说按照读者的“定制”来撰写新闻。

在这个意义上说，互动写作要求记者当好新闻信息的“导航员”。网络上的信息洪水，再加上鱼龙混杂，给阅读者带来选择上的茫然和困难。有人形容互联网是一个真假信息难辨、资料太多、知识太少的嘈杂世界。互动写作是解决这个问题的途径之一。运用这种写作方式可以深入到具体的阅读群体，并作为他们的信息代理人，帮他们梳理、搜寻信息，为他们提供有价值的新闻，并与他们交流与讨论。

第五节　网络新闻写作需注意的问题

上面我们已经讲过，网络新闻在基本的新闻观念上与传统新闻是一致的，也就是说，传统新闻写作所要求的新闻伦理道德，新闻敏感，新闻价值以及本教科书中关于新闻写作技巧的几乎全部内容，在一定意义上，对网络新闻写作都是适用的。

但两者之间毕竟存在着传播手段的不同。这个技术平台的变化，会不会影响新闻价值的实现？由此是否带来网络新闻写作中一些新的变化？

真实与新鲜，是新闻的两块基石，是衡量一个事实有无新闻价值的主要依据，也是新闻价值的源头。传统新闻写作强调真实性与时效性，在网上写新闻，这个游戏规则并没有改变。但通过网络传播，情况确实发生了变化：

网络新闻在其新闻价值的实现上真实性遭遇挑战，时效性获得提升。

这是我们在研究网络新闻写作时必须注意的问题。

一、遭遇挑战的网络新闻真实性

互联网的无限开放性，使得网络新闻的可信度受到置疑，因为这张分散性的传播巨网里，任何一个网结都能够产生和发布信息。《数字化生存》的作者尼葛洛庞帝曾经说："在网络上，每个人都可以是一个没有执照的电台。"它为所有人发表网络新闻开辟了一个无拘无束、几乎不受限制的空间。这种传播者身份的多元化和模糊性使传播权趋于平均和分散，保证了信息交流的平等和自由。但多来源的信息与言论发布，而且是无法控制的信息与言论发布，使得网络成为一个信息与言论的自由市场。这个市场里的东西究竟是真货还是假货？自然使人存疑。

其次，网络新闻的报道速度也对新闻的准确性和新闻从业者的职业道德提出了挑战。因为"速度通常是准确性的天敌"。速度快，就有可能不准确。在网络媒体最发达的美国，哥伦比亚大学和在线新闻协会 2000 年联合宣布设立网络新闻奖。他们对这种新媒体最担心的地方也是"准确性往往被置于抢时效之后，一些大报纸在没有核对事实的情况下匆忙把新闻发到网上，结果经常发生报纸不得不将假新闻撤销的尴尬事件"。他们所设立的这个新奖项，目的之一就是为了"表彰致力于提高因特网上新闻可信度的网络记者"。

我国目前的网络媒体中，有一部分是原有传统媒体机构开办的，一部分是非媒体机构开办的，还有一部分是个人开办的。第一类情况比较好，第二、三类则比较复杂，其中一些严肃的网站所发布的网络新闻是由专业新闻媒体提供的，而另一些靠非新闻机构甚至个人提供的新闻线索，其真实性、准确性就大大打问号了。

网上发布未经证实的假新闻或者失实新闻的情况时有发生。1999 年 8 月网上曾有一篇题为"航母十月上船台"的新闻，报道说我国航空母舰建造即将开工，消息中开工仪式的时间、地点甚至参加的领导人姓名等都一应俱全。但这是一条假新闻。

国外网站也为假新闻困扰。美国的个人网站"德·鲁吉报道"，以经常先于其他权威媒体推出"独家报道"闻名。但据调查，1998 年 1 月—10 月，他所推出的 51 篇"独家报道"中，只有 31 篇是真正的独家新闻。而在这 31 篇中，32% 是不真实或从未发生过的，32% 的准确性值得怀疑或无从考证，只有 36% 属实。

美国一份最新的调查结果表明，网络新闻的可信度低于 45%，一些商业性网站所发表的新闻可信度更低。而各种传统媒体的可信度都超过了 50%。

因此，同一条新闻，当它在网络上发表时，其可信度比在传统媒体上发表时要低。

目前，网络新闻的真实性只能依赖新闻来源的可靠性以及网络编辑与记者的职业素养来保证。例如上海东方网坚持了网络新闻的核查制度。2000 年 7 月中旬，国内外许多网站都发布了一条“汕头一宾馆失火，死亡者中有中纪委干部”的消息。该网通过核实得知“死亡者中并没有中纪委干部”，便将有关内容删除后再予以发布，没有成为虚假新闻的散布者。在常德大劫案的报道过程中，许多网站（包括部分传统媒体）一度纷纷报道“有三个主犯落网”的消息，东方网通过核实确认“只有两个主犯落网”，在众多网站中独家发出了真实的消息。

当然，网络新闻的真实性最终要靠“市场”的方式来解决。即如果某一网站发布了不真实的信息，使得网民的利益受损，那么在消费者统治的时代，网民将远离这个网站，网站因人气离散则失去广告收入，最终只能关门。

以上有关新闻真实性的考量，是仅就单篇新闻而言的。但如果从宏观角度分析，在整个网络新闻世界里，不同的消息源、不同的发布者，往往对同一件新闻事实有着不同的展示以及评论。由于新闻的这种自由，其平衡性与客观性有可能得到更好的体现，因而当网民在比较全面地阅读了各方面的信息之后，会更接近新闻事件的真实。而网络记者也同样获得了更逼近新闻真实的报道条件。

二、获得提升的网络新闻时效性

互联网的传输速度极快，覆盖面又广，一条新闻上网后，在几秒钟之内就可以传遍世界。本章第一节我们讲到网络传播在时间上的自由性时，已经作过比较，任何传统媒体对网络新闻的时效性都望尘莫及。惟有电视的现场直播可以比一比，但电视现场直播所需要动用的人力、物力很大，而网上传播要简单得多。

近年来，在国内外许多重大新闻尤其是突发性新闻报道上打响“第一枪”的已经不再是广播、电视，更不是报纸，而是网络媒体。

例如 1999 年北约导弹袭击中国驻南联盟大使馆事件、1999 年 9 月台湾大地震、2001 年在中国南海上空发生的中美撞机事件都是网络媒体率先播报的。2000 年 6 月我国发生的几起灾难事故：武汉机场飞机坠毁、四川沉船、江门一烟花爆竹厂爆炸、2001 年的江西一小学爆炸案以及石家庄特大爆炸案等，反应最快的也都是网络媒体。

新华社主办的新华网明确提出了自己的奋斗目标：力争国内外重大新闻事件首播率第一。2000 悉尼奥运会第一块金牌的诞生，新华网在当天北京时间早晨 8:21分发出，快于所有的新闻传媒。

新浪网在 2000 年悉尼奥运会赛事的文字报道中，做到了一项比赛结束后 5 秒钟出结果，1 分钟出报道，5 分钟出详细报道。

时效性还体现在实时更新快。新浪网在奥运期间，新闻刷新高峰期达到每分钟 10 条以上。与传统媒体，尤其是日报相比，新闻由“日日刷新”变为“时时刷新”。因此，在奥运会正式开幕的第五天，新浪的奥运专题网站就以其快速报道，赢得了 24 小时内的访问量超过1 070万点击率的佳绩。

图片新闻借助网络也实现了及时播发。新华网在 2000 悉尼奥运报道中，通过网络基本保证了重要赛事文字与图片同步播发，奥运期间每天播发数码照片在 100 底以上。

因此，同一条新闻，当它在网络上发表时，其时效性有可能得到更充分的体现，其新鲜的感觉会比传统媒体增强。

在目前的条件下，我国网民上网看新闻，主要需求是阅读动态性新闻，希望知道事件的最新进展。据对中国五大专业新闻媒体网上信息的调查分析，动态新闻占到 80% 以上，这一数字也反映了这种需求。时效性使得网络媒体成为人们获取新闻的首选媒体。

同时，时效性的提升，使得网络媒体以报道突发性事件见长。在这类事件发生时，网上常常出现“塞车”现象，新闻网页的点击率骤增，也说明了网民的阅读取向。例如大型体育赛事，兼有重要性与突发性（这里主要指竞赛结果的不可预见性）两大特点，因此它是网站的一个“内容增长点”，一个掀起注意力高潮的“发动机”。网上报道 2000 悉尼奥运会，就是以时效性的魅力创造了全世界网民点击率的最高记录。

第六节　培养数字化记者

互联网、多媒体时代，呼唤新一代的媒介工作者。

为了适应网络采访写作的需要，我们必须尽快培养出一批数字化记者。这些记者与传统媒体的记者相比较，应该具备那些素质来迎接新的挑战呢?

一、把握全局的综合能力要强

网络记者面对的是无限的信息资源。因为利用因特网他们很容易地就进入了全球化的信息世界。或者说，从网上他们看到的不是一个地区、一个国家的信息，而可能是各个地区以及各个国家的信息。传统媒体的信息分割和新闻封锁，顿时化为乌有。新闻报道的“地球村”已经实现。

在这种情况下，网络记者需要具有政治家的头脑，要有比传统媒体的记者更强的对全局的把握能力与更敏感的思想认识水平。同时他面对的是全球化的受众，如何选择与如何报道新闻，与此相关的新闻价值观念也要求比传统媒体的记者有进一步的提升，必须更加开放，更具有国际视野。

在迅速到来的资讯全球化、经济全球化的时代背景下，那种狭隘的、地域性的、种族性的、意识形态性的报道，以及不公正、不合理的国际传播秩序已经不能适应新世纪的要求。不同文化背景的受众要求平等、要求理解、要求互相沟通，互相交流，共享资源。因此，整个新闻传播事业都需要有一批国际型的记者能够超越20世纪的思维模式，进行全新视角的新闻传播。而网络记者首当其冲，网上新闻竞争的焦点是对受众“注意力资源”的竞争，如果你的新闻不能在更广泛的受众层面上打动人心，网络媒体就很难有生存的基础。

二、验证、过滤与解读信息的能力要强

网络的无限开放性，使得新闻的可信度受到质疑。受众在接受传播时很容易遭遇“认识性遮蔽”，同时不少真实的信息又因信息总量过于庞大，而在消化不良的状态下消失。普通公众往往没有时间和精力去核实或验证，网络新闻传播要担负起这个责任。因此，网络记者要比传统媒体的记者拥有更加专业的知识背景、更加专业的分析能力。对网上的“信息海潮”进行去粗取精、去伪存真的验证、分析，将是网络记者重要的业务素质和基本功之一。

同时，为了作好受众的“外脑”，或者说新闻的导航员、信息的管理员，网络记者也需要在一定程度上具有学者的分析研究能力，在作跟踪报道、连续报道或者深度报道时，能够提供有穿透力的独到视角。加工、梳理信息的质量取决于网络记者的专业素质。他们的眼光与知识背景能够使新闻增值。信息时代，人们需要新闻，更需要对新闻的解读。专业的视角、专业的分析方法与工具，将帮助受众了解自己周围的世界。

三、在第一时效赶到现场直接采访的能力要强

现场是新闻事实的发源地。零次信息、独家新闻、第一手材料，只有在新闻现场才能捕捉到。网络媒体对原创信息的需求，对新闻时效性的需求，都要求网络记者要有比传统媒体记者更强的现场采访意识与行动能力。

今日新闻今日报（TODAY NEWS TODAY）已经变成现在时新闻现在报（NOWNEWS NOW）。把受众的视力、听力与注意力带到现场，使他们与新闻事件的动态发展几乎处于同一时间。现在，大力发展现场直播节目，已经成为传统媒体，主要是电子媒体播报新闻的一个重要趋势。而网络媒体其快速传播的魅力，也在于同步性、现场感与参与性。因此，现场对网络记者的重要性，不仅是

他们获取原创新闻最主要的途径之一，而且在网上进行现场直播报道，也是与传统媒体竞争的一个有力武器。

四、运用网络与数码技术进行采访写作的能力要强

随着网络技术的发展，记者必须不断提高自己的各项技能，首先要很好地理解网络这种新媒体，能够充分地利用新媒体技术带来的无限的信息资源，去思考、采访、写作和策划。要懂得如何制作各种文本，文字的、图片的、音频的、视频的、动画的等等，并且能够充满想象力和创造力地把它们有效地综合在一起。

西方学者提出，网络记者必须成为一种“全能传播者”，或者说“内容工艺专家”，而不仅仅是一个像传统记者那样的文字写手。当然“他们不必像程序员那样懂得那么多，但一定要了解各种程序语言的局限。”他们要善于进行多媒体、超文本的写作，该用文字的，用文字文本；该用图像的，就用图像文本；该用声音的，用声音文本；该用影像的，就用影像文本；该综合运用的，就综合运用。哪一种文本形式能更真实、更准确、更客观地报道新闻事件，就用哪一种。

1999 年澳门回归时，《人民日报》首次派出了两名网络记者，从 12 月 5 日开始采访报道至 21 日，共发回文字图片 250 余篇，音视频报道 10 条。这是网络采访写作的一次尝试。他们的体会是：“用网络媒体做新闻报道，求时效首选‘文字’，求直观首选‘图片’，人物访谈、讲话首选‘音频’，动态感强的场面和重大事件报道首选‘视频’。然而对于这四种方式，在目前技术条件下，可以说前三种已能够做到使其淋漓尽致地发挥，而后者相对于所付出的成本来说，目前其效果则远不尽如人意，但它却是网上新闻报道的一个大趋势，一待条件成熟，其优势又远非前三者所能比。”

网络时代记者的技术配备十分重要，实际上是一个移动的记者工作站。其装备包括数字照相机、数字摄像机和多媒体计算机终端组成的数字移动通信设备以及相应的软件和全球卫星定位系统等附属设备。

技术优势可以保证记者采访、写作、发稿不受时间、地点、恶劣条件的影响，随时和编辑部保持联系，而且一身数任，能在现场运用多种技术手段采集新闻，调阅大量背景材料，用来验证、过滤信息的真伪，从而保证报道任务迅速，圆满地完成。

当然，这一切的前提，要建立在学会使用并且熟练使用上述设备的基础上。其中学会使用相应软件的重要性一点不比硬件差。总之，网络记者与传统记者相比较，不仅笔头要过硬，数码技术的使用也要过硬。美联社现在选记者，直接上

网查看应聘者的个人主页：“在网络时代，我需要掌握传统和现代技能的复合型人才，这类人才能够将文本、照片、图表、音频和视频材料结合起来处理。”

五、平等交流的能力要强

由于互联网双向与多向传播的特点，网络记者要具备同受众平等交流的观念与能力。在双向交流与互动式写作中，如果不具备这种能力，没有服务意识，这项与传统媒体不同的新业务领域就无法开拓。平等交流的能力包括擅长做各种类型的抽样调查，以及时了解受众欲知、关心的事；擅长设置受众需要的“议题”，组织各种类型讨论；擅长做谈话主持人与受众进行直接的对话与沟通等。

六、较强的外语能力

英语是目前互联网的通用语言。要想充分利用网上资源，掌握网络技术，英语能力是必不可少的。与传统媒体的记者相比，网络记者的国际化首先表现在英文水平要高。他需要熟练地用英语阅读和查询网上的信息资源，要会用英语在网上写作、报道、发电子邮件，会用英语在网上进行环球语音和可视采访。今后即使中文信息大量上网了（目前网上的信息93%是英文的），掌握和运用一门外语特别是英语，仍然是网络记者区别于普通网众很重要的一个方面。语言特长将帮助他为受众更好地提供新闻信息服务。

思考与练习题

1. 如何划分网络新闻的种类？
2. 网络新闻写作的特点与主要技巧是什么？
3. 追踪一场体育比赛，如足球赛，试做滚动式网络新闻报道。
4. 运用超文本与链接的方式，做一篇网络新闻报道。

后　记

本书是在借鉴众多采写经验的基础上写成的。广大的新闻工作者以其辛勤的报道实践，为我们提供了研究的范例；本书也从各种版本的新闻学著作中汲取了营养。新闻学院汤世英、薄瀚培、劳沫之三位老师20世纪80年代中期编写的《新闻通讯写作》，给了我们许多启发。

书中引用的例文不仅量大，涉及范围也广。对其中的一部分作品，我们不揣冒昧剖析了它们的不足之处。所引例文未能一一征求原作者意见，深感抱歉，并望谅解。

写作过程中，得到了学院、教研室领导和同事的支持；中国人民大学出版社的司马兰、王爱玲同志也为本书最后面世做了大量工作。

在此，我们谨对各方面的关心、帮助，一并表示真诚的谢意！

本书写作分工：

上编——第一章至第七章，下编——第二十五、二十六、二十七章：徐泓

中编——第八章至第十五章：刘明华

下编——第十六章至第二十四章：张征

水平有限，书中尚有不少粗浅、疏漏、偏颇之处，欢迎批评指正。

作者

2003年12月

于中国人民大学新闻学院

图书在版编目（CIP）数据

新闻写作教程/刘明华等著.
北京：中国人民大学出版社，2002
21世纪新闻传播学系列教材
ISBN 978-7-300-03981-7

Ⅰ. 新…
Ⅱ. 刘…
Ⅲ. 新闻写作-高等学校-教材
Ⅳ. G212.2

中国版本图书馆CIP数据核字（2001）第091253号

21世纪新闻传播学系列教材
新闻写作教程
刘明华　徐泓　张征　著

出版发行	中国人民大学出版社		
社　　址	北京中关村大街31号	**邮政编码**	100080
电　　话	010－62511242（总编室）		010－62511770（质管部）
	010－82501766（邮购部）		010－62514148（门市部）
	010－62515195（发行公司）		010－62515275（盗版举报）
网　　址	http://www.crup.com.cn		
经　　销	新华书店		
印　　刷	北京密兴印刷有限公司		
开　　本	720 mm×1000 mm　1/16	**版　　次**	2002年3月第1版
印　　张	36	**印　　次**	2024年7月第44次印刷
字　　数	654 000	**定　　价**	59.80元
